Social Media Marketing und Recht

Thomas Schwenke

Die Informationen in diesem Buch wurden mit größter Sorgfalt erarbeitet. Dennoch können Fehler nicht vollständig ausgeschlossen werden. Verlag, Autoren und Übersetzer übernehmen keine juristische Verantwortung oder irgendeine Haftung für eventuell verbliebene Fehler und deren Folgen.

Alle Warennamen werden ohne Gewährleistung der freien Verwendbarkeit benutzt und sind möglicherweise eingetragene Warenzeichen. Der Verlag richtet sich im wesentlichen nach den Schreibweisen der Hersteller. Das Werk einschließlich aller seiner Teile ist urheberrechtlich geschützt. Alle Rechte vorbehalten einschließlich der Vervielfältigung, Übersetzung, Mikroverfilmung sowie Einspeicherung und Verarbeitung in elektronischen Systemen.

Kommentare und Fragen können Sie gerne an uns richten:
O'Reilly Verlag
Balthasarstr. 81
50670 Köln
E-Mail: kommentar@oreilly.de

Copyright:
© 2012 by O'Reilly Verlag GmbH & Co. KG
1. Auflage 2012

Bibliografische Information Der Deutschen Nationalbibliothek
Die Deutsche Nationalbibliothek verzeichnet diese Publikation in der Deutschen Nationalbibliografie; detaillierte bibliografische Daten sind im Internet über *http://dnb.d-nb.de* abrufbar.

Lektorat: Susanne Gerbert, Köln
Fachliche Unterstützung: Henning Krieg, Berlin
Korrektorat: Eike Nitz, Köln
Umschlaggestaltung: Michael Oreal, Köln
Produktion: Karin Driesen, Köln
Satz: III-satz, *www.drei-satz.de*
Belichtung, Druck und buchbinderische Verarbeitung:
Mediaprint, Paderborn

ISBN 978-3-86899-142-0

Dieses Buch ist auf 100% chlorfrei gebleichtem Papier gedruckt.

Inhalt

Vorwort XI

Einleitung XIII
Für wen das Buch geschrieben ist XIV
Anforderungen an die Leser XIV
Aufbau des Buches XV
Danksagungen XVII
Aktualität und Follow-up XVIII

1 Rechtliche Anforderungen beim Social Media-Marketing 1
Social Media-Marketing 2
Social Media-Marketingrecht 2
Unterschiede zwischen traditionellem Marketing und Social Media-Marketing ... 4
    Traditionelles Marketing 4
    Social Media-Marketing 5
    Trotz allem: Keine Angst beim Social Media Marketing! 7
Die typischen rechtlichen Stolperfallen 9
    Checkliste: Blogs 9
    Checkliste: Microblogging 10
    Checkliste: Soziale Netzwerke 11
    Checkliste: Diskussionsforen, Bewertungs- und Empfehlungsplattformen ... 12
    Checkliste: Podcasts und Videocasts 13
    Checkliste: Kuratierung, Embedding & Sharing 14

2 Social Media-Präsenzen einrichten 17
Die richtige Kontoart 18
    Das Transparenzgebot - warum kommerzielle Kommunikation
    erkennbar sein muss 18

Wann ist ein Social Media-Auftritt kommerziell?	19
Erkennbarkeit kommerzieller Social Media-Auftritte	22
Folgen bei Verstößen gegen das Transparenzgebot	23
Plattformregeln für kommerzielle Accounts	23
Vereine und gemeinnützige Organisationen	31
Einschränkungen der Nutzung	31
Der Account-Name	32
Gesetzliche Anforderungen	32
Anforderungen der Plattformbetreiber	41
Folgen bei Verstößen	43
Den eigenen Namen schützen bzw. wiedergewinnen	45
Das Impressum	48
Braucht der Social Media-Auftritt ein Impressum?	49
Geschäftsmäßigkeit des Angebotes	50
Inhalt des Impressums	51
Verlinkung und Aussehen des Impressums	56
Beispiele für einzelne Social Media-Plattformen	59
Die Folgen eines fehlenden Impressums	65
Datenschutzerklärung	66
Notwendigkeit eigener Datenschutzerklärung	66
Vorhandene Datenschutzerklärung der Plattform	66
Datenschutzerklärungspflicht innerhalb von Social Media-Profilen	67
Verlinkung und Aussehen einer Datenschutzerklärung	67
Inhalt einer Datenschutzerklärung	68
Folgen bei Verstößen	69
Nutzungsbedingungen (AGB)	71
Verhaltensrichtlinien	71
Disclaimer	72
Der Ausschluss der Linkhaftung	72
Schädliche Disclaimer	73
Disclaimer als haftungsmindernde Warnhinweise	74
3 Verwendung von Bildern, Videos und Texten	**75**
Der rechtliche Schutz von Inhalten	76
Urheberrechte	76
Geschützte Inhalte	77
Entstehen und Erlöschen von Urheberrechten und das ©-Zeichen	77
Urheber, Nutzungsberechtigte, Lizenzen und Rechteinhaber	79
Erlaubte und verbotene Nutzung	80
Gesetzliche Nutzungserlaubnis	86

Verwendung von Bildern	94
Zwei Fragen vor jeder Bildernutzung	95
Urheberrechtlicher Schutz von Bildern	97
Bildzitat	102
Abbildungen von Personen	111
Abbildung einer Person	111
Verbot des Fotografierens	112
Ausnahme 1: Bildnis aus dem Bereich der Zeitgeschichte	113
Ausnahme 2: Person als Beiwerk	115
Ausnahme 3: Teilnehmer von Versammlungen	116
Einwilligung der abgebildeten Person	118
Veröffentlichung von Mitarbeiterbildern	122
Eventbilder	124
Hausrecht und fremdes Eigentum	127
Das Hausrecht	127
Das Persönlichkeitsrecht	129
Verwendung von Musik	130
Verwendung von Videos	131
Urheberrechtlicher Schutz von Videos	131
Verwendung von Multimediawerken	135
Verwendung von Texten	138
Urheberrechtlicher Schutz von Texten	138
Kurze Textübernahmen	152
Textzitat	153
Presseclippings und Pressespiegel	157
Veröffentlichung von E-Mails, Schreiben und Privatnachrichten	159
Satire, Karikatur und Parodie	165
Die Meinungsfreiheit erlaubt Satire und Kritik	167
Regeln der Social Media-Plattformen und Haftung	175
Risiken der Satire	176
Folgen von Verstößen gegen Urheber- und Persönlichkeitsrechte	176
4 Lizenzen, Stockarchive und Creative Commons	**179**
Erlaubnisse und Lizenzen	180
Rechtekette, Rechteinhaber und »richtiger« Lizenzgeber	180
Lizenznehmer bestimmen	182
Zweck, Art und Umfang der Verwendung	182
Im Zweifel für den Rechteinhaber	183
Nutzeruploads und Crowdsourcing	184
Beauftragung eines Fotografen	187

Durch Mitarbeiter erstellte Inhalte.	188
Herausgabe von Rohdaten	188
Form und Nachweis der Erlaubnis.	190
Einfache Lizenz und ausschließliche Lizenz.	190
Anfechtung und Rückruf	191
Freie Lizenzen	191
Public Domain	191
Musiklizenzen	192
Stockbilderarchive.	195
Stockarchivbilder und Social Media-Plattformen.	197
Creative-Commons-Lizenzen	199
Funktionsweise einer Creative Commons Lizenz	200
Unter CC lizensierte Werke	202
Die Lizenzmodule.	203
Versionen und internationale Nutzung	206
Lizenz abwandeln und mehr Rechte aushandeln.	207
Gesetzliche Urheberrechtsausnahmen	207
Nutzung von CC-Inhalten in Social Media	207
Beispiel der Nutzung von CC-lizensierten Inhalten	208
Eigene Werke unter der CC-Lizenz veröffentlichen.	211
Vorteile und Gefahren von CC-Lizenzen	214
Social Media-Plattformen und Einräumung von Nutzungsrechten	216
Umfang der eingeräumten Rechte	217
Praktische Risiken der Einräumung von Nutzungsrechten	224
Rechtliche Zulässigkeit der Nutzungsrechtseinräumung.	225
Wie Plattformmitglieder die Inhalte anderer Mitglieder nutzen dürfen	226
Social Media-Accounts kaufen und verkaufen	227
Vermietung von Social Media-Accounts	231
Übertragung von Kommentaren zwischen Social Media-Plattformen und Blogs.	231
Urheberrechte an den Kommentaren	232
Datenschutzrechtliche Bedenken	233
Restrisiko der Übertragung	234
Übertragung von Kommentaren aus Blogs zu Facebook	235
5 Marken, Logos und Markenprodukte	**237**
Der Schutzumfang einer Marke	237
Markentypen.	239
Voraussetzungen des Markenschutzes	239
Markenklassen	240
Umfang des Markenschutzes	241

Erlaubte Nutzung fremder Marken	242
Private Nutzung von Marken	242
Presse- und Meinungsfreiheit	243
Gleichlautender Eigenname	243
Weiterverkauf	244
Leistungen rund um eine Marke	244
AdWords	244
Neben der Marke geschützte Kennzeichen	246
Nicht registrierte Marke	246
Unternehmensnamen	246
Sonstige Unterscheidungsmerkmale	247
Werktitel	247
TM- und ®-Zeichen	248
Die Markenrecherche	249
Abbildungen von Markenlogos und Markenprodukten	251
Abbildung der Marke für Pressezwecke	252
Abbildung der Marke zum Zweck des Verkaufs des Markenprodukts	252
Abbildung der Marke zum Zweck der Verlosung des Markenprodukts	252
Abbildung der Marke zur Veranschaulichung von Leistungen rund um eine Marke	253
Abbildung der Marke zum Zweck der Bewerbung eigener Produkte	254
Abbildung als Beiwerk	255
Verwendung der Marken und Logos von Social Media-Plattformen	256
Regeln für die Verwendung der Marke »Facebook«	257
Verwendung des ausgeschriebenen Facebook-Logos	258
Verwendung des »f«-Logos	259
Die Schaltfläche »Gefällt mir«	259
Eine eigene Marke anmelden	260
Kosten	261
Dauer	261
Internationale Marken	261

6   Meinungen, Tatsachen und Werbeaussagen … 263

Meinungen und Tatsachen	264
Tatsachen müssen wahr sein	264
Verbreitung fremder Aussagen, Distanzierung und Laienprivileg	265
Lieber »meinen« als Tatsachen zu behaupten	267
Beleidigungen und Schmähungen	268
Die Folgen von Beleidigung und unwahren Tatsachenbehauptungen	275
Vorgehen gegen Verletzungen der eigenen Person oder des Unternehmens	276
Gegendarstellung	278

Werbeaussagen	282
Verschleierung des Werbecharakters	282
Testimonials	292
Werbung mit Alleinstellung auf dem Markt	294
Vergleiche mit Mitbewerbern oder deren Produkten	301
Versprechungen von Preisnachlässen, Zugaben und Geschenken	306
Mitbewerber oder ihre Produkte verächtlich machen	307
Werbung mit Selbstverständlichkeiten	308
Unwahre Aussagen	308
Preiswerbung	314
Verstöße gegen Spezialgesetze	315
Rechtsfolgen bei Wettbewerbsverstößen	316
Facebook-Regeln für Werbeinhalte und Werbeanzeigen	317
Konten	317
Zielseiten/Ziel-URLs	318
Verweise auf Facebook	318
Werbetexte und Bildinhalte	318
Verbotene Inhalte	318
Daten und Privatsphäre	319
Zielgruppen	319
Abonnements	320
Spam	320
Stil der Anzeigen	320

7 Gewinnspiele und Direktmarketing — 321

Gewinnspiele	322
Kein Glücksspiel veranstalten	322
Kopplung des Gewinns an den Erwerb von Waren und Dienstleistungen	323
Keinen psychologischen Kaufzwang ausüben	324
Klare Angaben über Gewinne und Folgekosten	324
Nicht mit vorgeblichen Gewinnzusagen werben	325
Klare und eindeutige Teilnahmebedingungen	325
Nutzung der Teilnehmerdaten für Werbezwecke	327
Nicht notwendige Angaben	328
Veröffentlichung von Teilnehmernamen	328
Minderjährige Teilnehmer	328
Der Rechtsweg ist ausgeschlossen	329
Facebook-Regeln für Gewinnspiele	330
Direktmarketing	345
Werbemaßnahmen	346
Einwilligung in Direktmarketing	350

Inhalt der Werbezusendung 359
Analyse des Leserverhaltens 360
Umsetzung des Widerrufs. 360
Blacklisting 361
Direktmarketing auf Social Media-Plattformen 361
Rechtsfolgen bei Verstößen. 369

8 Datenschutz, Nutzertracking und Social Media-Monitoring. 371
Quellen der Datenschutzproblematik im Social Media-Marketing. 372
Datenschutzverständnis in den USA, Europa und Deutschland. 372
Datenschutzgesetze vs. Praxis. 374
Anwendbarkeit deutscher Datenschutznormen auf internationale Dienste. . . . 376
Grundsätze des Datenschutzes 377
Personenbezogene Daten 377
IP-Adresse als personenbezogenes Datum 378
Gesetzliche Regeln für personenbezogene Daten 380
Datenschutzrechtliche Probleme beim Social Media-Marketing. 383
Datenschutzerklärung innerhalb der Social Media-Präsenz 383
Facebook-Applikationen. 384
Einbindung von Drittinhalten und -diensten 385
Nutzertracking und -analyse. 387
Nutzeranalyse mit Plugins der Social Media Plattformen,
Facebooks »Gefällt mir«-Schaltfläche und »Insights«-Statistiken. 392
Social Media-Monitoring 398
Rechtsfolgen bei Verstößen gegen Datenschutzvorschriften 403
Bußgelder 403
Abmahnungen durch Konkurrenten. 404
Abmahnungen durch betroffene Personen 405
Imageschaden 406

9 Haftung für Mitarbeiter, Agenturen, Nutzer und Links 407
Haftung für Mitarbeiter 408
Haftung innerhalb des Arbeitsauftrags 409
Haftung außerhalb des Arbeitsauftrags 410
Arbeitsrechtliche Maßnahmen 413
Social Media Guidelines und Policies 415
Haftung für Agenturen, beauftragte Personen und erworbene Inhalte 423
Die Verletzerkette 424
Agenturverträge und Haftungsausschlüsse. 425
Haftung für nutzergenerierte Inhalte 429
Zu eigen machen. 430
Haftungsprivileg für fremde Inhalte – Haftung ab Kenntnis 439

Haftung für Links 447
    Pressefreiheit 449
    Link-Disclaimer 450
    Linkverbote und Deep Links 451

10 Abmahnung, Abwehr und Durchsetzung von Ansprüchen 453
Durchsetzung von Ansprüchen.. 454
    Sicherung der Beweise 455
    Bestimmung von Ansprüchen 456
    Bestimmung des Gegners 457
    Selbst vorgehen oder melden 459
    Bestimmung des konkreten Vorgehens 460
    Formloser Hinweis 461
    Abmahnung 464
    Gerichtliches Klageverfahren 477
    Einstweiliges Verfügungsverfahren 478
    Hinweis an Wirtschafts- und Verbraucherverbände 480
    Strafrechtliches Vorgehen 480
    Ordnungswidrigkeiten und Bußgelder 482
    Meldung an den Plattformbetreiber 482
Abwehr von Ansprüchen und Abmahnungen 484
    Nicht nichts tun 485
    Sachverhalt und behauptete Rechtsverletzung prüfen 485
    Kontaktaufnahme mit der Gegenseite 486
    Beweise sichern 486
    Rechtsverstoß beenden 486
    Prüfung und Modifikation der Unterlassungserklärung 487
Beauftragung eines Rechtsanwalts 491
    Sinn der Beauftragung eines Rechtsanwalts 492
    Kosten eines Rechtsanwalts 492
Versichern von Rechtsverletzungen –
ein Interview mit Ralph Günther von exali 494

A Muster für Teilnahmebedingungen für Gewinnspiele 503

B Muster für Social Media Guidelines 509

C Glossar 519

Index 531

Vorwort

Immer mehr Unternehmen werden im Social Web aktiv und bemühen sich um einen möglichst konstruktiven Dialog mit ihren Kunden. Dabei wird die Kommunikation mit den Kunden durch den Einsatz sozialer Kanäle fundamental verändert, sowohl im positiven als auch im negativen Sinne. Beispiele dafür findet man inzwischen genügend.

Die Unternehmen werden von den vielen neuen Möglichkeiten – von der eigenen Facebook-Seite über einen YouTube-Kanal bis hin zu einer ganz eigenen Plattform – und den damit verbundenen Reichweitenpotenzialen angelockt. Mit viel Aufwand wird ein Konzept angefertigt und später ausgeführt, so gut es eben geht. Dabei vergessen viele Unternehmen allerdings ihre bereits im Internet erzielten Learnings. Die einfachsten rechtlichen Grundlagen werden beim neuen Kanal außen vor gelassen. Plötzlich wird wieder das Impressum vergessen oder sorglos mit Nutzerdaten umgegangen, und auch Persönlichkeitsrechte werden hier und da ignoriert.

Aber auch wenn die wichtigsten Grundlagen erfüllt sind, gibt es noch einige Stolperfallen auf Facebook und anderen Plattformen. Nicht alles, was dort ermöglicht wird, darf nach deutschem Recht auch genutzt werden. So einfach die Kommunikation dort scheint: Als Unternehmen muss man deshalb häufig Umwege gehen, zum Beispiel wenn man mit einem Kunden in direkte Kommunikation eintreten möchte. Nicht weniger kompliziert ist es häufig, die gesetzten Ziele und Ideen angesichts der gewählten Plattform zu erreichen, denn jede Plattform hat zusätzlich zum deutschen Gesetz ganz eigene Richtlinien, die klar definiert sind. Hier kommen neben dem deutschen Recht also weitere Parteien mit ins Spiel. Diese sind nahezu komplett abgesichert und ziehen oft ihre Richtlinien nach einer Verwarnung auch strikt durch.

Auch ein aufmerksamer Blick zur Konkurrenz oder auf die vielen kursierenden Best-Practice-Beispiele hilft nicht unbedingt weiter, denn in vielen Fällen verstoßen genau diese Seiten ebenfalls gegen geltendes Recht.

Das alles mag nun wenig einladend klingeln, aber sobald man sich einmal durch den Wust an Regelungen gekämpft hat, macht die Nutzung der neuen Plattform vor allem eines: sehr viel Spaß! Im Vergleich zu den klassischen Möglichkeiten scheinen die Wege im Social Web schier grenzenlos.

Lassen Sie sich deshalb nicht aus der Ruhe bringen. Die wichtigsten Regeln hat jeder schnell erlernt und verstanden. Wer es schafft, sich konstruktiv mit den Möglichkeiten und Regeln auseinanderzusetzen, hält anschließend eines der attraktivsten Marketing-Tools der heutigen Zeit in seinen Händen.

Philipp Roth & Jens Wiese
Gründer *AllFacebook.de*, eines der beliebtesten deutschsprachigen Angebote im Bereich Facebook Marketing und Werbung.

Einleitung

Dieses Buch ist das Ergebnis der überwältigenden Resonanz auf das kostenlose E-Book »Rechtliche Stolperfallen im Facebookmarketing«, das bereits eine Woche nach seinem Erscheinen 25.000 Mal heruntergeladen worden war und mittlerweile knapp 50.000 Downloads verzeichnet.

Der Erfolg des E-Books zeigte mir vor allem zwei Dinge: Zum einen besteht ein großes Interesse an rechtlichen Hinweisen zur Nutzung von Social Media, und zum anderen sollten diese verständlich verfasst sein.

Das sind auch genau die Erfahrungen, die ich mit unserem Kanzlei-Blog *http://spreerecht.de* und im Rahmen meiner Vorträge und Workshops gemacht habe. Es bringt wenig, die Leser oder Zuhörer mit imposanten Paragraphenketten, Urteilszitaten und juristischen Fachausdrücken zu bombardieren. Schlimmstenfalls behalten sie nichts davon und sind enttäuscht.

Daher setze ich lieber auf anschauliche und bebilderte Beispiele, die Ihnen das notwendige Wissen auf eine interessante Art und Weise vermitteln. Dabei ist es nicht mein Anliegen, Sie zur Juristin oder zum Juristen auszubilden. Mir ist es wichtig, Ihnen vor allem ein Gefühl für rechtliche Stolperfallen zu geben. Wenn Sie diese Fallen rechtzeitig erkennen, können Sie sie mit einem Blick in dieses Buch oder mit Hilfe von Wissensquellen im Internet umgehen.

Für wen das Buch geschrieben ist

Dieses Buch ist für Praktiker geschrieben und soll als Grundlagen- und Nachschlagewerk für den täglichen Umgang mit Social Media dienen. Ich richte mich dabei besonders an Marketing- und PR-Treibende, Social Media-Manager, Social Media-Agenturen, kleine und mittlere Unternehmer sowie Freiberufler, die für sich selbst oder für andere Social Media-Marketing betreiben.

Im besonderen Maße ist es auch für Personen mit juristischer Vorbildung (z. B. Unternehmensjuristen) hilfreich, die wissen möchten, wie sich bekannte rechtliche Regeln im Umfeld der sozialen Medien auswirken und welche Probleme sie aufwerfen.

Anforderungen an die Leser

Dieses Buch setzt weder tiefgehende juristische Kenntnisse noch umfassendes Marketingwissen voraus. Sie sollten aber über ein Basiswissen in Social Media verfügen und die darin geläufigen Begrifflichkeiten kennen – also wissen, was ein soziales Netzwerk, ein Profil, eine Privatnachricht oder eine Kommentierfunktion sind. Ebenfalls zu empfehlen ist die Kenntnis der wichtigsten Plattformen und Dienste wie Twitter, Facebook und YouTube.

Hinweis   Die häufigsten rechtlichen Fachbegriffe werden im Glossar am Ende des Buches erklärt.

Falls Sie noch keine Berührung mit Social Media hatten, sollten Sie zuerst zu Büchern greifen, die Sie in die Thematik einführen. Dazu gehören zum Beispiel folgende Bücher aus dem O'Reilly Verlag:

- »PR im Social Web: Das Handbuch für Kommunikationsprofis« von Marie-Christine Schindler und Tapio Liller, ISBN 978-3-86899-195-6
- »Das Facebook-Buch« von Annette Schwindt, ISBN 978-3-86899-234-2
- »Social Media Marketing – Strategien für Twitter, Facebook & Co.« von Tamar Weinberg, deutsche Bearbeitung von Corina Pahrmann und Wibke Ladwig, ISBN 978-3-86899-236-6

Alle drei Bücher erscheinen im Frühjahr 2012 in einer neuen, aktualisierten Auflage.

Aufbau des Buches

Das Buch ist im Wesentlichen nach Rechtsbereichen gegliedert. Dabei kann es zu einzelnen Überschneidungen oder Dopplungen kommen, wenn sie für das Verständnis unerlässlich sind.

Kapitel 1: Rechtliche Anforderungen beim Social Media-Marketing

In Kapitel 1 erhalten Sie eine Einführung in die rechtlichen Probleme im Rahmen von sozialen Medien sowie eine Übersicht über typische rechtliche Stolperfallen bei den verschiedenen Arten von Social Media, zum Beispiel Blogs, Microblogs, sozialen Netzwerken oder Videoplattformen.

Kapitel 2: Social Media-Präsenzen einrichten

Dieses Kapitel begleitet Sie beim Anlegen einer Social Media-Präsenz und weist auf die Probleme bei der Wahl der richtigen Kontoart sowie eines Namens hin. Sie erfahren außerdem, wann Sie die Impressumspflicht beachten müssen, wie Sie sie erfüllen können und wann Datenschutzhinweise, Nutzungsbedingungen sowie Disclaimer notwendig, nützlich und wirksam sind.

Kapitel 3: Verwendung von Bildern, Videos und Texten

Das dritte Kapitel behandelt mit dem Urheberrecht eine der wichtigsten Ursachen von Abmahnungen und führt Sie in die Nutzung von Bildern, Musik, Multimediawerken und Videos ein. Sie erfahren außerdem, wann Abbildungen von Personen und fremdem Eigentum zulässig sind. Weiterhin werden die rechtlichen Grenzen von Zitaten, Veröffentlichungen fremder Korrespondenz und satirischer Kritik erklärt.

Kapitel 4: Lizenzen, Stockarchive und Creative Commons

Das vierte Kapitel beantwortet die in Social Media sehr relevanten Fragen zur Nutzung fremder Inhalte und zur Einräumung von Rechten an eigenen Inhalten. Sie erfahren, worauf Sie bei Lizenzen und Einwilligungen achten müssen und welche Punkte bei der Verwendung von nutzergenerierten Inhalten und Bildern aus Bilddatenbanken zu beachten sind. Dabei spielen ganz besonders die kostenlosen »Creative Commons«-Lizenzen eine Rolle, sowie die Rechte, die sich Plattformbetreiber an den Inhalten ihrer Mitglieder einräumen lassen. Darüber hinaus wird auf die Vermietung und den Verkauf von Social Media-Präsenzen eingegangen.

Kapitel 5: Marken, Logos und Markenprodukte

Kapitel 5 dreht sich um das Markenrecht, Markenlogos und Markenprodukte. Es erklärt, wie Markenrechte entstehen, wie weit sie reichen und wann die Verwendung fremder Marken verboten und wann erlaubt ist. Dazu gehören auch Fragen zur Nutzung von Marken der Social Media-Plattformen sowie zur Anmeldung einer eigenen Marke.

Kapitel 6: Meinungen, Tatsachen und Werbeaussagen

In diesem Kapitel geht es um die mit der Veröffentlichung von Aussagen verbundenen Gefahren. Sie lernen im ersten Teil den grundlegenden Unterschied zwischen Meinungen und Tatsachenbehauptungen kennen und erfahren, warum eine Meinungsäußerung einer Tatsachenbehauptungen oft vorzuziehen und wann eine Distanzierung möglich ist. Im zweiten Teil des Kapitels erhalten Sie eine Übersicht über die wichtigsten Wettbewerbsregeln für Werbeaussagen. Dabei geht es ganz besonders um Schleichwerbung, Bewertungen, Testimonials und Vergleiche mit Konkurrenten und deren Produkten.

Kapitel 7: Gewinnspiele und Direktmarketing

Dieses Kapitel widmet sich Gewinnspielen und dem Direktmarketing. Sie erhalten nicht nur einen Überblick über die rechtlichen Grenzen für Gewinnspiele, sondern unter anderem auch eine umfangreiche Darstellung der nicht minder komplizierten Facebook-Regeln. Im Teil zum Direktmarketing erfahren Sie, wann Kunden und Nutzer direkt per E-Mail oder per Benachrichtigung innerhalb von sozialen Netzwerken angesprochen werden dürfen. Außerdem wird die Zulässigkeit von Einträgen auf fremden Pinnwänden und von Tell-a-Friend-Funktionen erklärt.

Kapitel 8: Datenschutz, Nutzertracking und Social Media-Monitoring

Eines der meistdiskutierten und schwierigsten Themen im Bereich Social Media ist der Datenschutz. Um zu verstehen, wo die Probleme liegen und wie sie sich vermeiden lassen, lernen Sie die Grundlagen des Datenschutzes kennen und sehen anhand der Problemfelder Nutzertracking, Social Media-Monitoring und Empfehlungsschaltflächen, wie sie praktisch angewendet werden und welche Konsequenzen Ihnen bei Verstößen drohen.

Kapitel 9: Haftung für Mitarbeiter, Agenturen, Nutzer und Links

Es kann Ihnen auch passieren, dass Sie für fremde Rechtsfehler einstehen müssen. In diesem Kapitel erfahren Sie nicht nur, wann das der Fall sein kann, sondern vor allem, wie Sie die Haftung für nutzergenerierte Inhalte und für Fehler von Mitarbeitern oder Agenturen sowie Probleme durch verlinkte und eingebettete Inhalte vermeiden.

Kapitel 10: Abmahnung, Abwehr und Durchsetzung von Ansprüchen

Das letzte Kapitel behandelt die praktischen Folgen von Rechtsverstößen. Zuerst erfahren Sie, wie Sie die richtigen Strategien festlegen, um Ihre Rechte durch formlose Hinweise, Abmahnungen, einstweilige Verfügungen und Klagen zu schützen. Anschließend wird erläutert, wie Sie sich verhalten sollten, wenn Sie selbst eine Abmahnung erhalten haben. Des Weiteren beantwortet das Kapitel Fragen zur Beauftragung von Rechtsanwälten und deren Kosten. Den Abschluss bildet ein Interview zum Versicherungsschutz gegen Rechtsverstöße.

Glossar & Anhänge

Im Glossar können Sie die wichtigsten im Buch verwendeten Rechtsbegriffe nachschlagen. In den Anhängen finden Sie Mustervorlagen für Gewinnspiel-Nutzungsbedingungen sowie Social Media Guidelines.

Danksagungen

In erster Linie möchte ich mich bei den Lesern unseres Kanzleiblogs *www.spreerecht.de* sowie meinen Freunden, Fans und Followern in den sozialen Netzwerken bedanken. Eure und Ihre Bedürfnisse bestimmten maßgeblich die Inhalte dieses Buches, und vielen der besprochenen Rechtsfragen liegen Eure und Ihre Kommentare, Anregungen und Ergänzungen zugrunde.

Ebenfalls dankbar bin ich meiner Lektorin Susanne Gerbert, die vor allem darauf geachtet hat, dass ich mich bei schwierigen Rechtsfragen nicht in die Welt diffuser »Es kommt drauf an«-Formulierungen flüchtete.

Gleichermaßen bin ich meinem hoch geschätzten Kollegen Henning Krieg zu Dank verpflichtet. Er war mir nicht nur mit seinem Blog *http://kriegs-recht.de* immer ein Vorbild, wenn es darum ging, schwierige rechtliche Probleme verständlich auszudrücken. Ich war daher sehr glücklich, ihn als Fachkorrektor für dieses Buch gewinnen zu können.

Dieses Buch wäre nie ohne die Unterstützung meines Kanzleipartners Sebastian Dramburg, meiner Freunde und ganz besonders meiner konstruktivsten Kritikerin Katja entstanden.

Aktualität und Follow-up

Ein Buch zu einem so schnelllebigen Thema wie Social Media läuft natürlich Gefahr, nicht alle aktuellen Entwicklungen erfassen zu können. Dem trage ich Rechnung, indem ich Ihnen vor allem rechtliche Grundlagen beibringe und sie an aktuellen Beispielen veranschauliche. Es wäre wohl auch wenig sinnvoll, zu lernen, wann ein Bild auf Facebook, wann auf Google+ und wann in einem Blog geschützt ist. Der Schutz ist überall gleich – und wenn Sie seine Grundlagen kennen, werden Sie auf keiner Plattform Urheberrechtsverstöße begehen. Das bedeutet, dass Sie fast alles, was Sie in diesem Buch erfahren, auch auf zukünftige Dienste und Plattformen anwenden können.

Zudem werde ich in unserem Kanzleiblog dieses Buch begleiten, aktualisieren und ergänzen. So bleiben Sie immer auf dem Laufenden. Alle buchrelevanten Einträge erreichen Sie unter der Adresse *http://smmr-buch.de*.

Darüber hinaus würde ich mich freuen, mit Ihnen auf den folgenden Kanälen in Kontakt zu kommen bzw. bleiben zu können:

- *http://spreerecht.de* – Unter dieser Adresse finden Sie unser Kanzleiblog sowie genauere Informationen zu meiner Person.
- *http://facebook.com/schwenke.dramburg* – Die Facebook-Seite unserer Kanzlei mit aktuellen Entwicklungen rund um Facebook und Recht sowie Einblicken in unser Kanzleileben.
- *http://twitter.com/thsch* – Mein Twitter-Kanal, in dem ich meistens Berufliches schreibe – es sei denn, ich sitze an einem Traumstrand oder vor einer wundervollen Speise und verspüre den Drang, allen meinen Followen davon zu berichten.
- *http://gplus.to/schwenke* – Mein Profil bei Google+, in dem ich hauptsächlich über rechtliche Entwicklungen schreibe, insbesondere im Bezug auf diese Plattform.
- *http://www.slideshare.net/tschwenke* – Bei Slideshare finden Sie eine Auswahl meiner Präsentationsfolien.
- *http://www.xing.com/profile/Thomas_Schwenke2* – Mein Xing-Profil mit beruflichen Daten.

Thomas Schwenke

Rechtliche Anforderungen beim Social Media-Marketing

Rechtsfragen gehören vielleicht nicht zu den Dingen, mit denen Sie sich am liebsten beschäftigen. Vor allem nicht beim Social Media-Marketing, das spontan, schnell und authentisch wirken soll – alles Begriffe, die nicht gerade mit Recht in Verbindung gebracht werden.

Doch leider gibt es beim Social Media-Marketing keinen rechtlichen Bonus. Für einen spontanen Beitrag bei Facebook oder Twitter gelten dieselben strengen rechtlichen Regeln wie bei Werbekampagnen, die von langer Hand vorbereitet werden. Das bedeutet, dass Sie nicht nur über Marketing-, sondern auch über Rechtswissen verfügen müssen. Was jedoch nicht heißt, dass Sie alle maßgeblichen Paragraphen auswendig beherrschen und jeden Fehler vermeiden müssten. Die unterlaufen sogar Rechtsanwälten, die soziale Medien für Marketingzwecke nutzen. Es ist ausreichend, wenn Sie die rechtlichen Grundregeln kennen und wissen, wann Sie bei tiefergehenden Problemen nachfragen oder nachschlagen müssen. Fast alle Abmahnungen, die unsere Mandanten in Folge rechtswidriger Marketingmaßnahmen in Social Media erhalten, beruhen nicht auf fehlendem Detailwissen, sondern auf fehlendem Problembewusstsein. Wenn Sie erahnen können, wo die rechtlichen Stolperfallen liegen, können Sie sie leicht vermeiden.

Und haben Sie keine Sorge: Dieses Buch soll nicht dazu dienen, Sie vom sorgenfreien Umgang mit Social Media abzuhalten. Ganz im Gegenteil, wird es Ihnen dazu verhelfen, sorgenfrei, sicher und selbstbewusst Social Media-Marketing betreiben zu können, ohne ständig Angst vor Rechtsverstößen zu haben.

Social Media-Marketing

Social Media beziehungsweise soziale Medien sind digitale Medien und Technologien, die es Nutzern ermöglichen, sich untereinander auszutauschen und Inhalte gemeinsam zu erstellen oder auszutauschen.

Unter Social Media-Marketing sind Marketingmaßnahmen zu verstehen, bei denen Personen, Unternehmen oder Organisationen mithilfe verschiedener Plattformen und Dienste in direkten Kontakt mit den Nutzern treten. Dazu gehören vor allem Blogs, Microblogging-Dienste wie Twitter und Präsenzen innerhalb sozialer Netzwerke wie Facebook und Google+. Ebenfalls zu Social Media zählen Bewertungsplattformen, Diskussionsforen und Bilder- sowie Videonetzwerke wie Flickr oder YouTube.

Genau wie die Zahl der verschiedenen Plattformen und Dienste riesengroß ist, ist es auch die Palette der möglichen Marketingmaßnahmen. Dazu gehören bereits das Anlegen einer Präsenz auf einer Social Media-Plattform, das Verfassen von Beiträgen in einem Blog, die Kommunikation mit Kunden und das Einbinden von fremden Inhalten. Dabei können durchaus traditionelle Marketingmaßnahmen wie Produktvorstellungen, Gewinnspiele oder die Direktansprache von Nutzern Bestandteile des Social Media-Marketings sein.

Tipp — Plattformen und Dienste ändern sich schnell, das Gesetz dagegen sehr langsam. Lernen Sie daher plattformübergreifend. Die in diesem Buch erläuterten rechtlichen Grundsätze werden anhand aktueller Plattformen veranschaulicht. Sie gelten jedoch genauso für neue und zukünftige Social Media-Entwicklungen.

Social Media-Marketingrecht

Tipp — Es gibt kein einheitliches Social Media-Recht. Vielmehr müssen viele unterschiedliche Vorschriften in vielen Gesetzen beachtet werden.

Ähnlich wie das Social Media-Marketing eine Mischung aus verschiedenen neuen und traditionellen Marketingmaßnahmen ist, gibt es auch keine einheitliche »Social Media-Marketing-Gesetzgebung«. Wenn vom Social Media-Marketingrecht die Rede ist, ist damit eine Vielzahl von Gesetzen gemeint, die in der jeweiligen Situation relevant werden. Dazu gehören insbesondere die folgenden:

**Gesetz über Urheberrecht und verwandte Schutzrechte
(kurz Urhebergesetz, abgekürzt UrhG)** Das UrhG gehört zu den wichtigsten Gesetzen und wird immer dann relevant, wenn fremde Bilder, Videos oder Texte verwendet werden. Diesem Gesetz sind die Kapitel 3 und 4 gewidmet.

**Gesetz über den Schutz von Marken und sonstigen Kennzeichen
(kurz Markengesetz, abgekürzt MarkenG)** Dieses Gesetz kommt insbesondere bei der Wahl von Accountnamen und der Verwendung fremder Markenlogos und Abbildungen von Markenprodukten zur Anwendung. Es wird ausführlich in Kapitel 5 behandelt.

Telemediengesetz (abgekürzt TMG) Dieses Gesetz enthält eine Reihe spezieller Vorschriften für sogenannte Telemedien, also Websites, Blogs und soziale Netzwerke. Darin sind insbesondere die Impressumspflicht (Kapitel 2), Datenschutzregeln (Kapitel 8) und Haftungsregelungen (Kapitel 9) enthalten.

Bundesdatenschutzgesetz (abgekürzt BDSG) Das Bundesdatenschutzgesetz regelt den Schutz personenbezogener Daten (besprochen im Kapitel 8) und kommt im Datenschutzbereich neben dem TMG zur Anwendung, das nur Spezialvorschriften für den Onlinebereich enthält.

**Gesetz gegen den unlauteren Wettbewerb
(abgekürzt UWG)** Das UWG soll dafür Sorge tragen, dass kommerziell motivierte Handlungen stets als solche erkennbar sind und Schleichwerbung vermieden wird. Darüber hinaus soll es einen fairen Wettbewerb gewährleisten, bei dem sich Mitbewerber nicht mit unsachlichen oder unangemessenen Werbemaßnahmen bekämpfen. Außerdem soll es die Verbraucher schützen, indem es zum Beispiel die Zusendung unerwünschte Werbenachrichten verbietet. Das UWG spielt insbesondere in den Kapiteln 6 und 7 eine Rolle.

Bürgerliches Gesetzbuch (abgekürzt BGB) Das BGB regelt rechtliche Beziehungen zwischen Privatpersonen und Unternehmen untereinander und zueinander, sofern diese nicht in den zuvor genannten Gesetzen enthalten sind. Es ist sozusagen das »Auffanggesetz«, falls spezielle Regelungen fehlen.

Achtung Wenn Sie oder Ihr Unternehmen in Deutschland einen Sitz haben oder deutsche Kunden ansprechen, müssen Sie in der Regel deutsches Recht beachten. Das gilt auch, wenn Sie eine ausländische Plattform verwenden, die auf Servern betrieben wird, die im Ausland stehen.

Unterschiede zwischen traditionellem Marketing und Social Media-Marketing

Aus rechtlicher Sicht unterscheiden sich traditionelles und Social Media-Marketing vor allem durch die Art, Geschwindigkeit und Planungssicherheit der Marketingmaßnahmen.

Traditionelles Marketing

Traditionelles Marketing birgt weniger rechtliche Probleme, da es vor allem mehr Zeit zur Prüfung der Marketingmaßnahmen lässt.

Im traditionellen Marketing vor den Zeiten des Social Web wurden die Werbekampagnen in Marketingabteilungen von langer Hand vorbereitet, gingen durch mehrere Hände und wurden bei Unsicherheiten einem Juristen vorgelegt. Dieser konnte zum Beispiel empfehlen, die Aussagen rechtlich sicher abzufassen und rechtlich gefährliche Werbeaussagen sprachlich abzumildern oder mit Sternchenhinweisen zu versehen. Dabei konnten die Beteiligten auf eine gesicherte Rechtsprechung und persönliche Erfahrungen zurückgreifen. Der Dialog mit den Kunden fand nur in geringem Rahmen und unter Ausschluss der Öffentlichkeit statt. Wurden gegenüber Kunden wettbewerbsrechtlich unzulässige Äußerungen getätigt oder die Wettbewerber kritisiert, gelangte dies so gut wie nie an die Öffentlichkeit. Damit war das Potenzial für rechtliche Fehler gering und viele Rechtsverstöße wurden gar nicht erst publik.

Abbildung 1-1 ▶
Auch eine Website wie die der Berliner Volksbank zählt zu traditionellen Marketingmitteln, da sie und ihre Inhalte von langer Hand geplant und vor der Veröffentlichung ausgiebig geprüft werden können (Quelle: http://berliner-volksbank.de).

Social Media-Marketing

Diese mehr oder weniger sichere Lage hat sich im Social Media-Marketing radikal verändert: Statt von langer Hand vorbereitet zu sein, findet Marketing nun immer öfter in Echtzeit statt. Punktuell vorbereitete »große« Werbemaßnahmen werden in vielen Unternehmen durch einen stetigen Fluss von »kleinen« Beiträgen wie Tweets, Blogartikeln, Antworten in Foren oder Statusaktualisierungen bei Facebook ersetzt bzw. ergänzt. Dabei bleibt kaum Zeit, Kollegen zu befragen oder Juristen zu konsultieren. Auch sollen die Aussagen in den Social Media nicht in wasserdichte Marketingtexte verpackt werden, sondern authentisch und direkt klingen. Zugleich findet ein permanenter Dialog mit Kunden statt, die jederzeit Fragen stellen und Kritik üben können. Anders als früher findet der Dialog mit den Kunden in der Öffentlichkeit statt und ist dadurch dauerhaft für andere Kunden und vor allem Wettbewerber einsehbar.

Beim Social Media-Marketing steigt die Fehleranfälligkeit, weil weniger Zeit zur Prüfung besteht und die oft lockerere Herangehensweise zu rechtlicher Nachlässigkeit verleitet.

Achtung Sie sollten nicht dem Trugschluss erliegen, sich dem Social Media-Marketing für immer entziehen zu können. Der Dialog mit Kunden kann auch von diesen ausgehen, zum Beispiel in Form von Bewertungen oder öffentlichen Debatten in Blogs. Selbst Unternehmen, die selbst gar kein Social Media-Marketing betreiben, können so in den sozialen Medien zum Thema werden.

◀ **Abbildung 1-2**
Anders als eine Website besteht eine Social Media-Präsenz aus einem ständigen Fluss von Marketingmaßnahmen, die nicht viel Zeit zur Prüfung durch die Rechtsabteilung lassen (Quelle: https://fb.com/BerlinerVolksbank).

Des Weiteren zeichnet sich Social Marketing dadurch aus, dass es nicht nur zentral von einer erfahrenen Marketingabteilung betrieben wird. Oft werden Mitarbeiter aus ganz verschiedenen Abteilungen aufgefordert, zum Erfolg des Unternehmens in sozialen Medien beizutragen. Ein weiterer Aspekt ist die Einbindung der Nutzer oder »Fans«, die dazu eingeladen werden, mit Produktvideos und -bildern oder unternehmensbezogenen Beiträgen die Social Media-Aktivitäten des Unternehmens mit Leben zu füllen und authentisch wirken zu lassen.

Dabei gelten beim Social Media-Marketing nicht nur die gleichen gesetzlichen Regeln wie beim traditionellen Marketing. Vielmehr kommen zusätzliche Regeln wie die datenschutzrechtlichen Anforderungen und die Nutzungsbedingungen der Plattformen hinzu. Vor allem die letzteren müssen unbedingt beachtet werden, denn der Verlust eines mühsam und langwierig aufgebauten Social Media-Profils kann einen Investitionsverlust bedeuten, der ein paar hundert Euro Abmahnungskosten wie eine Lappalie aussehen lässt. Hinzu kommen ständige technische Änderungen und neue Marketingarten, für die weder Erfahrungen noch eine gesicherte Rechtsprechung bestehen.

Achtung Lesen Sie unbedingt die Nutzungsbedingungen von Social Media-Plattformen. Wenn Sie gegen diese verstoßen, kann Ihr gesamter Account gelöscht werden, was nicht nur einen finanziellen, sondern auch einen Imageschaden bedeuten kann.

Im Ergebnis treffen beim Social Media-Marketing höhere rechtliche Anforderungen und öffentliche Überwachung auf geringere Erfahrungen, weniger Kontrollmöglichkeiten und mehr potenzielle Fehlerquellen. Damit müssen Unternehmen und Personen, die mit Social Media-Marketing beauftragt werden, über ein weitaus größeres Rechtsverständnis verfügen als beim traditionellen Marketing.

Tabelle 1-1 ▶
Unterschiede zwischen traditionellem und Social Media-Marketing

Marketingaspekt	Traditionell	Social Media
Richtung der Kommunikation mit Kunden	Einseitig: Unternehmen spricht, Kunden hören zu	Beidseitig/Dialog: Unternehmen spricht und hört zu, Kunden sprechen und hören zu
Art der Marketingmaßnahmen	Homogen und übersichtlich: Werbekampagnen, Servicehotlines usw.	Zergliedert und unübersichtlich: Blogbeiträge, Statusupdates, Tweets, Reaktionen auf Bewertungen, Antworten in Foren, Werbekampagnen

Marketingaspekt	Traditionell	Social Media
Planung von Werbemaßnahmen	Lange Vorbereitung	Spontan
Kommunikation mit Kunden	Längere Zeit zur Überlegung und Besprechung: Kommunikation findet nur zwischen Anbieter und Kunden statt	Schnelle und unmittelbare Reaktion: Kommunikation mit Kunden findet in der Öffentlichkeit statt
Verfügbarkeit	Innerhalb von Geschäftszeiten	Permanente Bereitschaft, auf Anfragen und Konfliktsituationen zu reagieren
Reichweite	Bestimmte Märkte und Zielgruppen	Von jedermann jederzeit abrufbar
Sprache	Marketingsprache, rechtlich sicher abgefasste Formulierungen	Authentische & direkte Sprache, keine glatten und vorgefertigten Formulierungen
Erfahrungsschatz	Gesicherte Rechtslage, vergleichbare Fälle	Sich ständig ändernde technische Voraussetzungen, neuartige Marketingkonzepte, keine gesicherte Rechtslage
Überwachungsinstanzen	Mitbewerber, Wettbewerbs- und Verbraucherschutzzentralen	Mitbewerber, Wettbewerbs- und Verbraucherschutzzentralen, Nutzer, Plattformbetreiber
Involvierte Personen	PR-Abteilung, Marketingabteilung, Agenturen	PR-Abteilung, Marketingabteilung, Agenturen, Social Media-Abteilung, Mitarbeiter, Nutzer
Zu beachtendes Recht	Urheberrecht, Markenrecht, Wettbewerbsrecht	Urheberrecht, Markenrecht, Wettbewerbsrecht, Arbeitsrecht, Telemedienrecht, Datenschutzrecht, Nutzungsbedingungen der Plattformen

Trotz allem: Keine Angst beim Social Media Marketing!

Die rechtlichen Herausforderungen bedeuten jedoch nicht, dass Sie nur noch Juristen mit Social Media-Marketing beauftragen sollten. Auch ist es nicht notwendig, dass Sie alle Paragraphen des Urheberrechtsgesetzes oder alle Fallstricke bei Facebook kennen.

Die meisten rechtlichen Fehler resultieren nicht aus Fehlern bei der Rechtsanwendung im Einzelfall. Nach meinen Erfahrungen aus der Praxis passieren 90 % aller Rechtsverstöße aus fehlendem Bewusstsein dafür, dass ein Rechtsproblem vorliegen könnte. Wer dagegen eine rechtlich möglicherweise problematische Stelle erahnt, kann den Rechtsfehler in der Regel vermeiden. Dabei hilft, dass das meiste rechtliche Wissen im Internet zu finden ist, wenn man nur weiß, wonach man suchen muss.

Fallbeispiel

Dieses fiktive Beispiel eines Mercedes-Vertragshändlers, der eine Facebook-Präsenz anlegen möchte, soll Ihnen veranschaulichen, wie schnell man im Social Media-Marketing in rechtliche Schwierigkeiten geraten kann – aber auch, wie sich diese Schwierigkeiten recht einfach vermeiden lassen:

In der ersten Variante handelt der Händler ohne rechtliches Problembewusstsein:

Er legt ein Facebook-Profil an, wählt möglicherweise einen Namen wie »Mercedes bei Facebook«, findet ein repräsentatives Bild in der Google-Bildersuche und lädt es als Profilbild hoch. Anschließend schreibt der Unternehmer alle seine Kunden per E-Mail an und bittet sie, seine Freunde zu werden. Als Dankeschön verlost er unter allen Freunden ein iPad.

Im zweiten Fall hat der Autohändler dieses Buch gelesen und handelt mit Rechtsbewusstsein:

Er liest vor der Registrierung die Nutzungsbedingungen von Facebook. So weiß er, dass er für das Unternehmen kein Facebook-Profil, sondern eine Facebook-Fanseite anlegen muss. Zugleich erfährt er auch, dass er kein Gewinnspiel veranstalten darf, bei dem er pauschal einen Gewinn unter den Fans der Seite verlost. Darüber hinaus ist ihm bewusst, dass die Impressumspflicht auch in sozialen Medien zu beachten ist. Des Weiteren weiß er, dass er nicht einfach fremde Marken als Seitennamen verwenden darf und fragt bei der Daimler AG an, ob er den Namen »Mercedes« verwenden darf. Auch weiß der Händler, dass er fremde Bilder nicht ohne Einverständnis der Urheber nutzen darf und fragt daher beim Fotografen um Erlaubnis. Er weiß, dass E-Mail-Nachrichten an Kunden schnell unerlaubten Spam darstellen können. Daher fragt er zur Sicherheit seinen Rechtsanwalt und erfährt, dass auch Einladungen auf eine Fanseite Werbung darstellen, die ohne Einwilligung nicht an Kunden versendet werden darf.

Das fiktive Fallbeispiel zeigt: Bei der ersten Variante ist der Autohändler schneller fertig und hat weniger Mühen. Rechnet man jedoch die Rechtsverstöße gegen Impressumspflicht und Marken-, Urheber- und Wettbewerbsrecht zusammen, können die möglichen Abmahnungskosten 10.000 Euro und mehr betragen. Hinzu kommt, dass er seinen Facebook-Auftritt samt investierter Zeit und Mühe wegen Verstößen gegen die Nutzungsbedingungen verlieren kann.

Zugegeben, es ist selten, dass man wegen aller Rechtsverstöße in einem Social Media-Profil gleichzeitig belangt wird. Jedoch müssen Sie berücksichtigen, dass Social Media-Marketing aus vielen einzelnen Maßnahmen wie dem Anlegen neuer Profile, der Bildernutzung und Werbeaussagen gegenüber Kunden besteht, die viele rechtliche Gefahren in sich bergen.

Die typischen rechtlichen Stolperfallen

Im Folgenden finden Sie eine Übersicht über die häufigsten rechtlichen Stolperfallen bei der Verwendung von Social Media-Plattformen und -Diensten. Beachten Sie jedoch, dass die Funktionen der Plattformen sich überschneiden und ständig ändern. Zum Beispiel werden fremde Bilder, Videos und Texte nicht nur innerhalb von sogenannten *Kuratierungsplattformen* mit anderen Nutzern geteilt, sondern auch innerhalb von sozialen Netzwerken. Die Übersicht gibt Ihnen daher nur einen schnellen Einblick, ersetzt aber nicht die Lektüre des Buchs.

Checkliste: Blogs

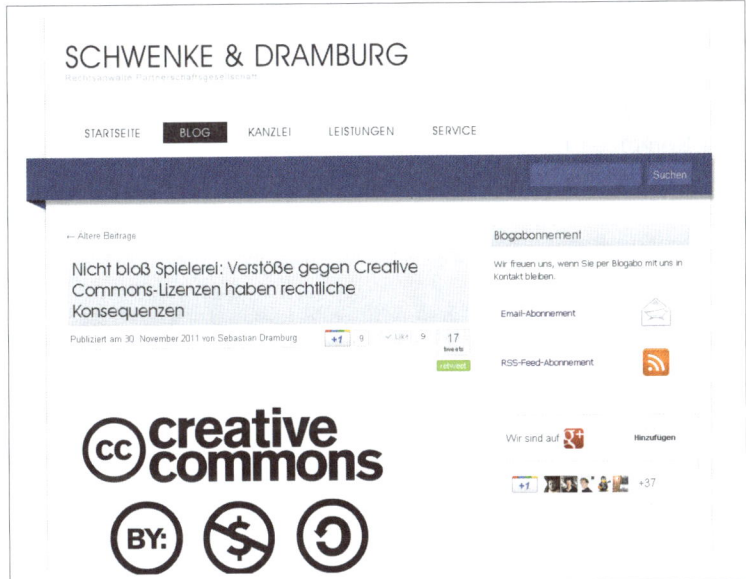

◄ Abbildung 1-3
Blogs können auf eigenem Server oder innerhalb einer Blogging-Plattform wie Wordpress.com, Blogger.com oder Blogger.de erstellt werden (Quelle: Blog des Autors, http://spreerecht.de).

Blogname Verstößt der Blogname gegen fremde Marken-, Titel- oder Namensrechte (Kapitel 2)?

Impressum Hat das Blog ein leicht erkennbares und zu findendes Impressum (Kapitel 2)?

Datenschutzerklärung Hat das Blog eine Datenschutzerklärung (Kapitel 2)?

Nutzung fremder Inhalte Werden Bilder und Texte nur mit ausdrücklichem Einverständnis der Urheber oder im Rahmen des Zitatrechts verwendet (Kapitel 3)? Werden Lizenzbedingungen bei Inhalten unter Creative-Commons-Lizenzen oder Inhalten aus Stockarchiven beachtet (Kapitel 4)? Werden Videos nur von sicheren Plattformen wie YouTube, Sevenload oder MyVideo verwendet und sind sie auch nicht offensichtlich rechtswidrig (Kapitel 3)?

Meinungen und Tatsachen Werden nur Tatsachen veröffentlicht, die nachweisbar wahr sind und keine Schmähungen enthalten (Kapitel 6)?

Wettbewerbsrecht Werden Meinungen über Konkurrenten und deren Produkte sowie Vergleiche mit ihnen nur nach wettbewerbsrechtlicher Prüfung veröffentlicht (Kapitel 6)? Wird keine Schleichwerbung betrieben (Kapitel 6)?

Gewinnspiele Werden transparente Teilnahmebedingungen eingesetzt und die E-Mail-Adressen der Teilnehmer nur mit deren Einwilligung für Werbezwecke wie Newsletter verwendet (Kapitel 7)?

Beitrags- und Kommentarabonnements Wird bei Artikel- und Kommentarabonnements das »Double Opt-in«-Verfahren eingesetzt (Kapitel 7)?

Links Werden keine Links zu offensichtlich rechtswidrigen Inhalten gesetzt (Kapitel 9)?

Checkliste: Microblogging

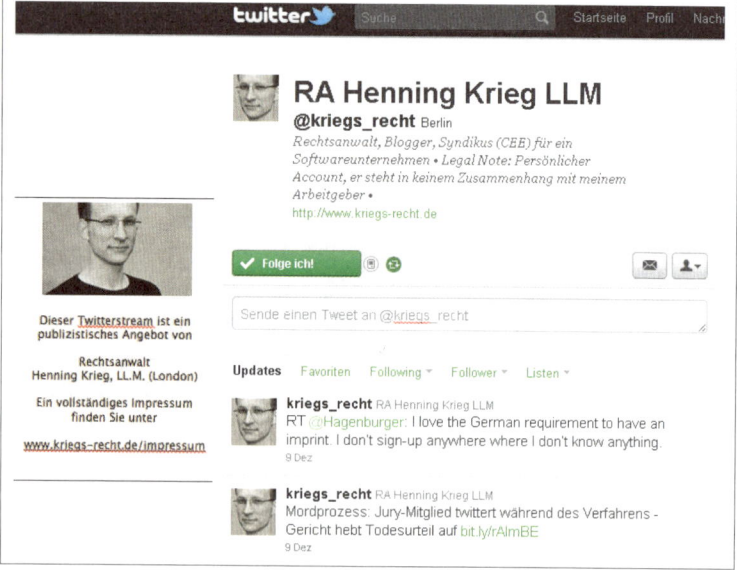

Abbildung 1-4 ▶
Microblogging ist eine Form des Bloggens, bei der die Nutzer kurze Textnachrichten veröffentlichen. Die bekannteste Microblogging-Plattform ist Twitter (Beispiel: http://twitter.com/kriegs_recht).

Name Verstößt der Accountname gegen fremde Marken-, Titel- oder Namensrechte (Kapitel 2)?

Impressum Ist ein leicht erkennbares und zu findendes Impressum vorhanden (Kapitel 2)?

Meinungen und Tatsachen Werden nur Tatsachen veröffentlicht, die nachweisbar wahr sind und keine Schmähungen enthalten (Kapitel 6)?

Wettbewerbsrecht Werden Meinungen über Konkurrenten und deren Produkte sowie Vergleiche mit ihnen nur nach wettbewerbsrechtlicher Prüfung veröffentlicht (Kapitel 6)? Wird keine Schleichwerbung betrieben (Kapitel 6)?

Links Werden keine Links zu offensichtlich rechtswidrigen Inhalten gesetzt und machen Sie sich nur Links zu offensichtlich rechtmäßigen Inhalten zu eigen (Kapitel 9)?

Checkliste: Soziale Netzwerke

◀ **Abbildung 1-5**
Soziale Netzwerke im Internet sind Netzgemeinschaften, bei denen die Nutzer gemeinsam eigene Inhalte erstellen und sich austauschen können. Bekannte soziale Netzwerke sind Facebook und Google+ und Businessnetzwerke wie Xing oder LinkedIn (Beispiel: Facebook-Fanseite des O'Reilly Verlags, https://www.facebook.com/oreilly.de).

Nutzungsbedingungen Wurden die Nutzungsbedingungen daraufhin überprüft, ob die angestrebte (insbesondere kommerzielle) Nutzung im geplanten Umfang erlaubt ist (Kapitel 2)? Wurde geprüft, in welchem Umfang dem sozialen Netzwerk die Rechte an den eigenen Inhalten eingeräumt werden (Kapitel 4)?

Name Verstößt der Accountname gegen fremde Marken-, Titel- oder Namensrechte (Kapitel 2)?

Impressum Ist ein leicht erkennbares und zu findendes Impressum vorhanden (Kapitel 2)?

Meinungen und Tatsachen Werden nur Tatsachen veröffentlicht, die nachweisbar wahr sind und keine Schmähungen enthalten (Kapitel 6)?

Nutzung fremder Inhalte Werden Bilder und Texte nur mit ausdrücklichem Einverständnis der Urheber oder im Rahmen des Zitatrechts verwendet (Kapitel 3)? Werden Lizenzbedingungen bei Inhalten unter Creative-Commons-Lizenzen oder Inhalten aus Stockarchiven beachtet (Kapitel 4)? Werden Videos nur von sicheren Plattformen wie YouTube, Sevenload oder MyVideo verwendet und sind sie auch nicht offensichtlich rechtswidrig (Kapitel 3)?

Wettbewerbsrecht Werden Meinungen über Konkurrenten und deren Produkte sowie Vergleiche mit ihnen nur nach wettbewerbsrechtlicher Prüfung veröffentlicht (Kapitel 6)?

Links Werden keine Links zu offensichtlich rechtswidrigen Inhalten gesetzt und machen Sie sich nur Links zu offensichtlich rechtmäßigen Inhalten zu eigen (Kapitel 9)?

Checkliste: Diskussionsforen, Bewertungs- und Empfehlungsplattformen

Abbildung 1-6 ▶
Diskussionsforen sind die ältesten Social Media-Plattformen. Ihr Schwerpunkt (wie auch der von Empfehlungs- und Bewertungsplattformen) ist der Austausch von Meinungen und Informationen (Beispiel: Qype.com).

Nutzungsbedingungen Wurden die Nutzungsbedingungen daraufhin überprüft, ob die angestrebte (insbesondere kommerzielle) Nutzung im geplanten Umfang erlaubt ist (Kapitel 2)?

Name Verstößt der Accountname gegen fremde Markenrechte, Titel- oder Namensrechte (Kapitel 2)?

Meinungen und Tatsachen Werden nur Tatsachen veröffentlicht, die nachweisbar wahr sind und keine Schmähungen enthalten (Kapitel 6)?

Wettbewerbsrecht Werden Meinungen über Konkurrenten und deren Produkte sowie Vergleiche mit ihnen nur nach wettbewerbsrechtlicher Prüfung veröffentlicht (Kapitel 6)? Werden keine Schleichwerbung und kein Astroturfing betrieben (Kapitel 6)?

Links Werden keine Links zu offensichtlich rechtswidrigen Inhalten gesetzt und machen Sie sich nur Links zu offensichtlich rechtmäßigen Inhalten zu eigen (Kapitel 9)?

Checkliste: Podcasts und Videocasts

◀ **Abbildung 1-7**
Podcasts sind abonnierbare Audio- bzw. Videobeiträge (die auch als Videocasts bezeichnet werden; Beispiel: der Podcast des t3n-Magazins unter Technikload.de).

Nutzungsbedingungen Wurden beim Upload auf Video- oder Audio-Sharingplattformen die Nutzungsbedingungen daraufhin überprüft, ob die angestrebte (insbesondere kommerzielle) Nutzung im geplanten Umfang erlaubt ist (Kapitel 2)? Wurde geprüft, in welchem Umfang der Plattform die Rechte an den eigenen Inhalten eingeräumt werden (Kapitel 4)?

Name Verstößt der Podcast-Name gegen fremde Marken-, Titel- oder Namensrechte (Kapitel 2)?

Impressum Ist ein leicht erkennbares und zu findendes Impressum auf der Website des Podcasts vorhanden (Kapitel 2)?

Meinungen und Tatsachen Werden nur Tatsachen veröffentlicht, die nachweisbar wahr sind und keine Schmähungen enthalten (Kapitel 6)?

Nutzung fremder Inhalte Werden Bilder, Filme, Musikstücke und Texte nur mit ausdrücklichem Einverständnis der Urheber oder im Rahmen des Zitatrechts verwendet (Kapitel 3)? Werden die Lizenzbedingungen bei Inhalten unter Creative-Commons-Lizenzen oder Inhalten aus Stockarchiven beachtet (Kapitel 4)?

Wettbewerbsrecht Werden Meinungen über Konkurrenten und deren Produkte sowie Vergleiche mit ihnen nur nach wettbewerbsrechtlicher Prüfung veröffentlicht (Kapitel 6)?

Links Werden keine Links zu offensichtlich rechtswidrigen Inhalten gesetzt und machen Sie sich nur Links zu offensichtlich rechtmäßigen Inhalten zu eigen (Kapitel 9)?

Checkliste: Kuratierung, Embedding & Sharing

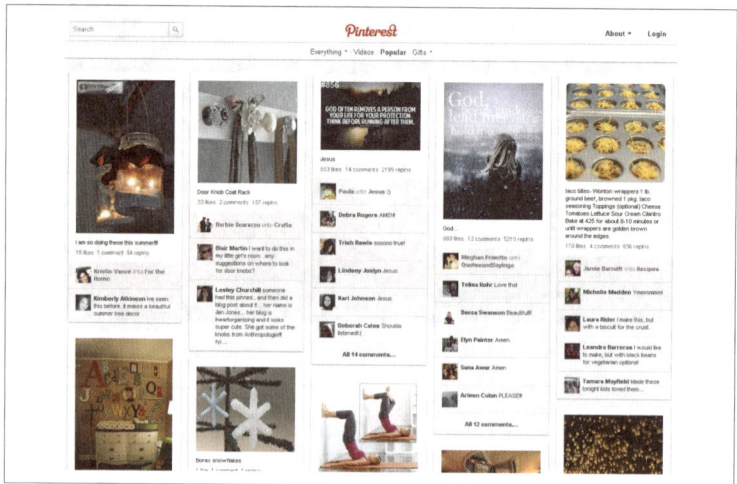

Abbildung 1-8 ▶
Auf Kuratierungsplattformen tragen die Nutzer hilfreiche, unterhaltsame oder interessante Inhalte zusammen und teilen sie mit anderen Nutzern (Beispiel: Pinterest.com). Dieselben Voraussetzungen sind auch zu beachten, wenn fremde Inhalte in Profilen und Seiten sozialer Netzwerke eingebunden werden.

Nutzung fremder Inhalte Werden Bilder, Filme, Musikstücke und Texte nur mit ausdrücklichem Einverständnis der Urheber oder im Rahmen des Zitatrechts eingebunden (Kapitel 3)? Werden Lizenzbedingungen bei Inhalten unter Creative-Commons-Lizenzen oder Inhalten aus Stockarchiven beachtet (Kapitel 4)?

Haftung Werden nur offensichtlich rechtmäßige Inhalte eingebunden, da mit der Einbindung die Haftung für sie übernommen wird (Kapitel 9)?

Meinungen und Tatsachen Werden nur Tatsachen verbreitet, die nachweisbar wahr sind und keine Schmähungen enthalten (Kapitel 6)?

Wettbewerbsrecht Werden keine Inhalte geteilt, die Konkurrenten oder deren Produkte verunglimpfen (Kapitel 6)?

Social Media-Präsenzen einrichten

Bereits beim Anlegen einer Social Media-Präsenz empfiehlt es sich aus rechtlicher Sicht, strategisch vorzugehen. Dabei sollten Sie nicht nur auf die gesetzlichen Anforderungen an kommerzielle Onlineauftritte achten, sondern auch auf die Hausregeln der jeweiligen Plattform. Prüfen Sie zuerst, ob die kommerzielle Nutzung der von Ihnen ins Auge gefassten Social Media-Plattform überhaupt erlaubt ist. Und falls ja: Gibt es gegebenenfalls plattformspezifische Besonderheiten, zum Beispiel spezielle Profilarten für Unternehmen? Daneben müssen Sie darauf achten, dass der kommerzielle Charakter Ihres Auftritts erkennbar ist, da es sich dabei sonst um eine Form der verbotenen Schleichwerbung handeln könnte.

Anschließend sollten Sie recherchieren, ob der (Benutzer-)Name, unter dem Sie auftreten möchten, verwendet werden darf. Unter Umständen ist der eigene Name besetzt, was zu der Frage führt, ob er zurückgeholt werden kann. Prüfen Sie außerdem, welche gesetzlichen Informationspflichten Sie erfüllen müssen. Dazu gehört besonders die Impressumspflicht, deren Erfüllung auf Social Media-Plattformen oft sehr umständlich zu bewerkstelligen ist. Schließlich können datenschutzrechtliche Aufklärungspflichten sowie der Wunsch nach eigenen Nutzungsbedingungen oder Disclaimern hinzukommen.

Wenn Sie dieses Grundgerüst für die Social Media-Präsenz schaffen, sollten Sie bedenken, dass Fehler an dieser Stelle oft gar nicht oder nur mit hohem Aufwand rückgängig gemacht werden können. Legen Sie daher bei der Registrierung besondere Sorgfalt an den Tag.

Aber keine Angst: Auf den folgenden Seiten lernen Sie, wie Sie diese Anforderungen handhaben und die rechtlichen Stolperfallen umgehen.

Die richtige Kontoart

Sowohl der Gesetzgeber als auch die meisten Plattformbetreiber unterscheiden zwischen privater und kommerzieller Nutzung von Social Media-Präsenzen. Beide verlangen vor allem, dass es immer zu erkennen ist, wenn ein Auftritt kommerziellen Charakter hat.

Daneben unterscheiden manche Plattformbetreiber auch, ob es eine natürliche Person ist, die sich geschäftlich oder beruflich präsentiert (zum Beispiel ein Freiberufler oder ein Künstler), oder ob es sich um ein Unternehmen handelt.

Hinweis   Der rechtliche Begriff »natürliche Person« bedeutet so viel wie »Mensch« im Gegensatz zu Unternehmen oder sonstigen Organisationen.

Daher ist es schon an dieser Stelle wichtig, die Nutzungsbedingungen einer Plattform durchzulesen, um sich für die richtige Art Profil zu entscheiden und das Transparenzgebot zu beachten.

Das Transparenzgebot – warum kommerzielle Kommunikation erkennbar sein muss

In den sozialen Medien verwischen die Unterschiede zwischen privater und kommerzieller Kommunikation. Anders als im traditionellen Marketing ist der kommerzielle Charakter im Social Media-Marketing oft nicht auf den ersten Blick zu erkennen.

Der kommerzielle Charakter eines Social Media-Auftritts darf nicht verschleiert werden.

Dabei muss kommerzielle Kommunikation nach dem Telemediengesetz (§ 6 Abs.1 Nr.1), dem Rundfunkstaatsvertrag (§ 58 Abs.1) und dem Gesetz gegen unlauteren Wettbewerb (§ 4 Nr.3) für Verbraucher als solche erkennbar sein. Sie darf weder verschleiert werden noch unterschwellig erfolgen.

Das bedeutet im Fall eines unternehmerischen Social Media-Auftritts, dass es nicht nur verboten ist, ihn als privaten Auftritt zu tarnen. Es besteht sogar die Pflicht, auf den kommerziellen und werbenden Charakter hinzuweisen, wenn er ansonsten nicht eindeutig erkennbar sein sollte.

Wann ist ein Social Media-Auftritt kommerziell?

An vielen Stellen im Gesetz und den Nutzungsbedingungen der Anbieter werden die Begriffe »kommerziell«, »geschäftlich«, »geschäftsmäßig«, »werbend« oder »unternehmerisch« verwendet. Damit soll eine Abgrenzung zu rein privaten Handlungen oder rein privater Nutzung von Social Media-Plattformen geschaffen werden, denn für Privatpersonen gibt es weniger Pflichten und Einschränkungen als für kommerzielle Anbieter.

Da es hier um den Schutz von Verbrauchern geht, wird ein Gericht in Zweifelsfällen zu deren Gunsten entscheiden. Das bedeutet, dass im Zweifel ein kommerzieller Charakter angenommen wird, wenn unklar ist, ob es sich um einen privaten oder kommerziellen Social Media-Auftritt handelt.

Kommerzielle Nutzung

Ein Social Media-Auftritt ist nach deutschem Gesetz eindeutig kommerziell (beziehungsweise geschäftlich und Werbung), wenn er

- dem Absatz von Waren oder Dienstleistungen oder
- der Imagepflege eines Unternehmens oder eines Freiberuflers
- direkt oder indirekt und
- nachhaltig

dient.

> Praktisch jede Tätigkeit, die darauf angelegt ist Einnahmen zu erzielen oder das geschäftliche Image zu fördern, ist kommerzieller Natur.

Das ist eine sehr weite Definition und bedeutet in etwa, dass Ihr Social Media-Auftritt kommerziell ist, sobald er irgendwie zu Geldverdienst führt. Darunter fallen auch Maßnahmen, die auf den ersten Blick vielleicht gar nicht einmal zwingend kommerziell aussehen. Wenn zum Beispiel der CEO eines Unternehmens einen Twitter-Account unterhält, um Einblicke in seine Arbeit zu gewähren, dient das indirekt auch der Imagepflege des Unternehmens. Das Gleiche gilt, wenn ein Künstler ein Tourtagebuch führt.

Hinweis Vor allem die Imagepflege von Unternehmen wird oft fälschlicherweise als nichtkommerzielle Tätigkeit aufgefasst. Zum Beispiel sind aber auch wohltätige Aktionen eines Unternehmens kommerzieller Natur. Mehr zur kommerziellen Natur von Unternehmenshandlungen und deren Bewerbung erfahren Sie in »Werbemaßnahmen« in Kapitel 7.

Die richtige Kontoart

Mit »nachhaltig« ist gemeint, dass die geschäftliche Tätigkeit über eine gewisse Dauer oder mit einer bestimmten Intensität stattfinden muss. Gelegentliche Geschäfte von Privatleuten wie Verkäufe auf eBay stellen daher noch keine geschäftliche Tätigkeit dar. Eine einmalige Konzertveranstaltung, mit der Einnahmen generiert werden sollen, dagegen schon, weil sie einen intensiven unternehmerischen Einsatz erfordert. Auch wer zum Beispiel im Blog Platz für Banner, Werbeanzeigen oder bezahlte Links gegen Entgelt anbietet, handelt geschäftlich.

Private Nutzung

Ein Social Media-Auftritt, der keinem geschäftlichen Zweck dient, ist privat. Darunter fallen zum Beispiel Blogs und Facebook-Profile, in denen nur aus dem Privatleben berichtet wird.

Doch solche rein privaten Profile werden immer seltener. Soziale Medien zeichnen sich dadurch aus, dass darin das »ganze Leben« von Menschen stattfindet. So berichtet der CEO eines Unternehmens im einen Beitrag von der Geburt seines Kindes und im anderen von der Investmentrunde seines Unternehmens. Diese Mischung macht auch gerade das Wesen von Social Media aus, weil geschäftliche Auftritte dadurch persönlicher, authentischer und somit glaubwürdiger werden. Aber es ist nicht einfach, diese Profile rechtlich richtig einzuordnen.

Gemischt privat-kommerzielle Nutzung

Hinweise auf den kommerziellen Charakter eines Accounts sind mehrheitlich geschäftsbezogene Einträge und die erkennbare Absicht der beruflichen Imagepflege.

Die Vermischung von privaten mit geschäftlichen Inhalten führt schnell dazu, dass das gesamte Profil als kommerziell einzustufen und entsprechend zu kennzeichnen ist. Ansonsten liegt ein Verstoß gegen das Verbot von Schleichwerbung vor.

Es ist schwer, allgemein zu sagen, wo die Grenze zu einem kommerziellen Profil überschritten ist. Folgende Faktoren helfen Ihnen dabei, diese Grenze zu bestimmen:

Art der geschäftsbezogenen Einträge Wer von der geschäftlichen Tätigkeit wie unter Freunden berichtet, handelt eher nicht kommerziell (»Nach der ganzen Plackerei freue ich mich sehr, dass wir die Serviceauszeichnung bekommen haben.«). Wer dagegen eindeutig werbende Anpreisungen verfasst, handelt eher kommerziell (»Wir sind stolz auf die Service-Auszeichnung. Unsere Kunden können das gute Gefühl haben, bei uns in den besten Händen zu sein.«)

Häufigkeit der geschäftlichen Einträge Die Häufigkeit der geschäftlichen Einträge im Verhältnis zur privaten Inhalten ist ein Indiz für kommerzielle Nutzung. Doch schon wenige eindeutig werbende Anpreisungen verleihen dem gesamten Social Media-Auftritt kommerziellen Charakter

Geschlossener Kreis Wer nur mit Freunden und persönlich bekannten Personen über sein Geschäft kommuniziert (zum Beispiel auf Facebook), betreibt keine kommerzielle Kommunikation. Er ist dann eher mit jemandem vergleichbar, der auf einer Party ständig von seinem Beruf erzählt. Das mag soziale, aber weniger rechtliche Folgen haben. Das gilt nicht, wenn pauschal alle Freundschaftsanfragen beantwortet werden. Dann ist es kein geschlossener, also privater, Kreis mehr.

Imagepflege Auch die Imagepflege stellt eine kommerzielle Tätigkeit dar. Viele Unternehmer verfolgen eine persönlichere Social Media-Strategie, um authentischer zu wirken. Anstatt von oder zusätzlich zu Unternehmensprofilen legen die Unternehmer selbst oder deren Mitarbeiter »persönliche Profile« an, in denen sie zum Wohle des Unternehmens persönlich und ohne Marketingsprech kommunizieren. Sie schaffen damit ein positives Image einer Person, das auf das Unternehmen abfärben soll. Diese Profile sind kommerziell und stellen ohne entsprechende Hinweise Schleichwerbung dar. Selbstverständlich ist das nicht einfach zu erkennen. Fliegt ein solcher Account jedoch auf, wird neben dem möglichen rechtlichen oft auch ein Imageschaden hinzukommen.

Rein berufliche Profile Ähnlich wie schon bei den Profilen mit kommerziellen Absichten beschrieben, legen vor allem Freiberufler und Künstler häufig personenbezogene Profile an, die hauptsächlich der beruflichen Präsentation und Imagebildung dienen. Auch hierbei handelt es sich um kommerzielle Kommunikation.

Fake-Profile Profile von nichtexistenten Personen, die nur für Zwecke der Werbung angelegt worden sind, haben einen kommerziellen Charakter und müssen die Nutzer deutlich darauf hinweisen.

Einnahmenerzielung Ein Blog mit rein privaten Inhalten wird zum Beispiel kommerziell, wenn der Betreiber Google-Adsense-Anzeigen gegen Entgelt schaltet.

Abbildung 2-1 ▶

»PR-Doktor« Dr. Kerstin Hoffmann hat auf ihrem Facebook-Profil rund 1000 Freunde und verfasst mehrheitlich berufsbezogene Einträge, die ihre Qualität als freiberufliche Kommunikationsexpertin herausstellen. Trotz der gelegentlichen privaten Veröffentlichungen hat ihr Profil damit einen kommerziellen Charakter.

Erkennbarkeit kommerzieller Social Media-Auftritte

Gelangen Sie zu dem Ergebnis, dass Ihr Social Media-Auftritt kommerziellen Charakter hat, müssen Sie sicherstellen, dass dieser als solcher erkennbar ist.

In vielen Fällen wird sich das schon aus der Art der Präsenz ergeben:

Name Die Präsenz ist schon am Namen erkennbar kommerziell, zum Beispiel »Lufthansa« oder »Müller GmbH«.

Kommerzieller Plattformbereich Die Präsenz befindet sich auf einer kommerziellen Plattform oder in einem Plattformbereich, der der kommerziellen Kommunikation vorbehalten ist, zum Beispiel Facebook-Fanseiten oder Xing-Unternehmensprofile.

Kommerzielle Inhalte Die Inhalte des Social Media-Auftritts weisen eindeutig auf den kommerziellen Charakter hin. Zum Beispiel, wenn regelmäßig über Produktangebote oder das eigene Unternehmen berichtet wird.

Probleme können sich vor allem bei den gemischt privat-geschäftlichen Accounts ergeben, wenn Dritte nicht erkennen können, dass mit den Leistungstipps oder Produktbeschreibungen das eigene Geschäft beworben wird. Daher muss in solchen Fällen darauf hingewiesen werden, für welches Unternehmen man arbeitet:

- »Ich bin für das Unternehmen Meier GmbH als Geschäftsführer tätig.«
- »Hier schreibt Anton Muster in seiner Eigenschaft als Leiter des Vertriebs bei der Meier GmbH.«
- »Bei diesem Profil handelt es sich um ein Angebot der Meier GmbH.«

Dabei sollte bedacht werden, dass der Hinweis umso deutlicher sein muss, je weniger der kommerzielle Charakter ansonsten erkennbar ist. Ferner sind solche Hinweise bei Unternehmensangehörigen zu empfehlen, die auch außerhalb ihrer Arbeitstätigkeit Werbung für ihren Arbeit- oder Auftraggeber betreiben.

Hinweis Sie sollten Ihre Mitarbeiter dazu anhalten, außerhalb der Arbeitstätigkeit immer deutlich darauf hinzuweisen, dass sie nicht für das Unternehmen sprechen. Details zur Haftung für Mitarbeiter finden Sie in Kapitel 9.

◀ Abbildung 2-2
Dr. Kerstin Hoffmann gibt in ihrem Facebook-Profil an, dass sie Inhaberin von »Dr. Kerstin Hoffmann | Unternehmenskommunikation« ist. Damit ist das kommerzielle Eigeninteresse ihrer geschäftsbezogenen Beiträge deutlich erkennbar.

Folgen bei Verstößen gegen das Transparenzgebot

Verstöße gegen das Transparenzgebot können von Mitbewerbern kostenpflichtig abgemahnt werden. Die Kosten einer solchen Abmahnung betragen zwischen 800 und 1.000 Euro je nach Anzahl der Kontakte und Umfang der werbenden Inhalte.

Hinweis Einzelheiten über die Kosten und Folgen einer Abmahnung erfahren Sie in Kapitel 10.

Plattformregeln für kommerzielle Accounts

Zusätzlich zu den gesetzlichen Vorgaben müssen Sie die Regeln der Plattformbetreiber beachten. An diesem Punkt ist es sehr wichtig, vor dem Anlegen eines neuen Kontos die Nutzungsbedingungen durchzulesen und auf Hinweise zur geschäftlichen Nutzung zu achten.

Die meisten Social Media-Plattformen haben besondere Vorgaben und Einschränkungen für die kommerzielle Nutzung.

Die Plattformanbieter stellen Regeln auf, die im Wesentlichen den deutschen Transparenzvorgaben entsprechen, jedoch oft zusätzliche Einschränkungen für die kommerzielle Nutzung und die Inhalte enthalten. Zum Beispiel hält Facebook spezielle Richtlinien für Werbeinhalte bereit, die in Kapitel 6 besprochen werden.

Im Folgenden erhalten Sie eine Kurzdarstellung der Regeln für kommerzielle Nutzung der wichtigsten Social Media-Plattformen.

Achtung Verstöße gegen Plattformregeln können – anders als rechtliche Ansprüche – von den Plattformbetreibern unmittelbar durchgesetzt werden. Daher sollten Sie die Plattformregeln genauso beziehungsweise noch stärker beachten als Gesetze.

Blogging-Plattformen

Die beiden Blogging-Netzwerke Wordpress.com und Blogger.de, die hier exemplarisch genannt werden sollen, gehen unterschiedliche Wege. Während Wordpress.com das Anlegen sowohl privater als auch kommerzieller Blogs zulässt, erlaubt Blogger.de kommerzielle Blogs nur nach Absprache. Wer sich nicht an diese Regel hält, riskiert die Sperrung oder Löschung des Blogs. Infrage kommen auch nachträgliche Gebühren, wenn die kommerzielle Nutzung sonst vergütet wird.

Facebook

Unternehmen, Organisationen und Prominente müssen eine *Facebook-Fanseite* anlegen. Gemischt privat-geschäftliche Nutzung von persönlichen Profilen durch Freiberufler ist zulässig.

Facebook unterscheidet zwischen persönlichen Profilen und Facebook-Fanseiten. (*Facebook* ist dazu übergegangen, die Fanseiten nur noch als »Seiten« zu bezeichnen. In diesem Buch wird jedoch der gewohnte Begriff »Fanseite« verwendet.) Während erstere automatisch zu einem Facebook-Konto gehören, müssen Seiten gesondert angelegt werden.

Abbildung 2-3 ▶
Ein Facebook-Konto enthält ein persönliches Profil und kann daneben eine Vielzahl von Seiten umfassen. Andere Mitglieder können als Administratoren der Seiten eingesetzt werden.

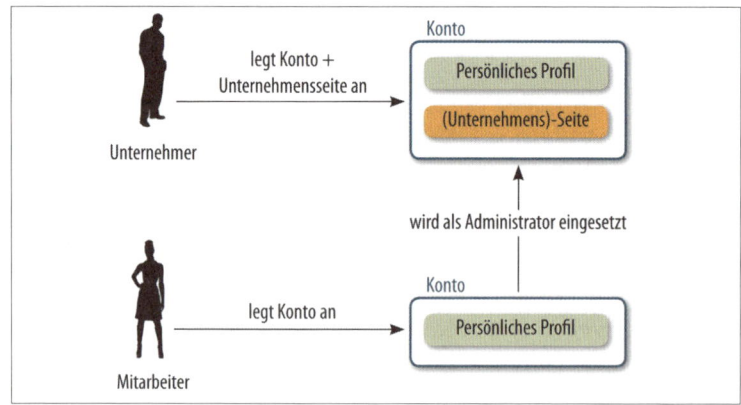

Das persönliche Profil

Jede natürliche Person darf sich nur ein Mal bei *Facebook* anmelden. Bei der Registrierung wird jedem Konto automatisch ein persönliches Profil zugeordnet (erkennbar am Button als Freund hinzufügen). Das persönliche Profil darf jedoch nur für natürliche Personen verwendet werden. Unternehmen, Organisationen und Prominenten ist die Verwendung persönlicher Profile untersagt.

Verstöße gegen gesetzliche und Facebook-Regeln können in jedem Profil mit dem Formular unter dem Link *Diese Person melden/blockieren* gemeldet werden.

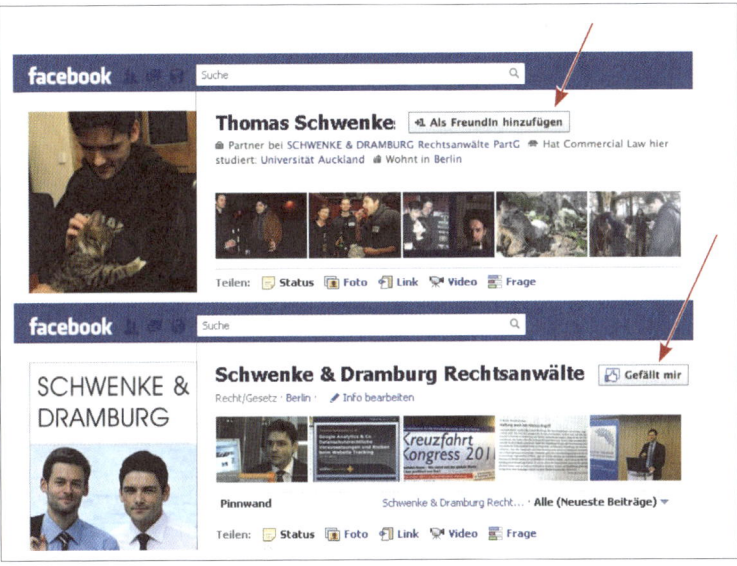

◀ **Abbildung 2-4**
Das persönliche Profil oben ist am Button »Als FreundIn hinzufügen« zu erkennen und dient der privaten Kommunikation des Autors, die Facebook-Fanseite unten ist am Button »Gefällt mir« zu erkennen und dient der unternehmerischen Präsentation.

Die Facebook-Fanseite

Facebook-Fanseiten sind spezielle Profile, die nur für die Kommunikation von Unternehmen oder anderen kommerziellen, politischen sowie wohltätigen Organisationen oder Anstrengungen (einschließlich gemeinnütziger Organisationen, politischer Kampagnen, Bands und bekannter Persönlichkeiten) verwendet werden dürfen. Für sie gelten zusätzliche Nutzungsbedingungen, die Sie unter *http://fb.com/page_guidelines.php* aufrufen können. Sie sind erkennbar an der Schaltfläche Gefällt mir, die zum Ausdruck bringt, dass zu Unternehmen, Organisationen und Prominenten keine »Freundschaft«, sondern eher eine Fan-Beziehung aufgenommen wird (siehe Abbildung 2-4). Diese Seiten sind für alle Formen nicht privater Kommunikation gedacht.

Wer fälschlicherweise ein persönliches Profil statt einer Facebook-Fanseite gewählt hat, hat unter *https://www.facebook.com/pages/create.php?migrate* die Möglichkeit, es in eine Fanseite umzuwandeln.

Problematisch wird diese Abgrenzung für natürliche Personen, welche als »Prominente« auch Seiten verwenden sollen.

Ab wann jemand prominent ist, muss letztendlich jeder selbst bestimmen. Wer die Grenze für eine maximale Anzahl von Freunden sprengt (sie liegt derzeit bei 5.000) wird ohnehin automatisch zu einer Seite wechseln, um mehr Kontakte aufbauen zu können. Das heißt, Freiberufler und Künstler können sich entscheiden, ob sie nur ein persönliches Profil haben wollen oder eine Seite oder beides.

Abbildung 2-5 ▶
Der bekannte Online-Entrepreneur Ibrahim »Ibo« Evsan hat den Facebook-Regeln entsprechend eine Seite als »Person des öffentlichen Lebens« angelegt. Daneben hat er noch ein persönliches Profil, in dem er auch private Inhalte mitteilt.

Die technische Besonderheit der Facebook-Fanseiten liegt darin, dass sie keine direkte Kommunikation der Seiteninhaber mit den Fans zulassen. Anders als bei persönlichen Profilen können Seiteninhaber also keine direkten Nachrichten verschicken, sondern nur über die Pinnwand mit den Nutzern kommunizieren. Das ist von Facebook so gewollt, um die Mitglieder vor Spam durch Seiteninhaber zu schützen. Aber auch wenn die Nutzer der persönlichen Profile Nachrichten verschicken können, heißt es nicht, dass sie es immer dürfen.

 Hinweis In Kapitel 7 erfahren Sie im Abschnitt »Direktmarketing«, ob und im welchen Umfang Sie Nachrichten mit werbenden Inhalten an andere Nutzer verschicken dürfen.

Werden Mitarbeiter oder andere Personen mit der Pflege einer Seite betraut, können sie als Administratoren der Seite eingesetzt werden.

Da die Facebook-Fanseite speziell für geschäftliche Zwecke angelegt wird, ist es in der Regel nicht notwendig, auf den kommerziellen Charakter hinzuweisen.

Wer das persönliche Profil für geschäftliche Zwecke nutzt, muss dagegen darauf achten, dass der kommerzielle Charakter des Profils den gesetzlichen Transparenzregeln entsprechend erkennbar ist.

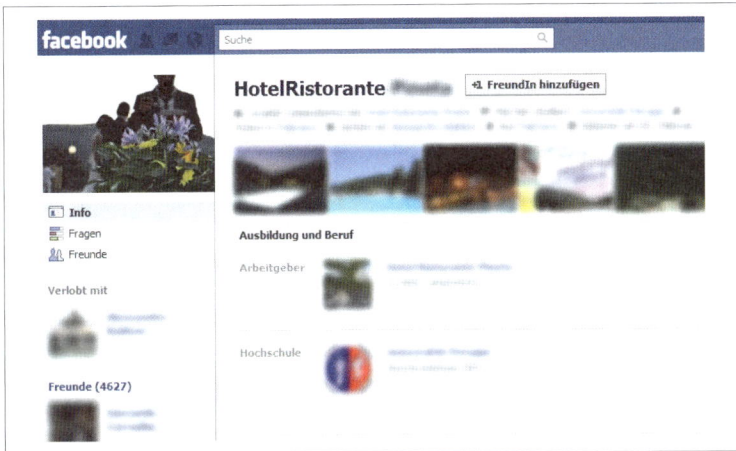

◀ **Abbildung 2-6**
In diesem Fall wird das persönliche Profil wider die Facebook-Regeln für einen Unternehmensauftritt genutzt. Ein Gesetzesverstoß liegt jedoch nicht vor, da es sich erkennbar um ein geschäftliches Profil handelt.

Das reine Unternehmenskonto

Facebook bietet bei der Registrierung die Möglichkeit, nur eine Seite ohne ein persönliches Profil anzulegen. Dieses reine Unternehmenskonto ist nicht zu empfehlen und rechtlich keine Notwendigkeit, denn es kann zum Beispiel einen Notfall geben, in dem es notwendig ist, eine Nachricht an ein anderes Mitglied zu verschicken. Mit einem reinen Unternehmenskonto ist kein Nachrichtenversand möglich. Daher kann sich das persönliche Profil als Vorteil erweisen, auch wenn man es normalerweise nicht nutzt.

◀ **Abbildung 2-7**
Statt einer »normalen« Registrierung kann bei Facebook auch nur eine Seite angelegt werden (unterer Teil).

Google+

Der Ansatz von Google+ unterscheidet sich kaum von dem von Facebook. Es wird zwischen »Profilen« und »Business- beziehungsweise Unternehmensprofilen« unterschieden. Normale Profile dürfen nur von »natürlichen Personen«, also Menschen, verwendet werden. Unternehmen, Vereine und sonstige Organisationen müssen dagegen Unternehmensprofile verwenden.

Was die gesetzlichen Anforderungen angeht, dürfte bei Unternehmensprofilen die kommerzielle Ausrichtung grundsätzlich erkennbar sein. Dagegen sollte in normalen Profilen auf den kommerzielle Charakter hingewiesen werden, sofern er nicht am Profilnamen oder den Inhalten erkennbar ist.

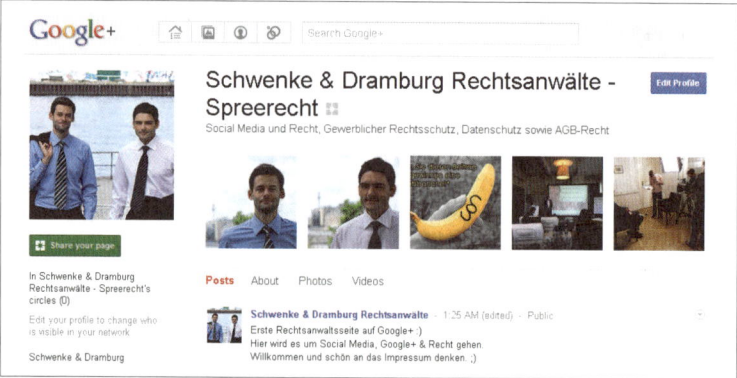

Abbildung 2-8 ▶
Auch bei Google+ dürfen nur natürliche Personen ein persönliches Profil anlegen. Unternehmen und Organisationen müssen wie bei Facebook eine Business-Seite anlegen.

Twitter

Twitter erlaubt ebenfalls sowohl die private als auch die kommerzielle Nutzung der Konten. Wenn Sie jedoch einen Twitter-Account als Person auch für geschäftliche Zwecke nutzen, sollten Sie das durch einen Hinweis auf Ihre Tätigkeit oder Ihr Unternehmen kenntlich machen, um das Transparenzgebot einzuhalten.

Abbildung 2-9 ▶
Der Autor twittert gemischt privat-beruflich. Damit die Hinweise auf Angebote, an denen er beruflich oder wirtschaftlich profitiert, nicht als Schleichwerbung gelten, weist er auf den kommerziellen Hintergrund hin.

YouTube

YouTube erlaubt eine eingeschränkte kommerzielle Nutzung der Plattform und ihrer Dienste. So ist es erlaubt, einen YouTube-Channel für geschäftliche Zwecke anzulegen und YouTube-Videos in geschäftliche Angebote einzubinden. Jedoch gibt es in den Nutzungsbedingungen (Punkt 6) eine Reihe von Beschränkungen. Zum Beispiel ist es nicht erlaubt, den Dienst für eigene kostenpflichtige Angebote zu nutzen. Das wäre der Fall, wenn man den Zugang zu den Videos auf einer anderen Seite nur gegen Bezahlung anbieten würde.

Dass es auch anderes sein kann, zeigt die Videoplattform Vimeo, die in ihren Nutzungsbedingungen kommerzielle Nutzung grundsätzlich nur gegen Entgelt erlaubt und nur bei Künstlern sowie kleinen und unabhängigen Produktionsfirmen eine Ausnahme macht.

Foren, Frageportale und Bewertungsseiten

Foren, Frageportale und Bewertungsseiten haben eines gemeinsam: Sie dienen dem Austausch von Meinungen und leben vor allem von ihrer Glaubwürdigkeit. Daher haben ihre Betreiber ein großes Interesse daran, dass nicht aus verdeckten kommerziellen Motiven kommuniziert wird. Folglich muss in den Nutzungsbedingungen besonders darauf geachtet werden, ob kommerzielle Kommunikation zulässig ist.

Oft sind die Regelungen jedoch nicht eindeutig. Zum Beispiel kann eine Registrierung als Unternehmen zulässig, aber die praktische kommerzielle Nutzung nicht erlaubt oder eingeschränkt sein. So verbieten die Nutzungsrichtlinien der Ratgebercommunity *Gutefrage.net*, Eigenwerbung und kommerzielle Kommunikation zu betreiben. Dabei ist – wie zu Anfang dieses Kapitels gesagt – fast jede nach außen gerichtete Handlung eines Unternehmens als Werbung zu qualifizieren.

Fallbeispiel

Das führte in einem Fall dazu, dass Gutefrage.net einem Mitarbeiter der Versicherung Asstel das Konto sperrte. Dieser beantwortete viele Versicherungsfragen, verwies auf die Seite seines Arbeitgebers und warb auch dort mit seinem Engagement bei Gutefrage.net. Auch wenn er meinte, privat zu handeln, war ein geschäftlicher Bezug nicht von der Hand zu weisen. Ihm ist zugute zu halten, dass er sich an die gesetzlichen Vorgaben hielt. Denn mit dem Verweis auf seine Tätigkeit bei der Versicherung Asstel beugte er der Gefahr der Schleichwerbung vor. Dieser Fall zeigt jedoch, dass es wichtig ist, neben den Gesetzen auch die Nutzungsbedingungen zu beachten. Hintergründe finden Sie im OpenSourcePR-Blog unter *http://bit.ly/tQi1Vl*.

Abbildung 2-10 ▶
Der Nutzer »ExperteSascha« genügte dem Gesetz, indem er auf seine Verbindung zur beruflichen Tätigkeit hinwies. Doch auch bei Beachtung des Gesetzes kann ein Verstoß gegen die Nutzungsbedingungen einer Plattform vorliegen, wenn diese die kommerzielle Nutzung eines Accounts untersagt.

Da stellt sich die Frage, warum nicht gleich die Registrierung als Unternehmen oder Unternehmer komplett untersagt wird, sondern nur die werbende Nutzung. Das liegt daran, dass Unternehmen auch einen nichtkommerziellen Bereich haben können. Dieser liegt vor, wenn es nicht um die Förderung des Absatzes und Eigenpräsentation geht, sondern um interne Geschäftsvorgänge. So darf der Unternehmer bei Gutefrage.net zwar nicht Antworten zu seinem Geschäftsfeld beantworten, aber durchaus Hilfe bei der Buchführung suchen. Auch Antworten jenseits des Geschäftsfeldes könnten noch als nichtkommerziell angesehen werden. Hier beginnt allerdings die Grauzone, weil auch das Sammeln von »Sympathiepunkten« rechtlich streng genommen kommerziell werbendes Handeln darstellt.

Xing, LinkedIn

Den Businessnetzwerken ist ihr kommerzieller Charakter in die Wiege gelegt. Das bedeutet, dass die geschäftliche Nutzung dortiger Profile die Regel ist und keines besonderen Hinweises bedarf.

Vereine und gemeinnützige Organisationen

Neben dem privaten und dem geschäftlichen gibt es noch den gemeinnützigen Bereich. Dazu können Vereine, Kirchen oder politische Arbeitsgruppen gehören. Deren Auftritte sind im Zweifel wie kommerzielle Auftritte zu behandeln: Sie müssen das Transparenzgebot beachten, sodass sie als Betreiber einer bestimmten Social Media-Präsenz erkennbar sind.

> Auch die Social Media-Präsenzen von gemeinnützigen Organisationen müssen das Transparenzgebot beachten.

Auch die Plattformanbieter stellen in ihren Nutzungsbedingungen Vereine und gemeinnützige Organisationen oft Unternehmen gleich. So verlangen Facebook und Google, dass Organisationen jeglicher Art Unternehmensprofile bzw. Seiten anlegen.

Checkliste: kommerzielle Accounts

Liegt kommerzielle Nutzung vor?
- Registrierung durch Unternehmen
- Account dient der geschäftlichen Imagepflege
- geschäftliche überwiegen private Inhalte
- Einnahme von Geld durch Werbung, z.B. Google-Adsense
- Fake-Profile für Marketingzwecke

Ist die kommerzielle Nutzung laut AGB der Plattform erlaubt?
- Dürfen Konten für kommerzielle Nutzung angelegt werden?
- Gibt es spezielle Konten für kommerzielle Nutzung?
- Ist die kommerzielle Nutzung eingeschränkt?

Ist die kommerzielle Nutzung klar erkennbar?
- Findet der Unternehmensauftritt in einem eindeutig als solcher definierten Businessbereich statt (Xing, Facebook-Fanseite)?
- Signalisiert der Kontoname die geschäftliche Nutzung?
- Weisen die Inhalte auf die geschäftliche Nutzung hin?
- Wird in dem Profil ausdrücklich auf die kommerzielle Nutzung hingewiesen?

Einschränkungen der Nutzung

Die Ausführungen zu Gutefrage.net im vorangegangenen Abschnitt haben gezeigt, dass neben der Frage, ob eine Registrierung durch Unternehmen überhaupt zulässig ist, noch weitere Einschränkungen in den Nutzungsbedingungen enthalten sein können.

> Auch wenn es zulässig ist, sich als Unternehmen zu registrieren, kann der zulässige Umfang der kommerziellen Nutzung eines Accounts eingeschränkt sein.

Nutzungseinschränkungen für Social Media-Konten

Beschränkung möglicher Kontenzahl Viele Plattformen erlauben nur die Registrierung eines einzigen Kontos pro Person.

Einschränkungen der Nutzung von Plattformfunktionen Zum Beispiel erlaubt YouTube keine Modifikationen des Video-Players.

Einschränkungen des Zugriffs auf die Plattformfunktionen und Inhalte Viele Plattformen verbieten die Zugriffe über andere Schnittstellen (im Englischen »application programming interface«, kurz API genannt) als die, die sie selbst zur Verfügung stellen. So ist es zum Beispiel auf Facebook nicht erlaubt, die Fanbeiträge mit eigener Software auszulesen und sie auf der eigenen Seite abzubilden. Dafür stellt Facebook die Social Plugins (in diesem Fall das Activity-Feed-Plugin, siehe *http://bit.ly/tWBC7Q*) zur Verfügung.

Einschränkungen der kommerziellen Nutzung Unternehmen und Organisationen dürfen sich zum Beispiel auf Facebook zwar registrieren, die Plattform aber nicht nutzen, um wie im Fall des Gutefrage.net-Beispiels sich oder eigene Leistungen anzupreisen.

Weitere Einschränkungen für Inhalte und Verhaltensweisen Es müssen zum Beispiel gesetzliche Regeln beachtet werden und bestimmte Werbemaßnahmen können verboten sein. Diese Einschränkungen sind Gegenstand der folgenden Kapitel.

Der Account-Name

Um gefunden zu werden, müssen Social Media-Accounts über eindeutige Bezeichnungen und Namen (auch Account-IDs genannt) verfügen. Dazu gehören Seitennamen wie »Meier GmbH« und URL-Bestandteile wie »http://facebook.com/*meiergmbh*«. Dabei müssen unbedingt die gesetzlichen Anforderungen und Vorgaben der Plattformanbieter beachtet werden.

Gesetzliche Anforderungen

Für Account- und Domainnamen gelten dieselben Grundsätze.

Bei der Wahl von Account-Namen gelten dieselben Rechtsgrundsätze wie bei der Wahl von Domainnamen. Zusätzliche Probleme können jedoch aufgrund der internationalen Reichweite der Profile auftauchen, weil es anders als bei Top-Level-Domains (»de«, »com«) bei Domainnamen keine regionalen oder Branchenkategorien gibt. So kann zum Beispiel ein Twitter-Account weltweit nur ein Mal registriert werden. Das macht das oberste Prinzip bei der Namenswahl sehr wichtig:

First come, first served

Wer zuerst kommt, mahlt auch bei den Account-Namen zuerst. Doch gilt das nur, solange jemand anderes kein »besseres Recht« an dem Namen hat. An dieser Stelle müssen Sie vor allem das Markenrecht, das Namensrecht (§ 12 Bürgerliches Gesetzbuch) und das Wettbewerbsrecht beachten. Daher müssen Sie die folgenden Konfliktpunkte im Auge behalten und mögliche Rechtsverstöße mithilfe von Recherchen vermeiden.

»First-come, first served« gilt nur, wenn dabei nicht gegen fremde Marken- oder Namensrechte verstoßen wird.

Fremde Marken

Marken sind Bezeichnungen von bestimmten Produkten und Dienstleistungen. Es gibt Marken, die beim Deutschen Patent- und Markenamt (DPMA) eingetragen sind, aber auch solche, die sich ohne Eintragung im Verkehr durchgesetzt haben (zum Beispiel »Warsteiner« für das bekannte Bier). Ein fremder Markenname darf nicht als Account-Name genutzt werden, wenn dies zu einer markenrechtlichen Verwechslungsgefahr führen kann.

Markenrechtliche Verwechslungsgefahr

Eine Verwechslungsgefahr liegt vor, wenn
- der Account-Name geschäftlich genutzt wird,
- die Marke und der Account-Name zumindest ähnlich aussehen oder ähnlich klingen und
- die Produkte oder Dienstleistungen im Zusammenhang mit der Marke denen des Account-Inhabers zumindest ähnlich sind oder es sich um eine bekannte Marke handelt.

So dürfte ein Anbieter einer Kommunikationssoftware seinen Account nicht »Skipe« nennen, weil er damit die Markenrechte des Anbieters des Messaging-Tools »Skype« verletzen würde: Der Name sieht ähnlich aus und klingt ähnlich wie »Skype«, außerdem handelt es sich in beiden Fällen um vergleichbare Leistungen.

Der Account-Name darf nicht identisch oder ähnlich wie der einer Marke aus einer ähnlichen Branche klingen.

Daneben gibt es auch sogenannte »bekannte Marken«, bei denen es allein auf die Ähnlichkeit der Namen ankommt und nicht auf die der Produkte. Marken gelten als bekannt, wenn sie mehr als 50 % der Zielgruppe bekannt sind. So darf kein Account-Name ähnlich wie *Facebook*, Google oder Adidas klingen.

Bekannte Marken dürfen auch branchenfremd nicht verwendet werden.

Eine Marke darf im Account-Namen auftauchen, wenn sie dem eigenen Namen entspricht, auf Leistungen rund um das Markenprodukt verweist und alles Mögliche zur Vermeidung einer Verwechslung mit dem Angebot des Markeninhabers unternommen wird.

Den Markennamen darf man benutzen, wenn man ebenso heißt (»Mercedes Meier Autowerkstatt«) und alles Zumutbare unternimmt, um eine Verwechslung zu vermeiden; so wäre es in diesem Beispiel nicht zulässig, den Nachnamen wegzulassen und den Account (»Mercedes Autowerkstatt«) zu nennen.

Ferner dürfen Markennamen auch dann verwendet werden, wenn Zubehör und Leistungen rund um die Marke angeboten werden. Dies sollte jedoch am besten nach Rücksprache mit dem Markeninhaber erfolgen, da diese gegen solche Nutzungen oft nicht gern sehen. Zudem ist die Nutzung der Markenbezeichnung nur zulässig, wenn man ausschließlich Leistungen in Verbindung mit dieser bekannten Marke anbietet. Eine Autowerkstatt dürfte daher »Mercedes« nur dann im Account-Namen tragen, wenn sie auch nur Mercedes-Fahrzeuge repariert. Zudem müsste sie auch hier alles Zumutbare unternehmen, um eine Verwechslung mit dem Markeninhaber zu vermeiden. So wäre »Mercedes Autowerkstatt« unzulässig, »Autowerkstatt für Mercedes-Fahrzeuge« dagegen erlaubt.

Abbildung 2-11 ▶
Dieser Facebook-Fanseitenname ist zulässig, weil er auf Leistungen rund um diese Automarken verweist. Eine Verwechslung mit den Angeboten von Daimler und BMW ist nicht zu befürchten.

Da Markenverletzungen sehr teuer sind und schon die erste Abmahnung 1.500 Euro kosten kann, sollten diese Graubereiche des Rechts nicht ohne eine anwaltliche Beratung ausgetestet werden.

Fremde Unternehmensnamen

Auch bei Unternehmensnamen gilt: Verwechslungsgefahr vermeiden!

Das, was für Marken gilt, gilt auch für Unternehmensnamen: Auch hier sollten Sie Verwechslungen durch ähnliche Namen bei ähnlichen Branchen vermeiden.

Um geschützt zu sein, müssen die Unternehmensnamen jedoch einen gewissen Grad an Individualität haben und dürfen nicht lediglich für die Branche oder Tätigkeit des Unternehmens beschreibend sein. Der Unternehmensname »Social Media Marketing GmbH« wäre zum Beispiel für eine Marketingagentur als rein beschreibend nicht geschützt, »Razorfish« dagegen schon.

Auch muss auf die örtliche Reichweite von Unternehmensnamen geachtet werden. Ein Unternehmen, das seine Waren nur in einem Teil Deutschlands anbietet, kann nicht gegen die Nutzung des Unternehmensnamens als Account-Name vorgehen, wenn das andere Unternehmen im anderen Teil Deutschlands tätig ist. Bietet zum Beispiel die Bäckerei »Sonnenblume« ihre Brötchen nur in Hamburg an, kann sie nichts gegen den Facebook-Account der Bäckerei »Sonnenblume« aus München unternehmen, solange diese nur in dieser Stadt tätig ist.

> **Fallbeispiel**
>
> Bereits im Jahr 2004 hatte der Bundesgerichtshof über einen Unternehmensnamensstreit von zwei Unternehmen zu entscheiden, die nur lokale Kundenkreise ansprachen. Dabei ging ein Unternehmen aus Stuttgart, das den Namen »SoCo« nutzte, gegen ein Unternehmen aus Düren vor, das die Internetdomain »soco.de« registriert hatte. Das Gericht entschied, dass wegen der räumlichen Trennung keine Verwechslungsgefahr der Domain mit dem Unternehmensnamen vorliege. Ein Internetauftritt allein bedeute nicht automatisch, dass ein Unternehmen in ganz Deutschland tätig ist. [BGH, Urteil vom 22.7.2004, Az. I ZR 135/01]

Prominente und andere Personen

Auch die Namen fremder Personen begründen ein »besseres Recht« an dem gleichlautenden Account-Namen. Dieses Recht wird besonders von Prominenten gerne geltend gemacht. Daher sollte ein Twitter-Account zum Beispiel nicht »Mario Barth« genannt werden. Eine Ausnahme besteht, wenn man selbst ebenfalls diesen Namen trägt.

Auch für Pseudonyme können Namensrechte geltend gemacht werden.

Für Künstlernamen und Pseudonyme gilt dasselbe, wenn sie wie Namen verwendet werden. Dafür ist eine gewisse Ernsthaftigkeit notwendig; das heißt, wenn man sich auf ein »besseres Recht« an dem Pseudonym beruft, muss man nachweisen, dass man unter dem Pseudonym tatsächlich verkehrt und bekannt ist. Dafür wird eine gelegentliche Nutzung in Foren oder bei Twitter nicht ausreichen. Aber wer zum Beispiel wie der Nutzer »ennomane« über

Jahre nur mit dem Pseudonym in der Netzöffentlichkeit auftritt sowie unter dem Pseudonym bloggt und kommuniziert, kann sich auf ein Recht an dem Pseudonym berufen.

Gemeinden und staatliche Einrichtungen

Auch Gemeinden haben ein Namensrecht. Daher sollte niemand seinen Account so benennen, dass er mit einer Gemeinde oder Stadt bzw. deren Angebot verwechselt werden kann. Zum Beispiel wären die Account-Namen »Berlin« oder »Berlin-Tourismus« unzulässig. Dagegen kann eine beschreibende Nutzung der Verwechslung vorbeugen (»Rundreisen in Berlin«). Auch die Nutzung von Bezeichnungen staatlicher Einrichtungen wie »Finanzamt« oder »Bundeswehr« ist nicht zulässig. Dabei können Sie nicht immer mit einem so glimpflichen Ausgang rechnen wie in dem folgenden Fall.

Fallbeispiel

In einem Streit um den Twitter-Account »Mannheim« mahnte im Jahr 2010 die Stadt Mannheim den Account-Inhaber wegen der Verletzung ihrer Namensrechte ab. Zu einem Gerichtsverfahren kam es jedoch nicht, da sich beide Seiten außergerichtlich darauf einigten, dass der Nutzer den Account behalten darf, jedoch einen Hinweis führen muss, dass er nicht die Stadt Mannheim repräsentiert.

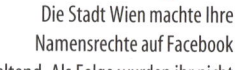
Abbildung 2-12 ▶
Die Stadt Wien machte Ihre Namensrechte auf Facebook geltend. Als Folge wurden ihr nicht nur die Namensrechte gewährt. Ihr wurden auch die Fans derjenigen Seiten zugeordnet, die widerrechtlich den Stadtnamen benutzt hatten. So wuchs die Seite über Nacht um Tausende von Fans. Einen rechtlichen Anspruch auf dieses »Geschenk« hatte die Stadt jedoch nicht.

Titel von Büchern, Filmen und Zeitschriften

Zu guter Letzt müssen auch die geschützten sogenannten Werktitel beachtet werden. Das sind die Titel von geistigen Werken wie Software, Zeitschriften, Fernsehformaten und Büchern, aber auch Onlinemagazinen, Podcasts oder Blogs. Geschützt wird aber nicht pauschal der Titel, sondern der Titel für einen bestimmten Inhalt, und auch nur, wenn der Titel individuell und nicht nur rein beschreibend ist.

Auch Titel von Blogs und Podcasts werden durch den Titelschutz erfasst, wenn sie individuell und nicht nur beschreibend sind.

Hinweis Mehr über Werktitel erfahren Sie in dem Abschnitt »Werktitel« in Kapitel 5.

Zu beachten ist zudem, dass hinter den Werktiteln oft zusätzlich auch Marken-, Unternehmens- und Namensrechte stehen, die nach den obigen Grundsätzen geprüft werden müssen. So sollte ein Account zum Beispiel nicht »Star Wars« genannt werden.

◀ **Abbildung 2-13**
Auch Namen von Blogs, in diesem Fall »Netzwertig«, und von Podcasts sind geschützt. Der Schutz entsteht ohne Anmeldung allein durch die Benutzung.

Satire, Parodie und Meinungsfreiheit

Ein Recht auf die Verwendung eines geschützten Namens kann sich aus Gründen der Satire- oder Meinungsfreiheit ergeben. Das ist zum Beispiel der Fall, wenn ein Fakeprofil eines Prominenten oder Politikers angelegt wird, in dem er satirisch parodiert wird. Es müssen jedoch folgende Voraussetzungen erfüllt sein:

Ein öffentliches Interesse an einer Satire oder Kritik liegt im Regelfall vor, wenn das zugrunde liegende Ereignis Gegenstand von Berichten in großen Medien wie Zeitschriften, Onlinemagazinen, TV und/oder Radio ist.

- **Öffentliches Interesse** Es muss ein öffentliches Interesse an der Satire oder Kritik vorliegen, das die öffentliche »Prangerwirkung« und deren Ausmaß rechtfertigt. Im optimalen Fall liegt ein öffentliches Ereignis vor, auf das Bezug genommen wird.

Oder die Person, zum Beispiel ein Politiker oder hoher Manager, steht in der Öffentlichkeit und ist aufgrund ihrer Handlungen oder Aussagen Gesprächsstoff.

Satire oder Kritik müssen im Vordergrund stehen Die satirische oder kritische Auseinandersetzung mit öffentlich relevanten Handlungen oder Ereignissen rund um ein Unternehmen oder eine Person müssen im Vordergrund stehen und dürfen nicht lediglich als Vorwand für die kommerzielle Ausschlachtung ihrer Bekanntheit dienen.

Erkennbarkeit der Satire oder Kritik Es muss ersichtlich sein, dass das Angebot »über« eine Person oder ein Unternehmen ist und nicht »von« diesen stammt. Bei Domains haben die Gerichte entschieden, dass sich dies schon aus dem Domainnamen ergeben muss. Bei Social Media-Profilen, bei denen die Namen nicht einmalig sind (z.B. Name der Facebook-Fanseite), ist es ausreichend, wenn die Erkennbarkeit sich aus den eindeutig satirischen oder kritischen Inhalten oder dem Impressum/Infobereich ergibt. Dagegen wird bei einmaligen Account-IDs wie der URL einer Facebook-Fanseite oder beim Twitter-Namen dasselbe gelten wie bei Domainnamen. Gar nicht zulässig wäre es, ein Profil anzulegen, auf dem so getan wird, als sei man die betreffende Person oder das Unternehmen, ohne die Nutzer über die tatsächlichen Hintergründe aufzuklären.

Achtung So genannte Vanity-URLs der Social Media Profile sollten erkennen lassen, dass sich hinter ihnen nicht die Originalunternehmen oder -personen verbergen. Zum Beispiel sollte die einer Facebookseite, die T-Online kritisiert, lieber »facebook.com/tonlinekritiker« als »facebook.com/tonline_de« lauten.

Fallbeispiel

Die Betreiber des Blogs Metronaut.de haben sich ein Jahr lang unter dem Twitter-Account *http://twitter.com/muentefering* als Franz Müntefering von der SPD ausgegeben. Sie haben dabei 236 Tweets verfasst und mit 5.337 Followern eine beträchtliche Zuhörerschaft erreicht. Da der satirische Charakter des Accounts weder aus der URL, noch aus der Profilbeschreibung bei Twitter zu erkennen war, riskierten sie rechtliche Schritte seitens des echten Politikers (*http://bit.ly/tn2P8E*).

Hinweis Weitere Informationen zu Satire, Karikatur und Parodie finden Sie im Abschnitt »Satire, Karikatur und Parodie« in Kapitel 3.

◀ **Abbildung 2-14**
Das Bildblog erfüllt die oben beschriebenen Voraussetzungen an die Erkennbarkeit der Kritik nach Meinung deutscher Gerichte nicht. Denn die Domain »bildblog.de« deutet auf ein Angebot »von« und nicht »über« die Bildzeitung hin. Das heißt, der Springer-Verlag hätte gegen das Bildblog vorgehen können. Rechtlich sicher wäre zum Beispiel die Domain »Bild-Watchblog.de« gewesen.

◀ **Abbildung 2-15**
Diese zulässige Twitter-Parodie der Bundeskanzlerin ist am Account-Namen »Angie_Merkel«, der Profilbeschreibung »Die Bundesangie« und den Inhalten als Satire zu erkennen und damit zulässig. Die Inhalte dienen der Auseinandersetzung mit ihrer Person und aktuellem politischen Geschehen, so dass auch ein öffentliches Interesse anzunehmen ist.

Internationale Aspekte

Account-Namen sind oft weltweit einmalig, doch auch international gilt der Grundsatz: »First come, first served, außer jemand hat ein besseres Recht.«

Marken- und Namensrechte gelten oft nur für bestimmte Länder.

Das heißt, dass ähnliche Prinzipien wie in Deutschland gelten, bloß mit dem Unterschied, dass »first come, first served« weltweit gilt, die »besseren Rechte« aber vielfach nur innerhalb der Landesgrenzen. Das führt dazu, dass die nationalen Rechte bei der Frage des Vorrangs des Namensrechts nicht berücksichtigt werden. Es kann den ausländischen Unternehmen allenfalls untersagt werden, den Namen bei der Ansprache deutscher Kundenkreise zu verwenden.

Fallbeispiel

Angenommen, ein deutscher Unternehmer hat eine Marke namens »Examp!e« in Deutschland registriert. Nennt ein anderer deutscher Unternehmer aus ähnlicher Branche seine Facebook-Fanseite genauso, kann der Markeninhaber dagegen vorgehen. In diesem Fall verstößt die Nutzung der Bezeichnung in Deutschland gegen deutsche Markenrechte.

Wenn jetzt aber ein US-Unternehmen aus ähnlicher Branche seine Facebook-Fanseite »Examp!e« nennt, kann der deutsche Unternehmer nichts dagegen tun, weil er keine Markenrechte in den USA hat. Es bleibt dann bei »first come, first served«, da er kein besseres Recht hat.

Will das US-Unternehmen mit seiner Facebook-Fanseite auch deutsche Kunden ansprechen, dann begeht es eine Markenrechtsverletzung in Deutschland. Aber auch in solchen Fällen gibt es nur begrenzte Möglichkeiten, gegen ausländische Unternehmen vorzugehen. So kann der deutsche Unternehmer nicht verlangen, dass der Name der Facebook-Fanseite geändert oder der Name »Examp!e« an ihn herausgegeben wird, denn in den USA darf das Unternehmen den Namen weiter nutzen. Der Deutsche kann lediglich verlangen, dass unter diesem Namen keine deutschen Kunden angesprochen werden. Umgekehrt können nur in den USA geschützte Marken- und Namen in Deutschland verwendet werden, solange keine US-Kunden angesprochen werden.

Damit sieht man, dass in den sozialen Medien das »First come, first served«-Prinzip viel wichtiger als bei der Domainwahl ist.

Recherche

Eine Internetrecherche ist der beste Schutz gegen Marken- und Namensverletzungen.

Die Gefahr, gegen die Marken und Namensrechte Dritter zu verstoßen, kann auf zweierlei Weise minimiert werden.

Der sicherste Weg ist schlichtweg die Nutzung der eigenen Marke, der eigenen Unternehmensbezeichnung oder des eigenen Namens. Die ersten beiden sind in der Regel rechtlich bei der Anmeldung bzw. Gründung geprüft worden. Die Nutzung des eigenen Namens ist unabhängig von Rechten Dritter erlaubt.

Soll der Account dennoch anders heißen, muss vor seiner Benennung eine Marken- und Namensrecherche durchgeführt werden. Die Quellen für die Markenrecherche finden Sie in Kapitel 5 im Abschnitt »Die Markenrecherche«.

Wer viel Zeit und Geld in eine Social Media-Präsenz investiert, sollte sich nicht scheuen, einen Rechtsanwalt oder einen professionellen Recherchedienst (z.B. http://www.infobroker.de) mit der Überprüfung zu beauftragen. Diese können zusätzlich das verbleibende Risiko von Rechtsverstößen zum Beispiel wegen ähnlich klingender oder geschriebener Namen ausschließen. Eine bundesweite Recherche kostet ab 250 Euro.

Anforderungen der Plattformbetreiber

Die Plattformbetreiber stellen teilweise eigene Regeln für die Account-Namen auf. Das ist rechtens, weil sie das Hausrecht haben und somit vorgeben können, unter welchen Bedingungen die Mitglieder ihren Dienst nutzen dürfen. Die meisten Dienste wiederholen lediglich die oben beschriebenen gesetzlichen Vorgaben und geben teilweise zusätzlich vor, dass echte Namen verwendet werden müssen.

Die von großen Plattformbetreibern wie Google und Facebook geforderte Klarnamenpflicht löste eine teils erbitterte Debatte um das Recht auf anonyme Internetnutzung aus.

Echte Namen

Wenn die Plattformregeln von echten oder wahren Namen (auch als Realnamen oder Klarnamen bezeichnet) sprechen, dann sind damit echte Namen im Format »Vorname Name« gemeint, die auch im Leben außerhalb der virtuellen Identität verwendet werden.

Ob auch Pseudonyme und Künstlernamen verwendet werden dürfen, solange sie dem obigen Format entsprechen, hängt von den einzelnen Plattformen ab.

Recht auf Pseudonyme?

Facebook verlangte schon immer, dass seine Mitglieder echte Namen verwenden. Doch spätestens als *Google+* damit anfing, Profile mit Pseudonymen zu sperren, entbrannte eine Debatte um die Frage, ob ein Recht auf pseudonyme Nutzung von Social Media-Plattformen besteht.

Dafür spricht, dass die Verwendung von Pseudonymen dem Datenschutz und der politischen Entfaltung von Menschen zuträglich wäre. Pseudonyme, die echten Namen entsprechen, führen grundsätzlich nicht zu Problemen. Wenn aber ungewöhnliche oder Ein-Wort-Pseudonyme wie »AliGator« oder sehr untypische Namen verwendet werden, ergeben sich Probleme.

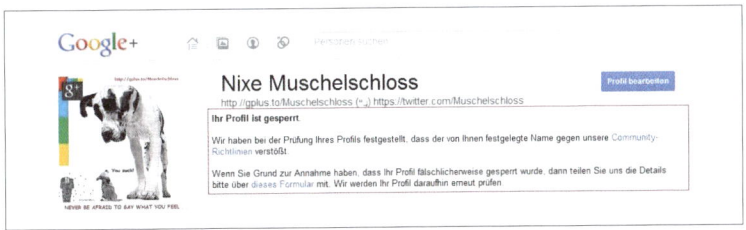

◀ Abbildung 2-16
Google sperrt Profile, die nicht unter Klarnamen geführt werden.

Die Befürworter des Rechts auf Pseudonyme berufen sich vor allem auf die folgende Datenschutzvorschrift im § 13 Abs.6 des Telemediengesetzes:

»Der Diensteanbieter hat die Nutzung von Telemedien und ihre Bezahlung anonym oder unter Pseudonym zu ermöglichen, soweit dies technisch möglich und zumutbar ist. Der Nutzer ist über diese Möglichkeit zu informieren.«

Diese Norm ist jedoch ein stumpfes Schwert. Denn zum einem ist bereits fraglich, ob die Nutzer einen persönlichen Anspruch aus dieser Vorschrift ableiten oder nur die Datenschutzbehörden bei Verstoß ein Bußgeld verhängen können. Zum anderen kann der Plattformbetreiber darauf verweisen, dass er sein Netzwerk eben auf Prinzipien des Vertrauens sowie der Erkennbarkeit von Nutzern aufbaut und daher die Verwendung von Pseudonymen nicht möglich ist.

Kommerzielle Social Media-Profile haben keinen Anspruch auf Anonymität.

Die kommerziellen Anbieter werden ohnehin nicht anonym bleiben können, da sie ein Impressum bieten müssen, in dem der wahre Name enthalten ist, wie er im Personalausweis oder bei Unternehmen oder bei Unternehmen zum Beispiel in einem Handelsregister steht.

Facebook

Facebook hat eine eigene Richtlinie für Seitennamen: https://www.facebook.com/page_guidelines.php

Die Pflicht, bei der Nutzung des Facebook-Kontos den wahren Namen zu verwenden, wird aus der allgemeinen Pflicht hergeleitet, wahre Angaben zu machen: »Du wirst keine falschen persönlichen Informationen auf Facebook bereitstellen [...]« (Nutzungsbedingungen, Punkt 4.2). Künstlernamen oder Rufnamen dürfen verwendet werden.

Für Facebook-Fanseiten gelten einige zusätzliche Regeln.

Regeln für Namen von Facebook-Fanseiten

Großschreibung darf nur den Regeln der Rechtschreibung« entsprechend verwendet werden. Also ist »Mustercompany« zulässig, »MUSTERCOMPANY« dagegen nicht.

Symbole dürfen nur dann verwendet werden, wenn sie Namensbestandteile darstellen und nicht nur zur Verzierung oder zum Gewinnen von Aufmerksamkeit dienen. Der Name »Schwenke & Dramburg« wäre demnach in Ordnung, »!!!!Schwenke @@ & @@ Dramburg!!!!« dagegen nicht.

Slogans wie »Mustercompany loves you« sind nicht erlaubt.

Qualifikatoren wie »Mustercompany, das Original« oder »Die deutschlandweite Mustercompany« sind untersagt – es sei denn, die Qualifikatoren sind für die Verortung und Eingrenzung der Seite notwendig, z.B. »Nike Deutschland«.

Gattungsbegriffe und Kategoriebezeichnungen sind unerwünscht. So darf eine Seite nicht »Fotografie« oder »SEO-Marketing« genannt werden – es sei denn, diese Begriffe sind der Bestandteil des Firmennamens, z.B. »Mustercompany-SEO-Marketing«.

>>SCHWENKE & DRAMBURG!!! @OLOLOL@

Schwenke & Dramburg – I love it

Rechtsanwälte

Schwenke & Dramburg, das Original

Schwenke & Dramburg Rechtsanwälte

◀ **Abbildung 2-17**
Nur die letzte Namensform ist nach den Facebook-Regeln zulässig.

Von diesen Richtlinien darf nur abgewichen werden, wenn die Marke oder der Unternehmensname auch außerhalb von Facebook so genutzt wird. Wer sich z.B. »$EO-MARKETING!!!« nennt, kann auch seine Facebook-Fanseite so nennen. Allerdings wird er dies bei der Anmeldung anhand von drei objektiven Quellen im Internet nachweisen müssen.

Google+

Auch Google erlaubt, dass in den Profilen wahre Namen verwendet werden, mit denen man »von Freunden, Familie und Kollegen angesprochen wird«. Das heißt: Künstlernamen und Pseudonyme sind zulässig. Entspricht das Pseudonym nicht einem »gewöhnlichen« Namen oder besteht es nur aus einem Wort, kann es sein, dass Google den Nachweis des Namens verlangt.

Twitter, Youtube

Twitter macht ebenso wie YouTube keine Vorgaben für Namen. Pseudonyme dürfen verwendet werden.

Xing, LinkedIn

Die Berufsnetzwerke verlangen von ihren Nutzern, dass sie ihre echten Namen angeben, Künstlernamen und Pseudonyme sind verboten.

Folgen bei Verstößen

Bei den Verstößen muss man zwischen den gesetzlichen und den plattforminternen Folgen unterscheiden. Beide können jedoch unangenehme Auswirkungen haben: Kann der Account-Name nicht mehr verwendet werden, muss der Account umbenannt oder unter Umständen neu angelegt werden. Beides kann zu Imageverlusten und Verlusten der Kontakte führen, die mit dem Account verbunden waren.

Rechtliche Folgen

Verstöße gegen Markenrechte und Unternehmensnamen gehören zu den teuersten Verstößen. Die Kosten hängen von der Bekanntheit einer Marke oder eines Unternehmens ab. Ebenfalls ist relevant, ob man bereits einer Abmahnung Folge leistet oder sich auf ein Gerichtsverfahren einlässt. Bei einfachen Marken kann eine Abmahnung 1.500 Euro kosten und das Gerichtsverfahren in erster Instanz 4.000 Euro. Bei bekannten Marken und Konzernen können sich diese Werte auf 7.500 Euro Abmahnungsgebühren und 20.000 Euro Gerichtskosten erhöhen.

 Hinweis Einzelheiten über die Kosten und Folgen einer Abmahnung erfahren Sie in Kapitel 10.

Bei unerlaubter Nutzung von Personennamen und Gemeindenamen sowie Namen staatlicher Einrichtungen liegen die Kosten je nach Größe und Bedeutung bei Abmahnungen zwischen 1.000 und 2.000 Euro sowie bei Gerichtsverfahren zwischen 4.000 und 10.000 Euro. Nur bei sehr bekannten Prominenten oder großen Städten können ähnliche Summen wie bei Markenrechtsverletzungen erreicht werden.

Plattforminterne Folgen

Handelt es sich um einen Verstoß gegen die Plattformrichtlinien, wird das Profil in der Regel gesperrt, bis der Nutzer zum Beispiel die Bekanntheit seines Pseudonyms nachgewiesen hat. Liegt zugleich ein Verstoß gegen das Gesetz vor, kommt die Reaktion auf den Anbieter an. Das kann eine Löschung des Profils und Übertragung des Account-Namens auf den berechtigten Inhaber sein oder eine Übertragung des gesamten Accounts auf den Rechtsinhaber.

Checkliste: Namenswahl

Wurde eine Namensrecherche durchgeführt? (s. Kapitel 5, »Die Markenrecherche«)
- Markenämter
- Handelsregister
- Suchmaschine

Kann eine Verwechslung mit einer fremden Marke vorliegen?
- Erfolgt die eigene Nutzung im geschäftlichen Verkehr (also nicht privat)?
- Wird die fremde Marke in einer ähnlichen Branche verwendet?
- Handelt es sich um eine bekannte Marke, die nicht verwendet werden darf (Facebook, Mercedes)?

Kann eine Verwechslung mit einem Unternehmensnamen vorliegen?
- Wird der fremde Unternehmensname in einer ähnlichen Branche verwendet?
- Handelt es sich um einen bekannten Unternehmensnamen, der absolut nicht verwendet werden darf (Google, VW)?

Kann eine Verwechslung mit einer Gemeinde oder staatlichen Einrichtung vorliegen?

Ist eine Verwechslung mit dem Titel eines Buchs, Films, Blogs oder Podcasts oder einer Fernsehsendung oder Zeitung ähnlichen Inhalts möglich?

Liegt eine Ausnahme vor?
- Verwendung eigenen Namens
- Verweis auf Leistungen und Zubehör rund um eine Marke
- Satire oder Meinungsfreiheit

Verstößt der Name gegen Namensvorgaben in den Nutzungsbedingungen der Plattform?
- Pflicht zur Verwendung des echten Namens
- Vorgaben für das Aussehen der Namen (z.B. Verbot von Sonderzeichen)

Den eigenen Namen schützen bzw. wiedergewinnen

Vor allem zu den Anfangszeiten des Internet mussten sich viele Unternehmen mit dem sogenannten »Domaingrabbing« auseinandersetzen. Dabei wurden Domains, die Namen von Unternehmen, Marken oder Prominenten entsprachen, von Dritten zwecks späteren Verkaufs an die Namensinhaber reserviert. Ähnliches findet auch im Social Media-Bereich statt. Die Besetzung von Namen muss jedoch nicht immer in böser Absicht erfolgen. Oft werden die Namen von Privatpersonen reserviert, weil sie entweder auch so heißen oder einfach Fan eines Unternehmens sind.

Die eigenen Ansprüche können – anders als bei Domainnamen – nicht so einfach durchgesetzt werden. Domainnamen werden von zentralen Stellen wie der DENIC amtsähnlich verwaltet. Hier gibt es festgelegte Verfahren, in deren Rahmen die Domains geltend gemacht werden. Notfalls können die eigenen Rechte mithilfe von

Das Vorgehen gegen eine Namensverletzung erfordert eine Strategie, bei der überlegt werden muss, gegen wen vorzugehen ist und ob sich ein Vorgehen überhaupt lohnt.

Gerichten durchgesetzt werden. Im Bereich der sozialen Medien sind die Verfahren von Plattform zu Plattform verschieden. Die meisten Anbieter sitzen zudem im Ausland, so dass Verfahren gegen sie umständlich und teuer sein können. Das kann auch für diejenigen gelten, die Namensverstöße begehen.

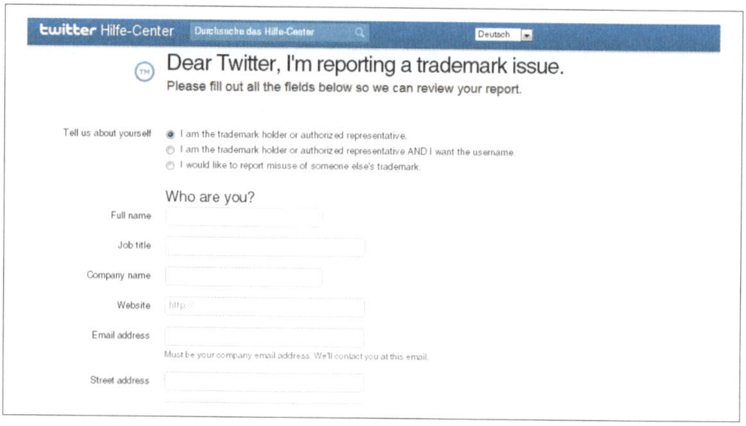

Abbildung 2-18 ▶
Mithilfe dieses Formulars kann man seine Namensrechte bei Twitter geltend machen. Die Bearbeitungsdauer beträgt in der Regel ein bis zwei Wochen.

Daher ist das Vorgehen nicht in allen Fällen gleich und sollte im Fall eines Marken- oder Namensverstoßes den folgenden Punkten entsprechend wohl überlegt und auf Wirtschaftlichkeit geprüft werden.

Wie wichtig ist die Nutzung des konkreten Namens in Social Media? Anders als Domainnamen sind Namen in Social Media-Profilen oft nicht exklusiv. So kann es mehrere Facebook-Fanseiten gleichen Namens geben. Andererseits sind eine Facebook-URL wie *http://facebook.com/unternehmensname* und ein Twitter-Account wie *http://twitter.com/unternehmensname* exklusiv. Doch sollte bedacht werden, dass solche URLs selten wie Domains in den Browser eingegeben werden. Soziale Medien funktionieren stark durch Vernetzung und Empfehlungen, so dass die Unternehmen über Links oder Eingabe der Suchbegriffe wie »Unternehmensname + Facebook« gefunden werden.

Führt der Rechtsverstoß zu einem Anspruch auf die Übertragung des Namens? Nicht jeder Marken- oder Namensverstoß führt zu einer Pflicht, den Account-Namen zu übertragen. So kann der Inhaber der Kaffeemarke »Blaue Bohne« einem Konkurrenten nur verbieten, unter dem Twitter-Account »@blauebohne« Werbung für dessen Kaffeeprodukte zu machen. Er kann aber nicht die Herausgabe des Accounts verlangen.

Mindert die fremde Nutzung den Wert des Namens? Besonders im Markenrecht bestimmt sich der Wert der Marke an deren Einzigartigkeit. Der Wert wird nicht gefährdet, wenn z.B. Fans eines Unternehmens ohne geschäftlich zu handeln eine gleichlautende Seite anlegen. Anders sieht es aus, wenn die Marke von Dritten kommerziell verwendet wird.

Wer nutzt den eigenen Namen? Ist es jemand, der ihn aus Profitgründen besetzt hält, oder jemand, der ihn einfach registriert hat, ohne an den Account-Inhaber zu denken? Im letzteren Fall lohnt es sich, zunächst höflich den derzeitigen Inhaber zu kontaktieren. Gegebenenfalls kann ein finanzielles Angebot unterbreitet werden, um das Verfahren zu beschleunigen.

Sollte der Plattformbetreiber kontaktiert werden? Scheitert die Einigung auf den direkten Weg oder ist der Dritte auf Profit aus, sollten die eigenen Rechte mit Nachweisen (zum Beispiel der Markenurkunde oder Link auf die eigene Website) bei der Plattform geltend gemacht werden. Viele Plattformen haben dafür spezielle Kontaktformulare eingerichtet.

Lohnt sich der Gerichtsweg? Falls der Weg sowohl über den Namensverwender als auch über die Plattform scheitert, kann der Name eingeklagt werden. Das wird sich meistens jedoch nur in Deutschland oder der EU lohnen. Im EU-Ausland haben die deutschen Urteile kaum eine bis keine Wirkung, und es muss im Ausland geklagt werden, was sich meist finanziell nicht lohnt.

All diese Faktoren müssen im Einzelfall abgewogen werden. In vielen Fällen lohnt es sich, in den sauren Apfel zu beißen und einen Alternativnamen wie »Musterunternehmen_de« statt »Musterunternehmen« zu wählen und sein Geld in den Aufbau der Social Media-Präsenz statt in Gerichtsprozesse zu investieren. Das kann anders sein, wenn zum Beispiel der eigene »gute Name« beschädigt oder ausgenutzt wird.

Um Streitigkeiten von vornherein vorzubeugen, empfiehlt es sich daher, einmalige Account-Namen frühzeitig zu reservieren und erst dann zu überlegen, ob die Social Media-Profile verwendet oder gegebenenfalls nur mit einem Verweis auf die eigene Website o. Ä. versehen werden sollen.

Tipp Reservieren Sie Ihren Namen auf allen relevanten Plattformen, auch wenn Sie noch nicht entschieden haben, ob Sie die Plattform einsetzen möchten.

Abbildung 2-19 ▶
Als der Geschenkwarenhersteller Sheepworld anfing, Facebook zu nutzen, gab es bereits viele Fanseiten mit diesem Namen. Statt sich dagegen zu wehren und womöglich Sympathisanten zu verschrecken, entschied sich das Unternehmen, die Mühe in Ausbau und Pflege der Facebook-Fanseite zu investieren und so Fans zu gewinnen.

**Checkliste: Prüfungsschritte vor der Geltendmachung
eigener Marken- und Namensrechte**

- Liegt ein Marken- oder Namensverstoß vor?
- Wie wichtig ist die Nutzung des konkreten Namens in sozialen Medien?
- Führt der Rechtsverstoß zu einem Anspruch auf die Übertragung des Namens?
- Mindert die fremde Nutzung den Wert des Namens?
- Wer nutzt den eigenen Namen?
- Sollte der Plattformbetreiber kontaktiert werden?
- Lohnt sich der Gerichtsweg?

Das Impressum

Die Impressumspflicht betrifft alle kommerziellen Onlineangebote. Sie ist an sich sinnvoll, denn nur so ist es möglich, bei Rechtsverletzungen die zuständigen Stellen schnell und einfach zu erreichen. Diese Pflicht ist dem Gesetzgeber so wichtig, dass Wettbewerber schon kleine Impressumsfehler abmahnen können.

Leider ist es auch bei guter Absicht nicht einfach, den gesetzlichen Anforderungen nachzukommen. Zum einen sind die Pflichtinhalte des Impressums in verschiedenen Gesetzen geregelt (§ 5 Telemediengesetz, § 55 Rundfunkstaatsvertrag, Dienstleistungsinformationsverordnung). Zum anderen ist es nicht immer möglich, deutsche Impressumsvorgaben auf den meistens aus den USA stammenden Social Media-Plattformen zu erfüllen.

Braucht der Social Media-Auftritt ein Impressum?

Der Gesetzgeber verpflichtet die Anbieter von »Telemedien«, also von »elektronischen Informations- und Kommunikationsdiensten«, ein Impressum bereitzustellen. Er sagt aber nicht, welche Onlineangebote im Einzelnen als Telemedien zu verstehen sind. Es gilt als selbstverständlich, dass der Anbieter einer Website oder eines selbst gehosteten Blogs ein Impressum braucht. Auch die Anbieter von Social Media-Plattformen wie Facebook oder Xing selbst unterliegen der Impressumspflicht.

Kommerzielle Social Media-Präsenzen brauchen ein Impressum, wenn sie einen selbstständig verwalteten Bereich innerhalb einer Plattform darstellen.

Aber brauchen auch die Nutzer dieser Plattformen ein Impressum? Dagegen wird oft angeführt, dass der eigene Auftritt, sei es ein Blog im Blognetzwerk Wordpress.com oder ein Facebook-Profil nicht mit einer selbstständigen Website zu vergleichen sei. Es sei nur ein unselbstständiger Teil der Plattform und die Impressumspflicht treffe nur den Betreiber. Doch dieses Argument greift nicht, weil es dem Sinn und Zweck der Impressumspflicht widerspricht.

Das Impressum soll bei Rechtsverletzungen den verletzten Personen die Möglichkeit bieten, sich schnell und effektiv an denjenigen zu wenden, der die Rechtsverletzung beseitigen kann. Das ist zuerst derjenige, der den Inhalt selbst eingestellt hat oder die direkte Kontrolle über diesen Inhalt hat.

Bei der Impressumspflicht geht es darum, über den Anbieter zu informieren und bei Rechtsverstößen schnelle und einfache Kontaktaufnahme zu ermöglichen.

Werden zum Beispiel auf der Pinnwand einer Facebook-Fanseite falsche Tatsachen behauptet, ist es am effektivsten, sich an denjenigen zu wenden, der diese Facebook-Fanseite betreibt. Facebook selbst hat zwar auch Zugriff auf die Inhalte, darf aber nicht immer Inhalte auf Zuruf löschen, kann vielleicht schwer einschätzen, wie die deutsche Rechtslage aussieht, darf ohne richterlichen Beschluss die Nutzerdaten nicht herausgeben und sitzt zudem in den USA. Der Weg über den Plattformanbieter ist also die zweite Wahl, die zudem mit viel mehr Mühe, Zeit und Geld verbunden ist.

Jedoch darf die Impressumspflicht nicht überspannt werden. Immerhin soll sie nur Anbieter von selbstständigen »Diensten« betreffen, nicht von jeglichen Inhalten. Sonst müsste ja jeder Blogkommentar vom Kommentierenden mit einem Impressum versehen werden. Daher sind Social Media-Präsenzen nur dann impressumspflichtig, wenn sie innerhalb einer Plattform oder eines Netzwerks einen vor allem inhaltlich abgegrenzten und selbstständig verwalteten Bereich darstellen.

Hinweis Mit der Frage, ob Social Media-Profile ein Impressum benötigen, hat sich der Rechtsanwalt Henning Krieg anhand von Twitter in seinem Blog kriegs-recht.de ausführlich auseinandergesetzt: *http://bit.ly/o485ZR*.

Fallbeispiel

So haben Gerichte zum Beispiel entschieden, dass auch einzelne Shops innerhalb der Plattform eBay [KG Berlin, Beschl. v. 11.5.2007 – 5 W 116/07] und Händlerseiten innerhalb der Autohandelsplattform mobile.de [OLG Düsseldorf, Urt. v. 18.12.2007 – I 20 U 17/07] ein Impressum bereithalten müssen. Dabei sagten die Gerichte zur Begründung, dass es nicht darauf ankommt, ob man einer Plattform untergeordnet ist. Von Bedeutung ist lediglich, dass man auf den Inhalt unmittelbar Einfluss nehmen kann.

Dieser Ansicht folgte auch das Landgericht Aschaffenburg, als es entschied, dass eine Facebook-Fanseite ein Impressum bereithalten muss, und ausführte: »Auch Nutzer von ›Social Media‹ wie Facebook-Accounts müssen eine eigene Anbieterkennung vorhalten, wenn diese zu Marketingzwecken benutzt werden und nicht nur eine reine private Nutzung vorliegt.« [LG Aschaffenburg, Urteil v. 19.8.2011, 2 HK O 54/11]

Impressumspflicht in Social Media-Profilen

Ein Impressum muss vorhanden sein, wenn

- Kontrollmöglichkeit über die Inhalte besteht und
- das Angebot innerhalb der übrigen Plattform als eigener Bereich erkennbar ist.

Geschäftsmäßigkeit des Angebotes

Nach dem Gesetz benötigen vor allem »geschäftsmäßige, in der Regel gegen Entgelt angebotene Telemedien« bzw. Onlineangebote ein Impressum. Diese umständliche Formulierung bedeutet, dass nur solche Angebote von der Impressumspflicht ausgenommen sind, die sich nicht an die Öffentlichkeit richten und keiner nachhaltigen geschäftlichen oder beruflichen Tätigkeit dienen.

Die Impressumspflicht besteht zum Beispiel nicht für

- ein persönliches Flickr-Profil, in dem Familienbilder eingestellt werden,
- ein persönliches Facebook-Profil, auf das nur Freunde, Bekannte, Kollegen und Familie Zugriff haben,

- einen Twitter-Account, über den nur mit Familie, Freunden, Bekannten oder auf privater Ebene mit Kollegen kommuniziert wird,
- Einträge in einem privaten Forum und
- private Gelegenheitsgeschäfte wie eBay-Versteigerungen.

Ferner liegt eine geschäftliche Tätigkeit im Sinne der Impressumspflicht nur dann vor, wenn sie nach außen gerichtet ist. Rein unternehmensinterne Angebote, auf die Außenstehende keinen Zugriff haben, unterliegen nicht der Impressumspflicht. Dazu gehört zum Beispiel ein Blog oder Wiki im Intranet eines Unternehmens.

Dagegen betrifft die Impressumspflicht nicht nur rein geschäftliche, sondern auch gemischt privat-geschäftliche Präsenzen und solche, die sich an die Öffentlichkeit wenden. Das sind zum Beispiel

- Twitter-Accounts, die auch beruflichen Zwecken dienen,
- Reiseblogs, die auch unbekannte Dritte ansprechen sollen,
- Blogs, auf denen Werbung geschaltet wird, und
- Facebook-Profile, die Leistungen von Freiberuflern anpreisen und nicht nur die engsten Freunde und Verwandten, sondern zum Beispiel auch Berufskollegen als Freunde annehmen.

Nur rein private Social Media-Präsenzen sind von der Impressumspflicht befreit. Doch schon wenn ein Angebot Personen jenseits des Freundes- und Verwandtenkreises ansprechen soll, ist es nicht mehr privat.

Im Zweifel sollte immer angenommen werden, dass die Impressumspflicht vor allem Verbraucher schützen soll.

Tipp Wenn Sie sich nicht sicher sind, sollten Sie Ihr Social Media-Angebot mit einem Impressum ausstatten (das auch aus einem Link bestehen kann, s. u.).

Inhalt des Impressums

Welche Angaben das Impressum enthalten muss, ist vom Inhalt des jeweiligen Social Media-Angebots und dessen Anbieter abhängig. Es bestehen dieselben Anforderungen wie bei regulären Websites.

Es lohnt sich, ein zentrales Impressum anzulegen, auf das von Social Media-Profilen aus verlinkt wird. So sinkt die Fehlerwahrscheinlichkeit.

Hinweis Ein Impressum zu erstellen, ist keine Hexerei. Sie müssen lediglich die folgenden Pflichtangaben Punkt für Punkt durchgehen und die für Sie zutreffenden Angaben machen.

Vorname, Name, Rechtsform, Anschrift, Niederlassung

Bei der Namensangabe müssen Vor- und Nachname des sogenannten »Diensteanbieters« angegeben werden. Abkürzungen wie »A. Müller« sind nicht zulässig.

> **Hinweis** Vorsicht ist bei Pseudonymen und Künstlernamen geboten. Diese dürfen im Impressum nur dann anstelle des bürgerlichen Namens verwendet werden, wenn man sie auch offiziell verwendet und unter diesem Namen zum Beispiel auch verklagt werden kann. Davon kann man erst dann ausgehen, wenn der Künstlername beim Meldeamt registriert und im Ausweis eingetragen ist.

Bei der Adresse muss es sich um die vollständige Anschrift samt Straße, Hausnummer, Postleitzahl und Ort handeln. Es ist nicht ausreichend, lediglich ein Postfach zu nennen.

Bei Unternehmen, juristischen Personen (GmbH, AG, eingetragener Verein), Personengesellschaften (GbR, OHG) und sonstigen Personenvereinigungen (Vereinen) muss die Rechtsform angegeben werden. So muss die Bezeichnung im Impressum »Hans Müller & Peter Meier GbR« lauten, auch wenn das Unternehmen im Geschäftsverkehr nur als »Müller & Meier« auftritt. Ein eingetragener Kaufmann muss den Zusatz »e. K.« hinter dem Namen führen.

Ferner müssen in diesem Fall auch die Vertretungsberechtigten eines Unternehmens angegeben werden. Bei einem Einzelunternehmen wird es der Inhaber sein, bei einem eingetragenen Verein der Vorstand, bei der GmbH der Geschäftsführer und bei einer GbR die Gesellschafter. Es müssen nicht alle Vertretungsberechtigten angegeben werden. Es reicht aus, einen Vertreter anzugeben, wenn er das Unternehmen allein vertreten darf. Das kann der Geschäftsführer sein, aber auch der Prokurist. Dagegen ist es in diesen Fällen nicht ausreichend, lediglich eine »inhaltlich verantwortliche Person« zu benennen.

Wird der Onlineauftritt von einer selbstständigen Niederlassung aus betrieben, muss die Niederlassung genannt werden.

Grund- und Stammkapital und Liquidationsvermerk

Werden in dem Onlineangebot Angaben zum Kapital einer Gesellschaft gemacht, müssen im Impressum das Grundkapital sowie der Gesamtbetrag der noch ausstehenden Einlagen angegeben werden. Damit soll Transparenz geschaffen werden, wenn ein Unternehmen zum Beispiel in der Eigenvorstellung schreibt mit einem »Kapital von 1 Mio. Euro« ausgestattet zu sein.

Bei Aktiengesellschaften, Kommanditgesellschaften auf Aktien und Gesellschaften mit beschränkter Haftung, die sich in Abwicklung oder Liquidation befinden, muss ein Liquidationsvermerk ins Impressum aufgenommen werden.

Kontaktangaben

Die Kontaktangaben ermöglichen es, mit dem Anbieter schnell in Verbindung zu treten. Hier sind eine ausgeschriebene E-Mail-Adresse und eine weitere effiziente Kontaktmöglichkeit wie eine Telefonnummer erforderlich.

Ausnahmsweise kann auf die Telefonnummer verzichtet werden, wenn stattdessen ein Kontaktformular zur Verfügung steht, das eine ebenso effiziente Kontaktmöglichkeit bietet.

> **Fallbeispiel**
>
> Der Europäische Gerichtshof hat klargestellt, dass nicht unbedingt eine Telefonnummer angegeben werden muss, um eine schnelle Kontaktaufnahme und unmittelbare Kommunikation zu gewährleisten, sondern dass dazu auch andere Kommunikationswege dienen können. So reicht ein Kontaktformular aus, sofern auf Anfragen der Verbraucher innerhalb von 30 bis 60 Minuten geantwortet wird. [EuGH, Urteil v. 16. 10.2008, Az. C 298/07]

Achtung Ein Mitbewerber kann die Antwortzeit auf ein Kontaktformular mit einer Stichprobe testen. Wer den E-Mail-Eingang nicht regelmäßig prüft, sollte daher zur Sicherheit immer die Telefonnummer angeben. Ein Kontaktformular oder auch eine Faxnummer sind selbstverständlich zusätzlich zulässig.

Wer eine kostenpflichtige Telefonnummer verwendet, die über normale Verbindungsgebühren hinausgehende Kosten verursacht (Vorwahl 0180 usw.), muss angeben, welche Kosten durch den Anruf entstehen. Die Kosten müssen aber im üblichen Rahmen liegen und dürfen nicht etwa der Gewinnerzielung dienen.

Aufsichtsbehörde

Übt der Anbieter eine Tätigkeit aus, die einer behördlichen Zulassung bedurfte, muss auch die Aufsichtsbehörde genannt werden. Behördlicher Zulassung bedürfen z.B. Gaststätten, Ärzte, Rechtsanwälte, Inkassobüros, Taxiunternehmen etc. Es ist nicht abschließend geklärt, ob auch die Adresse der Aufsichtsbehörde anzugeben ist. Wer auf Nummer sicher gehen will, sollte sowohl die postalische Adresse als auch den Link zur Website der Aufsichtsbehörde angeben.

Registerangaben

Wenn der Anbieter in einem Handels-, Vereins-, Partnerschafts- oder Genossenschaftsregister eingetragen ist, müssen das Registergericht und die Registernummer angegeben werden, zum Beispiel »Amtsgericht Berlin-Charlottenburg RegNr. PB 671B«.

Umsatzsteuer- und Wirtschaftsidentifikationsnummer

In Fällen, in denen an einen Unternehmer die Umsatzsteuer-Identifikationsnummer oder eine Wirtschafts-Identifikationsnummer vergeben worden ist, gehört sie in das Impressum. Dagegen muss die allgemeine Steuernummer (erkennbar am Format »139/2345/6789«) nicht angegeben werden. Auch die persönliche Identifikationsnummer, die neuerdings Privatpersonen durch die Finanzbehörden zugeteilt wird, muss nicht im Impressum stehen.

Berufsrechtliche Angaben

Bei besonders reglementierten Berufen, deren Ausübung rechtlich an ein Diplom oder andere Bildungsnachweise gebunden ist, müssen weitere Angaben getätigt werden. Zu diesen Berufen gehören z. B. Rechtsanwälte, Steuerberater, Wirtschaftsprüfer, Architekten, Ingenieure, Ärzte, Psychotherapeuten, Apotheker, Gesundheitshandwerker (Optiker, Orthopädietechniker usw.) und Heilhilfsberufe wie Masseure oder Krankenpfleger.

Die Angehörigen dieser Berufsgruppen müssen die folgenden Angaben im Impressum bereit halten:

- die gesetzliche Berufsbezeichnung und in welchem Staat sie verliehen wurde,
- die zuständige Kammer sowie
- die berufsrechtlichen Regelungen und wie diese zugänglich sind. (Hier sollte ein Link auf die Webseite der Kammer gesetzt werden, auf welcher diese Regelungen stehen.)

Berufshaftpflichtversicherung

Hat der Anbieter eine Berufshaftpflichtversicherung abgeschlossen, müssen Name und Anschrift des Versicherers sowie der räumliche Geltungsbereich angegeben werden, zum Beispiel »Berufshaftpflicht in Deutschland: R+V Allgemeine Versicherungs AG, Taunusstraße 1, 65193 Wiesbaden«.

Hinweis Noch ist unklar, ob hierunter nur die Angabe von Berufshaftpflichtversicherungen fällt, die gesetzlich vorgeschrieben sind (z.B. bei Rechtsanwälten), oder ob auch die freiwillige Berufshaftpflichtversicherung eines Dienstleisters mit angegeben werden muss. Zur Sicherheit sollten Sie auch freiwillige Berufshaftpflichtversicherungen angeben.

Inhaltlich verantwortliche Person

Bei journalistisch-redaktionell gestalteten Angeboten muss zusätzlich eine inhaltlich verantwortliche Person benannt werden. Das gilt auch, wenn es dieselbe Person ist wie der bereits benannte Diensteanbieter. Bei journalistisch-redaktionell gestalteten Angeboten handelt es sich nicht nur um Presseportale, sondern um alle Angebote, die regelmäßig neue Informationen bieten und zur Meinungsbildung in der Öffentlichkeit beitragen wollen. Das sind typischerweise Blogs, aber auch Facebook-Fanseiten, auf denen wie in einem Blog regelmäßig Artikel veröffentlicht werden. Daher sollte die inhaltlich verantwortliche Person im Zweifel angegeben werden.

Die inhaltlich verantwortliche Person muss einen ständigen Aufenthalt im Inland haben, voll geschäftsfähig und unbeschränkt strafrechtlich verfolgbar sein und darf nicht infolge Richterspruchs die Fähigkeit zur Bekleidung öffentlicher Ämter verloren haben. Werden mehrere Verantwortliche angegeben, ist kenntlich zu machen, wer für welchen Teil des Dienstes verantwortlich ist.

Muster des Impressums einer GmbH

Meier und Müller GbR
Musterweg 1
10585 Berlin

E-Mail: info@meiermuellergbr.de
Telefon: 030/123456

Registergericht: Amtsgericht Berlin
Registernummer: HRB 12345

Vertretungsberechtigte Geschäftsführer: Peter Meier und Paul Müller
Inhaltlich Verantwortlicher: Peter Meier, Anschrift s.o.
Umsatzsteuer-Identifikationsnummer gem. § 27a UStG: DE12345678

Beispiel eines Impressums für ein Blog, das von einer GbR betrieben wird

Tipp Weitere Einzelheiten zum Impressum sind im »Leitfaden zur Impressumspflicht« des Bundesministeriums für Justiz (*http://bit.ly/mUqpr1*) und auf der Seite *http://anbieterkennung.de* zu finden. Ein kostenloser Impressumsgenerator wird unter *http://www.impressum-generator.de* angeboten.

Verlinkung und Aussehen des Impressums

Handelt es sich um ein geschäftsmäßiges Angebot, lautet die nächste Frage, wie das Impressum auszusehen hat und an welcher Stelle es stehen soll. Der Gesetzgeber gibt vor, dass es »leicht erkennbar, unmittelbar erreichbar und ständig verfügbar« sein muss.

Ständige Verfügbarkeit des Impressums

Auch Baustellenseiten benötigen ein Impressum, wenn sie über Inhalte verfügen, zum Beispiel die Möglichkeit der Kontaktaufnahme mit dem Inhaber.

»Ständig verfügbar« bedeutet, dass das Impressum erforderlich ist, sobald geschäftsbezogene Inhalte vorhanden sind. Nur Angebote ohne jeglichen Inhalt, also reine Baustellenseiten, dürfen vorübergehend auf ein Impressum verzichten. Wer also Inhalte wie Name und Kontaktdaten eines Unternehmens oder Hinweise auf bald kommende Inhalte bereitstellt, braucht ein Impressum. Zulässig sind allenfalls kurze Ausfälle von wenigen Minuten, um zum Beispiel das Impressum zu aktualisieren.

Leichte Erkennbarkeit des Impressums

Ein Impressum muss sowohl im Browser als auch in den offiziellen mobilen Applikationen des Plattformanbieters leicht erkennbar sein.

Ein Impressum ist dann »leicht erkennbar«, wenn es unter Menüpunkten zu finden ist, unter denen ein durchschnittlicher Nutzer ein Impressum vermuten würde. Zulässig sind laut Gesetz und Bundesgerichtshof Begriffe wie

Anbieterangaben Dieser Begriff ist die gesetzliche Bezeichnung für ein Impressum im § 5 TMG.

Impressum und Kontakt Diese Begriffe haben sich laut BGH eingebürgert [BGH, Urteil v. 20.7.2006, Az. I ZR 228/03].

mich Ein so bezeichneter Link bei eBay wurde als ausreichend erachtet [KG Berlin, Beschluss v. 11.5.2007, Az. 5 W 116/07].

Vorsicht ist bei kreativen und nicht eindeutigen Begriffen angesagt. So wurden die folgenden Begriffe für unzureichend befunden:

Backstage Dieser Begriff ist für den durchschnittlichen Nutzer nicht als Impressum erkennbar [LG Hamburg, Urteil v. 26.8.2002, 416 O 94/02].

AGB Die Platzierung des Impressums in den allgemeinen Geschäftsbedingungen ist nicht ausreichend [LG Stuttgart, Urteil v. 11.3.2003, Az. 20 O 12/03].

Info Das Landgericht Aschaffenburg entschied in einem viel kritisierten Urteil, dass der Bereich »Info« auf einer Facebook-Fanseite von durchschnittlichen Nutzern nicht als Impressum leicht erkennbar ist [LG Aschaffenburg, Urteil v. 19.8.2011, 2 HK O 54/11]. Weitere Informationen zur Facebookproblematik finden Sie im Abschnitt »Beispiele für einzelne Social Media-Plattformen«.

Das Impressum muss nicht nur im Browser leicht erkennbar sein. Die Anforderungen an die Erkennbarkeit müssen auch in den vom Plattformanbieter zur Verfügung gestellten offiziellen Apps für Mobilgeräte erfüllt werden.

Fallbeispiel

Das Oberlandesgericht Hamm hat entschieden, dass ein eBay-Händler dafür haften muss, wenn die offizielle mobile App von eBay kein Impressum darstellt. eBay hat daraufhin die App um »Angaben für gewerbliche Verkäufer in Europa« ergänzt. [OLG Hamm, Urteil v. 20.5.2010, Az. I-4 U 225/09]

Bei Social Media-Plattformen besteht das Problem, dass sie oft von ausländischen Anbietern stammen und nicht an den Anforderungen des deutschen Rechts ausgerichtet sind. So fehlt häufig ein Feld »Impressum« oder die Möglichkeit eine eigene Rubrik mit dieser Bezeichnung anzulegen. Hier müssen Sie notfalls improvisieren, wie die noch folgenden Beispiele zur Umsetzung der Impressumspflicht auf den einzelnen Plattformen zeigen.

Unmittelbare Erreichbarkeit mit der Zwei-Klick-Regel

Ein Impressum ist »unmittelbar erreichbar«, wenn es mit zwei Klicks von jeder Unterseite des Angebots aus erreicht werden kann.

Das Impressum muss jedoch nicht unbedingt in voller Länge auf jedem Social Media-Profil enthalten sein. Es reicht, wenn ein an anderer Stelle vorhandenes Impressum verlinkt wird, sofern die folgenden Voraussetzungen erfüllt werden:

Ein Impressum muss von jeder Unterseite des Onlineangebotes aus mit zwei Klicks erreichbar sein.

Erreichbarkeit mit zwei Klicks Der Link muss direkt zum Impressum führen. Ein Link zur Website wird in den meisten Fällen gegen die Zwei-Klick-Regel verstoßen. Ist man zum Beispiel auf der Pinnwand eines Profils bei Google+, zählt der Klick auf den Reiter *Über mich* als erster Klick, von dort auf die eigene Website als zweiter Klick. Da der Nutzer auf der Website noch auf den Link *Impressum* klicken muss, werden unerlaubte drei Klicks vorliegen.

Sprechender Link Der Link muss »sprechend« sein, das heißt, es muss erkennbar sein, dass er zum Impressum führt. Ein Link kann »selbstsprechend« sein, zum Beispiel *http://spreerecht.de/service/impressum*. Ist er das nicht, reicht der Hinweis »Impressum: *http://…*« zur Verdeutlichung.

Klickbarkeit des Links Der Link sollte klickbar sein. Es gibt zwar noch keine Gerichtsentscheidung, die ausdrücklich auf die Klickbarkeit eingeht, aber ein nicht klickbarer Link (also lediglich die Angabe der Webadresse des Impressums) könnte gegen das Gebot der »unmittelbaren Erreichbarkeit« verstoßen. In vielen Fällen kann der Link selbst per HTML-Code klickbar gemacht werden. Im Übrigen ist ein nicht klickbarer Impressumslink rechtlich sicherer als gar kein Impressumshinweis.

Keine Zuordnungsverwirrung Wenn Sie ein Impressum aus einer Social Media-Präsenz verlinken, dürfen auf dieser keine anderen Anbieterangaben stehen als in Ihrem Impressum.

> ### Fallbeispiel
> In dem vom Landgericht Aschaffenburg entschiedenen Fall war auf der Facebook-Fanseite ein anderes Unternehmen als im verlinkten Impressum als Betreiber angegeben. Das Gerichte meinte, dass damit nicht klar ist, ob das verlinkte Impressum auch für die Facebook-Fanseite gilt. [LG Aschaffenburg, Urteil v. 19.8.2011, 2 HK O 54/11]

Tipp Wenn Sie auf Nummer sicher gehen wollen, führen Sie im verlinkten Impressum die Social Media-Angebote auf, für die es gilt. Zum Beispiel »Dieses Impressum gilt auch für unsere Social Media-Präsenzen Facebook-Fanseite *http://fb.com/schwenke.dramburg* und Twitter-Account *http://twitter.com/thsch*.«

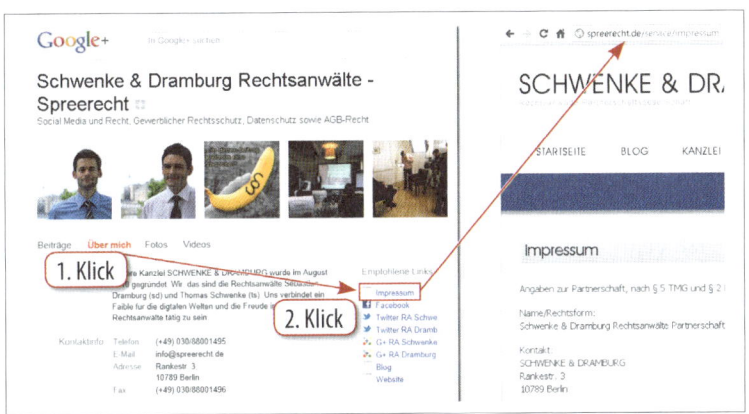

◀ **Abbildung 2-20**
Wenn Sie ein Impressum verlinkt haben, zählen Sie nach, ob Sie von jeder Unterseite der Social Media-Präsenz aus mit zwei Klicks zum Impressum gelangen können.

Ausländische Plattformen, Impressumspflicht und Sprache

Die Impressumspflicht betrifft jeden, der in Deutschland niedergelassen ist. Damit sind Personen gemeint, die in Deutschland einen Wohnsitz haben oder dauerhaft wohnen, sowie Unternehmen und Organisationen, die in Deutschland ihren Sitz haben. Für sie ist es irrelevant, wo der Anbieter der Social Media-Plattform seinen Sitz hat oder wo die Server stehen.

Die Sprache des Impressums bestimmt sich aus der Sprache des übrigen Angebots. Wer zum Beispiel auf seiner Facebook-Fanseite nur auf Englisch kommuniziert, muss das Impressum auf Englisch bereitstellen. Es ist nicht notwendig, eine zusätzliche deutsche Version anzubieten.

Impressum als Grafik

Vor allem um Spam zu vermeiden, werden immer wieder Impressen im Grafikformat verwendet. Das ist jedoch gefährlich, da in ähnlichen Fällen Gerichte darauf hingewiesen haben, dass eine Informationspflicht auch für Nutzer erfüllt werden muss, die mit reinen Textbrowsern unterwegs sind. Daher dürften auch Impressen unzulässig sein, die mit Skriptsprachen wie Javascript erstellt sind. Dagegen ist es zur Spamvermeidung zulässig, die E-Mail leicht abgewandelt zu schreiben, solange sie als solche im Browser erkennbar ist, zum Beispiel im Format »info (at) spreerecht . de«.

Beispiele für einzelne Social Media-Plattformen

Die folgenden Beispiele zeigen, wie die Anforderungen an die Impressumspflicht praktisch umgesetzt werden können.

Blogging-Plattformen

Auf Plattformen wie Wordpress.com oder Blogger.de können Nutzer einzelne Blogs anlegen. Diese Blogs haben zwar einen vorgegebenen technischen Rahmen, aber die Nutzer können sie optisch und vor allem inhaltlich selbst gestalten. Daher sind die einzelnen Blogs jeweils impressumspflichtige »Telemedien«.

Es ist leicht, der Impressumspflicht nachzukommen, da bei den einzelnen Blogs Unterseiten angelegt werden können.

Abbildung 2-21 ▶
Das Impressum im Blog der Rechtsanwältin Diercks unter http://socialmediarecht.wordpress.com/.

Facebook

 Hinweis Nach der vorliegenden Gerichtsentscheidung des Landgerichts Aschaffenburg kann die Impressumspflicht auf Facebook derzeit nicht erfüllt werden.

Der Unterschied zwischen Facebook-Fanseiten und Facebook-Profilen auf der einen und Blogs bei einem Blogging-Netzwerk auf der anderen Seite ist rechtlich sehr gering. Daher ist es nicht verwunderlich, dass laut gerichtlicher Entscheidung eine nicht nur rein private Facebook-Präsenz über ein mpressum verfügen muss.

Persönliche Profile richten sich an Familie und Freunde, was daran erkennbar ist, dass der Profilinhaber eine »Freundschaftsanfrage« bestätigen muss. Dient das persönliche Profil jedoch auch geschäftlichen Zwecken (macht zum Beispiel ein Künstler Werbung für sich oder verlinkt ein Unternehmer regelmäßig auf die Leistungen seines

Unternehmens), dann muss auch das persönliche Profil ein Impressum enthalten.

Nach dem gegenwärtigen Stand der Facebook-Plattform kann die Impressumspflicht laut der Entscheidung des Landgerichts Aschaffenburg nicht erfüllt werden.

Info Laut Landgericht Aschaffenburg ist der Bereich »Info« einer Facebook-Präsenz nicht als Impressum »leicht erkennbar«. Details zu den Voraussetzungen leichter Erkennbarkeit erfahren Sie weiter oben in diesem Kapitel unter »Leichte Erkennbarkeit des Impressums«

Impressums-Anwendung Im Internet sind Anwendungen verfügbar, die eine Rubrik »Impressum« anlegen, in der das Impressum eingetragen oder verlinkt werden kann. Jedoch werden diese Angaben nicht in den offiziellen Facebook-Apps für Mobiltelefone angezeigt.

Mobile Apps Das Impressum muss nicht nur im Browser leicht erkennbar sein, sondern auch in den vom Plattformanbieter zur Verfügung gestellten offiziellen Apps für Mobilgeräte.

Tipp Auch wenn die Impressumspflicht im Zeitpunkt des Verfassens dieses Buchs bei Facebook laut der vorliegenden Gerichtsentscheidung nicht erfüllt werden kann, sollten Sie trotzdem nicht auf ein Impressum oder einen Link dazu im Bereich »Info« verzichten. Es ist gut möglich, dass andere Gerichte das als ausreichend ansehen werden. Um das Risiko so gering wie derzeit möglich zu halten, sollten Sie sowohl im Info-Reiter einen Link zum Impressum einfügen als auch eine Impressums-Anwendung nutzen.

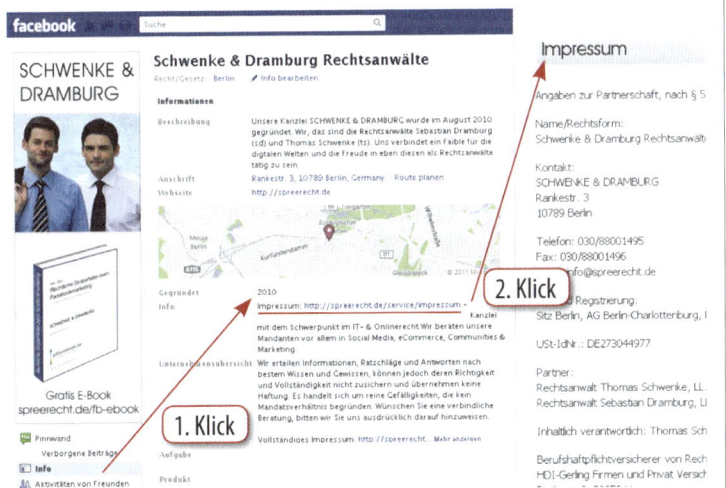

◀ **Abbildung 2-22**
Auch wenn das Landgericht Aschaffenburg den »Info«-Bereich als Bezeichnung für ein Impressum als nicht ausreichend ansieht, sollten Sie die Möglichkeit nutzen. Falls Sie das Impressum verlinken, sollten Sie beachten, dass das Impressum von jeder Rubrik der Facebook-Präsenz aus mit zwei Klicks erreichbar sein muss.

Google+

Für Google+ gilt dasselbe wie für Facebook: Businessprofile benötigen ein Impressum, persönliche Profile dagegen nur bei geschäftlicher Nutzung. Da bereits ein Gericht entschieden hat, dass der »mich«-Bereich bei eBay als Stelle für ein Impressum genügt, wird der »Über mich«-Bereich der Präsenz bei Google+ ebenfalls ausreichend sein (KG Berlin, Beschluss v. 11.5.2007, Az. 5 W 116/07). In diesem Bereich kann entweder das Impressum eingetragen oder ein Link zu einem Impressum auf der eigenen Website gesetzt werden (siehe Abbildung 2-22). Diese Angaben werden auch in den Google+-Apps für Mobilgeräte angezeigt.

Twitter

Auch Twitter-Accounts stellen jeweils selbstständige Bereiche der Mitglieder da. Sie sind von der Plattform getrennt, können optisch individuell angepasst werden und unterliegen inhaltlich der vollen Kontrolle ihrer Inhaber. Daher müssen Twitter-Accounts, die nicht nur der rein privaten Kommunikation dienen, ein Impressum haben. Dazu bietet sich das Feld »Biographie« an. Hier kann ein Link zum Impressum auf der eigenen Website gesetzt werden. Weil das Feld nur 160 Zeichen zulässt, empfiehlt es sich, den Link mit einem Kurz-URL-Dienst wie http://bit.ly zu verkürzen.

Ebenfalls möglich ist ein Link zum Impressum im Feld »Web«. Da dieses keine Beschreibung zulässt, muss es ein »sprechender« Link sein, der erkennbar zum Impressum führt. Zu lange Links werden jedoch im Feld »Web« nicht ganz angezeigt. Eine Lösungsmöglichkeit ist, den Begriff »Impressum« über eine Subdomain einzugeben, zum Beispiel »impressum.spreerecht.de.«

Abbildung 2-23 ▶
Dank Kurz-URLs können neben dem Impressum noch weitere Informationen im Profil untergebracht werden.

YouTube

Auch Videoplattformen gestatten ihren Benutzern, optisch und inhaltlich eigene Bereiche zu gestalten und selbstständig zu verwalten. Damit unterliegen sie ebenfalls der Impressumspflicht, die bei geschäftsmäßiger Nutzung in den Profilfeldern erfüllt werden kann. Das ist insbesondere dann wichtig, wenn mit den Videos Einnahmen durch die Beteiligung an Partnerprogrammen generiert werden.

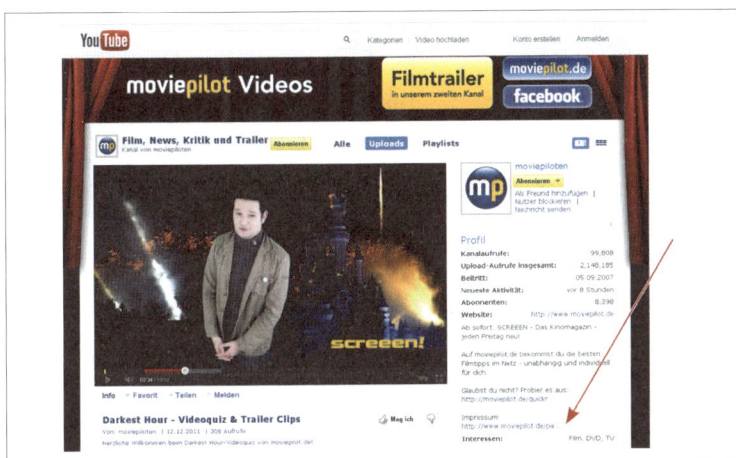

◀ Abbildung 2-24
Der YouTube-Kanal der Filmempfehlungsseite Moviepilot verfügt über einen ordnungsgemäßen Impressumslink.

Posterous, Tumblr

Diese »Microblogging«-Dienste sind mit Blogs vergleichbar. Der Unterschied liegt lediglich darin, dass sie weniger auf Diskussionen als auf schnelle Verbreitung von Inhalten ausgelegt sind. Sie erlauben ihren Nutzern optische und inhaltliche Kontrolle und sind daher wie Blogs impressumspflichtig, sobald sie nicht ausschließlich privat verwendet werden.

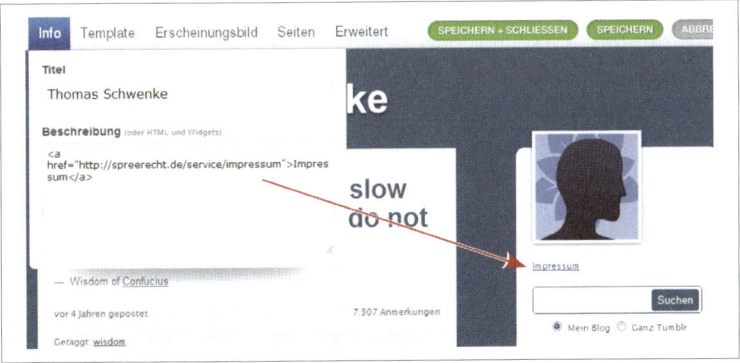

◀ Abbildung 2-25
Bei Tumblr gibt es kein Impressumsfeld. In der Blogbeschreibung lassen sich aber mit HTML-Tags klickbare Impressumslinks erstellen.

Foren, Frage- und Bewertungsportale

Auch in Foren und Frage- und Bewertungsportalen können die Mitglieder Einfluss auf die Inhalte nehmen. Sie haben zudem eine Profilseite, auf der man Informationen über sich selbst hinterlassen kann. Jedoch sind weder optische Anpassungsmöglichkeiten vorhanden noch kann man von einem »eigenen« Bereich im Sinne einer innerhalb der Plattform als eigener Bereich erkennbaren Onlinepräsenz sprechen. Vielmehr sind die einzelnen Beiträge ein Teil der Plattform, so dass die einzelnen Mitglieder keine Impressumspflicht trifft.

Abbildung 2-26 ▶
In Frageportalen wie diesem sind weder die einzelnen Beiträge noch die Übersichtsseiten der Mitglieder als selbstständige Telemedien anzusehen.

Xing und LinkedIn

In Xing-Profilen kann man sich selbst oder sein Unternehmen beschreiben sowie an Gruppen teilnehmen und Statusnachrichten verfassen. Aber die Möglichkeiten, Inhalte einzustellen, sind ebenso eingeschränkt wie die optische Anpassung. Xing-Profile lassen sich damit eher mit einer Karteikarte als mit einer eigenen Präsenz vergleichen und dürften keine eigenständigen Telemedien im Sinne des Gesetzes sein, sondern unselbstständige Teile der Xing-Plattform. Dasselbe gilt für LinkedIn. Demnach benötigen diese Profile kein Impressum. Jedoch entwickeln sich diese Angebote ständig, und zum Beispiel können Xing-Nutzer neuerdings Statusnachrichten verfassen. Daher sollten Sie auch innerhalb von Businessnetzwerken ein Impressum beziehungsweise im Bereich »Über mich« einen Link zu Ihrem Impressum einfügen.

 Tipp   Da noch keine klärende Gerichtsentscheidung über Impressumspflicht auf Plattformen wie Xing vorliegt, sollten Sie zur Sicherheit auch dort zumindest einen Link zu Ihrem Impressum einfügen.

Die Folgen eines fehlenden Impressums

Ein häufiger Einwand gegen die Einrichtung eines Impressums ist der Hinweis auf geringe Folgen und darauf, dass die meisten Social Media-Präsenzen kein Impressum haben. Der letzte Einwand ist richtig, der erste nicht.

Es ist richtig, dass ein Bußgeld von maximal 50.000 Euro, das laut Gesetz beim Verstoß gegen die Impressumspflicht droht, praktisch nie verhängt wird. Aber ein Konkurrent kann bei Verstoß eine Abmahnung aussprechen, die dann Kosten von ca. 500 Euro zuzüglich der Kosten für den eigenen Rechtsanwalt in ähnlicher Höhe verursachen kann. Ferner muss man sich in solchen Fällen dazu verpflichten, den Fehler nicht zu wiederholen, und muss sonst eine Vertragsstrafe (in der Regel in Höhe von 5.001 Euro) an einen Konkurrenten zahlen.

Mit einem Link auf das Impressum in einem Social Media-Profil können Sie viel Geld sparen.

Hinweis Einzelheiten über die Kosten und Folgen einer Abmahnung erfahren Sie in Kapitel 10.

Es lohnt sich also, der Impressumspflicht nachzukommen, um Konkurrenten keine Angriffsfläche zu bieten. Sind Sie allerdings in einer Branche tätig, in der es kaum Konkurrenzkämpfe gibt, und greifen Sie selbst niemanden an, müssen Sie bei fehlendem Impressum kaum nachteilige Folgen befürchten.

Checkliste: Impressum

Ist ein Impressum erforderlich?
- Es sollen auch andere Personen als Freunde und Familie angesprochen werden.
- Es besteht Kontrolle über die Inhalte.
- Der eigene Bereich ist inhaltlich und/oder optisch von der übrigen Plattform abgegrenzt.

Sind die äußerlichen Anforderungen erfüllt?
- Ist das Impressum leicht erkennbar?
- Ist die Zwei-Klick-Regel erfüllt?

Enthält das Impressum, soweit erforderlich, die folgenden Angaben?
- Vorname, Name, Anschrift
- Bei Unternehmen Rechtsform, Vertretungsberechtigte und Niederlassung
- Grund- und Stammkapital und Liquidationsvermerk
- Kontaktangaben (E-Mail und andere effiziente Kontaktmöglichkeit)
- Aufsichtsbehörde
- Registerangaben
- Umsatzsteuer- und Wirtschaftsidentifikationsnummer
- Berufsrechtliche Angaben
- Berufshaftpflichtversicherung
- Inhaltlich verantwortliche Person

Datenschutzerklärung

Bis auf Blogs benötigen die meisten Social Media-Profile keine Datenschutzerklärung.

Ist eine Social Media-Präsenz ein selbstständiges, impressumspflichtiges »Telemedium«, dann muss neben dem Impressum auch eine Datenschutzerklärung vorliegen. Diese Pflicht ergibt sich ebenfalls aus dem Telemediengesetz (§ 13 Abs.1), wird jedoch in den meisten Fällen bereits durch die Datenschutzerklärung der Social Media-Plattform erfüllt.

Nur wenn die Plattform selbst keine Datenschutzerklärung bietet oder im Rahmen des Social Media-Auftritts zusätzliche Daten von den Besuchern erhoben werden (zum Beispiel im Rahmen eines Gewinnspiels), wird eine eigene Datenschutzerklärung notwendig.

Notwendigkeit eigener Datenschutzerklärung

Ein typischer Fall, in dem eine eigene Datenschutzerklärung erforderlich ist, sind Blogs. Das gilt nicht nur für Blogs auf einem eigenen Server. Auch Blogs, die im Rahmen eines Blogging-Netzwerks wie Wordpress.com betrieben werden, brauchen eine Datenschutzerklärung. Bei diesen Netzwerken sind die Blogs in keinen »Rahmen« eingebettet, sondern stehen für sich allein da. Deren Betreiber können sich nicht darauf berufen, dass die Datenschutzerklärung des Netzwerkbetreibers auch für sie gelte.

Vorhandene Datenschutzerklärung der Plattform

Social Media-Profile, die in eine Plattform eingebettet sind, brauchen keine Datenschutzerklärung, wenn diese bereits vom Plattformbetreiber gestellt wird. Das ist der Fall bei Facebook, Google+, YouTube und Twitter. Profile in Xing, LinkedIn und Foren sind – wie bereits festgestellt – keine selbstständigen Präsenzen im Sinne des Gesetzes und müssen ohnehin keine Datenschutzerklärung enthalten.

Ein Problem entsteht, wenn die Datenschutzerklärung der Plattform unzureichend ist. So halten Datenschützer die Datenschutzerklärung von Facebook für unzureichend, weil die Verwendung der Nutzerdaten nicht detailliert genug erfolgt. In diesem Fall sind Ihnen jedoch die Hände gebunden, da Sie die Fehler von Facebook nicht mit einer eigenen Datenschutzerklärung ausbügeln können. Sie wissen selbst nicht, was Facebook mit den Daten macht. In diesem Fall haben Sie nur die Wahl zwischen der Löschung Ihres Facebook-Auftritts und der Hoffnung, dass Facebook die Fehler berichtigt oder sie für Sie keine negativen Folgen haben werden. Den gegenwärtigen Stand der Entwicklung erfahren Sie auf der Seite des Autors unter http://bit.ly/w4cfDO.

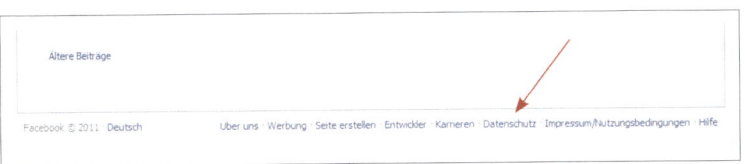

◀ **Abbildung 2-27**
Jede Seite auf Facebook hat einen Link zur Datenschutzerklärung. Damit wird der Nutzer über die Verwendung seiner Daten beim Besuch einer Facebook-Fanseite aufgeklärt. Fehler in der Datenschutzerklärung müssen Sie hinnehmen.

Die Datenschutzerklärung der Plattform ist jedoch auf jeden Fall nicht mehr ausreichend, wenn Sie im Rahmen der eigenen Präsenz zusätzliche Daten erheben.

Datenschutzerklärungspflicht innerhalb von Social Media-Profilen

Die Datenschutzerklärung der Plattformanbieter umfasst nur die typische Datenverwendung innerhalb der Social Media-Profile. Jedoch bieten viele Plattformen die Möglichkeit, Profile zu erweitern und auszubauen. Ein prominentes Beispiel ist Facebook mit der Möglichkeit, eigene Applikationen zu erstellen oder Unterrubriken mit eigenen Inhalten anzulegen. Werden im Rahmen dieser zusätzlichen Elemente Daten von Nutzern erhoben, müssen sie eine gesonderte Datenschutzerklärung enthalten. Dies ist übrigens nicht nur durch das Gesetz, sondern auch durch die Nutzungsbedingungen der Plattformanbieter vorgegeben. Genauere Informationen zu den Applikationen und deren rechtlichen Voraussetzungen finden Sie in Kapitel 8.

Verlinkung und Aussehen einer Datenschutzerklärung

Die gesetzlichen Anforderungen an eine Datenschutzerklärung können im Social Web nicht erfüllt werden. Der Gesetzgeber verlangt, dass die Datenschutzerklärung den Nutzern »zu Beginn des Nutzungsvorgangs« präsentiert wird. Das würde praktisch bedeuten, dass zum Beispiel vor dem Aufruf eines Blogs eine Vorschaltseite mit der Datenschutzerklärung auftaucht. Da diese Forderung

Die Datenschutzerklärung muss wie ein Impressum leicht erkennbar und unmittelbar erreichbar sein.

fern der Wirklichkeit ist, wird diese Voraussetzung schlichtweg missachtet und von den Behörden auch nicht durchgesetzt.

Es reicht in der Praxis bisher also, wenn überhaupt eine Datenschutzerklärung vorhanden ist. Der Link zu ihr muss wie das Impressum leicht erkennbar und unmittelbar erreichbar sein. Ebenfalls wie beim Impressum gibt es keine Vorgabe, wie der Link genau heißen soll. Er kann also »Datenschutzerklärung«, »Datenschutzhinweise« oder schlicht »Datenschutz« heißen. Auf englischsprachigen Seiten können die Begriffe »Privacy Policy« oder »Privacy« verwendet werden. Stehen die Datenschutzhinweise zusammen mit dem Impressum auf einer Seite, muss der Link darauf hinweisen und zum Beispiel »Impressum/Datenschutz« lauten.

Inhalt einer Datenschutzerklärung

Im Hinblick auf den Inhalt der Datenschutzerklärung ist das Gesetz weitaus weniger hilfreich als bei den Inhalten des Impressums. Der Gesetzgeber verlangt, dass die Nutzer über »Art, Umfang und Zwecke der Erhebung und Verwendung personenbezogener Daten« sowie deren Weitergabe aufgeklärt werden. Dazu gehören insbesondere folgende Aspekte:

- Beschreibung, welche personenbezogenen Daten in welchem Umfang und für welche Zwecke erhoben werden
- Informationen über eingesetzte Cookies
- Informationen über eingesetzte Dienste Dritter und deren Datenverwendung (z.B. Google Analytics oder Facebook Social Plugins)
- Informationen, welche Daten an wen weitergegeben werden
- Hinweis auf Auskunfts- und Widerrufsrechte der Besucher
- Kontaktdaten für die Geltendmachung dieser Rechte

Der Versuch, alle Daten aufzulisten, die darunter fallen, würde ein ganzes Buch füllen. Daher bietet der Autor dieses Buchs einen Generator, mit dem sich eine Datenschutzerklärung im Bereich der sozialen Medien einfach und schnell online erstellen lässt. Neben den einzelnen Klauseln werden auch Erklärungen zu den einzelnen Inhalten bereitgestellt.

◀ Abbildung 2-28
Mit dem kostenlosen Generator kann eine individuelle Datenschutzerklärung schnell und einfach erstellt werden (http://spreerecht.de/datenschutz-generator).

Folgen bei Verstößen

Anders als beim Verstoß gegen die Impressumspflicht, ist das Risiko bei Verstößen gegen die Datenschutzerklärungspflicht derzeit noch gering. Welche konkreten Nachteile Sie zu befürchten haben, erfahren Sie am Ende des Kapitel 8 im Abschnitt »Rechtsfolgen bei Verstößen gegen Datenschutzvorschriften«.

Bußgelder

Laut dem Gesetz sind bei fehlenden Informationen zur Datenerhebung Bußgelder von bis zu 50.000 Euro möglich. Praktisch sind in solchen Fällen Bußgelder von Datenschutzbehörden eine Ausnahmeerscheinung. Ferner wird in den meisten Fällen eine Möglichkeit zur Nachbesserung eingeräumt.

Abmahnungen

Eine Abmahnung wegen einer Rechtsverletzung kann durch einen Konkurrenten nur dann ausgesprochen werden, wenn das verletzte Gesetz einen gerechten Wettbewerb sichern sollte. Im Fall von Datenschutzgesetzen sagen die Gerichte, dass diese nicht den Wettbewerb, sondern nur Rechte von Privatpersonen schützen sollen. Sie machen nur eine Ausnahme, wenn aus der Datenschutzverletzung gezielt und planmäßig Profit geschlagen werden soll. Das wurde zum Beispiel beim Verkauf von Kundendaten bejaht. Das heißt, dass Abmahnungen wegen Datenschutzverletzungen derzeit vor Gericht höchstwahrscheinlich scheitern werden.

Diese Ansicht der Gerichte wird jedoch von vielen Juristen angezweifelt. Denn ein Unternehmer, der Geld in ordnungsgemäßen Datenschutz investiert, hat Kosten, die diejenigen nicht haben, die sich nicht um den Datenschutz kümmern. Sollten die Gerichte ihre Ansicht ändern, ist mit einer Vielzahl von Abmahnungen zu rechnen (sogenannte »Abmahnungswelle«). Wer jedoch schon jetzt eine ordnungsgemäße Datenschutzerklärung bietet, braucht diese Welle nicht zu fürchten.

Eine einwandfreie Datenschutzerklärung schützt vor allem vor Kosten der Abwehr von Abmahnungen durch die Konkurrenz.

Ferner kosten auch unberechtigte Abmahnungen Zeit und Geld. Auch wenn die Gerichte bisher an ihrer Ansicht festhalten, verschicken Konkurrenten immer wieder Abmahnungen, wenn ein Wettbewerber keine oder eine fehlerhafte Datenschutzerklärung hat. Da sie damit die Ansicht vieler Juristen vertreten, sind diese Abmahnungen nicht missbräuchlich. Wenn Sie aber einen Anwalt mit der Abwehr einer solchen Abmahnung beauftragen, müssen Sie dessen Kosten (ca. 400 Euro) selbst tragen. Also lohnt es sich auch wegen dieses Risikos, eine ordnungsgemäße Datenschutzerklärung zu haben.

Klagen von Privatpersonen

Es kommt es äußerst selten vor, dass Privatpersonen gegen fehlerhafte Datenschutzhinweise vorgehen, denn meist ist die Rechtslage nicht ganz klar und ein Rechtsprozess birgt immer finanzielle Risiken. Zum Beispiel muss der Kläger die Prozesskosten vorleisten und trägt damit das Risiko, falls der Beklagte insolvent ist.

Hinzu kommt, dass die Rechtsanwaltsgebühren in Datenschutzverfahren viel geringer sind als zum Beispiel im Urheberrecht. Daher fehlt es auch seitens der Rechtsanwälte an der Motivation, mit Abmahnungen gegen Datenschutzverstöße vorzugehen.

Fallbeispiel

Das Oberlandesgericht Schleswig setzte zum Beispiel den Streitwert für eine Datenschutzauskunft gemäß § 34 BDSG mit 200 Euro an, was einer Rechtsanwaltsgebühr von 50 Euro entspricht. [OLG Schleswig, Beschluss v. 5.1.2009, Az. 1 W 57/08]

Man kann zum Beispiel Fristen verpassen oder der Gegner ist insolvent und kann dem Prozessgewinner dessen Kosten nicht ersetzen.

Imageschaden

Eine Datenschutzerklärung wird heutzutage von vielen Nutzern erwartet. Ihr Fehlen wird daher als Zeichen fehlender Professionalität bewertet und führt oft zum Argwohn gegenüber dem Anbieter.

Nutzungsbedingungen (AGB)

An vielen Stellen im Internet findet man Allgemeine Geschäftsbedingungen beziehungsweise Nutzungsbedingungen für Websites, Blogs oder sogar Profile in sozialen Netzwerken. Jedoch sind diese in der Regel für die Besucher nicht bindend und stellen allenfalls Hinweise auf ein wünschenswertes Verhalten dar.

Egal, ob man sie AGB, Nutzungsbedingungen oder Policies nennt: Vorformulierte Bedingungen und Regeln gelten laut Gesetz nur, wenn sie vor der Nutzung eines Onlineangebotes wirksam »einbezogen« worden sind. Das bedeutet übersetzt: Sie gelten nur, wenn man zu dem Onlineangebot nur nach der Bestätigung der AGB gelangt. Der typische Fall wirksam einbezogener AGB sind die Nutzungsbedingungen eines Social Networks, die man bei der Registrierung akzeptieren muss.

Wenn ein Onlineangebot wie ein Blog oder ein Social Media-Profil auch ohne diese Hürde betreten werden kann, haben die AGB allenfalls die Wirkung von Hinweisen und Wünschen. Aber auch diese können sinnvoll sein.

Verhaltensrichtlinien

Mit Verhaltensrichtlinie bringt der Anbieter zum Ausdruck, welches Verhalten er sich innerhalb seiner »virtuellen Räume« wünscht. Zwar kann er sich dabei auf das Hausrecht berufen, aber mit den Richtlinien beugt er dem Vorwurf der Zensur oder Willkür vor und spart sich so viele Diskussionen. Auch die Gerichte honorieren solche Hinweise bei der Entscheidung, ob der Anbieter alles Mögliche getan hat, um Rechtsverletzungen innerhalb seiner Onlinepräsenz zu vermeiden.

Diese Hinweise bieten sich vor allem dann an, wenn bestimmte Verstöße immer wiederkehren und Sie sich mit dem Verweis auf die Netiquette langwierige Diskussionen um jede Beitragslöschung sparen möchten. Um ihre Vorteile zu entfalten, sollten solche Hinweise jedoch nicht tief in AGB versteckt werden, sondern gut sichtbar

> Verbindliche Website-AGB sind in der Regel unwirksam. Dagegen sind Verhaltensrichtlinien oft zu empfehlen.

sein, zum Beispiel im Infobereich einer Facebook-Fanseite oder als Link zu »Kommentar-Netiquette« im Blog.

Abbildung 2-29 ▶
Im Blog der Tagesschau werden die Nutzer auf die Verhaltensregeln hingewiesen. Blogbetreiber können auch ohne solche Regeln aufgrund ihres Hausrechts einschreiten. Jedoch mindern die Regeln das Risiko von Verstößen und ersparen viele Diskussionen mit den Nutzern.

Disclaimer

Disclaimer sind nur dann sinnvoll, wenn von den eigenen Inhalten Gefahren ausgehen können.

Mit dem Disclaimer sieht es ähnlich aus wie mit AGB. Dieser Begriff, der seinen Ursprung im angelsächsischen Recht hat, bedeutet so viel wie »Abstreiten von etwas« oder »Haftungsausschluss«. Das Problem ist, dass nach deutschem Recht solche pauschalen Haftungsausschlüsse schlichtweg unwirksam sind. Das liegt zum einem daran, dass sie als AGB ohne ausdrückliche Bestätigung durch den Nutzer nicht gelten, und zum anderen daran, dass man eine Rechtsverletzung mit einem bloßen »Ich hafte nicht dafür.« nicht beseitigen kann.

Es gibt nur wenige Fälle, in denen Disclaimer sinnvoll sind. Manchmal können sie sogar schädlich *sein*.

Der Ausschluss der Linkhaftung

Ein absoluter Klassiker überflüssiger und unwirksamer Disclaimer ist dieser Hinweis:

»Mit dem Urteil vom 12.9.1998 – 312 O 58/98 – zur ›Haftung für Links‹ hat das Landgericht Hamburg entschieden, dass man durch die Anbringung eines Links die Inhalte der gelinkten Seiten ggf. mit zu verantworten hat. Dieses kann, so das Landgericht, nur verhindert werden, indem man sich ausdrücklich von diesen Inhalten distanziert. Hiermit distanziere ich mich ausdrücklich von allen Inhalten der von mir verlinkten Seiten.«

Das mit der ausdrücklichen Distanzierung hat das Gericht tatsächlich gesagt. Doch der Disclaimer (letzter Satz) ist eben keine »ausdrückliche«, sondern eine pauschale Distanzierung.

Wann man für Links haftet und wie man sich distanzieren kann, wird im Abschnitt »Haftung für Links« in Kapitel 9 erklärt. An dieser Stelle kann jedoch schon vorweggenommen werden, dass ein Disclaimer zur Linkhaftung unnötig ist.

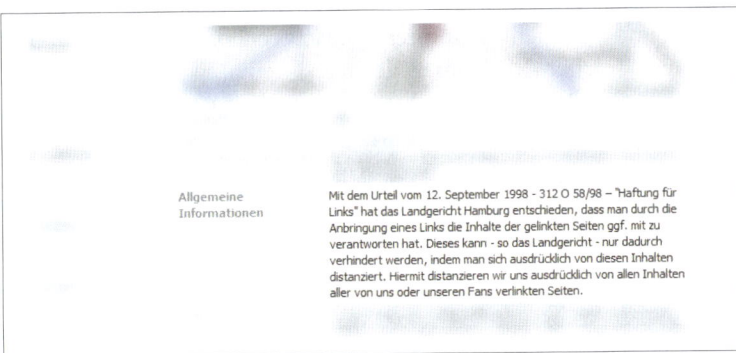

◀ Abbildung 2-30
Hat es sogar auf manche Facebook-Fanseiten geschafft: der berühmt-berüchtigte »Linkdisclaimer«.

Schädliche Disclaimer

Der folgende Hinweis hat ebenfalls eine lange Onlinetradition und ist neuerdings auch auf Facebook-Fanseiten so oder ähnlich zu finden: »Wir kontrollieren pflichtbewusst die Inhalte unserer Facebook-Fanseite. Sollten sich dennoch Fehler einschleichen, bitten wir um einen Hinweis.«

Wie in Kapitel 9 »Haftung für nutzergenerierte Inhalte« erklärt wird, haftet man für die von Nutzern erstellten Inhalte erst ab deren Kenntnis. Wer jedoch behauptet, alle Inhalte zu kontrollieren, sie also zu kennen, verzichtet auf dieses Haftungsprivileg.

Ein weiterer Disclaimer lautet: »Wir weisen kostenpflichtige Abmahnungen ohne vorherigen Hinweis zurück«.

Dies kann ebenfalls ein Eigentor sein, da es Konkurrenten von der Pflicht zur (kostengünstigeren) Abmahnung entbindet und den sofortigen Weg zum (teureren) Gerichtsverfahren eröffnet. Weitere Informationen zu Abmahnungen finden Sie in Kapitel 10.

Disclaimer als haftungsmindernde Warnhinweise

Ein Disclaimer ist nur dann zu empfehlen, wenn von einem Onlineangebot oder seinen Inhalten Gefahren ausgehen. So ist es im Blog eines Heilpraktikers sinnvoll, darauf hinzuweisen, dass die Behandlungstipps nicht ohne vorherige Konsultation eines Arztes befolgt werden sollten, und in einem Finanz-Blog darauf, dass für die Richtigkeit von Aktientipps keine Garantie übernommen wird.

Doch je nach Grad der Gefahr reicht es nicht aus, wenn diese Hinweise lediglich im Impressum stehen. Werden zum Beispiel hochspekulative Aktientipps in einem Blog gegeben, sollte der Disclaimer selbst oder der Link zum Disclaimer unter den Blogbeiträgen stehen und sich nicht im Impressum verstecken. Ansonsten gilt und hilft ein solcher Disclaimer genauso wenig, wie ein »Achtung Stufe«-Warnschild, das vom Efeu überwuchert ist.

Ein Warnhinweis könnte zum Beispiel so lauten: »Alle Inhalte und Informationen sind nach bestem Wissen und Gewissen erstellt worden. Für ihre Vollständigkeit und Richtigkeit kann jedoch keine Haftung übernommen werden. Sie ersetzen nicht eine individuelle Beratung.«

Checkliste: Datenschutz, Disclaimer, AGB

Ist eine Datenschutzerklärung notwendig?

- Ja, wenn der Plattformanbieter keine Datenschutzhinweise einfügt (z.B. wordpress.com).
- Nein, wenn der Plattformanbieter Datenschutzhinweise einfügt (z.B. Facebook),
- außer es werden zusätzliche Daten in Eigenregie erhoben.

Sind AGB/Nutzungsbedingungen sinnvoll?

- Ohne Registrierungspflicht sind sie wirkungslos.
- Sie sind nur als Verhaltenshinweise sinnvoll.

Ist ein Disclaimer sinnvoll?

- Ja, wenn vom Angebot besondere Gefahren ausgehen.
- Hinweise zur Linkhaftung sind nicht sinnvoll bzw. erforderlich.
- Hinweise darauf, dass alle Nutzerinhalte kontrolliert werden oder eine kostenpflichtige Abmahnung zurückgewiesen wird, sollten vermieden werden.

Verwendung von Bildern, Videos und Texten

3

Soziale Medien leben von aktuellen Inhalten, zu denen neben Texten auch Bilder, Videos und Musik gehören können. Eine Facebook-Fanseite, auf der ständig derselbe Inhalt steht, wäre langweilig; und wenn Sie ein Blog betreiben, müssen Sie die Leser mit regelmäßigen Beiträgen an sich binden. Zudem haben Inhalte angesichts der Zunahme an Informationen in Social Media es immer schwerer, die Aufmerksamkeit der Nutzer zu erwecken. Das alles bedeutet, dass Sie für einen ständigen Fluss von Inhalten sorgen müssen.

Da man jedoch nur selten die Kapazitäten hat, alle Grafiken selbst zu zeichnen, Fotografien zu erstellen oder Texte zu schreiben, werden Sie oft auf fremde Inhalte zurückgreifen müssen. Das Internet erscheint dabei als Quelle sehr ergiebig, und die Nutzung fremder Inhalte erfordert nur wenige Mausklicks. Doch so verlockend die Nutzung fremder Inhalte ist, so teuer kann sie werden. Und bevor Sie mit der Verwendung eines fremden Bildes ein paar Hundert Euro riskieren, sollten Sie daran denken, dass Sie für dieses Geld legal zig Bilder erwerben könnten.

In diesem und den nächsten drei Kapiteln erfahren Sie, auf welche Rechte Sie bei der Verwendung von Inhalten achten müssen, wie die Inhalte geschützt sind und welche Ausnahmen es gibt, die trotzdem eine Nutzung erlauben.

Neben den Begriffen »Inhalt« oder englisch »Content« werden Ihnen auch die Worte »Werk« oder »Werkstück« begegnen. Damit meinen Juristen urheberrechtlich geschützte Ergebnisse geistiger Tätigkeit, also z.B. Bilder, Videos, Musikstücke und Texte.

Der rechtliche Schutz von Inhalten

Es gibt eine Reihe von Rechten, die beim Einsatz von Inhalten beachtet werden müssen. Das gilt ganz besonders, wenn fremde Inhalte verwendet werden. Aber auch wenn Sie selbst produktiv sind und zum Beispiel eine Fotografie vom letzten Messebesuch ins Blog einstellen möchten, müssen Sie auf die Persönlichkeitsrechte der Abgebildeten und das Hausrecht des Messeveranstalters Rücksicht nehmen.

Zu den Rechten, die Sie beachten müssen, gehören

- Urheberrechte,
- Markenrechte,
- Recht am eigenen Bild von Personen und
- Eigentums- und Hausrechte.

Am Anfang dieses Kapitels erhalten Sie einen Überblick über diese Schutzrechte, bevor die folgenden Abschnitte Ihnen den praktischen Umgang mit ihnen näherbringen.

Hinweis Das Urheberrecht und die Regeln über Persönlichkeits- und Eigentumsrechte gelten nicht nur im offenen Internet, sondern gleichermaßen auch im unternehmensinternen Intranet. So darf zum Beispiel ein gekauftes E-Book nicht für alle Mitarbeiter kopiert werden, es sei denn, seine Lizenzbedingungen erlauben es.

Urheberrechte

Das Urheberrecht schützt keine Fakten und Ideen, sondern nur deren Ausführung.

Das Urheberrecht schützt vor allem die kreativen Ergebnisse geistiger Arbeit. Das betrifft jedoch nur die Ergebnisse, nicht reine Ideen. Die Idee für eine Werbekampagne, egal wie kreativ und effektiv sie ist, ist also selbst nicht urheberrechtlich geschützt. Erst wenn Sie sie in Ergebnisse umsetzen und zum Beispiel Werbebilder und -texte erstellen, können diese einen urheberrechtlichen Schutz erlangen.

Erfindungen, also technische Ideen zur Lösung von Problemen, können zwar nicht urheberrechtlich geschützt, aber als Patent angemeldet werden.

Hinweis Im Urheberrechtsgesetz werden nicht nur Urheberrechte, sondern auch sogenannte »verwandte Leistungsschutzrechte« (zum Beispiel das Recht eines Filmproduzenten oder das Recht an Lichtbildern) geregelt. Da die Unterschiede im täglichen Umgang wenig relevant sind, wird hier im Buch einheitlich von »Urheberrechten« gesprochen.

Geschützte Inhalte

Geschützt sind nur individuell-persönliche Inhalte, die nicht alltäglich sind. Damit soll verhindert werden, dass die tägliche Kommunikation und Kultur zum Erliegen kommen. Wäre zum Beispiel schon der Satz »Ich nutze Social Media« urheberrechtlich geschützt, dürfte ihn keiner verwenden, was praktisch einem Stillstand der Sprache gleichkäme. Das Urheberrecht belohnt also die kreative und außergewöhnliche Ausdrucksweise. Doch das ist nur ein Grundsatz, von dem Sie sich nicht täuschen lassen sollten. Wie Sie in den einzelnen Abschnitten zum Schutz von Bildern oder Texten erfahren werden, ist die Schwelle für den urheberrechtlichen Schutz sehr niedrig.

Zu den durch das Urheberrechtsgesetz geschützten Inhalten gehören insbesondere die folgenden Werke, die im Weiteren detailliert besprochen werden:

- Sprachwerke wie Texte, Artikel, Bücher und Blogbeiträge
- Fotografien, Grafiken, Gemälde, technische Zeichnungen und Karten
- Werke der Architektur und plastische Kunst wie Skulpturen oder künstlerische Installationen
- Filme, Videos, TV-Sendungen
- Kombinationen dieser Werke wie Websites oder Multimedia-Anwendungen
- Künstlerische Darstellungen wie Tänze oder Theateraufführungen
- Musik, Liedtexte, Tonaufnahmen und Gesangsdarbietungen
- Datenbanken und Computerprogramme

Entstehen und Erlöschen von Urheberrechten und das ©-Zeichen

Hinweis Das Urheberrecht entsteht automatisch mit der Schaffung eines Werkes und erlischt 70 Jahre nach dem Tod des Urhebers. Das ©-Zeichen ist lediglich ein Hinweis darauf, dass ein Werk urheberrechtlich geschützt ist.

Der urheberrechtliche Schutz entsteht automatisch, sobald ein nach dem Urheberrechtsgesetz geschütztes Werk geschaffen wird. Sobald Sie also einen kreativen Text verfasst, ein Bild gezeichnet oder per Druck auf den Kameraauslöser eine Fotografie erstellt haben, sind diese Werke urheberrechtlich geschützt.

Das Zeichen © ist für den urheberrechtlichen Schutz nicht notwendig und kann ihn auch nicht herbeiführen. Das heißt: Inhalte, die nicht urheberrechtlich geschützt sind, werden es auch nicht mit dem ©-Zeichen. Auf der anderen Seite entfällt der urheberrechtliche Schutz auch nicht, wenn das Zeichen nicht verwendet wird. Es ist lediglich ein Hinweis darauf, dass ein urheberrechtlicher Schutz geltend gemacht wird. Daneben kann es der Abschreckung dienen, weil ein Internetmythos besagt, dass Bilder ohne das © frei kopiert werden dürften.

Der Copyright-Hinweis war früher in manchen Ländern notwendig. Zum Beispiel mussten in den USA die Urheberrechte registriert und mit einem solchen Hinweis versehen werden, ansonsten konnten die Rechte an dem Werk erlöschen. Daher ist der Hinweis so weit verbreitet. Seit dem Jahr 1989 entsteht auch in den USA das Copyright automatisch, der Copyright-Hinweis ist also gar nicht mehr notwendig.

 Hinweis Der Unterschied zwischen dem angloamerikanischen Copyright und dem kontinentaleuropäischen Urheberrecht liegt darin, dass unser Urheberrecht ursprünglich den Künstler schützen wollte, das Copyright aber den wirtschaftlichen Wert eines urheberrechtlich geschützten Werkes. Durch internationale Harmonisierung wurden beide Schutzarten mittlerweile in vielen Bereichen angeglichen.

Abbildung 3-1 ▶
Das Copyright-Zeichen ist lediglich ein Hinweis auf das Urheberrecht. Quelle der Fotografie: Sebastian Dramburg (http://bit.ly/oKW0XB)

Das Urheberrecht erlischt erst nach Ablauf von 70 Jahren ab dem Tod des Urhebers (§ 64 UrhG). Wenn jemand also im Alter von zwanzig Jahren ein Gedicht verfasst und 90 Jahre alt wird, dürfen Sie das Gedicht erst nach Ablauf von 140 Jahren verwenden, ohne den Urheber oder seine Erben um Erlaubnis fragen zu müssen. Bei manchen Rechten ist die Frist allerdings kürzer. Zum Beispiel endet der Schutz bei einfachen Schnappschüssen im Regelfall 50 Jahre nach ihrer Aufnahme.

Wenn Sie Werke alter Künstler verwenden wollen, sollten Sie bedenken, dass deren Abbildungen im Internet geschützte Fotografien sind. An Werken von van Gogh sind also die Urheberrechte mittlerweile zwar abgelaufen, aber online sehen sie nicht das Werk selbst, sondern eine Fotografie davon. Und diese Fotografie selbst ist geschützt. Natürlich ist das Risiko sehr gering, dass die Verwendung der Fotografie entdeckt wird. Aber professionell abfotografierte Gemälde können zum Beispiel mit einem unsichtbaren Wasserzeichen versehen sein, an dem die Rechteinhaber Ihre Urheberrechtsverletzung aufspüren können. Nutzen sie daher lieber Quellen wie die Wikipedia, wo viele frei verfügbare Ablichtungen alter Werke unter den freien Creative Commons-Lizenzen vorhanden sind. Beachten Sie dazu jedoch die Ausführungen zur Nutzung der Lizenzen in Kapitel 4.

Hinweis   Wenn Sie Werke alter Künstler verwenden wollen, sollten Sie bedenken, dass deren Abbildungen im Internet selbst geschützte Fotografien sind.

Urheber, Nutzungsberechtigte, Lizenzen und Rechteinhaber

Als Urheber bezeichnet man die Person, die ein urheberrechtlich geschütztes Werk erstellt hat, zum Beispiel einen Blogger, der einen Blogbeitrag verfasst hat. Er hat alle Rechte an dem Artikel und darf ihn ändern, löschen und verkaufen. Haben mehrere Autoren zusammen an diesem Artikel geschrieben, werden sie automatisch zu Miturhebern und dürfen nur gemeinsam über die Nutzung ihres Werkes entscheiden (§ 8 UrhG).

Urheber ist der Schöpfer eines Werkes und er erhält automatisch alle Rechte daran. Er darf mit Hilfe von Lizenzen anderen Personen oder Unternehmen Nutzungsrechte an seinem Werk einräumen.

Der Urheber kann anderen Personen oder Unternehmen Rechte an seinem Artikel einräumen. Er kann wenige Rechte einräumen, zum Beispiel dass sein Artikel in einem anderen Blog veröffentlicht werden darf. Er kann auch viele Rechte einräumen und die weltweite Veröffentlichung in Online- und Offlinemedien sowie die Bearbeitung des Artikels erlauben. Diejenigen, die diese Rechte erhalten, werden »Nutzungsberechtigte« genannt. Das Nutzungsrecht, das sie bekommen haben, nennt man umgangssprachlich auch »Lizenz«. Die Bezeichnung »Rechteinhaber« ist ein Oberbegriff, der sowohl Urheber als auch Nutzungsberechtigte umfasst.

Hinweis   Der Begriff »Lizenz« ist lateinischen Ursprungs und bedeutet so viel wie »Erlaubnis«.

Erlaubte und verbotene Nutzung

Grundsätzlich dürfen Sie fremde Inhalte nur lesen oder betrachten. Alles, was darüber hinausgeht, bedarf der Erlaubnis der Rechteinhaber. Dazu gehören besonders die im Folgenden aufgeführten Formen der Nutzung.

Vervielfältigung

Mit der im § 16 UrhG geregelten Vervielfältigung ist die Erstellung jeglicher Arten von Kopien gemeint, die »von menschlichen Sinnen wahrgenommen werden können«. Dazu gehören Abschriften von Texten, Screenshots, Ausdrucke sowie das Herunter- und Hochladen von Bildern, weil die Dateien von der eigenen Festplatte oder dem Webserver abgerufen werden können. Dabei liegt eine Vervielfältigung auch dann vor, wenn Sie nur einen Ausschnitt vervielfältigen, denn das Urheberrecht schützt das ganze Werk inklusive aller seiner Teile, die zum individuellen Charakter beitragen.

 Hinweis   Im Abschnitt »Verwendung von Texten« in diesem Kapitel erfahren Sie, dass zum Beispiel die Übernahme eines prägnanten Satzes eines Künstlers zu einer Abmahnung führen kann.

»Normale« Anbieter können sich nicht auf das Vorschaubild-Privileg von Suchmaschinen berufen.

Auch die Verwendung von Vorschaubildern eines urheberrechtlich geschützten Werkes stellt eine erlaubnispflichtige Vervielfältigung dar. Die deutschen Gerichte machen zwar eine Ausnahme für Bildersuchmaschinen und Personensuchmaschinen, doch können diese Entscheidungen nicht auf einzelne Webangebote übertragen werden.

> **Fallbeispiel**
>
> Der Bundesgerichtshof hat im Prozess um die Google-Bildersuche geurteilt, dass Bildersuchmaschinen ungefragt Vorschaubilder erstellen dürfen. Wer das nicht möchte, könne dem ja widersprechen (zum Beispiel mit der Datei *robots.txt* auf dem Server, mit der Suchmaschinen das Erfassen bestimmter Verzeichnisse oder Dateien verboten wird). [BGH-Urteil v. 29.4.2010, Az. I ZR 69/08]
>
> Auch haben Gerichte die Verwendung von Bildern in Personensuchmaschinen erlaubt, wenn diese zum Beispiel in Facebook-Profilen sichtbar sind und die Nutzer deren Sichtbarkeit für die Suchmaschinen nicht abstellen. [OLG Köln, Urteil v 9.2.2010, Az. 15 U 107/09]

Verbreitung

Unter Verbreitung gemäß § 17 UrhG ist die körperliche Weitergabe von urheberrechtlich geschützten Werken gemeint, zum Beispiel das Verleihen von Musik-CDs. Gegen dieses Recht werden Sie im Umgang mit Social Media eher nicht verstoßen.

Öffentliche Zugänglichmachung

Das Verbot der öffentlichen Zugänglichmachung im § 19a UrhG wurde speziell für die digitale Welt geschaffen und umfasst in erster Linie das Veröffentlichen von Inhalten im Internet, egal ob auf Websites oder in sozialen Netzwerken.

Inhalte auf dem Server

Beachten Sie, dass es »öffentliche Zugänglichmachung« und nicht nur »Veröffentlichung« heißt. Dieser kleine, aber feine Unterschied bedeutet, dass auch nicht in eine Website eingebundene Dateien davon betroffen sind, wenn sie auf einem Server bereitliegen.

> **Fallbeispiel**
>
> In einem Fall wurde ein Verein wegen eines auf seiner Website verwendeten Bildes abgemahnt. Der Verein musste eine Unterlassungserklärung unterschreiben und sich dazu verpflichten, eine Geldstrafe von mehreren Tausend Euro zu zahlen, falls er diesen Rechtsverstoß erneut begeht. Diese Strafe musste der Verein später tatsächlich bezahlen, weil er das Bild zwar von der Website entfernt hatte, die Datei aber weiterhin auf seinem Webserver lag und öffentlich zugänglich war. [LG Hamburg Urteil vom 07.11.2008, Az. 308 O 101/08]

Persönlich verbundene Personenkreise

Keine »öffentliche« Zugänglichmachung liegt vor, wenn Sie Inhalte nur Personen zugänglich machen, mit denen Sie in einer persönlich verbundenen Beziehung stehen. Dabei kann es sich um Freunde, Familie oder Berufskollegen handeln. Ob ein solcher persönlicher Verbund vorliegt, wird nicht anhand von Zahlen, sondern der persönlicher Nähe bestimmt. So können auch 30 Freunde oder eng zusammen arbeitenden Kollegen persönlich verbunden sein.

Geschlossene Benutzerkreise auf Social Media-Plattformen können, müssen aber nicht unbedingt persönlich verbunden sein. Wenn Sie in Ihrem Facebook-Freundeskreis auch Personen haben, die Sie vielleicht nur ein Mal auf einer Veranstaltung kennengelernt haben oder mit der Sie lediglich gemeinsame Interessen teilen, ist Ihr Facebook-Freundeskreis insgesamt nicht persönlich verbunden. Wenn Sie in diesem Fall ein Bild in Ihrem Profil veröffentlichen, liegt eine öffentliche Zugänglichmachung vor.

Es liegt zwar keine öffentliche Zugänglichmachung vor, wenn Sie zum Beispiel ein Bild innerhalb eines persönlich verbundenen Kreises veröffentlichen. Aber es handelt sich dabei in der Regel um eine unerlaubte Vervielfältigung, es sei denn, Sie können sich auf das Recht der Privatkopie berufen. Dazu darf der Kreis aus nicht mehr als sieben Personen bestehen und die Veröffentlichung darf keinen geschäftlichen Zwecken dienen. Der Vorteil des geschlossenen Kreises ist jedoch, dass Rechtsverletzungen nicht publik werden, wodurch das Risiko einer Abmahnung erheblich sinkt.

Der Vorteil geschlossener Kreise liegt vor allem darin, dass die Rechtsverletzungen weniger auffallen.

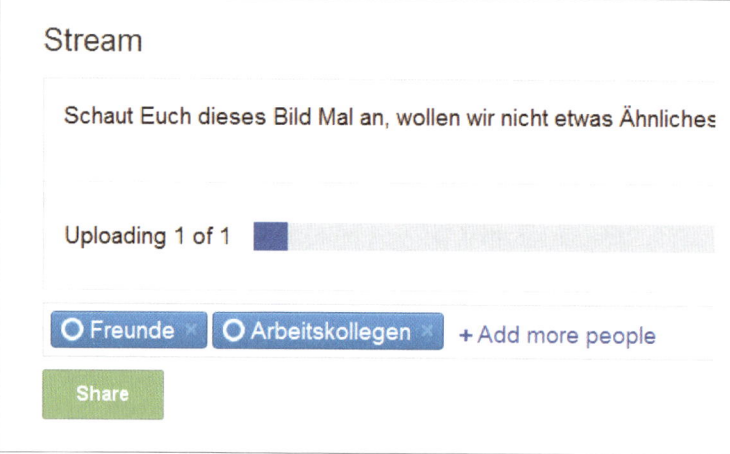

Abbildung 3-2 ▶ Je mehr Personen Zugang zu den von Ihnen veröffentlichten Inhalten erhalten (wie hier bei Google+), desto eher wird eine »öffentliche Zugänglichmachung« vorliegen. Der Vorteil des geschlossenen Kreises (hier »Freunde« und »Arbeitskollegen«) ist jedoch, dass Rechtsverstöße kaum an die Öffentlichkeit gelangen.

Links zu urheberrechtlich geschützten Inhalten

Indem Sie fremde Inhalte verlinken, begehen Sie grundsätzlich keine Urheberrechtsverletzung, denn diese sind bereits öffentlich zugänglich gemacht. Das gilt auch, wenn Sie direkte Links auf Webseiten, Download-Dateien oder Bilder setzen (sogenannte »Deeplinks«).

 Hinweis   Die direkte Verlinkung von fremden Inhalten stellt zwar keine Urheberrechtsverletzung dar, kann jedoch einen Wettbewerbsverstoß darstellen, wenn Sie die Arbeit eines Mitbewerbers übernehmen und zum Beispiel Bilder oder PDF-Dateien seines Angebotes verlinken. Gehen Sie im Zweifel auf Nummer sicher und verlinken lieber die Downloadseite mit Hinweis auf den Namen des Mitbewerbers.

Auch wenn der von Ihnen verlinkte Inhalt ohne Erlaubnis des Urhebers veröffentlicht wurde, begehen Sie keine Urheberrechtsverletzung. Allenfalls wenn Sie bewusst rechtswidrig eingestellte Inhalte verlinken, kann eine Haftung für Sie entstehen. Weitere Ausführungen dazu finden Sie in Kapitel 9 im Abschnitt »Haftung für Links«.

> **Fallbeispiel**
>
> In der sogenannten »Paperboy-Entscheidung« wehrte sich ein Verlag gegen die direkte Verlinkung auf die Unterseiten seines Onlinemagazins. Der Bundesgerichtshof wies die Klage ab und stellte fest, dass sogenannte »Deeplinks« keine öffentliche Zugänglichmachung darstellen, weil die Inhalte schon veröffentlicht sind. [BGH-Urteil vom 17.7.2003, Az. I ZR 259/00] Dies gilt jedoch nicht, wenn technische Zugangssperren umgangen werden, auch wenn es mit wenig Aufwand möglich ist. [BGH-Urteil v. 29.4.2010, Az. I ZR 39/08]

Einbetten und Teilen von urheberrechtlich geschützten Inhalten

Anders als bei einer bloßen Verlinkung, wird auf fremde Inhalte beim Einbetten und Teilen innerhalb sozialer Netzwerke sowie Kuratierungsplattformen nicht lediglich per Textlink verwiesen. Vielmehr werden sie direkt dargestellt. Das Prinzip kennt man zum Beispiel von YouTube-Videos, die in eine Website eingebunden werden.

Hinweis Mehr zu Risiken beim Einbetten von Videos erfahren Sie im Laufe dieses Kapitels im Abschnitt »Einbettung von Videos«.

Wird dabei von der Plattform ein Vorschaubild erstellt, liegt eine Vervielfältigung vor, die durch den Nutzer vorgenommen worden ist. Dagegen liegt keine Vervielfältigung vor, wenn lediglich die Datei von der ursprünglichen Quelle aufgerufen wird. Jedoch spricht ein aktuelles Urteil dafür, dass es sich hierbei um eine erlaubnispflichtige öffentliche Zugänglichmachung handelt, da das Bild an einer neuen Stelle im Netz der Öffentlichkeit zum Abruf bereitgestellt wird.

> **Fallbeispiel**
>
> Das Oberlandesgericht Düsseldorf fand, dass die Einbindung fremder Bilder ohne Erlaubnis des Rechtsinhabers als sogenannter »Embedded Content« in einem Blog eine Urheberrechtsverletzung darstellt. Die Einbettung ist von einem bloßen Hyperlink zu unterscheiden, der den Nutzer lediglich auf das Werk verweist. [OLG Düseldorf Urteil vom 8.11.2011, Az. I-20 U 42/11]

Hinweis Die Erstellung automatischer Vorschaubilder wird in diesem Kapitel im Abschnitt »Automatische Vorschaubilder« behandelt.

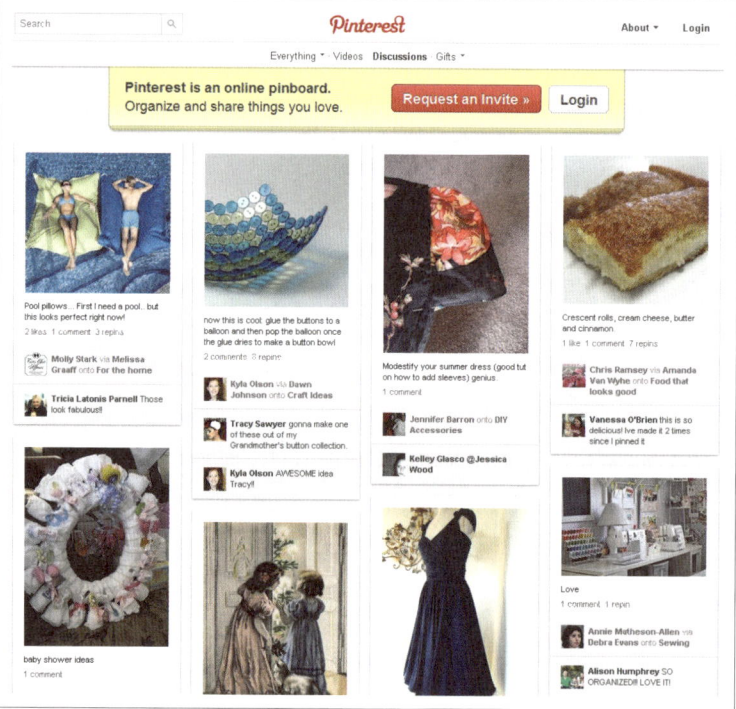

Abbildung 3-3 ▶
Bei dem Kuratierungsdienst Pinterest teilen die Nutzer interessante Inhalte. Geschieht dies ohne Einwilligung der Rechteinhaber, liegt sehr wahrscheinlich eine Urheberrechtsverletzung vor. Ferner haften die Nutzer für die geteilten Inhalte, wie es sich aus dem Abschnitt »Teilen und Empfehlen von Beiträgen in sozialen Netzwerken« in Kapitel 9 ergibt. Wurde zum Beispiel ein Bild geteilt, das an der Quelle ohne Einverständnis des Urhebers publiziert worden ist, haftet der teilende Nutzer.

Bearbeitung

Die Bearbeitung gemäß § 23 UrhG umfasst jede Veränderung von urheberrechtlich geschützten Inhalten. Bei Bildern sind das zum Beispiel Farbänderungen, Zuschnitte und Retuschen oder ihre Verwendung in Designs, bei Texten Korrekturen, Kürzungen und Übersetzungen. Eine unzulässige Bearbeitung liegt zum Beispiel vor, wenn ein Autor einen Text bei einer Redaktion einreicht und diese den Text ohne Erlaubnis redigiert und veröffentlicht. Alles, was Sie tun dürfen, ist, sich inspirieren zu lassen und zum Beispiel einen Stil oder eine Art des Fotografierens zu übernehmen.

 Hinweis Daumenregel für zulässige Bearbeitung: Legt man Ihre Bearbeitung neben das ursprüngliche Werk, darf eine unbeteiligte Person nicht erkennen, dass sich Teile der Grundlage in der Bearbeitung finden.

◀ **Abbildung 3-4**
Auch das getreue Nachstellen von urheberrechtlich geschützten Werken stellt eine erlaubnispflichtige Bearbeitung dar. Links: Edward Hopper, »Morning Sun«, 1952, rechts: Leopold-Feigenbutz-Realschule Oberdingen, http://lfr.de.

Schutz vor Entstellungen und Beeinträchtigungen

Die Erlaubnis, ein Bild zu vervielfältigen oder zu bearbeiten, umfasst keine Verwendungen, die von der üblichen Nutzung abweichen. Daher hat der Urheber das Recht, eine Entstellung oder Beeinträchtigung seines Bildes zu verbieten. Diesen Punkt müssen Sie vor allem dann bedenken, wenn Sie am Bild Veränderungen vornehmen oder es in einem heiklen Kontext verwenden. Wann eine Einflussnahme auf ein Bild beeinträchtigend ist, muss im Einzelfall beurteilt werden und hängt zum Beispiel von der Gesinnung des Fotografen oder der Art seines Werkes ab.

So könnte sich ein Fotograf wehren, wenn sein Bild für die Kampagne einer rechten Partei oder im Rahmen erotischer Werbung verwendet würde. Ist er dagegen auf dem Feld erotischer Fotografie tätig, wird er zumindest die letztgenannte Nutzung nicht untersagen können.

Tipp Wenn Sie ein Bild in einem Umfeld verwenden möchten, das von der normalen Nutzung abweicht, zum Beispiel politisch, religiös, provozierend oder erotisch, sollten Sie nach einer Erlaubnis für diese spezielle Nutzung fragen.

Viele Stockbilderarchive haben in ihren AGB spezielle Klauseln, die die Verwendung der Bilder für politische oder erotische Zwecke verbieten, womit sie eine Beeinträchtigung der Urheberrechte sowie der Persönlichkeitsrechte der Models ausschließen sollen. Weitere Informationen dazu in Kapitel 4 im Abschnitt »Stockbilderarchive«.

◀ **Abbildung 3-5**
Eine Entstellung kann auch dann vorliegen, wenn ein Bild angepasst oder »verschönert« werden soll. Das Bild links stammt vom Fotografen Konrad R. Müller (Agentur Focus), der das Porträt des ehemaligen Kanzlers Schröder absichtlich naturgetreu aufgenommen hat. Dieses Bild wurde zwar mit Erlaubnis für den Wahlkampfflyer eingesetzt, jedoch wurden einige Falten wegretuschiert, Haare über den Ohren verkürzt und der Kragen hochgezogen. Der Fotograf klagte wegen Entstellung und bekam Recht.

Namensnennung

Der Trick, bei unerlaubter Verwendung eines Bildes seinen Urheber nicht zu nennen, um Entdeckung zu vermeiden, führt bei Misslingen zu einer Verdopplung des Schadensersatzes.

Jeder Urheber hat nach §10 UrhG das Recht darauf, namentlich (oder nach Wahl mit Pseudonym) in unmittelbarem Zusammenhang mit seinem Werk genannt zu werden. Nur wenn er ausdrücklich auf dieses Recht verzichtet, brauchen Sie seinen Namen nicht zu nennen. Allein der Umstand, dass Sie ein Bild zum Beispiel in einem Stockbildarchiv gegen Entgelt erworben haben, befreit Sie nicht von der Pflicht zur Namensnennung. Wird der Name weggelassen, erhöht sich der zu zahlende Schadensersatz um bis zu 100 %.

Der Namensnennung kommt bei urheberrechtlichen Streitigkeiten große Bedeutung zu. Wird gestritten, wer wann ein Werk erstellt hat, geht das Gericht gemäß § 10 UrhG zunächst nach dem Namen und dem Datum, die auf oder neben dem Werk genannt sind. Behauptet ein anderer, dass diese Angaben falsch seien, muss er dies nachweisen. Daher ist es zu empfehlen urheberrechtlich geschützte Inhalte im Format »Name, Datum« zu kennzeichnen.

Gesetzliche Nutzungserlaubnis

Das Urheberrecht enthält Ausnahmen, die es erlauben, urheberrechtlich geschützte Werke auch ohne Einwilligung der Rechteinhaber zu nutzen. Im Folgenden werden die wichtigsten Ausnahmen dargestellt. Die Ausnahme der Satire wird im eigenen Abschnitt in diesem Kapitel behandelt. Greift eine der geschilderten Ausnahmen, dürfen Sie das Werk auch kommerziell verwenden.

Abbildung zwecks Verkaufs

Auch wenn Sie ein urheberrechtlich geschütztes Foto abbilden dürfen, müssen Sie weiterhin die Rechte an ihm selbst haben, um es verkaufen zu dürfen. Weitere Erklärungen finden Sie in diesem Kapitel im Abschnitt »Produkt- und Katalogbilder«.

Der sogenannte »Erschöpfungsgrundsatz« im § 17 des UrhG besagt, dass man urheberrechtlich geschützte Werke ohne Einwilligung des Urhebers vervielfältigen darf, wenn es zum Zweck ihres Verkaufs oder der Werbung für den Verkauf erfolgt. Wenn Sie zum Beispiel Musikalben verkaufen und diese online bewerben möchten, dürfen Sie Bilder der Cover veröffentlichen.

Es gibt jedoch drei Einschränkungen:

- Zum einem müssen Sie das urheberrechtlich geschützte Produkt innerhalb der EU erworben haben oder mit Willen der Rechteinhaber aus dem Ausland beziehen. Das bedeutet, dass diese Ausnahme nicht für Waren gilt, die Sie zum Beispiel auf eigene Faust aus den USA importieren.
- Die zweite Einschränkung verbietet Veränderungen an den urheberrechtlich geschützten Werken.

- Und drittens dürfen Sie entweder nur eigene Abbildungen nutzen oder müssen bei fremden Bilder eine Erlaubnis zu deren Nutzung haben.

Berichterstattung über Tagesereignisse

Diese Ausnahme im § 50 UrhG erlaubt es, urheberrechtlich geschützte Werke im Rahmen der Berichterstattung über Tagesereignisse abzubilden, also z. B. wenn im Rahmen eines Berichts über die Eröffnung eines Museums einzelne Gemälde auf den Fotografien zu sehen sind. Diese Ausnahme dient der Meinungs- und Pressefreiheit, weil in Fällen der aktuellen Berichterstattung meist die Zeit nicht ausreicht, um die Einwilligungen der Rechteinhaber einzuholen.

Achtung Diese Ausnahme erlaubt es nur, Werke als Motive auf selbst erstellten Aufnahmen zu zeigen. Dagegen erlaubt sie es nicht, von Dritten erstellte Bilder zu verwenden. Zum Beispiel wäre es im obigen Museumsbeispiel nicht erlaubt, von jemand anderem erstellte Fotografien der Gemälde im Bericht zu verwenden.

Die Beschränkung auf Tagesaktualität macht den Umgang mit dieser Ausnahme jedoch gefährlich. Denn zum einem sind Ereignisse, die nicht tagesaktuell sind und länger andauern, nicht von der Ausnahme erfasst. So wäre der Bericht über ein Museum (und nicht nur dessen Eröffnung) kein Tagesereignis, da das Museum sich länger an dieser Stelle befindet und die Rechteinhaber um Erlaubnis gefragt werden könnten. Ferner dürfen die Aufnahmen im Internet nur so lange auftauchen, wie das Ereignis von der Öffentlichkeit als tagesaktuell wahrgenommen wird, danach müssen sie entfernt werden.

> **Fallbeispiel**
>
> Der Bundesgerichtshof musste entscheiden, ob Bilder von tagesaktuellen Ereignissen dauerhaft in einem Onlinearchiv verbleiben können. Die Bilder gehörten zu einem Artikel, in dem von einer Ausstellungseröffnung berichtet wurde. Auf ihnen waren unter anderem urheberrechtlich geschützte Kunstwerke aus der Ausstellung zu sehen. Der Bundesgerichtshof urteilte, dass diese Bilder nur so lange online bleiben dürfen, wie ein Interesse an der Ausstellungseröffnung besteht, also je nach Einzelfall Wochen oder auch Monate. Da in dem Fall einige Jahre verstrichen waren, mussten die Bilder unter Zahlung von Schadensersatz aus dem Onlinearchiv entfernt werden. [BGH-Urteil v. 5.10. 2010, Az. I ZR 127/09]

Wer sich auf die Berichterstattung über Tagesereignisse beruft, muss dafür sorgen, dass die Bilder rechtzeitig aus den Onlinearchiven gelöscht werden.

Zitate

Im § 51 UrhG regelt der Gesetzgeber, wann urheberrechtlich geschützte Werke zitiert werden dürfen, ohne um Erlaubnis zu fragen als. Das Zitatrecht umfasst nicht nur die Übernahme von Textpassagen, sondern auch von (Teilen von) Bildern, Filmen oder Musikstücken.

Wortlaut des § 51 UrhG

Zulässig ist die Vervielfältigung, Verbreitung und öffentliche Wiedergabe eines veröffentlichten Werkes zum Zweck des Zitats, sofern die Nutzung in ihrem Umfang durch den besonderen Zweck gerechtfertigt ist. Zulässig ist dies insbesondere, wenn

1. einzelne Werke nach der Veröffentlichung in ein selbstständiges wissenschaftliches Werk zur Erläuterung des Inhalts aufgenommen werden,

2. Stellen eines Werkes nach der Veröffentlichung in einem selbstständigen Sprachwerk angeführt werden,

3. einzelne Stellen eines erschienenen Werkes der Musik in einem selbstständigen Werk der Musik angeführt werden.

Beim flüchtigen Lesen verleitet der Wortlaut des Gesetzes dazu, das Zitat als eine großzügige Ausnahme zum urheberrechtlichen Schutz zu sehen. Tatsächlich sind die Anforderungen an ein Zitat jedoch sehr hoch und das Zitat daher nur in seltenen Fällen zulässig.

Zum einem dürfen urheberrechtlich geschützte Inhalte in wissenschaftlichen Werken zitiert werden, also zum Beispiel im Rahmen der Darstellung einer Epoche oder der gegenwärtigen Graffitikunst oder einer Untersuchung des Bildes selbst. Es muss sich dabei nicht um eine akademische Abhandlung handeln: Unter Wissenschaft wird »ernsthafte, methodisch geordnete Suche nach Erkenntnis« verstanden, die auch in populären Medien stattfinden kann. Es muss dabei jedoch um Wissensvermittlung gehen, zum Beispiel in einem Fachbuch wie diesem oder einem Kunstblog, in dem ein Bild mit verständlichen Worten und gewisser Tiefe interpretiert wird.

Darüber hinaus darf aus anderen Werken nur dann zitiert werden, wenn es notwendig ist, um eigene Gedanken und Ausführungen zu belegen. Es darf vor allem nicht der Arbeitsersparnis oder der Verschönerung dienen oder ein Service für die Nutzer sein, damit sie einen Link nicht klicken müssen. Ferner darf der zitierte Inhalt grundsätzlich nicht verändert werden und muss eine Quellenangabe enthalten.

Hinweis Die Verwendung von Bildzitaten und Textzitaten wird in den Abschnitten über die Verwendung von Bildern und Texten vertieft erklärt.

Privatkopie

Die Ausnahme der Privatkopie im § 53 UrhG erlaubt es, urheberrechtlich geschützte Werke für den Privatgebrauch zu vervielfältigen. Kommerzielle Nutzung scheidet damit aus.

Die Privatkopie ist im Social Media-Marketing praktisch nutzlos.

Zudem wird der Privatbereich auf Kopien für maximal sieben Personen beschränkt. Und auch diese Kopien dürfen nicht online öffentlich zugänglich gemacht werden. Das heißt: Sie dürfen zum Beispiel ein Bild herunterladen und an sieben Freunde per E-Mail oder Privatnachricht verschicken. Eine Veröffentlichung in ihrem Social Media-Profil oder Blog scheidet jedoch aus.

Unwesentliches Beiwerk

Eine Ausnahme im § 57 UrhG erlaubt, dass urheberrechtliche Inhalte ohne Einwilligung des Urhebers verwendet werden können, wenn es sich bei ihnen lediglich um ein »unwesentliches Beiwerk« handelt.

Bei unwesentlichen Beiwerken handelt es sich um Objekte, die per Zufall, ungewollt oder aus Versehen in ein Bild oder Video geraten sind, ohne dass sie dafür von Bedeutung sind. Wenn Sie zum Beispiel ein Foto von ihrem Büro erstellen und an der Wand zufällig ein Kinoplakat zu sehen ist, ist das Plakat nur ein Beiwerk. Aber wenn sich das Plakat in der Mitte des Bildes befindet und das Bild gerade deswegen interessant ist, ist das Plakat kein unwesentliches Beiwerk mehr.

> **Fallbeispiel**
>
> Das Oberlandesgericht München urteilte, dass bei einem Arrangement kein Beiwerk vorliegt, weil dessen Bestandteile bewusst ausgewählt worden sind. In dem Fall wurde für ein Bild in einem Werbeprospekt eine Wohnlandschaft arrangiert, in der ein urheberrechtlich geschütztes Gemälde auftauchte. [OLG München, Urteil v. 9.6.1988, Az. 6 U 4132/8]

Auch ein Musikstück kann als Beiwerk erlaubt sein, insbesondere in Videos. Die Grenzen dafür sind jedoch sehr eng und umfassen nur die Fälle, in denen die Musik unbeabsichtigt und zufällig erklingt, ohne für das Video charakteristisch zu werden. Wenn Sie also eine Aufnahme in einer Stadt drehen und aus einem vorbeifahrendem Auto erklingt kurz ein Musikstück, so wird diese Musiknutzung als Beiwerk erlaubt sein. Sind Sie jedoch auf einer Veranstaltung, auf der eine bestimmte Musik gespielt wird, handelt es sich bei ihr um einen prägenden Teil der Aufnahme und kein Beiwerk.

Hinweis   Faustregel: Ein urheberrechtlich geschützter Inhalt ist dann ein unwesentliches Beiwerk, wenn man ihn aus dem Bild oder Video entfernen könnte, ohne dass es die Wirkung beeinflusst.

Abbildung 3-6 ▶

In einem Rechtsstreit ging der Designer des hier abgebildeten T-Shirts »Fallguy« wegen einer Urheberrechtsverletzung gegen das Magazin Focus vor.

Das Gericht urteilte, dass das T-Shirt nur ein unwesentliches Beiwerk war, weil der abgebildete Jugendliche es nur zufällig trug. Anders wäre es gewesen, wenn das T-Shirt extra für das Titelbild ausgesucht worden wäre. Quelle: http://focus.de

Panoramafreiheit

Auch außerhalb geschlossener Räume können Urheberrechte verletzt werden. Kunstobjekte wie Bilder, Skulpturen, Werke der Architektur oder Installationen sind urheberrechtlich geschützt und dürfen grundsätzlich nur mit Einwilligung der Urheber fotografiert werden. Dasselbe gilt für individuelle Werke der Architektur und auch für Plakattafeln, die am Straßenrand stehen.

Eine Einwilligung in die Abbildung dieser Inhalte ist jedoch nicht erforderlich, wenn die Voraussetzungen der Panoramafreiheit im § 59 UrhG erfüllt sind. Diese gesetzliche Ausnahme erlaubt es,

- bleibende Werke
- von einer öffentlichen Straße aus und ohne Hilfsmittel

zu fotografieren. Die so erstellten Aufnahmen dürfen auch für kommerzielle Zwecke genutzt werden.

Hinweis Müssen Sie ein Grundstück betreten, um ein Kunstwerk zu fotografieren, bedürfen Sie neben der Erlaubnis des Inhabers der Urheberrechte auch der Erlaubnis des Grundstückseigentümers. Oft handelt es sich dabei um eine und dieselbe Person.

Bleibende Werke

Die Panoramafreiheit erlaubt nur das Fotografieren urheberrechtlich geschützte Werke, die zum dauerhaften Verbleib bestimmt sind. Das bedeutet: Wenn ein Kunstwerk nur vorübergehend installiert wird, darf es ohne Erlaubnis nicht fotografiert werden. Wie lange die Frist gilt, ist leider nicht geregelt. Auf jeden Fall ist ein Kunstwerk bleibend, wenn kein Ende bestimmt ist oder es bis zum Ende seiner Lebensdauer an einer bestimmten Stelle stehen soll.

Auch wenn ein Kunstwerk mehrere Monate an einer Stelle verbleiben soll, wird man von eine bleibenden Kunstwerk ausgehen dürfen. Damit unterfallen zum Beispiel auch Werbeplakate nicht der Panoramafreiheit, da sie nur wenige Wochen an Ort und Stelle verbleiben.

> ### Fallbeispiel
> Abbildungen der auf Dauer von zwei Wochen beschränkten Verhüllung des Reichstags durch das Künstlerpaar Jean Claude und Christo durften nicht für kommerzielle Zwecke verwendet werden, da sie nicht »bleibend« im Sinne der Panoramafreiheit waren. [BGH-Urteil v. 24.1.2002, Az. I ZR 102/99]

Abbildung 3-7 ▶

Nur vorübergehend aufgestellte Kunstwerke wie diese Cartoon-ausstellung im Rahmen einer Aktion für den Frieden sind nicht bleibend und werden daher von der Panoramafreiheit nicht erfasst. Sie können jedoch im Rahmen der Berichterstattung über Tagesereignisse abgebildet werden (siehe im gleichnamigen Abschnitt oben).

Von öffentlicher Straße aus

Die Panoramafreiheit erlaubt nur das Fotografien von öffentlichen Straßen aus. Damit sind Straßen, Wege, Bürgersteige, Plätze und Parks gemeint, die sich nicht in Privateigentum befinden. Ist ein Areal durch einen Zaun oder eine sonstige Umfriedung geschützt oder müssen Sie sogar Eintritt zahlen, sollten Sie auch bei staatlichen Grundstücken davon ausgehen, dass Sie zum Fotografieren eine Erlaubnis benötigen. Das gilt auch, sobald Sie ein Privatgrundstück betreten müssen.

Ferner muss die Aufnahme von der Straße aus ohne Hilfsmittel erfolgen. Es ist also nicht erlaubt, Leitern oder Teleobjektive zu verwenden oder Bilder von einer erhöhten Position im Haus gegenüber aufzunehmen.

Keine Veränderung

Sie dürfen das fotografierte Kunstwerk nicht verändern. Das heißt nicht, dass Sie das Bild nicht zuschneiden oder nicht nur einen Ausschnitt des Kunstwerks fotografieren dürften. Gemeint ist damit, dass Sie weder Retuschen vornehmen noch Filter anwenden dürfen, die das Kunstwerk auf Ihrer Fotografie verändern. Ansonsten würde es sich um einen Fall unerlaubter Bearbeitung und Entstellung handeln.

◀ **Abbildung 3-8**
Auch Graffiti sind als bleibende und öffentliche Kunst von der Panoramafreiheit umfasst. Sie dürfen jedoch nicht verändert, verschönert oder für Zwecke der Werbung bearbeitet werden. In diesem fiktiven Beispiel wurde ein Werbetext »Die große Eröffnung …« über die Abbildung einer Wandmalerei gelegt. Das wäre ohne Einverständnis des Urhebers der Malerei eine Urheberrechtsverletzung.

Nennung des Urhebers

Die Panoramafreiheit befreit Sie nicht von der Pflicht zur Nennung des Urhebers, sofern dieser leicht zu ermitteln ist. Er muss Ihnen also entweder bekannt oder auf dem Kunstwerk genannt sein.

Fotografieren im Ausland

Grundsätzlich können Sie davon ausgehen, dass im Ausland ähnliche Regeln wie in Deutschland gelten. Dennoch gibt es lokale Ausnahmen, die Sie vor allem bei kommerzieller Verwendungsabsicht beachten sollten. Die größten Unterschiede gibt es bei der Panoramafreiheit, die es zum Beispiel in Frankreich oder Dänemark nicht im gleichen Umfang gibt.

Sie sind auf der sicheren Seite, wenn Sie im Ausland genau so auf die Rechte anderer Rücksicht nehmen, wie Sie es auch in Deutschland tun.

Jedoch ist es unwahrscheinlich, dass Sie wegen der Veröffentlichung einer Aufnahme aus dem Ausland in Deutschland belangt werden. Zum einem ist die Rechtsauslegung kompliziert. Wenn Sie eine Fotografie im Ausland erstellen, wird die Zulässigkeit der Aufnahme durch die ausländischen Gesetze geregelt. Veröffentlichen Sie das Bild in Deutschland, werden die Richter deutsche Gesetze zugrunde legen, aber auch auf die ausländischen Rechte Rücksicht nehmen müssen. Des Weiteren lohnt sich ein internationaler Rechtsstreit wegen solcher Verstöße kaum. Das kann anders sein, wenn Sie mit den Fotografien Geld verdienen und sich ein Vorgehen gegen Sie lohnen könnte.

Abbildung 3-9 ▶
Das französische Urheberrecht enthält keine Panoramafreiheit. Das Urheberrecht am Eiffelturm als Werk der Architektur selbst ist aber abgelaufen und daher darf diese Aufnahme veröffentlicht werden. Die nächtlichen Lichtinstallationen sind dagegen urheberrechtlich geschützt und dürfen nur mit Erlaubnis öffentlich abgebildet werden. (Quelle: xlibber, http://bit.ly/nbNjM8, CC BY http://bit.ly/nSt108)

Checkliste: Panoramafreiheit

- Wird die Einwilligung vom Rechteinhaber erteilt?
- Handelt es sich um ein bleibendes, also nicht nur vorübergehendes Kunstwerk?
- Entstand die Aufnahme von einer öffentlichen Straße aus und ohne Hilfsmittel?
- Wurde das Motiv nicht nachträglich verändert?
- Wurde der Urheber, soweit erkennbar, genannt?

Verwendung von Bildern

Zwecks Vereinfachung wird im Buch für Fotografien, Zeichnungen und Grafiken der übergeordnete Begriff »Bilder« verwendet.

»Ein Bild sagt mehr als 1000 Worte«, lautet eine alte Weisheit, die vor allem im Social Media-Marketing gilt. Daher werden zunehmend Fotografien oder Grafiken eingesetzt, um zum Beispiel aus der Masse von Einträgen auf der Facebook-Pinnwand eines Nutzers herauszustechen oder auf einen Blick den Inhalt eines Blogbeitrags zu vermitteln.

Dabei müssen Sie jedoch bedenken, dass fast alle Bilder urheberrechtlich geschützt sind und nicht ohne Erlaubnis des Urhebers verwendet werden dürfen. Neben dem Bild selbst kann auch das Motiv geschützt sein. Durch das Motiv können Eigentums-, Urheber- und Persönlichkeitsrechte berührt sein, was dann einer weiteren Erlaubnis bedarf.

Es gibt daneben noch Ausnahmen wie das Recht, Personen im Zusammenhang mit öffentlich relevanten Ereignissen abzubilden. Doch auch diese Ausnahmen sind eingeschränkt, wenn es zum Beispiel um die wirtschaftliche Verwertung der Bilder geht.

Nicht umsonst sagte der französische Fotograf Henri Cartier-Bresson schon im letzten Jahrhundert: »Fotografieren ist wie Bogenschießen: Richtig zielen, schnell schießen, abhauen.« Damit meinte er, dass es sehr schwer ist, als Fotograf keine fremden Rechte zu verletzen. Das gilt umso mehr, wenn Sie Bilder online veröffentlichen und deshalb vor der Verantwortung nicht »weglaufen« können.

Zwei Fragen vor jeder Bildernutzung

Aufgrund des umfangreichen Schutzes müssen Sie sich vor der Verwendung irgendeines Bildes immer die folgenden zwei Fragen stellen:

- Frage 1: Habe ich das Recht, das Bild für den geplanten Zweck zu nutzen? (Recht am Bild)
- Frage 2: Habe ich das Recht, das Motiv des Bildes für den geplanten Zweck zu nutzen? (Recht am Motiv)

Hinweis Dieselben Fragen müssen Sie sich auch beim Einsatz von Videos stellen, die nichts anderes als bewegte Bilder sind.

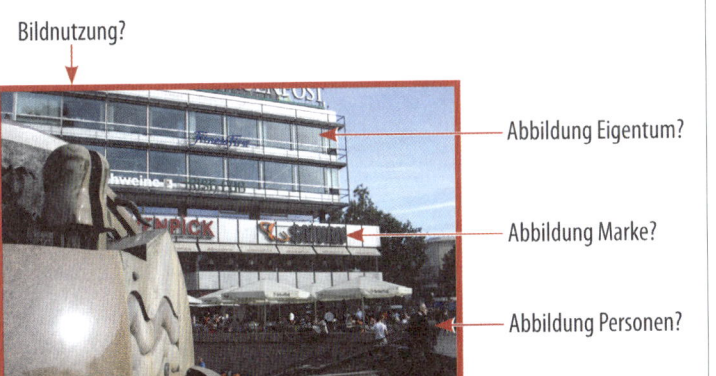

◄ **Abbildung 3-10**
Bei Bildern muss man zwischen Rechten am Bild und Rechten am Motiv unterscheiden. Für beide benötigt man eine Einwilligung der Rechteinhaber.

Bei der ersten Frage geht es um die Urheberrechte am Bild selbst. Bei der zweiten Frage geht es darum, was auf dem Bild zu sehen ist und ob man das Recht hat, ein Bild mit diesem Motiv zu veröffentlichen. Das können andere urheberrechtlich geschützte Werke, Marken, Personen oder fremdes Eigentum sein.

Ferner ist der Zweck der Verwendung von Bedeutung. Wenn Ihnen zum Beispiel ein Fotograf schlicht erlaubt, ein Bild zu benutzen, heißt das noch nicht, dass Sie es auf Ihrer geschäftlichen Facebook-Fanseite veröffentlichen dürfen.

Checkliste: Bildernutzung

Frage 1: Habe ich das Recht, das Bild für den geplanten Zweck zu nutzen? (Recht am Bild)

- Ist das Bild urheberrechtlich geschützt?
- Habe ich eine Einwilligung?
- Ausnahme: Zitat (falls geistige Auseinandersetzung mit dem Inhalt des Bildes)?
- Ausnahme: Satire?

Frage 2: Habe ich das Recht, das Motiv des Bildes für den geplanten Zweck zu nutzen? (Recht am Motiv)

- Abbildung urheberrechtlich geschützter Werke
- Abbildung von Personen
- Abbildung fremden Eigentums
- Abbildung fremder Marken und Markenprodukte
- Abbildung fremder Designs und Designobjekte

Die Checklisten zu der Frage, ob Sie das Recht haben, das jeweilige Motiv abzubilden, finden Sie in den folgenden Abschnitten dieses Kapitels und im Bezug auf Marken in Kapitel 5.

Die folgende Checkliste zur Abbildung urheberrechtlich geschützter Werke müssen Sie anwenden, wenn in dem Bild, das Sie verwenden möchten, ein urheberrechtlich geschützter Inhalt abgebildet ist, zum Beispiel ein Gemälde oder eine Skulptur.

Checkliste: »Recht am Motiv« – Abbildung urheberrechtlich geschützter Werke

- Ist das Werk urheberrechtlich geschützt (Bilder, Texte, Videos, Kunstwerke)?
- Habe ich eine Einwilligung?
- Ausnahme: Veräußerung eines Produkts?
- Ausnahme: Berichterstattung über Tagesereignisse?
- Ausnahme: Zitat (falls geistige Auseinandersetzung mit dem Inhalt des Bildes)?
- Ausnahme: unwesentliches Beiwerk?
- Ausnahme: Panoramafreiheit?
- Ausnahme: Satire?

Urheberrechtlicher Schutz von Bildern

Das Urheberrecht schützt erst einmal alle Fotografien sowie auch alle übrigen Bilder, die einen individuell-persönlichen Charakter haben und eine gewisse »Gestaltungshöhe« erreichen. Was sich sehr anspruchsvoll anhört, bedeutet praktisch, dass fast alle Zeichnungen und Grafiken, die individuelle Züge tragen, sowie alle Fotografien urheberrechtlich geschützt sind.

Die Schwelle für den urheberrechtlichen Schutz von Bildern ist sehr gering.

Dagegen ist die Qualität irrelevant. Das bedeutet, dass auch das Bild eines völlig unbegabten Zeichners oder Kindes geschützt sein kann, wenn es hinreichend individuell und persönlich ist. Die Qualität eines urheberrechtlich geschützten Bildes kann sich jedoch bei unerlaubter Verwendung im Rahmen der Bemessung des Schadensersatzes auswirken. Der Schadensersatz bemisst sich nach dem Entgelt, das für die Nutzung des Bildes verlangt werden könnte. Und das ist natürlich bei einer professionellen Studiofotografie viel höher als bei einem Amateurschnappschuss.

Tipp Weitere Informationen und Anleitungen zum Thema Fotografie und Bilderrechte finden Sie in der kostenlosen Anleitung »Fotorecht für Fotografen« der Rechtsanwältinnen Katja Schubert und Cornelia Bauer unter *http://bit.ly/ruzrg1*. Auch das Blog »Recht am Bild« der Juristen Denis Tölle und Florian Wagenknecht bietet Ihnen eine kostenlose Anleitung und zudem regelmäßige Beiträge zum Bilderrecht: *http://rechtambild.de*.

Grafiken und Zeichnungen

Bei Grafiken und Zeichnungen lautet die Faustregel zur Prüfung des urheberrechtlichen Schutzes: »Hätte ein Dritter das Bild aufgrund einer Beschreibung genauso gezeichnet?« Falls nein, wird das Bild sehr wahrscheinlich urheberrechtlich geschützt sein. Jedoch ist der Schutzumfang desto geringer, je weniger individuell das Bild ist.

So ist der linke Smiley in Abbildung 3-11 gar nicht geschützt, da jeder einen Smiley so zeichnen würde. Dagegen ist der Smiley rechts durch individuelle Farbverläufe sowie Formgebung gekennzeichnet und damit urheberrechtlich geschützt. Jedoch ist der Schutzumfang gering, da die individuellen Merkmale sehr gering sind. Dieser Smiley ist daher nur gegen eine Eins-zu-eins-Übernahme geschützt. Schon eine unterschiedliche Platzierung der Augen und Veränderung des Farbverlaufs wäre erlaubt. Das untere Smiley-Bild ist dagegen sehr individuell und hat daher einen großen Schutzumfang. Auch das Nachzeichnen des Bildes mit veränderten Augen oder Farben würde eine Urheberrechtsverletzung darstellen.

Abbildung 3-11 ▶
Der einfache Smiley links oben ist nicht urheberrechtlich geschützt. Der rechts oben ist geschützt, aber nur in geringem Umfang. Der Smiley unten genießt den größten urheberrechtlichen Schutz. Quelle: David Hudson (http://bit.ly/mXwcan, rechts oben), Julia Schmuck: »Pixeled Smileys«, 2011 (http://juliaschmuck.wordpress.com, unten).

Stadtpläne

Stadtpläne, Karten, aber auch technische Zeichnungen jeglicher Art sind ebenfalls urheberrechtlich geschützt. Hier sollte beachtet werden, dass die Rechteinhaber oft nicht erkennbare Eigenheiten (z. B. Farbpixel) in die Stadtpläne einbauen, die es ihnen erlauben, unerlaubte Kopien im Internet einfach aufzuspüren.

Kopieren Sie auch nicht einfach Kartenausschnitte aus Google-Maps oder ähnliche Diensten. Unternehmen, die Lizenzen für die Nutzung ihrer Karten an Google oder Microsoft erteilt haben, gehen gegen solche Verstöße vor. Die Einbindung dieser Karten ist nur über eine den Nutzungsbedingungen entsprechende Schnittstelle erlaubt (Google: *http://bit.ly/nn6SjB*, Microsoft: *http://bit.ly/oTpiRl*). Daneben gibt es viele Plugins und Tools, die diese Schnittstellen nutzen und ohne rechtliches Risiko in sozialen Medien eingesetzt werden dürfen.

 Hinweis   Warum auch Google ein Interesse daran hat, dass die Karten über die Schnittstelle verwendet werden, zeigt die Ankündigung des Unternehmens, für die Nutzung der Schnittstelle künftig Gebühren zu verlangen.

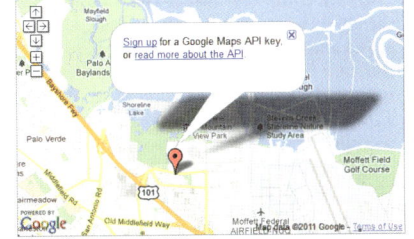

◀ **Abbildung 3-12**
Kostenlose Kartendienste dürfen Sie nur im Rahmen der vorgegebenen Schnittstellen nutzen und nicht etwa einen Screenshot erstellen und verwenden.

Markenlogos

Markenlogos, die individuell gestaltet sind und aus mehr als bloß Buchstaben oder einfachen Linien bestehen, sind ebenfalls urheberrechtlich geschützt. Sie müssen also bei ihrer Verwendung nicht nur das Urheber-, sondern auch das Markenrecht beachten. Informationen zum Umfang des Schutzes und dazu, wann Sie fremde Markenlogos verwenden dürfen, finden Sie im Abschnitt »Abbildungen von Markenlogos und Markenprodukten« in Kapitel 5.

Stile und Ideen

Stile, Ideen, Vorstellungen, Trends und Pläne sind nicht urheberrechtlich geschützt. Sie dürfen also spezielle Arten des Zeichnens, Schreibens oder Gestaltens übernehmen.

Den in Abbildung 3-13 gemachten Vorschlag, Designs mit wenigen Primärfarben zu gestalten, dürfen Sie übernehmen. Auch dürfen Sie die Idee kopieren, origamiähnliche Objekte zu verwenden. Die konkrete Ausführung in dem Beispiel ist jedoch urheberrechtlich geschützt und darf nicht kopiert werden.

Achtung   Es ist Vorsicht geboten, wenn die Übernahme von Stilen und Designs dazu führt, dass Ihr Onlineangebot dem eines Mitbewerbers zum Verwechseln ähnlich sieht. In diesem Fall kann eine wettbewerbsrechtlich verbotene Nachahmung vorliegen. Vergleichbare Gedanken müssen Sie sich bei der Übernahme von Webdesigns machen, über die Sie im Laufe dieses Kapitel im Abschnitt »Schutz von Webdesigns« mehr erfahren.

Abbildung 3-13 ▶

Sie dürfen sich inspirieren lassen und den Designstil sowie die Gestaltungsideen übernehmen. Die konkrete Ausführung ist jedoch urheberrechtlich geschützt. Quelle: http://toriseye.quodis.com.

Fotografien

Egal, wie schlecht ein Schnappschuss ist – er ist gesetzlich geschützt.

Gehen Sie ausnahmslos davon aus, dass alle von Menschen gemachten Fotografien durch die Vorschriften des Urheberrechtsgesetzes geschützt sind.

 Hinweis   Bilder, die automatisch erzeugt worden sind, sind nicht geschützt. Dazu gehören zum Beispiel Aufnahmen von Überwachungskameras, bei denen die einzige menschliche Handlung in deren Anbringung besteht. Wird jedoch eine Kamera auf einem Stativ aufgestellt, auf ein Motiv ausgerichtet und mit einem automatischen Auslöser versehen, ist der menschliche Einfluss für den urheberrechtlichen Schutz ausreichend.

Besonders kreative und künstlerische Fotografien, bei denen Licht, Schatten und die Bildkomposition gekonnt und individuell eingesetzt werden, sind als sogenannte »Lichtbildwerke« geschützt. Aber auch alle Schnappschüsse sind als »Lichtbilder« unabhängig von ihrer Qualität geschützt.

Der Unterschied liegt darin, dass Lichtbildwerke anders als Lichtbilder nicht nur gegen Eins-zu-eins-Kopien, sondern auch gegen die

Nachstellung oder das Nachzeichnen des Motivs unter Übernahme der Bildkomposition, des Farbspiels und des Schattenwurfs geschützt sind.

◀ **Abbildung 3-14**
Das linke Bild ist aufgrund besonderer Komposition als Lichtbildwerk geschützt. Aber auch der Schnappschuss derselben Szenerie rechts ist trotz schlechter Qualität als Lichtbild geschützt. Quelle links: Sebastian Dramburg (http://bit.ly/p8wG8k).

Designs und Designobjekte

Auch Designs und Designobjekte sind als sogenannte »Gebrauchswerke« rechtlich geschützt. Da sie oft nicht hinreichend individuell-persönlich sind, gibt es dafür das spezielle Geschmacksmustergesetz im deutschen und europäischen Recht. Designs und Designobjekte werden nur geschützt, wenn sie neu sind und eine Eigenart aufweisen. Unerlaubte Nutzung liegt dann vor, wenn Sie sie wirtschaftlich nutzen, zum Beispiel wenn Sie das neuartige Design eines Ikea-Vorhangs als Hintergrund für Ihren Twitter-Account verwenden oder einen Designerstuhl zum zentralen Motiv Ihrer Kampagne »Bei uns haben Sie es bequem!« machen. Dagegen werden die Designrechte nicht verletzt, wenn diese Objekte nur als Beiwerk im Bild auftauchen.

Praktisch können Sie die Ausführungen zur Nutzung von urheberrechtlich geschützten Werken auch auf Designs und Designobjekte übertragen.

◀ **Abbildung 3-15**
Die lichtgraue Lackierung der ICE-Züge in Verbindung mit einem verkehrsroten Streifen ist zwar nicht individuell-persönlich genug, um urheberrechtlichen Schutz zu genießen, aber als Geschmacksmuster geschützt. Sie sollten Abbildungen von ICE-Zügen daher nicht im Rahmen Ihrer Werbung einsetzen.

Bildzitat

Falls Sie ein fremdes Bild nicht gerade zur Wissensvermittlung einsetzen, sollten Sie davon ausgehen, dass seine Verwendung nicht von der komplizierten, engen Ausnahme des Zitats gedeckt sein wird.

Ein Bild darf nur dann als Zitat verwendet werden, wenn es notwendig ist, um eigene Gedanken und Ausführungen zu stützen und eine Beschreibung oder Verlinkung des Bildes nicht ausreichend ist. Dabei ist grundsätzlich egal, ob das ganze oder nur ein Teil des Bildes verwendet wird.

Keineswegs ist es zulässig, das Bild zur Verschönerung zu verwenden oder um den Nutzern den Klick auf einen Link zu ersparen. Die eigenen Gedanken müssen sich auf den Inhalt oder die Entstehung des Bildes beziehen. Sie muss nicht übermäßig lang, aber von einiger Substanz sein, darf sich also nicht auf Sätze wie »Das Bild finde ich schön, weil ...« oder »Ich fühle mich wie der Typ auf diesem Foto« beschränken.

Kritiken

Fälle, in denen Bildzitate zur Anwendung kommen, sind Buch-, Film-, Musik- oder Websitekritiken. In diesen Fällen dürfen Abbildungen der kritisierten Werke, zum Beispiel Szenen aus einem Film oder Buch- und Musikalbumcover verwendet werden. Das gilt auch, wenn Sie sich nicht explizit mit den Covern als solchen, sondern mit der Musik beschäftigen, denn die Cover sind ein Teil des ganzen Werks. Gleichermaßen berechtigt die Besprechung einer Website dazu, einen Screenshot von ihr abzubilden. Jedoch sollten Sie auf dem Screenshot die Inhalte unkenntlich machen, die nicht direkt mit der Website selbst zu tun haben, also mit ihrem Aufbau und Design. Zum Beispiel dürfen Sie bei einem Screenshot von Facebook nicht die einzelnen Mitglieder mitveröffentlichen.

 Hinweis Ausführliche Hinweise zu Screenshots finden Sie weiter unten in diesem Kapitel. Im Hinblick auf Buchkritiken sollten Sie die Ausführungen zum zulässigen Umfang von »Abstracts« im Rahmen der »Verwendung von Texten« beachten, die Sie ebenfalls in diesem Kapitel finden.

Ferner dürfen Sie nur selbst hergestellte Fotografien oder Grafiken verwenden. Nur weil Sie ein Musikalbum besprechen, dürfen Sie nicht eine fremde Fotografie des Albumcovers verwenden. Sie müssen entweder das Albumcover selbst fotografieren oder Bilder nutzen, die für Pressezwecke vom Verlag freigegeben worden sind.

Tipp Wenn Sie fremde Bilder mit der Rechtfertigung nutzen, dass man nicht erkennen könne, wer die Fotografie erstellt hat (zum Beispiel sieht die Abbildung eines Buchcovers auf jedem Bild gleich aus), denken Sie daran, dass Bilder unsichtbare Wasserzeichen enthalten können. Ein Tool zum Suchen des beliebten DIGIMARC-Wasserzeichens in Bildern finden Sie unter *http://bit.ly/o2sL84*.

◀ **Abbildung 3-16**
Auch Bilder aus Filmen oder fremden Videos dürfen nur dann veröffentlicht werden, wenn sie als Beleg für eine »geistige Auseinandersetzung« mit dem Film oder Video dienen. Die geistige Auseinandersetzung darf durchaus kurz und knackig sein.
Quelle: fuenf-filmfreunde.de, http://bit.ly/qe886J.

News und Reportagen

Auch wenn Sie sich mit Ereignissen auseinandersetzen, in deren Mittelpunkt ein Bild steht, dürfen Sie diese Bilder im Rahmen eines Zitats nutzen. Wichtig ist, dass Sie sich mit dem Bild bzw. seiner Bedeutung oder Entstehung auseinandersetzen und es dem Verständnis Ihrer Gedanken dient. Dabei kann es sich zum Beispiel um den Bericht über eine Werbeaktion handeln, in deren Mittelpunkt ein Bild oder eine provokante Zeichnung stand, über das bzw. die viel diskutiert wird.

Abbildung 3-17 ▶
Die Berichte über die umstrittene Marketingaktion von Pril, bei der die Teilnehmer unerwünschte Vorschläge für Designs von Spülmittelflaschen einreichten, durften die strittigen Designs abbilden, denn die Bilder standen im Mittelpunkt der Diskussion. Quelle: http://t3n.de.

Profil- und Avatarbilder

Für Profil- und Avatarbilder Ihrer Social Media-Profile gelten dieselben Regeln wie für jede andere Bildernutzung: Sie brauchen eine Einwilligung der Rechteinhaber und der auf den Bildern abgebildeten Personen. Ansonsten liegt eine Urheberrechtsverletzung vor, auch wenn es sich nur um Ausschnitte handelt oder die Profilbilder sehr klein sind.

Vorsicht ist bei Porträtbildern geboten, die Sie bei einem Fotografen haben machen lassen. Es ist möglich, dass die Bilder nur für einen bestimmten Zweck verwendet werden dürfen, zum Beispiel für Bewerbungen. In diesem Fall brauchen Sie eine Erlaubnis des

Fotografen, das Bild auch als Bild für Social Media-Profile zu verwenden.

Hinweis Was Sie bei der Beauftragung eines Fotografen beachten müssen, erfahren Sie im entsprechenden Abschnitt in Kapitel 4.

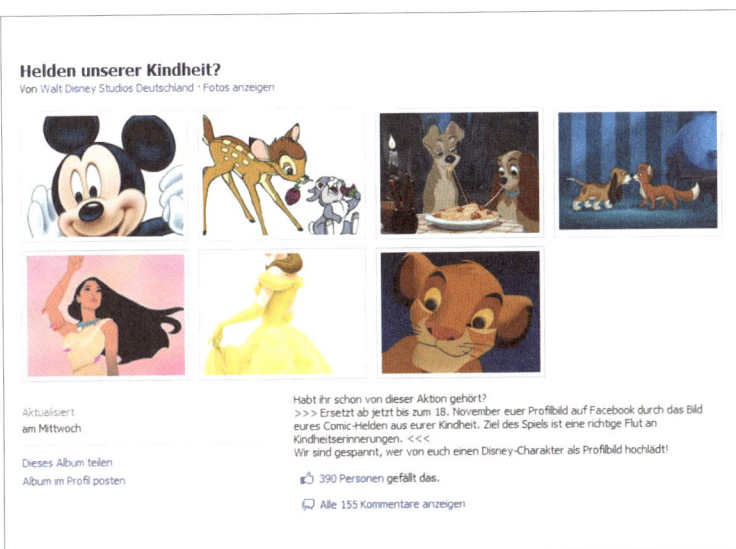

◂ **Abbildung 3-18**
Einen richtigen Trend löste der Aufruf eines Facebook-Mitglieds aus, Profilbilder durch Bilder von Comic-Helden der Kindheit zu ersetzen. Das führte zu Unmengen von Urheberrechtsverletzungen. Aus Imagegründen gingen viele Rechteinhaber nicht juristisch dagegen vor. Stattdessen versuchten sie, Rechtsverletzungen vorzubeugen, indem sie den Nutzern eine Auswahl vorgefertigter Bilder zur Verfügung stellten.

Produkt- und Katalogbilder

Unternehmen, die Produkte von Großhändlern oder Dienstleistern beziehen, um sie weiterzuverkaufen, erhalten oft elektronische Kataloge, Newsletter oder ähnliche Verzeichnisse, in denen Produktbilder abgebildet sind. Diese Bilder sind urheberrechtlich geschützt und dürfen nicht ohne Weiteres von Ihnen verwendet werden. Dasselbe gilt natürlich für Produktbilder, die Sie auf anderen Websites finden.

Sie haben zwar das Recht, selbst Fotografien von Produkten zu erstellen, die Sie verkaufen, und damit für die Produkte zu werben. Aber Sie haben nicht automatisch das Recht, Bilder zu verwenden, die jemand anderes von dem Produkt erstellt hat.

Falls Bildern aus Katalogen, die Sie von Großhändlern, Herstellern oder aus ähnlichen Quellen erhalten, kein eindeutiger Hinweis beiliegt, der ihre Verwendung erlaubt, müssen Sie vor der Nutzung um Erlaubnis fragen.

Zu Verkaufszwecken dürfen Sie Produkte zwar selbst fotografieren, aber nicht ohne Erlaubnis fremde Produktbilder nutzen.

Abbildung 3-19 ▶
Auch wenn es einfach möglich ist, dürfen Bilder aus Katalogen nicht ohne Weiteres für eigene Werbezwecke genutzt werden. Quelle: http://sheepworld.de/nichtlustig.

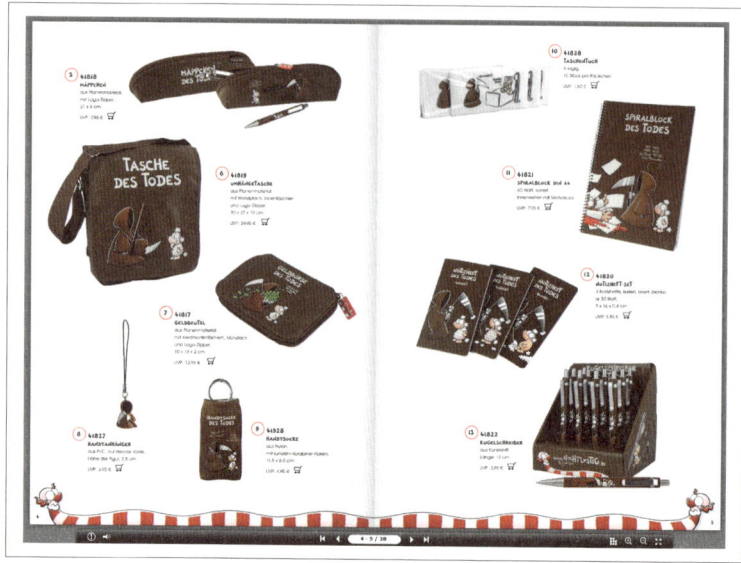

Automatische Vorschaubilder

Social Media-Plattformen wie Facebook oder Google+ erstellen automatische Vorschaubilder, sobald man einen Link zu einem Bild oder einem Artikel mit Bild in das Eingabefeld einträgt. Wenn Sie diese Vorschaugrafik in Ihre Veröffentlichung übernehmen, können Sie eine Urheberrechtsverletzung begehen. Das hängt davon ab, ob der Inhaber der Rechte an dem Bild damit einverstanden war, dass eine Kopie seines Bildes für Verweiszwecke erstellt wird.

 Hinweis   Die Problematik der Nutzung von Stockarchivbildern wird in Kapitel 4 erläutert.

Ein Indiz dafür, dass es erlaubt ist, eine Vorschaugrafik zu verwenden, ist, wenn neben dem Bild eine Schaltfläche zum Teilen der Inhalte in Social Media-Netzwerken vorhanden ist. Ein Restrisiko bleibt trotzdem. Falls der Seiteninhaber nicht zugleich der Inhaber der Rechte an dem Bild ist oder nicht das Recht hatte, eine solche Erlaubnis zu erteilen, begehen Sie trotzdem eine Urheberrechtsverletzung. Das ist der Fall, wenn er Bilder aus einem Stockarchiv verwendet hat und Ihnen die Erlaubnis zum Erstellen von Vorschaubildern gar nicht erteilen konnte.

Haben Sie die Befürchtung oder sehen Sie anhand von Hinweisen neben dem Bild, dass es aus einem Stockarchiv stammt, sollten Sie das Vorschaubild löschen, bevor Sie Ihren Linktipp absenden, wenn Sie ganz sicher gehen wollen.

Hinweis Die komplizierte Rechtslage bei der Verwendung urheberrechtlich geschützter Werke in sozialen Netzwerken sollte Sie nicht von ihrer Nutzung abhalten. Es ist ähnlich wie im Straßenverkehr, wo Sie mit Kenntnis der wichtigsten Regeln und einem Gefühl dafür, was richtig und was falsch ist, die meisten Rechtsverstöße umgehen können.

◀ **Abbildung 3-20**
Wenn Sie auf eine Onlinequelle verweisen, erstellt Facebook automatisch ein Vorschaubild. Hat sich der Rechteinhaber am Bild mit dieser Art der erlaubnispflichtigen Vervielfältigung nicht einverstanden erklärt, handelt es sich hierbei um einen Urheberrechtsverstoß, für den Sie haften.

Urheberrechtsverletzungen durch Empfehlungsbuttons

Gerade wurden Sie darauf hingewiesen, dass eine Aufforderung zur Empfehlung von Inhalten in Social Networks zu einer Urheberrechtsverletzung durch automatisch generierte Vorschaubilder führen kann.

Hinweis Empfehlungsbuttons wie die *Teilen*-Schaltfläche bei Facebook, die nicht automatisch Vorschaubilder bei den Nutzern erstellen, sind von dieser Problematik nicht betroffen. Hier entscheiden die Nutzer, ob sie das Vorschaubild verwenden.

Aber nicht nur diejenigen, auf deren Pinnwänden die Vorschaubilder auftauchen, können in Haftung genommen werden. Wenn Sie eine Empfehlungsschaltfläche verwenden, die automatisch Vorschaubilder in den Social Media-Profilen derjenigen erzeugt, die sie anklicken, kann die Haftung auch Sie treffen. Wenn sie zum Beispiel die Schaltflächen *+1* von Google+ oder *Gefällt mir* von Facebook einbauen, werden auf den Pinnwänden derjenigen, die auf die Schaltflächen klicken, automatisch Einträge mit Vorschaubildern erstellt.

Verwendung von Bildern

Rechtlich gesehen, geben Sie den Nutzern mit dem Einsatz der Schaltfläche die Erlaubnis, das Vorschaubild zu erstellen. Das ist aber nur dann rechtens, wenn Sie anderen diese Einwilligung auch geben *dürfen*. Das ist zum Beispiel bei Bildern, die Sie aus Stockarchiven bezogen haben, nicht der Fall. Auch wenn Sie eine Erlaubnis von einem Fotografen erhalten haben, das Bild auf Ihrer Website zu nutzen, umfasst das nicht die Erlaubnis, anderen Nutzern die Veröffentlichung des Bildes auf deren Social Media-Pinnwänden zu erlauben. Damit stiften Sie die Nutzer sozusagen zur Urheberrechtsverletzung an.

 Hinweis   In Kapitel 4 wird die Nutzung von Stockarchivbildern detailliert erläutert.

Abbildung 3-21 ▶

Spiegel Online fordert die Leser auf, die Artikel auf den Social Media-Kanälen zu empfehlen (obere Hälfte). Wenn Sie die Schaltfläche klicken, wird auf Ihrer Pinnwand automatisch ein Vorschaubild erstellt (untere Hälfte).

Wenn der Rechteinhaber an dem Bild mit dieser Vervielfältigung nicht einverstanden war, begehen die Leser eine Urheberrechtsverletzung. Spiegel Online wird sehr wahrscheinlich als so genannter Störer haften, weil die Leser mit den Empfehlungsschaltflächen zu dem Urheberrechtsverstoß verleitet worden sind.

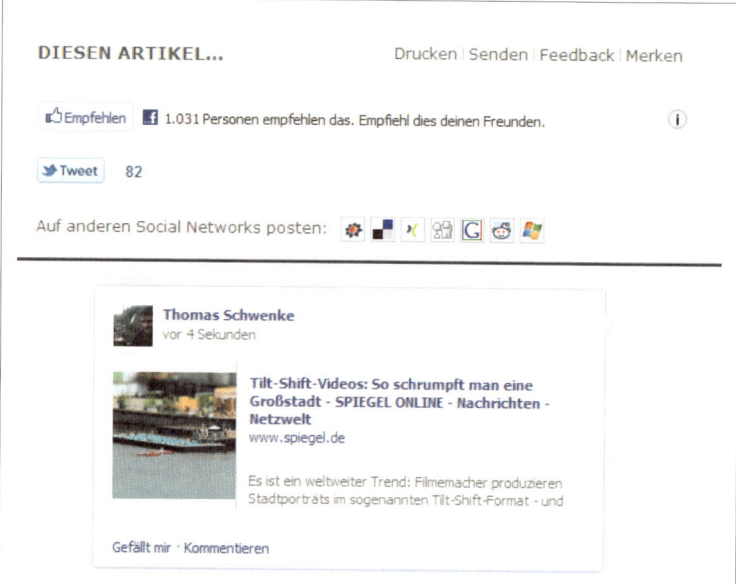

Diese urheberrechtliche Problematik ist neu und wurde bisher noch von keinem Gericht entschieden. Es ist jedoch zu erwarten, dass die Gerichte zu Ihren Ungunsten entscheiden, falls ein Rechteinhaber sie wegen der Weitergabe des Bildes auf Schadensersatz und Unterlassung verklagt. Wird auch der Nutzer verklagt, weil er das Bild unberechtigterweise benutzt hat, wird er Sie auf Ersatz der Kosten verklagen können. Es liegt also an Ihnen, die Rechte an den Bildern abzuklären, bevor Sie deren Vervielfältigung per Empfehlungsschaltfläche erlauben.

Tipp Verwenden Sie ein Standardbild, wenn Sie sich nicht sicher sind, ob Sie den Nutzern erlauben dürfen, Bilder von Ihrer Website im Rahmen von Empfehlungen auf Ihren Social Media-Pinnwänden zu veröffentlichen.

Als Lösung bietet sich die Vorgabe eines Standardbildes an. Anstatt die Plattform während des Empfehlungsprozesses automatisch ein Bild aus der empfohlenen Seite fischen zu lassen, können Sie zum Beispiel ein Bild vorgeben, das Sie weitergeben dürfen. Das kann zum Beispiel das Logo Ihres Unternehmens sein. Je nachdem, wie weit Ihre Programmierfähigkeiten reichen, können Sie zum Beispiel in jedem Blogartikel individuell bestimmen, ob das Standardbild oder doch das Artikelbild für Empfehlungen übernommen wird.

Bei Facebook können Sie das Vorschaubild mit dem HTML-Tag *<meta property="og:image" content="http://ihreseite.de/bild.jpg"/>* bestimmen. Eine Anleitung dazu finden Sie unter *http://bit.ly/nQUTdH*. Den Code für ein Standardbild bei Empfehlungen auf Google+ kann auf der Anleitungsseite zur +1-Schaltfläche generiert werden: *http://bit.ly/nM4bj2*.

◀ **Abbildung 3-22**
Wer selbst bestimmt, welche Bilder bei der Seitenempfehlung übernommen werden, kann die Gefahr einer Urheberrechtsverletzung ausschließen. Sicher fährt, wer ein rechtssicheres Standardbild festlegt, das bei allen Empfehlungen übergeben wird.

Screenshots

Oft werden Screenshots als eine Möglichkeit zur Umgehung urheberrechtlicher Verbote betrachtet. Das ist ein Irrglaube, denn ob ein Bild direkt kopiert wird oder innerhalb eines Screenshots auftaucht, ist urheberrechtlich egal. Das Urheberrecht schützt nicht die konkrete Datei oder Ausfertigung eines Bildes, sondern den geistigen

Dass Screenshots vor Urheberrechtsverletzungen schützen, ist ein Internetmythos.

Inhalt, egal ob er in der Bilddatei, als Ausdruck oder eben als Screenshot dargestellt wird.

Sind auf dem Screenshot mehrere Bilder zu sehen, können genau so viele Urheberrechtsverstöße vorliegen. Vorsicht ist bei Screenshots von Social Media-Profilen oder -Pinnwänden angebracht. Diese können zum Beispiel eingesetzt werden, um für die eigene Social Media-Aktivität zu werben. In so einem Fall müssen jedoch alle abgebildeten Personen und alle Urheber der Bilder um Erlaubnis gefragt werden. Sind die Bilder nur innerhalb eines geschlossenen Profils zu sehen, kann zudem eine Datenschutzverletzung vorliegen, wenn Bilder und Namen von Personen und die zugehörigen Aussagen in einem Screenshot veröffentlicht werden.

Achtung   Seien Sie vorsichtig bei der Verwendung von Generatoren, die zum Beispiel aus den Bildern Ihrer Twitter- oder Facebook-Freunde ein Mosaik erstellen. Dabei handelt es sich um eine erlaubnisbedürftige Vervielfältigung ihrer Profilbilder. Des Weiteren liegt eine öffentliche Zugänglichmachung vor, wenn Sie diese Mosaike zum Beispiel als Hintergrundbild für Ihr Twitter-Profil verwenden. Wenn Sie keine Erlaubnis der Rechteinhaber an den Bildern erhalten haben, begehen Sie eine Urheberrechtsverletzung.

Abbildung 3-23 ▶

Allein in diesem Screenshot einer Facebook-Pinnwand sind fünf potenzielle Urheberrechtsverletzungen (erkennbar an den Kästchen) und vier Datenschutzverstöße zu finden. Nur weil die Nutzer die Bilder bei Facebook veröffentlichen, heißt es nicht, dass man sie ohne ihre Einwilligung kopieren darf. Ferner dürfen Namen und Mitteilungen aus geschlossenen Bereichen (hier eine persönliche Facebook-Pinnwand, erkennbar an den Unterstreichungen) nicht ohne Rückfrage veröffentlicht werden.

Abbildungen von Personen

Jeder Mensch hat ein sogenanntes »Recht am eigenen Bild«. Das bedeutet, dass er ohne Einwilligung nicht öffentlich abgebildet werden darf, also zum Beispiel im Internet. Personen, die sich bereits in der Öffentlichkeit bewegen – wie Prominente oder Teilnehmer von Versammlungen –, sowie Personen, die zufällig im Bild stehen, müssen jedoch bestimmte Ausnahmen hinnehmen. Aber auch diese Ausnahmen greifen nicht immer. Insbesondere dürfen die Personen nicht wirtschaftlich ausgebeutet oder unangemessen in ihren Persönlichkeitsrechten verletzt werden.

Das Recht am eigenen Bild gilt auch nach dem Tod einer Person für weitere zehn Jahre zugunsten der Erben weiter.

Hinweis Das Recht am eigenem Bild wird in den §§ 22 und 23 des Kunsturhebergesetzes geregelt. Diese Vorschrift stammt jedoch aus dem Jahr 1907 und kann allenfalls als grober Rahmen verstanden werden. Was gegenwärtig erlaubt und verboten ist, wird laufend durch Gerichtsentscheidungen bestimmt.

Abbildung einer Person

Eine Person ist nicht nur dann erkennbar abgebildet, wenn man ihr Gesicht erkennen kann. Auch ohne das Gesicht zu sehen, können typische Gesten, Schmuck oder Örtlichkeiten ihre Identifizierung ermöglichen. Die Person muss auch nicht unbedingt von einem großen Personenkreis erkannt werden, sondern es reicht, wenn nur die Familie oder enge Berufskollegen sie erkennen. So kann auch die Abbildung einer Rückenpartie eine Abbildung darstellen, wenn aufgrund eines Tattoos Freunde oder Kollegen die Person potenziell erkennen können.

Fallbeispiel

Auch der klassische »schwarze Balken« oder die Verpixelung des Gesichts ist nicht ausreichend, wenn die Person im Übrigen erkannt werden kann. Das Landgericht Frankfurt am Main führte dazu in einem Fall aus: »Trotz gepixeltem Gesicht sei sie [die abgebildete Person] auf dem Bild erkennbar, da Haare, Ohren, Gesichtsform, Kleidung, eine auffällige Uhr und Statur des Oberkörpers zu sehen seien.« [LG Frankfurt/Main, Urteil v. 19.1.2006, Az. 2/03 O 468/05]

Unter das Abbildungsverbot fallen auch Doppelgänger, die man nicht auf den ersten Blick von der echten Person unterscheiden kann. Denn das Gesetz will auch das Ansehen einer Person schützen. Und wenn andere Menschen denken könnten, bei dem Doppelgänger handele es sich um das Original, würden dessen Taten diesem zugeschrieben werden.

Abbildung 3-24 ▶
In einer Kampagne gegen Nestlé parodierte die Securita Suisse einen Nespresso-Werbespot des Unternehmens. Anders als im Original trat darin nicht der echte George Clooney auf, sondern ein perfektes Double. Trotzdem wurde das Recht Clooneys am eigenen Bild beeinträchtigt (was jedoch in diesem Fall als zulässige Satire gerechtfertigt war).

Verbot des Fotografierens

Die Frage, ob die Abbildung einer Person rechtmäßig ist, müssen Sie sich grundsätzlich erst dann stellen, wenn Sie das Bild veröffentlichen möchten. Das Gesetz verbietet nicht das Fotografieren, sondern die Verbreitung bzw. öffentliche Zurschaustellung der Bildnisse von Personen. Die Gerichte machen jedoch eine Ausnahme und sehen schon das Fotografieren als unzulässig an, wenn

- eine Rechtsverletzung sehr deutlich ist,
- die Privat- oder Intimsphäre betroffen ist
- und die betroffene Person auf die spätere Veröffentlichung keinen Einfluss nehmen könnte.

Das ist zum Beispiel der Fall, wenn Bilder unbekleideter Personen an einem Strand oder Eventfotos von Betrunkenen in einer Diskothek gemacht werden.

In solchen Fällen dürfen die Betroffenen vom Fotografen verlangen, dass die Bilder an Ort und Stelle gelöscht werden oder der Fotograf sich ausweist, um eine Sicherheit im Falle späterer Veröffentlichung zu haben. Notfalls kann die Polizei zur Klärung gerufen werden. Auf den Einsatz von Gewalt sollte auf Seiten der Betroffenen verzichtet werden. Allenfalls ist ein Festhalten des Fotografen oder Einbehalten von Gegenständen zulässig, wenn es sich eindeutig um drohende Verletzungen der Privat- oder Intimsphäre handelt.

Wenn Sie sich jedoch an die gesetzlichen Ausnahmen im § 23 des Kunsturhebergesetzes halten, dürfen Sie Personen sowohl ohne deren Erlaubnis fotografieren als auch die Fotografien veröffentlichen.

Tipp Zur Sicherheit sollten Sie Personen – so weit möglich – immer fragen, ob Sie sie fotografieren dürfen. Einen Rechtsstreit zu vermeiden, ist geld- und nervenschonender, als Recht in einem Gerichtsprozess zu bekommen.

Ausnahme 1: Bildnis aus dem Bereich der Zeitgeschichte

Personen, die im Zusammenhang mit einem öffentlich relevanten Ereignis stehen, müssen es hinnehmen, ungefragt abgebildet zu werden. Öffentlich relevant sind alle Ereignisse aus dem politischen, sozialen, wirtschaftlichen und kulturellen Leben und was sonst Gegenstand der Aufmerksamkeit, Wissbegier oder Anteilnahme der Öffentlichkeit ist. Zu diesem Kreis gehören daher nicht nur Prominente, Künstler, Sportler, Politiker und Repräsentanten der Wirtschaft, sondern auch »normale« Personen, die im Zusammenhang mit einem Ereignis vom öffentlichen Interesse sind. Das kann der Fall sein, wenn sie gerade an einem Gerichtsprozess teilnehmen oder als YouTube-Star ihre »15 Minuten Ruhm« erleben.

Grundsätzlich dürfen die Abbildungen nur im Zusammenhang mit diesem Ereignis erfolgen. Nur Personen, die die Zeitgeschichte dauerhaft prägen, dürfen auch ohne Zusammenhang zu öffentlichen Ereignissen abgebildet werden – sie sind sozusagen selbst ein öffentlich relevantes Ereignis. Zu diesen Personen zählen Staatsoberhäupter wie Angela Merkel, Angehörige von Königs- und Fürstenhäusern, Sportler wie Michael Schumacher und Künstler wie Herbert Grönemeyer. Das bedeutet, dass eine Bundeskanzlerin bis zum Lebensende damit rechnen muss, in der Öffentlichkeit fotografiert zu werden, ein YouTube-Star aber nur, wenn er eine YouTube-Preisverleihung besucht oder den nächsten Film in der Öffentlichkeit dreht. Teilnehmer an Gerichtsprozessen dürfen nur im Rahmen der Prozesse und wenige Monate danach abgebildet werden.

Es ist schwer, hier eindeutige Grenzen zu ziehen. Bedenken Sie aber, dass ein Gericht im Zweifel zugunsten der abgebildeten Person urteilen wird.

Die Abbildungen von Personen der Zeitgeschichte dürfen jedoch nur innerhalb ihres öffentlichen Lebens erfolgen, während das Privatleben tabu ist. Zum öffentlichen Leben gehören zum Beispiel nicht Rückzugsorte wie der private Garten oder private Handlungen wie der Einkauf oder ein Spaziergang mit den Kindern. Ferner gilt die Ausnahme nur für die Personen der Zeitgeschichte selbst. Für ihre Partner bzw. Familie gilt sie nur, wenn diese selbst im Licht der Öffentlichkeit stehen.

Hinweis Die strengen Regeln zum Schutz des Privatlebens von Prominenten wurden in letzten Jahren von Prinzessin Caroline von Monaco in vielen Prozessen gegen Boulevardmedien erreicht.

Auch sind Abbildungen nicht erlaubt, wenn sie die Ehre und den Ruf der abgebildeten Person verletzen oder falsche Tatsachen vermitteln. Das kann zum Beispiel ein Schnappschuss von einer Person sein, die in der Nähe einer Versammlung von Rechtsradikalen steht, wenn der falsche Eindruck erweckt wird, die Person gehöre dazu. Auch viele der peinlichen Bilder, die im Internet zur Belustigung kursieren, sind daher nicht erlaubt. Auch wenn sich vermutlich Teile der Öffentlichkeit durchaus für die Abbildung einer Frau interessieren, die sich in der Öffentlichkeit benässt, wird dadurch Ihre Reputation unverhältnismäßig beeinträchtigt.

Abbildungen von Personen der Zeitgeschichte sind zulässig, wirtschaftliche Ausbeutung ihres Image jedoch nicht.

Die Abbildungen von Personen der Zeitgeschichte dürfen nicht wirtschaftlich ausgenutzt werden. Sie dürften zwar einen Schnappschuss von sich selbst mit einem Prominenten auf der Facebook-Fanseite Ihres Unternehmens oder im Firmenblog veröffentlichen; Sie dürfen den Schnappschuss aber nicht mit einem Werbehinweis à la »X war so überzeugt von unseren Produkten, dass er ein Foto mit mir gemacht hat« versehen. In solchen Fällen brauchen Sie eine Einwilligung, weil Sie den Prominenten zu einer Werbefigur machen. Eine Ausnahme kann eine satirisch-kritische Auseinandersetzung sein, wie sie weiter unten in diesem Kapitel erläutert wird.

◀ **Abbildung 3-25**
Es ist erlaubt, Schnappschüsse mit Prominenten einzubinden und zu kommentieren (hier der Rapkünstler Massiv). Weitere werbliche Ausnutzung des Prominenten wäre jedoch nur mit seiner ausdrücklichen Zustimmung zulässig. Zum Beispiel die Verbindung mit Werbeaussagen wie »So knallhart wie seine Rap sind unsere Preise kalkuliert«.

Ausnahme 2: Person als Beiwerk

Auch Personen, die lediglich ein Beiwerk der Abbildung eines Ortes oder einer Landschaft sind, dürfen abgebildet werden. Die Darstellung dieser Person darf also nicht Thema des Bildes sein. Jemand ist ein Beiwerk, wenn erkennbar ist, dass es bei der Wahl des Motivs nicht um diese Person gegangen ist. Es handelt sich um die Fälle, in denen jemand aus Versehen oder per Zufall in das Bild geraten ist. Das ist nicht der Fall, wenn gerade diese Person das Bild interessant macht, weil sie zum Beispiel als Größenvergleich oder Kontrastpunkt dient. Dabei kommt es nicht auf die Anzahl der Personen an. So handelt es sich bei Menschen auf einem Bild der Fußgängerzone einer Stadt um Beiwerke, solange keine einzelnen Passanten hervorgehoben werden.

Ein typisches Beiwerk sind Personen, die man sich aus dem Bild wünscht, um einen Ort oder eine Landschaft fotografieren zu können.

Hinweis   Das Orientierungskriterium für Beiwerk lautet: Würde sich der Charakter des Bildes ändern, wenn die Person nicht auf dem Bild wäre?

Ferner müssen Sie auch die Privatsphäre von Personen beachten, die Beiwerke sind. Wenn eine auf einer Waldaufnahme erkennbare Person sich zufällig an einem Baum erleichtert hat und Sie es beim Fotografieren nicht bemerkt haben, dürfen Sie das Bild nicht ohne Rückfrage verwenden. Das Gleiche gilt bei Strandaufnahmen mit unbekleideten Menschen.

Abbildung 3-26 ▶
In diesem Strandbild sind die Personen im Hintergrund das Beiwerk eines Landschaftsbildes. Die sitzende Person im Vordergrund ist es nicht. Sie macht gerade den Charakter des Bildes aus und kein Richter wird Ihnen glauben, dass sie sich nur »zufällig« im Bild befindet. Sie ist zudem aufgrund der leichten Profilaufnahme und des charakteristischen Huts hinreichend erkennbar.

Ausnahme 3: Teilnehmer von Versammlungen

Ohne Einwilligung dürfen auch die Teilnehmer von öffentlichen Versammlungen, Umzügen und ähnlichen Vorgängen abgebildet werden. Damit sind jedoch nicht alle Fälle gemeint, in denen sich mehrere Menschen zusammenfinden. Diese Ausnahme umfasst nur die Fälle, in denen die Menschen sich versammeln, um etwas gemeinsam zu tun. Das ist bei Teilnehmern einer Demonstration, eines Konzerts, eines Kongresses, einer Sportveranstaltung oder eines Umzugs der Fall. Für eine Menschentraube in der U-Bahn, eine Warteschlange vor einer Kasse oder Sonnenbadende im Park gilt diese Ausnahme allerdings grundsätzlich nicht. In diesen Fällen haben sich die Menschen nicht absichtlich wegen eines gemeinsamen Zwecks zusammengetroffen. Allenfalls wenn die einzelnen Menschen »in der Masse untergehen«, können Sie sich darauf berufen, dass es sich bei ihnen um Beiwerke handelt (siehe Ausnahme 2 oben). Das wäre zum Beispiel der Fall, wenn Sie nicht eine Menschentraube vor einem Geschäft abbilden, sondern eine ganze Fußgängerzone, deren Teil die Schlange vor dem Geschäft ist.

Hinweis Es ist ein Irrglaube, dass ein Bild veröffentlicht werden darf, sobald sich mehrere Personen darauf befinden. Haben die Menschen keinen gemeinschaftlichen Willen, etwas gemeinsam zu tun, oder sind sie kein Beiwerk, entspricht die Zahl der Personen der Anzahl der Rechtsverletzungen sowie potenzieller Abmahnungen.

Ab welcher Anzahl von Menschen kann man von einer Versammlung sprechen? Leider gibt es keine feste Grenze für die Anzahl der Teilnehmer. Sie wurde weder im Gesetz noch von Gerichten festgelegt. Diese ziehen sie dort, wo die Personen nicht mehr als Individuen, sondern als Gruppe wahrgenommen werden. Das kann bereits bei fünf Personen der Fall sein.

Des Weiteren muss es sich um eine für die Öffentlichkeit zugängliche Versammlung handeln. Das bedeutet, dass theoretisch jeder ohne eine Einladung oder Erlaubnis an ihr teilnehmen kann. Das gilt auch, wenn man Geld bezahlen muss, um an ihr teilzunehmen, oder nur eine beschränkte Anzahl von Teilnehmern möglich ist (zum Beispiel bei einem Konzert). Findet die Veranstaltung jedoch auf einem Privatgrundstück oder innerhalb geschlossener Räumlichkeiten statt, benötigen Sie eine Fotografiererlaubnis des Veranstalters, wenn Sie die Bilder kommerziell nutzen möchten. Weitere Details dazu finden Sie weiter unten im Teil »Hausrecht und fremdes Eigentum«.

Hinweis Wenn man in den Medien einzelne markante Teilnehmer einer Demonstration sieht oder in einer Fernsehshow frenetisch applaudierende Zuschauer gezeigt werden, handelt es sich um Abbildungen im Zusammenhang mit einem öffentlich relevanten Ereignis – und damit ist die Veröffentlichung der Bilder erlaubt.

Es ist nicht erlaubt, einzelne Personen aus der Gruppe herauszuheben, denn die Ausnahme gilt nur für die Abbildung der Versammlung als Ganzes. Innerhalb der Gruppe müssen die einzelnen Personen anonym bleiben. Anders verhält es sich, wenn die Personen sich selbst aus der Gruppe hervorheben. Das sind zum Beispiel besonders schrill gekleidete Teilnehmer, Redner oder Anführer einer Demonstration. Deren Abbildung ist zulässig, weil sie damit zum Teil eines öffentlich relevanten Ereignisses im Sinne der ersten Ausnahme vom

Recht am eigenen Bild werden. Sie dürfen damit ähnlich wie Politiker oder Prominente im Zusammenhang mit diesem abgelichtet werden. Auch bei Versammlungen müssen die Persönlichkeitsrechte der Teilnehmer beachtet werden. So dürfen Bilder einer Gruppe Betrunkener oder eines Trauerumzugs im Rahmen einer Beerdigung trotz des gemeinsamen Zwecks der Teilnehmer nicht abgelichtet werden. Denn in diesem Fall bewegen sich die Gruppen innerhalb einer Privatsphäre, die zu respektieren ist.

Abbildung 3-27 ▶
Auf dieser Aufnahme eines Konzertes dürfen die Personen im Hintergrund als Teilnehmer einer Versammlung in Veröffentlichungen abgebildet werden.

Einwilligung der abgebildeten Person

Außer in den genannten Ausnahmefällen dürfen Sie Personen auch dann abbilden, wenn diese in die Abbildung eingewilligt haben. Wichtig ist, dass die einwilligende Person weiß, im welchen Zusammenhang sie abgelichtet wird, und dass Sie das nachweisen können.

Einwilligung für einen konkreten Zweck

Wenn Sie eine Einwilligung einholen, müssen Sie der abgelichteten Person sagen, zu welchem Zweck, in welcher Art und in welchem Umfang Sie planen, das Bild zu verwenden. Ein »Sind sie mit einem Bild einverstanden?« ist dafür nicht ausreichend. Die Frage müsste zum Beispiel so lauten: »Sind Sie damit einverstanden, dass wir das Bild im Blog und der Facebook-Fanseite unseres Unternehmens veröffentlichen?«

| Hinweis | Weitere Hinweise, Voraussetzungen und Beispiele, die das Fotografieren auf Veranstaltungen betreffen, finden Sie im Abschnitt »Eventbilder« in diesem Kapitel. | |

Fallbeispiel

Ein Unternehmen veranstaltete einen Wettbewerb und fotografierte die Gewinnerin bei der Abholung des Gewinns. Das Bild wurde im Blog des Unternehmens veröffentlicht, wogegen sich die Gewinnerin mit einer Abmahnung wehrte. Obwohl die Dame in die Kamera lächelte, durfte sie zu Recht gegen die Veröffentlichung des Bildes vorgehen. Ein Lächeln heißt zunächst nur, dass man mit dem Foto einverstanden ist. Es wäre nur dann als Einverständnis mit der Blogveröffentlichung zu werten gewesen, wenn die Gewinnerin davon gewusst hätte, zum Beispiel durch einen Hinweis in den Teilnahmebedingungen des Gewinnspiels, dass die Gewinner im Blog veröffentlicht werden.

Form und Nachweis der Einwilligung

Eine Einwilligung setzt keine bestimmte Form voraus. Sie kann durch schlüssiges Verhalten mündlich oder schriftlich erfolgen. Bedenken Sie jedoch, dass wenn die abgebildete Person der Einwilligung widerspricht, Sie die Einwilligung in die konkrete Verwendung des Bildes nachweisen müssen. Ein mündliches Einverständnis einer Person mit der öffentlichen Verwendung ihrer Abbildung werden Sie ohne Zeugen kaum nachweisen können. Im optimalen Fall erfolgt die Einwilligung schriftlich. Alternativ sollten Sie einen Zeugen dabeihaben, der die Einwilligung bestätigt.

| Tipp | Muster für Einwilligungen von Personenbildern, sogenannte »Model Release«-Verträge finden Sie zum Beispiel bei Pixelio unter *http://bit.ly/nXYYpr* oder bei der Wikipedia unter *http://bit.ly/oKGneh*. | |

Einwilligung durch Minderjährige

Einwilligungen von Minderjährigen bis zur Vollendung ihres siebten Lebensjahres sind grundsätzlich unwirksam. Bei Minderjährigen zwischen dem siebten und dem 18. Lebensjahr kommt es auf ihre Einsichtsfähigkeit und die Verwendung des Bildes an.

Handelt es sich um ein Bild, das lediglich im Blog oder einer Social Media-Plattform veröffentlicht wird – zum Beispiel von der Betriebsfeier oder einer Messe –, reicht die Einwilligung der minderjährigen Person. Das gilt aber nur, wenn sie oder er die nötige

Bei Minderjährigen unter 14 Jahren sowie bei kommerzieller Nutzung von Abbildungen Minderjähriger sollten Sie nicht nur diese, sondern auch die Eltern nach der Einwilligung fragen.

Einsichtsfähigkeit hat und weiß, welche Folgen es haben kann, im Internet veröffentlicht zu werden. Zudem dürfen sich für sie oder ihn keine Nachteile ergeben, zum Beispiel bei peinlichen Bildern, die später bedauert werden können. Ferner dürfen Abbildungen Minderjähriger auch bei Zustimmung der Eltern nicht gegen den Willen der Abgebildeten selbst veröffentlicht werden.

Soll die Abbildung für Werbezwecke genutzt werden oder wird gar ein Modelvertrag geschlossen, ist die Zustimmung der Eltern erforderlich.

Alles in allem ist es nicht einfach zu sagen, wann die Einwilligung von Minderjährigen wirksam ist. Als Faustregel sollten Sie bei Minderjährigen unter 14 immer die Erlaubnis der Eltern einholen, und zwar erst recht, wenn die Aufnahmen kommerziell verwertet werden sollen.

Vermutete Einwilligung bei Entlohnung

Es ist gefährlich, sich auf Vermutungen zu verlassen. Wenn Sie jemanden als Model engagieren, treffen Sie klare Vereinbarungen über die zulässige Nutzung der Bilder.

Die Einwilligung einer Person gilt als erteilt, wenn die Person für die Abbildung entlohnt worden ist – zum Beispiel, wenn sie für die Aufnahmen engagiert wurde. Ist sie mit der Veröffentlichung nicht einverstanden, muss sie ihr ausdrücklich widersprechen. Das Problem bei solchen vermuteten Einwilligungen ist, dass Sie deren Umfang schlecht bestimmen können. Ist zum Beispiel das Model einverstanden damit, dass die Aufnahmen auch online verwendet werden? Dürfen sie auch in einem erotischen Umfeld auftauchen? Ist es erlaubt, die Aufnahmen Dritten zu Nutzung zu überlassen? All diese und weitere Fragen sind potenzielle Streitquellen und sollten durch einen Model-Release-Vertrag vermieden werden.

> ### Fallbeispiel
> Für eine Werbeagentur wurden Models fotografiert. Der Fotograf übertrug seine Bildrechte zusammen mit den Rechten an den Abbildungen der Models an die zuständige Werbeagentur für einen Zeitraum von einem Jahr. Als die Bilder nach Ablauf des Jahres verwendet wurden, konnten nicht nur der Fotograf, sondern auch die Models gegen die Werbeagentur vorgehen. Ihre Einwilligung in die Abbildungen war aufgrund der Bezahlung vermutet worden. Doch die Richter erklärten, dass die vermutete Einwilligung nur für ein Jahr galt. Weil der Fotograf seine Rechte nur für ein Jahr an die Agentur übertragen hatte, konnten die Models ebenfalls von einer solchen Beschränkung der Übertragung ausgehen.

Anfechtung und Widerruf der Einwilligung

Eine Einwilligung kann angefochten werden, wenn die abgebildete Person getäuscht oder gezwungen worden ist oder sich über die Umstände der Abbildung nicht im Klaren war. Auch wenn wesentliche Fakten weggelassen werden, kann ein solcher Irrtum vorliegen. Zu den »wesentlichen Fakten« gehören zum Beispiel die wirtschaftliche Nutzung eines Bildes und der Kontext, in dem es veröffentlicht wird.

Wenn Sie jemanden für Ihre Unternehmensseite fotografieren möchten, teilen Sie das der Person mit. Wenn Sie das Bild in Zusammenhang mit einer Werbemaßnahme oder in einem erotischen oder politischen Kontext verwenden möchten, tun Sie es ebenfalls. Es hilft nichts, wenn Sie wichtige Umstände verschweigen, weil Sie die Befürchtung haben, wegen dieser könnte die Person Nein sagen oder gar Geld verlangen. Ganz im Gegenteil sind genau das die Umstände, die zu einer Anfechtung berechtigen.

◀ **Abbildung 3-28**
In diesem Fall wurde die abgebildete Person lediglich gefragt, ob sie sich mit der Veröffentlichung ihres Bildes im Internet einverstanden erkläre. Da sie nicht wusste, dass das Bild von einem Unternehmen für Werbezwecke eingesetzt werden sollte, war sie sich über einen wesentlichen Umstand nicht im Klaren und durfte deshalb ihre Einwilligung widerrufen sowie Schadensersatz verlangen.

Hinweis   Einwilligungen sollten mit Bedacht abgegeben werden, da ihr Widerruf nur in Ausnahmefällen möglich ist.

Auch wenn eine Einwilligung ursprünglich wirksam war, kann sie in (seltenen) Ausnahmefällen widerrufen werden. Das ist zum einem beim Vorliegen eines wichtigen Grundes möglich. Ein solcher kann in veränderten Lebensumständen liegen, zum Beispiel wenn ein Model Werbeaufnahmen für einen Autohersteller macht und der Ehemann bei einem Autounfall ums Leben kommt. Zum anderen berechtigt ein »Wandel der inneren Einstellung« zum

Widerruf einer Einwilligung. Dafür reicht es jedoch nicht, dass zum Beispiel ein Schauspieler, der sich hat freizügig ablichten lassen, nun in das ernste Fach wechseln will. Es müssen schon besondere Umstände hinzutreten und ein wesentlicher Zeitraum vergangen sein. Ein besonderer Umstand kann sein, dass die Fotografien während der Jugendzeit aus fehlender Erfahrung zugelassen wurden. Beim der erforderlichen vergangenen Zeitspanne sollte man von mindestens fünf Jahren ausgehen.

Checkliste: »Recht am Motiv« – Abbildung von Personen

- Ist die Person auf dem Bild erkennbar?
- Habe ich eine Einwilligung?
- Ausnahme – Bildnis aus dem Bereich der Zeitgeschichte?
- Ausnahme – Person ist ein Beiwerk?
- Ausnahme – Abbildung einer öffentlichen Versammlung?
- Ausnahme – Satire?
- Liegt im Fall der Ausnahmen keine wirtschaftliche Ausbeutung oder Verletzung der Privatsphäre vor?

Veröffentlichung von Mitarbeiterbildern

Das Recht am eigenen Bild besteht auch im Rahmen von Arbeitsverhältnissen und führt dort oft zu Streitpunkten, wenn Mitarbeiter auf der Onlinepräsenz des Unternehmens abgebildet werden können. Dabei stehen den Rechten des Mitarbeiters die Marketingbelange des Arbeitgebers gegenüber.

Soziale Medien zeichnen sich durch die Nähe zum Kunden und durch den direkten Kontakt aus. Um den eigenen Onlineauftritt persönlicher wirken zu lassen, setzen daher viele Unternehmen auf die persönliche Ausstrahlung ihrer Mitarbeiter. Es werden Mitarbeiter auf der Facebook-Fanseite vorgestellt oder Bilder von der letzten Betriebsfeier veröffentlicht. Probleme können dabei entstehen, wenn die Mitarbeiter nichts davon wissen oder bereits aus dem Unternehmen ausgeschieden sind.

Einwilligung

Ohne Einwilligung dürfen Arbeitgeber nur rein arbeitsbezogene Daten wie Name, Funktion und betriebliche Telefonnummer ins Internet stellen. Und nur, wenn dies notwendig ist, z. B., um Ansprechpartner für Kunden zu benennen

Mitarbeiter haben wie jedermann ein Recht am eigenen Bild. Das bedeutet, dass Abbildungen von ihnen im Internet nur mit ihrer Einwilligung veröffentlicht werden dürfen. Diese Einwilligung kann stillschweigend erfolgen, indem die Mitarbeiter sehen, dass ihre Abbildungen veröffentlicht werden und dem nicht widersprechen. Sicherer ist jedoch eine ausdrückliche Einwilligung des Mitarbeiters, denn sollten Zweifel an der Einwilligung bestehen, wird ein Gericht zugunsten der Mitarbeiter entscheiden.

Achtung Ein Standard-Arbeitsvertrag rechtfertigt nicht die Veröffentlichung von Bildern der Mitarbeiter im Internet. Sie benötigen eine zusätzliche Einwilligung des jeweiligen Mitarbeiters.

Bei Betriebsfesten oder sonstigen Feierlichkeiten sollten alle abgebildeten Personen gefragt werden, ob sie mit der Veröffentlichung im Internet einverstanden sind. Das kann zum Beispiel durch den Fotografen vor jeder Aufnahme passieren: »Sind Sie alle einverstanden damit, dass wir das Bild online veröffentlichen?« Alternativ kann am Eingang ein Aushang gemacht oder eine Mitteilung durch das Haus geschickt werden.

Hinweis Das Muster einer solchen »Masseneinwilligung« und Einzelheiten zu Event-Fotografien finden Sie in diesem Kapitel im Abschnitt »Eventbilder«

Pflicht zur Einwilligung

In der Regel können Mitarbeiter nicht dazu gezwungen werden, sich im Internet abbilden zu lassen. Das gilt jedoch nicht, wenn das Wesen ihres Jobs die Repräsentation des Unternehmens nach außen ist. Zum Beispiel ist die Abbildung von Pressesprechern oder Messeteams im Internet ein Teil der Arbeitsleistung.

Widerruf der Einwilligung

Scheidet ein Mitarbeiter aus dem Unternehmen aus, erlischt die Einwilligung nicht automatisch. Sie erlischt allerdings dann, wenn die Mitarbeiter in einer bestimmten Funktion im Unternehmen präsentiert werden. Wird zum Beispiel eine Mitarbeiterin auf der Facebook-Fanseite als Social Media-Betreuerin präsentiert, muss dieser Hinweis nach ihrer Kündigung samt Bild entfernt werden.

In anderen Fällen müssen die Bilder entfernt werden, wenn die ehemaligen Mitarbeiter der Nutzung widersprechen. Dazu sind sie aufgrund wichtiger Gründe berechtigt, zum Beispiel, wenn das Unternehmen nachträglich einen schlechten Ruf in der Öffentlichkeit erfahren hat und die ehemaligen Mitarbeiter nicht mit ihm in Verbindung gebracht werden möchten. In anderen Fällen, wie bei Bildern einer Betriebsfeier oder einer Messe, wird in der Regel kein Grund zum Widerruf vorliegen.

Checkliste: Mitarbeiterbilderbilder online

Hat der Mitarbeiter in die Veröffentlichung des Bildes eingewilligt?
- Stillschweigend oder ausdrücklich
- Pflicht bei Mitarbeitern in Repräsentationsfunktion

Hat der Mitarbeiter der Veröffentlichung des Bildes nicht widersprochen?
- Automatischer Widerspruch, wenn ausgeschiedener Mitarbeiter im Bezug auf eine bestimmte Funktion im Unternehmen abgebildet wird
- Recht zum Widerspruch bei wichtigen Gründen

Eventbilder

Das Recht am eigenen Bild muss insbesondere im Rahmen von Musik-und Sportevents, innerbetrieblichen Festen oder Messen beachtet werden. Neben den Rechten der Teilnehmer müssen Sie aber auch das Hausrecht des Veranstalters beachten.

Einwilligung des Veranstalters

Findet das Ereignis nicht öffentlich, also in umzäunten Bereichen oder geschlossenen Räumlichkeiten statt, müssen Sie den Veranstalter um eine Fotografiererlaubnis bitten. Hängen Hinweise aus, dass zum Beispiel nur Kleinbildkameras verwendet werden dürfen, stellen sie insoweit eine – auf Kleinbildkameras beschränkte – Erlaubnis dar. Jedoch gilt diese nur für private Nutzung der Bilder. Möchten Sie die Bilder dagegen für kommerzielle Zwecke einsetzen, sei es zur Bebilderung von Artikeln im Unternehmensblog, als Hintergrund für Werbeanzeigen oder schlichtweg zum Verkauf, müssen Sie den Veranstalter um seine Einwilligung bitten.

In manchen Fällen wird eine solche Einwilligung stillschweigend erteilt. So kann bei einer Messe davon ausgegangen werden, dass Fotografieren zumindest am eigenen Stand erlaubt ist.

 Hinweis   Das Hausrecht wird weiter unten in diesem Kapitel detailliert besprochen.

Einwilligung der abgebildeten Personen

Zusätzlich zur Erlaubnis des Veranstalters benötigen Sie die Einwilligung der abgebildeten Personen. Die Ausnahme, dass Personen als Teil einer Versammlung fotografiert werden dürfen, gilt nur für öffentliche, also für jedermann zugängliche Versammlungen. Zudem setzt eine Versammlung voraus, dass die Personen einen gemeinsamen Zweck verfolgen, was zum Beispiel bei Messebesuchern nicht der Fall ist.

Hinweis Die Kriterien dafür, was eine öffentliche Versammlung ist, finden Sie in der Mitte dieses Kapitels im Abschnitt »Ausnahme 3: Teilnehmer von Versammlungen«.

Das bedeutet, dass Sie die Besucher einzeln fragen und sie zudem darauf hinweisen müssen, für welchen Zweck und in welchen Umfang Sie die Aufnahmen verwenden möchten. Eine Frage nach Einwilligung per Zuruf an eine Gruppe von Personen ist ausreichend, sofern Sie von allen verstanden werden. Im optimalen Fall haben Sie einen Zeugen dabei, der den Vorgang bestätigen kann.

Hinweis Eventfotografen, die auf Parties oder in Clubs Bilder der Teilnehmer erstellen, brauchen deren Einwilligung. Äußere Hinweise auf deren Tätigkeit wie ein Aufdruck »PartyNightReporter« auf dem T-Shirt reichen dafür nicht aus. Sie müssen die Teilnehmer über Ort und Dauer der Veröffentlichung aufklären und nach ihrem Einverständnis fragen.

Fallbeispiel

Das Amtsgericht Ingolstadt hatte über die Zulässigkeit der Abbildung von Diskothekenbesuchern zu entscheiden. Ein Besucher fand auf einem Internetportal seine Abbildung beim Tanzen und wehrte sich dagegen. Das Gericht gab ihm Recht und wies die Argumente des Betreibers der Website ab. Es urteilte, dass der Besuch einer Diskothek auch dann keine Einwilligung in die Veröffentlichung der Abbildungen darstellt, wenn dies heutzutage nicht unüblich sein sollte und in der Hausordnung erwähnt wird. Auch wenn der Fotograf dem Abgebildeten eine »Hand Out«-Karte aushändigt, die auf die Veröffentlichung im Internetportal hinweist, liegt keine Einwilligung vor. [AG Ingolstadt, Entscheidung v. 3.2.2009, Az. 10 C 2700/08]

Wenn Sie selbst ein Event veranstalten und Bilder erstellen möchten, müssen Sie die Besucher grundsätzlich einzeln fragen, ob sie damit und mit der Verwendung der Bilder einverstanden sind. Eine zwar nicht so rechtssichere, aber praktikable Alternative ist ein Vorabhinweis auf der Einladung oder als Aushang am Eintritt. Dabei müssen Sie auf die Möglichkeit des Widerrufs hinweisen.

 **Achtung** Auch bei Eventbildern müssen Sie die Persönlichkeitsrechte der Teilnehmer respektieren und dürfen sie zum Beispiel nicht in entwürdigenden oder intimen Situationen fotografieren, z.B. in volltrunkenem Zustand oder beim Toilettengang.

Ein solcher Hinweis muss sehr deutlich sein und darf nicht in den AGB versteckt werden. Falls die Veranstaltung kostenpflichtig ist, müssen Sie auf das Fotografieren vor der Entrichtung des Preises, am besten schon bei der Ankündigung hinweisen. Ein solcher Hinweis könnte zum Beispiel so aussehen:

> »Während des Betriebsfestes wird ein Fotograf – erkennbar am Namensschild – Bilder machen. Diese Bilder werden wir auf unserer Facebook-Fanseite und im Unternehmensblog publizieren. Falls Sie damit nicht einverstanden sind, teilen Sie dies bitte dem Fotografen oder Frau Meier mit.«

 Achtung Bei einer »Masseneinwilligung« per Aushang besteht jedoch ein Restrisiko, dass ein Teilnehmer behauptet, diesen nicht gesehen oder sich zur Einwilligung gezwungen gefühlt zu haben. Eine Einzeleinwilligung ist vorzuziehen, sofern sie praktikabel ist.

Gigapixel-Bilder

Eine Einwilligung wird auch für die sogenannten »Gigapixel-Bilder« benötigt. Es handelt sich hierbei um einen neuen Trend auf großen Events. Um ein Gigapixel-Bild zu erstellen, werden tausende von Bildern von der Veranstaltung geschossen und zu einem Bild zusammengesetzt. In diesem Bild kann man bis auf die einzelnen Gesichter hineinzoomen und die Personen zum Beispiel bei Facebook markieren.

Dabei handelt es sich um eine Beeinträchtigung des Rechts am eigenen Bild der Teilnehmer. Die Ausnahme einer Versammlung greift in diesem Fall nicht, weil die einzelnen Personen aus der Anonymität der Gruppe herausgehoben werden können. Daher benötigen die Veranstalter eine vorhergehende Einwilligung. Für diese ist es jedoch nicht ausreichend, wenn die Besucher bereits den Weg zum Event angetreten oder ein Ticket erworben haben. Ihre Einwilligung wäre dann unfreiwillig, weil sie sonst gezwungen wären den Rückweg anzutreten.

Die während der Veranstaltung geäußerte Bitte, man möge den Ort während des Fotografierens verlassen, ist nur ausreichend, wenn jeder sie versteht und genug Zeit zum Verlassen des Geländes hat. Ferner bieten manche Veranstalter die Möglichkeit nachträglicher Anonymisierung auf dem Bild an, wenn einer der Abgebildeten sie ausdrücklich wünscht. Dies schützt jedoch nicht vor einer bereits begangenen Rechtsverletzung, denn der Abgebildete muss vorher gefragt werden und darf nicht gezwungen sein, später sein Veto einzulegen.

Aber auch wenn die Maßnahmen einzeln jeweils unzureichend sein mögen, um eine Einwilligung einzuholen, senken sie zusammengenommen erheblich das Risiko, rechtlich belangt zu werden – und sollten daher alle ergriffen werden.

◀ Abbildung 3-29
Ein solches »Gigapixelbild« (hier vom Radiosender WDR unter http://bit.ly/omHjfO) kann wie die meisten Eventbilder kaum ohne eine Rechtsverletzung veröffentlicht werden. Die Risiken für den Veranstalter werden jedoch durch Maßnahmen wie Hinweise am Eingang, vor der Aufnahme und das Recht zur nachträglichen Anonymisierung auf der Website erheblich gesenkt.

Hausrecht und fremdes Eigentum

Es ist grundsätzlich erlaubt, fremde Sachen zu fotografieren oder zu filmen und sie auch für kommerzielle Zwecke zu nutzen. Dabei ist es egal, ob es sich um Grundstücke, Gebäude, Gegenstände oder Tiere handelt. Das gilt jedoch nur, solange dabei nicht gegen andere Rechte verstoßen wird.

Das Hausrecht

Das wichtigste Recht, das man beim Fotografieren fremden Eigentums beachten muss, ist das Hausrecht. Der Eigentümer darf seinen Besitz jedermann vorenthalten. Bei Gebäuden oder Grundstücken ist die Grenze dieser Sachherrschaft die Grundstücksgrenze. Innerhalb dieser kann jeder Eigentümer entscheiden, wie viel von seinen Sachen er der Öffentlichkeit preisgibt. Wenn ein Haus von der Straße sichtbar ist, darf also jeder von der Straße aus Fotos davon machen. Zieht der Eigentümer eine Hecke hoch, muss man ihn um

Sobald Sie privates oder staatliches Eigentum betreten, um es für kommerzielle Zwecke zu fotografieren, brauchen Sie eine Einwilligung.

Erlaubnis fragen, bevor man den Bereich hinter seiner Hecke fotografieren darf.

> ### Fallbeispiel
> Dieses Verbot gilt nicht nur für Privatgrundstücke, sondern auch für staatliche Grundstücke. Der Bundesgerichtshof hat entschieden, dass ein Fotograf keine Bilder einer Schlossanlage veräußern darf, die er innerhalb des zur Schlossanlage gehörendenden Grundstücks gemacht hat. [BGH-Urteile v. 17.12.2010; Az.: V ZR 44/10]

Abbildung 3-30 ▶
Tiere werden wie Sachen behandelt und dürfen von der Straße aus fotografiert werden. Befinden sie sich innerhalb von Grundstücken, zum Beispiel in Zoos, brauchen Sie eine Erlaubnis, um sie für kommerzielle Zwecke abzulichten.

Das bedeutet, dass Sie

- in Gebäuden, Wohnungen, Büros, Bussen und Bahnen, Bahnhöfen, Flughäfen, Museen, Stadien,
- in abgegrenzten Anlagen wie Zoos, Gärten und Parks sowie
- auf Konzerten, Freilichtbühnen und sonstigen Veranstaltungen

ohne Rückfrage des Eigentümers (oder sonstiger zuständiger Personen) keine Fotografien machen dürfen. Erhalten Sie solche Bilder von Dritten, sollten Sie nachfragen, ob diese eine Erlaubnis für das Fotografieren hatten.

Bei kommerzieller Nutzung gelten diese Verbote auch dann, wenn Sie für den Eintritt bezahlt haben und keine »Fotografieren verboten«-Hinweise sichtbar sind. Das Eintrittsgeld umfasst kein Fotografierrecht. Sobald die Fotografien nicht aus dem Blickwinkel eines Menschen auf einer öffentlichen Straße aufgenommen werden, muss eine Erlaubnis eingeholt werden. Dieses Verbot dürfen Sie auch nicht durch Hilfsmittel wie Leitern umgehen. Für Privatzwecke dürfen Fotografien zumindest dann erstellt werden, wenn keine Verbotshinweise vorhanden sind.

Hinweis Mit öffentlichen Straßen sind staatliche Straßen, Wege, Bürgersteige und öffentliche Plätze und Parks gemeint. Wenn Sie zunächst einen Zaun oder eine sonstige Umfriedung hinter sich bringen oder sogar Eintritt zahlen müssen, sollten Sie auch bei staatlichen Grundstücken davon ausgehen, dass Sie zum kommerziellen Fotografieren eine Erlaubnis benötigen.

> **Fallbeispiel**
>
> Der Widerstand gegen Google Street View stützte sich teilweise darauf, dass Google die Straßenbilder mit einer Vorrichtung auf Fahrzeugdächern aufgenommen hat. Nach Ansicht der Kritiker handelte es sich dabei um ein unzulässiges Hilfsmittel, das zum Beispiel über Hecken gucken konnte. Damit lag ihrer Ansicht nach ein Verstoß gegen das Hausrecht der Grundstücksinhaber vor.

Bei Bildern, die Sie ursprünglich für private Zwecke aufgenommen haben, dann aber doch kommerziell verwenden möchten, müssen Sie nachträglich eine Einwilligung einholen.

Das Persönlichkeitsrecht

Neben dem Hausrecht müssen Sie auch das Persönlichkeitsrecht anderer beachten und dürfen ihre Privat- und Intimsphäre nicht verletzen. Das kann auch gelten, wenn um ein Grundstück keine Hecke steht und Sie es einsehen können. Wenn Sie zum Beispiel von der Straße aus in eine Wohnung hineinblicken können, dürfen Sie diese trotzdem nicht fotografieren. Auch für die Unterwäsche, die im Garten trocknet, gilt dieses Verbot.

Hinweis Nach § 201a Strafgesetzbuch ist das Fotografieren von Personen in Wohnungen oder in gegen Einblick besonders geschützten Räumen (zum Beispiel Umkleidekabinen) unter Androhung einer Freiheitsstrafe von bis zu einem Jahr oder Geldstrafe verboten.

Auch wenn eine Sache grundsätzlich fotografiert werden darf, kann die Verbindung mit dem Namen einer Person zu einer Persönlichkeitsrechts- beziehungsweise Datenschutzverletzung führen. Das ist zum Beispiel der Fall, wenn Sie das Bild eines Hauses veröffentlichen und dazuschreiben, wer darin wohnt.

> **Checkliste: »Recht am Motiv« – Abbildung fremden Eigentums**
>
> **Handelt es sich um eine Aufnahme von einem Privatgrundstück oder einer Privatstraße aus?**
> - Falls nein: Liegt eine Verletzung der Privatsphäre vor?
> - Fall ja: Habe ich eine Erlaubnis?

Verwendung von Musik

Musik wird im Social Media-Marketing seltener eingesetzt als Bilder, Videos und Texte. In der Regel handelt es sich um Musik, die als Bestandteil anderer urheberrechtlich geschützter Inhalte wie Videos eingesetzt wird. Dabei muss ebenfalls das Urheberrecht beachtet werden.

Die Schwelle für urheberrechtlichen Schutz von Musikstücken ist sehr gering und auch kurze Tonfolgen sind geschützt.

Bei Musik sind zwar einzelne Töne oder Akkorde nicht geschützt, aber bereits kurze Tonfolgen werden vom urheberrechtlichen Schutz erfasst. Dabei ist es egal, ob es sich bei der Vorlage um den Teil eines Opernstücks oder ein kurzes Werbejingle handelt. Neben dem Urheberrecht des Komponisten kommen häufig noch das Recht des Tonträgerherstellers (also dessen, der die Musik aufgenommen hat), das Recht des Interpreten und das Urheberrecht des Autors des Liedtexts dazu.

> **Fallbeispiel**
>
> Der Bundesgerichtshof hat zugunsten der Musikgruppe »Kraftwerk« entschieden, dass bereits die Übernahme einer kurzen Rhythmussequenz aus deren Musikstück »Metall auf Metall« eine Urheberrechtsverletzung darstellte. In dem Fall wurde eine etwa zwei Sekunden lange Rhythmussequenz aus dem Stück elektronisch kopiert (»gesampelt«) und dem Titel »Nur mir« der Sängerin Sabrina Setlur in fortlaufender Wiederholung unterlegt. [BGH-Urteil v. 20.11.2008, Az. I ZR 112/06]

Wenn Sie zum Beispiel ohne Einwilligung ein Lied aus den Charts selbst einsingen, dabei ein paar Textzeilen passend zu Ihrem Produkt verändern und das Ergebnis auf Ihrer Facebook-Fanseite veröffentlichen, setzen Sie sich den folgenden urheberrechtlichen Vorwürfen aus:

- Vervielfältigung der Musik
- Bearbeitung des Liedtextes
- Entstellung des Liedtextes
- Öffentliche Zugänglichmachung der Musik
- Öffentliche Zugänglichmachung des Liedtextes
- Verletzung des Rechts des Tonträgerherstellers (also dessen, der die Musik aufgezeichnet hat)

Wie bei Videos sieht man also, dass es vieler Einwilligungen bedarf, bevor ein Musikstück genutzt werden darf. Worauf Sie bei der Einholung von Einwilligungen für die Verwendung von Musik achten müssen, erfahren Sie in Kapitel 4.

Verwendung von Videos

Die Grundsätze und Voraussetzungen der Verwendung von Bildern und Musik gelten genauso für den Einsatz von Videos. Ein Video besteht ja im Prinzip aus einer Abfolge von Bildern – gegebenenfalls verbunden mit Musik – und wird dementsprechend rechtlich vergleichbar behandelt.

> Die rechtliche Zulässigkeit der Nutzung von Videos ist praktisch genauso wie die rechtliche Zulässigkeit der Nutzung von Bildern zu prüfen.

Sie müssen also auch vor der Verwendung von Videos zwei Fragen beantworten:

- Habe ich das Recht, das Video für den geplanten Zweck zu nutzen? (Recht am Video)
- Habe ich das Recht, die Inhalte des Videos für den geplanten Zweck zu nutzen? (Rechte an Motiven und Musik)

Urheberrechtlicher Schutz von Videos

Videos werden im Urheberrecht als Filmwerke geschützt. Dazu gehören Kinofilme, Fernsehsendungen, Animationsfilme, Werbefilme und YouTube-Videos.

Die Länge oder Qualität eines Videos ist bedeutungslos. Ein verwackeltes YouTube-Video eines Teenagers ist genauso geschützt wie ein Hollywood-Blockbuster. Der Unterschied wird sich jedoch in der Höhe des Schadensersatzes bemerkbar machen.

Das Video muss auch nicht besonders individuell-persönlich und/oder künstlerisch wertvoll sein. Das ist vergleichbar mit einem fotografischen Schnappschuss, der auch unabhängig von der Schöpfungshöhe geschützt ist.

Filmzitate

Auch kurze Videoausschnitte müssen entweder von den Rechteinhabern freigegeben oder als Zitat gedeckt sein.

Fremde urheberrechtlich geschützte Ausschnitte aus Filmen oder anderen Videos dürfen Sie ohne Einwilligung der Rechteinhaber verwenden, wenn es durch das Zitatrecht erlaubt oder das Urheberrecht erloschen ist.

Hinweis   Wann ein Zitat zulässig ist, erfahren Sie in diesem Kapitel im Abschnitt »Bildzitat«, dessen Ausführungen auch für Filmzitate gelten. Wann das Urheberrecht erlischt, wird weiter vorne in diesem Kapitel im Abschnitt »Entstehen und Erlöschen von Urheberrechten und das ©-Zeichen« erklärt.

Auf das Zitatrecht können Sie sich jedoch nur dann berufen, wenn das Zitat als Beleg oder Nachweis Ihrer eigenen Gedanken dient und auch im Umfang insoweit notwendig ist, zum Beispiel als ein wenige Sekunden langer Filmausschnitt im Fall einer Musik- oder Filmbesprechung. Dagegen ist es nicht ausreichend, lediglich darauf hinzuweisen, dass ein Filmausschnitt »unterhaltsam« oder »sehenswert« sei. In so einem Fall dient das Zitat bloß der reinen Unterhaltung, was nicht ausreichend ist. Auch ist ein Zitat nicht erlaubt, wenn es nur der optischen Bereicherung des eigenen Videos dienen soll.

Fallbeispiel

Im Fall der Sendung »*TV Total*« musste der Bundesgerichtshof über die Zulässigkeit von Filmzitaten entscheiden. Der Entertainer Stefan Raab zeigte Ausschnitte aus anderen Fernsehsendungen, indem er die Szenen zum Verständnis beschrieb und auf deren unterhaltenden Charakter hinwies. Das Gericht erkannte dies nicht als (zulässiges) Zitat an und sagte, dass die Präsentation eines Ausschnitts »*nur um seiner selbst und um der ihm innewohnenden Komik willen*« nicht ausreichend ist. »Es fehlt damit an Ausführungen des Zitierenden, für die [der Ausschnitt] als Beleg oder als Erörterungsgrundlage dienen könnte.« [BGH-Urteil v. 20.12.2007, Az. I ZR 42/05]

Das zitierte Filmstück darf nicht bearbeitet werden, solange die Bearbeitung mehr als nur die Auswahl eines Ausschnitts bedeutet. Des Weiteren müssen Sie mit einer Quellenangabe sicherstellen, dass das Original recherchiert werden kann. Bei einem Onlinevideo müssen Sie am Ende des Videos seinen Namen und den Link zu ihm nennen. Im Übrigen sollten Sie den Filmtitel und das Erscheinungsjahr nennen.

Einbettung von Videos

Die obigen Ausführungen zur Nutzung von Videos gelten für den Fall, dass Sie ein Video selbst in Ihr Blog, auf Ihr Social Media-Profil oder auf Ihren Account bei einer Videoplattform hochladen.

Die meisten Videos werden jedoch durch die sogenannte »Embedding«-Funktion in Blogs oder Social Media-Profile eingebettet. Das bedeutet, dass keine Kopie des Videos erstellt wird, sondern es von einer Videoplattform geladen und im Blog oder Social Media-Profil dargestellt wird. Es handelt sich also technisch um eine Art der Verlinkung, bei der der verlinkte Inhalt an Ort und Stelle wiedergegeben wird.

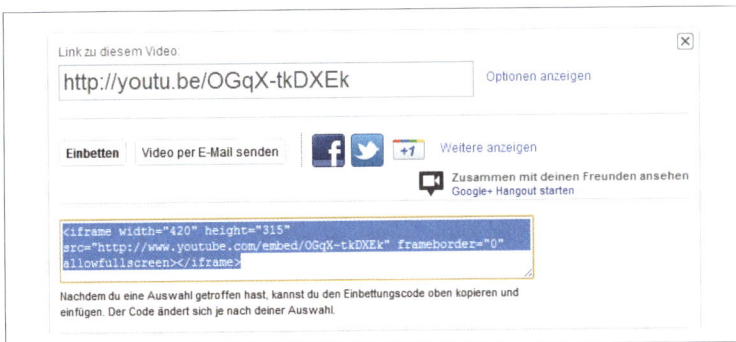

◄ **Abbildung 3-31**
Embedding geschieht durch die Einbindung eines Codes (hier blau hinterlegt) zum Beispiel ins Blog oder durch Eingabe des Links zum Video in der Statuszeile eines sozialen Netzwerks (beziehungsweise durch Verwendung der entsprechenden Empfehlungsschaltflächen).

Hinweis   Auch durch die Verwendung der Funktion »Teilen« in den Social Media, mit der Inhalte aus anderen Profilen in das eigene übernommen werden, werden fremde Inhalte eingebettet.

Das bedeutet, dass Sie durch die bloße Einbindung keine unerlaubte Vervielfältigung begehen können. Es kommt allenfalls eine unerlaubte öffentliche Zugänglichmachung infrage. An diesem Punkt sind sich die Juristen jedoch uneinig, da das Video bereits auf dem Videoportal öffentlich zugänglich gemacht und durch das Einbetten lediglich verlinkt wird. Daher gehen viele Meinungen davon aus, dass man für diese bloße Verlinkung nicht haften muss.

Hinweis   Embedding ist eine Form des Verlinkens von Inhalten. Weitere Ausführungen zu diesem Thema finden Sie im Abschnitt »Haftung für Links« in Kapitel 9.

Da es noch keine abschließende Gerichtsentscheidung zu dieser Frage gibt, bleibt immer noch ein Restrisiko, das auch die Einbettung von Videos nicht vor einer Urheberrechtsverletzung schützt. In jedem Fall liegt ein Rechtsverstoß dann vor, wenn man hätte erkennen müssen, dass das eingebettete Video rechtswidrig ist. Das ist der Fall, wenn es sich zum Beispiel um einen Ausschnitt aus einem aktuellen Kinofilm handelt, eine private Konzertaufnahme, eine ganze Fernsehsendung oder heimliche Aufnahmen von Personen.

Hinweis Das Risiko, wegen Einbettung von Videos belangt zu werden, wird auch dadurch gesenkt, dass die Videoplattformen selbst rechtswidrige Inhalte herausfiltern und die Rechteinhaber sich zuerst an sie statt an die einzelnen Nutzer der Videos wenden.

Damit ist das Risiko bei der Verwendung von eingebetteten Videos relativ gering. Ganz sicher ist die Nutzung, wenn Video aus offiziellen Kanälen von Videoschaffenden, Künstlern, Musikverlagen, Filmverleihern oder Unternehmen sowie aus Mediatheken der Sender eingebettet werden. In diesen Fällen liegt eine Einwilligung zur Nutzung vor.

Abbildung 3-32 ▶ Auf Plattformen wie Sevenload, Myvideo, Clipfish oder YouTube unterhalten viele Anbieter eigene Kanäle (wie hier die Musikgruppe Seeed), deren Videos ohne rechtliche Risiken in eigene Seiten eingebettet werden können.

Sie müssen bei Videos jedoch beachten, dass Sie sie nicht wirtschaftlich ausbeuten, also zur Unterstützung einer Werbekampagne nutzen oder mit eigenen Werbebotschaften versehen.

◀ **Abbildung 3-33**
In diesem Beitrag bei Facebook wird ein Video von einem Unternehmen mit eigener Werbung verbunden. Das ist ohne eine Erlaubnis verboten und stellt eine Urheberrechtsverletzung dar – auch wenn es in diesem Fall naheliegt, dass die tasmanische Tourismusbehörde dagegen nicht vorgehen wird.

Verwendung von Multimediawerken

Der Begriff Multimedia bezeichnet alle Inhalte, die nicht so richtig in die klassischen Kategorien von »Literatur, Bilder, Musik und Film« passen, aber trotzdem individuell-persönliche Elemente enthalten. Häufig handelt es sich dabei um Kombinationen von urheberrechtlich geschützten Inhalten wie Zeichnungen, Animationen oder Musikstücken. Darüber hinaus kann bei Multimediawerken auch die individuelle Zusammenstellung und Anordnung der Inhalte selbst geschützt sein.

Flash-Filme und Spiele

In Flash-Filmen sind in der Regel sowohl die einzelnen Grafiken nebst Musik als auch ihre Zusammenstellung geschützt. Insoweit lassen sie sich mit Videos vergleichen, die auch eine Kombination von Bildern und Musik darstellen.

◀ **Abbildung 3-34**
Flash-Filme werden wie Videos geschützt. Quelle: Manniac, http://bit.ly/pvAeaT.

Ähnlich verhält es sich bei Spielen: Zwar ist die Spielidee selbst nicht geschützt, aber die Inhalte des Spiels wie Grafiken, Musik und Animationen sowie ihre Zusammenstellung zu einem einheitlichen Spiel sind vom urheberrechtlichen Schutz umfasst. Ebenso kann der Programmcode als Computerprogramm urheberrechtlich geschützt sein.

Computerprogramme

Computerprogramme werden nur dann geschützt, wenn sie einen individuellen Weg zur Lösung einer Aufgabe darstellen.

Das Urheberrecht schützt mit § 69a UrhG auch Computerprogramme. Geschützt ist Code jedoch nur dann, wenn er einen individuellen Weg zu einer Problemlösung darstellt. Einfache und routinemäßige Lösungen, mit denen jeder Programmierer ein Problem auf gleiche oder ähnliche Weise lösen würde, sind wiederum nicht geschützt. Wenn der Code also eher auf typischen Routinen oder Algorithmen basiert, ist er nicht geschützt.

Schutz von Webdesigns

Bei Webdesigns sind in der Regel die einzelnen Inhalte, aber nicht das Design als Ganzes geschützt.

Wenn es um den Schutz von Webdesigns geht, muss man zwischen dem Design selbst und seinen Inhalten unterscheiden. Grafiken, Fotografien und Texte sind für sich urheberrechtlich geschützt. Das Design selbst, also die Anordnung der einzelnen Elemente oder die Wahl des Farbschemas, sind in der Regel nicht geschützt. Das Urheberrecht schützt nur individuell-persönliche, also kreative und außergewöhnliche Designs. Dagegen ist eine handwerklich gute Leistung als solche nicht geschützt, wenn sie pragmatischen Überlegungen, Standards und Normen folgt.

Die meisten Webdesigns halten sich jedoch an handwerkliche Vorgaben und Webstandards wie Usability, Barrierefreiheit und aktuelle Designtrends. Das bedeutet, dass nur Webdesigns, die von der Norm abweichen und die man eher als »Kunst« denn als »benutzerfreundlich« titulieren würde, gegen Nachahmung geschützt sind. Zudem ist in der Regel nur die originalgetreue Übernahme der Designs geschützt. Werden andere Grafiken verwendet und die Anordnung der Elemente leicht verschoben, liegt keine Urheberrechtsverletzung vor.

Darüber hinaus kann eine Website auch als Computerprogramm geschützt sein, wenn ihr auf der Codeebene individuelle Lösungen zugrunde liegen. Die Wahrscheinlichkeit dafür ist bei den Formatierungssprachen HTML und CSS gering, da sie wenig Spielraum außerhalb der vorhandenen Routinen bieten. Anders kann es aussehen, wenn der Website individuelle Lösungen auf Basis von Programmiersprachen wie PHP oder JavaScript zugrunde liegen.

◀ **Abbildung 3-35**
Bei diesen Webdesigns sind die Grafiken und auch ihre individuelle Komposition geschützt. Die grundsätzliche Idee, ein Design in Form einer Arbeitsfläche oder eines Notizblocks zu gestalten, ist jedoch nicht hinreichend individuell-persönlich, um urheberrechtlich geschützt zu sein. Quellen: http://prakashsony.co.cc (oben), http://real-visuals.com (unten).

Bei individuellen Designs von Social Media-Profilen sind nur die einzelnen Inhalte wie Bilder oder Texte geschützt. Dagegen sind die Designs insgesamt nicht geschützt, da sie engen Plattformvorgaben folgen müssen, was die Platzierung der Elemente angeht, und daher nicht individuell sein können. Konzepte und Stile der Profilgestaltung sind dagegen nicht geschützt.

| Hinweis | Ausnahmen gelten im Verhältnis zwischen Wettbewerbern. Sie dürfen Ihr Design nicht so gestalten, dass es dem eines Konkurrenten zum Verwechseln ähnlich sieht. Zwar begehen Sie damit keinen Urheberrechtsverstoß, aber einen Wettbewerbsverstoß. |

Verwendung von Multimediawerken

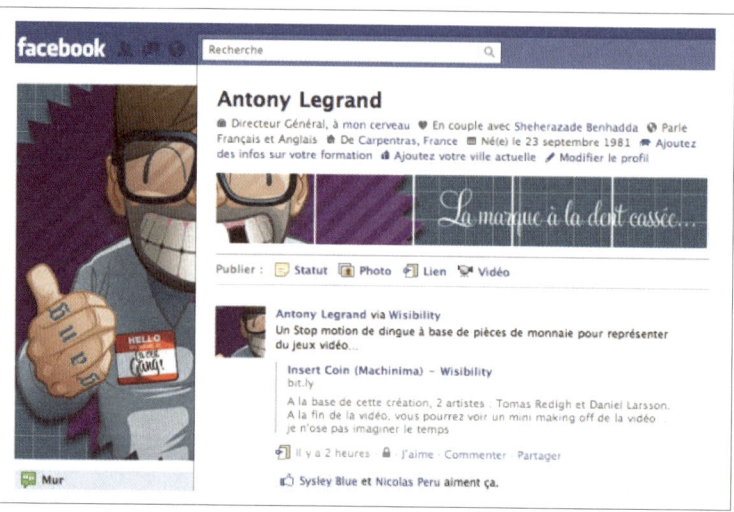

Abbildung 3-36 ▶
Bei Social Media-Profilen sind zwar die Grafiken geschützt, aber nicht Konzepte oder Stile, wie hier die Verteilung des Hintergrundbildes über mehrere Grafiken (http://fb.com/antony.legrand).

Verwendung von Texten

Auch wenn in sozialen Medien das gefühlte Verhältnis von Texten zu Bildern sich zugunsten der Bilder verschiebt, haben Texte als Kommunikationsmittel vor allem in Blogs und Pressemitteilungen, aber auch in Tweets und Facebook-Pinnwandeinträgen nicht an Bedeutung verloren. Die Übernahme fremder Texte wird oft als Zitieren gerechtfertigt. Dabei kann man sagen, dass die meisten angeblichen Zitate den rechtlichen Anforderungen an ein Textzitat nicht genügen. Das ist vor allem vor dem Hintergrund der steigenden Recherchemöglichkeiten gefährlich. Diese machen es Rechtsinhabern leicht, nach Rechtsverletzungen an ihren Texten zu fahnden. Das müssen sie noch nicht einmal selbst machen, da es Dienstleister gibt, die die Recherche und die Rechtsverfolgung für sie übernehmen.

Urheberrechtlicher Schutz von Texten

Das Urheberrecht schützt nicht die Fakten und Ideen eines Textes, sondern nur eine individuell-persönliche Form.

Das Urheberrecht schützt grundsätzlich nicht den (gedanklichen oder informationellen) Inhalt von Texten. Das heißt, dass die im Text enthaltenen Ideen und Fakten nicht geschützt sind und mit eigenen Worten wiedergegeben werden können. Geschützt wird nur die Form, also der Wortlaut, in dem die Ideen und Fakten festgehalten sind (das sogenannte »Sprachwerk«) – und das auch nur, wenn dieser individuell und persönlich ist (man nennt das die »Schöpfungshöhe«). Je kreativer und außergewöhnlicher ein Text also verfasst ist und je mehr Phantasie und Gestaltungskraft ihm zugrunde liegt, desto eher wird er geschützt sein. Und je sachlicher und pragmatischer er ist, desto geringer ist die Wahrscheinlichkeit eines Schutzes. Dabei muss der Text nicht unbedingt niedergeschrieben sein. Ein mit einem Audiogerät aufgezeichnetes Sprachwerk (zum Beispiel ein Podcast) genießt den gleichen Schutz. Von Bedeutung ist lediglich, dass es wiedergegeben werden kann.

Tipp Bedenken Sie dabei, dass es keine Schablone gibt, mit der sich die urheberrechtliche Schutzfähigkeit eines Textes erfassen lässt. Haben Sie Zweifel, ob ein Text schutzfähig ist, geben Sie ihn lieber mit eigenen Worten wieder.

Der folgende Text ist nicht urheberrechtlich geschützt, da es sich lediglich um eine Aufzählung von Fakten handelt:

> »Rechtsanwalt Thomas Schwenke, Dipl. FinWirt (FH), LL. M. (Auckland), ist Partner der Kanzlei Schwenke & Dramburg in Berlin und berät Unternehmen in Rechtsfragen bei Marketing, Social Media, Community-Management, Vertragsentwicklung und Datenschutz und hält Workshops und Vorträge zu diesen Themen.«

Diese Abwandlung des inhaltlich gleichen Textes ist dagegen geschützt, weil sie individuell und persönlich ist:

> »Ob Konkurrenten drohen, Kunden aus Undank johlen, Community-Member für Unbehagen sorgen oder Sie trotz Datenschutz den Erfolg jagen, AGB brauchen oder vor Gericht straucheln – Rechtsanwalt Schwenke steht zu Ihrer Verfügung und verhilft mit Seminaren und Vorträgen zur nötigen Übung.«

Qualität

Das zweite der vorangegangenen Beispiele zeigt, dass es auf die Qualität der Form und des Inhalts gar nicht ankommt. So kann auch ein langweiliges, mit Rechtschreibfehlern und Stilblüten versehenes und der Note 6 würdiges Essay eines Schülers durchaus geschützt sein, wohingegen eine sachlich und stringent formulierte wissenschaftliche Abhandlung trotz Bestnote urheberrechtlichen Schutz verfehlen könnte – denn das Urheberrecht schützt nicht die Befolgung von fachlichen Regeln und die Qualität der Inhalte, sondern deren individuelle Darstellung.

Die Qualität eines Textes ist für den urheberrechtlichen Schutz irrelevant.

Textlänge, Tweets, Pinnwandeinträge und Statusupdates

Ein Text muss eine gewisse Länge haben, um urheberrechtlich geschützt zu sein.

Im Gegensatz zur Qualität ist die Länge eines Textes ein Indiz für den urheberrechtlichen Schutz. Je kürzer ein Text ist, desto schwerer ist es, ihm eine individuell-persönliche Form zu geben.

99,9 % (und vielleicht noch mehr) aller Tweets sind daher nicht urheberrechtlich geschützt. Zum einem werden in den 140 Zeichen meistens nur Fakten mitgeteilt, ohne dass sie eine besondere persönlich-individuelle Form haben. Zum anderen ist es schwer, in 140 Zeichen individuell-persönlich zu schreiben. Entsprechendes gilt auch für Statusupdates und Pinnwandeinträge auf Plattformen wie Google+ oder Facebook. Auch diese Einträge sind in der Regel nur sachlich und nicht individuell-persönlich. Doch es gibt auch Ausnahmen, die trotz der Kürze urheberrechtlichen Schutz erlangen können – zum Beispiel, wenn in einem Tweet gedichtet wird.

> **Fallbeispiel**
>
> Das Landgericht München I entschied, dass auch einzelne Zitate des bayerischen Komikers Karl Valentin urheberrechtlich geschützt sind und nicht ohne Erlaubnis der Rechteinhaber in einer Zitatesammlung veröffentlicht werden dürfen. Nach Meinung des Gerichts stellen sie eine »sprachlich und grammatikalisch unübliche Art und Weise einer bayerischen Wortakrobatik« dar. [LG München I, Urteil v. 8.9.2011, Az. 7 O 8226/11]

Tipp

Verwenden Sie nur Zitate von Künstlern und Prominenten, die bereits vor über 70 Jahren gestorben sind, weil dann das Urheberrecht erloschen ist. Es sei denn, Sie verwenden sie als ein zulässiges Textzitat, dessen Voraussetzungen im gleichnamigen Abschnitt weiter unten erläutert werden.

Abbildung 3-37 ▶
Ausnahmsweise können auch Tweets trotz der Kürze hinreichend persönlich-individuell und damit urheberrechtlich geschützt sein (http://bit.ly/rqVbxK).

Es wird jedoch selten der Fall sein, dass ein kurzer Text die nötige Schwelle der Individualität erreicht, und so ist es grundsätzlich urheberrechtlich kein Problem, wenn Sie kurze Tweets oder Nutzerbeiträge vervielfältigen und zum Beispiel in Ihrem Blog abbilden. Was Sie auf jeden Fall dürfen, ist, die plattforminternen Funktionen wie *Teilen* bei Facebook und Google+ oder *Retweet* bei Twitter zu nutzen, um die Beiträge anderer Plattformnutzer weiterzuleiten. Denn mit der Nutzung der Plattform erklären sich diese zugleich auch mit diesen Funktionen einverstanden.

Achtung Aber selbst wenn das Teilen der Beiträge anderer Nutzer urheberrechtlich kein Problem darstellt, müssen Sie aufpassen, dass Sie damit keine anderen Rechtsverstöße begehen. Zum Beispiel dürfen Sie Falschbehauptungen oder Inhalte, die Ihre Konkurrenten verunglimpfen, nicht weiterleiten. Mehr Informationen zu rechtswidrigen Äußerungen erhalten Sie in Kapitel 6.

Auch sollten Sie um Erlaubnis fragen, bevor Sie einen Tweet für Werbezwecke einsetzen und zum Beispiel als Testimonial auf Ihrer Website abbilden. Zwar wird in diesem Fall nicht das Urheberrecht verletzt, aber das Persönlichkeitsrecht der Verfasser, weil diese als Werbeobjekte verwendet werden.

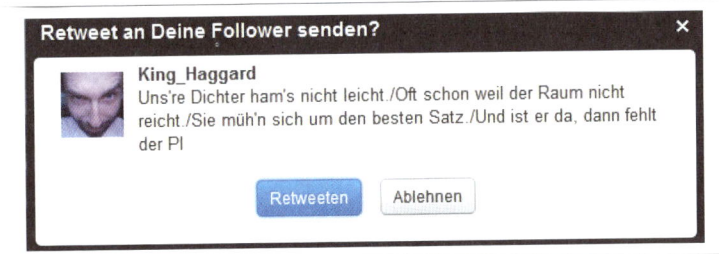

◀ **Abbildung 3-38**
Die Nutzung von plattforminternen Weiterleitungsfunktionen (hier Twitter) führt nicht zu Urheberrechtsverletzungen.
Quelle: http://bit.ly/wvPdsr

Figuren und Erzählwelten

Der Grundsatz, dass das Urheberrecht keine Ideen schützt, wird beim Schutz von Figuren und Erzählwelten aufgeweicht. Wenn ein Autor eine fiktive Geschichte verfasst, entwirft er eine eigene Welt und Figuren, die in dieser Welt agieren. Sind diese Figuren und Erzählwelten hinreichend individuell-persönlich ausgestaltet, sind sie ebenfalls urheberrechtlich geschützt. Das gilt übrigens auch für Hörspiele, Cartoons und Filme.

Neben dem urheberrechtlichen Schutz können vor allem die Namen von Figuren und Buchtitel auch markenrechtlichen Schutz genießen.

Hinweis Unter Umständen ist die Verwendung einer Figur im Rahmen von Satire zulässig, wenn Sie damit die Figur oder ihre Wirkung auf die Öffentlichkeit kritisieren möchten. Lesen Sie dazu den Abschnitt über die Voraussetzungen für Satire weiter unten in diesem Kapitel.

So ist die Buchfigur *Harry Potter* nur in ihrer konkreten Ausgestaltung mit den beschriebenen Details, Freunden und Werdegang geschützt. Trotzdem dürften Sie theoretisch ebenfalls eine Geschichte rund um einen Jungen mit Zauberkräften, der bei den Stiefeltern lebt und von einem bärtigen Zauberer gelehrt wird, verfassen. Hat der Junge jedoch wie *Harry Potter* eine Narbe in Form eines Blitzes auf der Stirn, lebt bei seinen Stiefeltern unter der Treppe und studiert auf einem Zauberinternat, wird die Übernahme auch dann nicht zulässig sein, wenn Sie die Figur »Hartmut Schulz« nennen, denn es ist klar, dass Sie die geschützte Buchfigur übernommen haben.

Abbildung 3-39 ▶
Diese Abbildung zeigt die Grenze zur zulässigen Übernahme von Figuren. Sie orientiert sich an der Figur des Superman und einer seiner typischen Gesten. Trotzdem ist diese Abbildung noch nicht charakteristisch genug. Hätte die Figur im Bild dagegen einen blauen Anzug mit einem roten Cape an, läge eine Verletzung der Urheberrechte an der Figur »Superman« vor (http://jenniferblatzdesign.com).

Das müssen Sie besonders dann beachten, wenn Sie bekannte Figuren für Zwecke der Werbung einsetzen möchten. Auch wenn Sie nicht das Originalbild von *Harry Potter* aus dem Buch oder den Filmen verwenden, sondern sich selbst als Zauberlehrling im *Harry-Potter*-Look verkleiden und für Ihre Produkte werben, begehen Sie eine Urheberrechtsverletzung.

Sollten Sie eine solche *anlehnende Werbung* im Sinn haben, lassen Sie sich zunächst von einem versierten Rechtsanwalt beraten, denn die Grenzen sind stark einzelfallabhängig.

> **Fallbeispiel**
>
> Das Landgericht Köln hat einem Discounter unter Festsetzung eines Schadensersatzes von 50.000 Euro untersagt, Kostüme zu verkaufen, die der Kinderbuchfigur Pippi Langstrumpf ähnelten, weil damit die Urheberrechte an der Buchfigur verletzt würden. [LG Köln, Urteil v. 10.8. 2011; Az: 28 O 117/11]

Abstracts

Abstracts sind kurze Zusammenfassungen von Artikeln oder Büchern. Da Abstracts selbst individuelle sprachliche Kreationen sind, genießen sie urheberrechtlichen Schutz.

Aber auch bei der Erstellung von Abstracts muss das Urheberrecht beachtet werden, wie es der Fall »Perlentaucher« zeigte.

> **Fallbeispiel**
>
> Auf der Seite »perlentaucher.de« werden Abstracts von Buchrezensionen aus Zeitungen veröffentlicht, unter anderem aus der Frankfurter Allgemeinen Zeitung. Diese ging gerichtlich gegen Perlentaucher vor und behauptete, dass die Anfertigung von Zusammenfassungen ihrer Rezensionen eine Urheberrechtsverletzung sei. Der Bundesgerichtshof entschied, dass solche Übernahmen zulässig sind, wenn die Abstracts nicht lediglich aus Zitaten der Originaltexte bestehen, sondern sie mit eigenen Worten wiedergeben. Der Stil und die eigentümliche Wortwahl der Vorlage müssten laut des Gerichts »verblassen«. [BGH-Urteil v. 1.12.2010, Az. I ZR 12/08]

Einzelne Wörter und Titel

Einzelne Wörter und Titel von Büchern, Zeitschriften, Fernsehsendungen, Filmen, Magazinen, Blogs und Websites sowie Unternehmensnamen und Produktbezeichnungen sind nicht geschützt. Aufgrund der Kürze fehlt es ihnen an hinreichender Schöpfungshöhe. Sie können jedoch als Marken oder Werktitel geschützt sein. Wann das der Fall ist, erfahren Sie in Kapitel 5, wenn es um Marken geht.

Datenbanken

Zwar sind einzelne Fakten, kurze Texte oder Beschreibungen rechtlich nicht geschützt, aber deren Sammlung kann einen Schutz als Datenbank gemäß § 87a UrhG erlangen. Dafür müssen die im Folgenden genannten Voraussetzungen vorliegen.

Systematische oder methodische Anordnung

Es ist notwendig, dass die Datensätze systematisch oder methodisch angeordnet sind. Eine Website, die viel Text und Informationen enthält, ist daher noch keine Datenbank. Dagegen liegen unter anderem in folgenden Fällen Datenbanken vor:

- Telefonbücher
- Chart-Listen
- Sammlungen von Flugwetterinformationen
- Bewertungsdatenbank bei eBay
- Sammlungen von Tarifen
- Linksammlungen

Wesentliche Investition

Des Weiteren muss der Datenbankhersteller eine »wesentliche Investition« zur Erstellung, Beschaffung, Überprüfung und/oder Darstellung der Datenbank getätigt haben, die in Zeit, Geld oder Arbeit liegen kann. Leider schreibt der Gesetzgeber nicht, ab wann eine Investition wesentlich ist. Es ist nicht ausreichend, wenn jedermann ohne großartigen Aufwand die Datenbank nachbilden kann. Als ausreichend wurde die Investition eines vierstelligen Betrags oder auch die manuelle Zusammenstellung von 3.000 Links zu einem bestimmten Thema erachtet.

Verstoß gegen das Datenbankrecht

Ist eine Datenbank geschützt, sind folgende Nutzungen verboten:

Übernahme wesentlicher Teile Auch hier ist »wesentlich« nicht definiert, dürfte aber zutreffen, wenn etwa ein Viertel der Datensätze übernommen wird. Ferner trifft es zu, wenn weniger Datensätze übernommen worden sind, die aber von der Qualität her den wesentlichen Teil der Daten ausmachen.

Systematisches Anzapfen der Datenbank Auch wenn Sie keine wesentlichen Teile übernehmen, sich aber regelmäßig an einer Datenbank bedienen, wird ein Rechtsverstoß vorliegen. Das wäre der Fall, wenn Sie zum Beispiel Ihre Suchsoftware für Bücher an die Buchdatenbank von Amazon koppeln.

Übernahme von Datenbankteilen, die selbst urheberrechtlich geschützt sind Grundsätzlich ist bei einer Datenbank nur die Zusammenstellung der Daten geschützt. Jedoch können auch einzelne Elemente selbst geschützt sein, zum Beispiel bei einer Gedichtsammlung.

Insgesamt ist zu sagen, dass es schwer einzuschätzen ist, wann eine Datenbank geschützt ist und wie viele Datensätze man entnehmen darf. Wenn Sie jedoch nur einzelne Datensätze entnehmen, zum Beispiel Veranstaltungsdaten für eine Woche, sollte das kein Problem darstellen. Daneben ist es erlaubt, eine Datenbank durch eigene Arbeit nachzubilden.

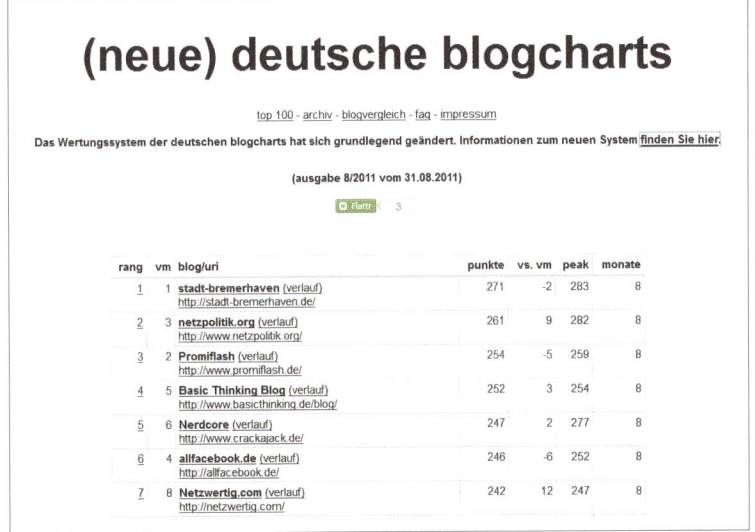

◀ **Abbildung 3-40**
Die deutschen Blogcharts werden nicht einfach maschinell erstellt, sondern in Kleinarbeit manuell zusammengestellt – und sind damit als Datenbank geschützt (http://deutscheblogcharts.de).

Werbeslogans

Werbeslogans werden wegen der Werbewirksamkeit kurz gehalten und daher bleibt in den meisten Fällen kaum Raum für eine persönliche geistige Schöpfung. Das gilt auch für Slogans wie »Was wollt ihr dann? – MAOAM«, »Geiz ist geil« oder »Quadratisch, praktisch gut«. Eines der seltenen Gegenbeispiele ist der bereits 1934 in Reimform verfasste Werbespruch »Biegsam wie ein Frühlingsfalter bin ich im Forma-Büstenhalter.«

Tendenziell ist also zu sagen, dass Werbeslogans eher nicht urheberrechtlich geschützt sind, jedoch in der Regel als Marke geschützt sein dürften. Das bedeutet, dass Sie fremde Werbeslogans nicht nutzen dürfen, wenn Ihre Leistungen mit den durch den Slogan beworbenen verwechselt werden könnten oder Sie das Image eines bekannten Slogans ausnutzen wollen. Lesen Sie die Einzelheiten zum Markenrecht in Kapitel 5.

Produktbeschreibungen und Werbeprospekte

Bei Produktbeschreibungen und Werbeprospekten kommt es auf ihre Länge und Individualität an. Kurze, sachlich-faktische Beschreibungen einer Leistung sind nicht urheberrechtlich geschützt. Dagegen können kreative und ausgefallene Beschreibungen urheberrechtlichen Schutz genießen.

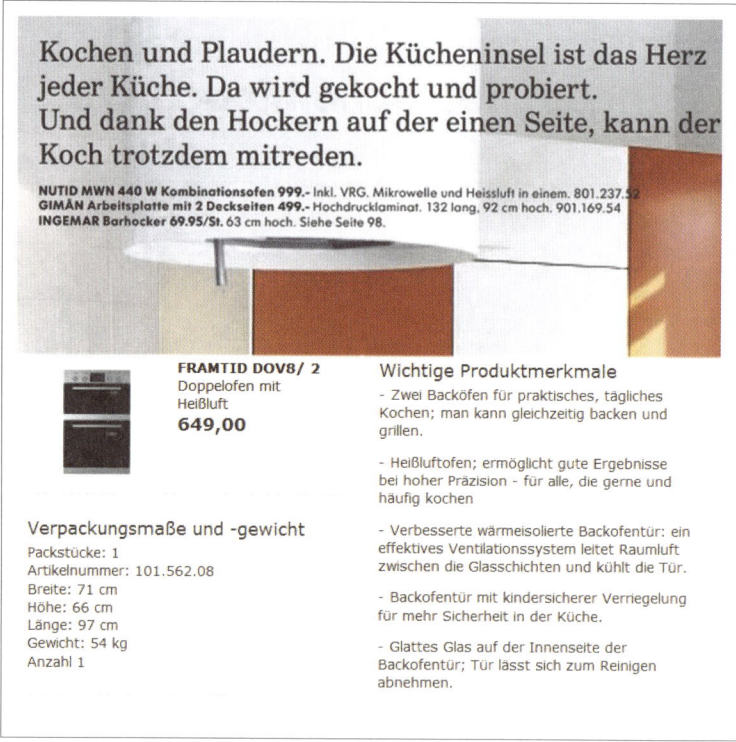

Abbildung 3-41 ▶
Der Text der oberen Anzeige des Möbelhauses IKEA ist individuell-persönlich und darf daher aufgrund des urheberrechtlichen Schutzes nicht übernommen werden. Dagegen ist die untere Produktbeschreibung gleichen Anbieters eine sachliche Aufzählung von Fakten, die deshalb keinen Schutz genießt und kopiert werden darf.

Formulare, Vordrucke und Tabellen

Formulare und Vordrucke sind in der Regel nicht geschützt, da sie sachlichen und praktischen Geschichtspunkten folgen. Auch wenn sie ausgefüllt sind, genießen sie keinen urheberrechtlichen Schutz – es sei denn, die Inhalte sind sprachlich sehr persönlich-individuell, so dass sie selbstständig als Text geschützt sind. Außerdem sollten Sie beachten, dass ihr Inhalt als Datenbank geschützt sein könnte.

Amtliche Werke

Amtliche Werke wie Gerichtsentscheidungen, Gesetzestexte, Verordnungen oder Bekanntmachungen von Behörden sind per Gesetz vom urheberrechtlichen Schutz ausgenommen (§5 UrhG) und dürfen frei verwendet werden. Dabei ist es jedoch wichtig, dass es sich um die Originaltexte handelt. Wurden die Texte von anderen Personen mit eigenen Worten aufbereitet oder zusammengefasst, dürfen diese nicht ohne Zustimmung der Verfasser übernommen werden.

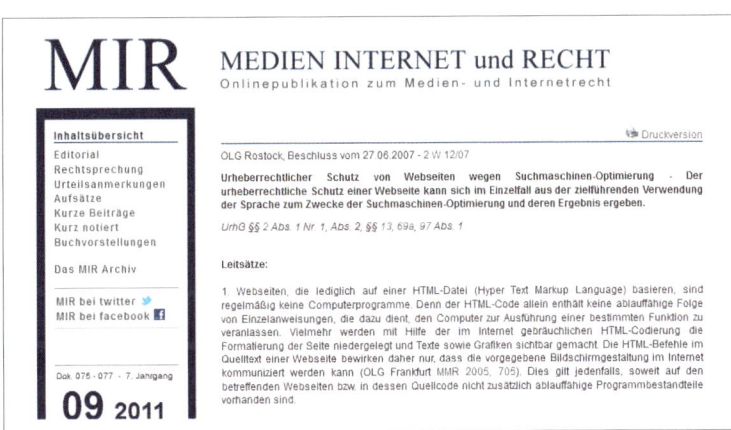

◀ **Abbildung 3-42**
Viele der im Internet aufrufbaren Gerichtsentscheidungen haben individuelle Leitsätze, d. h. Zusammenfassungen der Urteile durch den, der sie veröffentlicht. Anders als die Urteilstexte selbst sind diese Leitsätze urheberrechtlich geschützt (http://medien-internet-und-recht.de).

Anwaltsschreiben und andere Schriftsätze

Anwaltsschriftsätze sind nur dann geschützt, wenn sie von einem auf Routine basierenden Schreiben abweichen, indem sie blumige Ausdrücke enthalten oder ihnen auf andere Weise kreative Gestaltungskraft zugrunde liegt. Dasselbe gilt für jede Art von Korrespondenz, die Sie erhalten. Briefe von Geschäftspartnern, Drohungen anderer Unternehmen oder private Korrespondenz ist nur dann urheberrechtlich geschützt, wenn sie hinreichend kreativ und individuell ist.

 **Achtung** Sie können mit der Veröffentlichung fremder Schriftsätze jedoch fremde Persönlichkeits-, Datenschutz-, Vertrags- oder Wettbewerbsrechte verletzen. Lesen Sie dazu den Abschnitt »Veröffentlichung von E-Mails, Schreiben und Privatnachrichten« weiter unten in diesem Kapitel.

AGB und Datenschutzbestimmungen

Auch wenn die Übernahme von Klauseln aus AGB und Datenschutzbedingungen häufig nicht zu Urheberrechtsverstößen führt, erfüllen solche von anderen übernommenen AGB selten ihren Zweck.

Individuell erstellte AGB und Datenschutzbestimmungen können schnell ein paar Hundert Euro oder mehr kosten. Um sich das Geld zu sparen, übernimmt man diese Angaben daher gern von fremden Websites. Dabei können jedoch die Urheberrechte der Anwälte oder ihrer Mandanten verletzt werden, die die Unterlagen in Auftrag gegeben haben. Das gilt zumindest dann, wenn diese Werke nicht nur aus typischen Klauseln bestehen und individuell auf das Geschäft der Auftraggeber zugeschnitten sind.

> **Fallbeispiel**
>
> Das Landgericht Köln entschied, dass AGB jedenfalls dann gegen praktisch identische Übernahmen geschützt sind, wenn sie sich »wegen der Art ihrer Gedankenführung und einzelner um Verständlichkeit bemühter Formulierungen vom allgemein Üblichen – wenn auch nur geringfügig – abheben.« [OLG Köln, Urteil v. 27.2.09, Az. 6 U 193/08]

Das bedeutet, dass fremde AGB oder Datenschutzbestimmungen zumindest nicht eins zu eins übernommen werden sollten. Es ist dagegen unbedenklich, einzelne Klauseln zu übernehmen, sofern diese nicht besonders kreativ, sondern juristisch-sachlich verfasst sind.

Das Problem der Übernahme einzelner Klauseln besteht jedoch darin, dass Sie zwar eine Urheberrechtsverletzung vermeiden, aber Ihre selbst zusammengestellten AGB rechtlich fehlerhaft sein können. Denn gerade das Zusammenspiel von Klauseln und deren Abstimmung auf das jeweilige Unternehmen machen ihren Sinn aus. Ferner können vor allem fehlerhafte Klauseln in AGB, die an Verbraucher gerichtet sind, zu Abmahnungen seitens der Wettbewerber oder Wettbewerbszentralen führen.

 Achtung Die Übernahme fremder AGB ist problematisch, da sie individuell auf bestimmte Fachbereiche und Unternehmen zugeschnitten werden.

> **b. Mobbing, Beleidungen und üble Nachreden** (zurück)
>
> Was wir gar nicht akzeptieren ist das Mobben anderer Mitschäfchen. Damit meinen wir, dass jemand ständig schikaniert, angepöbelt oder belästigt wird oder privaten Informationen ohne seine Erlaubnis veröffentlicht werden.
>
> Das gilt auch wenn "Wahrheiten" über jemanden erzählt werden. Wenn zum Beispiel jemand ständig schreibt "Peter ist eklig, weil er mal im Unterricht in der Nase gebohrt hat", dann ist das für uns Mobbing. Es ist auch egal ob das wahr oder unwahr ist. Warum? Weil
>
> - wir nicht prüfen können ob etwas wahr oder unwahr ist
> - weil auch aufgebauschte Wahrheit wehtun kann. Jeder hat mal in der Nase gebohrt. Ist das ein Grund jeden deswegen zu mobben?
>
> Mobbing ist auch, wenn wir Mitteilungen kriegen, dass Nutzer X dies und das getan hat, ohne dass es stimmt. In der Vergangenheit sind solche Mobbingversuche immer aufgeflogen und die mobbenden Schäfchen mussten unsere Weide verlassen.

◄ **Abbildung 3-43**
Diese AGB-Klausel der Community sheepworld.de ist individuell-persönlich und im Verbund mit anschaulichen Beispielen urheberrechtlich geschützt.

Romane, Erzählungen, Gedichte und Liedtexte

Bei Romanen, Erzählungen, Gedichten und Liedtexten handelt es sich um klassische Werke der Literatur, bei denen Sie fast immer von einem urheberrechtlichen Schutz ausgehen können. Sogar kurze Limericks und der banale Refrain eines Schlagers genießen urheberrechtlichen Schutz und sollten von Ihnen nicht verwendet werden.

Interviews

Interviews sind dann urheberrechtlich geschützt, wenn die Fragen und/oder Antworten individuell-persönlich sind. Ein knappes Interview im Stil von »Wie geht es Ihnen? – Danke, gut.« wäre also noch nicht geschützt. Wenn die Fragen und Antworten jedoch länger und individueller ausfallen, wird das Interview geschützt sein.

Journalistische Artikel

Bei journalistischen Beiträgen sollten Sie immer urheberrechtlichen Schutz vermuten. Egal ob es sich um Kommentare, Analysen, Reportagen oder Kritiken handelt, ein Journalist hat einen sprachlichen Spielraum und Gestaltungsmöglichkeiten, die fast immer zur einem individuell-persönlichen Text führen.

> **Fallbeispiel**
>
> Das Oberlandesgericht Düsseldorf hat ausnahmsweise den urheberrechtlichen Schutz eines journalistischen Artikels verneint, der eigene Kreativität vermissen ließ und sich wie eine sachliche Produktbeschreibung las: »Neben den Möglichkeiten zur Bildauswertung durch Einfärben einzelner Graustufen von Schwarzweißbildern, beispielsweise für die Materialprüfung oder im medizinischen Bereich, bietet das Programm eine Datenfernübertragungs-Schnittstelle sowie zusätzliche Exportmöglichkeiten der Bilder in die gängigen Grafikformate (TIFF-, Bitmap- und PCX-Format). Darüber hinaus ermöglicht die Version für David-Karten-Benutzer das Abspeichern von Audiosequenzen und die Nachvertonung von Bildern.« [OLG Düsseldorf, Urteil v. 25.6.2002, Az. 20 U 144/01]

Podcast

Auch Podcasts sind als urheberrechtliche »Sprachwerke« geschützt. Das Urheberrecht legt nicht fest, wie ein geistiges Ergebnis festgehalten werden muss, so dass auch eine Tonaufzeichnung individueller sprachlicher Inhalte geschützt ist.

Hinweis Neben dem urheberrechtlichen Schutz des Podcast-Inhalts, ist auch die »Darbietung« der Sprecher gemäß § 73 UrhG geschützt. Diese können sich neben dem Verfasser der Texte gegen eine unberechtigte Übernahme des Podcast wehren.

Präsentationen

Eine Präsentation ist in der Regel urheberrechtlich geschützt. Zunächst sind die in der Präsentation enthaltenen Bilder urheberrechtlich geschützt. Die Texte selbst sind meist nicht geschützt, da Präsentationen häufig nur aus kurzen Worten oder Sätzen bestehen. Aber die individuelle Auswahl, Anordnung und Zusammenstellung der Präsentation ist als ein sogenanntes »Sammelwerk« urheberrechtlich geschützt. Das gilt nur dann nicht, wenn die Präsentation eine zweckmäßige Auflistung von Fakten ist.

Pressemitteilungen

Eine typische Pressemitteilung besteht aus einer Aufzählung von Fakten und ist nicht urheberrechtlich geschützt. Es kann jedoch Ausnahmen geben, wenn statt sachlicher Formulierungen die Pressemitteilung individuell formuliert ist. Davon sollten Sie ausgehen, wenn eine Pressemitteilung sich wie ein Zeitungsartikel liest.

Daneben ist die Wahrscheinlichkeit, wegen der Vervielfältigung einer Pressemitteilung belangt zu werden, praktisch gleich null. Immerhin wird mit einer Pressemitteilung die Verbreitung der

Informationen bezweckt. Allenfalls wenn Sie die Pressemitteilung bearbeiten, also kürzen oder ergänzen möchten und davon ausgehen, dass dies dem Urheber nicht gefallen wird, sollten Sie auf den urheberrechtlichen Schutz achten.

Achtung Eine Pressemitteilung kann auch anderes Pressematerial wie Bilder oder Markenlogos enthalten. Dieses dürfen Sie nicht übernehmen, wenn es nicht ausdrücklich erlaubt ist. Nutzen Sie daher den Pressebereich auf den Websites der Unternehmen oder fragen vor der Übernahme bei diesen nach. »Pressematerial« darf auch von Blogs verwendet werden, die über ein Unternehmen berichten.

◀ **Abbildung 3-44**
Die obere Pressemitteilung von Vodafone ist eine sachliche Aufzählung von Fakten und damit urheberrechtlich nicht geschützt. Dagegen ist die untere Pressemitteilung individuell-persönlich und darf nicht ohne Einwilligung übernommen werden. Quellen: http://bit.ly/nfZm3N (oben), http://bit.ly/qGoFf6 (unten).

Blogbeiträge

Bei Blogbeiträgen kommt es darauf an, ob sie nur sehr kurz und sachlich gehalten sind oder eher länger, individuell-persönlich und kreativ. Blogbeiträge aus ein bis zwei Sätzen (wie »Der heutige Tag ist super gelaufen. Wir haben endlich die Finanzierungszusage erhalten und können mit der Betaphase starten.«) sind also nicht geschützt. Ähneln die Beiträge dagegen eher journalistischen Artikeln, werden sie urheberrechtlich geschützt sein.

Achtung Auch wenn Blogbeiträge in sogenannten RSS-Feeds zur Verfügung gestellt werden, dürfen diese nicht einfach übernommen und in andere Websites eingebaut werden. Ein RSS-Feed dient in erster Linie dazu, die Bloginhalte zu *abonnieren*, und nicht, sie zu *kopieren*. Falls die Übernahme der Inhalte per RSS-Feed ausdrücklich erlaubt ist, sollten Sie trotzdem die haftungsrechtlichen Konsequenzen im gleichnamigen Abschnitt von Kapitel 9 beachten.

SEO-Maßnahmen

Bei der Suchmaschinenoptimierung (»search engine optimisation«, kurz SEO) werden Texte mit ausgewählten Begriffen (Keywords) versehen, die eine bestimmte Häufigkeit haben müssen, um den Text suchmaschinenfreundlich zu machen. Ob die SEO-Maßnahmen damit urheberrechtlich geschützt sind, ist unklar. Viele Juristen verneinen dies mit der Begründung, dass es sich um eine an sachlichen Gesichtspunkten orientierte Arbeit handele. Anderseits hat ein SEO-Experte bei der Wahl der Worte und ihrer Platzierung individuellen Spielraum, um das Ergebnis zu erreichen.

> **Fallbeispiel**
>
> Das Oberlandesgericht Rostock hielt SEO-Maßnahmen auf einer Website für schutzfähig und führte aus: »Die Auswahl, die Einteilung und die Anordnung der Suchbegriffe aus der Alltagssprache auf den Webseiten und im Quelltext bilden hier die individuelle schöpferische Eigenheit des vom Kläger gestalteten Internetauftritts. Die Gestaltung mit Mitteln der Sprache erreicht die für die Urheberrechtsschutzfähigkeit hinreichende Gestaltungshöhe, denn sie übersteigt deutlich das Schaffen eines durchschnittlichen Webdesigners, das auf einer routinemäßigen, handwerksmäßigen und mechanisch-technischen Zusammenfügung des Materials beruht.« [OLG Rostock, Urteil v. 27.6.2007, Az. 2 W 12/07]

Kurze Textübernahmen

Auch bei unerlaubter Übernahme prägnanter Teile eines Textes liegt eine Urheberrechtsverletzung vor.

Eine häufige Fehlannahme ist, dass die Übernahme kurzer Textausschnitte keine Urheberrechtsverletzung begründe. Das ist nur dann richtig, wenn ausschließlich solche Teile übernommen werden, die nicht individuell-persönlich sind und damit nicht zum urheberrechtlichen Schutz beitragen.

Wenn Sie zum Beispiel aus einem Buch die Passagen »Er ging zu Tür und öffnete sie« übernehmen, begehen Sie keine Urheberrechtsverletzung. Allerdings werden bei Texten selten solche banale Ausschnitte übernommen, sondern gerade die, die den individuellen Charakter ausmachen. Ferner ist es oft schwer zu bestimmen, in genau welchen Teilen die Individualität eines Textes liegt.

> **Fallbeispiel**
>
> Die Inhaber der Rechte an den Werken der Komiker Karl Valentin und Heinz Erhard gehen seit Jahren gegen Anbieter vor, die deren Zitate oder Gedichte auf Onlinepräsenzen übernehmen. Wenn Sie also ein Zitat für die Onlineverwendung suchen, prüfen Sie, ob sein Urheber seit über 70 Jahren tot und das Urheberrecht damit sicher erloschen ist. Oder es liegen die Voraussetzungen eines Textzitats vor (s. nächster Abschnitt).

◀ **Abbildung 3-45**
Auch eine kurze Zeile aus einem langen Liedtext begründet eine Urheberrechtsverletzung, wenn sie zu den individuell-persönlichen Bestandteilen eines Textes gehört. Dieser Tweet wäre also eine Urheberrechtsverletzung.
Quelle: Herbert Grönemeyer, »Mensch«, 2002.

Textzitat

Ein Textzitat ist nur dann erlaubt, wenn alle Voraussetzungen dafür erfüllt sind. Wenn nur eine dieser Voraussetzungen fehlt, liegt eine Urheberrechtsverletzung vor.

Belegfunktion als Zitatzweck

Nach dem Willen des Gesetzgebers soll das Zitat nur dann erlaubt sein, wenn es zur Mehrung des Wissens und geistiger Erkenntnisse beiträgt. Es ist daher nur erlaubt, wenn es eigene Ansichten und Gedanken belegt oder unterstützt (z. B. wenn eine Gedichtsstrophe die Gedichtsinterpretation belegt oder der O-Ton die Kritik an einem Blogbeitrag). Man spricht daher von der »Belegfunktion«.

Dagegen sind folgende Zwecke und Rechtfertigungen nicht erlaubt:

Illustration »Ich habe den Text kopiert, weil ich selbst es nicht so schön ausdrücken kann.«

Komfort »Ich hatte jetzt keine Zeit & Lust das alles mit eigenen Worten wiederzugeben.«

Service »Ich wollte es meinen Lesern ersparen, auf den Link zu klicken.«

Subvention »Ich helfe dem Autor, bekannt zu werden.«

Unterhaltung »Das ist so lustig geschrieben, das wollte ich der Welt nicht vorenthalten.«

◀ **Abbildung 3-46**
Diese in Blogs häufige Art, ganze Artikel zeitsparend mit einem eigenen Einführungssatz zu übernehmen, erfüllt nicht die Voraussetzungen an die Belegfunktion. Damit liegt kein Zitat, sondern eine Urheberrechtsverletzung vor. Zitatquelle: Tyler Brûlé, Merian.de, http://bit.ly/pWrzxS.

Abbildung 3-47 ▶
Diese Modifikation des vorangegangenen Beispiels zeigt, wie eine Belegfunktion erfüllt werden kann. Hier dient das Zitat, um die eigenen Ausführungen zu belegen und zu zeigen, dass auch andere diese Empfindungen haben, und ist damit zulässig.

> Oh, ich bekomme Sehnsucht nach Australien, wenn ich in diesen Artikel im Merian lese. Auch ich bin direkt von der winterlichen norddeutschen Ebene sofort nach Australien geflüchtet und kann diese Sorgenfreiheit nachempfinden, die sich bei mir einstellte, als ich das erste die Wärme verspürte und mir im Outback der schier endlosen Weite Australiens bewusst wurde:
>
> "Das Ziel lautet: Flucht aus der trüben norddeutschen Tiefebene mitten hinein in die heiße rote Erde des Outbacks. Und dort dann das Gefühl von Freiheit, ohne Verpflichtungen, ohne Verantwortung."

 Hinweis   Faustregel für die Belegfunktion: Das Zitat kann weggelassen werden, ohne dass der eigene Text an Sinn verliert.

Abbildung 3-48 ▶
Als Reaktion auf die Übernahme dieses Artikels in einen Blogbeitrag ging seine Autorin gegen den Blogger vor. Zu Recht, denn die eigenen Ausführungen sind zu kurz und zu inhaltsarm, als dass sie eines Zitats dieser Länge als Beleg bedürften.
Quelle: http://bit.ly/qTEyzg,
Zitatquelle: Eva Schweitzer,
Zeit Online, http://bit.ly/rt5ZIU.

Obama of Nine
von **Philipp Jahner** am 20. Mai 2008

Die New York Kolumne der Zeit Online offenbart eine wenig weltpolitische, aber durchaus interessante Hintergrundinformation zu Barack Obamas Politkarriere. Was haben die Borg mit Barack Obamas Präsidentschaftskandidatur zu tun?

> Barack Obama, der führende Kandidat nicht nur der Demokraten, sondern auch derjenige, der US-weit führt, war Anfang 2000 nur ein wenig bekannter Community Organizer in Chicago, der Basisarbeit machte, um sich hochzuarbeiten. 2004 schaffte er es erstmals, von den Demokraten zum Senator für den Staat Illinois nominiert zu werden. Er trat gegen den Republikaner Jack Ryan an, ein altgedientes Schlachtross, der eigentlich die besseren Chancen hatte.
>
> Aber dann geriet Jack Ryan in die Schlagzeilen: Seine Frau Jeri hatte die Scheidung eingereicht, und zwar 1999, denn ihr Ehemann sei mit ihr in schmuddelige Sexclubs gefahren und habe sie genötigt, es dort mit ihm zu treiben, vor aller Augen, sagte sie. Das war bisher unter Verschluss geblieben, aber wenige Wochen vor der Wahl erfuhr Obamas Wahlkampfteam davon, und erzählte die Geschichte ein paar Reportern. Die erreichten vor Gericht, dass die Akten geöffnet wurden — Obama selbst protestierte zwar dagegen, aber erst eine Woche später — und nun wusste ganz Illinois, was der Senator mit seiner Frau getrieben hatte. Oder treiben wollte, sie hatte sich ja geweigert. Ryan zog die Kandidatur zurück, die Republikaner rekrutierten zwar in letzter Sekunde noch einen anderen Aspiranten, aber der verlor gegen Obama mit 27 zu 70 Prozent.
>
> So wurde Obama Senator und, im nächsten Schritt, Präsidentschaftskandidat. Wer aber ist Jeri Ryan? Auch Jeri Ryan kennen wir aus Star Trek, sie spielt die vollbusige Borg-Blondine "Seven of Nine" im Star-Trek-Spinoff Voyager, wo sie, sehr aufreizend in engen Latex gekleidet, die ganze Besatzung verrückt macht, sogar die eigentlich heterosexuell veranlagte Raumschiffkommandantin Kathryn Janeway.

Zeit Online: Was Star Trek mit Obama zu tun hat

Zulässige Länge des Textzitates

Die schlechte Nachricht vorweg: Eine feste Grenze für die zulässige Länge eines Zitats gibt es nicht. Es sollte nur so viel wie nötig, aber so wenig wie möglich zitiert werden. Das bedeutet, dass man nur so viel zitieren darf, wie für die oben beschriebene Belegfunktion notwendig ist. Egal, ob jemand einen Zeitungsartikel kritisiert oder begeistert über einen Liedtext berichtet – es dürfen nur die prägnantesten Zeilen zitiert werden. Das Zitat muss also das Salz in der Suppe des eigenen Textes bleiben.

Hinweis Faustregel für die zulässige Länge eines Zitats: Das Zitat macht weniger als ein Drittel des eigenen Texts aus und weniger als ein Drittel des zitierten Texts wird übernommen.

Zitierten Text nicht verändern

Das Zitatrecht erlaubt grundsätzlich nur die unveränderte Übernahme des zitierten Inhalts. Bei Texten kann es jedoch notwendig sein, zu kürzen, Passagen zu betonen oder Anmerkungen zum Verständnis zu machen. Diese Änderungen müssen deutlich gekennzeichnet werden. Das geschieht üblicherweise mit eckigen Klammern oder Hinweisen neben oder unter dem Text:

> »Mit [...] zeigt man, dass der Text **gekürzt** wurde. Man kann auch **eigene Anmerkungen** platzieren damit sie [damit meint der Verfasser die Leser] das Zitat nachvollziehen können oder ihm **besondere Bedeutung** beimessen. **Rechtschreibfehler** der Vorlage werden mit ainem [sic] gekennzeichnet, was auf lateinisch so viel wie ›wirklich so‹ heißt.«
>
> Hervorhebungen mit Fettschrift sind von mir

Zitierten Text kennzeichnen

Es bleibt jedem selbst überlassen, wie er die Kennzeichnung durchführt. Man kann Anführungszeichen wählen, den Text farblich absetzen, einrücken, fett schreiben, kursiv oder mit einer anderen Schriftart formatieren. Hauptsache, der zitierte Text ist vom eigenen Text klar abgesetzt.

Quellenangabe

Bei Zitaten muss die Quelle so deutlich angegeben werden, dass sie ohne Schwierigkeiten gefunden werden kann. Das bedeutet nach dem Gesetz mehr als nur die Angabe eines Links zur Quelle. Die Angaben bei Zitaten aus Internetquellen müssen wie folgt aussehen:

- Angabe des Vor- und Nachnamens des Autors
- Link zur Quelle bei Internetpublikationen

> Peter Muster, Die richtige Art zu Zitieren

Bei Zitaten aus Büchern oder Zeitschriften:

- Angabe des Vor- und Nachnamens des Autors
- Titel der Zeitschrift nebst Ausgabe und Seite

bzw.

- Titel des Buchs nebst Erscheinungsdatum und Seite

> Peter Muster, »Die richtige Art zu zitieren«, Mustermagazin 03/12, S.23

Quellenangaben können auch in den Fließtext eingebaut werden:

> Wie Peter Muster in seinem Beitrag Die richtige Art zu zitieren schreibt: »...«

Hinweis   Die Pflicht zur Quellenangabe gilt nur für Zitate. Wenn Sie einen Artikel bloß verlinken, ohne aus ihm zu zitieren, müssen Sie diese Regel nicht beachten.

Es kommt selten vor, dass ein Urheber eine Abmahnung nur deswegen verschickt, weil in einem Zitat sein Name nicht genannt worden ist. Ist dagegen das ganze Zitat unzulässig und Sie erhalten eine Abmahnung mit einer Schadensersatzforderung, dann wird diese »gleich mit« um bis zu 100 % erhöht, wenn Sie den Namen des Autors nicht genannt haben.

Wird die Quelle nicht angegeben, spricht man zudem von einem »Plagiat«. Dabei kann auch ein Verstoß gegen weitere Regeln vorliegen. So sind z. B. Studenten an die Regeln der Universität, Studienordnungen etc. gebunden. Diese verpflichten auch dann zur Quellenangabe, wenn ein Text gar nicht urheberrechtlich geschützt ist und keine Zitierpflicht nach dem UrhG besteht. In diesem Fall liegt zwar kein Verstoß gegen das Urheberrechtsgesetz vor, aber man verliert die Früchte der wissenschaftlichen Arbeit (Doktortitel o. Ä.), wenn der Verstoß nicht nur unerheblich ist.

> **Checkliste: Textzitat**
>
> **Ist der Text urheberrechtlich geschützt?**
> - Ja, wenn individuell-persönlich: Es darf aus ihm nur mit eigenen Worten oder im Rahmen des Zitats kopiert werden.
> - Nein, wenn sachlich und pragmatisch: Er darf beliebig kopiert werden.
>
> **Sind die Kriterien für die Zulässigkeit des Zitierens erfüllt?**
> - Ja, wenn das Zitat lediglich eigene Gedanken und Ausführungen belegt und weggelassen werden kann, ohne dass der eigene Text an Sinn verliert.
> - Nein, wenn das Zitat Zeit sparen, illustrieren oder Lesern das Klicken von Links ersparen soll.
>
> **Ist die zulässige Zitatlänge überschritten?**
> - Nur so viel wie nötig, um eigene Gedanken zu unterstützen oder Ausführungen zu belegen.
> - Nicht mehr als 1/3 des ursprünglichen Textes zitiert und das Zitat macht nicht mehr als 1/3 des gesamten Textes aus.
>
> **Wurde der zitierte Text verändert?**
> - Falls ja, muss angegeben werden, wie.
>
> **Wurde das Zitat gekennzeichnet?**
> - Anführungszeichen, Einrückungen, farbliche Unterstreichung
>
> **Wurde die Quelle genannt?**
> - Bei Zitaten aus Internetquellen reicht Name plus Link.
> - Bei Büchern/Zeitschriften auch Titel, Erscheinungsdatum/Nummer und Seitenzahl.

Wiedergabe mit eigenen Worten

Wenn es Ihnen nicht auf die Art ankommt, wie ein Text geschrieben ist, sondern auf den Inhalt, dann sollten Sie diesen mit eigenen Worten wiedergeben, denn weder die Ideen noch die Fakten sind urheberrechtlich geschützt.

Sie dürfen jedoch nicht die individuellen Ausdrucksweisen und Strukturen des Verfassers übernehmen. Das bedeutet: Wenn Sie Ihren Text neben das Original legen, sollte ein Dritter nicht erkennen können, dass Sie »abgeschrieben« haben. Sie sollten also andere Satzstrukturen benutzen und die Informationen anders ordnen. Wenn Sie dagegen einen Text Zeile für Zeile übernehmen und nur einige Worte ändern, wird das in den meisten Fällen als unerlaubte Bearbeitung des ursprünglichen Textes verboten.

Wenn Sie einen Text mit eigenen Worten übernehmen, schreiben Sie nicht Zeile für Zeile ab, sondern versuchen den Text aus dem Kopf neu zu schreiben.

Presseclippings und Pressespiegel

Presseberichte über das eigene Unternehmen sind wertvolle Marketinginstrumente, weil sie glaubwürdiger sind als Werbung. Daher ist es nicht verwunderlich, dass viele Unternehmen Scans oder Screenshots von Presseberichten über sich online stellen, ins Blog einbinden oder in sozialen Medien verbreiten. Dabei nehmen sie jedoch selten Rücksicht auf die Urheberrechte an den Texten und Fotografien in den Artikeln.

Der Umstand, dass ein Artikel über das eigene Unternehmen oder Person geschrieben ist und man selbst in den Bildern auftaucht, berechtigt nicht zur Verwendung der Artikel. Sie dürfen diese sogenannten »Clippings« also nur dann selbst veröffentlichen, wenn Sie die Einwilligung der zuständigen Rechteinhaber eingeholt haben. Das können die Journalisten selbst oder die Zeitungsverlage sein, je nachdem, wer die Rechte an den Artikeln hat.

Abbildung 3-49 ▶
Solche Pressearchive sind im Internet nur mit Erlaubnis der Rechteinhaber zulässig. Es ist dabei egal, ob es sich um Screenshots, PDFs, Bilder oder Textkopien handelt.

Darüber hinaus gibt es im § 49 UrhG eine Ausnahme, die das Erstellen von Pressespiegeln aus periodisch erscheinenden Zeitschriften erlaubt. Allerdings ist diese Ausnahme auf unternehmensinterne Nutzung beschränkt. Damit ist eine Veröffentlichung im unternehmensinternen Intranet erlaubt, aber nicht im Internet. Ferner darf ein solcher Pressespiegel keine Volltextsuche erlauben. Die Artikel müssen also als Grafiken oder nicht durchsuchbare PDF-Dateien vorliegen.

Veröffentlichung von E-Mails, Schreiben und Privatnachrichten

Über Social Media kann man sehr schnell sehr viele Personen erreichen und zum Beispiel innerhalb kürzester Zeit eine Protestlawine gegen ein Unternehmen lostreten, was insbesondere Individuen eine große Macht verleiht. Daher liegt es nahe, dass die sozialen Medien genutzt werden, um in Konfliktsituationen die eigene Position zu stärken oder auf Missstände hinzuweisen. Dazu werden insbesondere nichtöffentliche Korrespondenzen veröffentlicht. Zu diesen gehören unter anderen

- E-Mails zwischen zwei oder mehr Personen,
- Privatnachrichten auf einer Social Media-Plattform oder Direktnachrichten bei Twitter,
- Diskussionen auf Facebook-Pinnwänden, die nur Freunden zugänglich sind, oder auf einen Kreis beschränkte Nachrichten bei Google+,
- Werbeanschreiben oder Geschäftsschreiben sowie
- Abmahnschreiben vom Anwalt.

Die Inhalte solcher nichtöffentlicher Kommunikation dürfen ohne Erlaubnis der Kommunikationspartner grundsätzlich nicht der Öffentlichkeit zugänglich gemacht werden. Nur wenn ganz bestimmte Voraussetzungen erfüllt werden, die nachfolgend beschrieben werden, ist es zulässig. Ansonsten können nicht nur das Urheberrechtsgesetz, sondern auch weitere Rechte wie Persönlichkeitsrechte verletzt werden. Dabei ist es egal, ob die Nachricht per Brief, Fax oder online eingetroffen ist.

Veröffentlichungsverbot bei privaten Nachrichten

Die Privat- und die Intimsphäre eines Menschen genießen einen besonderen Schutz und dürfen nicht verletzt werden. Daher dürfen Nachrichten mit privaten oder intimen Inhalten nicht veröffentlicht werden. Das sind zum Beispiel Liebesbriefe, Krankheitsberichte, aber auch die im Vertrauen mitgeteilten Sorgen einer Person. Das bezieht sich nicht nur auf Nachrichten von Freunden und Verwandten: Die privaten Sorgen eines Berufskollegen genießen den gleichen Schutz.

Zudem können auch vermeintlich neutrale Nachrichten in Verbindung mit dem Namen einer Person deren Privatsphäre verletzen, wenn sie etwas Persönliches über den Absender verraten, das nicht für die Öffentlichkeit bestimmt ist.

> Schon der von vielen sozialen Netzwerken verwendete Begriff »Privatnachricht« deutet darauf hin, dass die Nachricht nicht veröffentlicht werden sollte.

Abbildung 3-50 ▶
Auch wenn diese Privatnachricht objektiv neutral und nicht persönlich scheint, kann sie trotzdem Persönlichkeitsrechte verletzen – zum Beispiel wenn der Absender für Volkswagen arbeitet und diese Empfehlung seine Karriere gefährden könnte.

Viele Verträge und geschäftliche AGB enthalten ausdrückliche Verschwiegenheitsklauseln (auch »Non Disclosure Agreements« oder NDA genannt).

Veröffentlichungsverbot bei geschäftlichen Nachrichten

Auch bei Nachrichten im Rahmen von Geschäftsbeziehungen und Arbeitsverhältnissen kann die Veröffentlichung verboten sein. Das gilt auf jeden Fall, wenn ein Vertrag Schweigepflicht vorsieht. Aber auch ohne ausdrückliche Vereinbarungen sind sich Vertragspartner gegenseitig und Arbeitnehmer gegenüber ihren Arbeitgebern zur Rücksichtnahme verpflichtet. Keinerlei nichtöffentliche Informationen, die man über Betriebsinterna wie Finanzlage, Zukunftspläne, Geschäftsprozesse oder Auftragslage im Rahmen der Vertragsbeziehung erhält, dürfen nach außen getragen werden.

 Achtung   Der Verrat von Geschäftsgeheimnissen sowie die Verwertung so beschaffener Betriebsinterna für eigene Geschäftszwecke ist im § 17 des Gesetzes gegen den unlauteren Wettbewerb mit einer Freiheitsstrafe von bis zu drei Jahren bedroht.

Ausnahmsweise dürfen solche Interna veröffentlicht werden, wenn Sie der Gefahrenabwehr dienen oder schwere Gesetzesverstöße offenlegen. Dieses sogenannte »Whistleblowing« sollten Sie jedoch zuvor mit Ihrem Anwalt besprechen, da die Anforderungen dafür hoch sind und im Einzelfall beurteilt werden müssen.

Das überwiegende Interesse

Auch wenn es sich bei der nichtöffentlichen Kommunikation weder um private Nachrichten noch um Geschäftsgeheimnisse handelt, ist ihre Veröffentlichung verboten, wenn das Interesse des Absenders an der Geheimhaltung das Interesse an der Allgemeinheit und der Veröffentlichung überwiegt.

 Hinweis   Diese Abwägung zeigt, warum jeder Fall einzeln beurteilt werden muss und allgemein geltende Antworten nur schwer zu treffen sind.

Stellen Sie sich eine Waage mit zwei Schalen vor: In die erste legen Sie die Argumente, die für eine Veröffentlichung sprechen, und in die andere die Argumente, die dagegen stehen.

Für die Veröffentlichung sprechen zum Beispiel folgende Argumente:
- Andere werden vor Gefahren bewahrt (wenn z. B. ein Unternehmen einen typischen Fehler der Nutzer für Massenabmahnungen ausnutzt).
- Andere sollen auf Missstände des Rechts hingewiesen werden.
- Der Inhalt ist allgemeiner Natur und behandelt öffentlich relevante Themen (z. B. Interna aus einer politischen Mailingliste).
- Sie sind journalistisch tätig und Ihnen werden Konsequenzen für den Fall angedroht, dass Sie Ihre Meinungs- und Presserechte geltend machen und z. B. über bestimmte Missstände berichten.
- Der Absender plant oder begeht eine Straftat.
- Die Kommunikation fand zwischen mehreren Personen statt, so dass der Kreis der Personen, die Kenntnis vom Inhalt haben, ohnehin größer ist (z. B. bei einer Mailingliste)

Gegen die Veröffentlichung kann Folgendes sprechen:
- Die Veröffentlichung wirft ein schlechtes Licht auf eine Person oder ein Unternehmen (Prangerwirkung).
- Umsatzeinbußen
- Sie verfolgen lediglich eigene Interessen.
- Der Inhalt behandelt ein individuelles Problem zwischen den Korrespondenzpartnern.
- Der Absender ist ein Konkurrent und fällt durch die Veröffentlichung im Wettbewerb zurück.
- Die Kommunikation fand nur zwischen zwei Personen statt.
- Die Korrespondenz enthielt einen Hinweis, der die Veröffentlichung verbietet, z. B. einen Hinweis am Ende einer E-Mail-Nachricht.

Diese Argumente müssen Sie anschließend abwiegen. Dabei kann zum Beispiel politische Brisanz schwerer wiegen als der Wunsch, eine Aussage geheim zu halten.

Achtung Die bloße Tatsache, dass ein Konflikt zwischen zwei Parteien besteht, berechtigt diese nicht zur Veröffentlichung der Korrespondenz.

Zudem sollten Sie immer daran denken, dass das Interesse der Öffentlichkeit an der Veröffentlichung maßgeblich ist und nicht das Ihre. Auch wenn Sie also meinen, Ihnen sei Unrecht getan worden, oder Sie sich einfach ärgern, dürfen Sie die Korrespondenz deswegen noch nicht veröffentlichen.

Fallbeispiel

In einem Fall erreichte den Betreiber eines Internetforums eine Beschwerde per E-Mail. In dieser monierte der Absender, dass in dem Forum rechtsverletzende Äußerungen über seine politischen Aktivitäten veröffentlicht worden seien. Der Forumsbetreiber veröffentlichte daraufhin diese E-Mail, was das Landgericht Köln für rechtswidrig erklärte. Es urteilte, dass E-Mails zwischen zwei Personen mit verschlossenen Briefen vergleichbar und besonders schützenswert seien. Es sah auch kein besonderes Interesse an diesem Konflikt, das die Veröffentlichung der E-Mail gerechtfertigt hätte. [LG Köln, Urteil v. 28.5.2008, Az 28.05.2008]

Abbildung 3-51 ▶
In diesem Fall war die Veröffentlichung der Abmahnung zulässig, da sie sich an ein journalistisch tätiges Blog richtete und das Vorgehen großer Unternehmen gegen die Meinungsfreiheit von Bloggern von großem öffentlichen Interesse ist. Zudem wurden die Daten der Sachbearbeiter nicht veröffentlicht und das sachlich formulierte Schreiben war ebenfalls nicht urheberrechtlich geschützt. Quelle: http://bit.ly/ojueGC.

 Hinweis   Massen-E-Mails, die sich eindeutig an eine große Zahl von Nutzern richten, zum Beispiel nicht persönliche Werbeangebote von Unternehmen oder Spam, dürfen veröffentlicht werden.

Anders kann es aussehen, wenn die E-Mail nicht in geschlossenen Kreisen kursiert und öffentlich relevante Themen behandelt. Aber auch eine Nachricht, die an 100 Personen verschickt wird, ist nicht automatisch öffentlich.

Fallbeispiel

Das Oberlandesgericht Stuttgart hatte über einen Fall zu entscheiden, in dem der Inhalt einer E-Mail, die an einen geschlossenen Benutzerkreis (ca. 100 Mitglieder einer geschlossenen Mailingliste) versendet worden war, veröffentlicht wurde. Inhaltlich ging es um eine politisch gelagerte Diskussion zu Fragen der Immunabwehr. Das Gericht urteilte, dass die Veröffentlichung ausnahmsweise zulässig war, da sie von vornherein an viele Mitglieder gerichtet war und ein öffentlich relevantes Thema betraf. [OLG Stuttgart, Urteil v. 10.11.2010, Az. 4 U 96/10]

◀ **Abbildung 3-52**

Auf die Kritik eines Kunden am neuen Slogan »For You. Vor Ort.« der Drogeriekette »Schlecker« schickte der Leiter der Unternehmenskommunikation ein Antwortschreiben, in dem er dem Kunden erklärte, dass der Slogan auf das »niedrige bis mittlere Bildungsniveau« durchschnittlicher Schleckerkunden zugeschnitten sei.

Diese herabwürdigende Stellungnahme eines großen Unternehmens war von großem Interesse für die Öffentlichkeit, enthielt keine persönlichen Inhalte und berechtigte daher den Empfänger zur Veröffentlichung des Schreibens.

Urheberrecht beachten

Üblicherweise ist private oder geschäftliche Korrespondenz nicht urheberrechtlich geschützt. Das gilt ganz besonders, wenn nur Fakten mitgeteilt werden und Angebote oder Abmahnung formularmäßig und sachlich-nüchtern formuliert ist. Nur bei blumiger und individueller Ausdrucksweise wird ein urheberrechtlicher Schutz vorliegen.

Wenn der Text, den Sie veröffentlichen möchten, im Stil jedoch nicht nur rein sachlich, sondern individuell-persönlich verfasst ist, sollten Sie davon ausgehen, dass er urheberrechtlich geschützt ist. In diesem Fall sollten Sie den Inhalt mit eigenen Worten wiedergeben und allenfalls markante Passagen im Rahmen eines Zitats einbinden, wenn Sie ihn veröffentlichen möchten (Erläuterungen zum Textzitat finden Sie in Kapitel 3).

Fallbeispiel

Das Landgericht München musste die Zulässigkeit der Veröffentlichung einer rechtsanwaltlichen Abmahnung beurteilen. Mit der Abmahnung richtete sich der Geschäftsführer eines kommunalen Betriebes gegen die Aussagen eines Journalisten. Der abmahnende Anwalt meinte, dass die Veröffentlichung seine Urheberrechte an dem Abmahnungsschreiben verletze. Das Gericht war anderer Ansicht und urteilte, dass die Urheberrechtsschutzfähigkeit ein »deutliches Überragen des Alltäglichen, des Handwerksmäßigen und der mechanisch-technischen Aneinanderreihung des Materials« bedürfe. Auch darüber hinaus sei die Veröffentlichung zulässig gewesen, da es um öffentlich relevante Fragen der Pressefreiheit ging. [OLG München, Urteil v. 16.10. 2007, Az. 29 W 2325/07]

Identifizierende Angaben

Schwärzen Sie in geschäftlichen Schreiben, die Sie veröffentlichen möchten, grundsätzlich die Namen der Sachbearbeiter.

An dieser Stelle müssen Sie sich fragen, ob es notwendig ist, dass Sie die Namen des Absenders nennen. Wenn Sie lediglich auf den Inhalt des Schreibens hinweisen möchten, ist es nicht unbedingt erforderlich. Auch ist es beim Schreiben eines Unternehmens nicht zwingend erforderlich, neben dessen Namen auch die Namen und Kontaktdaten der Sachbearbeiter anzuführen. Diese sollten in der Regel geschwärzt werden.

Deshalb werden von Gerichten in veröffentlichten Urteilen die Namen der beteiligten Parteien entfernt. Denn grundsätzlich hat die

Bevölkerung nur ein Recht darauf, die Inhalte des Falls und damit die Rechtslage zu erfahren. Es ist dagegen nicht notwendig, die Beteiligten zu kennen. Ausnahmsweise ist dies zulässig, wenn an den Beteiligten oder deren Taten selbst ein öffentliches Interesse besteht, wie es bei Prominenten, Politikern oder besonders verwerflichen Taten der Fall ist.

Folgen bei Verstößen

Die Veröffentlichung von nichtöffentlichen Nachrichten kann sehr teuer sein: Vor allem wenn Betriebsgeheimnisse veröffentlicht werden und einem Unternehmen dadurch Gewinnausfälle entstehen, kann es diese als Schadensersatz geltend machen. Im Übrigen drohen Abmahnungen, die schon bei der Verletzung der Privatsphäre einer Einzelperson 1.000 Euro kosten können. Im geschäftlichen Bereich kann sich die Summe um ein Vielfaches erhöhen.

Checkliste: Publikation von Korrespondenz

Liegt ein absolutes Veröffentlichungsverbot vor?
- Private oder intime Inhalte
- Betriebsinterna und Geschäftsgeheimnisse
- (Arbeits-)vertragliche Beziehung

Liegt ein überwiegendes Interesse an der Veröffentlichung vor?
- Rein private Streitigkeiten reichen nicht aus.
- Interesse der Öffentlichkeit ist notwendig.

Werden Urheberrechte verletzt?
- Falls ja: Wiedergabe mit eigenen Worten
- und Einsatz von Zitaten

Sind identifizierende Angaben notwendig?
- Falls nein: Nur Wiedergabe des Inhalts
- Sachbearbeiterdaten entfernen

Satire, Karikatur und Parodie

Neben den im Gesetz ausdrücklich geregelten Ausnahmen, die es erlauben, zum Beispiel im Rahmen des Zitats fremde Werke zu nutzen oder bei Versammlungen Personen abzubilden, gibt es das Recht zur satirischen Meinungsäußerung. Dieses Recht macht es möglich, fremde Bilder, Videos, Musik und Texte, Abbildungen von Personen oder die in Kapitel 5 besprochenen Marken ohne Erlaubnis der Rechteinhaber im Rahmen von satirischer Werbung oder Protestaktionen zu nutzen.

So hat zum Beispiel die Umweltorganisation *Greenpeace* das urheberrechtlich geschützte Markenlogo des Ölkonzerns *BP* nach dessen schlechtem Krisenmanagement während der Ölkatastrophe im Golf von Mexiko 2010 von Nutzern zulässigerweise verfremden lassen.

Abbildung 3-53 ▶
Greenpeace hat die Verfremdungen des urheber- und markenrechtlich geschützten BP-Logos auf der Bilderplattform Flickr veröffentlicht (http://bit.ly/oEvQve).

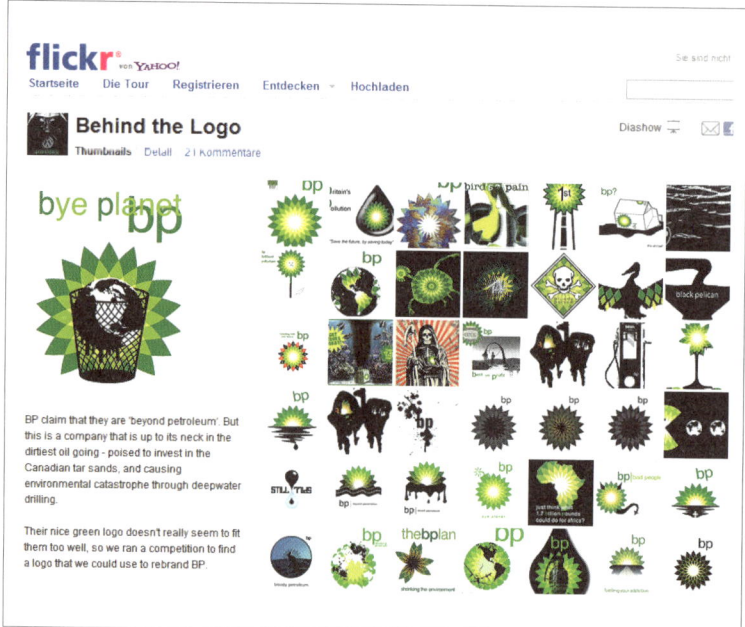

Während beim Greenpeace-Beispiel ein guter Zweck als Rechtfertigungsgrund erkennbar ist, liegt ein solcher im Fall der in Abbildung 3-54 dargestellten Werbung des Outdoor-Bekleidungsherstellers *Mammut* mit dem wegen einer Plagiatsaffäre zurückgetretenen Außenminister *von und zu Guttenberg* nicht vor. Anders als *Greenpeace* hat *Mammut* nicht einen gemeinnützigen Zweck, sondern die Förderung des eigenen Absatzes im Sinn. Trotzdem war auch diese Werbeanzeige zulässig, weil sie die im Folgenden genannten Voraussetzungen erfüllte.

Diese Art von Werbung lässt viele Unternehmer aufhorchen, denn Prominente sind sonst als Werbeträger sehr teuer. Sie umsonst als Werbefiguren zu verwenden, ist wie im Fall von Guttenberg ebenso wie die Nutzung urheber- oder markenrechtlich geschützter Inhalte im Rahmen der Meinungs-, Presse und Kunstfreiheit zulässig, wie auf den folgenden Seiten erläutert wird.

◀ **Abbildung 3-54**
Der Outdoor-Bekleidungshersteller Mammut nahm den Rücktritt des Ministers von und zu Guttenberg (und den Umstand, dass dieser eine Jacke des Unternehmens trug) als Anlass für diese satirische Anzeige (http://bit.ly/pJbtgP).

Die Meinungsfreiheit erlaubt Satire und Kritik

Würden die Urheber- und Markenrechte sowie das Recht am eigenen Bild absolut gelten, hätten wir ein echtes Problem mit unserer freien und demokratischen Gesellschaft. Zeitungen dürften über Prominente nicht mit Fotos unter Namensnennung berichten, und Satiriker könnten ihre Kritik nicht gegen bestimmte Politiker oder Wirtschaftsgrößen richten.

Um das zu vermeiden, erlaubt Artikel 5 des Grundgesetzes, eine Meinung nicht nur zu haben, sondern sie auch im Rahmen der Meinungs-, Presse- und Kunstfreiheit frei und in vielen Formen auszudrücken. Diese Freiheiten sind wiederum selbst nicht grenzenlos – sonst könnte man seine Meinung auch mit übelsten Beschimpfungen kundtun oder den Nachbarn im Internet anprangern, weil er während der Mittagsruhe den Rasen mäht.

Die Meinungsfreiheit erlaubt es, Satire auch innerhalb kommerzieller Werbung zu nutzen.

Daher haben die Gerichte die folgenden Grundsätze aufgestellt, im Rahmen derer fremde urheber- oder markenrechtlich geschützte Inhalte zum Zweck der Satire oder Kritik auch ohne ausdrückliche Erlaubnis der Rechteinhaber verwendet werden dürfen. Das Positive daran ist, dass diese Meinungsfreiheit auch im Rahmen kommerzieller Werbung geltend gemacht werden kann. Das Negative liegt darin, dass klare Grenzen fehlen, viel Fingerspitzengefühl gefragt ist und bei Rechtsverstößen finanziell schwere Folgen drohen.

Erkennbarkeit der Satire

Das Wesen von Satire, Karikatur und Parodie liegt in der Verzerrung, Nachahmung oder Übertreibung der Wirklichkeit zum Zweck der Kritik von Missständen. Das bedeutet wiederum, dass diese Mittel der Kritik als solche erkennbar sein müssen.

Dritte dürfen keineswegs denken, dass eine Kampagne, eine Werbeanzeige oder ein verfremdetes Produkt tatsächlich vom Hersteller kommen oder ein Prominenter persönlich hinter dem unfreiwillig beworbenen Produkt steckt.

Fallbeispiel

Ein Scherzartikelhersteller verpackte ein Kondom und versah es mit dem Originalschriftzug des Schokoriegelherstellers *Mars*. In Abwandlung des bekannten Werbeslogans »Mars macht Mobil bei Arbeit, Sport und Spiel« stand auf der Packung der Satz »Mars macht Mobil bei Sex, Sport und Spiel«. Diese Art von Satire wurde gerichtlich untersagt, da die Satire nicht eindeutig erkennbar war und Dritte hätten denken können, das Kondom sei tatsächlich von dem Schokoriegelhersteller in Umlauf gebracht worden. [BGH-Urteil v. 10.2.1994, Az. I ZR 79/92]

Die Erkennbarkeit der Satire auf Internetseiten wird von Gerichten regelmäßig verneint, wenn nicht bereits anhand der URL erkennbar ist, dass das Webangebot eine Satire ist. Mehr darüber erfahren Sie im Abschnitt »Satire, Parodie und Meinungsfreiheit« in Kapitel 2.

◀ **Abbildung 3-55**
Es reicht aus, wenn die Satire erst auf den zweiten Blick zu erkennen ist, wenn gerade dies ihre Wirkung verstärken soll – wie bei dieser Persiflage eines Aldi-Prospekts, mit dem die christliche Initiative Romero die Einkaufspolitik des Discounters kritisiert (http://bit.ly/qgFDhn).

Ereignis oder Gegenstand öffentlichen Interesses

Die Satire muss sich auf ein Ereignis oder einen Gegenstand öffentlichen Interesses beziehen. Ein solches Ereignis ist zum Beispiel eine Umweltkatastrophe wie im Fall von BP, der Diebstahl des Dienstwagens einer Ministerin oder die Fragwürdigkeit des Angebots einer Fast-Food-Kette. Sie darf dagegen nicht lediglich ein Deckmäntelchen sein, um den Wirtschaftswert einer Marke oder einer Person auszubeuten. Diese Trennlinie ist nicht einfach zu ziehen, weil die Prominenz einer Person oder Bekanntheit einer Marke oft die Folge öffentlicher Ereignisse ist, was das folgende Beispiel belegt.

Fallbeispiel

Im Mittelpunkt des folgenden Falls (Abbildung 3-56) standen Joschka Fischer und der Springer-Verlag. Die prominenten Ereignisse in Fischers Leben waren seine Zeit als politischer Aktivist, die Ernennung zum Bundesaußenminister und vielleicht noch das Auf und Ab seines Körperumfangs. Der Springer-Verlag bezog sich jedoch auf keines dieser Ereignisse, als er Fischers Gesicht auf ein Kind montierte, um für das Kleinformat von Welt Kompakt zu werben. Daher stand hier kein Ereignis, sondern allein die Person Joschka Fischers im Vordergrund. Und daher gewann Fischer das anschließende Gerichtsverfahren gegen Springer und erhielt 200.000 Euro Schadensersatz. [LG Hamburg, Urteil v. 27.10.2006, Az. 324 O 381/06]

Abbildung 3-56 ▶
Bei dieser Werbung wurde nicht ein bestimmtes öffentlich relevantes Ereignis zugrunde gelegt, sondern allein die Person des ehemaligen Außenministers Fischer. Deshalb war es kein Fall zulässiger Satire (Quelle: www.welt-kompakt.de).

Die Abgrenzung zwischen zulässiger öffentlicher Kritik und unzulässiger wirtschaftlicher Ausbeutung kann oft schwierig sein, wie die Beispiele des Autovermieters Sixt in Abbildung 3-57 zeigen.

Fallbeispiel

Die Werbeanzeige links oben bezieht sich klar auf den öffentlich relevanten Dienstwagendiebstahl der ehemaligen Bundesministerin Schmidt während ihres Urlaubs. Auch die Werbeanzeige rechts oben bezieht sich auf eine öffentlich bedeutsame Frage, nämlich die nach der politischen Ausrichtung des damaligen Kanzlers Schröder. Dagegen stellt sich bei der Anzeige links unten die Frage, ob die Frisur von Angela Merkel von hinreichendem öffentlichen Interesse ist. Zu verneinen ist ein solches bei der Werbeanzeige rechts unten, wo die Bundesministerin von der Leyen widerrechtlich ohne Bezug auf ein relevantes öffentliches Ereignis für Werbezwecke instrumentalisiert wird. Weder Merkel noch von der Leyen gingen gerichtlich gegen Sixt vor.

◀ **Abbildung 3-57**
Der Autovermieter Sixt ist bekannt dafür, die Grenzen satirischer Werbung auszutesten (www.sixt.de).

Auch urheber- und markenrechtlich geschützte Werke dürfen nur im Rahmen eines öffentlichen Ereignisses verfremdet werden.

Fallbeispiel

So durfte die Figur des *Ronald McDonald* im Zusammenhang mit den öffentlich relevanten Fehlernährungsvorwürfen gegenüber *McDonalds* als Werbemittel für den Film »SuperSize Me« karikiert werden (Abbildung 3-58). Dagegen fehlte der Abwandlung des Markenlogos des Sportartikelherstellers *Puma* ein Zusammenhang zu einem öffentlich relevanten Ereignis (ebenfalls Abbildung 3-58). Daher wurde das unter anderem auf T-Shirts verwendete Pudel-Logo wegen rein kommerzieller Ausnutzung einer Marke verboten.

◀ **Abbildung 3-58**
Während McDonalds die Parodie seiner Werbefigur Ronald McDonald dulden musste, handelte es sich bei der Verfremdung des Puma-Logos lediglich um unerlaubte Ausbeutung der Marke.

Satire, Karikatur und Parodie

Die Satire darf nicht neben der Werbung untergehen

Auch wenn klar ist, dass Satire in Werbeanzeigen aus kommerziellen Gründen erfolgt, darf die Werbeaussage die satirische Aussage nicht in den Hintergrund drängen. Ganz im Gegenteil sollte eher auf eindeutige Werbeaussagen verzichtet werden.

Abbildung 3-59 ▶
In dieser fiktiven Abwandlung des vorangegangenen Beispiels geht es vornehmlich um die günstigen Preise von Sixt. Dass es um eine Stellungnahme zum Dienstwagendiebstahl der Ministerin geht, ist allenfalls auf den zweiten Blick erkennbar.

Satire im Wettbewerbsverhältnis vermeiden

Ganz problematisch wird es, wenn die Satire sich gegen einen Wettbewerber richtet, also zum Beispiel Facebook das Konkurrenzportal Google+ auf die Schippe nehmen würde. Satirische Kritik ist im Konkurrenzverhältnis grundsätzlich unzulässig, weil Wettbewerber gesetzlich verpflichtet sind, aufeinander Rücksicht zu nehmen. Das liegt daran, dass mit jeder Kritik an der Konkurrenz die eigene wirtschaftliche Position gestärkt wird und damit die Gefahr des Missbrauchs der Meinungsfreiheit sehr groß ist.

 Hinweis   Sollten Sie in der Werbung Wettbewerber oder deren Produkte mit den Ihren vergleichen, müssen Sie die im Abschnitt »Vergleiche mit Mitbewerbern oder deren Produkten« beschriebenen Voraussetzungen beachten.

Keine Behauptung falscher Tatsachen

Die Satire darf keineswegs falsche Tatsachen behaupten. Das wäre der Fall, wenn im obigen Fall der Anzeige mit Ministerin Schmidt (Abbildung 3-59) *Sixt* die Behauptung aufgestellt hätte, »Die Bundesgesundheitsministerin fährt gerne Mercedes.« Auch wenn Unternehmen kritisiert werden, muss die Kritik auf wahren Tatsachen basieren.

◀ **Abbildung 3-60**
Auf der Seite der Kampagne für saubere Kleidung (http://bit.ly/qbQQ3g) wird der Bekleidungdiscounter KiK satirisch kritisiert. Die in der Satire behauptete Tatsache, dass KiK mit von Kindern genähter Kleidung handelt, muss der Wahrheit entsprechen, damit die Aktion zulässig ist.

Keine Schmähung und Beleidigung

Die Satire darf den Bogen nicht überspannen und muss im Hinblick auf die kritisierten Umstände und Ereignisse angemessen bleiben. Die Grenze liegt dort, wo ein Unternehmen oder Personen herabgewürdigt werden, ohne dass es durch das zugrunde liegende Ereignis gerechtfertigt ist.

Die zulässige Härte bestimmt sich anhand des öffentlichen Interesses und der Handlungen von Unternehmen und Personen, die mit der Satire kritisiert werden. Ein Politiker, der viel austeilt, muss viel mehr einstecken als ein einfacher Beamter, der in einem Fernsehinterview ungeschickte Aussagen tätigt. Ein Unternehmen, das massiv gegen Arbeitnehmerrechte verstößt, muss sich mehr gefallen lassen als ein örtlicher Händler, der einen Arbeitnehmer zu Unrecht entlassen hat.

Hinweis Wo die Grenze zwischen zulässiger Kritik und Schmähung sowie Beleidigung liegt, werden Sie in Kapitel 6 erfahren.

Wo diese individuellen Grenzen der zulässigen Satire liegen, ist selbst für Juristen schwer zu bestimmen und hängt von den gesellschaftlichen Werten und letztendlich von den entscheidenden Richtern ab. An dieser Stelle müssen Sie den gesunden Menschenverstand einsetzen und am besten zusätzlich einen versierten Rechtsanwalt um Rat bitten.

Abbildung 3-61 ▶
Während dem Satire-Magazin Titanic die Bezeichnung des Ministerpräsidenten Beck als tötungswürdige Bestie wegen unangemessener Herabwürdigung untersagt wurde, ist Jürgen Klinsmann mit seinem Verbotsantrag gegen die Reaktion der TAZ auf seine Misserfolge als Trainer des Fußballvereins FC Bayern gescheitert.

Keine Rechte unbeteiligter Dritter verletzen

Grundsätzlich müssen nur diejenigen die Satire ertragen, die in einer engen Verbindung zu dem Ereignis oder Umstand stehen, auf den die Satire Bezug nimmt. Dagegen ist es nicht erlaubt, das Image oder die Rechte unbeteiligter Dritter zu nutzen, um Aufmerksamkeit zu erregen.

So dürfte zum Beispiel nicht ohne Weiteres eine bekannte Figur wie *Micky Maus* von Disney verwendet werden, um auf die Abholzung des Regenwaldes aufmerksam zu machen. Anders wäre es, wenn es sich um eine Kampagne gegen die Beeinflussung von Kindern durch Medienkonzerne handeln würde, zu denen *Disney* gehört.

Fallbeispiel

Im Jahr 2011 warb der *VW-Konzern* mit einem Spot, in dem die Originalmusik von *Star Wars* verwendet wurde (Abbildung 3-62). *Greenpeace* parodierte diesen Werbespot mit einem eigenen Spot, der ebenfalls mit der *Star Wars*-Musik untermalt war. Die Aussage des Greenpeace-Spots: VW lenkt mit Imagewerbung davon ab, wie sehr seine Autos die Umwelt mit CO2 belasten. Anders als VW hatte Greenpeace jedoch keine Lizenz zur Verwendung der *Star Wars*-Musik vom Rechteinhaber *Lucasfilm* erhalten. Obwohl sich die Kritik von *Greenpeace* nicht gegen *Lucafilm* selbst richtete, musste sich der Rechteinhaber die Verwendung der Musikrechte im Rahmen der Satire gefallen lassen – denn durch die Gewährung der Musiklizenz an VW hat sich *Lucasfilm* indirekt an der von Greenpeace kritisierten »Verschleierung« der Umweltbelastung beteiligt.

◄ Abbildung 3-62
In der Kampagne gegen VW verwendete Greenpeace die Star Wars-Musik, ohne die Lizenz dafür zu besitzen.

Regeln der Social Media-Plattformen und Haftung

Wenn Sie die oben aufgeführten Voraussetzungen beachten, dürfen Ihnen die Rechteinhaber Satire nicht verbieten. Das bedeutet jedoch nicht, dass Sie ein Recht haben, die Satire auch auf Social Media-Plattformen zu veröffentlichen. Die Plattforminhaber haben dort nämlich das Hausrecht und werden alles unternehmen, um die eigene Haftung zu vermeiden. Wenn also ein Rechteinhaber eine Rechtsverletzung behauptet, wird die Plattform Ihre Satire im Zweifel löschen. Es liegt dann an Ihnen, gegen den Rechteinhaber vorzugehen und notfalls gerichtlich zu klären, dass die Satire erlaubt ist. Erst dann oder wenn der Rechteinhaber einlenkt, können Sie sich wieder an die Plattformbetreiber wenden.

Ist die Plattform trotzdem der Ansicht, dass die Satire gegen ihre Nutzungsbedingungen verstößt und zum Beispiel zu anstößig ist, kann sie ihre Wiederaufnahme ablehnen. In diesem Fall müssten Sie gegen die Plattform direkt vorgehen.

Tipp Da das Vorgehen gegen Plattformbetreiber geld- und zeitintensiv ist, sollten Sie vor Beginn einer auf Satire basierenden Kampagne prüfen, wie die jeweilige Social Media-Plattform mit ähnlichen Fällen in der Vergangenheit umgegangen ist.

◄ Abbildung 3-63
Die Parodie des VW-Werbesports von Greenpeace wurde aufgrund der Beschwerde der Rechteinhaber von den Videoplattformen YouTube und Vimeo zunächst gelöscht. Mittlerweile ist das Video zumindest auf YouTube wieder verfügbar.

Risiken der Satire

Satire, Karikatur und Parodien sind eine Form der Kritik und führen oft zu Abwehrreaktionen der Betroffenen. Vor allem wenn finanzstarke Unternehmen und Personen Ziel der Satire sind, ist mit Abmahnungen, Verbotsanträgen vor Gericht und Schadensersatzforderungen zu rechnen. Da die Grenzen von Satire oft schwer einzuschätzen sind, ist der Ausgang der Gerichtsverfahren unsicher. Oft gehen solche Fälle durch mehrere Instanzen, die zum Teil unterschiedliche Ansichten vertreten.

> Als »Shitstorm« wird im Internet ein Sturm der Entrüstung gegenüber Unternehmen oder Personen bezeichnet, der sich zum Beispiel in kritischen Kommentaren auf deren Social Media-Präsenzen ausdrückt.

Das Risiko juristischer Gegenmaßnahmen steigt mit der Schärfe der Kritik, dem Umfang der Nutzung der Rechte der Betroffenen und dem Zweck der Satire. So ist damit zu rechnen, dass eine Umweltkampagne von Greenpeace auf weniger Widerstand trifft als eine satirische Werbeanzeige, die kommerziellen Zwecken dient – zumal die erstere mit einer breiten Unterstützung der Netzöffentlichkeit rechnen kann und einen »Shitstorm« als Abwehrmaßnahme gegen gerichtliches Vorgehen nutzen kann. Ferner ist zu beobachten, dass Politiker sich meist nur dann gegen unfreiwillige Werbung wehren, wenn sie nicht mehr von der Wählergunst abhängig sind.

Daher sollte solchen Maßnahmen eine rechtsanwaltliche Beratung vorangehen, bei der auch die möglichen Kosten ermittelt und mit den erwarteten Vorteilen abgewogen werden können.

Checkliste: Satire, Karikatur und Parodie

- Ist die Satire als solche erkennbar?
- Bezieht sich die Satire auf ein Ereignis oder einen Umstand von öffentlichem Interesse?
- Steht die satirische Aussage im Vordergrund?
- Handelt es sich beim Ziel der Satire um einen Wettbewerber?
- Werden falsche Tatsachen behauptet?
- Stellt die Satire eine Schmähung oder Beleidigung dar?
- Werden Rechte unbeteiligter Dritter verletzt?

Folgen von Verstößen gegen Urheber- und Persönlichkeitsrechte

Die Folgen von Verstößen gegen die Urheber- und Persönlichkeitsrechte bestehen in der Regel aus der Verpflichtung zur Entfernung der unerlaubt verwendeten Inhalte, zur Unterlassung künftiger

Rechtsverletzungen, zur Zahlung von Schadensersatz und zur Übernahme der Gerichtskosten. Daneben verbieten auch die Social Media-Plattformen diese Rechtsverletzungen und können Sanktionen verhängen, die bei der eigenständigen Löschung der Inhalte beginnen und bei der Löschung der Nutzerkonten enden.

Hinweis Details zu möglichen rechtlichen Folgen von Verstößen erhalten Sie in Kapitel 10.

Die Höhe der Kosten bei Verstößen gegen Urheberrechte und Rechte am Motiv im Fall von Bildern und Videos sind davon abhängig, wie viel das verletzte Werk und das abgebildete Motiv wert sind, an welcher Stelle die Rechtsverletzung erfolgt, wie lange sie andauert und – nicht zuletzt – welches Gericht die Entscheidung fällt. Denn es ist ein Unterschied, ob das Bild eines Starfotografen von einer bekannten Schauspielerin auf einer häufig abgerufenen Facebook-Fanseite eines Großunternehmens für Werbezwecke verwendet wird oder der Schnappschuss eines unbekannten Internetnutzers in einem kaum gelesenen Blog auftaucht. Im ersten Fall können die Abmahnungskosten bei 4.000 Euro, die Gerichtskosten bei 20.000 Euro und ein Schadensersatz bei 150.000 Euro liegen. Im zweiten Fall werden die Abmahnungskosten mit 400 Euro, die Gerichtskosten mit 1.500 Euro und der Schadensersatz mit 100 Euro geringer ausfallen. Ähnlich wird der Schadensersatz bei der Übernahme eines überregionalen Zeitungsartikels im hohen dreistelligen Bereich liegen, während bei der Übernahme eines Beitrags aus einem wenig gelesenen Blog nur wenige Euro anfallen.

Ebenfalls ist es relevant, ob Sie eine Abmahnung befolgen oder ihr widersprechen und erst im Gerichtsverfahren unterliegen. Ein Gerichtsverfahren ist im Schnitt viermal so teuer, und manchmal lohnt es sich, die Abmahnung zu akzeptieren, statt ein Gerichtsverfahren zu riskieren.

Hinweis Falls Sie eine Abmahnung erhalten haben, sollten Sie einen Rechtsanwalt konsultieren. Die Berechnung möglicher Kosten und Risiken ist kompliziert und einzelfallabhängig. Ferner setzen die gegnerischen Rechtsanwälte in der Regel Höchstsummen an, die oft gesenkt werden können. Um zu veranschaulichen, was Rechtsverletzungen im Urheberrechtsbereich kosten können, folgt eine Übersicht durchschnittlicher Beispielsfälle. Sie können deutlich sehen, dass es viel ausmacht, ob der Fall im Wege einer Abmahnung oder eines Rechtsstreits gelöst wird. Bei den Abmahnungen wurden pauschal je 400 Euro für die Beauftragung eines Rechtsanwalts dazugerechnet, der Sie verteidigt.

- Bei unerlaubter Verwendung von drei Bildern auf einer Kochrezeptseite: Schadensersatz 600 Euro, Kosten der Abmahnung 800 Euro und eventuellen Rechtsstreits 1.600, insgesamt 1.400 bzw. 2.200 Euro.
- Unterlassungsanspruch gegen die Verwendung eines professionellen Fotos auf der Seite eines gemeinnützigen Vereins: Kosten der Abmahnung 1.000 Euro und eventuellen Rechtsstreits 2.700 Euro.
- Verletzung des Rechts am eigenen Bild durch Upload eines Bildes in eine Fotodatenbank: Schadensersatz 400 Euro, Kosten der Abmahnung 1.000 Euro und eventuellen Rechtsstreits 2.000 Euro, insgesamt 1.400 bzw. 2.400 Euro.
- Unerlaubte Nutzung eines Produktbildes bei eBay: Kosten der Abmahnung 1.000 Euro und eventuellen Rechtsstreits 2.000 Euro.
- Verwendung eines Stadtplanausschnitts: Schadensersatz 1.000 Euro, Kosten der Abmahnung 1.200 Euro und eventuellen Rechtsstreits 3.500 Euro, insgesamt 2.200 bzw. 4.500 Euro.
- Verwendung einer Kurzgeschichte: Schadensersatz 400 Euro, Kosten der Abmahnung 850 Euro und eventuellen Rechtsstreits 2.000 Euro, insgesamt 1.250 bzw. 2.400 Euro.

Hinweis Falls Sie bei Verletzung von Urheberrechten zudem den Urheber nicht nennen, erhöht sich der zu zahlende Schadensersatz um bis zu 100 %.

Lizenzen, Stockarchive und Creative Commons

4

Wenn Sie fremde Inhalte nutzen möchten, die rechtlich geschützt sind, brauchen Sie eine Erlaubnis der Rechteinhaber für die von Ihnen angestrebte Nutzung. Es kann durchaus sein, dass Sie sogar mehrere Erlaubnisse brauchen, zum Beispiel bei einem Personenbild die Erlaubnis des Fotografen *und* der abgebildeten Person (welche Rechte Sie bei Bildern beachten müssen, können Sie in Kapitel 3 nachlesen.)

In diesem Kapitel erfahren Sie, worauf Sie achten müssen, wenn Sie Erlaubnisse einholen, und wo die rechtlichen Tücken dabei liegen. Dieses Wissen ist von großer Bedeutung, da alle Unklarheiten zum Vorteil der Rechteinhaber ausgelegt werden.

Darüber hinaus gibt es standardisierte Lizenzen, die Einzelverhandlungen ersetzen. Das heißt, dass die Rechteinhaber eine oder mehrere vorgefertigte Lizenzen haben, die Sie nur auswählen und gegebenenfalls bezahlen müssen. Die bekanntesten Fälle sind die Lizenzen der sogenannten »Stockbilderarchive«, also Online-Bilddatenbanken, und die kostenlosen *Creative-Commons-Lizenzen*. Doch auch bei diesen Lizenzen müssen Sie aufgrund der Nutzungsbedingungen der Social Media-Plattformen mit Einschränkungen rechnen.

Die meisten Anbieter von Social Media-Plattformen lassen sich bei der Registrierung zum Teil umfangreiche Nutzungsrechte an allen Nutzerinhalten einräumen. Das kann erhebliche Folgen bei der Nutzung fremder Inhalte haben und Urheberrechtsverletzungen Ihrerseits begründen, so dass Sie diese Klauseln kennen und verstehen sollten. Am Ende des Kapitels erfahren Sie dann noch, ob Sie Ihre Social Media-Präsenzen verkaufen oder vermieten sowie einzelne Nutzerbeiträge zwischen Ihren Social Media-Präsenzen hin und her transferieren dürfen.

Erlaubnisse und Lizenzen

Urheberrechtlich geschützte Inhalte dürfen nur dann genutzt, also vervielfältigt, verbreitet, öffentlich zugänglich gemacht oder bearbeitet werden, wenn die Rechteinhaber es erlaubt haben.

Die Erlaubnis, ein urheberrechtlich geschütztes Werk zu nutzen, wird umgangssprachlich auch als »Lizenz« bezeichnet. Rechtlich besteht zwischen den Begriffen Nutzungserlaubnis und Lizenz kein Unterschied. Die Person, der eine Lizenz erhält, wird als Lizenznehmer bezeichnet, der Rechteinhaber heißt dann Lizenzgeber.

Hinweis   Sie brauchen nur dann keine Erlaubnis, wenn eine gesetzliche Ausnahme wie das Zitat oder die Panoramafreiheit greifen. Diese Ausnahmen werden in Kapitel 3 erläutert. Besonderheiten der Erlaubnis für die Abbildung von Personen finden Sie dort im Abschnitt »Abbildungen von Personen«.

Rechtekette, Rechteinhaber und »richtiger« Lizenzgeber

Oft ist nicht einfach zu erkennen, wer der Inhaber von Urheberrechten ist. Nur weil sich ein Bild auf einer Website befindet oder der Name eines Autors neben einem Text steht, heißt das noch nicht, dass der Websitebetreiber und der Autor über diese Werke verfügen dürfen. Zum Beispiel kann der Autor als Urheber alle Nutzungsrechte an seinem Text an einen Verlag übertragen haben und der Websitebetreiber das Bild ohne Erlaubnis nutzen.

Achtung   Im Urheberrecht schützt Sie der gute Glaube an eine Erlaubnis zur Nutzung von Inhalten nicht vor einer Urheberrechtsverletzung. Wenn jemand Ihnen eine Erlaubnis erteilt, obwohl er es nicht darf, können Sie trotzdem abgemahnt werden.

Es gibt auch Fälle, in denen jemand zu Unrecht glaubt, die nötigen Rechte innezuhaben. Zum Beispiel könnte der Websitebetreiber das Bild von einer Agentur erhalten haben, die es einfach aus dem Internet heruntergeladen hat. In diesem Fall hätte die Agentur nicht das Recht gehabt, dem Websitebetreiber die Nutzung und die Weitergabe des Bildes zu erlauben. Damit kann auch der Websitebetreiber Ihnen die Nutzung des Bildes nicht erlauben. Das heißt, dass die Agentur eine Urheberrechtsverletzung begangen hat, und der Websitebetreiber und Sie genauso.

Diese Konstellation, in der die Nutzungsrechte an einem Inhalt weitergegeben werden, bezeichnet man als eine »Rechtekette.« Um zu prüfen, ob Sie das Recht zur Nutzung eines Inhalts haben, müssen Sie diese Rechtekette bis zum Urheber zurückverfolgen. Nur wenn jedes Glied der Kette das Recht hat, dem nächsten Glied die Nutzungsrechte an dem Inhalt einzuräumen, begehen Sie keine Urheberrechtsverletzung (siehe Abbildung 4-1).

Ist ein Glied der Rechtekette abgemahnt worden, kann es seine Kosten von den vorangegangenen Gliedern verlangen, sofern diese schuldhaft gehandelt haben. In diesem Fall nennt man diese Konstellation eine »Verletzerkette«. Die Haftungsaspekte und die Verletzerkette werden in Kapitel 9 näher erläutert.

◀ **Abbildung 4-1**
In dieser Abbildung sehen Sie eine urheberrechtliche »Rechtekette« an einem Bild. Sobald ein Glied der Kette nicht die nötigen Rechte hat, um über das Bild zu verfügen (hier die Agentur), haben es die Folgeglieder auch nicht (der Websitebetreiber und Sie), wenn sie es – auch mit Erlaubnis des Websitebetreibers – herunterladen.

Achtung   Sie sollten sich die Erlaubnis zur Nutzung eines Inhalts immer schriftlich oder zumindest per E-Mail geben lassen. Sollten Sie abgemahnt werden, können Sie Ihre Abmahnungskosten dann in vielen Fällen beim vermeintlichen Rechteinhaber geltend machen.

Vor allem bei Webfundstücken kann es problematisch sein, den Rechteinhaber ausfindig zu machen. In diesem Fall sollten Sie nicht den Fehler begehen und denken, dass Sie einen Inhalt verwenden dürfen, wenn Sie den Rechteinhaber zwar gründlich, aber vergeblich gesucht haben. Ganz im Gegenteil dürfen Sie dann den Inhalt wegen fehlender Erlaubnis eben nicht nutzen.

Achtung   Im Urheberrecht gibt es keine mutmaßliche Erlaubnis. Nur wenn Sie die ausdrückliche Erlaubnis haben, ein urheberrechtlich geschütztes Werk zu nutzen, dürfen es auch verwenden.

Lizenznehmer bestimmen

In allen Fällen, in denen eine Lizenz eingeholt wird, sollten Sie darauf achten, wer der Lizenznehmer wird. Das ist ganz besonders bei Verträgen zwischen Kunden und Agenturen wichtig. Wird zum Beispiel eine Agentur mit der Pflege einer Social Media-Präsenz beauftragt und bezieht Bilder im eigenen Namen aus einem Stockbilderarchiv, ist zunächst nur sie die Lizenznehmerin und hat das Recht, die Bilder zu nutzen. Der Kunde ist daher insoweit von der Agentur abhängig.

Damit sind Streitigkeiten vorprogrammiert. Im Fall der Trennung der geschäftlichen Beziehung bleibt die Agentur die Lizenzinhaberin und kann zum Beispiel die Bilder entfernen. Der Kunde muss dann die Lizenzen auf seinen Namen neu erwerben. Dem folgt in der Regel ein Streit darüber, wer die Kosten für die zusätzlichen Lizenzen tragen muss.

Tipp Um Streitpunkte zu vermeiden, sollten Lizenzen in Agenturverhältnissen immer *im Namen des Kunden* erworben werden. Das sollten Sie im Vertrag mit der Agentur regeln.

Zweck, Art und Umfang der Verwendung

Je allgemeiner eine Erlaubniserklärung ist, desto höher ist die Chance, dass sie unwirksam ist.

Wenn Sie eine Erlaubnis einholen, müssen Sie dem Rechteinhaber immer mitteilen,

- zu welchem Zweck,
- im welchen Umfang und
- auf welche Art

Sie planen, den Inhalt zu verwenden. Dabei dürfen Sie keine Umstände weglassen, die für den Einwilligenden von Bedeutung sein könnten. Teilen Sie diese Umstände nicht genau genug mit, muss der Umfang der Erlaubnis durch Auslegung bestimmt werden, wobei Sie Gefahr laufen, die Erlaubnis gar nicht in dem Umfang erhalten zu haben, in dem Sie sie benötigen.

Sie müssen sich also genau überlegen, welche Nutzung Sie anstreben und welche Rechte Sie benötigen. Dazu gehören insbesondere folgende Punkte:

- Vervielfältigung
- Veröffentlichung

- Bearbeitung
- Einräumung von Nutzungsrechten gegenüber Dritten
- Forderung eines Entgelts
- Zeitliche Beschränkung der Nutzung
- Räumliche Beschränkung der Nutzung (zum Beispiel nur Deutschland)
- Wirtschaftliche Nutzung

Hinweis   Der Umstand, dass Unklarheiten der Erlaubnis zugunsten der Urheber ausgelegt werden, führt dazu, dass Lizenzverträge sehr lang und detailliert alle möglichen Nutzungen beschreiben.

Im Zweifel für den Rechteinhaber

Ist nicht klar, ob Ihre Nutzung von der Erlaubnis gedeckt ist, wird sich ein Gericht an dem vereinbarten Zweck der Nutzung orientieren und alle Unklarheiten zum Vorteil des Rechteinhabers auslegen, also zu Ihren Lasten.

Wenn Sie zum Beispiel ein Bild für eine Facebook-Werbeanzeige verwenden möchten, aber nur »Darf ich das Bild für unsere Facebookseite nutzen?« gesagt haben, ist es nicht klar, ob der Rechteinhaber wusste, dass Sie damit mehr als nur rein dekorative Nutzung meinen. Kommt der Fall vor Gericht, werden die Richter diese Unklarheiten zu Ihren Lasten auslegen und nur eine Erlaubnis zu dekorativen Nutzung auf der Homepage annehmen. Sie hätten also besser gefragt: »Darf ich das Bild für eine Werbeanzeige auf Facebook nutzen?«

Hinweis   Wenn Sie sich allgemein Rechte für die Nutzung von Inhalten in Social Media-Plattformen einräumen lassen möchten, reicht es nicht, bloß »Onlinenutzung« als Zweck anzugeben. Da sich die Plattformen Nutzungsrechte an den Inhalten einräumen lassen (Details dazu erfahren Sie im Laufe dieses Kapitels), müssen Sie entweder ausdrücklich die Plattformen benennen »Facebook, YouTube usw.« oder die Klausel »Es wird erlaubt, Dritten weitere Nutzungsrechte einzuräumen.« verwenden.

Wenn Sie die Befürchtung haben, der Rechteinhaber könnte in diesem Fall Geld verlangen, dann ist gerade diese Befürchtung ein Hinweis darauf, dass eine Aufklärungspflicht besteht.

> **Fallbeispiel**
>
> Umgekehrt kann auch eine weniger kommerzielle Nutzung von der Erlaubnis nicht umfasst sein. In einem Fall erhielt ein Hotelbetreiber vom Fotografen die Erlaubnis, Fotografien des Hotels für Werbezwecke online und offline zu nutzen. Daneben überließ er ein Bild auch dem Herausgeber eines Bildbandes über Architektur. Der Fotograf ging dagegen vor und bekam Recht. Nach Meinung des Gerichts diente der Bildband der Information und Freude der Leser, aber nicht mehr »Werbezwecken« des Hotels. [LG Köln, Urteil v. 5.5.2010, Az. 28 O 229/09]

Nutzeruploads und Crowdsourcing

Von »Crowdsourcing« spricht man, wenn Unternehmen sich die Intelligenz und die Arbeitskraft von Nutzern zu eigen machen, um zum Beispiel ein neues Produkt oder Logo zu entwickeln.

Beim Crowdsourcing (deutsch »Schwarmauslagerung«) sind die Nutzer angehalten, Ideen für neue Produkte einzureichen (siehe z. B. *http://tchibo-ideas.de*) oder das Design eines Produkts zu bestimmen (z. B. *http://ritter-sport.de/blog/?p=6213*). Dabei stellen die Nutzer den Unternehmen ihre Arbeitsergebnisse zur Verfügung, die selbst urheberrechtlich geschützt sein können.

Eine ähnliche Konstellation liegt vor, wenn Nutzer zum Beispiel an Gewinnspielen teilnehmen und Bilder hochladen oder als Gastautoren Beiträge in einem Blog verfassen. Damit Sie im Rahmen solcher Projekte keine Rechtsverstöße bei der Verwendung nutzergenerierter Inhalte begehen, müssen Sie zwei Punkte beachten, die im Folgenden erläutert werden.

Verletzung fremder Rechte

Es besteht die Gefahr, dass ein Nutzer nicht die Rechte an dem Inhalt hat oder zum Beispiel die in einer Fotografie abgebildete Person nicht um Erlaubnis gefragt hat. Um Ihr Risiko zu minimieren, sollten Sie sich von den Nutzern immer versichern lassen, dass diese die Erlaubnis haben, die Bilder bei Ihnen hochzuladen.

Sie können zwar nicht ausschließen, dass die Nutzer fremde Rechte verletzen, aber Sie können Ihr Risiko minimieren. Das kann zum Beispiel mit dem folgenden Passus neben dem Uploadformular oder in den Teilnahmebedingungen geschehen:

»Mit dem Hochladen des Bildes erklären Sie, dass das Bild entweder von Ihnen stammt oder Sie die Erlaubnis der Urheber sowie der auf dem Bild abgebildeten Personen eingeholt haben.«

Mit dieser Klausel werden Sie zwar nicht die eigene Haftung vermeiden können, falls das hochgeladene Bild einen Urheberrechtsverstoß darstellt. Aber der Passus hat eine Warnwirkung und zudem können Sie Ihre Abmahnungskosten beim Nutzer geltend machen, falls dieser trotz des Hinweises gegen fremde Rechte verstoßen hat.

Hinweis   Ausführliche Informationen über die Haftung für Nutzerbeiträge finden Sie in Kapitel 9.

Rechteübertragung

Mit dem Hochladen der Inhalte erlauben Ihnen die Nutzer deren Verwendung. Problematisch können jedoch Zweck und Umfang der Verwendung sein. Wenn zum Beispiel ein Bild für ein Gewinnspiel hochgeladen wird, gilt die Erlaubnis nur für die Nutzung des Bildes im Zusammenhang mit dem Gewinnspiel, so dass Sie es nur im Rahmen einer Abstimmung oder Gewinnermittlung veröffentlichen dürfen.

Möchten Sie es zum Beispiel in einer Werbeanzeige nutzen oder vielleicht das Ergebnis einer *Crowdsourcing*-Kampagne in Ihre Produktpalette aufnehmen, müssen Sie dies ausdrücklich in den Teilnahmebedingungen mitteilen und sich die Rechte am Inhalt einräumen lassen.

Hinweis   Wenn Sie sich Rechte zur wirtschaftlichen Verwertung der Nutzerbeiträge übertragen lassen, übernehmen Sie automatisch die Haftung, falls diese Bilder Urheberrechte Dritter verletzen. Das gilt auch, wenn Sie von den Rechtsverletzungen nichts wussten. Mehr dazu erfahren Sie in Kapitel 9, *Haftung für Mitarbeiter, Agenturen, Nutzer und Links*.

◀ **Abbildung 4-2**
Beim erfolgreichen Crowdsourcing-Projekt von Ritter Sport kamen umfangreiche Teilnahmebedingungen zum Einsatz (http://bit.ly/p6ziGw), die die Haftung für Rechtsverletzungen und die Nutzungseinräumung für die Beiträge berücksichtigten (http://ritter-sport.de/blog/?p=6213).

Muster für Einräumung von Nutzungsrechten

Das folgende Beispiel enthält eine Klausel, mit der Sie sich als Veranstalter einer Aktion von den Teilnehmern die Nutzungsrechte einräumen lassen und zugleich die Teilnehmer auf deren rechtliche Verantwortlichkeit hinweisen. Im Beispiel werden zwei Möglichkeiten der Rechteübertragung dargestellt: entweder nur für einen bestimmten Zweck – hier ein Gewinnspiel –, oder allgemein zur wirtschaftlichen Verwertung. Die folgende Klausel finden Sie auch in den Musterteilnahmebedingungen für Gewinnspiele im Anhang des Buchs.

Nutzungsrechte, Freistellung und Verantwortlichkeit

- Der Veranstalter ist nicht verpflichtet, die von den Teilnehmern bereitgestellten Inhalte (zum Beispiel Bilder) auf potenzielle Rechtsverletzungen Dritter hin zu überprüfen. Der Veranstalter ist jedoch berechtigt, die Inhalte abzulehnen, wenn sie offensichtlich rechtswidrig sind oder gegen die guten Sitten verstoßen.
- Mit dem Hochladen von Inhalten, insbesondere Bildern, erklären die Teilnehmer, dass diese frei von Rechten Dritter sind, also entweder von ihnen selbst stammen oder sie die Erlaubnis der Urheber sowie der auf Bildern und Videos abgebildeten Personen eingeholt haben.
- Die Teilnehmer stellen den Veranstalter von allen Ansprüchen Dritter frei, die aufgrund der den Teilnehmern bereitgestellten Inhalte entstanden sind, sowie bei der Abwehr dieser Ansprüche durch den Veranstalter mitzuwirken.

Möglichkeit 1 – Übertragung von Nutzungsrechten nur für die Zwecke des Gewinnspiels

- Die Teilnehmer erklären sich damit einverstanden, dass ihre Einreichungen im Zusammenhang mit dem Gewinnspiel, der Auslosung, der Abwicklung und der Präsentation der Teilnehmerbeiträge von dem Veranstalter in Online- sowie Offlinemedien (zum Beispiel im Printbereich) genutzt, verbreitet und auf sonstige Weise Dritten öffentlich zugänglich gemacht werden dürfen. Für diese Zwecke ist es dem Veranstalter außerdem erlaubt, die Einreichungen zu bearbeiten und – falls es erforderlich ist – Dritten Nutzungsrechte an ihnen einzuräumen. Diese Rechteeinräumung erfolgt unentgeltlich sowie ohne räumliche, inhaltliche und zeitliche Beschränkung.

Möglichkeit 2 – Übertragung von Nutzungsrechten zur wirtschaftlichen Verwertung – Achtung: erhöhte Haftung

- Die Teilnehmer erklären sich damit einverstanden, dass ihre Einreichungen von dem Veranstalter in Online- sowie Offlinemedien (zum Beispiel im Printbereich) auch für wirtschaftliche Zwecke genutzt, verbreitet sowie auf sonstige Weise Dritten öffentlich zugänglich gemacht werden dürfen. Für diese Zwecke ist es dem Veranstalter außerdem erlaubt, die Einreichungen zu bearbeiten und – falls es erforderlich ist – Dritten Nutzungsrechte an ihnen einzuräumen. Diese Rechteeinräumung erfolgt unentgeltlich sowie ohne räumliche, inhaltliche und zeitliche Beschränkung.

Beauftragung eines Fotografen

Auch wenn Sie einen Fotografen beauftragen, müssen Sie genauestens darauf achten, welche Rechte Sie an den Aufnahmen erhalten.

Liegt keine gesonderte Vereinbarung vor, dürfen die Bilder nur für den Zweck verwendet werden, für den sie erstellt wurden. War der Zweck zum Beispiel die Erstellung eines Bildes für einen gedruckten Unternehmensprospekt, dürfen die Bilder ohne Rückfrage beim Fotografen nicht online verwendet werden. Das liegt darin begründet, dass Fotografen die Preise für Fotografien unter anderem von deren Einsatzzweck (Dekoration, Werbeanzeige) und der Art des Mediums abhängig machen (Print, Website, soziales Netzwerk), in dem sie verbreitet werden.

Auch wenn der Fotograf die Bilder auf einem digitalen Datenträger überreicht oder per E-Mail zusendet, bedeutet das noch lange nicht, dass sie online verwendet werden dürfen.

> ### Fallbeispiel
> In einem Fall hat ein Rechtsanwalt ein Fotostudio mit der Erstellung eines »professionellen Bewerbungsfotos« beauftragt, um damit auch online für seine berufliche Tätigkeit zu werben. Der Rechtsanwalt ließ sich die Bilder auf einem Datenträger aushändigen und verwendete sie auf seiner Homepage. Die Inhaberin des Fotostudios sah darin eine Urheberrechtsverletzung und bekam vor dem Landgericht Köln Recht. Das Gericht urteilte, dass die Onlinenutzung nur die elektronische Versendung an die Arbeitgeber umfasste. [LG Köln, Urteil v. 20.12.2006, Az. 28 O 468/06]

Hinweis   Insbesondere auf Social Media-Portalen sind sehr viele Porträtbilder zu finden. – Ist ein Bild beim Fotografen als Bewerbungsbild entstanden, darf es ohne Rückfrage nicht als Profilbild eingestellt werden.

Um nachträgliche Streitigkeiten zu vermeiden, sollten Sie daher immer eindeutig und beweisbar – das heißt am besten schriftlich oder vor Zeugen – klären, im welchen Umfang Sie die Bilder nutzen dürfen. Dabei sollten Sie die potenzielle Nutzung als Profilbild in sozialen Netzwerken ausdrücklich erwähnen.

Durch Mitarbeiter erstellte Inhalte

Sind angestellte Mitarbeiter für das Marketing oder die Pflege des Social Media-Angebots zuständig und erstellen sie im Rahmen ihrer Tätigkeit selbst Inhalte, stellt sich auch die Frage, wem die Urheberrechte an diesen Inhalten gehören.

Da die Urheberrechte nach unserem Recht nicht übertragen werden können, bleibt zwar der jeweilige Mitarbeiter Urheber des Inhalts, räumt aber nach § 43 UrhG automatisch alle Nutzungsrechte an dem Inhalt dem Arbeitgeber ein. Der Arbeitgeber darf also über den Inhalt verfügen, der Mitarbeiter dagegen nicht mehr.

Das kann auch für Inhalte gelten, die außerhalb der Arbeitszeit oder zu Hause erstellt wurden, solange sie dem Arbeitsverhältnis zuzurechnen sind. Ist zum Beispiel ein Grafiker mit der Erstellung von Werbeanzeigen beauftragt und erstellt diese zu Hause, dann fallen sie ebenfalls unter seinen Arbeitsauftrag.

Da gerade bei Mitarbeitern, die von zu Hause aus arbeiten oder keine festgelegten Arbeitszeiten haben, eine Abgrenzung zwischen arbeitsbezogenen und privaten Tätigkeiten schwer vorzunehmen ist, sollte hier eine vertragliche Regelung hinsichtlich der Arbeitsergebnisse getroffen werden. Zum Beispiel könnte vereinbart werden, dass einer Agentur Nutzungsrechte an allen branchenbezogenen Werbeslogans zustehen, die ein Werbetexter erstellt, auch nach der Arbeitszeit.

Setzen Mitarbeiter darüber hinaus Inhalte ein, die sie außerhalb des Arbeitsverhältnisses erstellt oder ihren privaten Archiven entnommen haben, so räumen sie dem Arbeitgeber die Genehmigung zur Nutzung der Bilder ein. Grundsätzlich ist davon auszugehen, dass diese Genehmigung zeitlich unbeschränkt gilt, wobei immer der Einzelfall zu prüfen ist. Bei Bildern, die auf Facebook-Pinnwänden oder im Blog eingesetzt werden, wird es in der Regel keine Probleme geben. Soll das Bild jedoch in einer Werbekampagne verwendet werden, sollte schriftlich fixiert werden, wie lange die Nutzung erlaubt ist und ob der Mitarbeiter ein besonderes Entgelt erhält oder nicht.

Herausgabe von Rohdaten

Ein häufiger Streitpunkt bei unklaren Regelungen der Nutzungserlaubnis ist die Frage, ob Agenturen, Designer oder Programmierer Rohdaten an ihre Kunden herausgegeben müssen. Dieser Punkt ist auch im Bereich der sozialen Medien aktuell. So könnte sich ein Kunde wünschen, dass die Grunddaten des Blogdesigns herausgegeben werden oder der Programmcode einer Facebook-Applikation.

Rohdaten sind zum Beispiel Designentwürfe, in denen die Schriften oder die Anordnung von Bildern verändert werden können, bevor das Design als ein in dieser Hinsicht nicht änderbares Bild gespeichert wird. Auch der Code eines Programms gehört zu den Rohdaten.

Fehlen zwischen Kunde und Auftraggeber konkrete Regelungen für diesen Fall, endet das oft im Streit. Das liegt mitunter daran, dass die Kunden die Vorlagen in der Regel erst dann verlangen, wenn sie das Vertragsverhältnis beenden wollen. Und bis sie die Vorlagen erhalten, verweigern sie die Zahlung oder stürzen die Auftragnehmer in ein Dilemma: Nein sagen und den Verlust des Kunden riskieren oder Ja sagen und hoffen, dass dieser nicht schon eine andere Agentur im Sinn hat, die sich dann der Rohdaten bedienen kann. In jedem Fall ist oft schwer festzustellen, wer Recht hat.

Hinweis   Dienstleister sollten in ihren AGB den Umgang mit Rohdaten regeln. Darin können sie u. a. zusätzliche Preise für Rohdaten oder die Gewährleistung der Einschränkung der Weitergabe durch den Kunden vereinbaren.

Es kommt also darauf an, was der Kunde braucht und auch dem Auftragnehmer mitgeteilt hat. Was der Kunde sich im Geiste wünscht, ist unerheblich:

- Sagt der Kunde, er möchte ein neues Design für sein Blog, müssen die Dateien geliefert werden, die er zur Nutzung des Blogs braucht – also der HTML/CSS-Code und die Grafiken, aber nicht die Grafikentwürfe, in denen die Schriften oder Farben angepasst werden können. Dabei ist irrelevant, ob der Kunde davon ausgegangen war, er würde die Rohdaten erhalten.
- Sagt der Kunde aber, dass er ein Design benötigt, an dem er selbst Veränderungen vornehmen kann, zum Beispiel aktuelle Grafiken oder Text einfügen, braucht er dazu auch die Rohdaten.

Faustregel für die Herausgabe von Rohdaten

Wenn der Kunde und der Auftragnehmer nichts zur Herausgabe der Rohdaten vereinbart haben, muss der Auftragnehmer dem Kunden nur das liefern, was dieser für den geplanten Zweck braucht. Zu fragen ist also:
- Was hat der Kunde mitgeteilt, wofür er das Ergebnis benötigt?
- Benötigt er für diesen Zweck unbedingt die Rohdaten?

Form und Nachweis der Erlaubnis

Eine Erlaubnis setzt keine bestimmte Form voraus. Sie kann durch schlüssiges Verhalten und mündlich oder schriftlich erfolgen. Bedenken Sie jedoch, dass im Streitfall Sie die Erlaubnis nachweisen müssen. Daher sollte sie am besten schriftlich festgehalten werden.

Hinweis Schriftform bedeutet nach § 126 BGB »per Hand unterschrieben«. Damit ist die E-Mail kein schriftlicher Nachweis und hat auch vor Gericht eine geringere Beweiskraft als ein unterschriebenes Schriftstück. Das heißt jedoch nicht, dass sie wertlos ist. Sie ist ein starkes Indiz für die Richtigkeit von Aussagen, die Ihr Gegner erst widerlegen muss. Auch wenn Sie keine Möglichkeit haben, etwas schriftlich zu vereinbaren, sollten Sie es zumindest per E-Mail tun.

Alternativ sollten Sie einen Zeugen dabeihaben, der die Erlaubnis bestätigt. Falls auch kein Zeuge zu Hand ist, sollten Sie den Rechteinhaber nachträglich anschreiben und um eine Bestätigung der Erlaubnis bitten.

Tipp Wenn Sie eine Erlaubnis mündlich vereinbaren, dann schicken Sie eine Zusammenfassung des Gesprächs per E-Mail an den Rechteinhaber und bitten um Bestätigung.

Einfache Lizenz und ausschließliche Lizenz

Im Hinblick auf den Umfang einer urheberrechtlichen Nutzungserlaubnis unterscheidet das Gesetz in § 31 UrhG zwischen den Grundformen einer »einfachen Lizenz« und einer »ausschließlichen Lizenz«.

Einfache Lizenz Wenn ein Rechteinhaber eine einfache Lizenz vergibt, bedeutet das, dass er sich das Recht vorbehält, weitere Lizenzen an beliebig viele andere Personen zu übertragen.

Ausschließliche Lizenz Ist von ausschließlicher Lizenz die Rede, heißt das, dass die Nutzungsrechte komplett auf den Lizenznehmer übertragen werden. Der ursprüngliche Rechteinhaber darf die Rechte weder an weitere Personen übertragen noch sie selbst nutzen.

Sowohl die einfache als auch die ausschließliche Lizenz können beliebig modifiziert werden. So kann eine Lizenz örtlich beschränkt werden (»nur in Deutschland«), zeitlich (»gilt für ein Jahr«) oder sachlich (»erlaubt ist nur die öffentliche Zugänglichmachung auf der Website http://...«). Diese Aufzählung ist nur beispielhaft, da die Parteien die Lizenzen nach eigenen Bedürfnissen frei ausgestalten können.

Anfechtung und Rückruf

Eine Nutzungserlaubnis kann angefochten werden, wenn der Rechteinhaber sich getäuscht hat, gezwungen wurde oder sich über die Nutzung geirrt hat. Das gilt insbesondere dann, wenn wichtige Fakten wie die wirtschaftliche Nutzung eines Inhalts verschwiegen werden.

Ebenso kann die Erlaubnis nachträglich zurückgerufen werden, wenn sich die Überzeugung des Urhebers wandelt und ihm ein Festhalten an der Erlaubnis nicht zuzumuten ist. Dazu sind aber gewichtige Gründe notwendig, beispielsweise eine grundlegende Änderung einer (im Zusammenhang mit der Rechtseinräumung bedeutsamen) politischen Einstellung. Zudem muss der Urheber in solchem Fall grundsätzlich Schadensersatz leisten.

Freie Lizenzen

Als freie Lizenzen werden umgangssprachlich Lizenzarten bezeichnet, bei denen die Nutzung der urheberrechtlich geschützten Inhalte unentgeltlich erfolgen darf. Die bekanntesten Vertreter dieser Lizenzart sind die »Creative Commons«-Lizenzen (siehe Abschnitt »Creative-Commons-Lizenzen« in diesem Kapitel).

Public Domain

Vielleicht sind Sie im Internet schon einmal dem Begriff »Public Domain« begegnet. Dieser entstammt dem angloamerikanischen Recht, in dem es möglich ist, auf alle Rechte an einem urheberrechtlich geschützten Werk zu verzichten. Es ist dann gemeinfrei und darf von jedem ohne Einschränkung verwendet werden. Im deutschen und auch im europäischen Urheberrecht ist ein solcher Verzicht auf alle Urheberrechte nicht möglich. Es ist allenfalls möglich, pauschal jedermann zu erlauben, alles mit dem Bild zu tun, ohne um Erlaubnis zu fragen.

| **Hinweis** | Zur Public Domain gehören auch Inhalte, an denen kein Urheberrecht entsteht (zum Beispiel amtliche Werke wie Urteile oder Gesetze) sowie Inhalte, bei denen das Urheberrecht abgelaufen ist. |

Sie sollten der Bezeichnung Public Domain aber nicht immer direkt vertrauen. Nur der Urheber darf ein Werk für gemeinfrei erklären, und das auch nur, wenn er es darf. Hat zum Beispiel ein Autor einen Vertrag mit einem Verlag abgeschlossen und diesem exklusive Nutzungsrechte eingeräumt, darf er sein Werk nicht freigeben. In solchen Fällen bleibt das Werk weiterhin urheberrechtlich geschützt. Da Sie nicht erkennen können, ob jemand tatsächlich die Rechte zur Freigabe hat, sollten Sie im Zweifel nachforschen und zum Beispiel bei demjenigen, der das Werk freigegeben hat, nachfragen, warum er das getan hat und ob er es durfte.

Abbildung 4-3 ▶
Auch wenn Bilder als gemeinfrei bezeichnet sind, tragen Sie das Risiko, falls dies nicht stimmt. Jedoch ist diese Gefahr bei vertrauenswürdigen Quellen, wie hier der Wikipedia, geringer.

Ich, der Urheberrechtsinhaber dieses Werkes, veröffentliche es als **gemeinfrei**. Dies gilt weltweit.
In manchen Staaten könnte dies rechtlich nicht möglich sein. Sofern dies der Fall ist:
Ich gewähre jedem das bedingungslose Recht, dieses Werk für **jedweden Zweck** zu nutzen, es sei denn Bedingungen sind gesetzlich erforderlich.

Checkliste: Erlaubnisse und Lizenzen

Wird die Erlaubnis vom Rechteinhaber erteilt?
- Abgebildete Person
- Inhaber der Markenrechte
- Inhaber der Urheberrechte
- Eigentümer eines Grundstücks, Veranstalter eines Events

Habe ich den Nutzungsumfang dargelegt?
- Zweck der Nutzung
- Umfang der Nutzung und nötige Rechte
- In welchem Kontext wird der Inhalt erscheinen (z.B. verbunden mit Werbung oder Erotik oder als Designelement)?

Kann ich die Erlaubnis nachweisen?
- Schriftliche Erlaubnis
- Aussage vor Zeugen
- Mündliche Zusage nachträglich bestätigt

Liegt keine Anfechtung oder Widerruf der Erlaubnis vor?
- Irrtum über den Nutzungsumfang
- Änderung von Umständen, die weitere Nutzung unzumutbar machen

Musiklizenzen

Es kann vorkommen, dass Sie zum Beispiel für einen Podcast oder eine Multimediakampagne ein Musikstück benötigen und eine Lizenz für dessen Nutzung einholen müssen.

Die Erlaubnis zur Nutzung eines Musikstücks muss grundsätzlich bei jedem eingeholt werden, der zu dem Stück beigetragen hat und dadurch Inhaber eigener Rechte ist: beim Komponisten wegen der Musik, beim Autor wegen des Textes, beim Tonstudio und beim Interpreten wegen der Rechte an Aufnahme und Darbietung.

Bei einem kleinen unabhängigen Künstler können all die Rechte in einer Hand liegen und dort verwaltet werden. Bei bekannteren Künstlern und Musikstücken wird es komplizierter. In Deutschland und anderen europäischen Ländern werden die Rechte der Künstler von sogenannten »Verwertungsgesellschaften« wahrgenommen. Die Künstler schließen mit diesen Gesellschaften Verträge, durch die ihre Rechte an Musikstücken oder Texten automatisch auf die Verwertungsgesellschaften übergehen. Man fragt also nicht beim Künstler selbst an, ob man die Musikstücke nutzen darf, sondern bei der Verwertungsgesellschaft.

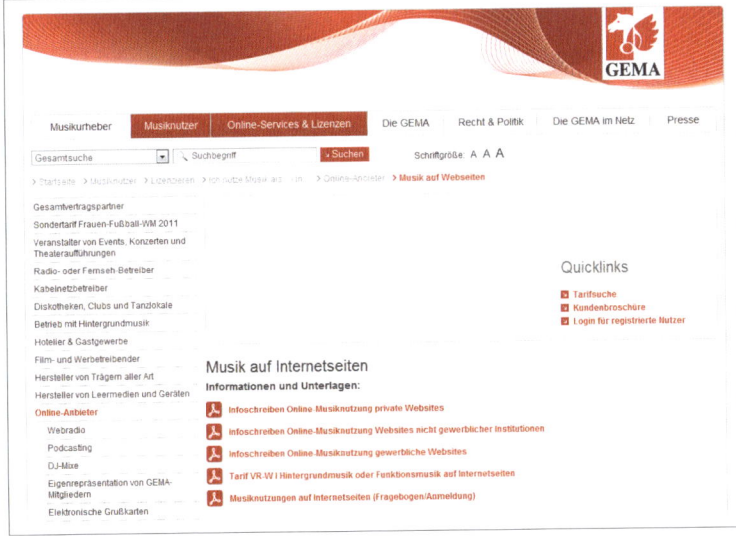

◀ **Abbildung 4-4**
Auf der Seite der GEMA finden Sie diverse Lizenzen für Online-Musiknutzung.

Die bekannteste Verwertungsgesellschaft ist die Gesellschaft für musikalische Aufführungs- und mechanische Vervielfältigungsrechte (GEMA), die Nutzungsrechte aus dem Urheberrecht von Komponisten, Textdichtern und Verlegern von Musikwerken vertritt. Auf der Homepage der GEMA werden für den Onlinebereich individuelle Lizenzen für unterschiedliche Einsatzgebiete wie Blogging, Podcasting, Hintergrundmusik usw. gegen Zahlung von Lizenzgebühren angeboten.

Hinweis Da es den Umfang dieses Buches sprengen würde, die Lizenzgebühren der GEMA einzeln aufzuführen, hier der Verweis auf die Website der GEMA: *https://www.gema.de*. Von dort aus sind die einzelnen Lizenzübersichten erreichbar, die leider nicht sehr übersichtlich sind.

Darüber hinaus gibt es vielfältige Archive und Angebote im Internet, die Musik von Künstlern anbieten, die nicht bei der GEMA organisiert sind. Vor allem bei ausländischen Archiven sollten Sie jedoch prüfen, ob eine Nutzung auch innerhalb Deutschlands zulässig ist.

 Hinweis Es gibt auch GEMA-freie Musik von Künstlern, die sich selbst vermarkten und mit der Verwertungsgesellschaft keine Verträge schließen. In diesem Fall müssen Sie sich direkt an sie wenden.

Möchten Sie die Musik auch auf einer Social Media-Plattform veröffentlichen, kann sich das Problem ergeben, dass die Ihnen gewährten Lizenzen der GEMA oder anderer Anbieter diese Nutzung nicht gestatten. Die meisten Lizenzen verbieten die Einräumung von Nutzungsrechte an Dritte. Social Media-Plattformen lassen sich jedoch Nutzungsrechte an allen eingestellten Inhalten einräumen. Das hat zur Folge, dass die Lizenzen auf der Plattform nicht gelten und Sie damit eine Urheberrechtsverletzung begehen. Sie sollten daher bei den jeweiligen Anbietern nachfragen, ob die Nutzung auf der jeweiligen Social Media-Plattform zulässig ist. Im Zweifel ist sie es nicht.

 Achtung Die meisten Lizenzen, wie die der GEMA, erlauben nicht die Nutzung von Musik auf Social Media-Plattformen.

Abbildung 4-5 ▶
Die Einbindung von lizensierter Musik auf Social Media-Plattformen, hier mit der Music-App bei Facebook, wird in der Regel an den Lizenzbedingungen, zum Beispiel der GEMA, scheitern. Diese erlauben nicht die von Facebook geforderte Rechteeinräumung.

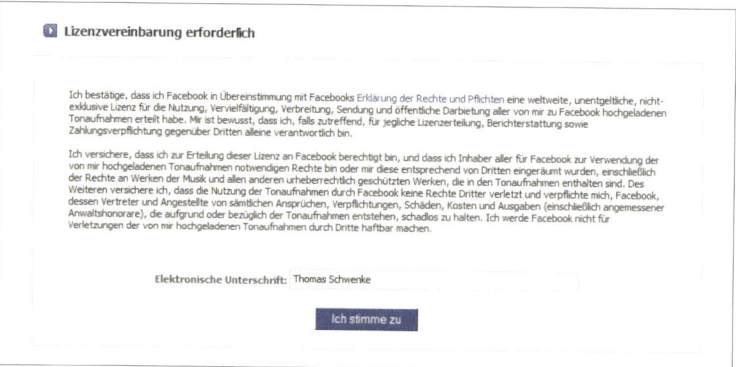

Kapitel 4: Lizenzen, Stockarchive und Creative Commons

Stockbilderarchive

»Stock Archive« ist der englische Begriff für Bilderdatenbanken, über die Fotografen ihre Bilder anbieten. Auf Neudeutsch sagt man dazu »Stockbilderarchiv« oder kürzer »Stockarchiv«. Aus diesen Archiven können Unternehmen, Designer und Werbeagenturen Fotos für Designs, Werbekampagnen oder als Illustrationen für relativ günstige Beträge beziehen (teilweise im einstelligen Eurobereich). Wenn Sie Bilder aus einem Stockarchiv nutzen, werden Sie die Lizenzbedingungen nicht einzeln aushandeln, sondern in Form von AGB erhalten, also vorgefertigten Bedingungen.

Achtung Die AGB von Stockbilderarchiven sollten immer genau gelesen werden. Sie enthalten Angaben zum Umfang der erlaubten Nutzung und zu verbotenen Nutzungsarten sowie den Urheberhinweis.

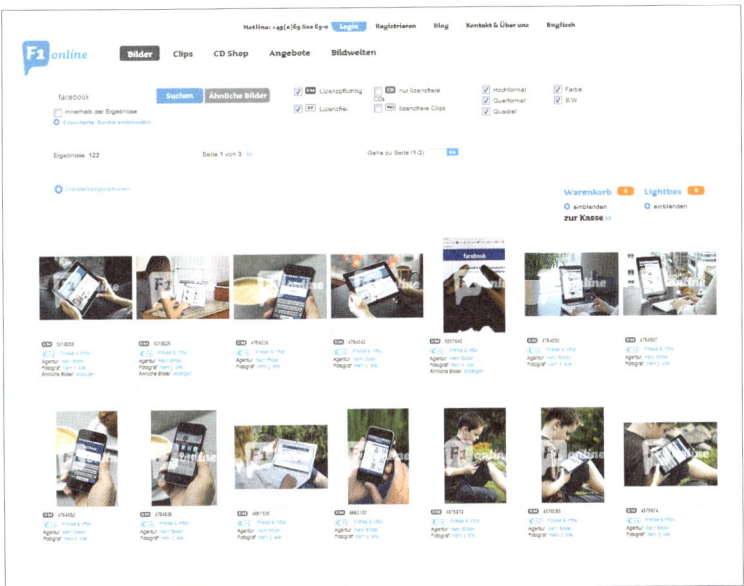

◄ Abbildung 4-6
In einem Stockarchiv können Bildlizenzen gegen geringes Entgelt erworben werden (Quelle: http://www.f1online.de).

Die generellen AGB (oft auch als »Nutzungsbedingungen« bezeichnet) sollten Sie vor der ersten Benutzung genauestens lesen. Dort erfahren Sie, welche Nutzungen nicht erwünscht sind, zum Beispiel politischer Natur oder im erotischen Umfeld. Auch enthalten sie Hinweise, ob und an welcher Stelle Sie einen Urheberhinweis anbringen müssen. Ferner ergeben sich insbesondere im Social

Media-Bereich Einschränkungen aus diesen AGB, die in diesem Kapitel noch detaillierter behandelt werden.

 Hinweis Lassen Sie sich durch den Begriff »lizenzfrei« bei den Stockbilderarchiven nicht täuschen. Er bedeutet lediglich, dass ein Bild ohne besondere Lizenzvereinbarungen nach einer Einmalzahlung im erlaubten Rahmen genutzt werden darf.

Daneben bieten Stockbilderarchive verschiedene Lizenz-Sets mit unterschiedlichen Nutzungsmöglichkeiten und Preisen. Im Regelfall wird zwischen »lizenzpflichtigen« und »lizenzfreien« Bildern unterschieden. Diese Begriffe sind verwirrend, denn »lizenzfrei« bedeutet nicht etwa, dass die Bilder umsonst zu haben wären.

Lizenzfrei (auch »Royalty Free« genannt) bedeutet, dass man das Bild gegen die Zahlung einer einmaligen Gebühr in einer festgelegten Qualität für festgelegte Zwecke beliebig oft und lange verwenden darf. Der Umfang der »lizenzfreien« Nutzungen ist von Anbieter zu Anbieter unterschiedlich und Sie sollten sich zuerst einen Überblick verschaffen.

Lizenzpflichtig (auch »Rights Managed«) bedeutet dagegen, dass eine spezielle Lizenz abhängig von der konkreten Nutzung und deren Umfang berechnet wird.

Es hängt von den Fotografen und den Stockbilderarchiven ab, ob sie sich für »lizenzfreie« oder »lizenzpflichtige« Nutzungsüberlassung entscheiden. Auf den Preis muss das nicht unbedingt Einfluss haben. Ein hochaufgelöstes Bild kann in unbegrenzt nutzbarer »lizenzfreier« Version durchaus teurer sein als dasselbe Bild, das »lizenzpflichtig« nur für eine Werbeanzeige verwendet wird.

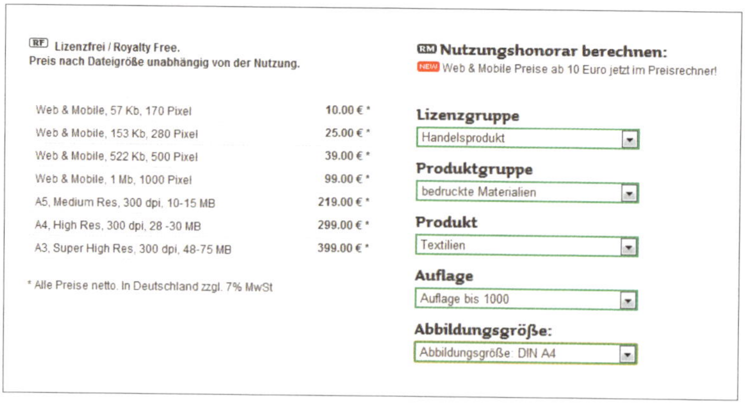

Abbildung 4-7 ▶
Im linken Bild sehen Sie die Auswahl an lizenzfreien Nutzungen, im rechten Bild die Preisberechnung bei einem lizenzpflichtigen Bild (Quelle: http://www.f1online.de).

Stockarchivbilder und Social Media-Plattformen

So praktisch Bilder aus Stockarchiven auch sind, so wenig dürfen Sie im Rahmen von Social Media-Plattformen verwendet werden. Der Grund sind die Nutzungsbedingungen der Plattformen, die mit den AGB der Stockarchive kollidieren.

Mit der Anmeldung bei einem Stockarchiv erklären sich die Kunden mit den Lizenz-AGB der Archive einverstanden. Diese AGB besagen, dass man die Bilder nur für eigene Zwecke nutzen darf. Es ist nicht erlaubt, anderen Personen oder Unternehmen (also Dritten) die Benutzung der Bilder zu gestatten. Das gilt auch, wenn man sie umsonst weitergibt.

Die AGB vieler Social Media-Dienste enthalten jedoch Klauseln, mit denen sich die Plattformen umfangreiche Rechte an allen Nutzerinhalten einräumen. Diese Rechte gehen über die reine Veröffentlichung und Verwaltung der Inhalte auf deren Plattform hinaus. Weil man den Plattformen damit erlaubt, die Bilder zu nutzen, obwohl die Lizenzbestimmungen in den AGB des Stockarchivs es nicht erlauben, begeht man eine Urheberrechtsverletzung.

Achtung Die meisten Social Media-Plattformen und Dienste, wie Facebook, Twitter, Twitpic oder YouTube, lassen sich Nutzungsrechte an den hochgeladenen Inhalten einräumen. Details zu dieser Rechteeinräumung erfahren Sie im Laufe des Kapitels.

◄ **Abbildung 4-8**
Auszug aus den AGB des Stockarchivs f1online.de (Unterstreichungen vom Autor)

◄ **Abbildung 4-9**
In den Punkten 2.1 und 11.10 der Nutzungsbedingungen lässt sich Facebook Nutzungsrechte an den von Mitgliedern eingestellten Inhalten einräumen.

Wird der Verstoß entdeckt, können das Fotoarchiv und der Fotograf (Urheber des Bildes) von Ihnen per Abmahnung oder Gericht Unterlassung der weiteren Nutzung des Bildes auf Facebook, Schadensersatz für die unerlaubte Nutzung und Ersatz der Rechtsanwaltskosten für die Geltendmachung dieser Ansprüche verlangen.

Rein theoretisch können die Rechteinhaber auch gegen Facebook vorgehen. Denn Sie hatten nicht das Recht dazu, der Plattform die Nutzung einzuräumen, was in einer rechtswidrigen Nutzung durch die Plattform resultiert. In diesem Fall wird Facebook jedoch aufgrund einer sogenannten »Freistellungsklausel« eine Erstattung aller Kosten *von Ihnen verlangen*, die dadurch entstehen. So werden letztendlich immer Sie die Kosten tragen müssen.

Zum Zeitpunkt der Veröffentlichung dieses Buches ist bei den gängigen Stockarchiven in aller Regel noch keine spezielle Lizenz verfügbar, die es erlaubt, Stockarchivbilder trotz der Nutzungsrechteinräumung der Social Media-Plattformen innerhalb dieser zu verwenden. Daher bleibt Ihnen nichts anderes übrig, als bei jedem Stockarchiv nachzufragen, ob eine Nutzung der Bilder zum Beispiel auf Facebook zulässig ist. Die andere Möglichkeit ist, eine oft ein paar Hundert Euro teure Lizenz zu kaufen, die eine Unterlizensierung der Bilder erlaubt.

Abbildung 4-10 ▶
Die Nutzung von Stockarchivbildern auf Social Media-Plattformen wie Facebook kann teure Folgen haben.

Creative-Commons-Lizenzen

Hinweis Creative Commons wird mit »CC« abgekürzt. »CC-Lizenzen« steht für Creative-Commons-Lizenzen und »CC-Bilder« für Bilder, die unter der CC-Lizenz veröffentlicht wurden.

»Creative Commons« heißt auf Deutsch so viel wie »schöpferisches Gemeingut«. Es ist zunächst der Name einer gemeinnützigen Gesellschaft mit Sitz in den USA, deren Ziel es ist, den Austausch kreativer Werke auf einfache, schnelle Art und Weise zu ermöglichen. Um zu verstehen, warum die Gründung dieser Vereinigung notwendig war, muss man sich das Urheberrecht und seine Ursprünge anschauen.

Bevor das Urheberrecht im Zeitalter des Internet plötzlich für jedermann von Bedeutung wurde, war es eine Materie, die vorwiegend Verlage und Agenturen betraf, die große Archive mit Werken verwalteten. Wollte jemand anders diese Werke nutzen, wurden Lizenzverträge vorgelegt oder ausgehandelt.

Heutzutage betrifft das Urheberrecht praktisch jeden, der sich im Internet bewegt. Es gibt Nutzer, die gerne Inhalte ohne komplizierte Verhandlungen nutzen möchten. Zugleich gibt es auch Nutzer, die nichts dagegen haben, wenn andere ihre Bilder, Texte, Videos oder Musikstücke kostenlos nutzen. Manche macht es sogar stolz oder sie hoffen, so als Künstler populärer zu werden.

Das Urheberrecht ist also zu einem Recht für jedermann geworden. Aber es ist kompliziert geblieben. Zum Beispiel trauen sich viele Rechteinhaber nicht, selbst eine Erlaubnis der Nutzung ihrer Werke zu geben, weil sie nicht einschätzen können, was diese in Zukunft für sie bedeuten können. Zudem müssen sie zuerst kontaktiert werden, was wiederum viel Zeit kosten kann. Auch die Erwerber wissen nicht genau, welche Rechte sie erhalten. Diese Situation ist für die Nutzung und Verbreitung von geistigen Werken hinderlich. An dieser Stelle wirkt das Urheberrecht als Kreativitätsbremse.

Um beiden Parteien lange Verhandlungen zu ersparen, wurden daher von der Creative-Commons Gesellschaft Musterlizenzen entwickelt. Statt miteinander über den Inhalt der Lizenz zu verhandeln, entscheidet sich der Urheber also für eine Standardlizenz, unter der er sein Werk anderen zur Nutzung anbietet. Der Nutzer wiederum sieht sofort, was der Urheber verlangt, und kann das Werk sofort unter diesen Bedingungen verwenden, ohne Verhandlungen mit dem Urheber führen zu müssen. Dieses Prinzip entspricht dem von Stockbilderarchiven.

Tipp Das Konzept der Creative-Commons-Lizenzen wurde im Jahre 2001 maßgeblich von Lawrence Lessig entwickelt, einem Rechtsprofessor aus den USA. Auf seiner Seite können Sie kostenlose (englischsprachige) E-Books herunterladen, die die Überlegungen hinter Creative Commons erklären. Die Links zu den jeweiligen Buchseiten finden Sie auf *http://www.lessig.org/content/books*.

Dreierlei unterscheidet Creative Commons von anderen Standardlizenzen:

Kostenlos Werke unter Creative-Commons-Lizenzen dürfen kostenlos verwendet werden. Auch die CC-Lizenzen selbst dürfen kostenlos genutzt werden. Wenn ein Urheber sein Werk unter einer CC-Lizenz veröffentlicht, muss er also keine Gebühr an die Gesellschaft Creative Commons in San Francisco bezahlen.

Keine Mittelsleute Die Gesellschaft *Creative Commons* ist an den Lizenzabschlüssen weder rechtlich noch wirtschaftlich beteiligt. Sie sorgt lediglich dafür, dass die Musterlizenzen entwickelt und bereitgestellt werden und kümmert sich um die Vergrößerung ihrer Bekanntheit.

Baukastenprinzip Die sechs Creative-Commons-Lizenzen werden nach Belieben aus vier Elementen zusammengesetzt.

Funktionsweise einer Creative Commons Lizenz

Hinweis Die Creative-Commons-Lizenzen heben nicht die Urheberrechte auf, sondern erleichtern nur den Austausch urheberrechtlich geschützter Werke.

Eine CC-Lizenz ist Ihnen bestimmt schon mal im Internet begegnet. Man erkennt sie am typischen CC-Symbol im Kreis, das an ein erweitertes Copyright-Zeichen erinnert. Das kommt nicht von ungefähr, denn die CC-Lizenzen heben nicht das Urheberrecht auf, sondern erleichtern lediglich den Austausch urheberrechtlich geschützter Werke.

Hinweis Dass die CC-Lizenzen rechtlich anerkannt werden, wurde in Gerichtsverfahren in Deutschland und der übrigen Welt bestätigt.

Das CC-Symbol ist ein Hinweis darauf, dass das Werk, neben dem es sich befindet, unter Beachtung der jeweiligen Lizenz verwendet werden darf. Klickt man auf den Hinweis, gelangt man zur Lizenzbeschreibung. Diese ist eine einfache, mit Piktogrammen anschaulich erläuterte Zusammenfassung des eigentlichen Lizenzvertrags. Den Link zum Lizenzvertrag findet man in der Lizenzbeschreibung selbst.

Der Lizenzvertrag ist der rechtliche Unterbau, der garantiert, dass die CC-Lizenzen rechtlich verbindlich sind. Es ist sinnvoll, den Lizenzvertrag einmal zu lesen, damit man ein Gefühl dafür bekommt, was die CC-Lizenz regelt. In der täglichen Praxis werden Sie jedoch nicht jedes Mal den Lizenzvertrag lesen, sondern bloß die Lizenzbeschreibung.

▼ **Abbildung 4-11**
Das CC-Symbol ist mit der Lizenzbeschreibung verlinkt, die wiederum auf den Lizenzvertrag verweist.

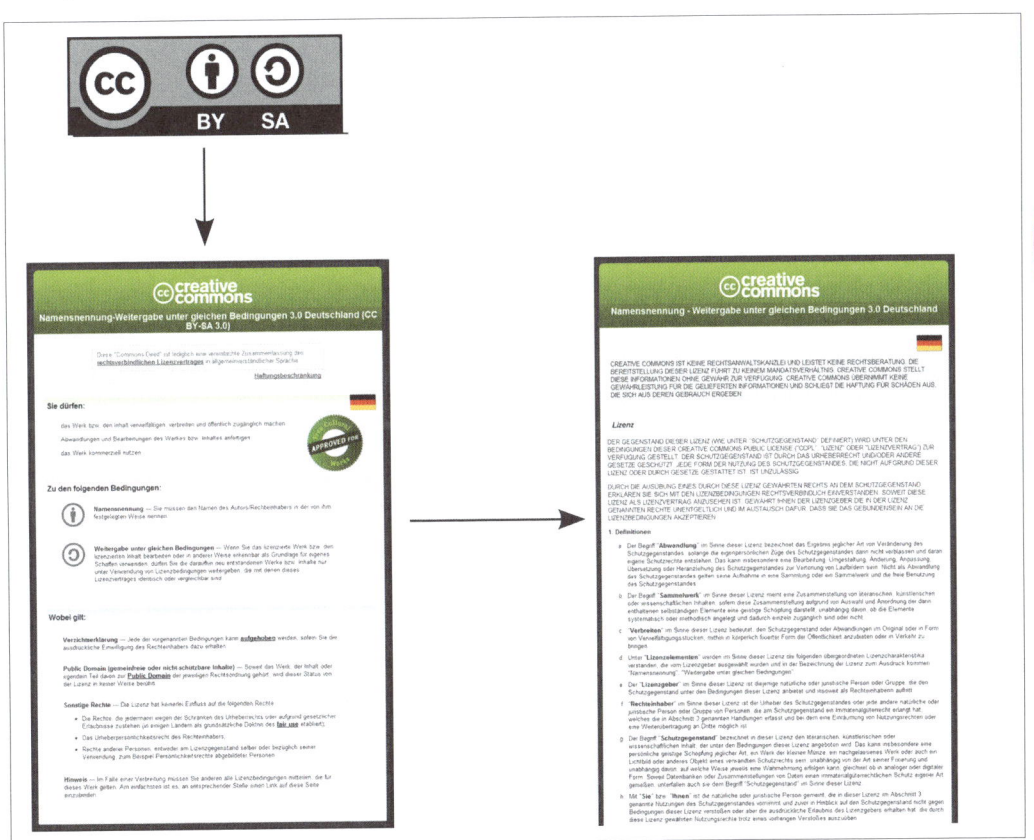

Abbildung 4-12 ▶
Die wesentlichen Punkte der Lizenzbeschreibung erklären Ihnen, welche Nutzung erlaubt ist und welche Lizenzbedingungen Sie beachten müssen.

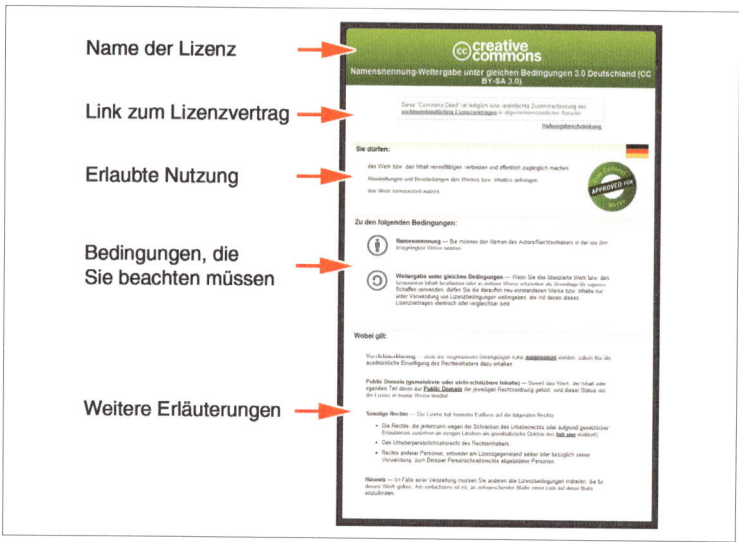

Unter CC lizensierte Werke

CC-Lizenzen können mit Bildern, Texten, Musik, Videos oder ganzen Websites verwendet werden. Theoretisch ist ihr Einsatz auch bei Computerprogrammen möglich, aber es gibt spezielle freie Lizenzen, die für Softwarebedürfnisse angepasst sind (zum Beispiel die *GNU General Public License*).

Des Weiteren können CC-Lizenzen nicht nur online, sondern auch in der Offline-Welt verwendet werden. Es ist zum Beispiel möglich, Bücher unter der CC-Lizenz zu publizieren oder Bilder aus dem Internet in Werbebroschüren unter der Creative-Commons-Lizenz zu nutzen. In diesem Fall müssen die Links zur Quelle und der Lizenz ausgeschrieben werden.

Abbildung 4-13 ▶
CC-Lizenzen können auch offline verwendet werden. Quelle: Anna Micels, »Netlabels – Soziale Netze On- und Offline«, 2009, http://bit.ly/nb9ZEW.

Herausgegeben von Antina Michels mit freundlicher Unterstützung von Netaudio Berlin, www.netaudioberlin.de
Copyright: Antina Michels, 2009
Einige Rechte vorbehalten

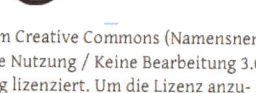

Dieses Werk ist unter einem Creative Commons (Namensnennung / Keine kommerzielle Nutzung / Keine Bearbeitung 3.0 Deutschland) Lizenzvertrag lizenziert. Um die Lizenz anzusehen, gehen Sie bitte zu creativecommons.org/licenses/by-nc-nd/3.0/de/

Die Lizenzmodule

Die CC-Lizenzen beruhen auf dem Baukastenprinzip. Dem Baukasten liegen die vier im Folgenden erläuterten Module BY, NC, ND und SA zugrunde, die Pflichten oder Verbote regeln. Wenn Sie zum Beispiel eine Fotografie unter einer der CC-Lizenzen anderen Nutzern zur Verfügung stellen möchten, dann definieren Sie über die passenden Module, welche Bedingungen dabei gelten sollen. Andersherum erkennen auch Sie, wenn jemand anders eine Fotografie unter einer CC-Lizenz veröffentlicht hat, an den genannten Modulen, was Sie bei der Nutzung des Bilds beachten müssen.

BY – Namensnennung

Dieses Modul muss jeder Creativ-Commons-Lizenz beiliegen. Es bringt folgende Pflichten für den Nutzer mit sich:

- Nennung des Namens des Urhebers (bzw. seines Pseudonyms), wie er neben seinem Werk steht
- Nennung des Titels des Werks (kommt bei Musikstücken und Videos zur Anwendung)
- Verlinkung zum Werk (Es ist ausreichend, das CC-Icon oder die Buchstaben »cc« mit der Lizenz zu verlinken.)
- Verlinkung zur Lizenzbeschreibung
- Hinweis auf eine Bearbeitung, falls eine erfolgt ist. Zum Beispiel kann dem Lizenzhinweis vorangestellt werden: »Das ist eine Übersetzung von« oder »Bearbeitungsgrundlage:«.

▲ **Abbildung 4-14**
Das Symbol des »Namensnennung«-Moduls, auf Englisch »Attribution« genannt und mit »BY« abgekürzt

Das Namensnennungsmodul sichert die »Entlohnung« des Urhebers, die darin besteht, dass sein Name neben seinem Werk genannt wird. Mit der Pflicht, auf die verwendete CC-Lizenz zu verweisen, wird die weitere Verbreitung des lizenzierten Werkes gesichert. Denn an jeder Stelle, an der das Bild auftaucht, wird der Hinweis auf die Lizenz stehen.

Ist die Nennung des Namens und des Lizenzhinweises direkt neben dem benutzten Werk nicht möglich, müssen die Angaben der Namensnennung in einem gesonderten Quellennachweis unter Bezeichnung des Werks erfolgen, zum Beispiel in einem Video im Abspann (»Ausschnitt ›Hase und Karpfen‹ von Manniac, http://bit.ly/rePTZE unter CC-BY http://creativecommons.org/licenses/by/3.0/«) oder im Impressum eines Blogs, in dem ein CC-Bild im Design eingesetzt worden ist (»Bild ›Schaf‹ im Blogdesign von Manfred Mind, http://bit.ly/n5ogHB unter CC-BY http://creativecommons.org/

Bei Videos wird der CC-Hinweis am Ende platziert.

licenses/by/3.0/«). Sie müssen die Links nicht ausschreiben wie in diesem Beispiel, sondern können stattdessen auch die Begriffe »Manfred Mind« mit der Quelle und »CC-BY« mit der Lizenz verlinken.

NC – nicht kommerziell

Das Symbol des »Nicht kommerziell«-Moduls, auf Englisch »Non-Commercial« genannt und mit »NC« abgekürzt. Links die internationale Version, rechts die europäische. Der Unterschied ist rein optischer Natur, die Bedeutung der Icons dieselbe.

Dieses Modul ist optional. Es bedeutet, dass das Werk nicht kommerziell verwendet werden darf, also nicht zu einer Gewinnerzielung beitragen darf. Zum Beispiel dürfen Werke unter dieser Lizenz nicht in Blogs oder Social Media-Präsenzen von Unternehmen verwendet werden.

Achtung   Auch gemeinnützige Organisationen dürfen Werke unter der »Nicht kommerziell«-Lizenz nicht im Rahmen ihrer wirtschaftlichen Tätigkeit verwenden.

ND – keine Bearbeitung

Das Symbol des »Keine Bearbeitung«-Moduls, auf Englisch »No Derivative« genannt und mit »ND« abgekürzt

Dieses Modul entspricht dem im Urheberrecht verankerten Verbot, ein Werk zu bearbeiten. Bei Bildern ist das Vergrößern oder Verkleinern nicht davon erfasst, aber Veränderungen der Farben, Anwendung von Filtern, Retuschen, Einsatz in Designs oder Zuschneiden des Bildes sind nicht erlaubt. Auch das Kürzen und Übersetzen von Texten ist verboten, ebenso wie das Zuschneiden von Musik und Videos oder deren Verwendung in anderen Musikstücken oder Videos. Das Werk darf nur so verwendet werden, wie es ist.

SA – Weitergabe unter den gleichen Bedingungen

Abbildung 4-17 ▲
Das Symbol des »Weitergabe unter den gleichen Bedingungen«-Moduls, auf Englisch »Share Alike« genannt und mit »SA« abgekürzt

Dieses Modul kann optional verwendet werden, wenn die Bearbeitung nicht untersagt wurde. Wird es gewählt, muss das Ergebnis einer Bearbeitung unter derselben Lizenz weitergegeben werden wie der verwendete CC-Inhalt. Andernfalls wäre das Ergebnis urheberrechtlich geschützt, so dass der Bearbeiter zwar am kostenlosen CC-Inhalt partizipiert hätte, aber nichts zurückgeben würde.

In diesem Zusammenhang wird diskutiert, ob ein Text insgesamt unter der CC-SA-Lizenz veröffentlicht werden muss, wenn darin ein CC-SA-Bild verwendet worden ist. Das Bild wird jedoch nicht bearbeitet, das heißt umgestaltet, sondern lediglich zusammen mit dem Artikel genutzt. Daher muss der Text nicht unter derselben Lizenz wie das Bild veröffentlicht werden. Anders ist es, wenn ein Textausschnitt aus einem CC-Text in einem Artikel verwendet wird. In diesem Fall wird der ursprüngliche Text durch die Entnahme eines Teils des Textes bearbeitet. Auch die Verwendung eines Bildes in einem Film wäre eine Bearbeitung des Bildes, weil es zum Teil des Videos geworden ist. In diesen beiden Fällen müssten jeweils der Text und das Video unter derselben CC-Lizenz veröffentlich werden.

◀ **Abbildung 4-18**
Wird in einem Artikel ein CC-»Wiedergabe unter gleichen Bedingungen«-Bild verwendet, bedeutet das nicht, dass der ganze Artikel unter der CC-Lizenz des Bildes veröffentlicht werden muss.

Aus den möglichen Kombinationen der einzelnen Lizenzmodule ergeben sich sechs CC-Lizenzen. Die folgende Übersicht ist dem Umfang der erlaubten Nutzung entsprechend von der freiesten bis zur restriktivsten Lizenz angeordnet.

▼ **Tabelle 4-1**
Creative-Commons-Lizenzen

Icon	Bedingungen	Lizenzinhalt
CC BY	• Namensnennung	• Kostenlose Nutzung • Bearbeitung erlaubt • Kommerzielle Nutzung erlaubt • Nennung des Rechteinhabers und Link zur Lizenz
CC BY SA	• Namensnennung • Weitergabe unter gleichen Bedingungen	• Kostenlose Nutzung • Bearbeitung erlaubt • Kommerzielle Nutzung erlaubt • Nennung des Rechteinhabers und Link zur Lizenz • Weitergabe von Bearbeitungen unter derselben CC-Lizenz
CC BY ND	• Namensnennung • Keine Bearbeitung	• Kostenlose Nutzung • Bearbeitung nicht erlaubt • Kommerzielle Nutzung erlaubt • Nennung des Rechteinhabers und Link zur Lizenz
CC BY NC	• Namensnennung • Nicht kommerziell	• Kostenlose Nutzung • Bearbeitung erlaubt • Kommerzielle Nutzung nicht erlaubt • Nennung des Rechteinhabers und Link zur Lizenz

Icon	Bedingungen	Lizenzinhalt
	• Namensnennung • Nicht kommerziell • Weitergabe unter gleichen Bedingungen	• Kostenlose Nutzung • Bearbeitung erlaubt • Kommerzielle Nutzung nicht erlaubt • Nennung des Rechteinhabers und Link zur Lizenz • Weitergabe von Bearbeitungen unter derselben CC-Lizenz
	• Namensnennung • Nicht kommerziell • Keine Bearbeitung	• Kostenlose Nutzung • Bearbeitung nicht erlaubt • Kommerzielle Nutzung nicht erlaubt • Nennung des Rechteinhabers und Link zur Lizenz

Versionen und internationale Nutzung

 Hinweis Die CC-Lizenzen gibt es mittlerweile in über 70 Länderversionen (siehe *http://bit.ly/nyfeEG*).

Die CC-Lizenzen werden ständig fortentwickelt und in verschiedene Rechtsordnungen übertragen (man nennt das »Portieren«). Die landestypischen Lizenzen sollen optimale Anpassung an das jeweilige Landesrecht garantieren und sind so kompatibel gestaltet, dass ein unter koreanischer CC-Lizenz veröffentlichtes Bild in Deutschland nutzbar ist und umgekehrt.

Ebenso werden die rechtlichen Texte der CC-Lizenzen ständig verbessert und kleine juristische Ungenauigkeiten getilgt. Das führt dazu, dass mehrere CC-Lizenzversionen im Umlauf sind, wobei die alten weiterhin ihre Gültigkeit behalten. Auch diese Änderungen werden Sie bei der praktischen Anwendung nicht beeinträchtigen und Sie können ein Bild unabhängig davon verwenden, ob es unter der Lizenzversion 2.5 oder 3.0 steht.

 Hinweis Auch wenn die Unterschiede zwischen den Landes- und Lizenzversionen sehr gering sind, sollten Sie vorzugsweise zur aktuellsten deutschen CC-Lizenz greifen.

Abbildung 4-19 ▶
Dank der einheitlichen Piktogramme können Sie auch bei der koreanischen Lizenzversion den Lizenzumfang auf den ersten Blick erkennen. Im Übrigen hat jede Lizenzbeschreibung Links zu Übersetzungen, so dass Sie die Bedingungen auch auf Deutsch nachlesen können.

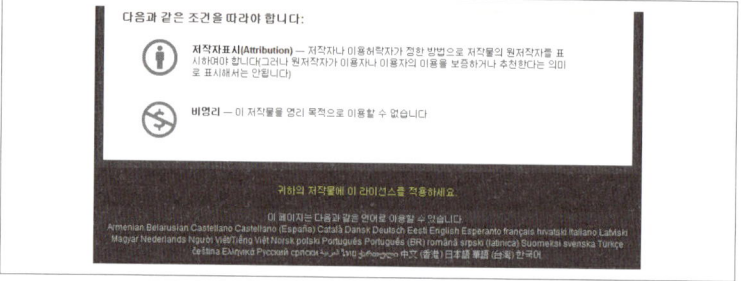

Lizenz abwandeln und mehr Rechte aushandeln

Es ist durchaus möglich, dass Sie das perfekte Bild für Ihre Werbekampagne gefunden haben, aber die CC-Lizenz, unter der es steht, Ihnen die kommerzielle Nutzung verbietet. Das ist jedoch kein Problem, denn die CC-Lizenzen erlauben abweichende Einzelvereinbarungen. In diesem Fall können Sie zum Beispiel mit dem Rechteinhaber Kontakt aufnehmen und ihn fragen, ob er die kommerzielle Nutzung im Rahmen Ihrer Kampagne erlauben möchte. Dafür kann er im Gegenzug Geld verlangen. Es finden also reguläre Lizenzverhandlungen statt.

Gesetzliche Urheberrechtsausnahmen

Die CC-Lizenzen erlauben zwar die Nutzung eines Werkes innerhalb der Lizenzgrenzen, aber im Übrigen gilt weiterhin das Urheberrecht. Das bedeutet: Wenn eine urheberrechtliche Ausnahme greift, brauchen Sie die Lizenzen nicht zu beachten. Die Prüfungsreihenfolge lautet:

> Ist ein Inhalt nicht urheberrechtlich geschützt, wird er das auch nicht, wenn er unter eine CC-Lizenz gestellt wird. Diese ist dann nicht notwendig.

- Ist ein Werk urheberrechtlich geschützt?
- Falls ja: Gibt es eine gesetzliche Ausnahme für die Nutzung?
- Falls nein: Habe ich die Erlaubnis zur Nutzung (das wäre die CC-Lizenz)?

Wenn Sie einen Text, der unter einer CC-Lizenz veröffentlicht worden ist, im Rahmen eines Zitats nutzen, müssen Sie die Lizenzbedingungen nicht beachten. Sie können den Text in diesem Fall auch innerhalb eines kommerziellen Artikels zitieren.

Nutzung von CC-Inhalten in Social Media

Die Nutzung von CC-Inhalten in sozialen Medien wird erheblich durch die Nutzungsbedingungen der Plattformen eingeschränkt. Die meisten Plattformen lassen sich in ihren Nutzungsbedingungen bedingungslos Nutzungsrechte an allen von den Mitgliedern eingestellten Inhalten einräumen, ohne die CC-Lizenzbedingungen zu beachten (Erläuterungen dazu finden Sie im Abschnitt »Social Media-Plattformen und Einräumung von Nutzungsrechten«).

| Hinweis | Auf Facebook existiert eine Gruppe namens »We Want To Share!«, die sich dafür einsetzt, dass Facebook seine Nutzungsbedingungen dahingehend ändert, dass CC-Inhalte auf der Plattform verwendet werden dürfen. Dazu müsste Facebook bei der Einräumung von Rechten an den Inhalten der Nutzer den Passus »unter Beachtung der Bedingungen freier Lizenzen« hinzufügen (http://on.fb.me/nTvdQu). |

Wenn Sie zum Beispiel ein Bild unter der CC-Lizenz »nicht kommerziell« bei Facebook hochladen, erlauben Sie Facebook laut den Nutzungsbedingungen die kommerzielle Nutzung des Bildes ohne Beachtung der CC-Lizenz. Das ist Ihnen jedoch nicht erlaubt, da der Urheber die Übertragung seines Bildes nur unter der CC-Lizenz zugelassen hat. Damit haben Sie gegen die CC-Lizenzbedingungen verstoßen und mit der Einstellung des Bildes bei Facebook eine Urheberrechtsverletzung begangen. Dieselbe Problematik besteht auch bei der Nutzung von Stockarchivbildern, wie Sie in »Stockarchivbilder und Social Media-Plattformen« nachlesen können.

Sie können die CC-Inhalte jedoch dort verwenden, wo eine solche Rechteübertragung nicht stattfindet, zum Beispiel in Ihrem eigenen Blog.

Tipp — Auch auf YouTube ist die Nutzung fremder CC-Inhalte möglich, solange es sich um Videos anderer YouTube-Nutzer handelt, die diese unter einer CC-BY-Lizenz freigegeben haben. Eine Erklärung zur Nutzung von CC-Inhalten finden Sie auf http://www.youtube.com/t/creative_commons. Warum YouTube nur die Nutzung von CC-Vorlagen anderer YouTube-Nutzer erlaubt, erfahren Sie in »Social Media-Plattformen und Einräumung von Nutzungsrechten«.

Beispiel der Nutzung von CC-lizensierten Inhalten

In diesem Beispiel lernen Sie anhand eines fiktiven Blogartikels über Social Media, wie CC-Lizenzen praktisch genutzt werden können. Im ersten Teil verwenden Sie einen Text aus der *Wikipedia* und im zweiten bebildern Sie den Artikel mit einem Bild aus dem Bilderarchiv *Flickr*.

Nutzung eines CC-Textes

Tipp — Dank Creative-Commons-Lizenzen gibt es einen großen Pool kostenlos verfügbarer urheberrechtlich geschützter Inhalte. Setzen Sie die Suchbegriffe »creative commons quellen« ein, um aktuelle Quellen zu finden.

In Ihrem Artikel möchten Sie über soziale Medien schreiben. Den Artikel möchten Sie mit einer Definition von »Social Media« beginnen. In der *Wikipedia* finden Sie genau die Definition, die Sie suchen. Sie könnten diese mit eigenen Worten wiedergeben, aber das kostet Zeit und gelingt vielleicht nicht so gut. Ein Zitat scheidet ebenfalls aus, da Sie mit dem Zitat weder eigene Gedanken belegen noch nur einen kurzen Ausschnitt der Definition verwenden wollen. Doch zum Glück stehen (fast) alle Inhalte der Wikipedia unter einer CC- Lizenz »Namensnennung, Wiedergabe unter gleichen Bedingungen« (Abbildung 4-20).

> Diese Seite wurde zuletzt am 13. September 2011 um 14:05 Uhr geändert.
>
> Der Text ist unter der Lizenz „Creative Commons Attribution/Share Alike" verfügbar; sind in den Nutzungsbedingungen beschrieben.
> Wikipedia® ist eine eingetragene Marke der Wikimedia Foundation Inc.
>
> Datenschutz   Über Wikipedia   Impressum   Mobile Ansicht

◀ **Abbildung 4-20**
Am Ende der Wikipedia-Seiten finden Sie einen Hinweis auf die CC-Lizenz. Bei Bildern müssen Sie auf diese klicken, um zum Lizenzhinweis zu gelangen. Übrigens haben auch viele andere Sites und Blogs CC-Hinweise am Ende der Seiten stehen. Achten Sie darauf.

Sie können die ganze Definition von Social Media aus der Wikipedia in Ihrem Artikel verwenden, solange Sie die Lizenzbedingungen beachten:

Namensnennung Das bedeutet, Sie müssen zuerst den Namen des Autors/Rechteinhabers nennen, einen Link zur Quelle setzen, also zum Artikel, sowie einen verlinkten Hinweis auf die Lizenz platzieren. Als Autor reicht hier ausnahmsweise »Wikipedia«, da es ein Sammelwerk vieler Autoren ist, deren Einzelnennung praktisch unmöglich wäre und die zudem nicht einzeln in der Wikipedia benannt werden. Da Sie den Artikel nicht ganz übernommen, sondern nur als Teil in Ihren Artikel eingefügt haben, handelt es sich zudem um eine Bearbeitung, auf die Sie hinweisen müssen.

Weitergabe unter gleichen Bedingungen Da Sie aus dem Artikel der *Wikipedia* einen Teil entnommen und mit Ihrem eigenen Text verbunden haben, handelt es sich um eine Bearbeitung des Wikipedia-Artikels. Das bedeutet, dass Ihr Artikel unter derselben Lizenz wie der Wikipedia-Artikel veröffentlicht werden muss. Das gilt nicht, wenn Sie nur einen kurzen Ausschnitt als Zitat verwenden. Lesen Sie dazu den Abschitt »Gesetzliche Urheberrechtsausnahmen« oben in diesem Kapitel.

> Das aufkeimende Interesse an den neuen Medien ist seit Mitte der 1990er Jahre beobachten; vor kurzem haben Unternehmen damit begonnen, das wirtschaftli Potenzial dieser Medien stärker zu nutzen.
>
> Dieser Artikel erscheint unter CC-BY-SA, Definition von Social Media aus Wikipedia, CC-BY-SA

◀ **Abbildung 4-21**
Die Lizenzbedingungen sind erfüllt: Sie haben die Namensnennung beachtet, auf die Bearbeitung mit »Definition Social Media aus ...« hingewiesen und Quelle und Lizenz Ihrer Vorlage verlinkt.

Nutzung eines CC-Bildes

Nachdem Sie den Artikel fertiggeschrieben haben, möchten Sie ihn noch kostenlos mit einem CC-Bild schmücken.

Im ersten Schritt müssen Sie eine Quelle für CC-Bilder finden. Mittlerweile bieten viele Bilderdatenbanken und Suchmaschinen spezielle Optionen für die Suche von CC-Inhalten. Sie finden diese meistens in der erweiterten Suche. Eine umfangreiche Quelle für Bilder ist *Flickr*, ein Netzwerk für Fotografen und Bildenthusiasten, in dem Bilder eingestellt, bewertet oder diskutiert werden (*http://flickr.com*). Als eines der ersten Portale implementierte *Flickr* die Möglichkeit, Bilder unter den CC-Lizenzen zu veröffentlichen. Wenn Sie die erweiterte Bildersuche des Portals verwenden (*http://flickr.com/search/advanced*), können Sie auch nach Inhalten unter CC-Lizenzen suchen (siehe Abbildung 4-22).

 Tipp   Auch die erweiterte Google-Bildersuche erlaubt die Suche nach CC-Bildern. Es wird jedoch nicht der Begriff »Creative Commons« benutzt, sondern es heißt allgemein »zur Wiederverwendung gekennzeichnete Bilder« (siehe *http://bit.ly/oWLWyF*).

Abbildung 4-22 ▶
Wenn Sie die erweiterte Bildersuche bei Flickr wählen (oberer Teil des Bildes), können Sie die Bildersuche auf CC-Bilder beschränken.

Haben Sie ein passendes Bild gefunden, müssen Sie genau prüfen, ob seine Lizenzbedingungen mit Ihren Wünschen übereinstimmen. Angenommen, Sie benötigen ein Bild zur kommerziellen Nutzung: Wenn der Lizenzhinweis neben dem Bild zeigt, dass es sich um eine CC-Lizenz »Namensnennung« handelt, dürfen Sie das Bild Ihren Vorstellungen entsprechend verwenden (siehe Abbildung 4-23).

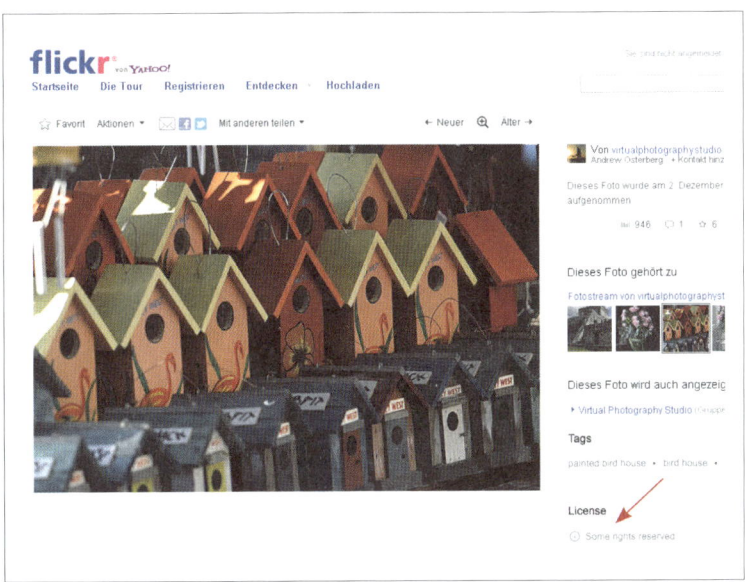

◀ **Abbildung 4-23**
Die Lizenzhinweise sind nicht immer einfach zu finden. Bei Flickr stehen sie klein rechts neben dem Bild. Wenn Sie das Lizenz-Icon anklicken, gelangen Sie zur CC-Lizenzbeschreibung (Quelle: Andrew Osterberg, http://bit.ly/pmdvZz; CC-BY, http://bit.ly/nSt108).

Nachdem Sie das Bild im Artikel eingestellt haben, müssen Sie auch in diesem Fall die Bedingung der Namensnennung erfüllen. Sie können den Hinweis auf den Urheber und die Lizenz direkt unter dem Bild positionieren, aber auch unter dem Artikel (siehe Abbildung 4-24).

Das aufkeimende Interesse an den neuen Medien ist seit Mitte der 1990er Jah
zu beobachten; vor kurzem haben Unternehmen damit begonnen, das wirtschaftliche Potenzial dieser Medien stärker zu nutzen.

Dieser Artikel erscheint unter CC-BY-SA, Definition von Social Media aus Wikipedia, CC-BY-SA, Bild: Andrew Osterberg, CC-BY

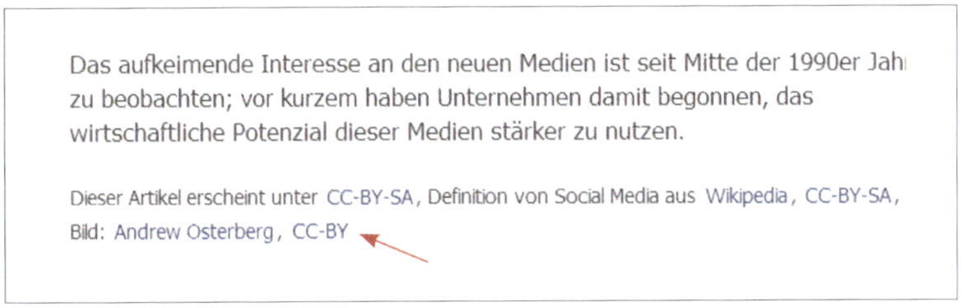

◀ **Abbildung 4-24**
Die Lizenzbedingungen für das Bild werden mit der Nennung des Autors nebst Verlinkung zum Bild sowie der Nennung und Verlinkung der CC-Lizenz erfüllt, unter der das Bild steht. Übrigens müssen Sie nicht »CC-BY« schreiben: »CC« reicht, solange Sie zur richtigen Lizenz verlinken.

Eigene Werke unter der CC-Lizenz veröffentlichen

Tipp Viele Plattformen, zum Beispiel Flickr, bieten die Möglichkeit, Inhalte schon beim Hochladen mit CC-Lizenzen zu kennzeichnen.

Sie können auch eigene Inhalte unter einer CC-Lizenz veröffentlichen und damit zum Pool freier Werke im Internet beitragen. Falls Sie zum Beispiel Inhalte in Ihrem Blog freigeben, sollten Sie genau angeben, in welchem Umfang Sie das tun:

Alle Inhalte freigeben Platzieren Sie einen CC-Hinweis zum Beispiel am Ende jeder Seite, im Seitenbereich eines Blogs oder im Impressum. Tun Sie das nur, wenn Sie sich sicher sind, dass Sie auch das Recht haben, alle Inhalte freizugeben. Sollten Sie zum Beispiel einmal ein Bild aus einem Stockarchiv verwenden, wäre dessen Freigabe unter einer CC-Lizenz ein Verstoß gegen die Lizenzbedingungen des Stockarchivs und damit eine Urheberrechtsverletzung. Im Zweifel sollten Sie deshalb besser nur einen Teil der Inhalte freigeben.

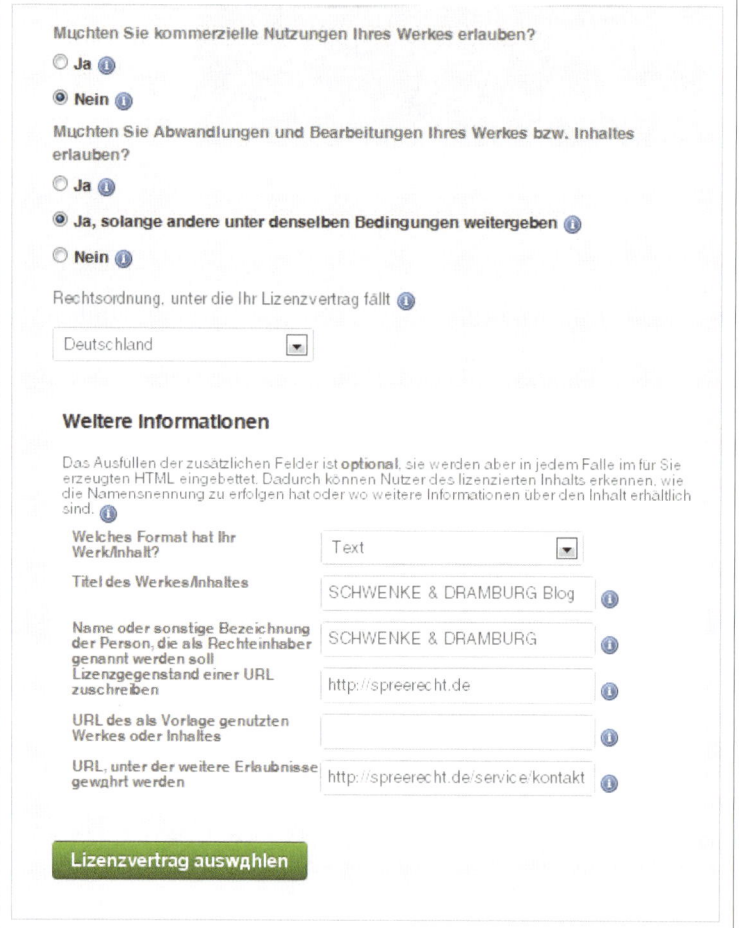

Abbildung 4-25 ▶
Der CC-Lizenzgenerator hilft Ihnen bei der Erstellung einer Lizenz. Ferner können Sie Ihren CC-Lizenzhinweis so mit Metaangaben versehen. Wenn jemand Ihren CC-Hinweis anklickt, wird so automatisch ein Hinweis beigesteuert, an welche Stelle er sich wenden muss, falls er weitere Rechte erhalten möchte, zum Beispiel um ein Werk kommerziell nutzen zu dürfen.

Einen Teil der Inhalte freigeben Dafür schreiben Sie in den CC-Hinweis, welche Inhalte Sie freigeben bzw. ausschließen. Beispiele: »Die CC-Lizenz ist auf die Texte beschränkt.« »Die CC-

Lizenz ist auf die Texte von Peter Mustermann beschränkt.« »Die CC-Lizenz gilt nicht für Bilder, die mit einem Copyright-Hinweis versehen sind.« »Sofern nicht anders angegeben, stehen die Inhalte dieses Blogs unter der CC-Lizenz.«

Bestimmte Inhalte freigeben Sie können den CC-Hinweis auch neben dem jeweiligen Inhalt platzieren, zum Beispiel in einer Bildergalerie ein CC-Icon unter jedem Bild oder in einem Blog nach Bedarf unter den Artikeln.

Tipp Links zu den jeweiligen Lizenzen finden Sie unter *http://de.creativecommons.org/was-ist-cc*, den Lizenzgenerator unter *http://creativecommons.org/choose/?lang=de*.

Den Lizenzhinweis können Sie entweder selbst erstellen, indem Sie ein CC-Icon verwenden oder »CC« ausschreiben und mit der jeweiligen Lizenzbeschreibung verlinken. Sie können aber auch den CC-Lizenzgenerator benutzen. Sein Vorteil ist, dass Sie bei der Wahl der Lizenz unterstützt werden und ein Icon sowie den passenden HTML-Code erhalten.

◀ **Abbildung 4-26**
Der mit dem CC-Lizenzgenerator erstellte HTML-Code kann direkt in das Blog eingebunden werden, wie hier in das Blog des Autors. Die Beschränkung auf Texte wurde eigenhändig hinzugefügt.

Checkliste: CC-Lizenz einräumen (am Beispiel eines Bildes)

Ist das Bild urheberrechtlich geschützt?

Habe ich ein Recht, über das Bild zu verfügen?
- Bild selbst erstellt
- Vom Urheber die Erlaubnis zur Freigabe unter CC erhalten

Habe ich ein Recht, über das Motiv zu verfügen?
- Abgebildete urheberrechtlich geschützte Werke
- Abgebildete Person
- Markenrechte
- Eigentümer eines Grundstücks, Veranstalter eines Events

Weiß ich, welche Lizenz ich wählen möchte?
- BY
- BY-SA
- BY-ND
- BY-NC
- BY-NC-SA
- BY-NC-ND

Lizenzhinweis mit Link zur Lizenz erstellen und neben dem Bild platzieren.

Vorteile und Gefahren von CC-Lizenzen

Die *Vorteile* von Creative-Commons-Lizenzen sind folgende:

Geschwindigkeit und Rechtssicherheit Man muss keine juristisch schwierigen Einzelverhandlungen führen, die viele Fallstricke haben können.

Das Urheberrecht bleibt erhalten Es werden nur bestimmte Nutzungen erlaubt. So kann der Urheber unter anderem weiterhin rufschädigende Nutzung oder Entstellung seines Werkes verbieten und so zum Beispiel die Nutzung seiner Bilder auf einer Naziseite untersagen.

Einzelverhandlungen bleiben möglich Wenn man zum Beispiel ein Werk abweichend von der CC-Lizenz kommerziell nutzen möchte, kann man sich mit dem Lizenzgeber individuell darauf einigen.

Keine Kosten Die Nutzung von CC-Inhalten ist kostenlos.

Große Verbreitung Der Pool an freien Inhalten wächst und die standardisierte Lizenz erleichtert deren Nutzung.

Imagepflege Internetnutzer schätzen es, wenn andere Nutzer oder Unternehmen dem Gemeinschaftsgedanken folgen und Inhalte unter den CC-Lizenzen freigeben.

Daneben bringt die Nutzung von CC-Inhalten auch *Gefahren* mit sich:

Missbrauch Es kann passieren, dass jemand einen Inhalt unter einer CC-Lizenz veröffentlicht, obwohl er keine Rechte an dem Inhalt hat. Wenn Sie das Bild verwenden, begehen Sie damit eine Urheberrechtsverletzung.

Motive sind nicht von der CC-Lizenz umfasst Anders als bei Stockbilderarchiven umfassen die CC-Lizenzen bei Bildern und Videos nur die Rechte am Bild oder Video. Dagegen gelten die CC-Lizenzen nicht für die Motive. Das bedeutet: Wenn auf dem Bild eine Person abgebildet ist, brauchen Sie eine Einwilligung der abgebildeten Person. Dazu sollten Sie zumindest den Urheber des Bildes fragen, ob die Person mit der von Ihnen beabsichtigten Nutzung einverstanden ist. Um ganz sicher zu gehen, müssen Sie nach den Kontaktdaten der abgebildeten Person fragen, um eine Einwilligung von ihr einzuholen.

Keine Haftung Weder der Lizenzgeber noch die Organisation Creative Commons haften für Fehler, die sich aus der Nutzung der CC-Lizenzen ergeben. Eine Ausnahme gilt, wenn jemand bewusst ein Bild unter eine CC-Lizenz stellt, ohne es zu dürfen. Hier dürfte das Problem jedoch darin liegen, denjenigen ausfindig zu machen.

Urheberrechtsverletzung bei Lizenzverstoß Die CC-Lizenz hebt nicht das Urheberrecht an Inhalten auf, sondern erlaubt nur ihre Nutzung unter bestimmten Bedingungen. Wenn Sie gegen die Bestimmungen einer CC-Lizenz verstoßen, gilt diese Erlaubnis nicht mehr und Sie begehen eine Urheberrechtsverletzung.

Die Lizenz ist nicht widerrufbar Das müssen Sie beachten, wenn Sie Inhalte unter der CC-Lizenz freigeben. Sie können natürlich den CC-Hinweis zum Beispiel aus Ihrem Blog entfernen. Aber falls jemand das Bild schon verwendet hat und es an anderer Stelle mit dem Lizenzhinweis auftaucht, können Sie die weitere Verbreitung nicht stoppen.

Keine Rechte zur Freigabe Urheber, die schon jemand anderem eine ausschließliche Lizenz an einem Werk eingeräumt haben, dürfen es nicht unter der CC-Lizenz veröffentlichen. Eine ausschließliche Lizenz zu vergeben, bedeutet schließlich, dass nur der Lizenznehmer über die weitere Verwendung des Werkes entscheiden darf. Das kann zum Beispiel bei Fotografen der Fall sein, die alle Rechte an einem Bild an eine Agentur übertragen haben, oder bei Musikern, die bei der GEMA angemeldet sind.

Trotz dieser Gefahren wäre es falsch anzunehmen, dass CC-Lizenzen besser nicht genutzt werden sollten. Es kommt ganz auf den Einsatzzweck an. In Fällen, wo viele Investitionen auf dem Spiel stehen – zum Beispiel bei Werbekampagnen –, ist es tatsächlich vorteilhafter, Bilder einzukaufen. Zum einen ist die Auswahl an bezahlten Bildern größer und zum anderen sind die Anbieter bei Verstößen leichter in Haftung zu nehmen. Wenn es aber um die Bebilderung von Blogbeiträgen geht, können Sie beruhigt auf die CC-Lizenzen zurückgreifen.

In den bisherigen Gerichtsentscheidungen zu den CC-Lizenzen ging es in der Regel darum, dass »nicht kommerzielle« Inhalte widerrechtlich kommerziell eingesetzt worden waren.

Die bisherigen Gerichtsentscheidungen zu CC-Lizenzen zeigen zudem, dass die Fehler einfach zu vermeiden sind: Meist waren Fehler bei der Namensnennung gemacht bzw. »Nicht kommerziell«-Lizenzen kommerziell verwendet worden.

| **Tipp** | Vertiefende Ausführungen zur Anwendung von Creative-Commons-Lizenzen finden Sie in dem kostenlosen "Creative Commons Leitfaden für die Praxis" von Dr. Till Kreutzer: *http://bit.ly/wX0rjP* | |

Abbildung 4-27 ▶
Im Rahmen der gerichtlichen Auseinandersetzung über dieses Werbeplakat wurde deutlich, dass CC-Lizenzen nur für das Bild, aber nicht für das Motiv gelten. Die Telefongesellschaft Virgin hatte ein CC-Bild für eine Werbekampagne verwendet, ohne eine Einwilligung der abgebildeten Frau einzuholen (Quelle: Brenton Cleeland, http://bit.ly/oi5Jtp).

Social Media-Plattformen und Einräumung von Nutzungsrechten

Ein wichtiger Umstand, der Nutzer von Social Media-Plattformen bewusst sein muss, ist die Einräumung von Nutzungsrechten an den eingestellten Inhalten.

Hinweis Details zu den Auswirkungen dieser Problematik sind in »Stockarchivbilder und Social Media-Plattformen« nachzulesen.

In den Nutzungsbedingungen der Plattformen finden sich Klauseln, mit denen sich die Plattformbetreiber kostenlos Rechte zum Nutzung, Verwertung und Übertragung von Nutzerinhalten sichern. Diese Einräumung von Nutzungsrechten muss nicht unbedingt bedeuten, dass die Inhalte zum Beispiel an Dritte verkauft werden. Oft soll damit nur gesichert werden, dass die Plattforminhaber ohne rechtliche Risiken Inhalte bearbeiten oder löschen können.

Dennoch hat diese Nutzungseinräumung erhebliche Konsequenzen. So ist zum Beispiel die Verwendung von Stockarchivbildern oder Inhalten unter Creative-Commons-Lizenzen eingeschränkt. Die AGB der Stockarchivanbieter verbieten eine solche Rechteeinräumung ebenso wie die Bedingungen der Creative-Commons-Lizenzen.

Hinweis Diese Problematik ist noch nicht gerichtlich entschieden. Es ist durchaus möglich, dass Creative-Commons-Inhalte und Stockarchivbilder verwendet werden dürfen, wenn sich eine Plattform lediglich die Nutzungsrechte einräumt, die für die Verwaltung und Darstellung der Inhalte notwendig sind (zum Beispiel Google+ und Wordpress.com). Da Sie jedoch das Risiko tragen, dass die Gerichte auch in solchen Fällen einen Rechtsverstoß annehmen, sollten Sie die Rechteinhaber vor der Verwendung der Inhalte auf Social Media-Plattformen fragen.

Diese Einräumung von Nutzungsrechten sollte Sie nicht von Ihren Social Media-Aktivitäten abschrecken. Wenn Sie wissen, welche Rechte Sie in welchem Umfang übertragen, können Sie die potenziellen Risiken einschätzen und Rechtsverletzungen vermeiden. Dabei hilft Ihnen der folgende Überblick.

Umfang der eingeräumten Rechte

Der nachfolgende Überblick zeigt, in welchem Umfang Sie Social Media-Plattformen Nutzungsrechte an den von Ihnen eingestellten Inhalten einräumen. Der Übersicht folgt eine Einschätzung der rechtlichen Zulässigkeit der Nutzungseinräumung und ihrer Auswirkungen auf die Praxis. Die nachfolgend genannten Klauseln finden Sie in fast allen Nutzungsbedingungen der Social Media-Anbieter.

Facebook

Die nebenstehenden Nutzungsbedingungen von Facebook sind unter https://facebook.com/terms.php zu erreichen und werden für Nutzer mit Wohnsitz in Deutschland hier ergänzt: http://facebook.com/terms/provisions/german/index.php.

»Du bist Eigentümer aller Inhalte und Informationen, die du auf Facebook postest. Zudem kannst du mithilfe deiner Privatsphäre- und Anwendungseinstellungen kontrollieren, wie diese Informationen ausgetauscht werden.

Für Inhalte wie Fotos und Videos (»IP-Inhalte«), die unter die Rechte an geistigem Eigentum fallen, erteilst du uns durch deine Privatsphäre- und Anwendungseinstellungen die folgende Erlaubnis: Du gibst uns eine nicht-exklusive, übertragbare, unterlizenzierbare, gebührenfreie, weltweite Lizenz für die Nutzung jeglicher IP-Inhalte, die du auf oder im Zusammenhang mit Facebook postest (»IP-Lizenz«). [Dies] gilt mit der Maßgabe, dass unsere Nutzung dieser Inhalte auf die Verwendung auf oder in Verbindung mit Facebook beschränkt ist.

Diese IP-Lizenz endet, wenn du deine IP-Inhalte oder dein Konto löschst, außer deine Inhalte wurden mit anderen Nutzern geteilt und diese haben die Inhalte nicht gelöscht.

[...]

11. Besondere Bestimmungen für Werbebetreibende

Wir können deine Werbeanzeigen und die damit verbundenen Inhalte und Informationen zu Marketing- oder Werbezwecken verwenden.«

Die Nutzungsbedingungen von Facebook beginnen mit einer für Social Media-Plattformen typischen Einführung: »Du bist Eigentümer aller Inhalte und Informationen, die du auf Facebook postest.« Das bedeutet nur so viel, dass nicht alle Rechte an den Inhalten an Facebook übertragen werden und die Urheber ihre Urheberrechte nicht komplett aufgeben. Diese Klausel hat rechtlich wenig zu bedeuten, insbesondere weil das Urheberrecht nicht im Ganzen auf jemand anderen übertragen werden kann. Sie ist mehr als eine Erklärung des guten Willens zu verstehen.

Hinweis   Die Klausel »Du bist Eigentümer« bedeutet nicht, dass die Nutzer Urheberrechte an Inhalten erhalten, die zuvor nicht urheberrechtlich geschützt waren. Sie ist lediglich ein Hinweis für den Fall, dass das Urheberrecht bereits besteht.

Inhalte, die Nutzer nur ihren Freunden zugänglich machen, darf Facebook nur innerhalb des Freundeskreises zum Beispiel für Werbezwecke nutzen.

Der nächste Passus »Zudem kannst du mithilfe deiner Privatsphäre- und Anwendungseinstellungen kontrollieren, wie diese Informationen ausgetauscht werden« ist so zu verstehen, dass Inhalte, die durch Nutzer ausdrücklich nur gegenüber bestimmten Kreisen zugänglich gemacht worden sind, nicht darüber hinaus verwendet werden dürfen. Damit sind zum Beispiel Fotografien gemeint, die nur für Freunde eines Profils sichtbar sind. Diese dürfte Facebook nicht für Werbezwecke außerhalb des Freundeskreises nutzen. Ferner bedeutet die Beschränkung »auf die Verwendung auf oder in Verbindung mit Facebook«, dass die Inhalte zum Beispiel nur für Werbung verwendet werden dürften, die Facebook betrifft.

Die nächste Klausel ist die eigentliche Lizenzeinräumung: »Für Inhalte wie Fotos und Videos [...] erteilst du uns [...] die folgende Erlaubnis: Du gibst uns eine nicht-exklusive, übertragbare, unterlizenzierbare, gebührenfreie, weltweite Lizenz für die Nutzung jeglicher IP-Inhalte, die du auf oder im Zusammenhang mit Facebook postest (»IP-Lizenz«).«

»Nicht-exklusiv« bedeutet, dass Sie weiterhin das Recht haben, über Ihre Fotografien, Texte oder Videos frei zu verfügen und auch anderen Lizenzen zu erteilen. »Übertragbar« und »unterlizenzierbar« heißt, dass Facebook die Inhalte auch Dritten zur Nutzung überlassen kann. So kann zum Beispiel Facebook seinen Anwendungen das Recht übertragen, Ihr Profilbild zu verwenden. »Gebührenfrei« bedeutet, dass Sie keinen Anspruch gegenüber Facebook haben, für die Einräumung der Nutzungsrechte ein Entgelt zu erhalten.

»Weltweite Lizenz« bedeutet wiederum, dass Facebook die von Ihnen eingestellten Inhalte nicht nur in Deutschland, sondern weltweit nutzen darf. Die Formulierung »auf oder im Zusammenhang mit Facebook postest« ist etwas unklar, dürfte aber auch Inhalte umfassen, die zum Beispiel auf dem Server eines Unternehmens liegen, aber über eine Applikation in eine Facebook-Fanseite eingebettet werden.

Der Abschnitt »diese IP-Lizenz endet, wenn du deine IP-Inhalte oder dein Konto löschst, außer deine Inhalte wurden mit anderen Nutzern geteilt und diese haben die Inhalte nicht gelöscht« bedeutet zunächst, dass die Lizenz, die Sie Facebook erteilt haben, endet, wenn Sie zum Beispiel ein Bild aus Ihrem Fotoalbum entfernen. Haben aber andere Nutzer das Bild geteilt, also auf ihre Pinnwände kopiert, bleibt Facebook die Lizenz an dem Bild weiterhin erhalten.

Ganz vorsichtig sollten Sie mit den Inhalten sein, die Sie in den Facebook-Werbeanzeigen verwenden. Hier räumt sich Facebook ein umfangreiches Recht ein, diese für eigene Marketingzwecke zu nutzen: »Wir können deine Werbeanzeigen und die damit verbundenen Inhalte und Informationen zu Marketing- oder Werbezwecken verwenden.«

Zusammengefasst, müssen Sie damit rechnen, dass die von Ihnen eingestellten Inhalte zumindest innerhalb der Facebook-Plattform für Werbezwecke verwendet werden.

Abbildung 4-28 ▶
Wenn ein Nutzer Ihr Bild auf seiner Pinnwand »geteilt« hat, bleibt die gegenüber Facebook eingeräumte Nutzungslizenz auch dann erhalten, wenn Sie das Bild in Ihrem Profil löschen.

Google+

Diese Nutzungsbedingungen von Google+ sind unter *http://www.google.de/accounts/TOS* zu erreichen.

»Indem Sie urheberrechtlich oder sonst rechtlich geschützte Inhalte wie beispielsweise Texte, Bilder, Videos, Audiofiles oder Computersoftware in einen bestimmten Dienst einstellen, räumen Sie dadurch Google und den zur Google Gruppe gehörenden Unternehmen sowie den Vertragspartnern von Google die notwendigen, nicht-ausschließlichen und weltweiten, zeitlich unbegrenzten Rechte ein, diese Inhalte ausschließlich zum Zweck der Erbringung des jeweiligen Dienstes und lediglich in dem dafür nötigen Umfang zu nutzen.

[...] Weiterhin räumen Sie Google das Recht der öffentlichen Zugänglichmachung Ihrer Inhalte ausschließlich für den Fall ein, dass Sie wegen der Natur des jeweiligen Dienstes eine öffentliche Zugänglichmachung beabsichtigen [...]

Das Recht der öffentlichen Zugänglichmachung endet mit dem Zeitpunkt, in dem Sie einen eingestellten Inhalt aus einem bestimmten Dienst entfernen oder die Bestimmung der öffentlichen Zugänglichmachung aufheben.«

Die Nutzungsbedingungen von Google+ ähneln denen von Facebook. Auch hier räumen Sie Google ein nicht-exklusives und weltweites Recht an den Inhalten ein. Ebenfalls darf Google diese Nutzungsrechte an Dritte weiterübertragen. Auch können Sie mit Ihren Privatsphäreneinstellungen bestimmen, dass nur für bestimmte Personen zugängliche Inhalte nicht jenseits dieser Kreise verwendet werden dürfen.

Der wesentliche Punkt ist, dass Google sich die Nutzungsrechte »ausschließlich zum Zweck der Erbringung des jeweiligen Dienstes und lediglich in dem dafür nötigen Umfang« einräumen lässt. Damit räumt Google die Befürchtungen aus, dass die Nutzerinhalte zum Beispiel zwecks Bewerbung der Plattform Google+ verwendet werden könnten. Ferner erfolgt die Übertragung der Nutzungsrechte, anders als in der Klausel bei Facebook, nicht »gebührenfrei«. Angesichts der Tatsache, dass Google die Inhalte nicht für andere Zwecke als die Zurverfügungstellung der Plattform verwenden will, hätte dieser Zusatz ohnehin kaum Bedeutung.

Es spricht Vieles dafür, dass aufgrund dieser Selbstbeschränkung von Google Bilder aus Stockarchiven und Creative-Commons-Inhalte auf Google+ verwendet werden dürfen. Da hierzu noch keine Urteile vorliegen, tragen Sie das Risiko, falls ein Gericht das doch anders sehen sollte.

Twitter

»Der Benutzer behält die Rechte auf alle von ihm in den Services eingetragenen oder angezeigten Inhalte. Durch die Übermittlung, Veröffentlichung und/oder Anzeige von Inhalten in den Services räumt der Benutzer Twitter die nicht-exklusive, gebührenfreie und weltweite Erlaubnis ein (einschließlich Recht auf Erteilung von Unterlizenzen), diese Inhalte in sämtlichen jetzt bekannten oder später entwickelten Medien oder Vertriebsmethoden zu benutzen, zu kopieren, zu vervielfältigen, zu verarbeiten, anzupassen, zu verändern, zu veröffentlichen und zu übertragen.«

Die nebenstehenden Nutzungsbedingungen von Twitter finden Sie unter *https://twitter.com/tos*.

Twitter lässt sich mehr Rechte als Google+ oder Facebook einräumen. Im ersten Teil entspricht die Nutzungsübertragung der von Facebook. Sie gilt weltweit, der Nutzer hat keinen Anspruch auf ein Entgelt und Twitter darf das Recht zur Nutzung der Nutzerinhalte Dritten einräumen. Im Unterschied zu Facebook oder Google+ räumt sich Twitter aber auch das Recht ein, die Inhalte zu bearbeiten. So wäre es rein theoretisch möglich, dass ein von einem Nutzer hochgeladenes Bild zugeschnitten und mit Werbetexten versehen wird. Facebook dagegen dürfte das Bild selbst nicht verändern, sondern allenfalls einen Werbetext drunterschreiben.

YouTube

Die nebenstehenden Nutzungsbedingungen von YouTube sind unter *http://www.youtube.com/t/terms* zu erreichen.

»Indem Sie Nutzerübermittlungen bei YouTube hochladen oder posten, räumen Sie

A) YouTube eine weltweite, nicht-exklusive und gebührenfreie Lizenz ein (mit dem Recht der Unterlizenzierung) bezüglich der Nutzung, der Reproduktion, dem Vertrieb, der Herstellung derivativer Werke, der Ausstellung und der Aufführung der Nutzerübermittlung im Zusammenhang mit dem Zur-Verfügung-Stellen der Dienste und anderweitig im Zusammenhang mit dem Zur-Verfügung-Stellen der Webseite und YouTubes Geschäften, einschließlich, aber ohne Beschränkung auf Werbung für und den Weitervertrieb der ganzen oder von Teilen der Webseite (und auf ihr basierender derivativer Werke) in gleich welchem Medienformat und gleich über welche Verbreitungswege;

B) jedem Nutzer der Webseite eine weltweite, nicht-exklusive und gebührenfreie Lizenz ein bezüglich des Zugangs zu Ihren Nutzerübermittlungen über die Webseite sowie bezüglich der Nutzung, der Reproduktion, dem Vertrieb, der Herstellung derivativer Werke, der Ausstellung und der Aufführung solcher Nutzerübermittlung in dem durch die Funktionalität der Webseite und nach diesen Bestimmungen erlaubten Umfang.

Die vorstehend von Ihnen eingeräumten Lizenzen an Nutzervideos erlöschen, sobald Sie Ihre Nutzervideos von der Webseite entfernen.«

Die Nutzungsübertragungen an YouTube gelten weltweit und erlauben auch die Bearbeitung, ohne dass der Nutzer ein Recht auf Vergütung hat. Ferner können die Rechte auch an Dritte übertragen werden. So darf YouTube (beziehungsweise Google, dem YouTube gehört) anderen Websites gegen Entgelt die Genehmigung erteilen, Videos zu zeigen.

YouTube erlaubt automatisch allen anderen YouTube-Nutzern, Ihre Videos auf ihren Seiten abzuspielen. Sie haben jedoch die Möglichkeit, dieses Recht einzuschränken, indem Sie die Embedding (Einbetten)-Funktion ausschalten.

Auch bei YouTube ist die Nutzung von Inhalten aus Stockarchiven, zum Beispiel von gekauften Videosequenzen oder Musikstücken, nicht erlaubt.

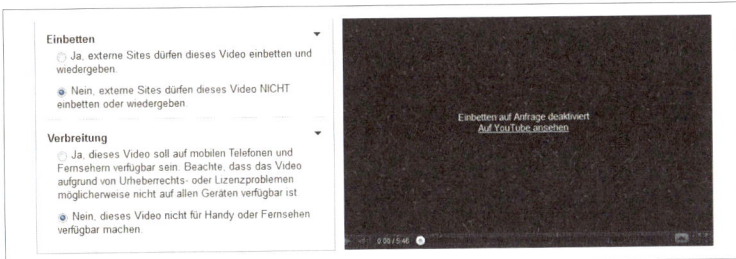

◀ **Abbildung 4-29**
Bei YouTube kann man die Nutzung der eigenen Videos einschränken. Die Rechte von YouTube an dem Inhalt werden nicht beschränkt.

Die Verwendung von Creative-Commons-Inhalten ist nur in einem eingeschränkten Umfang möglich. Da sich YouTube bedingungslos Nutzungsrechte an allen eingestellten Videos einräumt, dürfen keine Creative-Commons-Inhalte von »außerhalb« verwendet werden. Nur Videos, die andere Nutzer unter der Creative-Commons-BY-Lizenz freigegeben haben, dürfen von anderen Nutzern verwendet werden. Wie das genau funktioniert, erklärt YouTube in der Anleitung unter *http://www.youtube.com/t/creative_commons*.

Xing

»Das Unternehmen räumt der XING AG mit dem Einstellen seiner Inhalte in das Unternehmensprofil das Recht ein, diese Inhalte in Bezug auf alle Nutzungsarten zu nutzen, die im Zusammenhang mit deren Veröffentlichung auf XING stehen.«

Die Nutzungsbedingungen von Xing finden Sie unter *http://bit.ly/p8mTbs*.

Die obige Passage gilt nur für Inhalte im Zusammenhang mit den Xing-Unternehmensprofilen. Die Einschränkung auf den »Zusammenhang mit deren Veröffentlichung auf XING« bedeutet, dass zum Beispiel eine Werbung, in der Xing darauf hinweist, dass das jeweilige Unternehmen ein Xing-Profil hat, zulässig wäre. Eine Weitergabe für andere Zwecke scheidet hingegen aus.

Es besteht keine vergleichbare Nutzungseinräumung für die regulären Nutzerprofile. Das hätte ohnehin wenig Sinn, da Sie auf diesen nur das Profilbild als urheberrechtlich geschützten Inhalt einstellen können.

Wordpress.com

»By submitting Content to Automattic for inclusion on your Website, you grant Automattic a world-wide, royalty-free, and non-exclusive license to reproduce, modify, adapt and publish the Content solely for the purpose of displaying, distributing and promoting your blog.« [*Automattic* ist der Betreiber von Wordpress.com, Anm. des Verf.]

Die nebenstehenden Nutzungsbedingungen von Wordpress.com sind unter *http://en.wordpress.com/tos* zu erreichen.

Auch das Blogging-Netzwerk Wordpress.com lässt sich eine weltweite und entgeltlose (»world-wide, royalty-free«) Lizenz zur Vervielfältigung, Bearbeitung und öffentlichen Zugänglichmachung (»reproduce, modify, adapt and publish«) der Inhalte aller Blogs des Netzwerks einräumen. Ähnlich wie bei Google+ erfolgt dies nur, um das Blog darzustellen oder es zu bewerben (»solely for the purpose of displaying, distributing and promoting your blog«).

Daher spricht wie bei Google+ Vieles dafür, dass Inhalte aus Stockarchiven und Creative-Commons-Inhalte verwendet werden dürfen. Trotzdem sollten Sie sich bewusst sein, dass ein Restrisiko bleibt.

Praktische Risiken der Einräumung von Nutzungsrechten

Es ist kaum zu erwarten dass die etablierten Social Media-Plattformen wie Facebook oder YouTube die eingeräumten Nutzungsrechte außerhalb ihrer Plattformen verwenden werden. Die Reaktionen der Nutzer in der Vergangenheit zeigen, dass die Plattformen mit erheblicher negativer Publicity zu rechnen hätten.

> ### Fallbeispiel
> Als Facebook 2008 mit Namen bekannter deutscher Blogger für seinen Dienst außerhalb der Plattform warb, erntete es viele negative Schlagzeilen. Das geschah auch, als das Unternehmen im Jahr 2009 versuchte, die Nutzungsrechtseinräumung zu erweitern.

Dennoch handelt es sich bei den Plattformanbietern um wirtschaftlich agierende Unternehmen, die in Not diese Rechte geltend machen könnten. Zum Beispiel hat sich der Dienst *Twittpic*, mit dem sich Bilder hochladen und über Twitter veröffentlichen lassen, im Jahr 2011 entschlossen, Bilder von Prominenten an Fotoagenturen zu verkaufen.

Das Risiko besteht vor allem bei der Nutzung von fremden Inhalten, an denen man Dritten keine Nutzungsrechte einräumen darf. Das gilt ganz besonders für Stockarchivbilder.

Das heißt zusammengefasst, dass Sie bei großen Diensten wie Facebook, Google+ und YouTube relativ sicher sein können, dass Ihre Bilder zumindest nicht außerhalb der Plattformen verwendet werden. Bei kleineren Anbietern und Drittservices sollten Sie jedoch genau die Nutzungsbedingungen lesen und unter Umständen mit dem Restrisiko leben, dass Ihre Inhalte doch anderweitig verwendet werden können.

Jedoch sollten Sie immer darauf achten, keine Inhalte zu verwenden, die Sie nur unter der Bedingung nutzen dürfen, dass Sie Dritten keine Nutzungsrechte an ihnen einräumen.

◀ **Abbildung 4-30**
Facebook verwendet Nutzerinhalte für Werbezwecke innerhalb der Plattform bisher in einem eher geringen Rahmen. Unternehmen können Werbeanzeigen schalten, in denen Facebook-Mitgliedern angezeigt wird, dass ihre Freunde bereits Fans des Unternehmens sind (sogenannte »gesponserte Meldungen«). Quelle: Facebook-Werbevideo unter http://on.fb.me/nLYKMC.

Rechtliche Zulässigkeit der Nutzungsrechtseinräumung

Es ist aus deutscher Sicht zweifelhaft, ob die von den Social Media-Plattformen vorgegebenen Nutzungsrechtseinräumungen rechtlich zulässig sind. Unabhängig von der Bezeichnung als »Nutzungsbedingungen«, »Terms of Service« oder »AGB« handelt es sich bei den Nutzungsbedingungen der Plattformen um Allgemeine Geschäftsbedingungen im Sinne des Gesetzes. Und diese unterliegen wiederum strengen gesetzlichen Anforderungen (§§ 305-310 des Bürgerlichen Gesetzbuchs). Folgende Verbote spielen dabei eine Rolle:

Verbot überraschender Klauseln Eine Klausel ist überraschend, wenn man mit ihr in vergleichbaren AGB nicht rechnen muss. Hier ließe es sich gut vertreten, dass diese Nutzungseinräumung gerade für alle Social Media-Plattformen typisch, also nicht überraschend ist.

Verbot unangemessener Benachteiligung Eine Klausel enthält eine unangemessene Benachteiligung, wenn sie von wesentlichen gesetzlichen Grundgedanken abweicht. Ein solcher Gedanke ist, dass ein Urheber angemessen an der Nutzung seines Werks beteiligt werden muss (§ 32 UrhG). Die stets »gebührenfreie«

Die Frage, ob es rechtlich zulässig ist, dass sich Social Media-Plattformen Nutzungsrechte einräumen lassen, wurde bisher noch nicht gerichtlich geklärt. Daher kann die Wirksamkeit der Rechteeinräumungen noch nicht abschließend beurteilt werden.

Einräumung von Nutzungsrechten bedeutet aber, dass ein Nutzer auch dann kein Geld sehen würde, wenn der Plattformanbieter mit seinen Inhalten große Beträge erwirtschaftet. Damit sind derartige Klauseln in der Tat »unangemessen benachteiligend«.

Eine weitere Frage ist, ob man das deutsche AGB-Recht auf diese Klauseln überhaupt anwenden kann. Facebook sagt am Ende der Nutzungsbedingungen ausdrücklich, dass deutsches Recht anzuwenden ist. Bei anderen Plattformen dürfen sich zumindest Verbraucher auf das deutsche Recht berufen. Unternehmer müssen im Zweifel das Recht wählen, das die Nutzungsbedingungen festlegen, also in der Regel das US-amerikanische. Die Frage des anwendbaren Rechts wird jedoch meistens hypothetisch sein, weil sich eine Klage gegen ein in den USA ansässiges Unternehmen wegen einer Verletzung von Nutzungsrechten an einem Bild oder anderen Inhalten nur selten lohnen wird.

Unterm Strich sollten Sie also davon ausgehen, dass es Ihnen wenig hilft, sich darauf zu berufen, dass die Rechteeinräumung unwirksam sei. Verwenden Sie also nur dann Inhalte auf Social Media-Plattformen, wenn Sie sich sicher sind, dass kein Dritter etwas dagegen hat, dass die Plattformen Nutzungsrechte an ihnen erhalten.

Tipp   Wenn Sie Lizenzen verhandeln oder die Erlaubnis einholen, Inhalte zu nutzen, nennen Sie ausdrücklich Social Media-Plattformen als möglichen Verwendungszweck und weisen auf die Einräumung von Nutzungsrechten gegenüber den Plattformen hin. Ansonsten wird der Urheber sagen können, dass seine Erlaubnis unwirksam war, weil er von dieser Einräumung nichts wusste.

Wie Plattformmitglieder die Inhalte anderer Mitglieder nutzen dürfen

Auf Social Media-Plattformen eingestellte Inhalte sind nicht für jedermann frei verfügbar und dürfen nur im Rahmen der Plattformfunktionen verwendet werden

Mit der Nutzungseinräumung gegenüber einer Plattform erlauben Sie auch den anderen Mitgliedern der Plattform die Verwendung Ihrer Inhalte. Diese Erlaubnis gilt jedoch nur im Rahmen der Plattformfunktionen. Wenn Sie zum Beispiel auf Ihrer Facebook-Fanseite ein Bild einstellen und ein Nutzer das Bild »teilt« oder die Schaltfläche *Gefällt mir* anklickt, darf das Bild auf seiner Profil-Pinnwand auftauchen. Dagegen ist es dem Nutzer nicht erlaubt, Ihr Bild herunter- und auf seiner Pinnwand erneut hochzuladen – denn das Bild wurde dann nicht innerhalb einer Plattformfunktion, sondern eigenhändig von ihm urheberrechtswidrig vervielfältigt und öffentlich zugänglich gemacht.

Social Media-Accounts kaufen und verkaufen

Es ist mittlerweile üblich, dass Domains und sogar ganze Websites verkauft werden. Noch nicht so häufig und rechtlich unsicherer ist der Verkauf von Blogs oder Social Media-Accounts. Dabei handelt es sich um die Übertragung eines Bündels von Rechten, die einzeln im Kaufvertrag aufgeführt werden sollten. Ist das nicht der Fall, bleiben die Rechte im Zweifel beim Verkäufer.

Die genaue Bestimmung der zu beachtenden Faktoren kann nur im Einzelfall erfolgen. Die nachfolgende Übersicht zeigt Ihnen jedoch, welche Punkte Sie bedenken müssen.

Hinweis   Der bekannteste Blogverkauf in Deutschland war der des »Basic Thinking Blog« unter *http://basicthinking.de* durch seinen Inhaber Robert Basic zum Preis von knapp 50.000 Euro.

Rechte an der Domain bei Blogs

Sie müssen vereinbaren, ob der Verkäufer auch verpflichtet ist, die Rechte an der Domain zu übertragen.

Rechte am Namen

Wie in Kapitel 5 beschrieben, stellen Blognamen Werktitel dar, die markenrechtlich geschützt sind und gesondert übertragen werden müssen.

Nutzungsrechte am Design

Da Designs, wie in Kapitel 3 beschrieben, nur selten geschützt sind, ist dieser Punkt nicht oft relevant. Was einzelne Bilder und Grafiken angeht, muss der nachfolgende Punkt beachtet werden.

Nutzungsrechte an den Inhalten

Es muss ebenfalls eine Vereinbarung darüber getroffen werden, welche Nutzungsrechte an den Inhalten der Käufer erwirbt. Soll der Verkäufer keine Nutzungsrechte behalten, muss eine ausschließliche Nutzungsübertragung erfolgen. Wichtig ist die Prüfung, ob eine

Übertragung erfolgen *darf*. Unter Umständen beinhaltet das Angebot zum Beispiel Bilder, die ohne ein Recht zur Übertragung vom Verkäufer erworben worden sind.

Rechte an Nutzerinhalten

Von Nutzern eingestellte Bilder sind urheberrechtlich geschützt. Auch längere Blogkommentare können durchaus urheberrechtlich geschützt sein, wenn sie länger und in einem individuellen Stil verfasst sind. Mit der Kommentierung oder Einstellung der Bilder erlauben die Nutzer die Verwendung ihrer Beiträge durch den Anbieter. Es ist vom jeweiligen Angebot abhängig, ob die Erlaubnis nur gegenüber einem konkreten Anbieter galt oder der Nutzer sie zum Beispiel pauschal an den jeweiligen »Blogbetreiber« übertrug, unabhängig von dessen Identität. Nur im letzteren Fall können die Urheberrechte an den Nutzerinhalten ohne Zustimmung der Verfasser an den neuen Inhaber übertragen werden.

Rechte an den Nutzerdaten

Insbesondere Blogs haben in ihren Datenbanken Daten von registrierten Nutzern sowie E-Mail-Adressen der Kommentatoren und Blogabonnenten gespeichert. Diese Daten dürfen Sie nicht ohne die Zustimmung der betroffenen Personen weitergeben.

Sofern es praktikabel ist, sollten die Nutzer um Erlaubnis gefragt werden. Zum Beispiel könnte den Blogabonnenten eine Bestätigungs-E-Mail zugeschickt werden. Diese würde einen Link enthalten, auf den sie klicken können, um sich bereitzuerklären, Nachrichten über Blogartikel auch vom neuen Blogbetreiber zu erhalten.

Bei Kommentarverfassern ist ein solcher Ansatz zu umständlich, daher sollten deren personenbezogene Daten schlicht gelöscht werden.

Rechte an der Servernutzung bei Blogs

Unter Umständen besteht ein Vertrag mit dem Anbieter des Servers, auf dem ein Blog liegt. Dann müssen Sie vereinbaren, ob die Daten des Blogs übertragen werden oder der Käufer Ihren Vertrag mit dem Serveranbieter übernimmt. Dem muss der Anbieter des Servers zustimmen.

Recht zur Übertragung eines Social Media-Accounts

Im Fall von Social Media-Accounts wie Facebook-Profilen oder – Fanseiten sowie Twitter-Accounts besteht zwischen den Plattformanbietern und den Nutzern ein Vertrag, der den Nutzern erlaubt, die Plattform und ihre Dienste zu nutzen.

Dieser Vertrag kann nicht einfach ohne Zustimmung des Plattformanbieters auf jemand anderen übertragen werden. Hier gilt dasselbe wie bei Mietverträgen, bei denen der Mieter auch nur mit Zustimmung des Vermieters ausgetauscht werden darf. Facebook bringt in Punkt 4.9 der Nutzungsbedingungen sogar explizit zum Ausdruck, dass Nutzer ihre Konten nicht verkaufen dürfen: »Du wirst dein Konto (einschließlich einer von dir verwalteten Seite oder Anwendung) an niemanden übertragen, ohne vorher unsere schriftliche Erlaubnis einzuholen«. Auch die Twitter-Regeln untersagen Verkäufe (siehe *http://bit.ly/uVE15g*).

Unwirksamkeit der Vertragsübertragung führt dazu, dass der Verkäufer weiterhin Inhaber der Social Media-Präsenz bleibt und zum Beispiel gegenüber dem Portalbetreiber für mögliche Rechtsverletzungen haftet. Ferner kann der unerlaubte Verkauf eines Social Media-Kontos zur Löschung des Kontos durch den Plattforminhaber führen.

◄ **Abbildung 4-31**
Die Fans des Fußballvereins Schalke 04 haben die Facebook-Fanseite an den Verein veräußert. Sollte das ohne Zustimmung von Facebook geschehen sein, ist die Fanvereinigung weiterhin Inhaberin der Fanseite und haftet gegenüber Facebook auch weiterhin für deren Inhalte.

Diese rechtlichen Probleme können unter Umständen durch eine Vertragsgestaltung umgangen werden, in der zum Beispiel statt der

Übertragung lediglich eine Nutzungserlaubnis mit Übernahme der haftungsrechtlichen Folgen vereinbart wird.

 Tipp Die Frage, wem ein Social Media-Account gehört, stellt sich auch bei Mitarbeitern. So kann es nach dem Ausscheiden eines Mitarbeiters zu der Frage kommen, ob zum Beispiel das Xing-Profil samt Kontaktdaten dem Arbeitgeber oder dem Arbeitnehmer gehört. Und falls es letzterem gehört, ist zu klären, ob dieser den Account auf den Arbeitgeber übertragen muss und kann. Um solche Probleme zu vermeiden, sollten Sie zum Beispiel innerbetrieblich vereinbaren, dass nur betriebliche Accounts verwendet werden dürfen oder betrieblich veranlasste Kontaktdaten nach dem Ausscheiden aus dem Unternehmen herauszugeben sind.

Wettbewerbsvereinbarung

Eventuell muss auch eine Wettbewerbsvereinbarung getroffen werden, damit der Verkäufer nicht unter demselben Namen (oder Inhalt) dem Käufer Konkurrenz macht.

Ansonsten könnte er zum Beispiel nach dem Verkauf seines Blogs ein Konkurrenzblog aufbauen oder bei einem Konkurrenzblog als Autor eingestellt werden. Da in sozialen Medien die Vernetzung der Autoren eine sehr große Rolle spielt, bestünde die Gefahr, dass die Leser dem Autor folgen und das gekaufte Blog erheblich an Reichweite und somit an Wert verliert.

Haftung

In den Inhalten können sich Haftungsfälle verstecken. So kann ein urheberrechtlich geschütztes Bild auf der Facebook-Pinnwand verwendet worden sein oder ein alter Tweet eine Beleidigung enthalten. Es muss daher vereinbart werden, wer ab wann und im welchen Umfang für eventuelle alte Rechtsverletzungen haftet.

Gewährleistung

Beim Verkauf gewährleistet der Verkäufer, dass die Kaufsache frei von den Rechten Dritter übertragen wird. Aufgrund der oben dargestellten möglichen Komplikationen sollte daher der Verkäufer ausdrücklich vereinbaren, was passiert, wenn rechtliche Probleme entstehen – zum Beispiel, ob der Kaufpreis zurückgegeben werden muss, wenn ein Social Media-Account gelöscht wird. Ferner sollte vereinbart werden, wer die Haftung für die Inhalte übernimmt, und zu welchem Zeitpunkt und in welchem Umfang.

Vermietung von Social Media-Accounts

Die Vermietung von Werbeplätzen ist insbesondere bei Bloggern eine beliebte Möglichkeit, Geld zu verdienen. Mit der steigenden Bedeutung von Social Media-Plattformen fragen sich viele Nutzer, ob sie auch innerhalb der dortigen Profile Werbeflächen vermieten oder anderweitig Werbung schalten können.

Zum Beispiel bieten Twitter-Accounts mit Tausenden von Followern oder gut besuchte Facebook-Fanseiten enorme und gezielte Reichweiten, die für Marketingzwecke genutzt werden könnten. Das könnte durch Werbung in Tweets oder Statusmeldungen geschehen oder durch Schaltung von Werbebannern.

Das ist jedoch nur zulässig, wenn eine derartige kommerzielle Nutzung der Plattform nicht verboten ist. Dabei müssen insbesondere die Nutzungsbedingungen beachtet werden. Während Twitter zum Beispiel keine Verbote enthält, verbietet Facebook in Punkt 4.4 der Nutzungsbedingungen die Vermietung der persönlichen Facebook-Profile für kommerzielle Zwecke: »Du wirst dein persönliches Profil nicht für kommerzielle Zwecke verwenden (wie beispielsweise durch den Verkauf deiner Statusmeldung an Werbetreibende).« Aber auch die Vermietung von Werbeflächen auf Facebook-Fanseiten ist nicht erlaubt. In den Plattformbestimmungen ist nur die Einbindung bestimmter Werbeangebote zulässig, die Facebook in der Liste unter *https://developers.facebook.com/adproviders* aufführt. Verstöße gegen diese Regeln können zur Löschung der Accounts führen.

Hinweis   Bei Werbung auf Social Media-Profilen müssen ferner die Regeln für Schleichwerbung beachtet werden (siehe Kapitel 6). Werbung in Accounts, die normalerweise nicht für Werbezwecke verwendet werden, muss als solche gekennzeichnet werden.

Übertragung von Kommentaren zwischen Social Media-Plattformen und Blogs

Immer mehr Nutzer verbringen immer mehr Zeit in sozialen Netzwerken, wo sie mit anderen Nutzern Informationen austauschen und diskutieren. Das hat zur Folge, dass insbesondere Blogs unter einem Schwund von Kommentatoren leiden. Wird zum Beispiel auf der Facebook-Fanseite auf einen Blogbeitrag verwiesen, finden die Diskussionen oft direkt auf Facebook statt, anstatt unter dem Blog-

Während die Übertragung von Kommentaren aus sozialen Netzwerken in Blogs eher zulässig ist, ist die Übertragung von Kommentaren aus dem Blog in ein Social Network ohne die Zustimmung der Kommentarverfasser nicht zulässig.

beitrag. Das führt dazu, dass entweder die Blogbesucher nichts von der Diskussion mitbekommen oder sich parallel zwei Diskussionen entwickeln: im Blog und bei Facebook.

Daher übertragen immer mehr Anbieter Kommentare aus der Diskussion bei Facebook zurück in ihre Blogs und Seiten. Facebook stellt dazu eine Schnittstelle zur Verfügung, mit der Plugins wie zum Beispiel »Facebook Comments to WordPress« (*http://bit.ly/p3hzlD*) die Kommentare samt der zugehörigen Namen in die eigene Datenbank überführen. Das Plugin kann so eingestellt werden, dass die Kommentare aus der Datenbank entfernt werden, wenn sie bei Facebook gelöscht werden.

Diese praktische Möglichkeit, an externe Plattformen »verlorene« Kommentare wieder zurückzuholen, hat jedoch rechtliche Tücken, da Urheber- und Datenschutzrechte der Kommentatoren berührt werden.

Abbildung 4-32 ▶
Damit Diskussionen zu Blogbeiträgen nicht zergliedert werden, übertragen viele Anbieter die Kommentare zu Beiträgen von der Social Media-Plattform zurück in das Blog. Auf der Newsseite des Magazins t3n.de sind die übertragenen Kommentare am Facebook-Symbol zu erkennen.

Urheberrechte an den Kommentaren

Ein Kommentar kann als ein Sprachwerk urheberrechtlich geschützt sein, auch wenn das eher eine Ausnahme ist, da dafür eine individuelle, persönliche Ausdrucksweise notwendig ist, die bei einem Kommentar nur selten erreicht wird. Ein Indiz dafür ist die Länge des Kommentars. Wenn der Kommentar selbst einem Blogbeitrag gleicht, kann davon ausgegangen werden, dass er schutzfähig ist.

Hinweis Die Voraussetzungen für Schutzfähigkeit von Texten finden Sie in Kapitel 3.

Die Übernahme urheberrechtlich geschützter Kommentare bedarf einer Erlaubnis ihrer Verfasser. Die Erlaubnis könnte dadurch vorliegen, dass die Facebook-Mitglieder mit der Registrierung die Nutzungsbedingungen von Facebook akzeptieren, die besagen, dass Facebook die Rechte an den von ihnen eingestellten Inhalten auch auf Dritte übertragen kann.

Hinweis Die Details der Rechteübertragung auf die Betreiber von Social Media-Plattformen finden Sie weiter oben in diesem Kapitel in »Social Media-Plattformen und Einräumung von Nutzungsrechten«.

Wie in »Social Media-Plattformen und Einräumung von Nutzungsrechten« beschrieben, ist es jedoch zweifelhaft, ob diese Klausel wirksam ist. Da diese Frage gerichtlich bisher nicht geklärt worden ist, muss derzeit zumindest von einer 50:50-Möglichkeit der Unwirksamkeit ausgegangen werden, was umgekehrt auch für das Risiko der Kommentarübertragung gilt.

Hinweis Die Einwilligung in die Nutzungsbedingungen von Facebook gilt nur für Kommentare, die per Facebook-Schnittstelle übertragen werden. Sie gilt nicht, wenn Sie die urheberrechtlich geschützten Kommentare per Hand kopieren.

Datenschutzrechtliche Bedenken

Nach dem Datenschutzrecht dürfen personenbezogene Informationen nur mit Einwilligung oder gesetzlicher Erlaubnis der betroffenen Person auf Dritte übertragen werden. Die Kommentare stellen personenbezogene Daten dar, weil sie mit dem Namen ihrer Verfasser versehen sind.

Eine Einwilligung zur Übertragung der Kommentare liegt nicht vor. Die oben genannte Klausel in den Nutzungsbedingungen von Facebook reicht dafür nicht aus, weil sie die Anforderungen einer wirksamen datenschutzrechtlichen – also ausdrücklichen und informierten – Einwilligung nicht erfüllt. Dafür müssten die Nutzer bei der Anmeldung ein Häkchen beim Satz »Ich bin mit den Datenschutzbestimmungen einverstanden.« setzen und der Passus müsste in den Nutzungsbedingungen hervorgehoben sein, zum Beispiel fett gedruckt.

| **Hinweis** | Eine Erklärung der Grundsätze des Datenschutzrechts finden Sie in Kapitel 8.

Jedoch erlaubt das Gesetz im § 28 Abs. 1 Satz 1 Nr.3 BDSG die Weitergabe personenbezogener Daten, wenn die Daten allgemein zugänglich sind, es sei denn, es liegt ein »schutzwürdiges Interesse« des betroffenen Kommentarverfassers vor, das das Interesse des Blogbetreibers »offensichtlich überwiegt«.

Die Kommentare auf Facebook-Fanseiten sind allgemein zugänglich. Die Frage ist jedoch, ob nicht ein schutzwürdiges Interesse der Nutzer offensichtlich gegen die Übernahme spricht. Zu diesen Interessen gehören zum Beispiel Beeinträchtigungen der Entscheidungsfreiheit, der Privatsphäre oder beruflicher Interessen.

Da es auch hierzu bislang keine Rechtsprechung gibt, ist es schwer einzuschätzen, wie die Gerichte diese Abwägung sehen würden. Ein Problem ist sicherlich das Umfeld des Kommentars. Wenn ein Nutzer den Kommentar auf Facebook hinterlässt, hat er damit bestimmt, dass sein Kommentar auf Facebook auftaucht. Indem der Kommentar nun in das Blog übertragen wird, wird seine Entscheidungsfreiheit beeinträchtigt. Anderseits ist der Kommentar im Bezug auf einen bestimmten Beitrag geschrieben, und dieser Bezug bleibt auch im Blog gewahrt. Zudem hat der Nutzer die Möglichkeit, seine Daten jederzeit auf Antrag löschen zu lassen. Es spricht also Vieles dafür, dass kein »offensichtlich überwiegendes« Interesse der Kommentarverfasser gegen die Übertragung vorliegt.

| **Tipp** | Um das Risiko zu minimieren, sollten Kommentare auch aus der Blogdatenbank entfernt werden, wenn ein Nutzer sie bei Facebook löscht.

Restrisiko der Übertragung

Die Übernahme von Kommentaren von einem Artikel aus Facebook in das eigene Blog ist folglich erlaubt, aber mit Restrisiko für den Blogbetreiber verbunden.

Das Restrisiko bezieht sich vor allem auf das Urheberrecht und ist angesichts der Anzahl der urheberrechtlich geschützten Kommentare eher gering.

| **Achtung** | Falls ein Gericht Facebooks Einräumung von Rechten an Nutzerinhalten für rechtswidrig erklären sollte, sollten Sie die Kommentarübertragung abschalten.

Übertragung von Kommentaren aus Blogs zu Facebook

Der umgekehrte Weg, nämlich die Übertragung urheberrechtlich geschützter Blogkommentare auf Facebook-Fanseiten, ist dagegen ohne das ausdrückliche Einverständnis der Verfasser rechtswidrig. Zum einen fehlt in Blogs eine entsprechende Klausel, die wie in den Nutzungsbedingungen von Facebook eine Übertragung auf Dritte erlaubt. Zum anderen erklären die Blogbetreiber wegen ebendieser Klausel in den Facebook-Nutzungsbedingungen, dass sie Facebook die Nutzungsrechte an den Kommentaren und den zugehörigen Daten einräumen. Das dürfen sie jedoch nicht, ohne vorher die Kommentarverfasser um Erlaubnis zu bitten.

Tipp Eine Alternative ist die Kommentarfunktion von Facebook, die als Social Plugin in Blogs eingebunden wird (*http://bit.ly/rzTQaK*). Bei deren Verwendung müssen Sie jedoch die datenschutzrechtlichen Probleme in Kauf nehmen. Wie die »Gefällt mir«-Schaltfläche, werden auch mit der Kommentarfunktion Daten der Besucher Ihres Angebots an Facebook übertragen. Mehr dazu erfahren Sie im Abschnitt »Nutzeranalyse mit Plugins der Social Media Plattformen, Facebooks ›Gefällt mir‹-Schaltfläche und ›Insights‹-Statistiken« in Kapitel 8.

Marken, Logos und Markenprodukte

5

Sie können kein rechtssicheres Social Media-Marketing ohne Grundkenntnisse im Markenrecht betreiben. Ob Sie ein Social Media-Profil anlegen, ein Blog benennen, als Händler Markenprodukte anpreisen oder auf Ihren Facebook-Auftritt verweisen – in all diesen Fällen müssen Sie Rücksicht auf fremde Markenrechte nehmen. Umgekehrt müssen Sie als Markeninhaber darauf achten, dass Ihre eigene Marke nicht durch rechtswidrige Nutzung an Wert verliert. Die Bedeutung des Markenrechts steigt zudem durch die hohen Kosten, die im Zusammenhang mit Markenrechtsverletzungen entstehen können. Dazu gehören nicht nur die Kosten für Gerichtsverfahren, die schon bei geringen Verletzungen 6.000 Euro betragen können, sondern auch Folgekosten, wenn Produkte oder Unternehmen umbenannt werden müssen.

Wegen seiner Bedeutung und weil das Markenrecht andere Güter als das Urheberrecht schützt, wird es in diesem Kapitel gesondert behandelt. Sie erfahren, wie der Markenrechtsschutz entsteht, wie weit er reicht, was Sie bei der Verwendung von Markenlogos und Markenprodukten in Bildern beachten müssen, inwieweit Sie die Marken der Social Media-Plattformen nutzen dürfen und wie Sie eine eigene Marke anmelden können.

Der Schutzumfang einer Marke

Das Markenrecht schützt andere Güter als das Urheberrecht. Während das Urheberrecht geistige Werke wie Texte oder Bilder schützt, dient das Markenrecht in erster Linie dem Schutz der Namen und Logos von Produkten, Dienstleistungen und Unternehmen.

 **Hinweis** Bei Markenlogos können zugleich urheber- und markenrechtlicher Schutz bestehen. Lesen Sie hierzu »Abbildungen von Markenlogos und Markenprodukten« in diesem Kapitel.

Das Markenrecht stellt sicher, dass die Leistungen eines Unternehmens bzw. das Unternehmen selbst von den Kunden wiedererkannt werden. In einer Marke werden Werbemaßnahmen, Qualitätsbemühungen, der Service, das Image und letztendlich alles, was den (guten) Ruf eines Produkts oder einer Dienstleistung ausmacht, »gespeichert«. Kurz gesagt, schützt eine Marke daher »den guten Namen« eines Produkts, einer Dienstleistung oder eines Unternehmens.

Den Wert einer Marke macht all das aus, was ein Kunde sich im Bezug auf ein Produkt oder eine Dienstleistung vorstellt. Hört er den Begriff »Mercedes«, wird er an Qualität, Zuverlässigkeit und Luxus denken und bereit sein, mehr Geld auszugeben als für andere technisch vergleichbare Autos. Wegen dieses Images und der Zuordnung eines Namens zu einem Produkt oder Unternehmen sowie der komplizierten Rechtslage sind Markenstreitigkeiten sehr teuer und die Markeninhaber quasi gezwungen, auf Ihre Markenrechte zu achten. Jede Nutzung der eigenen Marke durch einen Dritten für andere Produkte führt nämlich dazu, dass die Zuordnung der Marke zu einem bestimmten Produkt verwässert werden kann. Wehrt sich ein Markeninhaber nicht gegen Rechtsverletzungen, kann das sogar darin enden, dass er seine Marke verliert.

Und deshalb darf niemand eine fremde Marke für ähnliche Produkte verwenden, so dass ein Dritter denken könnte, beide Produkte stammten vom selben Hersteller (sogenannte Verwechslungsgefahr). Marken, die in ihrer Zielgruppe als bekannt gelten, dürfen Sie sogar auch dann nicht verwenden, wenn keine Gefahr der Verwechslung mit Ihren Produkten besteht. Diese Risiken bestehen nicht nur, wenn Ihr Markenname einem anderen ähnelt, sondern auch, wenn auf Bildern oder in Videos fremde Marken, Markenlogos oder Markenprodukte auftauchen.

 Hinweis Markeninhaber sind dazu verpflichtet, ihre Marken zu schützen. Das bedeutet aber nicht, dass das immer per Abmahnung passieren muss.

Markentypen

Marken können aus Wörtern (»Facebook«), Buchstaben (»ARD«) oder Zahlen (»4711«) und aus Kombinationen aus diesen bestehen (sogenannte »Wortmarken«). Grafiken können als Bildmarken oder in Kombination mit Texten als »Wort-Bild-Marken« angemeldet werden. Dabei sollte jedoch bedacht werden, dass nur die Grafik und nicht der in ihr enthaltene Text geschützt wird. So kann auch der Begriff »Internet« in Form eines charakteristischen Logos geschützt werden, darf aber als Wort weiterhin von allen verwendet werden. Daneben gibt es auch Farbmarken (*Telekom*-Magenta), Hörmarken (*Intel*-Jingle) oder Formmarken wie die *Rocher*-Kugel oder die *Jaguar*-Kühlerfigur. Auch Werbeslogans sind in der Regel als Marken geschützt, wenn sie einfach zu erfassen sind (zum Beispiel »Vorsprung durch Technik« von Audi). Formen werden nur geschützt, wenn sie nicht typisch für eine Produktart sind, wie die *Odol*-Flasche.

| Hinweis | Auch wenn Werbeslogans nicht *urheberrechtlich* geschützt sind, genießen sie meistens einen *markenrechtlichen* Schutz. | |

◀ **Abbildung 5-1**
Auch Farben, wie das Magenta der Deutschen Telekom, können als Marke geschützt sein. Daher verlangte das Unternehmen im Jahr 2008, dass Engadget Mobile das Logo umfärben solle, weil es die Markenrechte der Telekom verletze.

Voraussetzungen des Markenschutzes

Nicht jeder Name und jedes Zeichen können markenrechtlich geschützt werden. Eine Marke muss individuell sowie unterscheidungskräftig sein und darf nicht bloß aus geläufigen oder beschreibenden Begriffen bestehen. Das bedeutet wiederum: Je

Eine Marke muss Unterscheidungskraft besitzen. Sie darf also ein Produkt oder eine Dienstleistung nicht lediglich beschreiben.

weniger die Marke mit der dahinterstehenden Leistung zu tun hat, desto eher wird sie beim zuständigen Markenamt registriert und desto besser schützt sie vor Nachahmern. Das Kaffee-Startup »Sonntagmorgen« hat daher eine sehr unterscheidungskräftige Marke, wohingegen »KaffeeShop« nicht als Marke taugt, weil die Bezeichnung rein beschreibend ist. Das ist nachvollziehbar, da sonst kein Kaffeehändler mehr sagen könnte, dass er einen »Kaffeeshop« betreibt.

Daneben gibt es weitere Voraussetzungen wie die Sittenwidrigkeit, aufgrund der die Marke »Graf Ficken« untersagt wurde, oder das Verbot der Verwendung von amtlichen Zeichen wie zum Beispiel Logos, die TÜV-Plaketten ähnlich sehen. Eine Marke darf auch nicht täuschen, so dass der Namenszusatz »German« auf Produkten aus China durchaus problematisch sein könnte.

Abbildung 5-2 ▶
Je phantasievoller und je weniger produktbeschreibend ein Begriff ist, desto höher ist die Wahrscheinlichkeit, dass er als Marke angemeldet werden kann. Der Begriff »Sonntagmorgen« ist im Bezug auf einen Kaffeeanbieter phantasievoll, nicht beschreibend und daher schutzfähig.

Markenklassen

Der Markenschutz gilt grundsätzlich nur innerhalb eines bestimmten Produkt- oder Dienstleistungsbereichs (sogenannte »Klassen«). Wer zum Beispiel die Marke »CrazyBubble« für Werbeleistungen anmeldet, kann nicht verhindern, dass ein anderer sie im Bereich Fischfutter nutzt. Hier geht der Gesetzgeber davon aus, dass ein Kunde intelligent genug ist, um das Image einer Werbeagentur nicht auf Tierfutter gleichen Namens zu übertragen.

Das gilt jedoch nicht bei sogenannten »bekannten Marken«, die im nächsten Abschnitt behandelt werden.

Hinweis Eine Übersicht der Markenklassen finden Sie zum Beispiel in der Wikipedia unter *http://wikipedia.de/Markenklassifikation*.

Umfang des Markenschutzes

Die Marke schützt ein Unternehmen gemäß § 14 MarkenG zunächst davor, dass ein Konkurrent ähnliche Leistungen ähnlich benennt und dadurch eine Verwechslungsgefahr der Leistungen vorliegt. Angenommen, Ihr neues Kaffee-Start-up soll »Montagmorgen« genannt werden, was die Marke »Sonntagmorgen« aus dem obigen Beispiel verletzen könnte:

- **Im ersten Schritt** wird geprüft, ob die Namen optisch oder von der Aussprache her ähnlich sind, was für »Sonntagmorgen« und »Montagmorgen« zutrifft.
- **Im zweiten Schritt** wird geschaut, ob die unter der neuen Marke angebotenen Leistungen denen entsprechen, für die die alte Marke angemeldet ist. Die unter der Marke »Sonntagmorgen« Kaffeeprodukte vertrieben werden und »Montagmorgen« ebenfalls Kaffeeprodukte anbieten möchte, würde Leistungsähnlichkeit und damit eine Markenverletzung vorliegen.

Noch mehr Vorsicht ist bei sogenannten »bekannten Marken« geboten, die mindestens 50 % der Zielgruppe geläufig sind. Bekannte Marken sind zum Beispiel Google, IBM, Facebook, Twitter, Haribo und Mercedes. Diese Marken sind auch für nicht vergleichbare Produkte und Leistungen gesperrt und dürfen nicht beeinträchtigt werden:

- **Imagetransfer** Es ist verboten, sich ihr Image zunutze zu machen und zum Beispiel ein Café »Facebook-Treff« zu nennen oder einen Porsche auf dem Firmenflyer abzubilden.
- **Imagebeeinträchtigung** Außerdem darf man das Markenimage nicht beeinträchtigen, weshalb die Marke »McDog« untersagt wurde.

Abbildung 5-3 ▶

Der Eierbecher »eiPOTT« verstieß gegen alle markenrechtlichen Verbote. Zum einen bestand Verwechslungsgefahr mit der Marke »iPod«. Es liegt Namens- und Leistungsähnlichkeit vor, da Apple »iPod« auch für die Klasse »Geräte und Behälter für Haushalt und Küche« angemeldet hat.

Zusätzlich stellte der Name »eiPOTT« einen Imagetransfer und eine Imagebeeinträchtigung der bekannten Marke »iPod« dar. Daher wird der Eierbecher nun als »POTT 2.0« vertrieben (Quelle: http://bit.ly/oADi8n).

Erlaubte Nutzung fremder Marken

Der Markenschutz enthält Ausnahmen. Dazu gehören vor allem die private Nutzung von Marken, Nutzung im Rahmen der Presse- und Meinungsfreiheit sowie Beispiele im § 23 MarkenG, wenn Sie einen gleichlautenden Namen haben, Markenprodukte verkaufen oder Zubehör oder Leistungen rund um die Marke anbieten möchten. Im Rahmen dieses Kapitels werden Sie anhand konkreter Beispiele erfahren, wie die nachfolgenden Ausnahmen sich in der Praxis auswirken.

Private Nutzung von Marken

Das Markenrecht gilt nicht gegenüber Privatpersonen. Die müssen dafür aber das Namensrecht beachten.

Eine Markenverletzung setzt die geschäftliche Nutzung einer Marke voraus. Im Privatbereich gilt das Markenrecht nicht. Sie können in privaten Blogartikeln zum Beispiel bedenkenlos Markennamen nennen oder Bilder von Markenprodukten zeigen. Da Sie als Privatperson keine Produkte oder Dienstleistungen anbieten, kann weder Verwechslungsgefahr mit den Leistungen des Markeninhabers noch Ausbeutung des wirtschaftlichen Wertes einer Marke vorliegen.

Hinweis	Ausnahmsweise können eine Marke oder ein Unternehmen auch im Privatbereich rechtswidrig beeinträchtigt werden, zum Beispiel durch Schmähungen. Was eine Schmähung ist und wie weit Kritik an Unternehmen gehen darf, erfahren Sie in Kapitel 6.	

Die Grenze des Erlaubten erreichen Sie dann, wenn Ihre Besucher denken könnten, Ihr Blog sei ein Angebot des Markeninhabers. Das würde zum Beispiel passieren, wenn Sie Ihr privates Blog »Facebook-Blog« nennen oder eine gleichlautende Domain registrieren würden. Hier gilt zwar nicht das Markenrecht, aber neben dem gibt es ja noch das Namensrecht (§ 12 des Bürgerlichen Gesetzbuchs), das auch gegenüber Privatpersonen gilt und Namen von Produkt- und Unternehmensnamen schützt. Das Namensrecht verbietet es, fremde Namensbezeichnungen zu verwenden, wenn dadurch Verwirrung bei der Zuordnung des Namens zu einem Produkt oder Unternehmen entstehen kann. Weitere Erläuterungen dazu finden Sie in Kapitel 2, *Social Media-Präsenzen einrichten*.

Hinweis	Privatpersonen müssen bei der Nutzung von Markenlogos zudem das Urheberrecht beachten. Mehr dazu erfahren Sie im Laufe dieses Kapitels.	

Presse- und Meinungsfreiheit

Die Presse- und die Meinungsfreiheit erlauben es, über Marken zu berichten oder sie satirisch zu verfremden (zum Beispiel »Storch Heinar« als Parodie auf die in der rechten Szene beliebte Textilmarke »Thor Steinar«). Das gilt auch im geschäftlichen Bereich, solange die Satire im Vordergrund steht und nicht nur Aufmerksamkeit zwecks Absatzsteigerung erregt werden soll. Weitere Ausführungen zur zulässigen Satire finden Sie in Kapitel 3 im Abschnitt »Satire, Karikatur und Parodie«.

Gleichlautender Eigenname

Wer einen Namen hat, der wie eine Marke lautet, kann ihn auch für sein Unternehmen verwenden. Zum Beispiel darf ein »Peter Sap« unter seinem Namen Software ohne Erlaubnis von SAP anbieten.

Weiterverkauf

Auch ist Zwischenhändlern der Verkauf von Markenprodukten sowie deren Bewerbung erlaubt, solange diese vom Markeninhaber in der EU auf den Markt gebracht und nicht verändert worden sind. Hierzu gehören

- Verkäufer von Neuware,
- Gebrauchtwarenhändler und
- Marktplätze und Verkaufsportale.

Leistungen rund um eine Marke

Auch darf eine Marke verwendet werden, um auf Zubehör für ein Markenprodukt oder Leistungen rund um das Produkt zu verweisen. Das gilt zum Beispiel für

- Händler von Zubehör und Ersatzteilen,
- Lizenznehmer,
- Preisvergleichsportale und
- Anbieter von nachgelagerten Leistungen wie Marketingkampagnen, die das Unternehmen oder seine Marken betreffen.

Dabei sollte jedoch bedacht werden, dass nur der Verweis und nicht die Anpreisung eigener Leistungen unter dem Markennamen erlaubt ist. So ist der Hinweis »Wir bieten Xing-Kampagnen an« zulässig, dagegen nicht die Domain *xingmarketing.de*.

AdWords

Nach neuester Rechtsprechung darf eine fremde Marke als ein sogenanntes »Keyword« bei der Werbung mit Google-AdWords eingesetzt werden. Dabei gibt der Werbende eine fremde Marke als Keyword ein, was dazu führt, dass bei der Suche nach dieser Marke die eigene Adwords-Werbeanzeige angezeigt und so Kunden »abgefangen« werden. Zum Beispiel könnte das Unternehmen Volkswagen das Keyword »Mercedes« eingeben, so dass bei der Google-Suche nach diesem Begriff eine Anzeige für den Golf präsentiert würde (siehe Abbildung 5-4).

Diese Art von Werbung wurde vom Europäischen Gerichtshof für zulässig erachtet, wenn es keine »Zuordnungsverwirrung« gibt, also klar erkennbar ist, dass die Werbeanzeige nicht vom Markeninhaber stammt. Wann diese Klarheit gegeben ist, sagte das Gericht leider nicht dazu, so dass erst die kommende Rechtsprechung zeigen wird, was diese Aussage bedeutet.

> ### Fallbeispiel
> Der Bundesgerichtshof hatte bereits über einen Fall zu entscheiden, bei dem der Erotikanbieter Eis.de den Unternehmensnamen des Konkurrenten »bananabay« als Keyword nutzte, so dass bei dessen Eingabe als Suchwort die Anzeige »Erotikartikel für 0,00 € Rabattaktion bis 20.07.2006! Ersparnis bis 85% garantiert www.eis.de/erotikshop« erschien. Das Gericht urteilte, dass keine Zuordnungsverwirrung vorliegt, weil »die Anzeige selbst weder das Zeichen noch sonst einen Hinweis auf den Markeninhaber oder auf die von diesem angebotenen Produkte enthält, der angegebene Domain-Name vielmehr auf eine andere betriebliche Herkunft hinweist.« [BGH-Urteil v. 13.1.2011, Az. ZR 125/07]

Entsprechend den Entscheidungen sollten Sie die folgenden Grundsätze für die AdWords-Werbung mit fremden Markenbegriffen beachten:

Eigene Marke herausstellen Wenn aus der Werbeanzeige oder dem angegebenen Link klar erkennbar ist, dass für die eigene Marke geworben wird, ist eine Zuordnungsverwirrung nicht möglich. Beispielsweise sollte der Text der Werbeanzeige in dem »Mercedes«-Beispiel lauten: »Der neue Golf – das Auto, das Sie suchen!«

Fremde Marke nicht in der Anzeige nennen Sie sollten die fremde Marke nicht in der Werbeanzeige nennen, weil es sonst zu einer Zuordnungsverwirrung kommen kann. Tun Sie das, muss eine deutliche Distanzierung erfolgen, zum Beispiel so: »Der Mercedes ist ein Auto, das wir nicht anbieten. Aber wir bieten den Golf an.« Bei dieser Art der Werbung ist es jedoch möglich, dass es zu einer Imagebeeinträchtigung der Marke oder einem in Kapitel 6 beschriebenen wettbewerbswidrigen Vergleich von zwei Marken kommt. Sie sollte daher nicht ohne rechtliche Vorprüfung erfolgen.

Unklarheiten beseitigen Wenn jemand nach »Mercedes« sucht und in der Anzeige zum Beispiel »Das Auto, das Sie suchen!« steht, könnte der Suchende aufgrund seines Suchbegriffs annehmen, dass die Anzeige einen Mercedes betrifft – in diesem Fall läge eine Zuordnungsverwirrung vor. Daher sollten Sie klar Ihre Marke herausstellen und zum Beispiel schreiben: »Der Golf, das Auto, das Sie suchen!«

Tipp Stellen Sie in der AdWords-Werbung Ihre Marke immer prominent heraus und lassen keinen Zweifel daran aufkommen, dass es um sie und nicht die gesuchte Konkurrenzmarke geht.

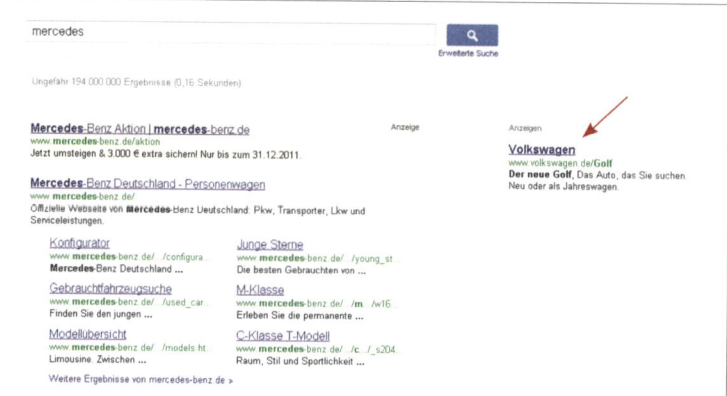

Abbildung 5-4 ▶
In diesem (fiktiven) Beispiel, wird bei der Eingabe des Suchbegriffs »Mercedes« eine Anzeige für den Golf von Volkswagen angezeigt. Das ist zulässig, da der Suchende anhand des Anzeigentexts eindeutig erkennen kann, dass die Anzeige von Volkswagen und nicht dem Inhaber der Marke Mercedes geschaltet worden ist.

Neben der Marke geschützte Kennzeichen

Wenn vom Markenrecht die Rede ist, denken die meisten dabei an Marken, die beim Markenamt registriert sind. Das stimmt insoweit, als diese Marken den Kern des Markenrechts ausmachen. Zugleich greift diese Sichtweise zu kurz, da das Markenrecht eine breite Palette von geschützten Kennzeichen umfasst, die keiner Registrierung bedürfen.

Nicht registrierte Marke

Neben der registrierten Marke gibt es auch die nicht registrierte Marke, die den gleichen Schutz genießt. Dafür muss sie jedoch mindestens 25 % der Zielgruppe bekannt sein. Allerdings ist es risikoreich, auf diese sogenannte »Verkehrsdurchsetzung« zu vertrauen, denn ein Konkurrent könnte die Marke für sich anmelden, bevor sie sich durchgesetzt hat.

Unternehmensnamen

Neben den Marken schützt das Markenrecht auch Unternehmensnamen (zum Beispiel »Microsoft«). Um geschützt zu sein, müssen Unternehmensnamen genauso wie Marken unterscheidungsfähig – also nicht nur rein beschreibend – sein oder sich im Verkehr durchsetzen, also mehr als 25 % der Zielgruppe bekannt sein.

Sonstige Unterscheidungsmerkmale

Neben den Unternehmensnamen werden auch sonstige Unterscheidungsmerkmale geschützt, die eindeutig einem bestimmten Unternehmen zugeordnet werden können. Diese Farben, Zeichen oder Dekors müssen mindestens 25% der Zielgruppe kennen. Also musste Google auf den Button *+1* ausweichen, weil *Like* und »Daumen hoch« bereits Facebook zugeordnet werden.

◀ **Abbildung 5-5**
Der Begriff »like« und das Daumen-hoch-Symbol sind als markenrechtlich geschützte Unterscheidungsmerkmale Facebook vorbehalten.

Die Gefahr, gegen den markenrechtlichen Schutz von Unterscheidungsmerkmalen zu verstoßen, ist besonders dann hoch, wenn Sie versuchen, sich an eine Marke optisch oder technisch anzulehnen, um von deren Image zu profitieren. Die Grenze zwischen zulässiger Anlehnung und unerlaubtem »Imagetransfer« ist schwer zu bestimmen und erfordert immer eine Prüfung des Einzelfalls.

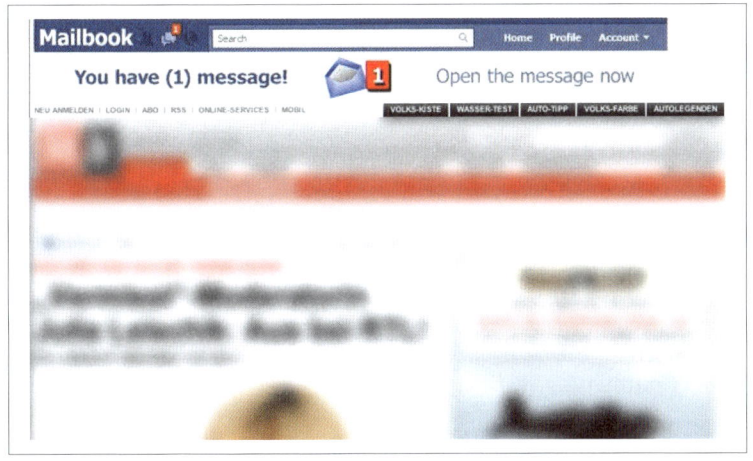

◀ **Abbildung 5-6**
Das Werbebanner im oberen Teil des Bildes sieht einer Facebook-Kopfleiste zum verwechseln ähnlich. Die ist jedoch ein typisches Unterscheidungsmerkmal von Facebook, so dass hier ein Markenrechtsverstoß vorliegt.

Werktitel

Titel von geistigen Werken – wie Software, Zeitschriften und deren Rubriken, Fernsehformaten, Büchern, aber auch Onlinemagazinen, Podcasts und Blogs – werden im Markenrecht als sogenannte »Werktitel« geschützt.

Hinweis Werktitel sind zu kurz, um urheberrechtlich geschützt zu sein.

Geschützt wird aber nicht pauschal der Titel, sondern der Titel in Verbindung mit einem bestimmten Inhalt. So ist der Werktitel »Chip« für ein Online- und Offline-Magazin rund um Computertechnik reserviert. Dennoch dürfte er für ein Magazin rund um Kartoffelchips benutzt werden, da hier der Inhalt des Werks anders ist.

Zudem muss der Titel zumindest in geringem Maße individuell und wiedererkennbar sein. Das ist nicht der Fall, wenn er lediglich inhaltsbeschreibend ist. Allerdings ist die Schwelle sehr niedrig, wie der Werktitel »Pizza+Pasta« für ein Kochbuch zeigt. Hier urteilte das Gericht, dass die Alliteration für hinreichende Erkennbarkeit sorge.

Der Schutz entsteht bereits mit der Nutzung des Titels in Verbindung mit dem Inhalt. Es kann jedoch passieren, dass Sie sich in der Planungsphase für ein Buch, ein Blog oder einen Podcast befinden und die Befürchtung haben, jemand könnte Ihnen zuvorkommen und den Titel für einen vergleichbaren Inhalt verwenden, bevor Sie es tun. In diesem Fall können Sie den Titel bis zu sechs Monate vorher mit einem Eintrag im Titelschutzanzeiger für 150 Euro schützen (*http://titelschutzanzeiger.de*).

Abbildung 5-7 ▶ Der Name »Trackback« ist als unterscheidungsfähiger Werktitel für den Podcast und die gleichnamige Sendung des Radiosenders Fritz im Bezug auf Themen aus der Onlinewelt geschützt (Quelle: http://trackback.fritz.de).

TM- und ®-Zeichen

»TM« steht für Trademark, den englischen Begriff für Marke. Das Zeichen bedeutet, dass ein markenrechtlicher Schutz von einem Unternehmen behauptet wird. Es wird verwendet, wenn die Marke sich im Registrierungsprozess befindet oder eine Registrierung wegen der Bekanntheit der Marke für unnötig gehalten wird. Dagegen steht das Zeichen ® für eine registrierte Marke.

Die beiden Zeichen kommen aus den USA und sind in Deutschland nicht notwendig. Ihre Verwendung kann sogar rechtswidrig sein. Besteht nämlich kein Markenschutz und ein Unternehmen benutzt trotzdem diese Zeichen, begeht es einen abmahnbaren Wettbewerbsverstoß.

Die Markenrecherche

Die Markenrecherche dient der Vermeidung von markenrechtlichen Streitigkeiten. Sie sollten sie nicht nur vor der Anmeldung einer Marke durchführen, sondern immer dann, wenn die Verletzung fremder Marken- und Unternehmensrechte möglich erscheint. Das kann der Fall sein bei der Wahl eines Unternehmensnamens, Registrierung einer Domain, Wahl von fremden Keywords für SEO, Namenswahl auf einer Social Media-Plattform oder der Bestimmung des Titels für ein Blog.

Ferner müssen Sie dabei sicherstellen, dass Sie weder registrierte Marken noch die oben aufgeführten weiteren Kennzeichen wie nichtregistrierte Marken, Unternehmensnamen und Werktitel verletzen.

Tipp Angesichts der Komplexität der Recherche bietet sich die Beauftragung eines Rechtsanwalts an, was ca. 250 Euro kostet. Da markenrechtliche Streitigkeiten zu den teuersten überhaupt gehören, ist das oft eine sinnvolle Investition.

Umgekehrt müssen vor der Anmeldung einer Marke auch Unternehmensnamen geprüft werden. Ferner müssen auch Gemeinschaftsmarken bedacht werden, die in Deutschland gelten, aber nicht in Deutschland registriert sind. Für diese Recherche ist jeder Unternehmer selbst verantwortlich, da sie weder beim Gewerbeamt noch beim Registergericht oder dem Markenamt durchgeführt wird.

Hinweis Was beim Anlegen eines Social-Media-Profils oder der Registrierung einer Blog-Domain aus markenrechtlicher Sicht zu beachten ist, lesen Sie in Kapitel 2, *Social Media-Präsenzen einrichten*.

Falls Sie die Markenrecherche selbst durchführen möchten, können Sie die Suchabfragen der Markenämter, Unternehmensregister und nicht zuletzt die Suchmaschinen nutzen. Dabei spielen die in der folgenden Tabelle genannten Quellen eine Rolle.

Diese Recherchen sind kostenlos und helfen Ihnen dabei, die meisten potenziellen Rechtsverletzungen zu vermeiden. Bei der Recherche gehen Sie ähnlich wie bei einer Websuchmaschine vor, indem Sie den gewünschten Namen in ein Suchfeld eingeben. Daneben bieten die Datenbanken weitere Filter und/oder die Möglichkeit, nach Teilen eines Begriffs zu suchen.

Quellen für Marken- und Titelrecherche

- Markenrecherche beim *Deutschen Patent und Markenamt*: http://bit.ly/orgo6B
- Markenrecherche beim europäischen Markenamt HABM. Hier sind die EU-Gemeinschaftsmarken registriert, die auch in Deutschland gelten: http://bit.ly/oAxtAE
- Wer mit seiner Präsenz auch Zielgruppen jenseits der EU ansprechen möchte (zum Beispiel in der Schweiz), sollte zudem die Markenrecherche der World Intellectual Property Organisation (WIPO) nutzen: http://www.wipo.int/romarin

- Der Karlsruher »*Virtuelle Katalog*« kann für die Recherche nach Buch- und Zeitschriftentiteln verwendet werden: http://bit.ly/oAxtAE
- Nach Unternehmen, die in Handelsregistern registriert sind, kann man zudem im gemeinsamen Registerportal der Länder suchen: https://www.handelsregister.de
- Und man sollte auch die Suchmaschinen für die Recherche verwenden.

Abbildung 5-8 ▶
Die Recherche beim Deutschen Patent- und Markenamt ist kostenlos und einfach. Der Platzhalter »?« sollte eingesetzt werden, um auch ähnlich lautende Marken abzufragen.

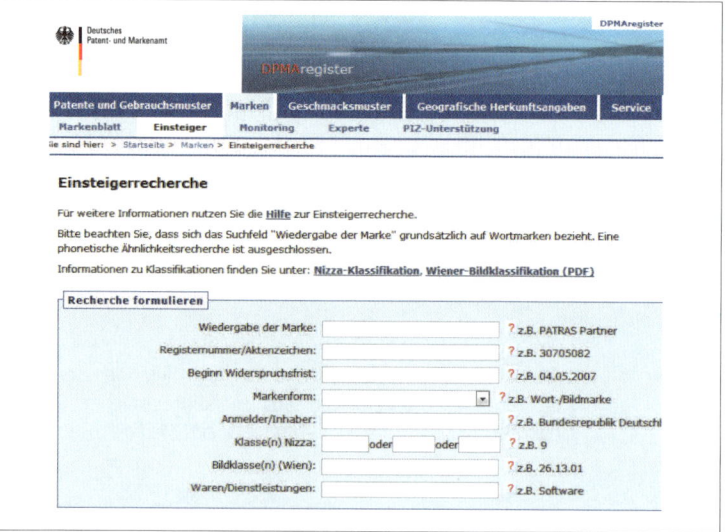

Kapitel 5: Marken, Logos und Markenprodukte

Abbildungen von Markenlogos und Markenprodukten

Wenn Sie fremde Marken in Bildern verwenden, müssen Sie das Urheberrecht und das Markenrecht zugleich beachten. Individuelle Markenlogos sind urheberrechtlich geschützt. Gleichzeitig ist deren Zuordnung zu einem bestimmten Produkt markenrechtlich geschützt. Indem Sie ein Markenlogo unerlaubt verwenden, können Sie zwei Rechtsverstöße zugleich begehen, was die Kosten im Falle eines Rechtsstreits erhöht.

Hinweis Markenrechtsverstöße setzen eine geschäftliche Markennutzung voraus. Nutzen Sie ein Markenlogo privat, können Sie daher keine Markenrechtsverletzung begehen. Jedoch können Sie eine Urheberrechtsverletzung begehen, wenn das Logo urheberrechtlich geschützt ist.

Es kommt selten vor, dass Markeninhaber gegen die Verwendung ihrer Marken und Logos vorgehen, wenn sie in ihr keinen wirtschaftlichen Nachteil sehen. Darauf sollte man sich jedoch insbesondere im kommerziellen Bereich wie bei einem Unternehmensblog nicht verlassen. denn die Nutzung erfolgt widerrechtlich und es hängt vom Markeninhaber ab, ob er einschreitet oder nicht.

◀ **Abbildung 5-9**
Das Starbucks-Logo ist hinreichend individuell-persönlich und damit urheberrechtlich geschützt. Das bedeutet, dass niemand es kopieren darf. Zugleich ist das Logo als Bildmarke für Kaffeeprodukte geschützt. Das bedeutet, dass kein anderer Kaffeehändler dieses oder ein ähnlich aussehendes Zeichen für seine Kaffeeprodukte benutzen darf. Da Starbucks auch noch eine bekannte Marke ist, darf das Logo auch nicht mit anderen Produkten als Kaffee in Verbindung gebracht werden.

Abbildung der Marke für Pressezwecke

Bei Berichten über Unternehmen und deren Produkte können sich auch Blogger auf die Presse- und die Meinungsfreiheit berufen und dürfen fremde Markenlogos verwenden.

Grundsätzlich müssten auch Journalisten um die Erlaubnis bitten, ein urheberrechtlich geschütztes Markenlogo zu verwenden. Doch zum einen kann darin ein Fall eines Bildzitats vorliegen, wenn das Logo notwendig ist, um zu zeigen, über welches Unternehmen berichtet wird. Darüber hinaus stellen Unternehmen sogar oft Logodateien im Pressebereich ihrer Websites zur Verfügung. Darin ist eine Einwilligung zur Verwendung der Logos zu sehen. Auf dieses Recht können sich auch Blogger berufen, die journalistisch arbeiten, also regelmäßig Beiträge veröffentlichen, die zur öffentlichen Diskussion beitragen sollen.

Abbildung der Marke zum Zweck des Verkaufs des Markenprodukts

Es ist zulässig, fremde Marken abzubilden, wenn dies dem Verkauf einer Ware dient. Wenn Sie zum Beispiel Apple-Computer verkaufen, dürfen Sie dafür mit dem Apple-Logo sowohl im Shop als auch im Blog oder auf Ihrer Facebook-Fanseite werben. Auch mit dem Bild des eigentlichen Markenprodukts dürfen Sie werben. Achten Sie jedoch darauf, dass Sie die Rechte an dem Bild selbst haben. Eine Anleitung zur Nutzung von Produkt- und Katalogbildern finden Sie in Kapitel 3.

Abbildung 5-10 ▶
Wie Amazon mit »Herr der Ringe«, dürfen auch Sie mit Markenprodukten werben, die Sie verkaufen (Quelle: http://on.fb.me/oyTDo7).

Abbildung der Marke zum Zweck der Verlosung des Markenprodukts

Was für den Verkauf gilt, gilt auch für Verlosungen. Wenn Sie ein iPad als Gewinn ausloben, dürfen Sie sowohl das iPad als auch das Apple-Logo verwenden, denn es ist egal, ob Sie das Produkt verkaufen oder verlosen. Sie dürfen jedoch nicht mit einem Markenprodukt werben, wenn sie tatsächlich ein anderes verlosen.

◀ Abbildung 5-11
Sie dürfen Markenprodukte abbilden, wenn Sie diese veräußern oder verlosen wollen
(Quelle: http://bitburger.de).

Abbildung der Marke zur Veranschaulichung von Leistungen rund um eine Marke

Achtung   Sie dürfen mit einem Markenlogo nur für Leistungen werben, die mit der entsprechenden Marke in Verbindung stehen.

Sie dürfen die Marke verwenden, wenn Sie Leistungen im Zusammenhang mit der Marke anbieten und darauf verweisen möchten. Wenn Sie zum Beispiel einen Apple-Reparaturdienst betreiben, dürfen Sie das Apple-Logo und Abbildungen von Apple-Computern verwenden. Wenn Sie Marketingleistungen rund um das Berufsnetzwerk Xing anbieten, dürfen Sie dessen Logo verwenden. Diese Nutzung hat jedoch zwei Einschränkungen.

Verwechslungen vermeiden   Sie müssen alles unternehmen, um Verwechslungen mit dem Markeninhaber zu vermeiden. Das bedeutet, dass jeder, der sich Ihr Angebot ansieht, sofort erkennen können muss, dass es sich um eine Leistung im Zusammenhang mit der Marke, aber nicht um eine Leistung des Markeninhabers handelt. Damit ist es zum Beispiel nicht erlaubt, das fremde Markenlogo als eigene Marke zu verwenden. Das Markenlogo oder das Markenprodukt darf nur im Rahmen eines Verweises auf die eigenen Leistungen auftauchen.

Werbung muss der Marke zugute kommen   Sie dürfen mit einer fremden Marke nur für Leistungen werben, die im Zusammenhang mit dieser Marke stehen. So ist es verboten, für eine Waren- oder Leistungsgattung zu werben, indem man eine besonders bekannte Marke herausgreift, weil sie die meiste Aufmerksamkeit verspricht. Das bedeutet, dass es nicht zulässig ist, in einer Werbung das Apple-Logo herauszustellen, wenn man auch IBM, Acer oder sonstige Computer repariert – denn in diesem Fall würden Sie das Image von Apple nutzen, obwohl es nicht nur dieser Marke zugute kommt.

Abbildung 5-12 ▶
Diese Bildmarke wurde während der Anmeldung zurückgenommen. Kein Wunder: Dieses Logo hätte die Markenrechte von Xing verletzt, weil Dritte annehmen könnten, es sei ein Angebot von Xing.

Abbildung 5-13 ▶
Diese Verwendung der Marke »Xing« und ihres Logos ist als Verweis auf eigene Leistungen zulässig, da keine Gefahr der Verwechslung mit dem Inhaber der Marke besteht (Quelle: http://bit.ly/nesoPD).

Abbildung der Marke zum Zweck der Bewerbung eigener Produkte

Oft werden prestigeträchtige Marken eingesetzt, um das Image der eigenen Leistungen aufzupolieren. So sitzen Designer vor Apple-Computern und erfolgreiche Menschen steigen aus Ferraris. Diese Abbildungen sind zulässig, wenn sie keine Werbeanzeigen darstellen oder in diesen nur als ein unwesentliches Beiwerk auftauchen. Wird das Markenlogo oder -produkt jedoch so in Szene gesetzt, dass gerade der bekannte Ruf der Marke sich auf die eigene Leistung überträgt (sogenannter »Imagetransfer«), liegt eine Markenverletzung vor. Das kann zum Beispiel der Fall sein, wenn Sie sich in einer Werbeanzeige in einen Ferrari setzen, um den Erfolg Ihrer Marketingagentur zu unterstreichen. Dadurch würden Sie Ferraris Ruf ausbeuten, hinter dem jahrzehntelange Arbeit und Investitionen des Autoherstellers stehen.

◄ **Abbildung 5-14**
In der linken Anzeige wird zulässigerweise das Markenlogo von YouTube benutzt, um auf Leistungen rund um YouTube zu verweisen. In der rechten Anzeige wird das YouTube-Logo dagegen verwendet, um mit dem bekannten Image des Unternehmens auch für andere Leistungen Aufmerksamkeit zu erregen – was unzulässig ist.

Abbildung als Beiwerk

Wenn ein Markenlogo oder -produkt lediglich unwesentliches Beiwerk auf dem Bild darstellt, dürfen Sie das Bild veröffentlichen. Das ist der Fall, wenn die Markenprodukte sich zufällig im Bild befinden und gegen eine beliebige andere Marke ausgetauscht werden könnten, ohne dass es für das Bild und seine Aussage relevant wäre. Wenn Sie zum Beispiel im Unternehmensblog Fotografien Ihres Betriebes einstellen und auf diesen Apple-Computer, HP-Drucker oder der Ferrari des Geschäftsführers zu sehen sind, sind all diese Markenprodukte und -logos als Beiwerk anzusehen.

◄ **Abbildung 5-15**
Wenn Sie zum Beispiel ein Bild von Ihrem Arbeitsplatz im Blog zeigen, ist es zulässig, dabei Markenprodukte abzubilden, die sich in Ihrem Büro befinden (Quelle: Greg Dawson, http://bit.ly/oY6NsQ – CC-BY-ND, http://bit.ly/pfARzm).

Wichtig ist nur, dass Sie diese Bilder nicht direkt mit Werbung in Verbindung bringen. Es wäre also unzulässig das Bild mit »Unsere SEO-Maßnahmen laufen rund wie der Ferrari von unserem Chef« zu betiteln, denn damit hätten Sie Ferraris Image auf Ihre Leistungen übertragen.

Checkliste: Recht am Motiv – Abbildung fremder Marken

Wird deutlich, dass es sich um Leistungen meines Unternehmens handelt und nicht um ein Angebot des Markeninhabers?

Liegt kein Ausnutzen des Images einer bekannten Marke für eigene Zwecke vor (Aufmerksamkeitswerbung)?

Falls doch:
- Habe ich eine Einwilligung?

- Ausnahme: Veräußerung oder Verlosung eines Produkts
- Ausnahme: Verweis auf Leistungen rund um die Marke
- Ausnahme: Marke als Beiwerk
- Ausnahme: Satire

Verwendung der Marken und Logos von Social Media-Plattformen

 Tipp Wenn Sie eine Marke oder das Logo eines Unternehmens verwenden möchten, sollten Sie zuerst überprüfen, ob die Firma einen »Markenbereich« anbietet oder im Hilfe- oder FAQ-Bereich über die erlaubte Nutzung informiert.

Wenn Sie auf Ihre Social-Media-Aktivitäten hinwiesen wollen, kommen Sie nicht umhin, die Marken der Plattformen zu verwenden. Dabei müssen Sie die markenrechtlichen Grundsätze beachten, die in diesem Kapitel erläutert sind. In diesem Abschnitt werden die Grenzen zulässiger Nutzung der Logos am Beispiel von Facebook behandelt. Diese Grundsätze gelten jedoch auch für andere Anbieter. Darüber hinaus haben bekannte Plattformen in der Regel eigene Anlaufstellen eingerichtet, auf denen sie genau erklären, wie ihre Marken und Logos verwendet werden dürfen, von denen im Folgenden einige aufgeführt sind:

Facebook https://facebook.com/brandpermissions

Twitter http://bit.ly/o7od9q

YouTube/Presse http://YouTube.com/t/press_room_image_files

YouTube/Nutzer http://YouTube.com/t/creators_downloads
Google http://google.de/intl/de/permissions/guidelines.html

◀ **Abbildung 5-16**
Auch Twitter hat einen Markenbereich, in dem über die Verwendung des Logos informiert wird (http://bit.ly/o7od9q).

Regeln für die Verwendung der Marke »Facebook«

Sie dürfen die Marke »Facebook« nutzen, um zum Beispiel auf Ihre Facebook-Fanseite zu verweisen, müssen jedoch immer den Eindruck vermeiden, dass Sie mit Facebook irgendwie unternehmerisch verbunden sind oder zusammenarbeiten. Vermeiden Sie also Aussagen wie »Wir und Facebook präsentieren das Gewinnspiel ...«, und sagen Sie stattdessen »Wir präsentieren auf Facebook das Gewinnspiel ...«

Facebook verlangt darüber hinaus, dass um das Logo herum immer ausreichend Platz gelassen wird und dass die Marke »Facebook«

- nicht besonders herausgestellt wird,
- dieselbe Schriftgröße wie der übrige Text hat,
- großgeschrieben wird (»Facebook« und nicht »facebook«),
- »nicht auf irreführende, schädliche, obszöne oder gegenüber Facebook anderweitig unerwünschte Weise verwendet« wird und
- nicht auf Webseiten präsentiert wird, »deren Inhalte mit Pornografie, Glücksspiel oder illegalen Aktivitäten in Verbindung gebracht werden können«.

Grundsätzlich sind diese Regeln eher »Wünsche« als verbindliche Regelungen, weil diese die Meinungsfreiheit verletzen würden. So wären nach diesen Regeln negative Kritik oder Enthüllungen über Facebook verboten, weil sie eine »unerwünschte Verwendung« im Sinne von Facebook darstellen würden.

Daher müssen diese Regeln insbesondere im Rahmen von Berichten über Facebook nicht beachtet werden. Wer jedoch die Marke »Facebook« auf der Plattform selbst (zum Beispiel in Facebook-Werbeanzeigen) verwendet oder um auf seine Präsenz bei Facebook hinzuweisen, sollte sich an die Regeln halten. Hier kann Facebook nämlich das Hausrecht geltend machen und die Werbeanzeigen zurückweisen oder die Unternehmensseite auf Facebook sperren.

Verwendung des ausgeschriebenen Facebook-Logos

Facebook verbietet es, sein Logo mit dem ausgeschriebenen »Facebook«-Schriftzug ohne schriftliche Genehmigung zu benutzen.

Dieses Verbot wäre aber nur dann gesetzlich durchsetzbar, wenn das Logo urheberrechtlich geschützt wäre, wovon nicht auszugehen ist. Dazu müsste das Logo individuell-persönlich sein, also nicht rein praktisch und alltäglich. Die Facebook-Logos, sei es das ausgeschriebene »facebook« oder das allein stehende »f«, sind jedoch eher praktischer Natur und nicht besonders individuell, so dass sie sehr wahrscheinlich nicht urheberrechtlich geschützt sind.

Das heißt, dass insbesondere in Berichten über Facebook das ausgeschriebene Logo ruhig verwendet werden darf. Wer jedoch auf Facebook Werbung schaltet oder dort aktiv ist und dafür Werbung machen will, sollte sich an die Spielregeln halten und das Logo mit dem ausgeschriebenem Schriftzug »Facebook« nicht verwenden.

Achtung Auch wenn Sie im Recht sind, sollten Sie innerhalb der Plattformen die Regeln der Betreiber beachten. Der Plattformbetreiber ist auf seiner Plattform quasi Legislative, Exekutive und Judikative zugleich. Zwar ist er letztlich »irgendwie« dem »echten« Recht unterworfen, dem Nutzer hilft das häufig aber nicht viel, da von vornherein keine Waffengleichheit besteht. Auch wenn eine Unternehmensseite zu Unrecht gesperrt worden ist, kann eine rechtliche Auseinandersetzung zeit- und kostenintensiv werden.

Abbildung 5-17 ▶
Vor allem für Marketingzwecke sollten Sie nicht das ausgeschriebene Facebook-Logo verwenden.

Verwendung des »f«-Logos

Im Gegensatz zum ausgeschriebenem Logo erlaubt Facebook grundsätzlich den Einsatz des reduzierten Logos in Form einer blauen Kachel, die den Buchstaben »f« enthält. Man kann es sogar im »Bereich für Markengenehmigungen« herunterladen. Das Logo darf jedoch nur auf die eigenen Facebook-Aktivitäten verweisen und grafisch nicht verändert werden.

Es ist nicht davon auszugehen, dass Facebook oder andere Anbieter gegen die vielfältigen Abwandlungen der Social Media-Icons, die überall im Web Anwendung finden, vorgehen werden. Zum einen sind diese oft urheberrechtlich nicht geschützt und zum anderen leiten sie Nutzer auf die entsprechenden Plattformen. Die Anbieter stellen diese Regeln vielmehr auf, damit die Verweise auf sie einheitlich aussehen und ihnen auf den ersten Blick zugeordnet werden können – damit stärken sie ihre Marke.

◄ **Abbildung 5-18**
So demonstriert Facebook, wie sein Logo verwendet werden sollte (https://facebook.com/brandpermissions/logos.php).

Die Schaltfläche »Gefällt mir«

Facebook hat auch Regeln für die »Gefällt mir«-Schaltfläche aufgestellt: Sie darf in ihrer Form nicht verändert werden. Ferner darf die Schaltfläche nicht in der Onlinewerbung eingesetzt werden. So wäre eine Online-Werbeanzeige nicht erlaubt, in der Sie mit einer Grafik der »Gefällt mir«-Schaltfläche die Nutzer dazu bringen möchten, auf die Anzeige zu klicken. In der Offline-Welt dagegen, zum Beispiel in einer Zeitungsanzeige, darf die Schaltfläche verwendet werden, weil sie hier niemand mit der »echten« Schaltfläche verwechseln wird.

Achtung Sie dürfen die »Gefällt mir«-Schaltfläche zwar in der Offline-Werbung, aber nicht in der Online-Werbung nutzen.

Abbildung 5-19 ▶
Bei der Online-Werbung mit dem Like-Button müssen besondere Regeln beachtet werden.

Eine eigene Marke anmelden

Die nachfolgende Darstellung soll Ihnen als Hilfestellung dienen, wenn Sie selbst eine Marke anmelden möchten. Das könnte zum Beispiel der Fall sein, wenn Sie Ihre Leistungen unter einem bestimmten Namen anbieten, den Sie auch als Facebook- und Twitter-Namen verwenden, und die Befürchtung haben, jemand anderes könnte ihn als Marke registrieren und Ihnen so Ihre Rechte streitig machen.

Fallbeispiel

Die Betreiber des Amateurfußball-Portals »Spielerkabine.net« empfehlen aufgrund persönlicher Erfahrungen allen anderen Start-up-Gründern, sich frühzeitig um die Markenanmeldung zu kümmern. Das besagte Portal hatte ursprünglich »Mannschaftskabine« heißen sollen und war unter diesem Namen entwickelt und der Öffentlichkeit in einer Pressemitteilung vorgestellt worden. Drei Tage danach meldete ein Dritter den Namen »Mannschaftskabine« als Marke an und mahnte die Gründer ab. Diese mussten daraufhin ihren Namen ändern und wählten »Spielerkabine« (siehe *http://bit.ly/tbrFZ5*).

Falls Sie selbst eine Marke schützen lassen möchten, können Sie die Anmeldung selbst vornehmen oder sie zum Beispiel bei einem Rechtsanwalt in Auftrag geben. Zuerst müssen Sie die in diesem Kapitel genannten Voraussetzungen für den Schutz der Marke prüfen. Anschließend sollten Sie eine Markenrecherche durchführen.

| **Hinweis** | Eine weitere Anleitung für die Markenanmeldung finden Sie im Blog des Autors unter *http://bit.ly/qahwAl*. | |

Formulare zur Markenanmeldung finden Sie

- für deutsche Marken unter *http://dpma.de/marke/formulare* und
- für die EU-Gemeinschaftsmarke unter *http://bit.ly/oECJQO*.

Kosten

Bei der Anmeldung fallen Amtsgebühren an, und zusätzlich Rechtsanwaltsgebühren, falls Sie einen mit der Anmeldung beauftragen. Die Kosten einer deutschen Marke betragen 300 Euro Amts- und ca. 450 Euro Rechtsanwaltsgebühren, bei einer EU-Gemeinschaftsmarke sind es 900 und ca. 600 Euro. International hängen die Preise von den jeweiligen Ländern ab. Für die Schweiz fallen zum Beispiel ca. 700 Euro Amtsgebühren und ca. 300 Euro Rechtsanwaltsgebühren an. Diese Preise sind netto und nur grobe Anhaltspunkte, denn je nach Anzahl der Klassen, in denen der Schutz gelten soll, und bei Kombinationen mehrerer Länder können sich Abweichungen ergeben.

Dauer

Die Dauer des Anmeldungsverfahrens beträgt ca. sechs Monate. Dabei wird die Marke rückwirkend zum Tag der Anmeldung für zehn Jahre wirksam und kann danach verlängert werden.

Bei der langen Dauer der Anmeldung ist eine gewissenhafte Prüfung des Markenschutzes sehr wichtig – ansonsten kann es passieren, dass Sie erst Monate nach Einführung Ihres Produkts erfahren, dass Sie seinen Namen nicht mehr verwenden dürfen.

Des Weiteren muss eine Marke laut §§ 25 und 26 MarkenG tatsächlich benutzt werden (sogenannter Benutzungszwang): Wer seine Marke länger als fünf Jahre nicht benutzt, kann sich nicht dagegen wehren, wenn jemand anderer sie verwendet.

Internationale Marken

Neben den vielen Arten von Kennzeichen kommen auch noch die internationalen Aspekte hinzu. Eine deutsche Marke schützt den Produkt- oder Dienstleistungsnamen nur in Deutschland. Daneben gibt es eine EU-Gemeinschaftsmarke, die das gesamte EU-Gebiet umfasst. Eine zusätzliche Marke in Deutschland ist dann nicht mehr notwendig. Dagegen gibt es keine »internationale Marke«. Wer auch noch den Schutz zum Beispiel in der Schweiz oder den USA erlangen möchte, muss die Marke gesondert in diesen Ländern registrieren.

 Hinweis Wenn im Markenrecht von »internationalen Markenanmeldungen« die Rede ist, sind damit Erleichterungen beim Anmeldeverfahren gemeint. So können Sie zusammen mit der Registrierung einer deutschen Marke zugleich deren Registrierung zum Beispiel in den USA oder der Schweiz beantragen. Eine richtige »internationale Marke«, die in allen Ländern gilt, gibt es dagegen nicht.

Checkliste: Markenanmeldung nach §§ 8-9 MarkenG

Ist der Name markenfähig?
- Wortmarke (Worte, Zahlen, Kombinationen daraus)
- Bildmarke (Zeichnungen und Fotografien)
- Bild-Wort-Marken (Kombination aus Text und Bild)
- Multimedia-/Bewegungsmarken (z.B. Intro einer Sendung)
- Formmarken (z.B. Odol-Flasche, Michelin-männchen)
- Hörmarken (kurze, prägnante Melodien)
- Farbmarken

Ist die Marke unterscheidungskräftig?
- Keine Gattungsbegriffe (z.B. »Buchshop«)
- Keine Beschaffenheits- oder Funktionsbeschreibungen (z.B. »Chat-Tool«)
- Keine Mengenangaben (z.B. »10-Gramm-Teebeutel«)
- Keine geografischen Angaben (z.B. »Frankfurt-Marketing«)

Täuscht die Marke nicht über den Inhalt?

Ist die Marke gesetzeswidrig oder unsittlich?

Besteht kein Verstoß gegen bestehende Marken? (Markenrecherche)
- Verwechslungsgefahr mit gleichklingenden Marken für vergleichbare Produkte (z.B. »Faceboom« für eine Community)
- Imageausbeutung bei bekannten Marken (z.B. »Facebook-Café«)
- Beeinträchtigung des Images bekannter Marken (z.B. »McDog«)

Bestimmung der Klasse, in der die Marke angemeldet werden soll

Bestimmung der Länder, in denen die Marke geschützt werden soll

Meinungen, Tatsachen und Werbeaussagen

Social Media-Kommunikation soll kein »Marketing-Bla-Bla« sein, das durch mehrere Marketinginstanzen gegangen ist und ohne Ecken und Kanten bei den Kunden ankommt. Stattdessen erwarten diese authentische und direkte Aussagen, die zudem zeitnah erfolgen sollen.

Dabei darf jedoch nicht übersehen werden, dass sich zwar der Ton und die Beziehung zum Kunden in der Social Media-Kommunikation geändert haben mögen, aber nicht die rechtlichen Bedingungen. Daher dürfen Sie vor allem im Rahmen geschäftlicher Tätigkeit nie vergessen, dass Sie sich nicht in einem privaten Kreis, sondern weiterhin im Wettbewerb befinden. Anders als bei einem Gespräch in einem Ladenlokal oder bei direktem E-Mail-Austausch findet die Diskussion mit den Kunden über Pinnwände, Tweets oder Blogkommentare in der Öffentlichkeit statt. Rechtswidrige Aussagen, die vor wenigen Kunden kaum auffallen würden, werden nun von zig bis zigtausend Augen gelesen. Unter denen befinden sich auch Konkurrenten, die darauf achten, dass ihre Wettbewerber keine falschen Aussagen tätigen sowie sich selbst nicht besser und die Konkurrenz nicht schlechter stellen, als es erlaubt ist.

Auch Privatpersonen müssen sich an die Grenzen zulässiger Äußerungen halten. Die vermeintliche Anonymität verleitet zwar immer wieder dazu, es mit der Wahrheit nicht allzu genau zu nehmen oder die Grenze zwischen zulässiger Meinung und unerlaubter Schmähung zu überschreiten. Doch dies brauchen sich wiederum Unternehmen nicht gefallen zu lassen und können sich mit der Forderung nach Unterlassung oder Schadensersatz und bei journalistischen Medien auch mit einer Gegendarstellung wehren.

Meinungen und Tatsachen

Um einschätzen zu können, ob eine Äußerung zulässig ist, müssen Sie vor allen Dingen den Unterschied zwischen einer Meinungsäußerung und einer Tatsachenbehauptung kennen.

- **Tatsachen** Tatsachen oder auch Fakten sind Ereignisse oder Vorgänge, die wahrnehmbar und (zumindest theoretisch) beweisbar sind. Das heißt, eine Tatsachenbehauptung kann wahr oder unwahr beziehungsweise richtig oder falsch sein.
- **Meinungen** Meinungen sind persönliche Überzeugungen und Werturteile. Anders als Tatsachenbehauptungen sind Meinungsäußerungen als subjektive Ansichten weder beweisbar noch können sie wahr oder unwahr sein.

Die Aussage »Die Batterie des Telefons hält nur 5 Stunden« ist eine Tatsachenbehauptung, da sie mit Zahlen beweisbar ist und somit wahr oder unwahr sein kann. Dagegen ist die Aussage »Der Akku des Telefons läuft viel zu schnell leer« eine Meinung, da sich diese Ansicht nicht objektiv messen lässt.

Tatsachen müssen wahr sein

Wer Tatsachen behauptet, muss sie im Zweifel nachweisen können.

Der Unterschied zwischen Tatsachen und Meinungen ist von großer Bedeutung, weil eine Meinungsäußerung einen größeren Spielraum hat als die Tatsachenbehauptung. Während Meinungen Mutmaßungen und Annahmen enthalten dürfen, müssen behauptete Tatsachen wahr sein. Wenn Sie eine Tatsache behaupten, die jemand für unwahr hält und deswegen gegen Sie rechtlich vorgeht, müssen Sie deren Richtigkeit nachweisen.

Achtung Nicht der andere muss im Streitfall beweisen, dass Ihre Aussage über ihn falsch ist, sondern *Sie* müssen beweisen, dass sie *richtig* ist.

Diese Benachteiligung von Tatsachenbehauptungen gegenüber Meinungsäußerungen resultiert daraus, dass Tatsachen mehr Gewicht beigemessen wird als Meinungen. Es ist ein Unterschied, ob Sie meinen: »Ich habe das Gefühl, dass die Telekom die Hälfte ihrer Kunden verloren hat.«, oder behaupten: »Die Telekom hat die Hälfte der Kunden verloren.« Im ersten Fall sieht jeder, dass es sich um eine persönliche Meinung handelt, die nicht stimmen muss. Im zweiten Fall könnte man davon ausgehen, dass Ihre Aussage stimmt. Das kann zum Beispiel dazu führen, dass jemand aufgrund Ihrer Aussage den nächsten DSL-Vertrag bei einem Konkurrenten abschließt.

Hinweis Wenn Sie sich unsicher sind, formulieren Sie Ihre Ansicht als Meinung. Die Meinungsfreiheit im Art 5 GG erlaubt Ihnen, auch Aussagen zu treffen, die nicht der Wahrheit entsprechen, solange Sie zum Ausdruck bringen, dass es Ihre subjektive Ansicht ist, zum Beispiel so: »Meiner Meinung nach hat Xing mehr Mitglieder als Facebook.«

Verbreitung fremder Aussagen, Distanzierung und Laienprivileg

Nicht nur die eigene Behauptung falscher Tatsachen, sondern auch die Verbreitung von falschen Tatsachen, die andere aufgestellt haben, ist unzulässig. Der oft verwendete Satz »Wie ich von XY erfahren habe ...« schützt daher nicht vor einer Rechtsverletzung, es sei denn, Sie distanzieren sich von der Falschbehauptung oder können sich entweder direkt oder im Rahmen des unten beschriebenen Laienprivilegs auf die Pressefreiheit berufen.

Distanzierung von fremden Behauptungen

Mit einer wirksamen Distanzierung können Sie zum Ausdruck bringen, dass Sie zwar eine fremde Behauptung wiedergeben, aber für ihren Inhalt nicht einstehen möchten. Eine Distanzierung ist jedoch nur dann wirksam, wenn die fremde Behauptung richtig gestellt oder ihr widersprochen wird, zum Beispiel so: »Im Blog von A wird behauptet, dass die Batterie des Telefons nur 5 Stunden hält. Tatsächlich sind es aber 8 Stunden.« Oder so: »Ich glaube der Aussage nicht, weil mein Telefon länger läuft.«

Hinweis Ist die Falschbehauptung von Tatsachen zugleich ehrverletzend und damit beleidigend oder rufschädigend, hilft auch keine Richtigstellung der Tatsachen, weil Sie mit der Veröffentlichung trotzdem die Ehrverletzung verbreitet haben. Zum Beispiel reicht die Distanzierung im folgenden Fall nicht aus: »A schrieb in seinem Blog, dass die Prominente B sich für Ihren Erfolg mit C prostituiert hat. Ich selbst glaube nicht daran.«

Pressefreiheit

Sie können Behauptungen von Tatsachen auch im Rahmen einer journalistischen Tätigkeit aufgreifen, ohne dafür einstehen zu müssen, wenn Sie die folgenden Voraussetzungen erfüllen:

Journalistisches Medium Die Tatsache muss in einem Medium wiedergegeben werden, das sich an der öffentlichen Meinungsbildung beteiligt. Das kann auch ein journalistisch-redaktionell geführtes Blog sein, dessen Beiträge zur öffentlichen Meinungsbildung beitragen sollen.

Öffentliches Interesse An der verbreiteten Tatsache muss ein öffentliches Interesse bestehen.

Keine offensichtlich falsche Behauptung Wenn es Ihnen bewusst sein müsste, dass die Tatsache falsch ist, dürfen Sie die Tatsache nicht wiedergeben oder nur, wenn Sie sich wirksam von ihr distanzieren.

Keine schwere Beeinträchtigung Vor der Verbreitung fremder Tatsachen muss eine Risikoabwägung erfolgen. Dabei müssen die Nachteile für die Betroffenen mit dem öffentlichen Interesse an der Berichterstattung abgewogen werden. Wenn diese Abwägung dazu führt, dass die drohenden Risiken das öffentliche Interesse überwiegen, muss zuvor eine eigene Recherche durchgeführt werden. Das ist zum Beispiel der Fall, wenn es Tatsachen aus der Privatsphäre einer Person sind und sich auf Krankheiten oder das Sexualleben beziehen. Die Recherchepflicht besteht auch, wenn schwere Ehrverletzungen drohen, weil kriminelle Machenschaften behauptet werden. Dasselbe gilt, wenn erhebliche wirtschaftliche Einbußen für eine Person oder ein Unternehmen drohen, z.B. bei der Behauptung, dass eine Insolvenz anstehe.

Tipp   Im Onlinebeitrag »Basiswissen Journalismus: Presserecht für Journalisten und Blogger« des Autors unter *http://bit.ly/ox0Gfe* finden Sie Regeln, die Sie beachten müssen, wenn Sie ein journalistisch ausgerichtetes Blog führen.

Laienprivileg

Auch wenn Sie sich selbst nicht auf die Pressefreiheit berufen können, können Sie in bestimmten Fällen auf die Aussagen der Medien vertrauen und sie ungeprüft übernehmen (sogenanntes »Laienprivileg«). Solche Medienzitate sollten Sie auf jeden Fall mit einem Hinweis auf die Informationsquelle beginnen, zum Beispiel »Wie Spiegel Online schreibt ...«

Leider gibt es keine festen Regeln dafür, welchen Medien Sie vertrauen dürfen. Generell muss es sich um Medien handeln, bei denen Sie davon ausgehen können, dass sie journalistische Sorgfalt an den Tag legen und ihre Artikel ordentlich recherchieren. Dabei ist es irrelevant, ob das Medium als »Zeitschrift«, »Magazin«, »Portal« oder »Blog« bezeichnet wird. Grundsätzlich dürfen Sie Offline-Zeitschriften wie Magazinen sowie deren Online-Ablegern vertrauen. Wenn Sie im Onlinebereich Behauptungen aus kleinen und eher privat geführten Blogs übernehmen, ist das Risiko höher als bei verlagsähnlich geführten Blogs wie *Netzpolitik.org* oder Portalen wie *Techcrunch* oder *Golem.de*.

Ferner dürfen Sie das journalistische Medium dann nicht zitieren, wenn Ihnen bewusst sein müsste, dass die Aussage unwahr ist. Das ist zum Beispiel der Fall, wenn in einem neueren Artikel oder an anderer Stelle eine Tatsache bereits berichtigt oder klargestellt wurde.

Tipp Wenn Sie sich unsicher sind, verzichten Sie auf die Übernahme der Aussagen – das Risiko, bei einem Medium zu Unrecht auf das Laienprivileg zu vertrauen, tragen Sie.

Lieber »meinen« als Tatsachen zu behaupten

Aufgrund der strengen Anforderungen an Tatsachenbehauptungen sollten Sie nur solche Fakten behaupten, bei denen Sie sich sicher sind, dass Sie sie mit den Ihnen zur Verfügung stehenden Mitteln nachweisen können. Denn je nachdem, wie schwer es ist, Ihre Aussage nachzuweisen, kann auch eine wahre Aussage zur Last werden.

Formulieren Sie Ihre Aussagen lieber als Meinungen denn als Tatsachen.

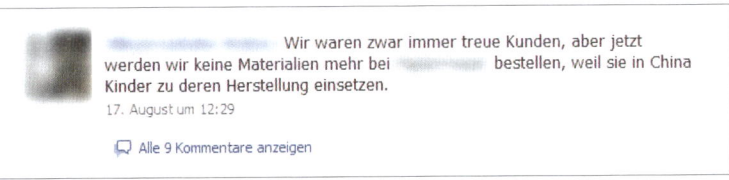

◀ **Abbildung 6-1**
Bei manchen Aussagen kann der Nachweis sehr schwer fallen.

Daher sollten Sie die Meinungsäußerung zu Ihrem Grundsatz erklären und die Tatsachenbehauptung zu einer Ausnahme. Gewöhnen Sie sich daher in den sozialen Medien Floskeln wie die folgenden an:

- »Ich meine, dass ...«
- »Ich glaube, dass ...«
- »Nach meiner Überzeugung ...«
- »Meines Erachtens ...«

> Die zwei Buchstaben »mE« (für »meines Erachtens«) können einen Unterschied von mehreren 100 bis 1000 Euro ausmachen.

Diese Floskeln können den Unterschied zwischen einer 1000 Euro teuren Abmahnung wegen einer Falschbehauptung und einer zulässigen Meinungsäußerung ausmachen.

Wenn Sie sich zum Beispiel sicher sind, dass das Unternehmen X absichtlich fehlerhafte Notebooks an Kunden liefert, kann der Nachweis dieser Absicht trotzdem sehr schwer sein. Die Tatsache, dass Sie oder zehn andere Personen ein fehlerhaftes Notebook erhalten haben, reicht noch nicht aus, um diese Absicht zu beweisen. Formulieren Sie daher »Bei der Anzahl von Beschwerden meine ich, dass X absichtlich fehlerhafte Notebooks an Kunden liefert.« anstatt von »X liefert absichtlich fehlerhafte Notebooks an Kunden.«

Doch auch wenn Sie eine Aussage als Meinung ausdrücken, sollten Sie aufpassen, dass es sich dabei nicht um eine Beleidigung oder Schmähung handelt.

Beleidigungen und Schmähungen

> Die Grenze der Meinungsfreiheit ist mit Beleidigungen und Schmähungen erreicht.

Meinungen haben zwar einen größeren Spielraum als Tatsachenbehauptungen, sind jedoch auch nicht grenzenlos erlaubt. Ihre Zulässigkeit endet dort, wo die Beleidigung oder Schmähung beginnt. Eine Beleidigung liegt dann vor, wenn die Ehre einer Person verletzt wird. Bei einer Schmähung wird eine unsachliche Kritik geübt, die darauf gerichtet ist, eine Person oder ein Unternehmen verächtlich zu machen.

Beleidigung durch Ehrverletzung

Welche Aussagen die Ehre verletzen, muss immer im Einzelfall anhand des Umfeldes, der Situation und der Beziehung der betroffenen Personen beurteilt werden. So kann die Aussage »Na, du Arsch?« unter Freunden durchaus als erlaubtes Necken verstanden werden; äußern Sie sie allerdings gegenüber einem Fremden, liegt eine Beleidigung vor. Hier muss man mit dem gesunden Menschenverstand die Grenzen des Zulässigen einschätzen.

Grundsätzlich ist bei

- der Verwendung von Vulgärbegriffen,
- Bezügen zum dritten Reich (Nazi, Faschist, Gauleiter) und
- Vergleichen mit Tieren (Esel, Bastard, »Sie suhlen sich wie eine Sau im Dreck«)

von einer Beleidigung auszugehen.

Dabei muss eine Beleidigung nicht eine auf den Kopf zugesagte Ehrverletzung sein. Sie kann auch in eine Frage eingekleidet werden, zum Beispiel in der Headline »Ist der Unternehmer X in Wirklichkeit ein Verbrecher?«. Dadurch wird nämlich ein ehrverletzender Eindruck vermittelt, der von Personen, die nicht den ganzen Artikel lesen, mitgenommen werden kann. Es müssten schon gewichtige Gründe bestehen, zum Beispiel ein laufendes Strafverfahren, damit solche Aussagen zulässig sind.

Auch scheinbar harmlose Begriffe können in einem bestimmten Kontext die Ehre einer Person herabsetzen.

Fallbeispiel

Das Amtsgericht Koblenz befand, dass der Eintrag »Vorsicht Spaßbieter« in einer eBay-Bewertung eine verbale Beleidigung und Verunglimpfung darstellt. [AG Koblenz, Urteil v. 21.6.06, Az. 151 C 624/06]

Kollektivbeleidigungen

Um den Vorwurf der Beleidigung einer Person zu vermeiden, wird diese oft in einer sogenannten Kollektivbeleidigung versteckt, zum Beispiel in der Aussage »Alle Polizisten sind Schweine.«

Solche Kollektivbeleidigung von Personengruppen sind zulässig, wenn die Gruppe zu groß ist, als dass die Ehrverletzung einzelne Personen treffen könnte. Das gilt bei Berufsbezeichnungen (»Alle Polizisten sind Schweine«), Branchen (»Alle Kaufleute sind Betrüger«) und Bevölkerungsgruppen wie Katholiken, Frauen oder Behinderten.

Wirkt sich die Beleidigung, wie in den folgenden Fällen, jedoch auf einzelne Personen aus, werden diese Personen damit verletzt. Es liegt dann sogar eine Vielzahl von verfolgbaren Beleidigungen vor:

Der Personenkreis ist überschaubar »Die Mitarbeiter der Firma X sind alle Betrüger« oder »In der CSU-Fraktion sitzt ein Landesverräter«.

Bei der Personengruppe ist klar, an wenn sich die Beleidigung richtet zum Beispiel in einem Facebook-Eintrag auf der Facebook-Pinnwand eines Suchmaschinenoptimierers: »Ihr SEOs seid doch alle kriminelle Halsabschneider.«

Seien Sie mit Kollektivbeleidigungen vorsichtig, da es dabei sehr darauf ankommt, in welchem Umfeld sie fallen und wie die Betroffenen diese wahrnehmen.

> ### Fallbeispiel
>
> Das Amtsgericht Tiergarten hat entschieden, dass das Tragen eines T-Shirts mit dem Aufdruck A.C.A.B. (für »All Cops Are Bastards«) als Kollektiväußerung grundsätzlich keine Beleidigung darstellt. [AG Tiergarten, Beschluss v. 19.1.2000, Az. 238 Cs 877/99]
>
> Dagegen wurde der Zuruf »A.C.A.B.« gegenüber einem Polizisten als Beleidigung gewertet, da die Aussage sich hier auf eine konkrete Person bezog. [OLG Stuttgart, Beschluss v. 23.6.2008, Az. 1 Ss 329/08]

Übertragen auf soziale Medien wäre eine solche Kollektivbeleidigung in einem Blogbeitrag laut diesen Entscheidungen nicht strafbar. Würde es in dem Blogbeitrag dagegen um einen konkreten Polizisten oder eine bestimmte Polizeidienststelle gehen, müsste der Verfasser mit einer Strafe rechnen.

Schmähkritik

Der häufigste Fall der Beleidigung im Internet ist die Schmähkritik. Bei einer Schmähkritik verlässt der kritisierende die sachliche Ebene und zielt auf Diffamierung und Ehrverletzung ab. Dabei ist eine Schmähkritik nicht nur gegenüber Personen, sondern auch gegenüber Unternehmen verboten. Zwar haben Unternehmen keine »Ehre« wie eine Person, aber die Diffamierung kann das unternehmerische Ansehen schädigen.

Das bedeutet jedoch nicht, dass Sie das Opfer Ihrer Kritik mit Samthandschuhen anfassen müssten. Solange Sie einen sachlichen Umstand kritisieren und keine vulgären Begriffe benutzen, dürfen Sie Ihre Kritik auch in polemische und überspitzte Worte kleiden.

> ### Fallbeispiel
>
> Im Streit um eine negative eBay-Bewertung ging es um die Aussage »Handy als ›Neu‹ angeboten – Handy + Zubehör gebraucht – das nenne ich Betrug!!!!«. Das schrieb eine enttäuschte Kundin, deren ersteigertes Handy Kratzer aufwies. Das Gericht urteilte, dass aufgrund des Zustandes des Gerätes diese Aussage noch hinreichend sachlich und damit zulässig war. Diese Entscheidung liegt jedoch an der äußersten Grenze der Meinungsfreiheit und hätte gut und gerne auch anders ausfallen können. [LG Hannover, Urteil v. 13.5.2009, Az. 6 O 102/08]

> ### Fallbeispiel
>
> In einem anderen Fall ging es um Kritik am Anbieter eines Programms, das vorgab, den Nutzern einen kostenlosen Service zu bieten, sich tatsächlich aber kostenpflichtig ins Internet einwählte (sogenannter »Dialer«). In diesem Fall hielt das Oberlandesgericht Frankfurt die Bezeichnung des Anbieters des Dienstes als »Parasit« für zulässig. [OLG Frankfurt, Urteil v. 27.10.2005, Az. 16 W 17/05]

Um zulässig zu sein, muss Kritik die folgenden Punkte erfüllen:

Bezug auf einen konkreten Umstand oder eine konkrete Eigenschaft Je abfälliger Ihre Kritik ist, desto mehr Gründe müssen Sie dafür liefern. »Die Bedienung war mir unsympathisch« reicht für eine negative Restaurantbewertung aus. Für die Aussage »Die Bedienung war eingebildet und arrogant« sollten Sie Gründe wie »Unsere Beschwerden über das Essen wurden gar nicht beachtet« nennen. Denken Sie jedoch daran, dass diese Gründe selbst Tatsachenbehauptungen sind und Sie diese notfalls werden nachweisen müssen.

Verhältnismäßigkeit der Mittel Eine Kritik sollte den Umständen entsprechend sein. Vulgärbegriffe und ähnliche Beleidigungen sollten nicht verwendet werden. Dabei gilt der Grundsatz »Wer austeilt, muss auch einstecken können.« Das heißt, wenn Sie jemanden kritisieren, der selbst nicht um harsche Äußerungen verlegen ist, dürfen Sie selbst härtere Töne treffen.

Eine zulässige Kritik wäre zum Beispiel die Aussage »Ich meine, dass die Agentur unfähig sein muss, wenn sie es beim fünften Anlauf nicht schafft, unsere Facebook-Fanpage einzurichten.« Diese Kritik bezieht sich mit den Fehlversuchen bei der Fanpageeinrichtung auf einen konkreten Umstand. Das Urteil ist zwar harsch, aber angesichts der vielen Fehlversuche darf von »Unfähigkeit« gesprochen werden.

Achtung Tatsachenbehauptungen, die Sie Ihrer Kritik zugrunde legen, müssen selbst wahr sein. Zum Beispiel darf die Agentur im obigen Beispiel es tatsächlich nicht geschafft haben, die Fanpage einzurichten. Ferner dürfen Sie auch wesentliche Umstände nicht weglassen – zum Beispiel, dass die Agentur die Fanpage nicht einrichten konnte, weil Sie die nötigen Daten nicht rechtzeitig geliefert haben.

Anders wären die folgenden Aussagen zu werten:

- »Diese Agentur ist unfähig.« – Das ist eine Schmähkritik, weil sie sich auf keinen konkreten Umstand bezieht, sondern pauschal die Agentur diffamiert.
- »Ich meine, dass die Agentur ein Haufen von grenzdebilen Idioten ist, die trotz fünf Versuchen zu dumm war, unsere Facebook-Fanpage einzurichten.« – Das ist ebenfalls eine Schmähkritik. Zwar wird mit den fünf fehlerhaften Installationsversuchen eine Grundlage für die harsche Kritik geliefert, aber der Rückschluss, dass die Mitarbeiter sich deswegen auf geistig unterstem Niveau bewegten, ist nicht verhältnismäßig. Diese Aussage verletzt deren Rechte und zugleich die der Agentur, für die sie arbeiten. In diesem Fall wird nicht nur deren Unfähigkeit bei der Einrichtung der Fanpage kritisiert, sondern die geistige Kompetenz und Menschenwürde wird in Frage gestellt. Außerdem wird die unternehmerische Ehre der Agentur mit der Bezeichnung als »Haufen von Idioten« verletzt.

Sie sehen an diesen Beispielen, dass es wichtig ist, dazuzusagen, was die Grundlage einer Kritik ist, und diesen Umstand in einem angemessenen Rahmen zu kritisieren.

Hinweis   Bedenken Sie, dass für jedermann sichtbare Aussagen im Internet viel ehrverletzender sein können als eine Meinung, die Sie von Angesicht zu Angesicht äußern. Das wird sich zudem auf das Strafmaß und die Kosten der Rechtsverletzung auswirken.

Unerlaubte Behauptung wahrer Tatsachen

Auch wenn wahre Tatsachen behauptet werden, kann das zu einer Rechtsverletzung führen, wenn Sie in dem Kontext nichts zu suchen haben. Eine solche Verletzung des Persönlichkeitsrechts einer Person liegt besonders dann vor,

- wenn Sie geheime Tatsachen aus dem Privat- oder Intimbereich (Krankheiten, Details des Liebeslebens) verraten, aber auch
- wenn Sie nicht geheime Tatsachen aus dem Privatleben im beruflichen oder unternehmerischen Kontext nennen.

> **Fallbeispiel**
>
> Der Heise-Verlag wurde verurteilt, als in einer satirischen Stellungnahme zu den beruflichen Aktivitäten eines Rechtsanwalts eine Seite verlinkt wurde, die ihn mit freiem Oberkörper beim Paintballspielen zeigte. [OLG München, Urteil v. 26.6.2007, Az. 18 U 2067/07]

Solche Äußerungen können auch als sogenannte »Formalbeleidigung« gemäß § 192 StGB strafbar sein. Das bedeutet, dass eine Ehrverletzung eintritt, weil zwar wahre Tatsachen behauptet werden, aber in einem Umfeld, in dem sie ehrverletzend wirken. Zum Beispiel wäre die Aussage »Er treibt sich in Bordellen herum« auf der Unternehmenspinnwand eines Unternehmers eine Beleidigung, auch wenn sie wahr ist.

Die Behauptung wahrer, aber ehrverletzender Tatsachen ist nur dann gerechtfertigt, wenn ein öffentliches Interesse an diesen Tatsachen besteht. Wirbt zum Beispiel ein Unternehmer mit dem Image eines perfekten und moralisch einwandfreien Familienvaters, wäre die Offenlegung des Umstands, dass er regelmäßig Bordelle besucht, durchaus zulässig – die Öffentlichkeit hat ein Interesse daran, zu erfahren, dass Aussagen, aufgrund derer Kaufentscheidungen getroffen werden, falsch sind. Das gilt auch bei Politikern und Wirtschaftslenkern, bei denen es wichtig ist, welche Fakten ihre Entscheidungen beeinflussen.

Tipp Sie sollten im Social Media-Marketing nicht die Grenzen der Formalbeleidigung austesten. Insbesondere sollten Sie keine privaten Umstände aus dem Privatleben eines Konkurrenten ohne rechtliche Vorprüfung nennen, da dies zugleich geeignet sein könnte, diesen verächtlich zu machen, und somit einen abmahnbaren Wettbewerbsverstoß darstellen würde.

Tatsachen mit Meinungen gemischt

Problematisch wird die Beurteilung der Zulässigkeit von Aussagen, wenn Meinungen und Tatsachenbehauptungen untrennbar vermischt werden. Die Aussage »Der Hersteller versucht, mehr Batterien zu verkaufen, indem er die Batterielaufzeiten kurz hält« könnte eine Tatsachenbehauptung darstellen, denn es ist theoretisch nachprüfbar, ob der Hersteller tatsächlich diese Taktik verfolgt. Zugleich könnte es nur eine Meinung sein, die sich jemand aufgrund der kurzen Laufzeit gebildet hat. In diesem Fall wird ein

Gericht sich den Zusammenhang ansehen, in dem die Aussage gefallen ist, und versuchen zu bestimmen, ob der Schwerpunkt der Aussage in einer Tatsachenbehauptung oder einer Meinungsäußerung liegt. Wurde sie zum Beispiel von einem Kunden auf einem Bewertungsportal getroffen, ist davon auszugehen, dass es eine Meinungsäußerung ist, denn es ist nicht davon auszugehen, dass der Kunde für sich Kenntnis der Absichten des Herstellers beansprucht, sondern dass er nur mutmaßt.

Abbildung 6-2 ▶

Die Abgrenzung zwischen Meinung und Tatsachenbehauptung kann schwer sein und der Ausgang eines Gerichtsverfahrens vom sprichwörtlichen Glück abhängen.

In diesem Text, der Gegenstand einer noch nicht gerichtlich entschiedenen Abmahnung ist, wird zwar nur gesagt, dass ein Unternehmen stellvertretend für eine Branche steht, die verwerfliche Geschäftspraktiken ausübe. Dennoch wird impliziert, dass die verwerflichen Taten auch bei diesem Unternehmen vorliegen. Es spricht also einiges dafür, hier eine Tatsachenbehauptung zu sehen.

> Sie sind als Inhaberin der Domain ▮▮▮▮▮▮▮▮▮▮▮▮ (sic!) zumindest in soweit für solche Beiträge verantwortlich, als Sie verpflichtet sind, auf den ersten Hinweis, dass dadurch unwahre Tatsachenbehauptungen verbreitet werden, die Seite vom Netz zu nehmen.
>
> In dem fraglichen Text, der leider keinen Verfasser aufweist, heißt es u.a.
>
> **"Das Unternehmen steht stellvertretend für eine Branche, die weltweit gegen Grund- und Freiheitsrechte agiert, und keine Scheu davor hat, mit Diktaturen wie Syrien, Saudi-Arabien, Bahrein, Iran oder China zu kooperieren. Wegen dieser Kooperationen werden Menschen politisch verfolgt, gefangen genommen, gefoltert und getötet. Wer hierfür Infrastrukturen schafft, macht sich mitschuldig an diesen staatlichen Verbrechen."**
>
> Nach dem Verständnis des Durchschnittslesers muss daraus entnommen werden, dass auch meine Mandantin mit diesem oder einem von diesen Staaten kooperiert. Dies ist eindeutig nicht der Fall.
>
> Der Kundenkreis meiner Mandantin beschränkt sich auf Behörden in Deutschland und den Nachbarländern Niederlande, Schweiz und Österreich. Mit keinem der in diesem Beitrag genannten Staaten hat es je eine Geschäftsbeziehung gegeben.

Rechtseinschätzung

Ähnlich problematisch wie die Vermischung von Tatsachen und Meinungen sind Einschätzungen der rechtlichen Lage. Auch hier kommt es darauf an, wie solche Aussagen verstanden werden. Werden Begriffe wie »illegal«, »Krimineller«, »Betrüger« oder »Dieb« rein umgangssprachlich verwendet, dann handelt es sich dabei in der Regel nicht um Tatsachenbehauptungen, sondern um abfällige Meinungen. Dennoch ist hier aufzupassen, da ohne einen hinreichenden Grund für diese Meinung eine Beleidigung vorliegen kann.

Nur wenn Sie zum Ausdruck bringen, dass jemand als Betrüger verurteilt worden ist, handelt es sich um eine Tatsachenbehauptung, die wahr sein muss. Vergleichen Sie dazu den zuvor in Abschnitt »Schmähkritik« genannten Fall einer Kundin, die einen eBay-Verkäufer als Betrüger bezeichnete.

Die Folgen von Beleidigung und unwahren Tatsachenbehauptungen

Die Folgen von Äußerungsdelikten können Sie auf dreierlei Weise treffen: Sie können zivilrechtlich von den Betroffenen abgemahnt oder auf Unterlassung und Schadensersatz verklagt werden. Daneben können Sie vor einem Strafgericht angeklagt werden. Außerdem müssen Sie mit Sanktionen seitens der Betreiber von Social Media-Plattformen rechnen.

Zivilrechtliche Folgen

Wenn Sie über eine Person oder ein Unternehmen falsche Tatsachen behaupten oder sie bzw. es beleidigen, werden Sie sehr wahrscheinlich zunächst eine Abmahnung erhalten. In dieser werden Sie aufgefordert, die Aussage zu entfernen und gegebenenfalls richtigzustellen sowie sich zu verpflichten, sie nicht zu wiederholen. Verstoßen gegen Ihre Zusage, es nicht zu tun, müssen Sie eine Vertragsstrafe bezahlen.

Leisten Sie der Abmahnung keine Folge, reicht der Abmahnende gegebenenfalls Klage ein. Das Gericht kann bei falschen Tatsachenbehauptungen verlangen, dass Sie sie an gleicher Stelle richtig stellen (sogenannter »Widerruf«). Bei Meinungen verhält es sich etwas anders: Da sie nicht richtig oder falsch sein können, kann das Gericht Ihnen nur verbieten, sie zu wiederholen, und verlangen, dass Sie eine online publizierte Aussagen löschen.

Die Gesamtkosten einer Abmahnung betragen im Schnitt 1.000 Euro (inklusive der Kosten Ihres Rechtsanwalts) und die eines Gerichtsverfahrens 2.500 Euro, wenn Sie unterliegen. Der Schadensersatz bei Personen ist in Deutschland eher gering und beträgt allenfalls wenige Hundert Euro. Diese Beträge können sich ändern und fünfstellige Beträge erreichen, wenn Sie eine prominente Person beleidigen oder Ihre Aussage einem Unternehmen hohen Schaden zufügt.

Auch die Reichweite der Aussage ist relevant. Es macht einen Unterschied aus, ob die Aussage in einem von wenigen Personen gelesenen Blog oder einem Spitzenreiter der Blogcharts steht.

Strafrechtliche Folgen

Wenn Sie verdächtigende Tatsachen über Personen behaupten und nicht nachweisen können, dass sie wahr sind, machen Sie sich der üblen Nachrede gemäß § 186 Strafgesetzbuch (StGB) schuldig, die mit Geldstrafe oder einer Freiheitsstrafe von bis zu zwei Jahren geahndet werden kann.

Sollten Sie sogar absichtlich lügen, würde es sich um eine Verleumdung nach § 187 StGB handeln, die Geldstrafe oder bis zu fünf Jahre Freiheitsentzug bedeuten kann.

Die Beleidigung einer Person kann zu einer Geld- oder zu einer Freiheitsstrafe von bis zu zwei Jahren führen (§ 185 StGB).

In den meisten Fällen werden von den Gerichten nur Geldstrafen verhangen oder die Verfahren gegen eine Zahlung eingestellt. Deren Höhe bestimmt sich nach der persönlichen Einkommenslage. So bedeutet eine Geldstrafe von 30 Tagessätzen für einen Studenten, der 50 Euro am Tag verdient, 1.500 Euro, und für einen erfolgreichen Unternehmer, dessen Tagesverdienst 500 Euro beträgt, 15.000 Euro.

Ferner wird die Beleidigung Delikte grundsätzlich nur auf Antrag der Betroffenen verfolgt. Von sich aus handeln die Verfolgungsbehörden nur, wenn ein öffentliches Interesse an der Verfolgung besteht, zum Beispiel bei Amtsbeleidigung. Daher wird ein Strafantrag oft nur durch die Betroffenen als Druckmittel verwendet, damit die ausgesprochene Abmahnung befolgt wird.

Sanktionen der Social Media-Plattformen

Alle Plattformen haben in ihren Hausregeln Verbote stehen, die das Beleidigen und das Behaupten falscher Tatsachen untersagen. Wer sich nicht daran hält, dessen Konto kann von den Betreibern gelöscht werden. Auch dieser Weg wird als Druckmittel im Rahmen von Abmahnungen eingesetzt.

Vorgehen gegen Verletzungen der eigenen Person oder des Unternehmens

Die oben genannten Möglichkeiten, gegen falsche Tatsachenbehauptungen, Beleidigungen und Schmähungen vorzugehen, zeigen umgekehrt auch Ihre Abwehrmöglichkeiten, wenn Sie selbst als Opfer betroffen sind.

Hinweis   Der bloße Umstand, dass ein Beitrag geschäftsschädigend ist und Ihr Ansehen oder den Gewinn mindert, ist kein Argument für seine Rechtswidrigkeit. Nur wenn dabei falsche Tatsachen behauptet werden oder er Schmähungen enthält, können Sie gegen ihn vorgehen.

Sie können sich für verschiedene Strategien entscheiden, um gegen diese Rechtsverletzungen vorzugehen. Dabei haben Sie grundsätzlich drei mögliche Ansprechpartner: denjenigen, der die Aussage verfasst hat, den Betreiber der Social Media-Plattform, auf der die Aussage getätigt worden ist, und die Strafverfolgungsbehörden. Sie können diese einzeln oder gemeinsam ansprechen, je nachdem, ob Sie nur die Löschung einer Aussage erreichen wollen oder auch die Bestrafung des Delinquenten.

Vorgehen gegen den Verfasser

Wenn Sie die Identität des Verfassers kennen, können Sie von diesem wahlweise formlos, per Abmahnung oder per Gerichtsweg die Entfernung der Aussage verlangen. Die Abmahnung und das Gerichtsverfahren haben den Vorteil, dass der Delinquent sich im Erfolgsfall dazu verpflichten muss, bei Wiederholung seiner Aussage eine Strafzahlung zu leisten.

Hinweis Welche Möglichkeiten Sie haben, um gegen Rechtsverstöße vorzugehen, und mit welchen Risiken sie verbunden sind, erfahren Sie in Kapitel 10.

Vorgehen gegen den Plattformbetreiber

Parallel zum Vorgehen gegen den Verfasser können Sie sich auch an den Plattformbetreiber wenden. Falls Sie die Identität des Verfassers nicht kennen, bleibt Ihnen nur dieser Weg übrig. Dabei sollten Sie bedenken, dass Plattformbetreiber erst ab Kenntnis für die Rechtsverletzungen ihrer Mitglieder haften. Wenn Sie den Plattformbetreiber also sofort abmahnen oder verklagen, werden Sie die Kosten tragen müssen. Weisen Sie daher den Plattformbetreiber zuerst formlos auf die Rechtsverletzung hin und setzen Sie eine Frist zur Löschung der Aussage.

Hinweis Beim Vorgehen gegen Plattformbetreiber muss darüber hinaus ein vom Bundesgerichtshof festgelegtes Verfahren beachtet werden, das in »Haftung und Löschungspflichten von Host-Providern« des 9. Kapitels erläutert wird. Das Muster einer Aufforderung an den Plattformbetreiber finden Sie in Kapitel 10 im Abschnitt »Betreiber bei nutzergenerierten Inhalten in Kenntnis setzen«.

Strafantrag bei der Staatsanwaltschaft

Der kostenlose Strafantrag bei der Polizeibehörde bringt Ihnen grundsätzlich wenig, außer der Genugtuung, dass der Verfasser Gegenstand eines strafrechtlichen Ermittlungsverfahrens sein wird und gegebenenfalls sogar eine Strafe bezahlen muss.

Anders sieht es aus, wenn Sie die Identität des Verfassers nicht kennen und der Plattformbetreiber sie nicht herausgeben will. In diesem Fall kann die Staatsanwaltschaft einen gerichtlichen Auskunftsanspruch geltend machen und die Verfasseridentität ermitteln. Diese Daten können Sie beziehungsweise Ihr Rechtsanwalt mit einem Antrag auf Akteneinsicht erfahren.

Sitzt der Plattformbetreiber jedoch im Ausland und verweigert jegliche Kooperation, wird im Regelfall auch der strafrechtliche Weg vor deutschen Behörden nicht von Erfolg gekrönt sein. Im so einem Fall sollten Sie sich an einen versierten Rechtsanwalt wenden, der Ihnen eine Vorgehensstrategie empfehlen kann.

Gegendarstellung

Die Gegendarstellung soll eine Waffengleichheit zwischen den Medien und denjenigen, über die berichtet wird, wahren.

Den Weg der Gegendarstellung können Sie wählen, wenn Sie sich gegen falsche Tatsachenbehauptungen in journalistisch-redaktionellen Medien wehren möchten. Dabei verlangen Sie, dass an derselben Stelle und in gleicher Aufmachung Ihre Sicht der Dinge dargestellt wird. Dabei müssen weder Sie, noch die Gegenseite nachweisen, dass die behaupteten Tatsachen wahr sind. Die Gegendarstellung soll lediglich Waffengleichheit zwischen Geschädigten und reichweitenstarken Publikationsmedien herstellen.

Hinweis   Der Vorteil einer Gegendarstellung gegenüber einer Abmahnung oder einem Gerichtsverfahren liegt darin, dass diese kostenlos und weniger zeitintensiv ist. Wird sie verweigert, können Sie sie trotzdem gerichtlich durchsetzen.

Voraussetzungen

Die Gegendarstellung kann entsprechend § 56 Rundfunkstaatsvertrag nur beim Vorliegen folgender Voraussetzungen gefordert werden:

Journalisch-redaktionelles Medium   Hiermit sind zunächst die klassischen periodischen Medien wie Zeitschriften, Magazine, Fernseh- und Radiosendungen gemeint. Der § 56 des RStV legt jedoch auch eine Gegendarstellungspflicht für vergleichbare Telemedien fest. Damit sind insbesondere Blogs gemeint, die sich an der öffentlichen Meinungsbildung beteiligen (also nicht Blogs mit privaten Themen), aber auch Newsletter und Social Media-Profile, die als Publikationsmittel verwendet werden. Diese Telemedien müssen jedoch einen gewissen Einfluss auf die öffentliche Meinungsbildung haben, der mit dem der Massenmedien vergleichbar ist. Damit dürften Blogs und Newsletter mit ein paar Hundert Lesern pro Tag oder Social Media-Profile mit einer solchen Anzahl an Abonnenten nicht darunterfallen.

Form Schriftlich und persönlich unterzeichnet

Frist Die Gegendarstellung sollte so schnell wie möglich erfolgen. Zwei Wochen gelten als angebracht, die Maximalgrenze für die Veröffentlichung liegt bei drei Monaten.

Adressat Die Gegendarstellung ist an den Verleger beziehungsweise an die *redaktionell verantwortliche Person* (zum Beispiel in Blogs) zu richten.

Tatsachen Es dürfen nur Tatsachenbehauptungen klargestellt werden. Dagegen darf man keine Stellung zu Meinungsäußerungen beziehen. So ist eine Gegendarstellung bei einer nach eigener Ansicht ehrverletzenden Kritik nicht zulässig.

Umfang Die Gegendarstellung darf keinen größeren Umfang als der ursprüngliche Artikel haben.

Berechtigtes Interesse Die Gegendarstellung muss eine Begründung dafür enthalten, dass sie notwendig ist. Es reicht zum Beispiel der Verweis auf die Schädigung des guten Rufs oder wirtschaftlicher Folgen. Dabei muss man nicht die Richtigkeit von Tatsachen beweisen. Die Gegendarstellung kann abgelehnt werden, wenn sie sich auf wenig relevante Tatsachen bezieht (»Ich fahre einen roten und keinen schwarzen Wagen.«).

Umsetzung der Gegendarstellung

Die Gegendarstellung muss ohne Kürzungen und Ergänzungen in derselben Schriftart und derselben Schriftgröße innerhalb desselben Zeitraums an derselben Stelle wie der Originalartikel veröffentlicht werden. Wurde der Artikel an verschiedenen Stellen publiziert oder an anderer Stelle darauf aufmerksam gemacht, zum Beispiel über Twitter, so muss das auch für die Gegendarstellung der Fall sein.

War der ursprüngliche Artikel zum Beispiel als Aufmacher eines Onlinemagazins erschienen, muss dort auch die Gegendarstellung auftauchen.

Bei periodisch erscheinenden Werken wie Zeitschriften und Newslettern muss die Gegendarstellung in der nächsten Ausgabe auftauchen. Bei Blogs und Social Media-Profilen muss sie unverzüglich erfolgen, also innerhalb von maximal drei bis fünf Tagen.

Das Medium hat das Recht, an eine Gegendarstellung den sogenannten »Redaktionsschwanz« anzuhängen, in dem es sich wiederum von der Gegendarstellung distanziert oder sie bestätigt (was jedoch selten ist).

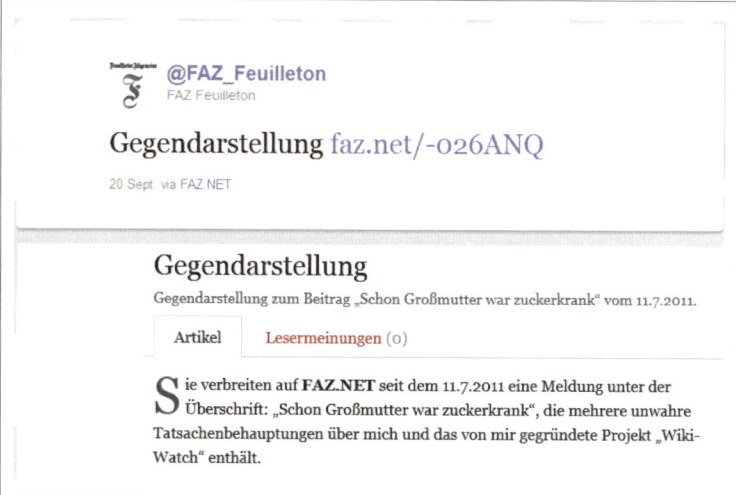

Abbildung 6-3 ▶
Ist der ursprüngliche Artikel in einem Social Media-Kanal wie Twitter verbreitet worden, muss in diesem Kanal auch auf die Gegendarstellung aufmerksam gemacht werden.

Alternativen zur Gegendarstellung

Eine Gegendarstellung wird von den Medien nicht gern gesehen, weil sie den Vorwurf unzureichender Recherche impliziert. Das kann dazu führen, dass seitens dieses Mediums kaum noch mit positiver Berichterstattung zu rechnen ist.

Ferner kann durch die Gegendarstellung der sogenannte »Streisand-Effekt« eintreten. Davon spricht man, wenn durch den Versuch, eine Information zu unterdrücken, genau das Gegenteil erreicht wird, nämlich die Information besonders bekannt gemacht wird.

 Hinweis   Der Streisand-Effekt wurde nach der Künstlerin Barbara Streisand benannt, die gegen die Veröffentlichung einer Luftaufnahme der kalifornischen Küste vorging, auf der unter anderem ihr Haus zu sehen war. Erst durch ihr Vorgehen wurde das öffentliche Interesse auf die Aufnahme gelenkt, die ursprünglich die Küstenerosion belegen sollte.

Es empfiehlt sich daher, die folgende Reihenfolge zu wahren, die sich jedoch vom Grad der Falschaussagen und dem Geheimhaltungswillen richten sollte:

- Gespräch mit dem verantwortlichen Redakteur über eventuelle Korrekturen in einem Folgeartikel
- Leserbrief, Pressemitteilung, Online-Stellungnahmen
- Verlangen einer Gegendarstellung
- Gerichtliche Durchsetzung der Gegendarstellung oder gleich:
- Gerichtliche Klage auf Feststellung, dass die dargestellten Tatsachen unzutreffend waren. Es kann zudem beantragt werden, dass der Gegner an derselben Stelle und im selben Umfang eine Richtigstellung veröffentlichen muss.

Muster eines Gegendarstellungverlangens

Sehr geehrter [redaktionell verantwortliche Person],

beiliegend finden Sie unsere Gegendarstellung zu Ihrem Beitrag »Kundenflaute bei X?« vom 4.4.2012.

Ich fordere Sie auf, diese [in der nächsten Ausgabe/unverzüglich] unverändert, in gleicher Schrift und Aufmachung, an derselben Stelle und für dieselbe Zeit wie den Beitrag zu veröffentlichen und auf sie über dieselben Kanäle wie auf den ursprünglichen Artikel hinzuweisen (Twitter, Facebook-Seite).

Sollten Sie mir die Veröffentlichung nicht innerhalb von drei Tagen verbindlich zusagen, werde ich gerichtliche Schritte einleiten.

Mit freundlichen Grüßen,

Geschäftsführer X

Anhang:

Gegendarstellung

Der Artikel mit der Überschrift »Kundenflaute bei X?« im Blog »Musterblog« vom 4.4.2012 enthält unrichtige Behauptungen, die ich wie folgt richtig stelle:

Unwahr ist die Behauptung, die Anzahl der Umsätze sei im Jahr 2011 um 50 % zurückgegangen. In Wahrheit verringerte sich der Umsatz um 25 %.

Des Weiteren wird behauptet, es werde ein Verkauf des Onlineshops an Amazon vorbereitet. Dazu stelle ich fest, dass keine Vorbereitungen eines Verkaufs an Amazon stattfinden.

Ort, Datum

Eigenhändige Unterschrift des Geschäftsführers von X

Werbeaussagen

Neben der Wahrheitspflicht und dem Verbot von Schmähkritik, die jeden Social Media-Nutzer betreffen, haben kommerzielle Anbieter zudem eine Vielzahl wettbewerbsrechtlicher Vorgaben und Verbote zu beachten.

Das Wettbewerbsrecht, geregelt im Gesetz gegen den unlauteren Wettbewerb (UWG), soll die Mitbewerber vor unfairem Konkurrenzkampf und Verbraucher vor täuschenden und unsachgemäß beeinflussenden Geschäftspraktiken schützen. Die Wettbewerbsregeln wurden im Jahr 2009 erheblich verschärft, indem Bagatellschwellen gesenkt und eine »schwarze Liste« mit 30 Geschäftspraktiken veröffentlicht wurde, die immer rechtswidrig sind.

Tipp — Die schwarze Liste unerlaubter Geschäftspraktiken ist sehr wichtig und Sie sollten sie zumindest einmal gelesen haben. Sie finden die Liste im Anhang zu § 3 Absatz 3 UWG (siehe *http://bit.ly/qW5AmJ*).

Verschleierung des Werbecharakters

Das Verbot der Schleichwerbung und das Trennungsgebot müssen Sie schon beim Anlegen Ihres Social Media-Auftritts beachten. Mehr dazu erfahren Sie in Kapitel 2, Social Media-Präsenzen einrichten.

Das Internet und insbesondere Social Media-Plattformen sind ein idealer Nährboden für die sogenannte Schleichwerbung. Schleichwerbung liegt vor, wenn der Verbraucher den Werbecharakter einer Aussage oder Handlung nicht erkennen kann. Sie ist gesetzlich verboten, weil mit ihr die Entscheidungsfreiheit des Verbrauchers unterlaufen wird: Während er denkt, objektive und/oder persönliche Aussagen vor sich zu haben, denen er trauen kann, handelt es sich tatsächlich um Werbebotschaften, die ihn zum Kauf eines Produkts oder einer Dienstleistung bewegen sollen.

Wie ernst das Verbot der Schleichwerbung ist, zeigt der Umstand, dass der Gesetzgeber diesen sowohl ins Wettbewerbsrecht (§ 4 Nr. 3 UWG) als auch ins Telemediengesetz aufgenommen hat (§ 6 Abs. 1 Nr. 1 TMG). Hinzu kommt das Gebot, redaktionelle Inhalte stets von der Werbung zu trennen (sogenanntes »Trennungsgebot« in § 58 RStV). Außerdem sind Regelungen der Onlineportale zu beachten, die wahre Angaben fordern und die Verschleierung kommerzieller Tätigkeit verbieten (z. B. Facebook-Nutzungsbedingungen 4.4)

Hinweis — Für den Verstoß gegen das Verbot von Schleichwerbung können auch Unternehmen haftbar gemacht werden, die zum Beispiel Blogger dazu anstiften oder mit Falschinformationen über die Rechtslage verleiten.

Doch ist diese Art der Werbung sehr effektiv und daher verlockend. Zudem ist den Werbenden oft gar nicht bewusst, dass sie Schleichwerbung betreiben. Die nachfolgenden Beispiele unerlaubter Schleichwerbung sollen Ihnen ein Gefühl dafür vermitteln, wo die Grenzen zwischen zulässiger und Schleichwerbung liegen.

Anlegen fiktiver Personen

Werbebotschaften aus dem Mund eines Freundes oder einer Freundin haben einen viel höheren Glaubwürdigkeitswert als die Werbung eines Unternehmens. Um das auszunutzen, lässt sich leicht eine fiktive Person (auch als »Fake-Profil« bezeichnet) kreieren und zur Verbreitung von Werbebotschaften nutzen. Zum Beispiel können andere Mitglieder einer Plattform unter dem Vorwand, man sei miteinander bekannt, zu »Freunden« gemacht werden, um sie zu Zielobjekten von Werbung zu machen. Dabei handelt es sich um Schleichwerbung.

Bewertungsportale

Als Schleichwerbung zählt auch die positive Bewertung eigener Produkte und Dienstleistungen in Bewertungsportalen oder Versandhäusern (»Astroturfing« genannt). Wird ein Unternehmen beim Astroturfing ertappt, folgt als Verteidigung oft der Hinweis, dass ein Unternehmensmitglied die Bewertung als Privatperson abgegeben habe. Es ist aber anzunehmen, dass ein Gericht dieses Argument als »wirklichkeitsfremde Schutzbehauptung« abweisen würde. Insbesondere haben Geschäftsführer oder mit Marketing beauftragte Personen keinen »Privatbereich« im Bezug auf ihre Unternehmen. Daher sollten die Social Media-Leitlinien von Unternehmen einen Hinweis darauf enthalten, dass Mitarbeiter unternehmenseigene Produkte nur mit einem Hinweis auf ihre Zugehörigkeit zum und Stellung im Unternehmen bewerten dürfen. Sie finden ein Muster für Social Media-Leitlinien im Anhang des Buches.

Ferner sollten Sie bedenken, dass auch die Nutzungsregeln der Bewertungsplattformen »Astroturfing« verbieten und über ausgefeilte Techniken verfügen, um es aufzuspüren. Die Folgen können nicht nur in Accountsperrung und Abmahnungen durch Plattformen, Konkurrenten oder Verbraucherschutzvereine bestehen, sondern vor allem einen immensen Imageverlust nach sich ziehen.

> Der Begriff »Astroturfing« leitet sich von dem Markennamen »AstroTurf« eines Kunstrasenherstellers ab. Er steht für eine vorgetäuschte Eigeninitiative von Nutzern, also eine künstliche »Graswurzelbewegung«.

> Auch wenn Mitarbeiter positive Kommentare unter den Unternehmensbeiträgen oder Produktvorstellungen bei Facebook hinterlassen, handelt es sich um Astroturfing. Daher sollten insbesondere Mitglieder von Social Media-Teams und Geschäftsführer von Unternehmen entweder darauf verzichten oder durch Namenskürzel beziehungsweise sonstige Hinweise (»Mitarbeiter von XY«) auf ihre Zugehörigkeit zum Unternehmen hinweisen.

Abbildung 6-4 ▶

Der Geschäftsführer des Unternehmens Neofonie hielt negativen Kritiken am »WeTab« des Unternehmens eigene, positive Berichte entgegen. Diese verfasste er ohne Hinweis auf seine Geschäftsführertätigkeit mit seinem Privataccount unter der Nutzung von Pseudonymen. Dabei vergaß er, dass Amazon standardmäßig die Verknüpfung zwischen dem Pseudonym und dem Namen anzeigt.

Letztendlich ist er wegen des verursachten Imageschadens zurückgetreten. Seiner Schutzbehauptung, die Bewertungen privat getätigt zu haben, würde kein Richter folgen (Quelle: http://gutjahr.biz/blog/2010/10/wedepp).

Gekaufte Bewertungen

Werden Nutzer durch eine Belohnung dazu aufgefordert, eine Bewertung abzugeben, müssen sie zugleich dazu angehalten werden, auf diese Aufforderung hinzuweisen. Das gilt auch, wenn die Belohnung nicht davon abhängt, ob die Bewertung positiv oder negativ ist.

Fallbeispiel

In einem Fall versprach ein Onlinehändler seinen Kunden einen Rabatt von 10 % für die Abgabe einer Bewertung in einem Bewertungsportal. Für die Einstufung der Bewertung anderer Plattformnutzer als »hilfreich« sollte es sogar weitere 25% Rabatt geben. Das Oberlandesgericht Hamm sah darin einen Wettbewerbsverstoß. Es entschied, dass Kunden nicht mit Rabattversprechen dazu aufgefordert werden dürfen, die Leistungen eines Unternehmens in einem Bewertungsportal zu bewerten. In einem solchen Fall wird die Bewertung nach Ansicht des Gerichts durch die Entlohnung beeinflusst und ist nicht mehr objektiv und frei. Das gilt zumindest, solange die Kunden nicht zugleich verpflichtet werden, auf den Rabatt und die Aufforderung in dem Bewertungstext hinzuweisen. [OLG Hamm, Urteil v. 23.11.2010, Az. I-4 U 136/10]

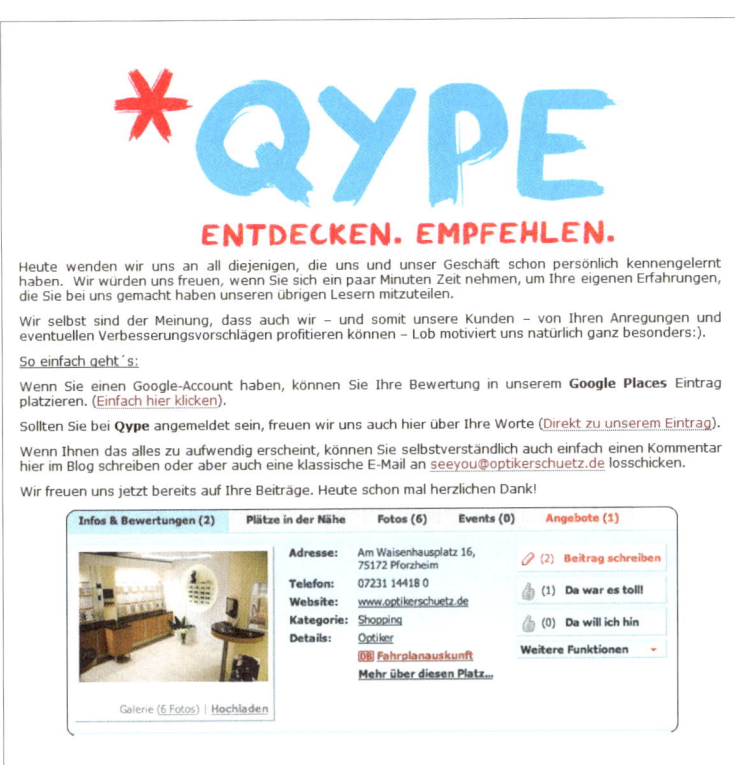

◄ **Abbildung 6-5**
Es ist erlaubt, Kunden zu positiven Bewertungen und Fürsprache auf anderen Plattformen aufzufordern, solange ihnen dafür keine Vorteile versprochen werden (Quelle: Qype, http://bit.ly/q2o40u).

Undercover PR

Grundsätzlich ist nichts dagegen zu sagen, wenn zum Beispiel ein Unternehmen oder ein Verband die Mitarbeiter auffordert, ihre Meinung im Internet kundzutun. Wenn dahinter der Plan steckt, die Quellen und die Motivation der Meinungen zu verschleiern, ist das allerdings unzulässig.

Ein Unternehmen darf zwar Mitarbeiter zur Imagepflege des Unternehmens im Internet auffordern, jedoch nicht darauf hinwirken, dass die Mitarbeiter dabei versuchen, ihre Beziehung zum Unternehmen zu verschleiern.

> ### Fallbeispiel
>
> Im Jahr 2009 deckte der Spiegel auf, dass der Deutsche Bauernverband (DBV) um sein Ansehen besorgt war und deshalb die Meinungsbildung im Internet steuern wollte. Zu diesem Zweck gründete der DBV nach Informationen des Spiegel eine Task-Force aus internetaffinen Landwirten, die sich regelmäßig in Diskussionsforen zu Wort melden und so die öffentliche Meinungsbildung beeinflussen sollten.

In Fällen wie dem des Bauernverbandes handelt es sich um »Undercover-PR«, eine Art von »Astroturfing«, die darauf abzielt, Verbrauchermeinungen verdeckt zu beeinflussen. Das geschieht insbesondere durch die Beteiligung an Diskussionen in Foren, Blog- und Pinnwandkommentaren und anderen Gesprächsgruppen. Oft geben sich PR-Agenten auch als normale Nutzer aus und versuchen, das Meinungsbild durch ihre Argumente gezielt zu ändern. Solche Äußerungen von scheinbar unparteiischen Personen werden in der Regel wohlwollender entgegengenommen als solche, die direkt von einem Unternehmen oder einer Institution kommen. Ferner kann allein durch die Anzahl der verbreiteten Äußerungen ein falscher Eindruck von der Meinungslage geweckt und durch die Presse potenziert werden, wenn diese das Meinungsbild aufgreift.

Genau wie verdeckte Eigenbewertungen ist auch Undercover-PR nicht erlaubt. Die Meinungsfreiheit schützt zwar anonyme bzw. pseudonyme Aussagen genauso wie namentliche, jedoch nicht, wenn die Identitätsverschleierung dazu dient, Verbraucher hinters Licht zu führen.

Verdecktes Guerilla-Marketing

Als Guerilla-Marketing werden ungewöhnliche Aktionen bezeichnet, die mit untypisch geringem Mitteleinsatz eine große Wirkung erzielen sollen. Eine Form davon ist das verdeckte Marketing, bei dem die Konsumenten die Werbebotschaft aufnehmen sollen, ohne zu merken, dass es sich dabei um Werbung handelt. Damit können die Vorbehalte der Konsumenten gegenüber Werbung umgangen werden.

Fallbeispiel

Um das Parfüm »Calvin Klein IN2U« zu bewerben (siehe Abbildung 6-6), setzte der Duftmittelhersteller eine verdeckte Guerillataktik ein: Fünf fiktive Blogger sollten nicht nur für das Parfüm sprechen, sondern auch den Begriff »Technosexuell« prägen, mit dem der Duft beworben werden sollte. Dazu wurden in deren Namen Blogs geführt und Kommentare in anderen Blogs hinterlassen. Als Blogger entdeckten, dass hinter der Kampagne eine Frankfurter Internetagentur stand, wurde die Kampagne offengelegt und als »Teaser-Kampagne« bezeichnet. Die korrekte juristische Bezeichnung dafür ist jedoch »Schleichwerbung«.

◀ **Abbildung 6-6**
Die verdeckte Kampagne für das Parfüm »Calvin Klein IN2U«, bei der fiktive Blogger eingesetzt wurden, verstieß gegen das Verbot der Schleichwerbung (Quelle: http://bit.ly/nTwT16).

So verlockend und vielversprechend verdecktes Guerilla-Marketing auch sein mag, ist es laut Gesetz grundsätzlich untersagt. Ebenso verbieten es die Regeln der Social Media-Plattformen, Nutzer über Werbeabsichten zu täuschen.

Wenn Sie vorhaben, mit viralen Kampagnen Aufmerksamkeit zu erregen, müssen Sie zumindest im Impressum oder bei viralen Videos an ihrem Ende auf den kommerziellen Hintergrund hinweisen und das werbende Unternehmen nennen. Da noch keine klaren Regeln und Gerichtsentscheidungen zu dieser relativ neuen Werbeart existieren, sollten Sie eine solche Kampagne vor Beginn rechtlich prüfen lassen.

Abbildung 6-7
In mehreren YouTube-Videos wurde dokumentiert, wie die von Hape Kerkeling gespielte Kunstfigur Horst Schlämmer einen Führerschein machte. Erst am Ende der Serie wurde offengelegt, dass sie Teil einer Werbekampagne des Autoherstellers Volkswagen war. Auch dabei handelte es sich um einen Verstoß gegen die Pflicht, den Werbecharakter von Aktionen und Aussagen gegenüber Verbrauchern offenzulegen (Quelle: http://bit.ly/pemued).

Trennungsgebot

Rechtswidrig handelt, wer in Blogartikeln oder sonstigen Aussagen in sozialen Medien den Anschein erweckt, es handele sich um einen objektiven und unabhängigen Beitrag, obwohl dieser tatsächlich gesponsert ist und dazu dient, für ein bestimmtes Unternehmen zu werben. In diesem Fall muss ein Hinweis auf das Sponsoring erfolgen. Das besagt das sogenannte »Trennungsgebot«, nach dem redaktionelle Inhalte klar von gesponserten und Werbeinhalten getrennt sein müssen.

Als Kennzeichnung für Werbung sind Begriffe wie »Werbung«, »Anzeige« oder »Reklame« zulässig, verschleiernde Hinweise wie »PR-Anzeige« oder »Werbereportage« dagegen reichen nicht aus.

 Hinweis Nicht nur in Deutschland und Europa, sondern auch in den USA besteht die Pflicht, Berichterstattung zu kennzeichnen, die in Folge von Sachgeschenken oder Geld erfolgt (siehe »FTC Guide Concerning the Use of Endorsements and Testimonials« unter http://1.usa.gov/sUBbXM).

Insbesondere Blogger, die von Unternehmen Produkte mit der Bitte um einen Test und Bericht im Blog erhalten, müssen sich an diese

Regeln halten. Wer gegen sie verstößt, kann zum Beispiel von Mitbewerbern abgemahnt werden, also auch von anderen geschäftlich tätigen Bloggern. Dabei sollten Blogger bedenken, dass auch sie selbst für die unerlaubte Schleichwerbung haften und sich nicht darauf berufen können, dazu von den Sponsoren verleitet worden zu sein. Es gibt zum Beispiel Onlineanbieter, die bezahlte Blogbeiträge für Unternehmen vermitteln. Wenn Sie auf diesen wirtschaftlichen Charakter nicht ausreichend hinweisen (»Blogbeitrag gesponsert/bezahlt/erstellt im Auftrag von ...«), werden zuerst Sie und nicht die Anbieter bzw. Unternehmen in Haftung genommen. Sie können allenfalls versuchen Ihre Kosten beim Anbieter geltend zu machen, weil er Sie nicht auf die Rechtslage hingewiesen hat. Ihre Chancen sind jedoch eher gering und hängen von der konkreten Vertragsgestaltung ab.

◀ **Abbildung 6-8**
Das Minibanner »Trigami« allein, das im oberen Beispiel auf die Finanzierung des Blogbeitrags durch den gleichnamigen Marketingdienstleister hinweist, genügt dem Trennungsgebot nicht. Dagegen ist der untere Beitrag hinreichend gekennzeichnet.

Werbelinks

Das Trennungsgebot gilt auch für kommerzielle Linksetzung in Blogs und sonstigen Social Media-Beiträgen wie Tweets. Immer wenn die Leser davon ausgehen könnten, dass die Links in einem Beitrag nach objektiven Gesichtspunkten gesetzt wurden, obwohl die Motivation der Linksetzung kommerzieller Natur ist, müssen die Links als Werbung gekennzeichnet werden. Das heißt wiederum, dass auf Seiten, die gar nicht erst den Eindruck erwecken, objektive Informationen zu bieten, solche Kennzeichnung nicht notwendig ist. Dazu gehören vor allem Blogs, die journalistisch betrieben werden, also zur Meinungsbildung beitragen möchten, und zum Beispiel Produkte testen oder zur politischen Entwicklung Stellung nehmen.

 Hinweis Die Links müssen nur dann besonders gekennzeichnet werden, wenn die Besucher bei einem Angebot einen objektiven, überparteilichen Inhalt vermuten. Das ist bei Unternehmensseiten und -Blogs sowie privaten Websites in der Regel nicht der Fall.

Das gilt sowohl für Affiliate-Links (zum Beispiel zu Amazon), für die Sie eine Provision erhalten, als auch für schlichte Links auf andere Seiten. Auch mittelbare Entlohnung wird davon umfasst: Wenn Sie sich zum Beispiel von einem Linktauschprogramm mehr Besucher versprechen, die zugleich Ihre Werbeverdienste erhöhen, dann müssen Sie auch diese Links kennzeichnen.

Fallbeispiel

Im Jahr 2011 deckte der Blogger Sascha Pallenberg den sogenannten »Bloggergate-Skandal« auf: Das deutsche Unternehmen Onlinekosten. de, das unter anderem das Blog BasicThinking.de betreibt, bezahlte Blogger für das Setzen von Links in ihren Beiträgen. Die Links sollten dabei nicht besonders gekennzeichnet werden und die Blogger wurden mit einer Schweigepflicht belegt, bei deren Bruch sie eine Vertragsstrafe von 5.000 Euro zahlen sollten.

Genauso wie die Blogger in dem Beispiel es hätten tun sollen, müssen auch Sie angeben, wenn Sie für das Setzen von Links entlohnt werden. Das sollte deutlich vor dem Text passieren (»Dieser Text enthält bezahlte Werbelinks.«) oder direkt neben dem Link (»Werbelink«).

Es gibt keine gesetzliche Auflistung von Begriffen, die zur Kennzeichnung von Werbelinks verwendet werden müssen. Die Gerichte gehen danach, ob der durchschnittlich informierte Nutzer einen Werbelink erkennen kann. Daher kommen neben »Werbelink« auch Begriffe wie »Sponsored Link« oder »Partnerlink« in Frage.

Die Möglichkeit, einen Hinweis erst dann einzublenden, wenn der Mauszeiger über dem Link schwebt (sogenannter »Mouse-over-

Hinweis«), ist dagegen rechtlich unsicher. Ein solcher Hinweis wird nur dargestellt, wenn die Ausführung der Sprache JavaScript im Browser aktiviert ist, was nicht bei allen Nutzern der Fall ist. Das Gleiche gilt, wenn die Kennzeichnung nur mithilfe der Formatierungssprache CSS erfolgt. Zudem werden solche Hinweise nicht in RSS-Feed-Readern angezeigt. Das sind Lesewerkzeuge, die nur den reinen Text eines Blogbeitrags ohne Formatierungen und JavaScript-Funktionen darstellen.

Tipp

Wenn Sie Ihre Informationspflicht mithilfe von JavaScript oder CSS erfüllen möchten, sollten Sie die Hinweise so gestalten, dass sie auch ohne JavaScript und CSS-Formatierung zu sehen sind (sogenannte »Fallback-Lösung«). Zum Beispiel kann der normalerweise über dem Link schwebende Hinweis auf den Werbecharakter in einer Klammer hinter dem Link stehen.

Achtung

Bedenken Sie, dass erläuternde Hinweise, die nicht erst beim Klicken eines Links, sondern schon bei dessen Betrachtung erkennbar sein müssen, im Allgemeinen nicht in einem Mouse-over versteckt sein dürfen. Zum Beispiel wurde ein so eingebundener Hinweis zu den Bedingungen eines Rabattangebots als wettbewerbswidrig erachtet. [OLG Frankfurt, Beschluss v. 23.2.2011, Az. 6 W 111/10]

◀ **Abbildung 6-9**
In diesem Beispiel wird der Werbelink unabhängig von den Einstellungen der Nutzer rechtssicher als Werbelink gekennzeichnet.

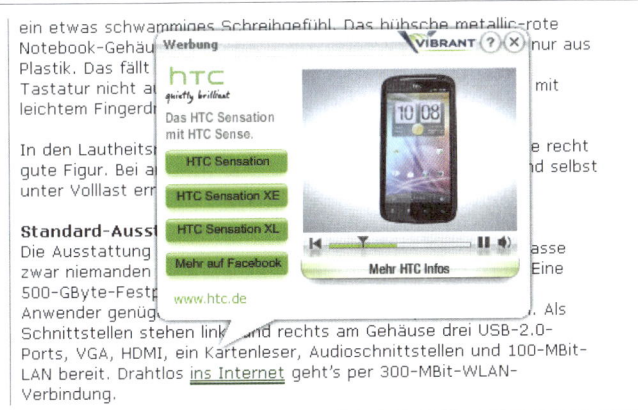

◀ **Abbildung 6-10**
Bei Werbesystemen wie IntelliTXT wird eine Werbeanzeige beim Überfahren bestimmter Begriffe im Text eingeblendet. Wenn sie wie hier bei chip.de als Werbung gekennzeichnet wird, ist sie zulässig.

Werbung in privaten Profilen

Viele online aktive Unternehmer sind es gewohnt, das Privatleben mit der Arbeit zu vermischen. So werden in privaten Profilen bei Facebook und Twitter regelmäßig Angebote des eigenen Unternehmens angepriesen. Dabei ist jedoch große Vorsicht geboten, wenn ein Dritter nicht erkennen kann, dass der Unternehmer Werbung betreibt. Hier empfiehlt es sich, zum Beispiel einen Hinweis auf die Zugehörigkeit zum Unternehmen in die Profilbeschreibung aufzunehmen.

Hinweis   Weitere Details zu rechtlichen Aspekten und Hinweispflichten bei der Vermischung von beruflichen mit privaten Inhalten finden Sie in Kapitel 2.

Testimonials

Im Fall von Testimonials lassen Sie andere für Sie oder Ihr Produkt sprechen. Das können Nutzer sein, die etwas Positives über Sie getwittert haben, oder Prominente, die sich mit Ihrem Produkt gezeigt haben. Diese auch als *Endorsing* oder Vertrauens- bzw. Fürsprachewerbung bezeichnete Marketingmaßnahme unterliegt rechtlichen Regeln, die Sie beachten müssen.

Transparenz Wenn Sie der Person eine Gegenleistung für die Aussage versprochen haben, müssen Sie das kenntlich machen. Es gibt Fälle, in denen die Bezahlung von sich aus erkennbar ist. Wenn sich Thomas Gottschalk in einem Werbespot für Gummibärchen begeistert oder Dirk Nowitzki in der Werbeanzeige einer Bank erscheint, wissen Verbraucher, dass diese Prominenten dafür bezahlt werden. Das gilt auch, wenn eine »Zahnarztfrau« die Vorzüge einer bestimmten Zahnpasta erläutert. Da es in diesem Bereich, vor allem im Bezug auf Social Media-Marketing, keine klaren Regeln gibt, sollten Sie zunächst prüfen lassen, ob Ihre Werbefigur den rechtlichen Anforderungen genügt.

Erfundene Testimonials Sie dürfen keine Testimonials erfinden und den Eindruck vermitteln, sie seien echt, zum Beispiel indem Sie gefälschte Aussagen mit »Unsere Kunden sagen ...« einleiten. Wenn Sie Fürsprecher erfinden, muss für die Verbraucher erkennbar sein, dass es sich um Werbefiguren und nicht um echte, unabhängige Personen handelt.

▶ **Abbildung 6-11**
Der Fluganbieter EasyJet musste auf Nachfragen der Nutzer einräumen, dass der auf der Facebook-Fanseite als »neuer Fan« präsentierte Fernsehprominente Ross Antony tatsächlich vom Unternehmen mit Flügen gesponsert wurde.

Anders als im Fernsehen werden prominente Fürsprecher eines Unternehmens in Social Media nicht sofort als bezahlte Werbeträger erkannt. Wenn ein Prominenter zum Fan einer Facebook-Seite wird, gehen die Verbraucher zunächst davon aus, er sei es aus freien Stücken geworden. (Hinweis: Der Kommentarverlauf wird im Beispiel verkürzt wiedergegeben.)

Urheber- und Persönlichkeitsrechte Auch wenn sich jemand über Ihr Produkt oder Ihr Unternehmen positiv äußert, dürfen Sie diese Aussagen nur in einem bestimmten Rahmen wirtschaftlich verwerten. Sie dürfen auf die Aussagen verweisen und verlinken (»Unsere Kundin Steffi Meier sagte Folgendes über unseren Service: ›Ich war mit keinem Lieferanten so zufrieden wie mit Euch!‹ Lesen Sie es nach unter http://...«). Es ist auch erlaubt, die Funktionen der Social Media-Plattformen zu verwenden und zum Beispiel die Aussage mit der Funktion »Teilen« auf Ihrer Pinnwand erscheinen zu lassen. Sie dürfen eine Person jedoch nicht ohne ausdrückliche Erlaubnis zum Werbeträger umfunktionieren und zum Beispiel in eine Anzeige einbinden. Ebenfalls ist Vorsicht geboten, wenn Sie längere Texte oder Bilder übernehmen möchten, weil diese urheberrechtlich geschützt sind.

Eigene Haftung Wenn Sie auf ein Testimonial verweisen oder es sogar übernehmen, haften Sie für seinen Inhalt. Sie müssen also selbst sicherstellen, dass es keine falschen Tatsachen oder wettbewerbswidrigen Behauptungen enthält, wie sie in diesem Abschnitt beschrieben werden. Dagegen haften Sie nicht für den Inhalt einzelner Aussagen, solange Sie nicht aktiv darauf verwiesen haben. Das gilt grundsätzlich auch für Kundenaussagen auf der Pinnwand Ihrer Social Media-Plattform oder in den Blogkommentaren, sofern Sie von ihnen Kenntnis haben. Wann eine solche Kenntnis vorliegt, können Sie im Abschnitt »Haftung für nutzergenerierte Inhalte« in Kapitel 9 nachlesen.

 Tipp Wenn Sie jemanden um die Erlaubnis zur Verwendung seiner Aussage als Testimonial bitten, sollten Sie die Möglichkeit einräumen, das Testimonial jederzeit zu widerrufen. Dadurch erhöht sich die Wahrscheinlichkeit, dass Sie eine positive Antwort erhalten.

Werbung mit Alleinstellung auf dem Markt

Weil Alleinstellungsbehauptungen schnell fallen und zugleich hohen gesetzlichen Anforderungen unterliegen, gehören sie zu den wettbewerbsrechtlich risikoreichsten Marketingmaßnahmen.

Die Werbung mit der angeblichen Alleinstellung auf dem Markt (»Wir sind die besten« oder »Unsere Software ist die schnellste«) ist äußerst wirksam, um das Interesse von Verbrauchern zu wecken und ihr Vertrauen zu gewinnen. Gerade im Social Media-Marketing fallen immer wieder solche Alleinstellungsbehauptungen, wenn die Kunden kurz und prägnant erreicht werden sollen. Doch auch wenn sie beiläufig erfolgen oder scherzhaft eingekleidet sind, können sie Wettbewerbsverstöße darstellen. Damit gehören Alleinstellungsbehauptungen zu den wettbewerbsrechtlich risikoreichsten Marketingmaßnahmen. Das liegt daran, dass sie zugleich die Herabstufung der Mitbewerber bedeuten. Daher ist es nicht verwunderlich, dass diese Werbeaussagen ein besonders häufiger Gegenstand von Rechtsstreitigkeiten sind.

Demzufolge ist es im Social Media-Marketing essenziell, zu wissen, was eine Alleinstellungsbehauptung ist und wann sie erlaubt ist.

Alleinstellungsbehauptung

Eine Alleinstellungsbehauptung ist dadurch gekennzeichnet, dass ein Unternehmen oder eine Leistung über Mitbewerbern oder vergleichbaren Leistungen positioniert wird.

Vergleich

Kennzeichnend für die Alleinstellung ist die Verwendung eines Artikels mit einem Vergleichswort. Dabei kann es sich um einen positiven (»der schnellste Onlineshop«) oder einen negativen Vergleich (»Es gibt keinen schnelleren Onlineshop«) handeln. Hier sehen Sie einige typische Alleinstellungsaussagen:

- »Wir/unsere Produkte sind die besten.«
- »Der Marktführer/führende Elektronikhändler«
- »Unschlagbar günstig/Das beste Preis-Leistungs-Verhältnis«
- »Einmalige Spitzenleistung«

Indirekte Alleinstellungsbehauptung

Die Alleinstellungsbehauptung kann auch indirekt erfolgen. Die Einkleidung der Vergleiche in Fragen, persönliche Aussagen oder Kundenmeinungen schützt nicht davor, dass eine wettbewerbsrechtlich nachprüfbare Alleinstellungswerbung vorliegt:

- »Sind wir nicht diejenigen, die Ihnen mehr bieten?«
- »Unsere Kunden meinen, wir haben den besten Service.«
- »Wir finden, dass wir die größte Auswahl haben.«

Auch die optische Hervorhebung einzelner Wörter in Werbeslogans kann dazu führen, dass eine Alleinstellung angenommen wird. So ist die Aussage »X, die kreative Werbeagentur« für sich genommen noch keine Alleinstellungsbehauptung. Anders verhält es sich dagegen, wenn der Artikel optisch hervorgehoben wird: »X, **die** kreative Werbeagentur« oder »X, DIE kreative Werbeagentur«.

Sichtweise der Verbraucher

Viele der Alleinstellungsbehauptungen sind nicht beabsichtigt, sondern erfolgen aus Mangel an Argumenten oder Zeit oder als Scherz. Das ist jedoch irrelevant, weil es nicht darauf ankommt, was der

Werbende sich denkt, sondern wie die Aussage von den Verbrauchern wahrgenommen wird.

 Tipp Gehen Sie davon aus, dass jede Ihrer öffentlichen Aussagen dieselben rechtlichen Anforderungen wie ein Werbeslogan erfüllen muss.

Dabei sollten Sie bedenken, dass Aussagen im Internet nicht nur von Ihren direkten Dialogpartnern wahrgenommen werden. Andere Nutzer können sie zum Beispiel aus dem Kontext gerissen lesen und so vielleicht den satirischen Unterton gar nicht bemerken. Sollte es zu einem Rechtsstreit kommen, wird der Richter auch die Wirkung der Aussage auf diese unbeteiligten Verbraucher berücksichtigen. Daher sollten Sie auch bei öffentlichen Diskussionen mit Kunden oder Nutzern alle Aussagen so formulieren, dass sie keine unzulässigen Alleinstellungsbehauptungen enthalten.

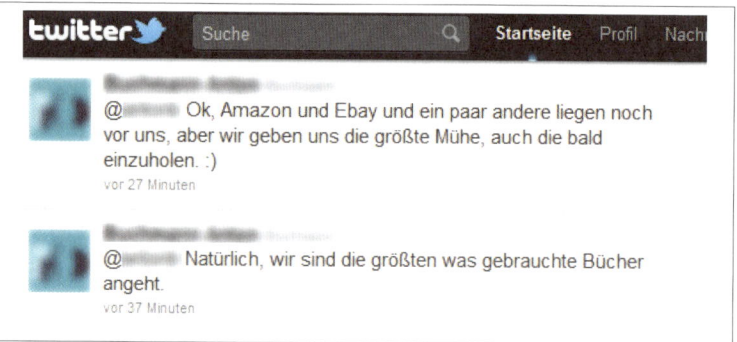

Abbildung 6-12 ▶
Im Zusammenhang gesehen, wird in diesen Tweets letztendlich keine Alleinstellung im Gebrauchtbuchhandel behauptet. Ein Gericht würde jedoch auch den Fall heranziehen, dass jemand nur den ersten (unteren) Tweet einzeln liest, was eine unerlaubte Alleinstellungswerbung darstellen würde.

Reklamehafte Übertreibung ist erlaubt

Keine Alleinstellungswerbung wird dann angenommen, wenn es sich um für Verbraucher erkennbare reklamehafte Übertreibungen handelt, die objektiv nicht nachprüfbar sind. Das bedeutet: Je unglaubwürdiger und je weniger nachprüfbar die Aussage ist, desto geringer ist die Gefahr, wettbewerbswidrig zu handeln. Als nicht nachprüfbare Aussagen wurden unter anderem die folgenden gewertet:

- »Kellogg's, das Beste am Morgen« – Über diese Cornflakes-Werbung urteilte das Gericht, dass hier nicht behauptet wird, dass Kellogg's Cornflakes die besten aller Cornflakes seien. Vielmehr lautet die Behauptung, dass sie überhaupt das Allerbeste an einem Morgen sind, was eine nicht nachprüfbare reklamehafte Übertreibung ist.

- »Mutti gibt mir immer das Beste« – Auch in diesem Fall wird lediglich gesagt, dass das Produkt »das Beste« überhaupt und nicht im Bezug auf andere Produkte ist, was eine reklamehafte Übertreibung darstellt.
- »Die schönste Darstellerin aller Zeiten« – Auch diese Aussage ist nicht auf einen objektiven Vergleich ausgelegt, sondern eine reklamehafte subjektive Aussage.
- »Eine einfachere und elegantere Lösung haben wir nicht gefunden« – Diese Aussage wird von potenziellen Kunden nicht als eine nachprüfbare Feststellung im Sinne von »Das ist die einfachste und eleganteste Lösung« verstanden, sondern als eine subjektive, nicht überprüfbare Aussage.

Diese Beispiele zeigen vor allen Dingen, dass die Grenze zur reklamehaften Übertreibung schwer einzuschätzen ist und es auf einzelne Wörter ankommt. Auch können Sie sich nicht damit verteidigen, dass Verbraucher Werbeaussagen ohnehin nicht glauben und als »Marktgeschrei« wahrnähmen. Ganz im Gegenteil gehen die Gerichte davon aus, dass Verbraucher grundsätzlich vermuten, dass Werbeaussagen auf nachprüfbaren Fakten basieren. So könnte zum Beispiel auch der scheinbar reklamehafte Slogan »Der leckerste aller Kaffees« anhand von Verbraucherumfragen überprüft werden.

Tipp Im Social Media-Marketing, wo Sie selten viel Zeit zum Überlegen haben, sollten Sie daher lieber nicht die Grenzen austesten und auf Superlative in Bezug auf Ihr Unternehmen und Ihre Produkte verzichten.

Voraussetzungen zulässiger Alleinstellungsbehauptungen

Falls Sie dennoch eine Alleinstellung behaupten möchten, müssen Sie einen deutlichen und stetigen Vorsprung gegenüber vergleichbaren Mitbewerbern oder vergleichbaren Leistungen haben.

Vergleichsgruppen

Die Alleinstellung, die Sie behaupten, muss zutreffen. Auch jede mögliche Interpretation der Aussage durch den angesprochenen Kundenkreis muss zutreffen. Dabei werden die Aussagen je nach Branche unterschiedlich verstanden.

Größe »Wir sind die Größten« wird bei Herstellern nach Umsatz bemessen, bei Händlern nach der Breite des Sortiments.

- **Beliebtheit** »Wir sind die Beliebtesten« wird bei Herstellern nach der Höhe des Umsatzes und bei Händlern nach der Größe des Kundenstamms gemessen.
- **Führung** Bei Aussagen wie »Wir sind der führende Buchhändler« muss nicht nur eine Führung bei den Umsatzzahlen bestehen, sondern auch die Qualität der Produkte und des Service muss höher sein als bei den Mitbewerbern.
- **Spitzenstellung schlechthin** Aussagen wie »Das beste Notebook« sind die gefährlichsten, weil hier alle möglichen Gesichtspunkte herangezogen werden müssen. Das Notebook muss damit in jeder Disziplin den Konkurrenten überlegen sein: bei der Prozessorleistung, dem Nutzungskomfort, dem Preisleistungsverhältnis usw. usw.
- **Regionale Reichweite** Aussagen wie »Das beliebteste Unternehmen in Europa« sind nur zulässig, wenn die Leistungen in diesen Regionalbereichen überwiegend flächendeckend angeboten werden. Das wurde in einem Fall im Bezug auf Europa verneint, als die Leistungen nicht in Großbritannien und Skandinavien angeboten wurden.

Als Vergleichsobjekte dienen alle vom Kundenkreis als Alternativen verstandenen Unternehmen oder Produkte. Wenn ein Onlineshop für Computer behauptet, das größte Sortiment zu haben, muss er sich auch mit anderen Märkten und Einzelhändlern online sowie offline vergleichen lassen.

Deutlicher Vorsprung

Wird eine Alleinstellung behauptet, muss ein deutlicher Vorsprung gegenüber Konkurrenten vorliegen. Beim Umsatz oder Absatz wurden 10 % wurden als ausreichend erachtet. Wird ein zeitlicher Abstand behauptet (»Die erste Facebook-Agentur Deutschlands«), muss der Abstand mindestens mehrere Wochen betragen.

Stetigkeit

Der Vorsprung vor den Konkurrenten muss von einer gewissen Dauer und Stetigkeit sein. Dies wurde in einem Fall bei einem vier Jahre dauernden Vorsprung anerkannt. Im Onlinebereich, wo die Entwicklung schneller vonstatten geht, dürften unter Umständen auch etwas kürzere Zeiten ausreichend sein.

Werbung mit Spitzenstellung auf dem Markt

Die Werbung mit der Spitzenstellung ist mit der Alleinstellungswerbung vergleichbar und sollte genauso geprüft werden. Sie unterscheidet sich von ihr nur darin, dass statt der alleinigen Vorherrschaft die Zugehörigkeit zu einer Spitzengruppe behauptet wird. Dazu gehören Aussagen wie diese:

- »Eines der besten/größten/führenden Unternehmen«
- »Beste Qualität/Sehr gute Qualität/Höchste Güte«
- »Spitzenleistung/Reinste Prägung«

Hier gelten die gleichen Voraussetzungen. Das Unternehmen oder Produkt muss zu einer geschlossenen Spitzengruppe von vergleichbaren Unternehmen oder Produkten gehören, die einen deutlichen und dauerhaften Abstand (mindestens 10 %) zum Durchschnitt hat.

Risikominderung

Wenn Sie eine Alleinstellung behaupten, sollten Sie sie möglichst nach Sparten, Produktgruppen, Branchen, Merkmalen oder Regionen eingrenzen. Wenn Sie zum Beispiel den schnellsten Lieferservice am Wochenende bieten, dann sagen Sie »Der schnellste Lieferservice am Wochenende« und nicht »Der schnellste Lieferservice«. Ist Ihre Software die schnellste ihrer Art auf Windows-Systemen, dann sagen Sie »Die schnellste Software auf Windows-Systemen« und nicht »Die schnellste Software«.

Diese Hinweise können auch in Erläuterungstexten oder Sternchenhinweisen stehen, sofern diese auch bei flüchtigem Lesen wahrnehmbar sind. Texte, die kaum Kontrast haben und kleiner als 6-Punkt-Schriftgröße haben, sind unzureichend.

Beispiele

Die Prüfung, ob die Werbung mit Allein- oder Spitzenstellung zulässig ist, ist sehr schwer, weil das Gesetz keine konkreten Kriterien bereithält. Daher schauen Juristen auf zuvor ergangene Gerichtsentscheidungen, von denen im Folgenden ein paar als Orientierungshilfe für Sie angeführt sind:

- »Wir sind der beliebteste Anbieter Deutschlands« ist unzulässig, wenn die Leistungen nicht bundesweit angeboten werden.
- »Deutschlands beliebtester DSL-Anbieter« ist zulässig, wenn der größte Kundenstamm in der Branche nachgewiesen werden kann.

- »Wir liegen in Deutschland vorne« ist eine unwahre Behauptung der Alleinstellung, wenn das Unternehmen die Leistungen tatsächlich nur in einigen Ballungsgebieten anbietet
- »Dienstleister mit weltweiter Spitzenstellung« ist unwahr, wenn das Angebot nur im deutschsprachigen Raum angeboten wird.
- »Schnellster Anbieter Deutschlands« ist nur dann zulässig, wenn jeder andere Anbieter bei der Leistungsgeschwindigkeit flächendeckend überboten werden kann.
- »Das bessere Produkt« ist nicht erlaubt, wenn das Produkt den Angeboten der Konkurrenz nicht nachweislich preislich und technisch überlegen ist.
- »Maximum Speed« ist bei Software eine Werbung mit einer Alleinstellung, die nur dann zulässig ist, wenn die Software tatsächlich die schnellste ist.
- »Der beste Preis der Stadt« oder »Unschlagbar billig« sind nachweisbare Behauptungen einer Alleinstellung, die nur erlaubt sind, wenn sie auch zutreffen.
- Der Slogan »E-Sixt.günstixt« des Autovermieters *Sixt* enthielt die Aussage, dass das Angebot insgesamt im Schnitt günstiger als alle anderen Automietangebote sei (»günstigst« im Sinne von »am günstigsten«, was nicht nachgewiesen werden konnte. *Sixt* änderte den Slogan daher in »E-Sixt – Günstig!«
- »Wir gehören zur Leistungsspitze« ist eine Werbung mit einer Spitzenstellung in der Branche, die auch wirklich vorliegen muss.
- »Wir haben Standards gesetzt« ist keine Alleinstellungs- oder Spitzenstellungsbehauptung, wenn kein Vorrang dieser Standards behauptet wird. Allerdings müssen tatsächlich Standards gesetzt worden sein.
- »Technologieführer« ist die Behauptung einer Alleinstellung, die in der jeweiligen Technologiesparte auch wirklich vorliegen muss.
- »Der beste Powerkurs aller Zeiten« wurde als eine erkennbare reklamehafte Übertreibung und nicht als Alleinstellungswerbung bewertet.
- »Für Sie kämpft niemand so wie wir« ist zulässig, da es eine reklamehafte Übertreibung ist, die zudem nichts über den Erfolg der Bemühungen aussagt.

> **Checkliste: Allein- und Spitzenstellung**
>
> **Behauptung einer Allein- oder Spitzenstellung?**
> - Erhebung über alle anderen (Alleinstellung)
> - Zugehörigkeit zu einer Gruppe, die über anderen steht (Spitzenstellung)
> - Keine reklamehafte Übertreibung
>
> **Voraussetzungen**
> - Vergleichsgruppe ermitteln
> - Bei Spitzenstellungsbehauptung tatsächliche Zugehörigkeit zur Spitzengruppe prüfen
>
> - Deutlicher Vorsprung
> - Stetigkeit des Vorsprungs
>
> **Risikominderung**
> - Eingrenzung der Behauptung auf Sparten, Produktgruppen, Branchen, Merkmale oder Regionen
> - Ergänzende Hinweise

Vergleiche mit Mitbewerbern oder deren Produkten

Vergleichende Werbung erlaubt es, die Vorteile der eigenen Produkte und Dienstleistungen plakativ darzustellen und vor allem Kunden anzusprechen, die Konkurrenzprodukte nutzen, die als Vergleichsmaßstab dienen. Es ist verständlich, dass Konkurrenten genauestens darauf achten, dass diese Art vom Marketing exakt den im § 6 UWG festgelegten Regeln entspricht.

Was ist vergleichende Werbung?

Eine Werbung ist dann vergleichend, wenn sie unmittelbar oder mittelbar einen Mittbewerber oder die von ihm angebotenen Produkte und Dienstleistungen erkennbar macht und mit den eigenen vergleicht. Der Unterschied mit der Behauptung einer Spitzenstellung liegt darin, dass der Vergleich nicht allgemein mit der »Konkurrenz« stattfindet, sondern auf bestimmte Konkurrenten bezogen ist.

Mitbewerber

Ein Mitbewerber ist gemäß § 2 UWG jemand, mit dem Sie im Wettbewerbsverhältnis stehen. Das sind grundsätzlich andere Unternehmer, deren Leistungen man theoretisch durch Ihre Leistungen ersetzen könnte. Zum Beispiel sind Google und Facebook mit ihren sozialen Netzwerken Facebook und Google+ Mitbewerber.

| **Hinweis** | Mitbewerber können aber auch selbst geschaffen werden, wenn behauptet wird, dass deren Produkte oder Dienstleistungen durch die eigenen ersetzt werden können. Zum Beispiel stehen Autohersteller und Fahrradhersteller grundsätzlich nicht im Wettbewerb. Wenn Sie aber mit »Mit unserem Fahrrad kommen Sie schneller durch Berlin als mit einem Smart« werben, dann schaffen Sie sich mit dem Autoanbieter einen Mitbewerber. Sie erzeugen mit Ihrer Aussage ein Wettbewerbsverhältnis, in dem Smart-Produkte durch Ihre ersetzbar sind. |

Erkennbarkeit

Der Mitbewerber oder seine Leistungen müssen in dem Vergleich erkennbar sein. Das ist bei der direkten Nennung des Mitbewerbers oder seines Produkts gegeben: »Unser Auto ist besser als der Mercedes.« Aber auch die indirekte Nennung ist ausreichend, wenn der Mitbewerber oder seine Leistungen erkennbar sind. Die Aussage »Unser Auto fährt auch ohne Stern besser als manch eines mit« stellt einen Vergleich mit Mercedes dar, weil das Sternsymbol dieser Marke zugeordnet wird.

Abbildung 6-13 ▶
Auch ohne direkte Nennung des Namens ist hier deutlich, dass die Tankstellenkette Jet ihre Preise mit denen des Konkurrenten Aral vergleicht, indem sie den unterlegenen Kontrahenten im Bild »Carlo Aralo« nennt (Quelle: Brösel, http://bit.ly/qKJ6fr).

Dagegen ist kein Mitbewerber erkennbar, wenn der Vergleich auf eine Vielzahl von Wettbewerbern zielt. Zum Beispiel stellen Aussagen wie »Wir sind besser als die Konkurrenz« oder »Wir liefern schneller als andere Buchhändler« keine vergleichende Werbung dar. Hier ist jedoch zweifach Vorsicht geboten: Zum einem kann ein Vergleich doch vorliegen, wenn Ihre Konkurrenz nur aus einer Handvoll Mitbewerbern besteht, und zum anderen müssen solche Aussagen als Alleinstellungswerbung zulässig sein. Dazu finden Sie weitere Hinweise im Abschnitt »Werbung mit Alleinstellung auf dem Markt« weiter vorne in diesem Kapitel.

> **Vergleichen** Sie uns mit anderen Anbietern. **Bewerten** Sie die Angebote in Ruhe, reden Sie mit Ihrer Tochter oder Ihrem Sohn. Lassen Sie sich nicht unter Zeitdruck setzen. **Entscheiden** Sie sich für das für **Sie** beste Angebot.

◄ **Abbildung 6-14**
Ebenfalls kein Vergleich liegt vor, wenn die Kunden dazu aufgefordert werden, selbst einen Vergleich vorzunehmen.

Auch bei der Gegenüberstellung eigener Produkte und Leistungen liegt keine vergleichende Werbung vor, zum Beispiel bei »Das beste Persil, das es je gab«.

Voraussetzungen zulässiger vergleichender Werbung

Handelt es sich um einen Fall vergleichender Werbung, ist diese nur unter den im Folgenden erläuterten Bedingungen zulässig.

Gleicher Bedarf und gleicher Zweck

Der Vergleich muss sich auf Waren oder Dienstleistungen für den gleichen Bedarf oder dieselbe Zweckbestimmung beziehen. Sie dürfen also keine »Birnen mit Äpfeln« vergleichen. Unproblematisch ist der Vergleich identischer Produkte, wenn Sie zum Beispiel sagen: »Das iPad kostet bei uns 600 Euro statt 700 Euro bei Anbieter X.«

Ansonsten müssen Sie sich fragen, ob der Verbraucher ein Interesse an dem Vergleich als Kaufentscheidung hat. Es reicht nicht, ein angebliches Informationsinteresse lediglich zu behaupten.

Der werbende Vergleich »Der Audi A6 fährt schneller als der Ford Fiesta« wäre daher unzulässig. Der Vergleich mag interessant sein, aber es handelt sich um Autos aus zwei völlig verschiedenen Preissegmenten, zwischen denen ein Verbraucher nicht abwägen wird. Dagegen wäre der Vergleich zwischen einem Audi A6 und einem Ford Mondeo, also Fahrzeugen gleicher Klasse, zulässig. Werden jedoch bestimmte Eigenschaften wie Verbrauch oder Geschwindigkeit verglichen, muss der Vergleich auch zwischen gleich motorisierten und bereiften Autos stattfinden.

Hinweis   Die Faustregel für eine zulässige Vergleichsgruppe lautet: Können die verglichenen Leistungen ausgetauscht werden?

Objektive Eigenschaften

Der Vergleich darf sich nur auf eine oder mehrere wesentliche, relevante, nachprüfbare und typische Eigenschaften oder den Preis der verglichenen Waren oder Dienstleistungen beziehen. Diese Vorgabe bedeutet, dass Sie keine Werturteile in den Vergleich einfließen lassen sollten. Vermeiden Sie insbesondere typische Fehler mit Begriffen wie den folgenden:

Preiswert/Wertvoll Anders als beim nachprüfbaren Vergleich »Wir haben die billigsten/niedrigsten Preise« sind die Begriffe »preiswert« und »wertvoll« subjektive Bewertungen, die von vielen Faktoren abhängen. Auch eine Aussage wie »Bei uns kaufen Sie günstiger als bei …« wäre unzulässig, da sich das »günstiger« in diesem Fall nicht nachprüfbar auf bestimmte Produkte bezieht.

Angenehm/freundlich Es mag sein, dass Ihre Produkte Ihrer Meinung nach wertvoller, Ihre Mitarbeiter angenehmer und der Service freundlicher als beim Konkurrenten sind. Jedoch handelt es sich um nicht nachprüfbare Werturteile, die Sie im Bezug auf einen Konkurrenten nicht verwenden dürfen.

Besser/moderner/leckerer Auch das sind Meinungen, die nicht überprüft werden können.

Die Eigenschaften müssen zudem zu den Hauptkriterien gehören, die eine Leistung ausmachen. Es ist nicht erlaubt, den Verbraucher mit Nebensächlichkeiten zu »blenden«, die für das Produkt nicht wesentlich sind.

Achtung   Manche Unternehmen, vor allem Autohersteller, »necken« sich mit langer Tradition gegenseitig in der Werbung. Dabei vergleichen sie auch unsachliche Kriterien, wie zum Beispiel die Imagewirkung, wie in dieser gegen Audi gerichteten Mercedeswerbung: *http://bit.ly/ywU6vd*. Lassen Sie sich davon nicht verleiten, denn diese Art von Vergleichen ist rechtlich nicht erlaubt und findet hier auf Basis eines "Gentleman Agreements" statt.

◀ **Abbildung 6-15**
Dieser Vergleich ist insoweit zulässig, als tatsächlich alle Kameras preislich günstiger als bei dem genannten Konkurrenten sind. Der Vergleich des Aussehens der Mitarbeiter ist allerdings zum einen kaum objektiv nachprüfbar und zum anderen kein wesentliches und relevantes Kriterium beim Kauf von Kameras. Der Vergleich ist damit unlauter.

Keine Gefahr von Verwechslungen

Der Vergleich darf nicht dazu führen, dass Ihre Marken, Waren oder Dienstleistungen mit denen der Konkurrenz verwechselt werden.

Rufausbeutung und Verunglimpfung

Der Vergleich darf nicht dazu dienen, den Ruf des Mitbewerbers oder seiner Marken zu beeinträchtigen.

Sie dürfen den Vergleich auch nicht dazu nutzen, das Image eines anderen Unternehmens oder seiner Marke auszubeuten, um Aufmerksamkeit für Ihre Produkte zu erregen oder diese aufzuwerten (Stichwort Imagetransfer). Daher sollten Sie folgende Anlehnungen vermeiden:

- »Genauso gut wie X«
- »Eine echte Alternative zu X«
- »Identisch mit X«

Fallbeispiel

Der Bundesgerichtshof hat entschieden, dass die Wendungen »à la Cartier«, »passen wunderbar zu Cartier-Schmuck« und »für alle, die Cartier-Schmuck mögen« in einer Werbeaussage über Schmuck eine unlautere vergleichende Werbung ist, weil sie den Ruf von Cartier ausnutzt. [BGH-Urteil v. 4.12.2009, Az. I ZR 3/06]

Tipp In Kapitel 5 erfahren Sie Details über zulässige Bewerbung von Leistungen rund um fremde Marken.

Anders als im Cartier-Fall wäre es keine vergleichende Werbung gewesen, wenn auf die Marke hingewiesen worden wäre, um zum Beispiel Zubehör für sie anzubieten (»Reinigungsset für Cartier-Schmuck«). Hier wurde jedoch kein Zubehör angeboten, sondern das eigene Produkt als eine Alternative zum Cartier-Schmuck dargestellt.

Abbildung 6-16 ▶
Es ist nicht erlaubt, fremde Markensymbole oder Maskottchen (hier Ronald McDonald der McDonalds-Kette) im Rahmen eines Vergleichs lediglich zwecks Aufmerksamkeitserregung und Verunglimpfung zu nutzen, wie in diesem verbotenem Werbespot von Burger King.

Checkliste: vergleichende Werbung

Liegt ein Vergleich vor?
- Konkreter und erkennbarer Mitbewerber
- Kein Eigenvergleich

Voraussetzungen
- Gleicher Bedarf und gleicher Zweck bei Vergleichsobjekten
- Vergleich objektiver Eigenschaften
- Keine Gefahr der Verwechslung
- Keine Rufausbeutung oder Beeinträchtigung

Versprechungen von Preisnachlässen, Zugaben und Geschenken

Grundsätzlich ist es erlaubt, mit Rabatten, Preisnachlässen und Geschenken zu werben. Jedoch müssen Sie beachten, dass die Bedingungen für den Kunden transparent sein müssen. Insbesondere müssen Sie die folgenden Punkte beachten:

Klare Regeln Der Kunde muss wissen, welche Voraussetzungen er erfüllen muss, um den Vorteil zu erhalten. Es muss erkennbar sein, welche Personengruppen (»jeder« oder »Studenten«) in Frage kommen, welche Modalitäten zu erfüllen sind (»bei jeder Bestellung« oder »beim Abonnement eines Newsletters«) und ob die Vorteile nur für bestimmte Produktgruppen gelten (»bei jeder DVD-Bestellung«). Ferner muss er auch den Wert der Zugabe einschätzen können. Daher wurde zum Beispiel die

Aussage »Eine Woche Traumreise gratis« beim Kauf von Möbeln als zu unbestimmt erachtet.

Höhe des Rabatts   Bei Rabatten und Preisnachlässen müssen Sie die Höhe des Rabatts angeben, zum Beispiel als Prozentsatz vom Normalpreis.

Geschenke, gratis und kostenfrei   Wird eine Leistung als gratis, kostenlos oder Geschenk angepriesen, dürfen für den Verbraucher keine Kosten oder Vertragspflichten entstehen. Allenfalls sind Kosten für die Abholung zulässig. Wird eine Zugabe im Rahmen eines Geschäfts mit den genannten Begriffen angepriesen, dürfen für die Kunden selbst keine weiteren Kosten oder Vertragspflichten entstehen. Das gilt auch, wenn ein Sternchenhinweis klargestellt, dass die »Gratis«-Zugabe doch etwas kostet.

◀ **Abbildung 6-17**
Diese Werbung mit einer »Gratis«-Zugabe ist rechtswidrig, weil sie laut Sternchenhinweis nur dann »gratis« ist, wenn zugleich ein Vertrag abgeschlossen wird. Damit ist die Zugabe in Wirklichkeit nicht »gratis« und deshalb unerlaubter Blickfang.

Mitbewerber oder ihre Produkte verächtlich machen

Sie dürfen mit Ihren Aussagen weder Kennzeichen (Marken, Logos), Waren, Dienstleistungen oder Tätigkeiten noch persönliche oder geschäftliche Verhältnisse eines Mitbewerbers herabsetzen oder verunglimpfen.

Damit ist Ihnen nicht verboten, Konkurrenten sachlich zu kritisieren oder sie mit (erlaubter) vergleichender Werbung zu necken. Sie dürfen sie jedoch nicht ohne sachlichen Hintergrund pauschal abwerten. Die Kriterien sind damit mit denen für die zu Beginn des Kapitels beschriebene Schmähkritik vergleichbar. Sie sollten jedoch bedenken, dass Sie im Umgang mit Mitbewerbern weniger polemisch und scharf kritisieren sollten als im Umgang mit Privatpersonen, da Ihnen sonst zu Last gelegt werden kann, dass Sie sich damit gleichzeitig wirtschaftliche Vorteile verschaffen. Auch die Konkurrenten fühlen sich deswegen leichter benachteiligt und greifen eher zu einer Abmahnung.

Zum Beispiel wäre die Aussage »Die Website der Designagentur X sieht unseriös aus« als private Kritik zulässig. Betreiben Sie selbst eine Agentur, könnte ein Gericht diese Aussage – vor allem ohne konkrete Anhaltspunkte – als wettbewerbswidrig betrachten.

Nicht nur direkte Bezugnahmen auf Ihre Mitbewerber können diese verächtlich machen, sondern auch indirekte Aussagen. Wenn Sie zum Beispiel von sich behaupten, »der einzige seriöse Anbieter von Partnerschaftsvermittlung« zu sein, bringen Sie damit zugleich zum Ausdruck, dass alle anderen Anbieter unseriös seien, und machen diese verächtlich.

Auch hier gilt, dass es nicht darauf ankommt, wie Sie die Aussage meinen oder der Mitbewerber sie versteht. Wenn Sie öffentliche Aussagen tätigen, kommt es darauf an, was Dritte beim Lesen einer Aussage verstehen.

Werbung mit Selbstverständlichkeiten

Sie dürfen nicht mit Dingen werben, die selbstverständlich sind oder dem Kunden ohnehin zustehen. Damit täuschen Sie nämlich einen Mehrwert vor, wo tatsächlich keiner vorhanden ist. Zu solchen Selbstverständlichkeiten gehören die folgenden Aussagen:

2-jährige Gewährleistungsfrist Gewährleistung ist gesetzlich garantiert, nur Garantien werden freiwillig vergeben.

2-wöchige Widerrufsmöglichkeit Das zweiwöchige Widerrufsrecht ist gesetzlich verankert, nur eine darüber hinausgehende Widerrufsmöglichkeit darf besonders beworben werden.

Echtheitsgarantie Die Gerichte entscheiden unterschiedlich, wenn es um Werbeaussagen wie »Originalware« oder »Keine Nachahmung« geht. Um kein Risiko einzugehen, sollten Sie davon ausgehen, dass der Verkauf von Originalwaren eine Selbstverständlichkeit ist und nicht besonders betont werden muss *und darf*.

Unwahre Aussagen

Das Gesetz verlangt, dass Ihre Aussagen im Hinblick auf Produkte, Leistungen und ihr Unternehmen stets wahr sein müssen und gemäß § 5 UWG nicht in die Irre führen dürfen. Diese Pflicht geht sogar so weit, dass Sie die Kunden aufklären müssen, wenn diese offensichtlich einem Irrtum unterlegen sind. Ganz besonders müssen Sie auf die Fallgruppen achten, die im Folgenden angeführt werden.

Angaben über die Verfügbarkeit

Vermeiden Sie »Lockvogelwerbung«, also Werbung für Produkte, die Sie gar nicht oder nur in kleiner Menge zur Verfügung haben. In der Regel wird ein Vorrat für einen durchschnittlichen Verkauf über zwei Tage gefordert. Ist er geringer, müssen Sie darauf hinweisen.

Angaben über Herstellungsverfahren

Es ist zum Beispiel nicht erlaubt, Produkte als »Handarbeit« anzupreisen, wenn sie fabrikmäßig hergestellt werden, oder als »Maßarbeit«, wenn es sich um Massenware handelt.

Angaben über die Beschaffenheit

Wenn Sie mit bestimmten Eigenschaften von Produkten oder Leistungen werben, müssen diese Eigenschafften zutreffend sein. So ist die Bezeichnung »Markenqualität« für anonyme Waren ebenso unzulässig wie »Lederwaren« für Kunstleder. Und der Begriff »Top of the line« wird für ein Notebook der vorletzten Generation nicht erlaubt sein.

Angaben über die geografische oder betriebliche Herkunft

Für viele Kunden ist die Herkunft der Leistung ein Garant für Qualität und ein Entscheidungskriterium. Daher ist Irreführung über die geografische oder betriebliche Herkunft unerlaubt. Zum Beispiel ist die Aussage »Qualität aus Deutschland« über Waren, die im Ausland hergestellt werden, verboten. Auch die Aussage »Honig aus eigener Produktion« ist unzulässig, wenn der Honig vom Großhändler kommt. Ebenso ist der Hinweis »Die Datenverarbeitung erfolgt ausschließlich in unserem Hause« unzulässig, wenn ein Unternehmen Kundendaten auf Servern eines Webspace-Providers lagert.

Angaben über den Anlass einer Aktion

Hinweise auf »Insolvenzverkäufe«, »Räumungsaktionen« oder »Jubiläumsangebote« verheißen besonders günstige Konditionen und locken Käufer an. Mit ihnen darf jedoch nur dann geworben werden, wenn diese besonderen Situationen und die damit vorhandenen Kaufvorteile tatsächlich bestehen.

Angaben über geistige Eigentumsrechte

Mit Marken- und Patentrechten dürfen Sie nur dann werben, wenn Sie diese Rechte tatsächlich haben. Gefährlich ist die Verwendung des ®-Zeichens, das für eine registrierte Marke steht. Ist Ihre Marke nicht registriert, begehen Sie mit dem Zeichen eine Wettbewerbsverletzung. Auch Begriffe wie »behördlich geschützt«, »Rechtsschutz« oder »amtlich geschützt« dürfen nur verwendet werden, wenn ein solcher Schutz tatsächlich von einer Behörde ausgesprochen wurde. Dagegen wird die Verwendung des ©-Zeichens auch bei nicht urheberrechtlich geschützten Inhalten nicht als unlauter angesehen.

Angaben über die eigene Befähigung und Erfolge

Wenn Sie sich selbst besonders anpreisen möchten, müssen Sie aufpassen, dass gesetzlich geschützte Berufsbezeichnungen und Titel nur dann verwendet werden dürfen, wenn Sie Ihnen tatsächlich verliehen worden sind. Dazu gehören zum Beispiel Bezeichnungen wie Meister, Rechtsanwalt und Doktor. Ferner dürfen die Bezeichnungen nicht mehr Fähigkeiten oder Einsatzbereiche vortäuschen, als tatsächlich vorhanden sind. Wer sich als »Sachverständiger für Bauwesen« bezeichnet, handelt irreführend, wenn er zum Beispiel nur im Bereich der Dämmtechnik als Sachverständiger tätig ist.

Hinweis   Interne Schönfärberei ist von Konkurrenten schwer zu entdecken und wird meistens von enttäuschten Mitarbeiter offengelegt.

Auch die Werbung mit Auszeichnungen darf nicht täuschen. Das betrifft nicht nur falsche Behauptungen, einen Preis erhalten zu haben, sondern auch die Erfindung eigener Auszeichnungen oder die Täuschung über Kundenresonanz. Die Aussage »Wir haben 1.000 Schreiben zufriedener Kunden erhalten« ist irreführend, wenn es nur 500 waren.

Kauf von Fans und Followern

Die Anzahl der Fans einer Facebook-Seite oder der Follower eines Twitter-Accounts ist ein Zeichen für die Beliebtheit der zugehörigen Angebote unter den Nutzern. Daher ist es nicht verwunderlich, dass es eine Vielzahl von Angeboten gibt, mit deren Hilfe der eigene Nutzerbestand gegen Entgelt vergrößert werden kann.

Früher wurden diese Angebote als »Fankauf« beworben, mittlerweile werden Sie als »Vermietung von Werbeflächen« oder als »Vermittlung von Fans« bezeichnet. Dabei werden Nutzern in kurzen Abständen Social Media-Präsenzen von Unternehmen präsentiert, deren Fans, Follower oder Mitglieder sie werden können. Die Nutzer werden dafür abhängig von der Anzahl der Seiten mit kleinen Geldbeträgen entlohnt.

Tipp Betreiber von Social Media-Plattformen reagieren mit Änderungen der Algorithmen auf solche Angebote. Zum Beispiel können sie die Anzahl neuer Fans pro Tag beschränken oder die Bedeutung einer Social Media-Präsenz abwerten, so dass deren Postings weniger prominent im Nachrichtenstrom anderer Nutzer angezeigt werden.

Marketingexperten halten die erworbenen Fans für weniger wert, weil sie kein persönliches Engagement mitbringen. Rechtlich ist diese Art von Vermittlung schwer einzuschätzen und kann derzeit mangels gerichtlicher Entscheidungen noch nicht abschließend beurteilt werden.

Zum einen könnte es sich um eine Irreführung handeln, wenn die Nutzer davon ausgehen, dass die Anzahl der Fans oder Follower nur durch die Beliebtheit der Marke bzw. des Angebots oder die kommunikativen Fähigkeiten eines Unternehmens zustande gekommen ist. Auf der anderen Seite werden die Fan- und Follower-Zahlen auch durch Geldinvestitionen erhöht, zum Beispiel in Gewinnspiele. Marketingmaßnahmen wie Gewinnspiele laufen allerdings nicht verdeckt ab. Diese Argumente stehen sich gleichwertig gegenüber und es kann nur gemutmaßt werden, wie Gerichte ausgehend von der Sicht eines durchschnittlich informierten Nutzers entscheiden werden.

Tipp Falls Sie sich für diese Art der Steigerung der Fan- und/oder Follower-Zahlen entscheiden, sollten Sie angesichts der unsicheren Rechtslage Ihr Risiko minimieren und die Nutzerzahlen nur in kleinen Tranchen vergrößern.

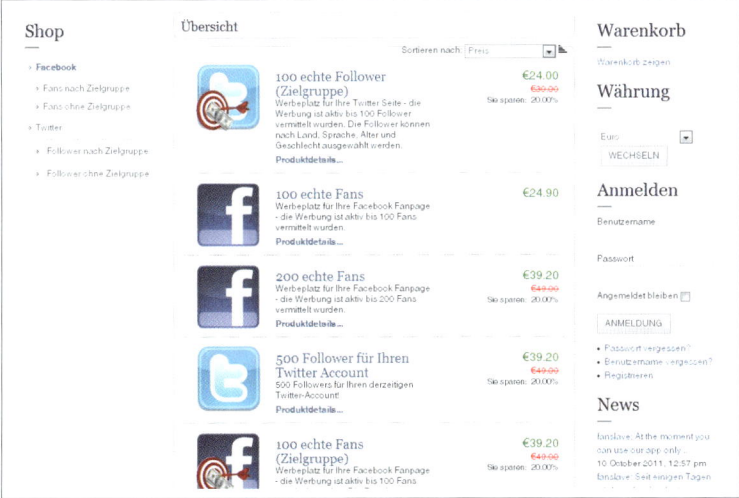

◀ **Abbildung 6-18**
Es gibt eine Vielzahl von Angeboten, mit denen Fan- und Follower-Zahlen erhöht werden können. Deren rechtliche Zulässigkeit ist gegenwärtig noch nicht geklärt.

Angaben über Gütezeichen, Zertifikate und Siegel

Gütezeichen, Zertifikate und Siegel sollen Qualität, Seriosität und Sicherheit eines Unternehmens bzw. seiner Produkte garantieren. Das Gesetz verlangt, dass diese Gütezeichen von einer Prüfstelle verliehen worden sind. Selbstentworfene Gütezeichen, die dazu gedacht sind, beim Verbraucher das Gefühl einer objektiven Kontrolle und Erfüllung von im Voraus festgelegten Normen zu vermitteln, sind nicht zulässig.

Neben der Verleihung durch einen Dritten muss die Verleihung aufgrund einer objektiven Prüfung erfolgen und die Kriterien der Auszeichnung objektiv nachvollziehbar sein. Bei typischen Prüfzeichen und Zertifikaten des TÜV, der Dekra, des VDE oder der CMA ist das der Fall, das GS- und das QS-Zeichen oder der »blaue Umwelt-Engel« werden ebenfalls in einem standardisierten Prüfverfahren nach im Voraus festgelegten Kriterien vergeben.

Dagegen handelt es sich bei Testergebnissen nicht um solche Gütezeichen, da hier keine im Voraus festgelegten Normen erfüllt werden müssen. Bei ihnen gelten also nicht die soeben genannten Einschränkungen. Dennoch sind auch bei Testergebnissen Besonderheiten zu beachten.

Werbung mit Testergebnissen

Die Stiftung Warentest hat eine Website mit Hinweisen zur Verwendung ihrer Testergebnisse angelegt, die unter http://www.test.de/unternehmen/werbung zu finden ist.

Gerade in Deutschland genießen Produktuntersuchungen und Untersuchungsorganisationen einen hohen Stellenwert, allen voran die Stiftung Warentest. Wegen des hohen Vertrauens, das Verbrauchen ihnen entgegenbringen, achten Mitbewerber und Wettbewerbszentralen ganz besonders darauf, ob die Anforderungen an die Werbung mit Testergebnissen erfüllt werden. Das gilt entsprechend auch für Konsumentenumfragen.

Folgende Punkte müssen Sie beachten:

Zutreffende Wiedergabe Das Testergebnis sollte nicht mit eigenen Worten, sondern im tatsächlichen Wortlaut wiedergegeben werden.

Urheberrechte Sie dürfen zwar auf die Ergebnisse der Testberichte verweisen, die Testberichte selbst sind jedoch als literarische Werke urheberrechtlich geschützt. Sie dürfen daher ohne Erlaubnis der Rechteinhaber nicht kopiert oder im Internet veröffentlicht werden. Das gilt auch, wenn das eigene Unternehmen oder die eigenen Produkte Gegenstand des Tests waren.

Fundstelle Es muss die genaue Fundstelle der Testveröffentlichung angegeben werden. Bei Printausgaben sind das das Jahr und die Nummer der Ausgabe, bei Onlinetests reicht ein Link zum Test.

Änderungen Werden Testergebnisse durch neuere Testverfahren ersetzt, dürfen die alten Bewertungen nicht mehr verwendet werden. Ist ein Produkt erneut untersucht worden, dürfen die alten Testergebnisse auch nicht mehr verwendet werden. Auch wenn sich das Produkt selbst im Hinblick auf die überprüften Kriterien verändert hat, dürfen alte Prüfungsergebnisse nicht verwendet werden. Außerdem ist die Verwendung der Testergebnisse für bau- oder technisch gleiche andere Produkte nicht erlaubt.

Notenrang Ist ein Produkt zusammen mit anderen getestet worden und hat die gleiche Note erhalten, so muss auch sein Rang im Testfeld angegeben werden. Werden zum Beispiel bei der Stiftung Warentest mehrere Produkte mit »gut« bewertet, müssen Rang und Note im Gesamttest wiedergegeben werden, zum Beispiel »*Gut (2,2), Platz 6 im Test von 15 Fotokameras*«. Das gilt nicht, wenn ein Produkt die Note »sehr gut« erhalten hat. In diesem Fall ist es nicht erforderlich, mitzuteilen, dass auch andere Produkte dieselbe Note erhalten haben.

Gesamtergebnis Es darf nur mit dem Gesamtergebnis geworben werden. Wenn Ihr Produkt zum Beispiel insgesamt schlecht abgeschnitten hat, aber in einem Merkmal gut, dürfen Sie nicht allein mit diesem Merkmal und der Note »gut« werben – auch nicht, wenn Sie es in einem Sternchenhinweis dazuschreiben.

Stichproben Stützt sich das Testergebnis auf nicht repräsentative Stichproben oder nur einen »Vorabcheck« statt auf eine umfassende Untersuchung, muss das kenntlich gemacht werden.

Unabhängigkeit Es darf nur mit Testergebnissen von unabhängigen Dritten geworben werden. Wurde der Test in Auftrag gegeben oder sonst wie finanziert, muss das deutlich dargelegt werden.

Angaben über die Umwelt- und Gesundheitsverträglichkeit

Seien Sie vorsichtig bei Umwelt- und Gesundheitshinweisen. Diese sprechen zwar viele bewusst agierende Kunden an, müssen aber klar und deutlich zeigen, warum ein Produkt diese Qualität hat. Zudem müssen Ihre Angaben nachweislich stimmen und nicht nur leere Floskeln sein. Vermeiden Sie daher Aussagen wie die folgenden ohne Angabe von Gründen:

- »umweltbewusst/Wir schützen die Umwelt/Für eine bessere Umwelt«
- »biologisch richtig/bio«
- »gesundheitsfördernd/gesund«

Preiswerbung

Wenn Sie in Ihren Aussagen Preise erwähnen, dann müssen Sie die Vorgaben der Preisangabenverordnung (PAngV) beachten. Dieses Gesetz regelt Preisangaben gegenüber Verbrauchern und bestimmt, »ob« ein Preis anzugeben ist, »welcher« Preis anzugeben ist und »wie« er anzugeben ist.

Preisangabepflicht

Einen Preis müssen Sie immer dann angeben, wenn Sie gegenüber einem Verbraucher gezielt eine Ware zum Kauf anbieten. Das ist nicht nur dann der Fall, wenn Sie explizit ein Kaufangebot aussprechen: Es reicht aus, wenn ein Link direkt in den Warenkorb führt oder eine Werbung ein Produkt ausführlich beschreibt, der Kunde keine Wahlmöglichkeiten hat (zum Beispiel Farbe oder Größe) und theoretisch ungesehen auf das Warenkorbsymbol klicken könnte. Das kann zum Beispiel bei einem Banner mit ausführlichen Produktangaben der Fall sein.

Abbildung 6-19 ▶
Dieser Beitrag ist noch keine Kaufofferte, da das Produkt nicht endgültig beschrieben wird. Der Kunde muss sich noch weiter informieren. Eine Preisangabe ist daher nicht notwendig.

Angabe von Endpreisen

Gegenüber Verbrauchern müssen Sie immer die Bruttoendpreise angeben, also Steuern, Zuschläge und eventuelle Gebühren in den Endpreis einrechnen. Wenn Sie sich nur an Unternehmen richten, müssen Sie trotzdem die Bruttopreise angeben, falls sich ein Privatverbraucher angesprochen führen sollte. Ansonsten müssen Sie es deutlich dazuschreiben, beispielsweise »Nettopreise, Angebot richtet sich nur an Unternehmen«.

Tipp Wenn Sie bei einem Angebot nicht deutlich dazuschreiben, dass es sich nur an Unternehmen richtet, wird ein Gericht davon ausgehen, dass auch Verbraucher angesprochen werden sollen.

Inkl. MwSt. zzgl. Versand

Den Hinweis, dass im Preis die Mehrwertsteuer enthalten ist und zusätzlich Versandkosten anfallen, müssen Sie nur dann aufführen, wenn der nächste Schritt ein Klick auf den Warenkorb ist. Das bedeutet, Sie müssen den Hinweis auf Produkt- oder Shopseiten anbringen, von denen aus man das Produkt in den Warenkorb legen kann. Führt ein Banner oder eine Werbeaussage erst zur Produktdetailseite, ist der Hinweis noch nicht notwendig.

Verstöße gegen Spezialgesetze

Neben den allgemeinen wettbewerbsrechtlichen Regelungen gibt es noch eine Vielzahl von Spezialgesetzen, die Ihnen bestimmte Äußerungen verbieten oder nur mit zusätzlichen Hinweisen erlauben. Der Verstoß gegen diese Regeln stellt in den meisten Fällen zugleich einen sogenannten »Wettbewerbsverstoß durch Rechtsbruch« entsprechend § 4 Nr. 11 UWG dar.

Dazu gehören produktbezogene Gesetze und Verordnungen wie die folgenden:

- Arzneimittelgesetz
- Batteriegesetz
- Buchpreisbindungsgesetz
- Elektro- und Elektronikgerätegesetz
- Energieverbrauchskennzeichnungsverordnung
- Geräte- und Produktsicherheitsgesetz inkl. Spielzeugverordnung
- Heilmittelwerbegesetz
- Kosmetikverordnung
- Lebensmittel-, Bedarfsgegenstände- und Futtermittelgesetzbuch
- Lebensmittel-Kennzeichnungsverordnung

- Medizinproduktegesetz
- Nahrungsmittelergänzungsverordnung
- Textilkennzeichnungsverordnung
- Verpackungsverordnung

Ferner können Sie wie Ärzte, Apotheker, Steuerberater oder Rechtsanwälte berufsrechtlichen Regeln unterworfen sein, die eigene Vorgaben mit sich bringen.

Checkliste: Äußerungen und Werbeaussagen

Auf folgende Punkte müssen Sie bei jeder Äußerung achten:

- Nur Tatsachen behaupten, die Sie nachweisen können
- Im Zweifel Aussage als Meinung formulieren
- Bei Kritik sachlich bleiben und auf Ehrverletzungen und Kraftausdrücke verzichten

Bei Werbeaussagen müssen Sie folgende Punkte beachten:

- Werbecharakter nicht verschleiern (Schleichwerbung)
- Werbung von redaktionellen Inhalten trennen (Trennungsgebot)
- Keine Eigenbewertungen abgeben
- Bei Werbung mit Allein- oder Spitzenstellung muss eine solche vorliegen
- Vergleichende Werbung ohne rechtliche Vorprüfung unterlassen
- Vorgaben der Preiswerbung beachten
- Mitbewerber oder deren Leistungen nicht verächtlich machen
- Nicht mit Selbstverständlichkeiten werben
- Keine unwahren Aussagen tätigen
- Nur mit Testergebnissen werben, wenn die entsprechenden Voraussetzungen erfüllt sind
- Keine unbegründeten Angaben über Umwelt- und Gesundheitsverträglichkeit machen
- Spezialgesetze beachten

Rechtsfolgen bei Wettbewerbsverstößen

Wenn Sie gegen die wettbewerbsrechtlichen Vorgaben verstoßen, müssen Sie mit einer kostenpflichtigen Abmahnung rechnen. Diese kann von jedem Mitbewerber sowie von Verbraucherschutz- oder Wettbewerbsverbänden versendet werden.

In der Abmahnung werden Sie aufgefordert, eine sogenannte *strafbewehrte Unterlassungserklärung* abzugeben, in der Sie sich verpflichten, den Wettbewerbsverstoß nicht zu wiederholen. Für den Fall, dass Sie gegen die Unterlassungserklärung verstoßen sollten, wird weiterhin eine Vertragsstrafe in Höhe von meist über 5.000 Euro vereinbart. Darüber hinaus müssen Sie die Kosten der Abmahnung übernehmen, die in der Regel zwischen 800 und 1.200 Euro liegen. Weigern Sie sich, wird der Fall möglicherweise vor Gericht verhandelt. Sollten Sie unterliegen, müssen Sie mit ca. den vierfachen Kosten rechnen.

Weniger schmerzhaft ist eine Abmahnung von Verbraucherschutz- oder Wettbewerbsverbänden, die lediglich eine Kostenpauschale von bis zu 200 Euro geltend machen können.

Daneben können Sie auch zur Zahlung von Schadensersatz verpflichtet werden, wenn Sie mit Ihrer Werbung einem Mitbewerber Gewinnausfälle bereitet haben, oder Sie müssen die Gewinne herausgeben, die Sie selbst auf unlautere Weise erwirtschaftet haben. Diese Fälle sind jedoch eher die Ausnahme.

Facebook-Regeln für Werbeinhalte und Werbeanzeigen

Facebook hat eigene »Facebook-Werberichtlinien« (*http://fb.com/ad_guidelines.php*), die für alle Facebook-Werbeanzeigen und den »Richtlinien für Facebook-Seiten« (*http://fb.com/page_guidelines.php*) entsprechend auch für alle Werbeinhalte auf Facebook-Fanseiten beachtet werden müssen.

Tipp Die Facebook-Werberichtlinie enthält viele detaillierte Vorgaben, deren komplette Wiedergabe das Ausmaß dieses Buches sprengen würde. Lesen Sie sich die Vorgaben genauestens durch, bevor Sie eine Facebook-Werbeanzeige schalten oder eine Facebook-Fanseite anlegen. Ein Verstoß gegen diese Regeln kann nämlich zur Löschung Ihrer Werbeanzeigen und Inhalte sowie im Wiederholungsfall zur Löschung Ihrer Facebook-Fanseite führen.

Die Richtlinien wiederholen zum einen die gesetzlichen Vorgaben, zum Beispiel das Verbot, Nutzer mit falschen Aussagen in die Irre zu führen. Zum anderen enthalten sie eigene Vorgaben von Facebook, die zum Beispiel bestimmte Inhalte ausschließen oder technische Vorgaben für Landungsseiten von Werbeanzeigen aufstellen.

Konten

Werbetreibende dürfen grundsätzlich nur ein Facebook-Konto haben und die Erstellung von Konten und Werbung nicht automatisieren.

Zielseiten/Ziel-URLs

Zielseiten, auf die eine Werbeanzeige verlinkt, dürfen unter anderem keine weiteren Umleitungen enthalten, keine Pop-up-Fenster enthalten und von Nutzern nicht verlangen, personenbezogene Daten einzugeben, es sei denn, es dient der Abwicklung eines Geschäfts.

Verweise auf Facebook

In der Werbeanzeige darf nur dann ein Verweis auf Facebook auftauchen, wenn die Zielseite der Werbeanzeige eine Facebook-Seite ist (»Besuchen Sie unsere Facebook-Seite«), und der Verweis darf kein Zusammenwirken mit Facebook implizieren (»Mit Facebook bieten wir Ihnen eine neue Erlebniswelt«). Ansonsten dürfen Werbeanzeigen die Marke Facebook weder erwähnen noch ihre Logos verwenden.

Werbetexte und Bildinhalte

Werbeanzeigen müssen klar zum Ausdruck bringen, wofür geworben wird. Demnach wäre ein Werbetext wie »Wir haben eine Überraschung für Sie« nicht erlaubt. Auch müssen die beworbenen Leistungen auf der Zielseite tatsächlich vorhanden sein, wodurch Lockangebote ausgeschlossen sind. Beleidigungen, Bedrohungen oder Belästigungen von Nutzern sowie unbegründete Behauptungen sind tabu.

Verbotene Inhalte

Außerdem enthält die Werberichtlinie eine Aufstellung von Inhalten, die von Facebook unerwünscht sind – von profanen, vulgären und unangebrachten Inhalten über Tabakwaren, Waffen, Glücksspiele, Tipps zum schnellen Reichtum, Inhalte für Erwachsene und nicht bescheinigte pharmazeutische Produkte bis hin zu aufrührerischen religiösen und politischen Programmen. Werbeanzeigen für Alkohol dürfen sich nur an Personen über 21 Jahre richten. Alkohol darf ferner nicht glorifiziert oder mit Personen verbunden werden, die jünger als 25 Jahre aussehen.

Daten und Privatsphäre

Statistische sowie demografische Daten und ganz besonders Nutzerdaten, die über Facebook gewonnen oder von Facebook gestellt werden, dürfen nicht außerhalb von Facebook verwendet oder an Dritte weitergegeben werden

Zielgruppen

Werbeanzeigen müssen auf Zielgruppen zugeschnitten werden und die Privatsphären- sowie demoskopischen Einstellungen der Nutzer beachten. So dürfen Partnervermittlungsseiten ihre Werbung nur an Nutzer richten, die im Profil »Single« eingestellt haben, und Werbung an Personen unter 18 Jahren ist gar nicht erlaubt. Das wird bei Werbung auf Pinnwänden nur schwer einzuhalten sein, da anders als in Facebook-Werbeanzeigen nicht für jeden Beitrag bestimmt werden kann, welche Zielgruppe ihn sehen soll. Daher sollten Sie auf Facebook-Fanseiten im Zweifel besser auf Werbeinhalte verzichten, die für Minderjährige nicht geeignet sind.

Ferner dürfen sich Werbetexte nicht auf bestimmte Zielgruppen oder Eigenschaften von Personen beziehen, zum Beispiel auf ethnische Herkunft, Religion oder Weltanschauung, Geschlecht, sexuelle Orientierung, Behinderung oder Krankheiten.

◀ **Abbildung 6-20**
Diese Werbeanzeige der Aktion Mensch wurde von Facebook untersagt, weil sie sich auf die Behinderung von Personen bezog und aufgrund der provokanten Inhalte als anstößig angesehen wurde.

Abonnements

Dieser Abschnitt richtet sich an alle Anbieter von Abonnementseiten, z.B. für Klingeltöne, Musik oder Hausaufgabenhilfen. Diese müssen deutlich auf das Abonnement und seine Konditionen hinweisen und dürfen sie keineswegs verstecken, wie es die typischen »Abofallen-Seiten« im Kleingedruckten tun.

Spam

Die Werbeanzeigen dürfen nicht gegen die Regeln für belästigende Werbung verstoßen. Die entsprechenden Regeln finden Sie in Kapitel 7.

Stil der Anzeigen

Die Anzeigen müssen die Regeln der Rechtschreibung beachten und dürfen Großschreibung, Interpunktion und Symbole nur im Rahmen der Rechtschreibregeln einsetzen. So wäre z.B. eine Anzeige mit folgendem Text nicht zulässig: »*MEGAANGEBOT!!! $ofort Klicken!*«

Gewinnspiele und Direktmarketing

Dieses Kapitel widmet sich mit Gewinnspielen und Direktmarketing zwei der am häufigsten eingesetzten und bedeutendsten Marketingmaßnahmen. Gewinnspiele ziehen seit jeher wirkungsvoll Kunden an und erleben vor allem auf Facebook einen regelrechten Boom. Hinzu kommt, dass nach 50 Jahren das gesetzliche Verbot aufgehoben worden ist, Gewinnspielchancen an den Verkauf von Produkten oder die Erbringung von Dienstleistungen zu koppeln. Damit können Gewinnspiele noch effektiver als Marketingmaßnahmen eingesetzt werden. Allerdings bestehen strenge gesetzliche Vorgaben für Gewinnspiele. Zudem enthalten die Hausregeln der Social Media-Plattformen zum Teil das Verbot, Gewinnspiele auf ihnen durchzuführen, oder unterwerfen sie umfangreichen Regeln, wie Facebook es in den »Richtlinien für Promotions« tut. Dadurch möchten die Anbieter insbesondere die eigene Haftung für rechtswidrige Gewinnspiele und die Belästigung ihrer Mitglieder vermeiden.

Gewinnspiele hängen mit Direktmarketing eng zusammen, da mit ihnen oft bezweckt wird, die Adressdaten der Teilnehmer zu sammeln, um sie später für die Zusendung von Werbung zu nutzen. Direktmarketing erfolgt zunehmend auch über soziale Netzwerke, die verschiedene Möglichkeiten der direkten Kommunikation bieten. Aufgrund der niedrigen technischen Hürden und der Effektivität des Direktmarketings ist jedoch zugleich die Gefahr der Belästigung mit unerwünschten Werbenachrichten sehr hoch. Daher hat der Gesetzgeber strenge Regeln für Werbung mit »elektronischer Post« aufgestellt, die Direktmarketing in sozialen Medien nur in einem engen Rahmen erlauben.

Gewinnspiele

Wenn Sie ein Gewinnspiel, ein Preisausschreiben oder eine Verlosung veranstalten möchten, müssen Sie mehrere gesetzliche Regeln beachten. Weil Gewinnspiele auf Facebook sehr beliebt sind, werden weiter unten in diesem Kapitel speziell die Facebook-Richtlinien für Gewinnspiele betrachtet.

Tipp Zusätzliche Rechtssicherheit gewinnen Sie mit dem Muster für Teilnahmebedingungen für Gewinnspiele, das Sie im Anhang finden und das auch für Gewinnspiele auf Facebook anwendbar ist.

Kein Glücksspiel veranstalten

Gewinnspiele, bei denen ein entgeltlicher Einsatz erforderlich ist, der verloren werden kann, bedürfen staatlicher Genehmigung.

Die Begriffe »Gewinnspiel« und »Glücksspiel« mögen zwar ähnlich klingen, sollten aber keinesfalls verwechselt werden. Denn während ein Gewinnspiel von jedem veranstaltet werden darf, muss ein Glücksspiel staatlich genehmigt werden. Ohne diese Genehmigung sind nicht nur Abmahnungen, sondern sogar strafrechtliche Konsequenzen in Form von bis zu zwei Jahren Freiheitsstrafe gemäß § 284 Strafgesetzbuch zu befürchten.

Ein Glücksspiel erkennen Sie daran, dass die Teilnahme einen entgeltlichen Einsatz erfordert, der bei Misserfolg verloren gehen kann, und dass der Ausgang des Spiels vom Zufall abhängt.

Entgeltlichkeit und Risiko

Kein unerlaubtes Glücksspiel liegt vor, wenn das Entgelt keinen »Einsatz« darstellt, sondern notwendig ist, um einen Gewinnspielbeitrag zu übermitteln. So stellen das Porto für eine Postkarte oder die Kosten für einen Telefonanruf (sofern es sich nicht um eine teure Mehrwertnummer handelt) keinen Einsatz dar. Ebenfalls liegt kein Glücksspiel vor, wenn der Einsatz in fiktivem »Spielgeld« getätigt wird, das vom Veranstalter gestellt wird.

Zufall

Der Ausgang eines Glücksspiels hängt vom Zufall ab. Das ist nicht der Fall, wenn zwar ein Entgelt gefordert wird, aber der Ausgang vom Geschick des Teilnehmers statt vom Zufall abhängt. Das kann zum Beispiel bei einem Quiz der Fall sein oder bei einem Sportwettbewerb. Dagegen liegt ein Glücksspiel vor, wenn die Geschicklichkeit offensichtlich nur ein Vorwand ist, um das Glücksspiel zu tarnen, etwa wenn sehr einfache Fragen wie »10 x 10 = ?« gestellt werden.

Neben der Bestrafung wegen unerlaubten Glücksspiels sind auch Verbotsverfügungen von Ordnungsbehörden sowie die Bestrafung wegen Betruges an den Teilnehmern möglich.

> ### Fallbeispiel
>
> Der Veranstalter eines »Geschicklichkeitsspiels«, bei dem eine Doppelhaushälfte zu gewinnen war, wurde wegen Betrugs an den Teilnehmern verurteilt. Die Teilnehmer mussten neben der Bezahlung einer Teilnahmegebühr von 19 € zusätzlich mehrere Quizfragen beantworten. Laut Gericht hätte der Veranstalter aufgrund der Hinweise der Behörden erkennen müssen, dass es sich um ein unerlaubtes Glücksspiel handelte, das gestoppt werden würde. Trotzdem setzte er es fort und nahm dabei 404.833 Euro ein, von denen er nur 4.833 Euro an die Teilnehmer zurückzahlte. [BGH-Beschluss v. 15.3.2011, Az. 1 StR 529/10]

Kopplung des Gewinns an den Erwerb von Waren und Dienstleistungen

Bis zum Jahr 2010 war es strengstens verboten, den Ausgang eines Gewinnspiels an den Erwerb von Waren oder Dienstleistungen zu koppeln. Dann wurde die deutsche Regelung für unvereinbar mit europäischem Recht erklärt. Damit wurde der Weg für eine Fülle neuer Marketingmaßnahmen frei. So dürfen zum Beispiel erst jetzt Sach- oder Geldpreise unter E-Shop-Käufern verlost oder die Gewinnchancen von der Höhe der Bestellung abhängig gemacht werden.

> ### Fallbeispiel
>
> In dem maßgeblichen Fall ging die Wettbewerbszentrale gegen die Aktion »Ihre Millionenchance« des Lebensmitteldiscounters Plus vor. Die Aktion bot den Kunden die Möglichkeit, durch das Sammeln von Bonuspunkten beim Einkauf von Waren kostenlos an den Ziehungen des deutschen Lottoblocks teilzunehmen. Diese Werbemaßnahme verstieß eigentlich gegen das § 4 Nr.6 UWG, doch der Europäische Gerichtshof erklärte, dass diese Vorschrift den freien Wettbewerb unangemessen einschränkt und daher unwirksam ist. Daraufhin entschied auch der deutsche Bundesgerichtshof, dass das Gesetz nicht anzuwenden ist und die Aktion von Plus zulässig war. [BGH-Urteil v. 5. 10.2010, Az. I ZR 4/06]

Abbildung 7-1
Nach 50 Jahren erlaubt: die Kopplung von Gewinnen an den Kauf von Produkten.

Keinen psychologischen Kaufzwang ausüben

Es ist nicht erlaubt, ein schlechtes Gewissen, Angst oder sonstige geistige Zwänge beim Verkauf einer Ware oder Dienstleistung auszunutzen. Zum Beispiel ist es grundsätzlich unzulässig, beim Kauf eines Produkts ein Gewinnspiel anzubieten, bei dem die Chance besteht, eine Spende für eine Hilfseinrichtung zu gewinnen.

Auch das Ausnutzen einer finanziellen Notlage ist nicht zulässig. So wäre eine Werbung rechtswidrig, die sich explizit an ärmere Bevölkerungsschichten richtet und die Chance bietet, bei einem Gewinnspiel einen Kaufpreiserlass zu erhalten, zum Beispiel mit dem Slogan »Alle Hartz-IV-Empfänger haben die Chance, einen Rabatt zu gewinnen«.

Klare Angaben über Gewinne und Folgekosten

Gewinnspiele müssen genaue Angaben zu den Preisen enthalten. Die Teilnehmer müssen erkennen können, welche Gewinnklassen es gibt und welche Wertigkeit die Gewinne haben.

Es ist insbesondere nicht erlaubt, über den Wert des Gewinns zu täuschen. Unter Umständen treffen Sie als Veranstalter daher Aufklärungspflichten, wenn mit Fehlvorstellungen seitens der Teilnehmer zu rechnen ist. Wenn zum Beispiel das zu gewinnende *MacBook* ein altes Modell ist, müssen Sie darauf hinweisen.

Außerdem müssen Sie über Zusatzkosten aufklären. So dürfen bei der Verlosung eines Luxusurlaubs anfallende Anreisekosten nicht verschwiegen werden. Auch wenn ein gewonnener Computer vor Ort abgeholt werden muss oder Versandkosten berechnet werden, müssen Sie darauf hinweisen.

Nicht mit vorgeblichen Gewinnzusagen werben

Wer Gewinne verspricht, muss sie auch ausschütten. So steht es im § 661a BGB. Das gilt zumindest dann, wenn das Gewinnversprechen nicht erkennbar als Werbung an die Allgemeinheit zu erkennen ist.

Fallbeispiel

Das Landgericht Köln entschied, dass ein Werbebanner mit der Aufschrift »Sie sind unser 999.999 Besucher […] Herzlichen Glückwunsch – Sie haben dadurch die freie Auswahl gewonnen: AUDI A5, 25.000,- EURO ...« als Werbung an die Allgemeinheit zu erkennen ist. Demzufolge konnte der Kläger die Ausschüttung dieser »Gewinne« nicht verlangen. [LG Köln. Urteil v. 27.8.2008, Az. 2 O 120/08]

Auch wenn der Gewinn nicht ausgeschüttet werden muss, heißt das nicht, dass eine solche Werbung rechtmäßig wäre. Vielmehr handelt es sich bei dieser Irreführung um einen durch Mitbewerber abmahnbaren Wettbewerbsverstoß.

◀ Abbildung 7-2
Eine solche Werbung ist wegen der Täuschung über den Gewinn wettbewerbswidrig, begründet jedoch wegen der Erkennbarkeit des reklamehaften Charakters keine Leistungspflicht. Anders wäre es, wenn sie direkt per E-Mail zugestellt würde.

Klare und eindeutige Teilnahmebedingungen

Die Teilnehmer eines Gewinnspiels dürfen nicht in die Irre geführt werden und müssen über die wesentlichen Punkte des Gewinnspiels aufgeklärt werden. Dazu gehört insbesondere Folgendes:

- wer teilnehmen darf (z. B. keine Minderjährigen)
- Beginn und Ende des Gewinnspiels
- genaue Beschreibung, was zu gewinnen ist

- Angaben, wann die Preise ausgelost werden (falls nicht direkt nach dem Ende)
- Regeln, nach denen die Gewinner bestimmt werden
- Regeln, wie die Gewinne zu den Gewinnern gelangen, falls dabei Besonderheiten wie Portokosten anfallen
- Datenschutzhinweise

Die Teilnahmebedingungen müssen für die Nutzer einfach zugänglich sein und zum Beispiel neben der Gewinnspielbeschreibung oder vor einer »Teilnahme«-Schaltfläche stehen. Falls Sie öfter Gewinnspiele veranstalten, bietet es sich an, generelle Teilnahmebedingungen anzulegen. Bei jedem neuen Gewinnspiel führen Sie dann nur die spezifischen Angaben auf und weisen ansonsten auf die Teilnahmeregeln hin (siehe Abbildung 7-1).

In Abbildung 7-3 sehen Sie darüber hinaus einen Hinweis auf fremde Bilderrechte. Diesen sollten Sie immer aufführen, wenn die Nutzer Bilder einsenden sollen und die Gefahr besteht, dass damit Rechte Dritter verletzt werden. Weitere Hinweise dazu finden Sie in Kapitel 4 im Abschnitt »Nutzeruploads und Crowdsourcing«.

 Hinweis   Ein Muster mit Teilnahmebedingungen für ein Gewinnspiel finden Sie im Anhang.

Abbildung 7-3 ▶
In diesem Fall werden spezielle Teilnahmebedingungen des Gewinnspiels mit generellen Teilnahmeregeln kombiniert. Ob die Regeln »Teilnahmebedingungen«, »Gewinnspielregeln« oder »AGB« genannt werden, ist irrelevant – Hauptsache, der Teilnehmer erkennt, dass dem Gewinnspiel bestimmte Regeln zugrunde gelegt werden (Quelle: www.sheepworld.de).

Nutzung der Teilnehmerdaten für Werbezwecke

Eine Teilnahme am Gewinnspiel führt nicht automatisch dazu, dass man die Teilnehmerdaten für Werbezwecke nutzen darf, zum Beispiel zur Zusendung eines Newsletters. Soll das Gewinnspiel mit Direktmarketing verbunden werden, müssen Sie Folgendes beachten:

Einwilligung Sie dürfen den Nutzern nur dann Werbung zusenden, wenn diese in deren Empfang eingewilligt haben. Zum Beispiel dürfen Gewinn3benachrichtigungen (und »Schade, diesmal leider nicht gewonnen«-E-Mails) ohne voramgegangene Einwilligung keine Werbung enthalten.

Ausdrückliche Einwilligung Die Einwilligung in den Empfang von Werbung per E-Mail muss immer ausdrücklich erfolgen. Es ist nicht ausreichend, die Einwilligung in den Teilnahmebedingungen zu »verstecken«. Auch wenn ein Kontrollkästchen beim Satz »Ich möchte Werbung/Newsletter empfangen« schon vorangehakt ist, zählt das nicht als ausdrückliche Einwilligung.

Separate Einwilligung Die Einwilligung muss separat sein und darf nicht mit anderen Erklärungen verbunden werden. So wäre ein »gemeinsames« Kontrollkästchen mit dem Text »Ich bin mit den Teilnahmebedingungen und dem Newsletterempfang einverstanden« für eine wirksame Einwilligung nicht ausreichend.

Informierte Einwilligung Die Teilnehmer des Gewinnspiels müssen darüber belehrt werden, mit welcher Art von Werbung sie zu rechnen haben, wer sie wie oft versenden wird und wie sie ihre Einwilligung widerrufen können. Diese Informationen können Sie entweder direkt beim Einwilligungstext aufführen oder dort einen Link »Weitere Informationen« platzieren, der zu den Informationen führt.

Kopplung Es ist erlaubt, die Teilnahme an einem Gewinnspiel vom Empfang eines Newsletters abhängig zu machen. Die Teilnehmer müssen jedoch schon zu Anfang des Gewinnspiels über die Kopplung belehrt werden, also nicht erst im zweiten Schritt, wenn sie schon alle Daten eingegeben haben.

Weitergabe der Teilnehmerdaten Wenn Sie die mit dem Gewinnspiel generierten Adressdaten der Teilnehmer an Dritte weitergeben oder verkaufen möchten, müssen Sie die Teilnehmer schon vor dem Gewinnspiel um Erlaubnis für die Weitergabe bitten und die Empfänger der E-Mail-Adressen nennen.

> Wenn Sie Teilnehmerdaten für Werbung nutzen möchten, müssen Sie zunächst die ausdrückliche Einwilligung der Teilnehmer in die Verwendung ihrer Daten für Werbezwecke einholen.

 **Hinweis** Diese Anforderungen gelten nicht nur bei Onlinegewinnspielen, sondern auch, wenn Sie Gewinnspielpostkarten verwenden. Weitere Informationen zum Direktmarketing erhalten Sie in diesem Kapitel.

Nicht notwendige Angaben

Bei Gewinnspielen dürfen grundsätzlich nur so viele Daten erhoben werden, wie für das Gewinnspiel nötig sind. Das kann zum Beispiel die E-Mail-Adresse für die Benachrichtigung oder die Postadresse für die Zusendung des Gewinns sein.

Werden zusätzliche Daten verlangt, muss dazugeschrieben werden,

- dass die Angaben freiwillig sind und
- wofür die Daten benötigt werden.

Korrekt wäre also so ein Hinweis: »Wir fragen nach dem Geburtsdatum, um unsere künftigen Gewinnspiele besser auf die Teilnehmer zuzuschneiden.«

Veröffentlichung von Teilnehmernamen

Wer an einem Gewinnspiel teilnimmt, erklärt sich nicht automatisch damit einverstanden, dass sein Name im Fall des Gewinns veröffentlicht wird. Namen von Gewinnern dürfen nur dann veröffentlicht werden, wenn

- deutlich darauf in den Teilnahmebedingungen hingewiesen wurde oder
- die Veröffentlichung anonym erfolgt, zum Beispiel »Mieke K. aus B.«

 Achtung Die Person darf durch die Namensnennung nicht identifizierbar sein. Wenn Sie die Gewinnerin als »Mieke K. aus Börger« bezeichnen und in dem Ort Börger nur eine Mieke K. wohnt, ist die Nennung nicht anonym.

Minderjährige Teilnehmer

Minderjährige werden vom Gesetz als besonders schützenswert erachtet. Das heißt, dass die Kopplung eines Gewinnspiels an einen Warenkauf, die bei Erwachsenen zulässig wäre, bei Kindern und Jugendlichen je nach Alter und Höhe des Gewinns und Kaufpreises unzulässig sein kann. Dasselbe gilt für das Ausnutzen der Spiellust, denn Kinder und Jugendliche können die wirtschaftliche Reichweite ihrer Entscheidungen oft nicht einschätzen. Sie könnten zum Beispiel dazu gebracht werden, Produkte zu kaufen, die sie gar nicht benötigen, um eine Spielzeugfigur zu gewinnen, die gerade auf dem Schulhof angesagt ist.

Daher sollten Sie ganz besonders dann, wenn das Gewinnspiel an den Warenabsatz gekoppelt wird, das Teilnahmealter bei 16 Jahren ansetzen: Ab diesem Alter können Sie wirtschaftliche Entscheidungsfähigkeit der Teilnehmer annehmen.

Hinweis Die Altersgrenze ist nur als pauschalisierte und nicht als fixe Grenze zu verstehen. Das Gesetz stellt nicht auf ein bestimmtes Alter, sondern auf die Einsichtsfähigkeit der Jugendlichen im Bezug auf ein konkretes Gewinnspiel ab. Damit kann die Altersgrenze im Einzelfall auch höher oder niedriger liegen. Im Zweifel sollten Sie das Gewinnspiel durch einen Rechtsanwalt prüfen lassen.

Der Rechtsweg ist ausgeschlossen

Der Satz »Der Rechtsweg ist ausgeschlossen« weist lediglich darauf hin, dass der Veranstalter des Gewinnspiels einen Anspruch der Teilnehmer auf die Gewinne sowie gerichtliches Vorgehen gegen Unregelmäßigkeiten beim Gewinnspiel von sich weist. Grundlage ist § 762 BGB, in dem steht, dass Spielschulden keinen rechtlichen Anspruch begründen. Das bedeutet jedoch nicht, dass die Teilnehmer nicht trotzdem vor Gericht ziehen könnten – ganz im Gegenteil kann ihnen dieses Recht nicht genommen werden.

Der Hinweis, dass der Rechtsweg ausgeschlossen ist, ist überflüssig.

Wer Teilnehmer über Gewinne täuscht, ihre Daten missbraucht oder sie sonst wie in die Irre führt, muss nicht nur mit Abmahnungen seitens der Mitbewerber und Wettbewerbszentralen, mit Bußgeldern der Datenschutzbehörden und mit Strafverfahren, sondern auch mit Schadensersatzzahlungen an die Teilnehmer rechnen. Damit hat dieser Satz letztendlich nur eine symbolische Wirkung und kann genauso gut weggelassen werden.

Checkliste: Gewinnspielvoraussetzungen

- Kein Glücksspiel?
- Kopplung des Gewinns an Warenabsatz erlaubt
- Spiellust nicht ausnutzen
- Keinen psychologischen Kaufzwang ausüben
- Klare Angaben über Gewinne und Folgekosten machen
- Keine vorgeblichen Gewinnzusagen
- Klare und eindeutige Teilnahmebedingungen formulieren
- Nur notwendige Daten erheben
- Nutzung von Teilnehmerdaten für Werbezwecke nur mit Einwilligung
- Vorsicht bei Veröffentlichung von Teilnehmernamen
- Vorsicht bei Minderjährigen

Facebook-Regeln für Gewinnspiele

Mit eigenen Vorgaben für Gewinnspiele versucht Facebook, die eigene Haftung und die Belästigung von Mitgliedern zu verhindern.

Neben den gesetzlichen Regeln müssen Sie die Regeln der Social Media-Plattformen beachten, die Einfluss auf Ihr Gewinnspiel haben können. Manche Anbieter verbieten ihren Mitgliedern zum Beispiel die Veranstaltung von Gewinnspielen grundsätzlich. Das liegt daran, dass Gewinnspiele vielen gesetzlichen Anforderungen unterliegen, die unter Umständen auch die Plattformbetreiber im Rahmen der Haftung für nutzergenerierte Inhalte treffen können. Ferner gehen mit Gewinnspielen Teilnahmeaufforderungen an andere Mitglieder einher, die belästigend sein können.

Facebook hat versucht, ein Gleichgewicht zwischen den Risiken von Gewinnspielen und ihren Vorteilen als Marketingmittel herzustellen. Das Ergebnis sind die »Richtlinien für Promotions«, die von allen Veranstaltern von Gewinnspielen oder Wettbewerben beachtet werden müssen und unter *http://fb.com/promotions_guidelines.php* zu finden sind. Die Vorgaben dieser Richtlinien werden Gegenstand der folgenden Abschnitte sein.

Gewinnspiele im Sinne von Facebook

Die Promotion-Regeln von Facebook müssen Sie nur beachten, wenn es um ein Gewinnspiel geht, bei dem es etwas Geldwertes zu gewinnen gibt und das auf Facebook selbst stattfindet.

Immaterielle Belohnungen

Spiele, bei denen lediglich immaterielle Vorteile wie die Ernennung zum »Fan des Monats« verlost werden, unterliegen den Promotion-Regeln nicht.

Abbildung 7-4 ▶
In diesem Fall handelt es sich nicht um ein Gewinnspiel im Sinne der Promotion-Richtlinien von Facebook, da kein materieller Gewinn verlost wird.

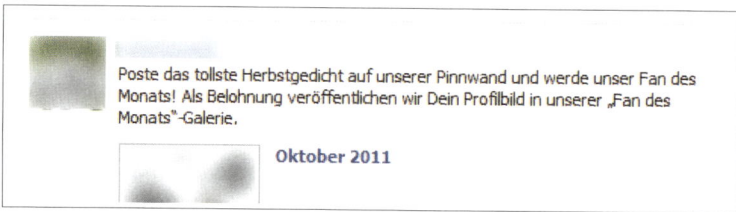

Verweise auf externe Gewinnspiele

Die Gewinnspielrichtlinien von Facebook müssen Sie auch dann nicht beachten, wenn Sie lediglich auf ein Gewinnspiel hinweisen, dass außerhalb von Facebook stattfindet. Das bedeutet, dass Sie Pinnwandeinträge verfassen oder auf Ihrer Facebook-Seite Banner einbinden dürfen, die auf Gewinnspiele zum Beispiel in Ihrem Blog verweisen.

Hinweis Auch für andere Social Media-Plattformen gilt: Wenn die Veranstaltung von Gewinnspielen dort untersagt ist, dürfen Sie trotzdem auf Gewinnspiele außerhalb der Plattform verweisen – es sei denn, solche Verweise sind explizit untersagt.

◀ **Abbildung 7-5**
Dieses Gewinnspielbanner ist lediglich ein Link zu einem Gewinnspiel im Blog der Anbieterin. Da es kein Gewinnspiel auf Facebook ist, müssen die Promotion-Regeln von Facebook nicht beachtet werden.

Nur im Zusammenhang mit Applikationen

Gewinnspiele dürfen auf Facebook nur innerhalb von Applikationen stattfinden. Das sind Elemente, die in Facebook-Seite und Facebook-Profile eingebettet werden, deren Inhalte jedoch nicht auf Facebook-Servern liegen (Facebook bezeichnet diese Applikationen auch als »Canvas Pages«).

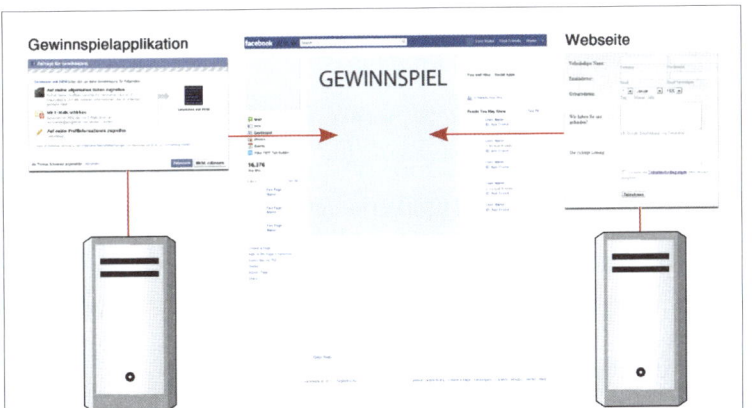

◀ **Abbildung 7-6**
Ein Facebook-Gewinnspiel muss innerhalb einer Applikation stattfinden. Die Applikation wird von Ihrem Server (oder dem eines Drittanbieters) geladen. Sie kann selbstlaufend sein und auf Facebook-Daten des Teilnehmers zugreifen (links) oder auch lediglich den Inhalt eine Webseite einbetten (rechts).

Gewinnspiele 331

Im Rahmen einer Applikation können Sie zum Beispiel einfach eine Gewinnspielseite, die auf Ihrem eigenen Webserver liegt, in Ihre Facebook-Fanseite einbinden (innerhalb eines sogenannten »Inlineframes«).

Ein anderer Weg ist die eigene Gewinnspielapplikation. Der Unterschied zum simplen Laden einer Webseite von Ihrem Server liegt darin, dass die Gewinnspielapplikation ein Programm ist, das innerhalb der Facebook-Umgebung ausgeführt wird und mit ihr interagieren kann. Sie kann zum Beispiel die Mitgliederdaten erfragen, damit die Teilnehmer ihre E-Mail-Adressen nicht selbst eingeben müssen, oder auf den Pinnwänden der Teilnehmer Verweise auf das Gewinnspiel hinterlassen.

Abbildung 7-7 ▶
Das Lufthansa-Gewinnspiel findet innerhalb einer eigenen Applikation statt.

Sie können eine solche Applikation selbst erstellen, erstellen lassen oder mieten. Es gibt unterschiedliche Anbieter mit unterschiedlichen Angeboten für Gebühren ab einem Euro pro Tag, die es Ihnen ermöglichen, einfache Gewinnspiele zu veranstalten. Wenn Sie eine eigene Gestaltung und eigenes Logo wünschen, steigt der Preis entsprechend und kann von 300 bis ein paar Tausend Euro betragen, je nachdem, wie viel Service und individuelle Anpassung Sie begehren.

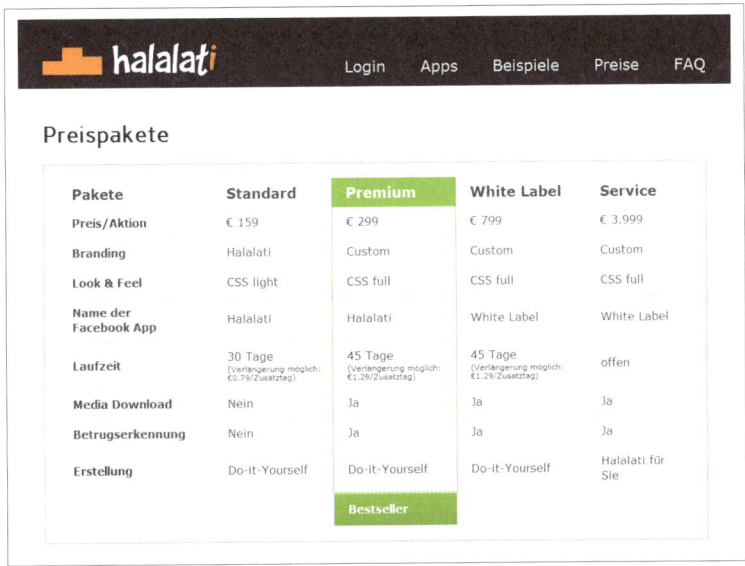

◀ Abbildung 7-8
Der deutsche Anbieter Halalati bietet verschiedene Pakete für Gewinnspielapplikationen (http://halalati.com).

Facebook-Funktionen nicht für Gewinnspiele nutzen

Mit der Vorgabe, für Gewinnspiele nur Applikationen nutzen zu dürfen, geht das Verbot einher, Facebook-eigene Funktionen für Gewinnspiele zu verwenden. Dieses Verbot greift immer, wenn die im Folgenden erläuterten Aktionen Einfluss auf das Gewinnspiel haben und zum Beispiel zur Erhöhung der Gewinnchancen oder zur Bestimmung des Gewinns oder der Gewinner eingesetzt werden.

Native Facebook-Funktionen dürfen nicht für Gewinnspiele eingesetzt werden.

Aktionen mit Bildern

Es ist theoretisch möglich, die Nutzer aufzufordern, sich auf (mit Werbeaussage versehenen) Bildern zu markieren (auf Englisch heißt das »Tagging«), um am Gewinnspiel teilzunehmen. Das ist jedoch nach den Facebook-Regeln nur dann erlaubt, wenn das Tagging innerhalb einer Applikation mithilfe einer der Applikation eigenen Markierfunktion stattfindet.

Darüber hinaus wäre es nicht erlaubt, die Nutzer zu bitten, ihr Profilbild zum Beispiel mit dem Unternehmenslogo zu versehen, um an einem Gewinnspiel teilzunehmen. Diese Bitte ist zwar grundsätzlich zulässig, darf jedoch allenfalls freiwillig und ohne Beeinflussung der Gewinnspielchancen erfolgen.

Abbildung 7-9
Die Facebook-eigene Markierfunktion für Bilder darf nicht für Zwecke des Gewinnspiels eingesetzt werden.

Pinnwandaktionen

Facebook verbietet auch, die Pinnwandfunktion für Gewinnspiele zu nutzen. Das bedeutet, dass die folgenden Teilnahmeaufforderungen gegen die Facebookregeln verstoßen würden:

- »Schreib auf unsere Pinnwand, warum Du gewinnen solltest!«
- »Kommentiere diesen Beitrag, um zu gewinnen!«
- »Wer die meisten Beiträge kommentiert hat, gewinnt!«
- »Poste ein Bild zum Thema Sommer auf unsere Pinnwand und gewinne.«
- »Poste einen Link zu uns auf Deiner Pinnwand, um teilzunehmen!«
- »Schreib eine Einladung auf unsere Seite auf die Pinnwand eines Freundes, um teilzunehmen!«

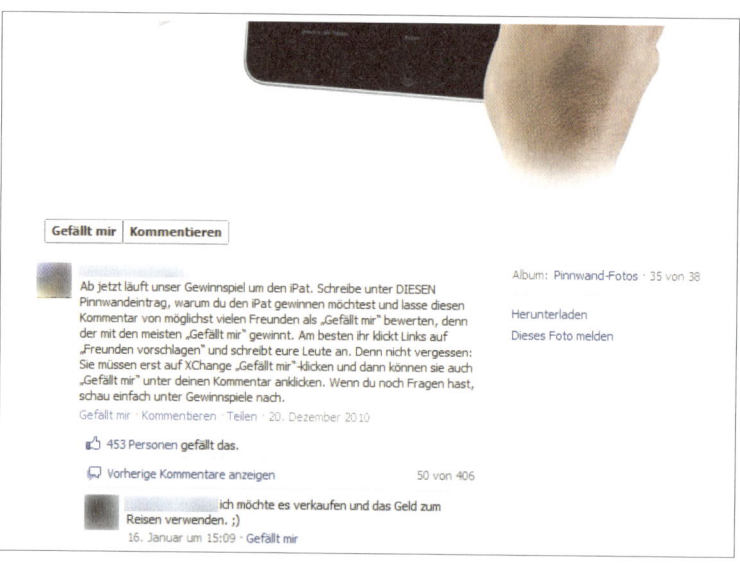

Abbildung 7-10
Dieses Gewinnspiel verstößt in doppelter Hinsicht gegen die Regeln, weil weder die Facebook-eigene Kommentarfunktion noch die »Gefällt mir«-Funktion verwendet werden darf.

◀ **Abbildung 7-11**
Ebenfalls nicht zulässig: die Aufforderung an Mitglieder, als Gewinnspielvoraussetzung Inhalte auf ihren Pinnwänden zu veröffentlichen.

◀ **Abbildung 7-12**
Auch dieses Gewinnspiel im Zusammenhang mit einer Veranstaltung ist nicht erlaubt, weil es die Pinnwandfunktion verwendet und zudem mit der Veranstaltungsfunktion eine native Facebook-Funktion verwendet.

Nutzen der »Gefällt mir«-Schaltfläche

Die »Gefällt mir«-Schaltfläche darf nicht für Gewinnspielzwecke verwendet werden. Diese Aufforderungen sind damit verboten:

- »Poste ein Bild auf unsere Pinnwand, und das Bild mit den meisten ›Gefällt mir‹-Klicks gewinnt.«

- »Stimme mithilfe der ›Gefällt mir‹-Schaltfläche in unserer Fotogalerie für die Designvorschläge ab. Unter den Teilnehmern verlosen wir ein iPad.«

Dieses Verbot gilt auch beim Einsatz der »Gefällt mir«-Schaltfläche innerhalb der Gewinnspielapplikation und außerhalb von Facebook. Das heißt, dass Sie auch auf Ihrer Website nicht die »Gefällt mir«-Schaltfläche dafür verwenden dürfen, einen Gewinner auszulosen.

Abbildung 7-13 ▶ Rein theoretisch könnten Abstimmungen mit »Gefällt mir«-Schaltflächen veranstaltet werden. Der Vorteil läge in der Vervielfältigung der Teilnahmehinweise auf den Pinnwänden der Nutzer durch die einzelnen Klicks auf die Schaltfläche. Diese Art von Spam möchte Facebook jedoch ausdrücklich unterbinden (Quelle: http://senseo-botschafter-gesucht.de via http://www.thomashutter.com).

Fan-Werden und Check-ins als Gewinnspielvoraussetzung

Es ist nicht erlaubt, Nutzer allein dadurch an einem Gewinnspiel teilnehmen zu lassen, dass Sie durch das Klicken der »Gefällt mir«-Schaltfläche einer Facebook-Fanseite deren Fan werden. Auch ist es nicht erlaubt, Gewinne pauschal unter allen Fans zu verlosen. Außerdem dürfen die Nutzer nicht automatisch am Gewinnspiel teilnehmen, weil sie sich mit der Check-in-Funktion an einem Ort eingecheckt haben.

Folgende Gewinnspielaktionen scheiden also aus:

- »Werde durch einen Klick auf ›Gefällt mir‹ Fan unserer Seite und nimm teil!«
- »Wir verlosen unter allen, die bis zum 31.12. unsere Fans werden, ein Produkt nach Wahl!«
- »Wir verlosen nächsten Monat unter allen unseren Fans dieses Netbook.«

- »Der eintausendste Fan gewinnt ein Freiticket für das Konzert!«
- »Unter allen, die in diesem Monat einen Check-in in unserer Filiale durchführen, verlosen wir einen Gutschein im Wert von 100 Euro.«

◀ **Abbildung 7-14**
Die automatische Verlosung von Gewinnen unter den Fans einer Seite ist nicht erlaubt. Es ist egal, ob der Aufruf auf Ihrer Facebook-Fanseite selbst oder an anderer Stelle erscheint, zum Beispiel in einem Newsletter.

◀ **Abbildung 7-15**
Ebenfalls nicht erlaubt: eine pauschale Verlosung unter allen Mitgliedern, abhängig von deren Anzahl.

Erlaubt ist es dagegen, den Zugang zum Gewinnspiel nur den Fans einer Facebook-Fanseite zu gewähren. In diesem Fall führt das Fan-Werden nicht automatisch zur Teilnahme am Gewinnspiel, sondern die Nutzer müssen zunächst noch eine Handlung wie einen Klick auf die Schaltfläche »Am Gewinnspiel teilnehmen« vornehmen. Ebenfalls wäre es erlaubt, das Gewinnspiel erst ab dem 1.000sten Fan zu starten.

Abbildung 7-16 ▶

Diese beiden Aufforderungen an die Nutzer sind zulässig, da der Klick auf die »Gefällt mir«-Schaltfläche nicht zum Gewinnspiel selbst gehört. Die Nutzer müssen nämlich nach dem Fan-Werden noch eine weitere Aktion zur Teilnahme durchführen.

Gewinnbenachrichtigungen

Genauso wenig wie das Gewinnspiel selbst darf die Kommunikation mit den Gewinnspielteilnehmern über Facebook stattfinden. Das heißt, dass die Teilenehmerdaten nur über die Applikation erhoben werden und auch die Gewinner nur innerhalb der Applikation öffentlich benachrichtigt werden dürfen. Das Facebook-Nachrichtensystem darf also für die Gewinnerbenachrichtigung nicht genutzt werden.

Erlaubt wäre es dagegen, auf der Pinnwand darauf hinzuweisen, dass das Gewinnspiel zu Ende gegangen ist und welche Gewinne verlost worden sind. Ebenfalls ist es erlaubt, Teilnehmer mit ihren Gewinnen abzubilden, wenn sie Fotografien einsenden.

◀ **Abbildung 7-17**
Beim Gewinnspiel auf der Payback-Fanseite können die Teilnehmer ihre E-Mail-Adresse per Hand eingeben oder die E-Mail-Adresse übernehmen, mit der sie bei Facebook registriert sind. So können sie den Regeln entsprechend außerhalb von Facebook über die Gewinne benachrichtigt werden.

◀ **Abbildung 7-18**
Die Anonymisierung der Teilnehmer ist dem Gesetz entsprechend ausreichend, aber die Benachrichtigung der Teilnehmer auf der Pinnwand der Facebook-Fanseite ist nicht erlaubt.

Spam und Belästigung anderer Nutzer

Facebook möchte nicht, dass Mitglieder der Plattform sich durch Gewinnspiele und Gewinnspielapplikationen belästigt fühlen. Ebenfalls ist Spam untersagt, also ungefragte Werbebotschaften. Das sollten Sie bedenken, wenn Sie ein Gewinnspiel bewerben.

Eine beliebte Methode, Werbung für ein Gewinnspiel zu machen, sind Hinweise auf das Spiel, die durch die Gewinnspielapplikation auf den Pinnwänden der Teilnehmer oder ihrer Freunde eingetragen werden. Die Applikation muss allerdings vor jedem solchen Eintrag die Erlaubnis des Teilnehmers einholen.

 Hinweis Was eine Applikation tun darf und was nicht, ist in den »Facebook Platform Policies« geregelt, die Sie unter *https://developers.facebook.com/policy* finden.

Abbildung 7-19 ▶

Auch wenn es technisch möglich ist, darf eine Gewinnspielapplikation keine automatischen Hinweise auf die Gewinnspielteilnahme auf der Pinnwand des Nutzers veröffentlichen (oberes Bild), sondern muss bei jedem Beitrag vorher die Bestätigung des Nutzers einholen (unteres Bild).

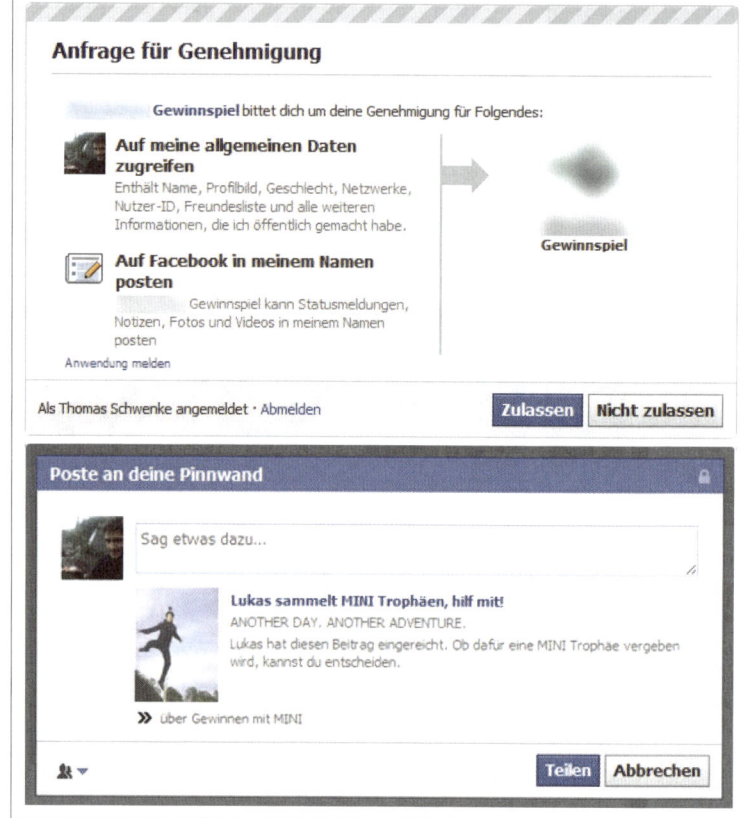

Darüber hinaus dürfen Sie die Nutzer dazu auffordern, auf ihren Pinnwänden und denen von Freunden auf das Gewinnspiel hinzuweisen. Diese Hinweise dürfen jedoch nicht auf das Gewinnspiel Einfluss nehmen, indem sie zum Beispiel die Gewinnchancen je nach Anzahl der benachrichtigten Freunde erhöhen.

Auch darf der Klick auf den Link im Hinweis auf das Gewinnspiel dieses nicht unmittelbar beeinflussen. Zum Beispiel dürfte der Klick auf den Link nicht dazu führen, dass sich der Gewinn des Teilnehmers erhöht. Allerdings darf der Link die Freunde auffordern, für den Teilnehmer oder seinen Beitrag zu stimmen und zur Gewinnspielapplikation leiten, wo diese Abstimmung vorgenommen werden kann. Dieser mittelbare Weg ist zulässig.

Rechtliche Hinweise und Freistellung von Facebook

Um eine Haftung möglichst weitgehend auszuschließen, verlangt Facebook, dass die Teilnahmebedingungen bestimmte Regelungen enthalten müssen. Dazu gehören eine Erklärung, dass Facebook nicht im Zusammenhang mit dem Gewinnspiel steht, und die Zusage der Teilnehmer, dass sie Facebook im Zusammenhang mit dem Gewinnspiel nicht belangen werden. Konkret müssen die Teilnahmebedingungen des Gewinnspiels entsprechend den »Richtlinien für Promotions« (http://fb.com/promotions_guidelines.php) die folgenden Punkte enthalten:

Gewinnspiele auf Facebook müssen eine vorgegebene Erklärung enthalten, dass Facebook ausdrücklich von jeder Verantwortung ausgeschlossen ist.

- »eine vollständige Freistellung von Facebook von jedem Teilnehmer«
- »Anerkennung, dass die Promotion in keiner Weise von Facebook gesponsert, unterstützt oder organisiert wird bzw. in keiner Verbindung zu Facebook steht«
- »Offenlegung, dass der Teilnehmer die Informationen [dem/den Empfänger(n) der Informationen] und nicht Facebook bereitstellt«

Diese Punkte sollten in die Teilnahmebedingungen aufgenommen werden, die die Teilnehmer vor der Teilnahme akzeptieren müssen. Die Teilnahmebedingungen können Sie entweder auf der Gewinnspielseite unterbringen (siehe Abbildung 7-20) oder in Teilnahmebedingungen auf einer separaten Seite, wo die Teilnehmern sie vor der Teilnahme akzeptieren müssen.

Es ist nicht grundsätzlich notwendig, dass die Teilnehmer die Teilnahmebedingungen ausdrücklich bestätigen, zum Beispiel mit dem Anhaken eines Kontrollkästchens. Das gilt, solange die Teilnahmebedingungen oder der Verweis auf sie deutlich sichtbar neben der Teilnahmeschaltfläche steht. Mit einem Kontrollkästchen haben Sie jedoch absolute Sicherheit, dass die Teilnehmer sich nicht darauf berufen können, dass die Teilnahmebedingungen nicht deutlich zu sehen gewesen wären.

Ferner benötigen Sie die ausdrückliche Zustimmung per Kontrollkästchen, wenn Sie die Daten der Teilnehmer für andere als nur die Gewinnspielzwecke nutzen möchten, zum Beispiel, wenn Sie mit den Gewinnerbeiträgen und Namen Werbung betreiben wollen. Da das jedoch mit Haftungsrisiken verbunden ist, sollten Sie zunächst einen Rechtsanwalt bitten, zu prüfen, welche Nachteile sich dadurch für Sie ergeben könnten. Mehr dazu erfahren Sie in Kapitel 9 im Abschnitt »Haftung für nutzergenerierte Inhalte«.

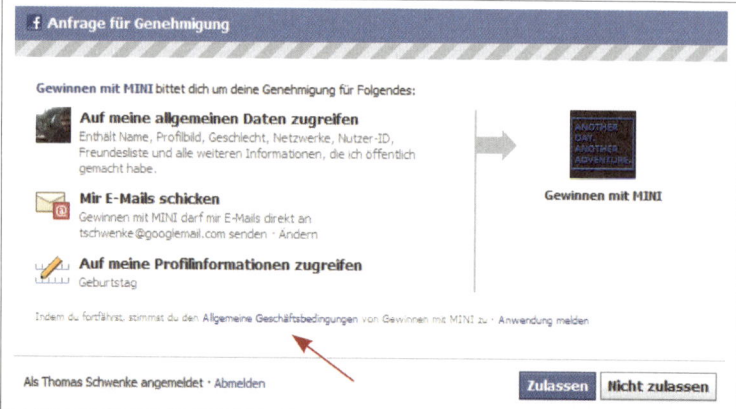

Abbildung 7-20 ▶
Die Zustimmung zu den Teilnahmebedingungen kann beim Aufruf der Gewinnspielapplikation erfolgen. Ob es »Allgemeine Geschäftsbedingungen« oder »Teilnahmebedingungen« heißt, ist rechtlich irrelevant.

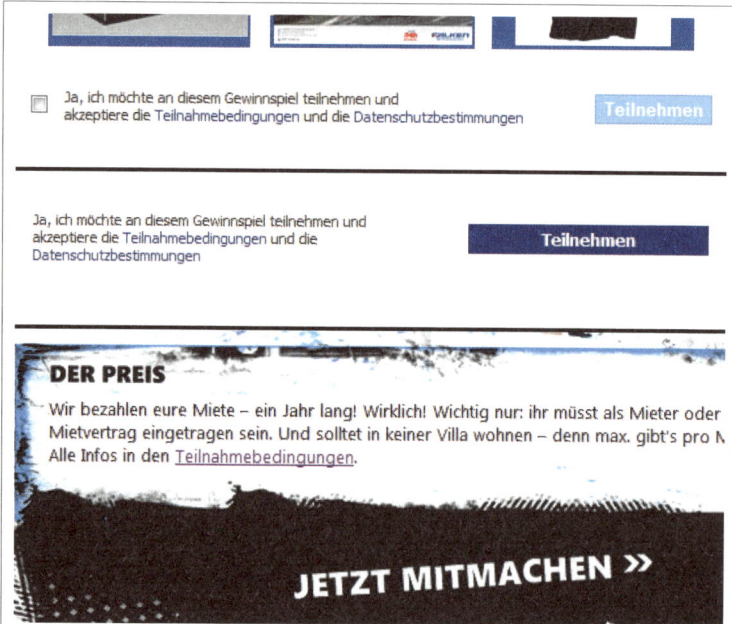

Abbildung 7-21 ▶
Es ist ausreichend, wenn auf die Teilnahmebedingungen vor der Teilnahme deutlich hingewiesen wird. Das Kontrollkästchen im obersten Beispiel ist in der Regel nicht notwendig.

Keine Erwähnung von Facebook

Facebook möchte nicht nur, dass die Teilnehmer darauf hingewiesen werden, dass es nicht in das Gewinnspiel involviert ist. Es besteht auch darauf, dass Sie Facebook nicht im Zusammenhang mit dem Gewinnspiel erwähnen. Die genaue Vorgabe lautet:

»Du darfst nicht den Namen, die Handelsmarken, Handelsnamen, Urheberrechte oder irgendwelches anderes geistiges Eigentum von Facebook im Zusammenhang mit einer Promotion verwenden oder Facebook in den Regelungen bzw. dem Material in Bezug auf die Promotion erwähnen ...«

Dieser Passus bedeutet zum einem, dass Sie im Gewinnspiel selbst die Marke »Facebook« und ihre Logos nicht verwenden dürfen. Ferner darf zu keinem Zeitpunkt der Eindruck entstehen, Facebook stehe irgendwie mit dem Gewinnspiel in Verbindung. Dagegen dürfen Sie in Anzeigen oder auf Ihrer Website darauf hinweisen, dass Sie ein Gewinnspiel auf Ihrer Facebook-Fanseite veranstalten.

Folgen bei Verstößen und Plan B

Angesichts der großen Anzahl von Gewinnspielen, die gegen die Facebook-Regeln verstoßen, können Sie sich zu Recht fragen, ob die Verstöße überhaupt geahndet werden.

Das Risiko ist tatsächlich schwer einzuschätzen, da zum einen Facebook nicht preisgibt, wann, bei welchen Verletzungen und im welchen Umfang regelwidrige Gewinnspiele gesperrt werden. Zum anderen geben auch Veranstalter von Gewinnspielen es aus Imagegründen ungern zu, wenn eines gesperrt worden ist. Des Weiteren kann Facebook davon absehen, gegen Gewinnspiele vorzugehen, auch wenn sie gegen die Promotion-Regeln verstoßen. Als wirtschaftlich agierendes Unternehmen wird Facebook zum Beispiel eher nicht gegen Gewinnspiele von Unternehmen vorgehen, die viel Geld in Facebook-Werbeanzeigen investieren. Daher sollten Sie nicht darauf vertrauen, dass Sie sich nur deswegen nicht an die Regeln halten müssen, weil es andere auch nicht tun.

Es tauchen immer wieder Berichte von gesperrten Gewinnspielen auf. Für Facebook ist es einfach, mit halbautomatischen Verfahren Inhalte zu scannen und gegebenenfalls einzugreifen. Ferner ist Facebook verpflichtet, einzuschreiten, wenn es der Mithaftung für rechtswidrige Gewinnspiele entgehen will, da Regeln, die rechtswidriges Handeln verbieten, auch durchgesetzt werden müssen. Zudem kann man ein Gewinnspiel, das gegen die Regeln verstößt, ganz unkompliziert an Facebook melden, sei es als Nutzer oder als Mitbewerber.

Facebook geht gegen regelwidrige Gewinnspiele vor. In den meisten Fällen bekommt man bloß nichts davon mit. Auch Sie sollten einen Plan B für den Fall bereit halten, dass Ihr Gewinnspiel nicht den Regeln entspricht.

Wenn Sie trotzdem das Risiko einer nicht genehmigten Promotion auf sich nehmen möchten, sollten Sie es zumindest minimieren und auf eine mögliche Sperrung Ihrer Aktion vorbereitet sein.

 Hinweis Im Muster für Teilnahmebedingungen im Anhang finden Sie eine Klausel, die auf einen möglichen Abbruch des Gewinnspiels hinweist. Das schützt Sie zwar vor rechtlichen Nachteilen bei einer vorzeitigen Beendigung des Gewinnspiels, aber nicht vor Imageschäden.

Abbildung 7-22 ▶
Das Gewinnspiel der Baumarktkette Hornbach wurde von Facebook beendet, weil es entgegen den Facebook-Regeln die Nutzer dazu aufforderte, sich in Bildern zu markieren. Nachdem Hornbach den obigen Hinweis auf seiner Fanseite veröffentlicht hatte, äußerten viele Nutzer in positiven Kommentaren Verständnis für den Fehltritt.

> Erwischt! Wir wollten mit Euch Spaß haben & haben daher die facebook-Regeln für HORNBACH KOMMT HEIM etwas großzügiger ausgelegt. Leider gibt es einen Spielverderber, der uns bei facebook angeschwärzt & unsere Seite gemeldet hat. Schade! Daher kann die Aktion so leider nicht weiterlaufen.
> Wir sitzen bereits an einer and...eren Lösung. Gebt uns bis Montag Zeit. Dann kommt Hornbach wieder zu Euch heim!
> Euer Hornbach Team

Risikominimierung

Die folgenden Schritte können das Risiko einer Sperrung senken:

- Sie sollten Aufrufe zu abgelaufenen Promotionen löschen, damit sie nicht bei eventuellen Scans gefunden werden können.
- Sie sollten so viele Vorgaben der Promotion-Richtlinien wie möglich erfüllen, also z.B. das Gewinnspiel in einer Applikation veranstalten und sich an die inhaltlichen Regeln wie die Pflichtangaben von Facebook halten.
- Gewinnspiele sollten Sie außerhalb von Facebook veranstalten und dort zu Aktionen aufrufen (»Werde unser Fan auf Facebook«), da es für Facebook schwerer sein wird, diese Aufrufe außerhalb der eigenen Plattform zu entdecken. Aber auch hier sollte der Aufruf nach Aktionsende entfernt werden, weil z.B. ein zeitlich zusammenhängender und rasanter Anstieg der Nutzerzahlen ein Hinweis auf ein ungenehmigtes Gewinnspiel sein kann und zur Aufrufadresse zurückverfolgt werden kann.
- Und nicht zuletzt kann das Buchen von Facebook-Werbeanzeigen das Risiko mindern: Facebook ist ein Wirtschaftsunternehmen, weshalb anzunehmen ist, dass die Wahrscheinlichkeit von Sanktionen gegen Mitglieder desto geringer ist, je mehr Geld diese einbringen.

Plan B bei Abbruch des Gewinnspiels

Auch wenn das Risiko schwer zu kalkulieren ist, kann der Schaden groß sein, wenn Ihr Gewinnspiel oder Ihre Kampagne gesperrt wird. Daher sollten Sie einen Plan B bereithalten und

- ein Statement für die Teilnehmer für den Fall der Löschung vorbereiten, in dem Sie erklären, warum das Gewinnspiel gesperrt wurde, und
- eine Alternative zur Fortsetzung des Gewinnspiels anbieten – zum Beispiel könnten Sie über bereits eingereichte Beiträge im Rahmen eines Fotowettbewerbs auf Ihrer Website abstimmen lassen.

Checkliste: Gewinnspiele auf Facebook

- Gesetzliche Vorgaben an Gewinnspiele beachten
- Ist es ein Gewinnspiel (materieller Vorteil)?
- Durchführung im Rahmen einer Applikation?
- Facebook-Funktionen nicht für das Gewinnspiel verwendet?
- »Fan-Werden« darf nicht zur automatischen Teilnahme führen.
- Gewinnbenachrichtigungen außerhalb von Facebook?
- Keine Belästigung der Facebook-Mitglieder?
- Rechtliche Hinweise und Freistellung von Facebook?
- Keine Erwähnung von Facebook im Rahmen des Gewinnspiels?
- Plan B, falls das Gewinnspiel gegen die Regeln verstößt?

Direktmarketing

Das Direktmarketing umfasst alle Werbemaßnahmen, die einen *potenziellen* Kunden aktiv ansprechen. Dazu gehören z. B. Newsletternachrichten, die an eine Vielzahl von Empfängern gerichtet sind, und E-Mails mit individuellen Angeboten an einzelne Kunden.

Diese Methoden sind sehr effizient, weil sich der Kunde – anders als bei einer Werbeanzeige oder Webseite – der Werbung nicht entziehen kann. Die Schattenseite des Direktmarketings wird Spam genannt und hat dazu geführt, dass der Gesetzgeber das Direktmarketing im Internet nur im ganz engen Rahmen zulässt.

Auch auf Social Media-Plattformen kann man anderen Mitgliedern Nachrichten mit Werbeinhalten schicken oder Werbebotschaften auf ihren Pinnwänden hinterlassen. Dabei gelten jedoch ebenfalls die gesetzlichen Regeln für Direktmarketing, die zudem durch die

Direktmarketing unterliegt sehr strengen gesetzlichen Regeln. Bei Verstößen gegen sie kommt es immer häufiger zu Abmahnungen.

Hausregeln der Plattformen ergänzt werden, die Spam ebenfalls verbieten.

Die Folgen unerlaubten Direktmarketings können in Abmahnungen durch Empfänger der Werbung oder Konkurrenten liegen, oder in der Sperrung Ihres Social Media-Kontos. Um Ihnen diese Unannehmlichkeiten zu ersparen, erfahren Sie in den folgenden Abschnitten die Voraussetzungen und Grenzen des Direktmarketings im Allgemeinen und seiner Anwendung in sozialen Medien im Besonderen.

Werbemaßnahmen

Die nachfolgenden Voraussetzungen für Direktmarketing müssen dann erfüllt werden, wenn Werbung auf elektronischem Wege, also zum Beispiel per E-Mail, Privatnachricht oder Tweet versendet wird.

Werbeinhalte

Der Begriff »Werbung« wird im Zusammenhang mit Direktmarketing sehr weit ausgelegt. Werbung ist jede direkte oder indirekte Maßnahme, die der Förderung des Absatzes oder der Imagepflege von Unternehmen und Unternehmern dient. Insbesondere fallen folgende Maßnahmen darunter:

Produktangebote Hinweise auf neue Produkte und Dienstleistungen stellen die klassische Form der Werbung dar.

Imagepflege Zur Werbung gehören alle Hinweise, die die Stellung, Veränderungen und Entwicklungen eines Unternehmens oder eines Unternehmers betreffen. Das umfasst Hinweise auf neue Filialen, Betriebsfeste, Messen, Veränderungen im Personal oder Verbesserung des Service, aber auch Hinweise auf persönliche Entwicklungen von Freiberuflern wie neue Aufträge, Kooperationspartner oder der Erwerb neuer beruflicher Fähigkeiten. Zur Imagepflege gehören auch Verweise auf Social Media-Aktivitäten wie Einladungen zum Besuch der neuen Facebook-Fanseite.

Kampagnen und Aktionen Diese Marketingarten dienen in der Regel der Förderung des Absatzes von Produkten und der Imagepflege, stellen also Werbung dar. Das ist auch der Fall, wenn der Werbebezug indirekt ist und die Kampagne z. B. der Spendensammlung für ein vom Unternehmen gesponsertes Waisenhaus dient.

Tipps und Ratschläge Viele Unternehmen und Freiberufler verschicken praktische Ratschläge oder Anleitungen zu typischen Kundenproblemen per Newsletter oder per E-Mail-Abonnement. Doch auch wenn das keine direkte Form der Werbung darstellt, dienen solche Nachrichten indirekt dazu, die eigenen Leistungen oder Fähigkeiten herauszustellen – und sind damit Werbung.

Anfrage, ob Werbung erwünscht ist Schon die bloße Anfrage, ob eine Werbezusendung erwünscht ist, stellt Werbung dar, denn letztendlich wird der Empfänger der Nachfrage direkt zum Zweck der Förderung des Absatzes oder der Imagepflege kontaktiert. Eine solche Anfrage ist nur beim Vorliegen eines konkreten Anlasses zulässig, zum Beispiel im Rahmen einer Bestätigungs-E-Mail auf eine Anmeldung zum Newsletter hin.

Benachrichtigungen über Inhalte Auch wenn Sie auf Inhalte in Ihrem Blog oder Social Media-Profil verweisen, betreiben Sie Werbung, denn diese Inhalte dienen der Förderung des Absatzes oder der Imagepflege. Auch wenn ein Beitrag in einem Unternehmensblog sich lediglich mit allgemeinen Themen wie dem Wetter beschäftigt, handelt es sich um Werbung. Gerade die Ansprache von Kunden auf menschlicher, direkter Ebene macht das Wesen des Social Media-Marketings aus. Und wie schon das Wort »Marketing« – zu Deutsch »Vermarktung« – besagt, steckt eine Werbeabsicht dahinter.

Aufbau von Geschäftsbeziehungen Auch Anfragen nach Kooperationen oder Leistungen eines Unternehmens gehören zur Werbung (sogenannte »Nachfragewerbung«). Sofern sich die Kooperationsanfragen auf die Leistungen eines Unternehmens beziehen, sind sie zulässig. So darf ein Weinverkäufer gefragt werden, ob er Weine für eine Veranstaltung liefern möchte (erlaubte Nachfragewerbung), aber nicht, ob er günstige Weinimporte beziehen will (unerlaubte Angebotswerbung). Dementsprechend darf ein bloggender Journalist gefragt werden, ob er einen Artikel für eine Zeitschrift verfassen möchte, jedoch nicht, ob er an einem Linktauschangebot für sein Blog interessiert ist.

Hinweis Details zur zulässigen Nachfragewerbung erhalten Sie in Abschnitt »Mutmaßliche Einwilligung durch Veröffentlichung von Kontaktdaten«.

Abbildung 7-23 ▶
Werbung kann auch indirekt erfolgen. Daher unterliegt auch ein Newsletter, der lediglich praktische Tipps für die Empfänger enthält, den gesetzlichen Regeln des Direktmarketings (Quelle: http://wordpress-newsletter.perun.net).

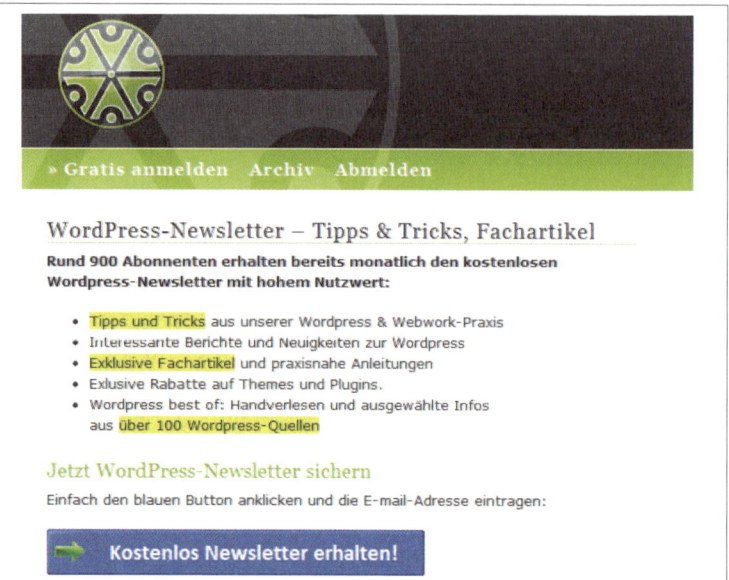

Keine Werbeinhalte

Auch Kommunikation, die üblicherweise keine Werbung darstellt, wird zu Werbung, wenn Sie ihr ungefragt Werbehinweise beifügen. Zum Beispiel wird eine Bestellbestätigung in einem Shop zu Werbung, wenn ihr Hinweise auf andere Shopangebote beigelegt werden.

Auch wenn der Begriff der Werbung sehr weit gefasst ist, gibt es natürlich Inhalte, die nicht darunterfallen:

Private Kommunikation Private Kommunikation stellt keine Werbung dar. Allerdings wird die Grenze zur werblichen Kommunikation oft schneller erreicht, als man denkt. Wer zum Beispiel sein Blog mit Werbeanzeigen finanziert, handelt geschäftlich. Damit sind alle Hinweise auf das Blog auch Werbung. Wenn ein Selbstständiger ein Facebook-Profil oder einen Twitter-Account betreibt und damit seine berufliche Tätigkeit fördern möchte, betreibt er damit Werbung. Problematisch wird es, wenn der Account teils privat und teils beruflich benutzt wird. In so einem Fall wird im Zweifel kommerzielle Kommunikation und damit Werbung angenommen. Mehr Informationen zur gemischt privat-geschäftlicher Nutzung von Social Media-Profilen finden Sie in Abschnitt »Wann ist ein Social Media-Auftritt kommerziell?« des 2. Kapitels.

Kommunikation innerhalb von Geschäftsbeziehungen Keine Werbung stellt die Kommunikation innerhalb bestehender Geschäftsbeziehungen dar. Dazu gehören notwendige Begleitnachrichten wie Bestätigungen von Anmeldungen oder Bestellungen sowie der Rechnungsversand und anschließende Zufriedenheitsumfragen. Doch ist hier Vorsicht angebracht, denn nur die geschäftsbeziehungsbezogenen Inhalte sind keine Werbung. Legen Sie zum Beispiel einer Newsletteranmeldung oder Shoprechnung Produkthinweise bei, sind diese kein Teil der Geschäftskommunikation und müssen die Voraussetzungen an das Direktmarketing erfüllen.

Vorsicht ist bei der Pflege von Geschäftsbeziehungen angezeigt. Das gilt ganz besonders in der Kommunikation mit Verbrauchern. Jegliche Nachrichten, die nicht mit einem konkreten Geschäft zu tun haben, werden von einem Gericht im Zweifel als Werbung ausgelegt. Das ist der Fall, wenn über ähnliche Produkte informiert wird oder ein saisonaler Gruß online zugeschickt wird, z.B. eine Weihnachtskarte. (Dagegen wäre der Versand einer postalischen Grußkarte zulässig, da für diese die Regeln des elektronischen Direktmarketings nicht gelten.)

Interne Geschäftsangelegenheiten Keine Werbung, sondern ein Fall von Kommunikation innerhalb von Geschäftsbeziehungen liegt vor, wenn Unternehmen oder Unternehmer mit ihren Mitarbeitern oder Subunternehmern in Rahmen von Arbeitsverhältnissen oder bestehenden vertraglichen Beziehungen kommunizieren.

Direktmarketingkanäle

Ebenso vielfältig wie der Begriff der Werbung sind auch die Kanäle, auf denen die Werbung im Rahmen des Direktmarketings zugestellt werden kann:

- Newsletter
- persönliche E-Mails
- automatische Antworten (auto-respond) von E-Mail-Servern
- Privatnachrichten und Direktnachrichten auf Social Media-Plattformen
- Einträge auf Pinnwänden
- Kommentare in Blogs
- E-Cards und Tell-a-Friend-Funktionen
- Werbehinweise in Bestätigungs- oder Registrierungs-E-Mails

B2B und B2C

Die Regeln für das Direktmarketing gelten für Werbung sowohl gegenüber Verbrauchern (»Business-to-Consumer«, abgekürzt B2C) als auch gegenüber anderen Unternehmern (»Business-to-Business«, abgekürzt B2B).

> Es ist ein weit verbreiteter Mythos, dass die Regeln für Direktmarketing bei Werbenachrichten an andere Unternehmen nicht gelten.

Es gibt einen weit verbreiteten Irrglauben, dass die Regeln für das Direktmarketing nur gegenüber Verbrauchern gelten würden. Dabei entscheiden Gerichte konsequent, dass auch Unternehmen vor ungewollter Werbung geschützt sind. Zudem kann die Zusendung ungewollter Werbung an Unternehmen höhere Kosten auslösen, da die Richter bei der Störung des Geschäftsbetriebes durch Spam einen größeren Schaden als bei Spam gegenüber Privatpersonen annehmen.

Allenfalls bei der Frage, ob in den Erhalt von Werbung eingewilligt wurde, können bei Unternehmen großzügigere Maßstäbe angelegt werden, wie sich aus den im Folgenden erläuterten Voraussetzungen an die Einwilligung im Direktmarketing ergibt.

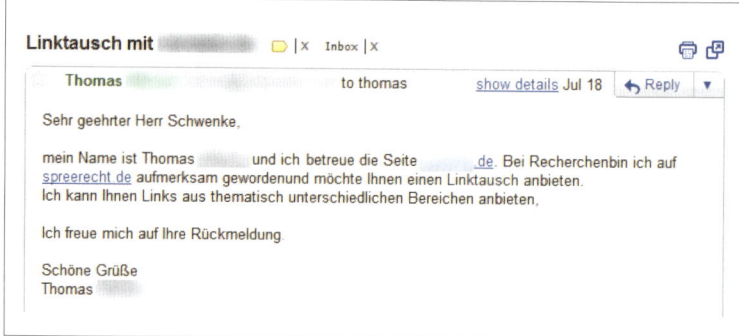

Abbildung 7-24 ▶
Blogbetreibern werden oft Linktauschangebote unterbreitet. Dieses Angebot einer Geschäftsbeziehung ist sowohl gegenüber privaten als auch gegenüber geschäftlichen Blogbetreibern nicht erlaubt. Ähnlich hat der Bundesgerichtshof 2008 im Fall von Anfragen zur Bannerwerbung entschieden. [BGH-Urteil v. 17.7.2008, Az. I ZR 197/05]

Einwilligung in Direktmarketing

Der Gesetzgeber erlaubt Direktmarketing grundsätzlich nur dann, wenn der Empfänger ausdrücklich eingewilligt hat und darüber aufgeklärt wurde, welche Art Werbung er von welchem Unternehmen und wie häufig erhalten wird. Das ergibt sich zum einem aus dem § 7 Abs.2 Nr.3 des Gesetzes gegen den unlauteren Wettbewerb und zum anderen aus den §§ 4 Abs.1, 4a Bundesdatenschutzgesetz sowie §§ 12 Abs.1 und 13 Abs.2 Telemediengesetz.

 Tipp   Diese Regeln gelten auch für Direktmarkting per Fax und Telefon. Direktmarketing auf postalischem Wege bedarf keiner Einwilligung, solange ihm nicht widersprochen worden ist. Diese unterschiedliche Behandlung der Werbekanäle beruht darauf, dass der Werbeversand per Post mit höheren Kosten verbunden ist und daher die Gefahr der Belästigung mit ungewollter Werbung weniger hoch ist.

Ausdrückliche Einwilligung

Der Gesetzgeber verlangt eine ausdrückliche Einwilligung. Das bedeutet, dass der potenzielle Werbeempfänger mit einer Handlung aktiv sein Einverständnis mit dem Empfang von Werbung zum Ausdruck bringen muss. Dagegen liegt keine wirksame Einwilligung vor, wenn das Einverständnis durch Nichtstun erfolgte oder nur vermutet wird. Dieser Unterschied hat enorme Konsequenzen für die Praxis, weil damit die im Folgenden beschriebenen Einwilligungsvorgänge ausscheiden.

Die Einwilligung ist das A und O des Direktmarketings. Daher wird Direktmarketing auch nach dem englischen Wort für Erlaubnis als »Permission Marketing« bezeichnet.

Mutmaßliche Einwilligung durch Veröffentlichung von Kontaktdaten

Kein ausreichender Hinweis auf eine Einwilligung ist die Veröffentlichung der E-Mail-Adresse auf der Website, in öffentlichen Verzeichnissen oder Telefonbüchern. Auch Unternehmen, die ihre Kontaktdaten veröffentlichen, tun dies nicht, um Werbung zu empfangen, sondern um bezüglich ihrer Angebote kontaktiert zu werden. Es ist deshalb lediglich zulässig, Nachfragen an Unternehmen zu stellen, die sich auf ihr Leistungsspektrum beziehen.

Anders als eine Nachfrage nach Leistungen eines Unternehmens ist das Angebot eigener Leistungen ohne ausdrückliche Einwilligung nicht erlaubt.

> **Fallbeispiel**
>
> Der Bundesgerichtshof hat entschieden, dass ein Gebrauchtwagenhändler von anderen Gebrauchtwagenhändlern zwecks An- und Verkaufs von Gebrauchtwagen kontaktiert werden darf. [BGH-Urteil v. 17.7.2008, Az. I ZR 75/06]

Dagegen ist es nicht erlaubt, ungefragt eigene Leistungen anzubieten. So sagte dasselbe Gericht am selben Tag, dass man sich auch durch die bloße Inanspruchnahme bestimmter Leistungen anderer Anbieter nicht automatisch damit einverstanden erklärt, Angebote über ähnliche Leistungen zu empfangen.

> **Fallbeispiel**
>
> Ein Fußballverein betrieb eine Website, auf der kostenpflichtige Banner platziert waren. Ein Onlinespiel-Anbieter mutmaßte, dass der Verein mit weiteren Bannern einverstanden sei und bot ihm Geld für die Platzierung eines Banners auf seiner Website an. Darin sah der Bundesgerichtshof unerlaubtes Direktmarketing, da die Inanspruchnahme von Bannerangeboten keine Einwilligung in Angebote ähnlicher Art bedeutet. [BGH-Urteil v. 17.7.2008, Az. I ZR 197/05]

Es müssen also konkrete Umstände vorliegen, die die Annahme erlauben, dass ein Unternehmen mit dem Empfang von Werbung einverstanden sei.

Nachfragewerbung Es ist erlaubt, andere Unternehmen oder Freiberufler bezüglich ihrer Leistungen zu kontaktieren.

Werbung im Rahmen einer Geschäftsbeziehung Wenn Sie mit einem anderen Unternehmen in einer Geschäftsbeziehung stehen und einen kooperativen Austausch pflegen, dürfen Sie davon ausgehen, dass das andere Unternehmen an Hinweisen über die Änderungen in Ihrem Geschäftsbetrieb oder Leistungsbereich interessiert ist.

Thematisch nahe Angebote Von Interesse ist bei Webangeboten auszugehen, die über bestimmte Themen berichten. Wer also eine Newssite rund um Tablet-Computer betreibt, muss damit rechnen, dass er Pressemitteilungen von Unternehmen über Tablet-Computer bekommt. Die Grenze, ab wann und wie weit man von einem solchen Interesse ausgehen darf, ist schwer zu ziehen, und somit sind diese Mutmaßungen gefährlich. So wurde entschieden, dass beim Redakteur eines Blogs, das sich mit Rechtsschutzversicherungen beschäftigt, nicht einfach vorausgesetzt werden darf, dass er mit dem Erhalt einer Einladung zum Thema Rechtsanwaltsvergütung einverstanden wäre.

 Tipp Mutmaßliche Einwilligungen sind risikoreich. Im Zweifel wird ein Richter zu Lasten des Werbeversenders entscheiden. Fragen Sie im Zweifel nach, ob Sie mit Ihrer Mutmaßung richtig liegen, bevor Sie jemanden dauerhaft mit unerwünschten Informationen belästigen. Beachten Sie jedoch, dass schon die Nachfrage, ob jemand werbende Informationen erhalten möchte, wettbewerbswidrig sein kann. In der hier beschriebenen Konstellation ist das Risiko, dass sich der Empfänger daran stört, jedoch gering.

Vorangehakte Kontrollkästchen

Ist das Kontrollkästchen bei einer Einwilligungserklärung vorangehakt (zum Beispiel »Ich möchte den Newsletter empfangen«), ist die Einwilligung unwirksam. Es fehlt an einer aktiven und damit ausdrücklichen Erklärung. Durch Nichtstun – also dadurch, dass der erklärende das Häkchen nicht entfernt – kommt keine wirksame Einwilligung zustande.

▶ Abbildung 7-25
Eine vorangehakte Einwilligung ist unwirksam.

Einwilligung verbunden mit anderen Erklärungen

Oft ist die Einwilligung in den Empfang von Werbung mit anderen Erklärungen verbunden, zum Beispiel »Ich erkläre mich mit den AGB und dem Empfang des Newsletters einverstanden.« Auch hier sehen die Gerichte keine ausdrückliche Einwilligung. Nach ihrer Ansicht ist in diesem Fall nicht klar, ob die Einwilligung in den Erhalt des Newsletters nicht nur passiv »miterklärt« wurde, obwohl man eigentlich nur die AGB akzeptieren wollte. Die Einwilligung in Werbeempfang bedarf also eines eigenen (und nicht vorangehakten) Kontrollkästchens.

Hinweis Was Sie bei der Gewinnung von Adressen für Direktmarketing im Rahmen von Gewinnspielen beachten müssen, erfahren Sie im ersten Teil dieses Kapitels im Abschnitt »Nutzung der Teilnehmerdaten für Werbezwecke«.

Darüber hinaus muss die Einwilligung in den Empfang von Werbung per E-Mail von der Einwilligung in den Empfang per Telefon getrennt werden. Dieses Gebot der gesonderten Einwilligung bedeutet auch, dass Klicks auf die »Gefällt mir«-Schaltfläche, angenommene Freundschaftsanfragen oder das Folgen einer Person auf Twitter keine wirksamen Einwilligungen in den Empfang von E-Mail-Werbung darstellen.

▶ Abbildung 7-26
Einwilligungen in den Empfang von Werbung müssen wie in diesem Beispiel im Rahmen eines Gewinnspiels separat von anderen Erklärungen und getrennt nach Empfangskanälen abgefragt werden.

Einwilligung in innerhalb von AGB oder Datenschutzerklärung

Ebenfalls keine ausdrückliche Einwilligung liegt vor, wenn das Einverständnis in den Empfang von Werbung in den AGB oder in der Datenschutzerklärung steht. In diesem Fall mangelt es an einer aktiven und gesonderten Einwilligung. Zulässig ist es dagegen, für weitere Informationen per Link auf die AGB zu verweisen, zum Beispiel so: »Ich bin mit dem Empfang des Newsletters einverstanden. (Weitere Informationen und Widerrufshinweise)«.

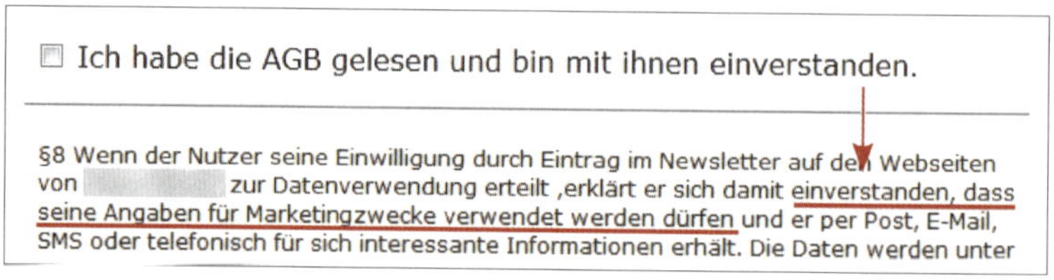

Abbildung 7-27 ▶
Eine Einwilligung, die sich nur aus den AGB ergibt, ist unwirksam.

> ☐ Ich habe die AGB gelesen und bin mit ihnen einverstanden.
>
> §8 Wenn der Nutzer seine Einwilligung durch Eintrag im Newsletter auf den Webseiten von ▮▮▮▮▮ zur Datenverwendung erteilt ,erklärt er sich damit <u>einverstanden, dass seine Angaben für Marketingzwecke verwendet werden dürfen</u> und er per Post, E-Mail, SMS oder telefonisch für sich interessante Informationen erhält. Die Daten werden unter

Kopplung der Einwilligung

Es ist grundsätzlich nicht verboten, die Einwilligung in den Empfang von Werbung von einer anderen Erklärung abhängig zu machen. Es ist zum Beispiel erlaubt, zu verlangen, dass ein Newsletter abonniert wird, bevor ein E-Book heruntergeladen werden kann.

Die Kopplung ist nur dann unzulässig, wenn sie nicht freiwillig erfolgt und der Nutzer keine Alternativen zum betreffenden Onlinedienst oder Angebot hat, zum Beispiel zu einem »Gratis E-Book zum E-Mail-Marketing«. Das wäre jedoch nur der Fall, wenn Ihr Angebot so einzigartig ist, dass es keine Ausweichmöglichkeit dazu im Internet gibt. Dabei müssen alternative Angebote nicht identisch sein, sondern nur vergleichbar. Da es aber fast zu jedem Onlinedienst ein Pendant gibt (und andere vergleichbare E-Books oder Websites, die das Thema E-Mail-Marketing behandeln), ist dieser Fall eher theoretischer Natur.

Werbung über ähnliche Angebote

Im § 7 Abs. 3 des UWG ist eine Ausnahme festgelegt, die es erlaubt, Werbung auch ohne ausdrückliche Einwilligung zu verschicken.

Wer einem Kunden bereits Waren oder Dienstleistungen verkauft hat, darf ihm Werbung für ähnliche Waren und Dienstleistungen schicken. Allerdings müssen dabei folgende Voraussetzungen beachtet werden, die diese Ausnahme in der Praxis schwer handhabbar machen:

Ähnlichkeit der Waren Die Waren und Leistungen, für die man wirbt, müssen den im vorangegangenen Geschäft erworbenen ähnlich sein. Das Gesetz sagt leider nicht, was das genau bedeutet. Einhellig wird eine Ähnlichkeit bei Zubehörprodukten bejaht, zum Beispiel wenn der Käufer eines Druckers

Werbung für Druckertinte erhält oder der Käufer eines Computers Werbung für einen Drucker. Ob er aber auch Werbung für Notebooks bekommen darf, ist noch unklar. Entschieden wurde, dass ein Kunde, der Holzkitt bestellt hat, keine Werbung für Laubsauger, Energiesparlampen, Regenbekleidung und Einkochautomaten erhalten darf. Auch bedeutet der Kauf eines Geduldsspiels nicht die Erlaubnis, Werbung für Partyzubehör zu versenden.

Widerspruchshinweis Der Kunde wurde bereits beim Bezug der ursprünglichen Leistung, das heißt beim Einkauf der Ware, auf die sich die Ähnlichkeit bezieht, darauf hingewiesen, dass er dieser Anschlusswerbung jederzeit widersprechen kann. Ferner muss der Kunde in jeder anschließenden Werbezusendung auf dieses Widerspruchsrecht hingewiesen werden.

Kein Widerspruch Der Kunde hat zwischenzeitig keinen Widerspruch erklärt.

Achtung Es ist ein sehr häufig gemachter Fehler, dass auf den Widerrufshinweis erst bei späterem Werbeversand und nicht bereits beim Bezug der ursprünglichen Leistung hingewiesen wird.

Weil es nicht klar ist, wann ein Produkt dem vorher verkauften ähnlich ist, und die Entscheidung darüber bei automatisch versendeter Werbung einen enormen logistischen Aufwand bei der Verknüpfung von Produktgruppen fordert, kommt diese gesetzliche Ausnahme nur selten zur Anwendung. Ein mögliches Einsatzgebiet sind Shops, die ohnehin nur sehr ähnliche Produkte anbieten, zum Beispiel ein Weinhandel.

Konkrete Einwilligung

Die Einwilligung in den Werbeempfang muss nicht nur ausdrücklich, sondern auch im Bezug auf konkrete Werbung erfolgen. Die einwilligende Person muss wissen, mit welcher Art von Werbung sie zu rechnen hat. Das bedeutet, dass die häufig zu findenden Formulierungen mit dem Inhalt »Ich bin mit dem Empfang von Werbeinformationen des Anbieters sowie seiner Partner einverstanden« unwirksam sind, weil dem Empfänger nicht klar ist, von wem die Werbeinformationen kommen und welchen Inhalt sie haben werden.

Versender Sind keine Hinweise auf die Versender der Werbeinhalte in der Einwilligung enthalten, gilt diese nur für die von Ihnen versendete Werbung. Soll die Einwilligung auch für andere

Unternehmen gelten, zum Beispiel Kooperationspartner, müssen Sie diese namentlich nennen. Ein Hinweis auf »andere Unternehmen« oder »Partner« ist nicht ausreichend. Die Pflicht zur Konkretisierung des Versenders ist übrigens auch der Grund dafür, dass von Adresshändlern erworbene Adressdaten meist keine wirksame Einwilligung erhalten.

Inhalt Der Empfänger muss zumindest grob wissen, mit welchen Inhalten er zu rechnen hat. So wäre »Informationen zu unseren Produkten und unserem Unternehmen« wohl grundsätzlich ausreichend, aber pauschal »Werbung« oder »Marketinginformationen« nicht.

Frequenz Der Empfänger muss auch über die ungefähre Frequenz der Werbung informiert werden, zum Beispiel »Monatliche Neuigkeiten über unsere Produkte«. Theoretisch sollte es so sein, aber praktisch wird diese Angabe selten gemacht, und ihr Fehlen wurde bisher noch von keinem Gericht bemängelt.

Datensparsamkeit

Nach dem Datenschutzrecht gilt im Internet das Gebot der Datensparsamkeit. Das heißt, dass Sie in Eingabeformularen nur die Daten in Pflichtfeldern verlangen dürfen, die für den Werbeversand wirklich notwendig sind, also zum Beispiel bei einem Newsletter nur die E-Mail-Adresse.

Falls Sie andere Daten erheben möchten, müssen Sie folgende Punkte beachten:

Hinweis auf Freiwilligkeit Sie müssen ausdrücklich dazuschreiben, dass alle anderen Angaben freiwillig sind.

Erläuterung Sie müssen erklären, für welchen Zweck die zusätzlichen Daten benötigt werden, zum Beispiel »Wir benötigen Ihren Namen zur Personalisierung des Newsletters« oder »Wir benötigen Ihr Geschlecht und Ihr Geburtsdatum, um den Newsletter Ihren Bedürfnissen anzupassen«.

Widerrufshinweis

Schon bei der Anmeldung müssen Sie die Nutzer darauf hinweisen, dass sie ihre Einwilligung in den Werbeempfang widerrufen können, und ihnen mitteilen, wie sie das tun können.

Praktische Umsetzung in einem Newsletter

Sie können all die oben genannten erforderlichen Informationen direkt an der Stelle platzieren, an der Sie den Nutzer bitten, das Kontrollkästchen für den Empfang des Newsletters zu bestätigen. Sie können sie aber auch in Datenschutzerklärung, AGB oder Teilnahmebedingungen des Gewinnspiels auslagern und neben dem Kontrollkästchen auf sie verlinken, zum Beispiel so: »Ich möchte den Newsletter beziehen. (Weitere Informationen und Widerrufsbelehrung)«.

◄ Abbildung 7-28
Ein Newsletter-Anmeldeformular, das die Informationspflichten erfüllt (Quelle: http://sheepworld.de).

◄ Abbildung 7-29
Diese Newsletter-Einwilligung gilt für zwei Unternehmen. Die Informationen sind in die Datenschutzbedingungen ausgelagert.

Double Opt-in

Nachdem der Nutzer im Onlineformular auf »Absenden« geklickt hat, ist die E-Mail-Adresse noch lange nicht im rechtlich sicheren Hafen. Rein technisch reicht zwar für die Anmeldung ein »Single Opt-in« aus, also eine einfache Anmeldung, bei der der Nutzer seine Eingabe abschickt und der Server die E-Mail-Adresse speichert. Aber wenn der Nutzer behauptet, er habe die E-Mail-Adresse nie eingegeben, haben Sie als Newsletter-Versender ein Problem: Sie werden dem Empfänger nie nachweisen können, dass er die E-Mail-Adresse eingegeben hat.

Das »Double Opt-in«-Verfahren (»doppelte Anmeldung«) hilft Ihnen dabei, diesen Nachweis zu führen: Eine Bestätigungs-E-Mail wird an den Nutzer verschickt, um nachzufragen, ob er die E-Mail-Adresse wirklich selbst eingegeben hat

Wegen dieser »Zweitanmeldung« heißt es »Double Opt-in«).

Achtung Das »Double Opt-in«-Verfahren ist vom »Confirmed Opt-in« zu unterscheiden. Dabei wird an die eingetragene E-Mail-Adresse eine Bestätigungsmail ohne Bestätigungslink geschickt und der Verbraucher müsste dieser Mail widersprechen, um keine Werbung zu erhalten. Ein »Confirmed Opt-in« wird anders als ein »Double Opt-in« von den Gerichten nicht als ausreichend angesehen.

Damit das »Double Opt-in«-Verfahren wirksam ist, müssen Sie die folgenden Punkte beachten:

Keine Werbung In der Bestätigungsmail darf keine Werbung enthalten sein, ansonsten stellt sie ungewollte Werbung dar.

Wiederholung aller Angaben Die Bestätigungsmail muss alle Informationen enthalten, die Sie dem Nutzer bei der Anmeldung zum Newsletter zur Verfügung stellen mussten. Sonst könnte der Nutzer behaupten, er habe zwar die Bestätigung in der E-Mail angeklickt, aber gar nicht gewusst, in was er einwilligt. Damit könnten Sie keine wirksame Einwilligung nachweisen.

Protokollierung der Anmeldung Die Anmeldung muss von Ihnen protokolliert werden. Speichern Sie dazu den Zeitpunkt der Anmeldung und die IP-Adresse, unter der die Anmeldung erfolgt. Ferner müssen Sie nachweisen können, welchen Inhalt die Bestätigungsmail hatte. Dazu können Sie sie entweder mitspeichern oder festhalten, welchen Inhalt die Bestätigungsmails zum Zeitpunkt der Anmeldung hatten.

Keine erneute Anfrage Die Bestätigungsmail darf nur ein Mal versendet werden.

Achtung Möchte Ihnen ein Konkurrent Kosten und Arbeit bereiten, kann er eine fehlerhaft gestaltete Newsletter-Anmeldung nutzen und Sie nach Empfang des Newsletters abmahnen lassen. Ohne ein »Double Opt-in«-Verfahren werden Sie nichts gegen diese Abmahnung unternehmen können.

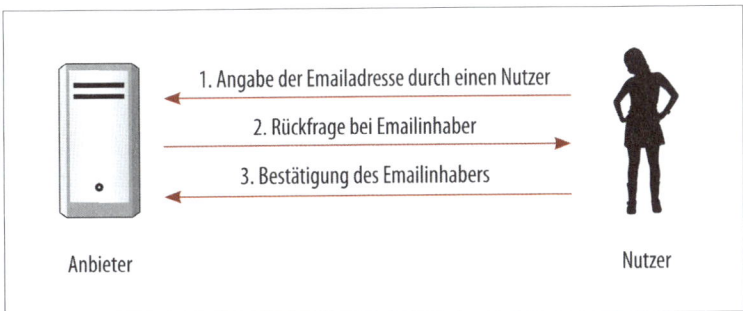

◀ **Abbildung 7-30**
Da Sie nicht wissen, wer die E-Mail-Adresse eingegeben hat, ist das »Double Opt-in«-Verfahren die einzig sichere Methode, um festzustellen, ob der Eintrag vom Adressinhaber selbst stammt.

Inhalt der Werbezusendung

Damit Direktmarketing rechtlich zulässig ist, muss nicht nur eine Einwilligung vorliegen, sondern auch der Inhalt der Werbung bestimmte Voraussetzungen erfüllen.

Absender Der Absender der Werbenachricht muss erkennbar sein. Kryptische Absender wie »Werbeversand *uiwegfwegfwe@yahoo2283.com*« sind also rechtswidrig.

Betreff Der Betreff muss den kommerziellen Charakter der E-Mail erkennen lassen. Der Betreff »Newsletter – Unsere neuesten Fotoangebote« würde dem entsprechen, »Interessant für Fotografen« dagegen nicht. Die Anforderungen sind allerdings geringer, wenn die Empfänger den kommerziellen Charakter schon anhand des Absenders erkennen können (z.B. »Fotoshop Mustermann«).

Inhalt und Versender Der Inhalt und der Versender der Werbezusendung müssen der Einwilligung im Formular entsprechen. Wenn Sie Adressdaten kaufen, müssen Sie sich sicher sein, dass die Empfänger in den Empfang der von Ihnen versendeten Informationen eingewilligt haben (eines der häufigsten Probleme beim Adresshandel).

Abbestellmöglichkeit   Jede Werbezusendung muss dem Empfänger die Möglichkeit bieten, künftige Zusendungen abzubestellen.

Impressum   Ihre Werbezusendung muss ein Impressum oder zumindest einen Link zum Impressum auf Ihrer Website enthalten.

Analyse des Leserverhaltens

Dem Versand von Werbung folgt in der Regel der Wunsch nach Auswertung des Leserverhaltens. Das ist jedoch grundsätzlich nur anonym möglich, indem Sie sıch ansehen, wie viele Nutzer einen Newsletter geöffnet oder welche Links sie angeklickt haben. Dagegen verbietet das Gesetz Einzelauswertungen pro Nutzer, außer wenn Sie die Nutzer bei der Anmeldung darauf hinweisen, dass ihr Leseverhalten protokolliert und ausgewertet wird. Das können Sie durchaus als Service bezeichnen: »Um die Newsletter genau auf Ihre Bedürfnisse zuzuschneiden und Werbung zu vermeiden, die Sie nicht erhalten möchten, analysieren wir Ihr Leseverhalten (zum Beispiel welche Links Sie interessieren).«

Tipp   Im Absolit-Blog unter *http://bit.ly/r2STiV* gibt Thomas Schafft Tipps dazu, wie eine individuelle Nutzeranalyse technisch mit Pseudonymverfahren umgesetzt werden kann.

Umsetzung des Widerrufs

Ein Newsletter muss einfach und schnell kündbar sein. Folgende Verfahren für den Widerruf der Einwilligung in den Empfang kommen in Frage:

Abbestelllink   Ein Abbestelllink in der Werbezusendung ist die optimale Variante. Um »Verklicker« abzufangen, kann man eine Möglichkeit anbieten, sich mit einem Klick wieder anzumelden.

Antwort-E-Mail   Die Lösung mit einer Antwort-E-Mail, die ein bestimmtes Wort im Betreff enthalten muss, ist rechtlich ebenfalls zulässig.

Passwortsicherung   Die Vergabe eines Passworts bei der Anmeldung und dessen Abfrage bei der Abmeldung ist rechtlich bedenklich, weil der Nutzer es verlieren kann und die Abmeldung dann nicht mehr einfach möglich ist. Daher ist von dieser Methode abzuraten, auch wenn dazu bisher noch keine Gerichtsentscheidung vorliegt.

Des Weiteren muss der Widerruf auch dann berücksichtigt werden, wenn er auf anderen Kanälen eingeht, die man dem Empfänger mitgeteilt hat. Dazu gehören das Impressum, die Postadresse, E-Mail-Kontakt, Telefon oder das Kontaktformular auf der Website.

Achtung	Es ist noch nicht gerichtlich entschieden, ob die Kündigung eines Newsletters per E-Mail bestätigt werden darf. Falls Sie eine solche E-Mail versenden, sollte sie wirklich nur die Bestätigung und keinerlei Werbeinhalte enthalten.

Blacklisting

Grundsätzlich sind persönliche Daten, die nicht benötigt werden, zu löschen. Dazu gehören auch E-Mail-Adressen ehemaliger Newsletter-Empfänger. Jedoch kommt es auch vor, dass Nutzer verlangen, nie wieder eine E-Mail von einem Unternehmen zu erhalten. Für diese Fälle erlaubt das Datenschutzgesetz, die E-Mail-Adressen lediglich zu sperren, statt sie zu löschen, wenn damit die Interessen des Adressinhabers geschützt werden. Daher ist es erlaubt, eine »Blacklist« gesperrter E-Mail-Adressen zu unterhalten.

Die E-Mail-Adressen werden dann gesperrt, können also nur für diesen Abgleich genutzt werden und sind vor anderweitiger Nutzung gesichert. Das bedeutet, dass die Adressen sicher verschlüsselt gespeichert werden müssen. Geht eine neue Anmeldung ein, wird die zugehörige E-Mail-Adresse ebenfalls nach diesem Verfahren verarbeitet und mit den bereits gespeicherten Werten verglichen. Wird eine Übereinstimmung gefunden, kann der Fehlerhinweis »Diese E-Mail-Adresse ist in unserem System gesperrt, bitte wenden Sie sich an den Webmaster« ausgegeben werden.

Direktmarketing auf Social Media-Plattformen

Neben dem klassischen Newsletter bieten auch Social Media-Plattformen Wege, um Nachrichten direkt an die Nutzer zu versenden. Wenn diese Wege zum Konzept der Plattform gehören, ist das grundsätzlich unbedenklich, solange sie nicht für Werbung missbraucht werden.

Social Media-Plattformen sind weder für Direktmarketing geeignet, noch wird es von deren Betreibern gern gesehen.

Oft ist die Abgrenzung zwischen Werbung und zulässiger Kommunikation auf Social Media-Plattformen jedoch sehr schwer, da die Nutzer ihnen beitreten, um sich auszutauschen. Das darf nicht missbraucht werden, um den Nutzern Anpreisungen eigener Leistungen »unterzuschieben«, und das wird auch in den Nutzungsbedingungen der Plattformen untersagt.

Die folgenden Beispiele einzelner Plattformen zeigen, warum Direktmarketing auf Social Media-Plattformen nur innerhalb der von ihnen festgelegten Bahnen stattfinden kann. Die erläuterten Grundsätze können Sie auch auf andere Plattformen übertragen.

Achtung Die gesetzlichen Regeln gehen vor! Auch wenn eine Plattform selbst den Versand von Werbenachrichten an die Nutzer erlaubt, darf er nur mit deren ausdrücklicher Einwilligung erfolgen. Die Nutzer müssten also bei der Anmeldung auf der Plattform oder nachträglich zustimmen, Werbehinweise erhalten zu wollen. Da diese Zustimmung sich ausdrücklich auf Sie als Versender beziehen muss, ist eine Zustimmung bei der Anmeldung praktisch nicht möglich.

Freundschafts- und Kontaktanfragen

Freundschafts- oder Kontaktanfragen stellen grundsätzlich keine unerlaubte Belästigung dar. Wer eine Social Media-Plattform beitritt, erklärt sich grundsätzlich mit Kontaktanfragen einverstanden. Das gilt zumindest, solange Sie der Kontaktanfrage keine Werbeaussagen beilegen. Ein Anfrage wie »Hallo, wollen Sie mein Freund/Kontakt werden? Ich biete eine Vielfalt an Marketinglösungen für jeden Zweck« wäre damit grundsätzlich unzulässig. Ausnahmen können sich bei Business-Plattformen ergeben, wie weiter unten am Beispiel von Xing erklärt wird.

Facebook

Die Nutzungsbedingungen von Facebook sagen klar, dass der Versand von unerwarteter und ungewollter Kommunikation mit werbendem Charakter, also Spam, nicht zulässig ist (siehe Punkt 3.1 unter *http://fb.com/terms.php*).

Als Werbekanäle bietet Facebook Fanseiten und Werbeanzeigen an. Wer es schafft, Mitglieder als Fans an sich zu binden, dessen Beiträge werden in deren Nachrichtenstrom eingeblendet. Daneben erscheinen auf Facebook bezahlte Werbeanzeigen. Dieses System gehört zum Konzept der Facebook-Plattform und ist zulässig.

Facebook-Nachrichten

Dagegen dürfen Facebook-Nachrichten – also direkt an bestimmte Personen gerichtete Nachrichten – keine ungebetene Werbung enthalten. Sie dürfen allenfalls dazu verwendet werden, um mit anderen Facebook-Nutzern im Rahmen bestehender Geschäftsbeziehungen zu kommunizieren, ihre Fragen zu beantworten oder Unternehmer nach ihren Leistungen zu befragen.

Der bloße Umstand, dass jemand eine Freundschaftsanfrage akzeptiert hat, bedeutet noch nicht, dass er mit Werbung von Ihnen einverstanden ist. Es handelt sich nicht um eine ausdrückliche Einwilligung in den Empfang von Werbung.

Wahrscheinlich wird jemand, den Sie zum Beispiel wegen einer Kooperation anfragen, Sie nicht abmahnen. Wenn Sie jedoch anfangen, schlichte Werbenachrichten zu verschicken, können Sie nicht nur »entfreundet«, sondern auch als Spammer bei Facebook gemeldet oder sogar abgemahnt werden.

Hinweis Eine Kooperationsanfrage ist zulässig, wenn sie sich auf die von Ihnen angebotenen Leistungen bezieht. Zum Beispiel darf ein Werbetexter von einer Agentur nach einer Kooperation im Bereich Werbetexte, aber nicht im Bereich Linktausch gefragt werden.

◀ **Abbildung 7-31**
Es ist zulässig, mit Facebook-Nachrichten auf Kundenanfragen zu reagieren (oberes Beispiel). Es ist aber unzulässig, Facebook-Freunden Werbenachrichten zuzuschicken (unteres Beispiel). Das gilt auch, wenn die Werbenachricht im netten Einleitungstext eingebettet ist.

Pinnwandnachrichten

Sowohl Inhaber persönlicher Profile als auch Administratoren von Fanseiten können auf Pinnwänden anderer Facebook-Nutzer Nachrichten verfassen oder Beiträge kommentieren. Dabei gilt im Prinzip dasselbe wie bei Privatnachrichten: Ungefragte Werbung ist verboten. Mit dem Klick auf »Gefällt mir« auf einer Facebook-Seite willigen die Fans lediglich ein, dass Beiträge dieser Seite in ihrem Nachrichtenstrom angezeigt werden dürfen. Keineswegs erklären sie sich damit einverstanden, Nachrichten oder Pinnwandeinträge von den Administratoren dieser Seite zu erhalten.

Auch ein Hinweis im Info-Reiter Ihrer Faebook-Seite, dass Werbenachrichten an Fans versendet werden, ist für eine Einwilligung nicht ausreichend.

Hinweis Der Begriff »Nachrichtenstrom« bezeichnet bei Facebook die umgekehrt chronologische Anzeige der Beiträge von Freunden sowie der Seiten, deren Fan man ist. Der Nachrichtenstrom ist über den Link »Startseite« zu erreichen. Dagegen ist die Pinnwand ein Bereich im Profil des Nutzers, in dem seine eigenen Einträge und Einträge von Freunden stehen. Zum Zeitpunkt der Fertigstellung dieses Buches gestaltet Facebook die Profile der Nutzer zu einer »Timeline« um, in die die Pinnwand integriert ist.

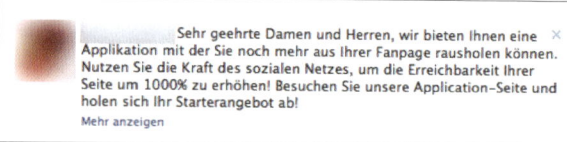

Solche Werbenachrichten auf fremden Facebook-Pinnwänden sind nicht erlaubt.

Daher dürfen Pinnwandeinträge auf fremden Facebook-Seiten und -Profilen nur in folgenden Fällen vorgenommen werden:

Nachfragen nach dem Angebot eines Unternehmens Eine Werbeagentur darf auf der eigenen Pinnwand nach Marketingleistungen gefragt werden.

Mutmaßliches Interesse Wer eine Newssite rund um Tablet-Computer betreibt, darf auf seiner Pinnwand auf neue Tablet-Computer hingewiesen werden.

Antworten auf Fragen Wer zum Beispiel schreibt, dass er nach einem Werbetexter sucht, dem dürfen sich Werbetexter anbieten.

Beteiligung an Gesprächen Wenn der Pinnwandinhaber auf seiner Seite einen Eintrag macht, ist es auch Unternehmen erlaubt, auf die Diskussion einzugehen, zum Beispiel wenn gefragt wird, wie die eigenen Produkte ankommen oder wenn ein

»Guten-Morgen-Video« gepostet wird und mit Reaktionen wie »Euch auch einen guten Morgen« gerechnet werden muss. Die Grenze liegt dort, wo der Kommentar nicht mehr eine Reaktion auf die ursprüngliche Pinnwandnachricht ist, sondern versucht, davon unabhängig eine eigene Werbebotschaft unterzubringen.

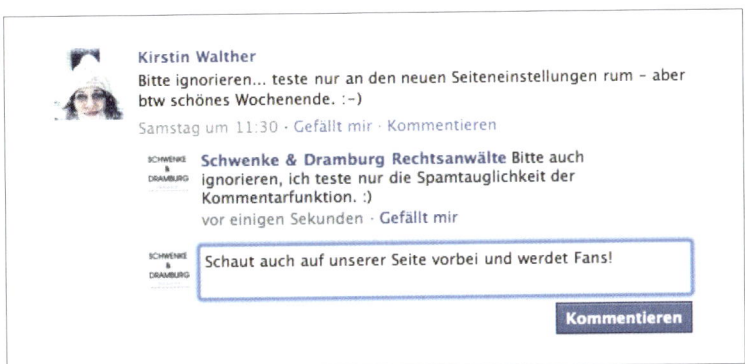

◀ **Abbildung 7-32**
Auch als Facebook-Seite darf man an Konversationen auf anderen Pinnwänden teilnehmen. Unerlaubt wäre es dagegen, dabei eigene Werbenachrichten zu platzieren, wie es in dem Beispiel in der Eingabebox zu sehen ist.

Achtung   Auch wenn Werbeeinträge in Form von Pinnwandnachrichten keine »elektronische Post« im Sinne des § 7 Abs. 2 Nr.3 UWG darstellen, sind sie trotzdem eine gemäß Absatz 1 derselben Vorschrift unerwünschte und nach dem Wettbewerbsrecht verbotene Belästigung. Sie sind ungefähr mit unerwünschter Plakatierung von Häuserwänden vergleichbar.

Kontaktimporter & Co.

Facebook bietet die Möglichkeit, das E-Mail-Adressbuch dafür zu nutzen, automatisch Einladungen an alle darin enthaltenen Adressen zu versenden. Wenn Sie diese Funktion kommerziell verwenden und zum Beispiel Kunden auf Ihre neue Facebook-Fanseite einladen, betreiben Sie Werbung, die einer Einwilligung bedarf.

Markieren von Nutzern in Beiträgen

Facebook ermöglicht es, in Pinnwandbeiträgen, Kommentaren und Bildern andere Unternehmen und befreundete Personen zu markieren. Diese Beiträge erscheinen dann auf deren Pinnwänden.

Auch diese Funktion darf nicht missbraucht werden, um Werbung auf den Pinnwänden anderer Nutzer zu platzieren. Denn es macht keinen Unterschied aus, ob man die Werbung direkt auf eine fremde Pinnwand schreibt oder durch eine Markierung eintragen lässt.

Abbildung 7-33 ▶

Mit der Markierfunktion können andere Facebook-Nutzer in Beiträgen markiert werden. Das darf nicht verwendet werden, um Werbung auf Pinnwänden unterzubringen.

Twitter

Bei Twitter gibt es die Möglichkeit, Nutzer per Erwähnung (zum Beispiel den Autor dieses Buches per »Hallo @thsch«) oder per Direktnachricht (»D thsch Hallo«) anzusprechen. Im ersten Fall kann jeder die Nachricht mitlesen, im zweiten nur der genannte Empfänger.

In beiden Fällen wird eine unzulässige Belästigung vorliegen, wenn die Ansprache der Übermittlung von Werbung dient, denn beide Ansprachevarianten führen dazu, dass der jeweilige Twitter-Nutzer auf die Nachricht aufmerksam gemacht wird und ihr Zeit widmet. Enthält die Nachricht unerwünschte Werbung, hat er Zeit verloren. Weil die Gerichte schon eine Spam-E-Mail als Belästigung ansehen, wird dies aller Wahrscheinlichkeit nach auch für einen Tweet gelten.

Abbildung 7-34 ▶

Tweets, in denen ein Twitterer erwähnt wurde, werden separat aufgelistet und wecken seine Aufmerksamkeit.

Und auch bei Twitter bedeutet der Umstand, dass man jemandem *folgt*, nicht, dass man sich damit einverstanden erklärt hat, von dieser Person oder dem Unternehmen Werbung zu erhalten. Man erklärt sich lediglich damit einverstanden, die normalen Nachrichten dieses Twitter-Nutzers zu beziehen.

Hinweis Twitter hat zusätzlich eigene Regeln für Werbenachrichten, die unter *http://bit.ly/sroGbm* zu finden sind. Zum Beispiel ist der automatische Versand von Werbenachrichten per Erwähnung (»@...«) oder Direktnachricht nicht erlaubt.

Herzlichen DANK fürs Folgen! Thx for following! Eigenes Soziales Netzwerk wichtig?Do you need your own community? Dann:

◀ **Abbildung 7-35**
Viele Twitter-Nutzer haben einen automatischen Antwortdienst für neue Kontakte. Sobald jemand dem Nutzer folgt, sendet der Antwortdienst eine Begrüßungsantwort per Direktnachricht. Diese darf jedoch nicht wie in diesem Beispiel Werbung enthalten.

Xing

Die Nutzer von Xing melden sich dort an, um geschäftliche Kontakte zu knüpfen. Sie können sich Nachrichten zusenden oder Gruppen beitreten, die wiederum selbst Gruppen-Newsletter versenden.

Die Kontakte dürfen jedoch nur mit Bezug auf das Profil der Nutzer geknüpft werden. Die Betreiber von Xing formulieren es so:

»Die Business-Plattform Xing unterstützt ihre Mitglieder beim Finden und Pflegen von Geschäftskontakten. Dazu gehört natürlich auch Akquise. Wir verbieten also Kaltakquise nicht generell, Spam ist auf unserer Plattform jedoch nicht erwünscht. [...] Akquiseversuche lassen wir nur innerhalb klarer Grenzen zu. Dazu gehört, dass der Absender sich konkret auf das Profil des Empfängers bezieht, sich um eine persönliche Ansprache bemüht und keine Serienbriefe versendet.«

Insgesamt ergeben sich damit folgende Regeln für Akquise in Businessnetzwerken wie Xing:

- Sie dürfen die Mitglieder kontaktieren, wenn Sie mit diesen persönlichen Kontakt hatten und sie zum Beispiel auf einem Kongress kennengelernt haben.
- Sie dürfen Mitglieder kontaktieren, wenn Sie sich nach Leistungen erkundigen möchten, die sie in ihrem Profil aufführen. Zum Beispiel können Sie beim Geschäftsführer einer Marketingagentur nach einem Angebot für eine Werbekampagne fragen.
- Ebenfalls ist es erlaubt, Mitglieder auf Grundlage der in ihren Profilen genannten Interessen zu kontaktieren. Das heißt,

wenn ein Xing-Mitglied in seinem Profil schreibt, dass es sich für Motorräder interessiert, und Sie einen Motorradshop betreiben, dürfen Sie aufgrund gleicher Interessen eine Kontaktanfrage stellen und dabei auch mitteilen, dass Sie Motorräder anbieten. Nicht erlaubt wäre es, dem Mitglied in der Anfragenachricht oder folgenden Nachrichten Angebote für Motorräder zuzuschicken. Diese Nachrichten haben nichts mit Kontaktpflege zu tun, sondern stellen Spam dar.

Gruppen-Newsletter und Angebote stellen keinen Spam dar, denn mit der Anmeldung zur Gruppe erklärt der Nutzer sein Einverständnis zum Versand gruppen- und veranstaltungsbezogener Nachrichten.

Abbildung 7-36 ▶
Kontaktanfragen in Businessnetzwerken sollen profilbezogen sein. Je breiter also die angegebenen Interessen sind, desto weiter reicht das Einverständnis, Kontaktanfragen zu erhalten. Wer sich wie der Inhaber des abgebildeten Profils generell für »Kontakte« interessiert, erklärt sich mit allen Kontaktaufnahmen einverstanden.

Persönliches	
Ich suche	Kontakte, Kooperationsmöglichkeiten, immer wieder Sponsoren, neue Herausforderungen
Ich biete	Projektleitung, Projektkoordination, IT-Consulting, Konzeption, Webdesign, Schulung, BarCamp, BarCamp-Organisation, Unkonferenz, Beratung, Ideen, Twitter, Blog, Wordpress, Facebook, Soziale Netzwerke, Social Media, Eventmanagement, Veranstaltungsorganisation

Tell-a-Friend-Funktionen

Wer andere Personen dazu verleitet, Werbenachrichten an Dritte zu verschicken, kann damit einen Wettbewerbsverstoß begehen.

Ungebetenes Direktmarketing ist auch dann verboten, wenn es mittelbar erfolgt. Darunter fallen insbesondere Tell-a-Friend-Funktionen, mit denen Nutzer dazu bewegt werden sollen, ihre Freunde auf Websites oder Onlinedienste hinzuweisen, Produkte zu empfehlen oder auf Gewinnspiele zu verweisen.

Das Risiko dieser Art vom Direktmarketing kann gesenkt werden, indem die im Folgenden dargestellten Regeln beachtet werden. Ein Restrisiko bleibt trotzdem, da es noch keine gerichtliche Entscheidung gibt, die Tell-a-Friend-Funktionen als rechtskonform bestätigt hat.

Die folgenden Anhaltspunkte ergeben sich vielmehr aus Fehlern, die Gerichte in Fällen unzulässiger Empfehlungen bemängelt haben.

Keine Werbetexte Der Text der Empfehlungsnachricht darf sich nicht als Werbetext des Anbieters darstellen. Der Empfehlende sollte – wenn möglich – den Text selbst formulieren und jedenfalls Änderungen vornehmen dürfen.

Keine Werbehinweise Werbende Hinweise des Unternehmens sollten – wenn möglich – in der Empfehlungsnachricht unterbleiben. Vielmehr sollte sich der Inhalt der vorformulierten Empfehlungsnachrichten auf die Mitteilung über die Existenz des Angebots, Produkts oder Gewinnspiels beschränken.

Keine Anreize für den Nutzer Nutzer sollten zu den Empfehlungen nicht durch Anreize wie Gutscheine, Rabatte oder Gewinnspielchancen bewegt werden.

Diese Regeln gelten auch innerhalb von Social Media-Plattformen. Insbesondere sollten Applikationen, die Einträge auf den Pinnwänden der Nutzer oder ihrer Freunde vornehmen, diese nicht nur vor jedem Eintrag um Erlaubnis fragen. Sie sollten bis auf den Verweis auf die Applikation oder eine Facebook-Fanseite auch keine direkten Produktangebote oder ähnliche Werbehinweise liefern. Auch sollten den Nutzer für diese Art von Verweisen keine Vorteile in Aussicht gestellt werden, wie höhere Chancen bei einem Gewinnspiel.

Fallbeispiel

Das Amtsgericht Berlin urteilte, dass der folgende vorformulierte Text aufgrund des Rabattangebots von 70 % eine im Rahmen einer Tell-a-Friend-Funktion unerlaubte Werbung darstellte: »Herzlich Willkommen, du wurdest von XY (Nachname und E-Mail-Adresse) zu … Deutschlands Nr. 1 Shopping-Club eingeladen. Um bei täglich wechselnden Aktionen dabei zu sein und bis zu 70 % bei Mode- und Lifestyle zu sparen, musst du dich lediglich unter folgendem Link registrieren …«. Die Tell-a-Friend-Funktion war außerdem auch deswegen unzulässig, weil den Nutzern für die Empfehlungen Gutscheine in Aussicht gestellt wurden. [AG Berlin-Mitte, Urteil v. 22.5.2009, Az. 15 C 1006/09]

Rechtsfolgen bei Verstößen

Wenn Sie unerwünschte Werbung versenden, können Sie durch die Empfänger abgemahnt werden. Bei E-Mail-Werbung wurde bereits entschieden, dass schon die erste E-Mail für eine Abmahnung ausreichend ist, weil Zeit aufgewendet werden muss, um sie zu lesen und auszusortieren.

Eine solche Abmahnung kostet Sie ca. 200 bis 400 Euro. Beauftragen Sie einen eigenen Rechtsanwalt mit der Prüfung oder Abwehr, kommen noch dessen Kosten in vergleichbarer Höhe hinzu. Zusätzlich müssen Sie sich verpflichten, keine Werbenachrichten an den Empfänger zu verschicken. Diese Verpflichtung gilt ohne zeitliche Beschränkung und betrifft nicht nur eine bestimmte E-Mail-Adresse oder ein Social Media-Profil des Empfängers. Vielmehr dürfen Sie ihm – sofern er am Namen erkennbar ist – überhaupt keine Werbenachrichten mehr zusenden. Verstoßen Sie dagegen, werden Sie eine Vertragsstrafe zahlen müssen, die in der Regel 5.001 Euro beträgt.

Hinweis Genaueres zu Abmahnungen, ihren Kosten und Rechtsanwaltsgebühren können Sie in Kapitel 10 nachlesen.

Beim Versand von unerwünschter Werbung in sozialen Netzwerken können die Empfänger Sie dem Plattformbetreiber melden. Die Folge kann je nach Umfang und Häufigkeit Ihrer Meldungen eine Verwarnung oder gar die Sperrung Ihres Accounts sein.

Datenschutz, Nutzertracking und Social Media-Monitoring

Dieses Kapitel wird Ihnen einen Einblick in die datenschutzrechtlichen Fallstricke beim Social Media-Marketing vermitteln. Es ist nichts Ungewöhnliches, wenn Sie anfangs vielleicht das Gefühl haben, die datenschutzrechtlichen Vorschriften und Anforderungen nicht überblicken zu können. Der Datenschutz ist eine Rechtsmaterie, die für Onlineanbieter erst vor wenigen Jahren praktisch bedeutend wurde und uns daher noch nicht »ins Blut übergegangen« ist. Zudem befindet sich der Datenschutz aufgrund rasender technischer Entwicklungen in ständiger Veränderung und ist in verschiedenen Gesetzen geregelt, die nicht immer befriedigende Rahmenbedingungen bieten und mit vagen Rechtsbegriffen gespickt sind, deren Bedeutung oft nur Spezialisten erfassen können.

Um Ihnen zu helfen, in diesem rechtlichen Dschungel durchzublicken, wird sich dieses Kapitel auf die Bereiche beschränken, die für Sie praktisch relevant sind. Zu Beginn werden grundsätzliche Fragen erläutert – wie die, ob deutsches Datenschutzrecht überhaupt im Rahmen ausländischer Social Media-Plattformen anzuwenden ist. Anschließend erfahren Sie, was »personenbezogene Daten« sind, für deren Schutz die Datenschutzgesetze geschaffen worden sind. Danach folgen Beispiele, die Datenschutzfragen beim Anlegen von Social Media-Profilen, Einbindung von Drittinhalten, Nutzertracking sowie Social Media-Monitoring behandeln und auf die gegenwärtige Diskussion um die »Gefällt mir«-Schaltfläche von Facebook eingehen. Zum Abschluss behandelt das Kapitel die rechtlichen Konsequenzen, die als Folge von Datenschutzverstößen auf Sie zukommen können. Diese sind »als Ausgleich« für die schwierige Materie im Vergleich recht übersichtlich.

Quellen der Datenschutzproblematik im Social Media-Marketing

Der Datenschutz gehört zu den am meisten diskutierten, aber zugleich am wenigsten nachvollziehbaren rechtlichen Aspekten des Social Media-Marketings. Die Gründe dafür liegen im unterschiedlichen Verständnis von Datenschutz in den USA und Europa sowie in der rasanten technischen und sozialen Entwicklung, mit der die Gesetze nicht Schritt halten können.

Tipp — Lassen Sie sich nicht verrückt machen. Das beliebte Scherzwort »zwei Juristen, drei Meinungen« trifft auf kaum ein Rechtsgebiet stärker zu als auf das Datenschutzrecht. Dieses befindet sich noch in der Entwicklung, und eine Social Media-Präsenz ohne Datenschutzverstöße ist kaum möglich. Das findet in den vergleichsweise milden Rechtsfolgen bei Datenschutzverstößen Widerklang, wie Sie im Laufe des Kapitels im gleichnamigen Abschnitt nachlesen können.

Datenschutzverständnis in den USA, Europa und Deutschland

Tipp — Die europäischen Datenschutzgesetze sind strenger als die US-Vorschriften und setzen die Zustimmung der Nutzer vor der Erhebung ihrer Daten voraus.

Die meisten und bedeutendsten sozialen Netzwerke wie Facebook und YouTube sowie Werkzeuge wie Google Analytics wurden in den USA entwickelt und werden von dort ansässigen Unternehmen angeboten. Das dortige Rechtsverständnis basiert eher auf dem Gedanken, dass die Daten von Nutzern erhoben und verarbeitet werden dürfen, solange diese dem nicht widersprechen (»Opt-out«-Prinzip). Ausgehend von diesem Prinzip versuchen die US-Dienste vor allem, die technischen Möglichkeiten auszuschöpfen, um den Nutzerkomfort und damit auch den wirtschaftlichen Erfolg ihrer Betreiber voranzutreiben.

In Europa herrscht dagegen ein strenges »Opt-in«-Prinzip. Das bedeutet, dass Nutzerdaten nur dann erhoben werden dürfen, wenn die Nutzer dem zugestimmt haben oder das Gesetz die Datenerhebung erlaubt.

Diese unterschiedlichen Ansätze führen dazu, dass der Einsatz in den USA konzipierter sozialer Netzwerke und Werkzeuge in Europa oft gegen die geltenden Datenschutzrechte verstößt. Dabei tut sich Deutschland mit einer besonders strengen Auslegung der Datenschutzgesetze hervor, wie die im Laufe des Kapitels dargestellte Diskussion um die IP-Adresse zeigen wird.

Hinweis Deutschland ist weltweit Vorreiter im Datenschutz. Das hessische Datenschutzgesetz trat 1970 in Kraft und war damit das allererste in der Welt.

Die verschiedenen Ansichten zum Datenschutz gleichen sich im Zeitalter des Internet jedoch immer weiter an. US-Dienste adaptieren europäische Prinzipien, um auch den hiesigen Markt bedienen zu können, und sehen sich auch schärfer werdenden US-Datenschutzvorschriften gegenüber. Zugleich beeinflussen die Bedürfnisse der Nutzer nach Komfort und die der Wirtschaft nach optimaler Nutzung technischer Möglichkeiten auch in Europa die praktische Umsetzung des Datenschutzrechts.

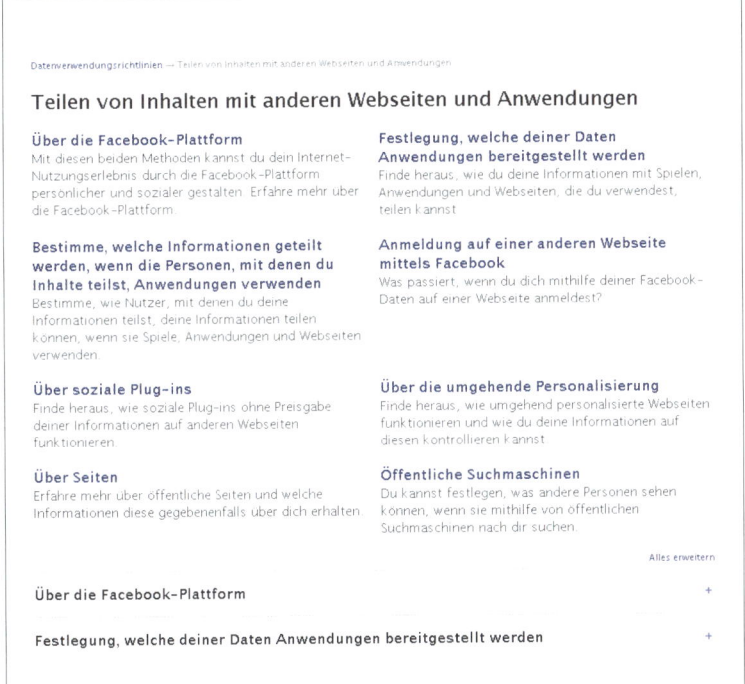

◀ **Abbildung 8-1**
In der Vergangenheit waren die Datenschutzeinstellungen von Facebook unübersichtlich, und neue Funktionen wie das Markieren von Freunden in Fotografien wurden eingeführt, ohne die Nutzer nach ihrer Zustimmung zu fragen.

Mittlerweile sind die Datenschutzeinstellungen übersichtlicher, und die Nutzer werden in der Regel gefragt, bevor neue Funktionen ihre Daten beeinträchtigen.

Datenschutzgesetze vs. Praxis

 Hinweis Der Datenschutz ist in mehreren miteinander verwobenen Gesetzen geregelt. Sie enthalten viele allgemeine Klauseln, die schwer nachzuvollziehen sind.

Das deutsche Datenschutzrecht wird durch EU-Vorgaben beeinflusst, die im Bundesdatenschutzgesetz (BDSG) und im Telemediengesetz (TMG) umgesetzt wurden. Dabei ist das Bundesdatenschutzgesetz das Fundament, das die Grundlagen des Datenschutzrechts enthält, während das Telemediengesetz spezielle Vorschriften für die Onlinewelt umfasst.

Das Problem beider Gesetze liegt in den sich ständig ändernden und entwickelnden technischen und sozialen Rahmenbedingungen. Die Technik bringt immer neue Funktionen mit sich, die das Teilen von Daten ermöglichen. Die Nutzer adaptieren viele der neuen Techniken und sind zunehmend bereit, für den Komfort und das Knüpfen sozialer Verbindungen die Kontrolle über ihre privaten Daten aufzugeben (siehe Abbildung 8-2).

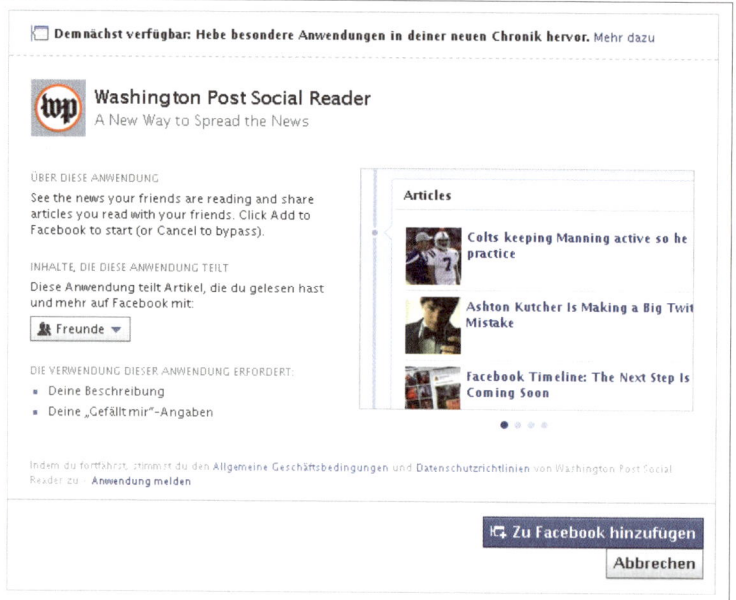

Abbildung 8-2 ▶
Zu dem Zeitpunkt, zu dem dieses Buch verfasst wird, plant Facebook, »seamless sharing« (auf Deutsch in etwa »nahtloses Teilen«) einzuführen. Dabei sollen besuchte Websites oder Artikel nicht erst durch Klick auf eine Empfehlungsschaltfläche, sondern nach einmaliger Einwilligung automatisch in den Profilen der Nutzer aufgelistet werden. Datenschützer stehen dieser sehr weitgehenden Preisgabe von Daten mit großen Bedenken gegenüber.

Um diesen Entwicklungen gerecht zu werden, sind die Gesetze zum Teil sehr abstrakt gefasst und beinhalten dehnbare Begriffe wie »erforderlich«, »angemessen« oder »schutzwürdig«. Was diese

Begriffe im konkreten Fall bedeuten, steht nicht im Gesetz und muss von Gerichten in Entscheidungen bestimmt werden. Da es jedoch nur wenige Gerichtsentscheidungen zum Datenschutz gibt, bleibt diese Rechtsmaterie sehr diffus.

Hinweis	In Deutschland sind die Datenschutzbeauftragten der Bundesländer und ihre Behörden für die Einhaltung des Datenschutzes zuständig. Als Datenschützer legen sie die Gesetze sehr streng aus, oft strenger als die Gerichte. Ihre Meinung ist jedoch nur eine Interpretation des Gesetzes und muss nicht unbedingt allgemeingültig sein.

Zudem sind einige der Regeln unter praktischen Gesichtspunkten kaum umsetzbar und werden deshalb oft einfach missachtet beziehungsweise sehr weit ausgelegt. Zum Beispiel sagt § 13 Abs.1 TMG, dass Nutzer »zu Beginn des Nutzungsvorgangs« zu informieren sind, welche Daten im Rahmen des Onlineangebotes für welchen Zweck erhoben werden. Das würde praktisch bedeuten, dass jede Website, jedes Blog und jedes soziale Netzwerk eine Vorschaltseite haben müssten, die die Nutzer mit einer Datenschutzerklärung begrüßt, bevor das Onlineangebot genutzt werden kann. Da das aus der Sicht der Anbieter und Nutzer untragbar wäre, wird für ausreichend erachtet, wenn diese Informationen in einer nach dem Betreten der Onlineangebote abrufbaren Datenschutzerklärung zur Verfügung gestellt werden.

◀ **Abbildung 8-3**
Zur Beantwortung datenschutzrechtlicher Fragen im Onlinebereich muss zunächst das Telemediengesetz konsultiert werden. Da es jedoch nur spezielle Regelungen enthält, muss für grundlegende Fragen auf das Bundesdatenschutzgesetz sowie die europäischen Datenschutzvorgaben zurückgegriffen werden.

Anwendbarkeit deutscher Datenschutznormen auf internationale Dienste

Zu den grundlegenden Fragen gehört die nach der Anwendung deutscher Vorschriften bei der Nutzung ausländischer Social Media-Angebote. Dabei wird oft darauf hingewiesen, dass viele soziale Netzwerke und Dienste auf Servern ausgeführt werden, die sich in den USA oder sonst außerhalb Deutschlands befinden.

Das Gesetz stellt jedoch nicht auf den Serverstandort, sondern zuerst auf den Ort der Datenverarbeitung, ab. Das heißt, dass das deutsche Datenschutzrecht dann anwendbar ist, wenn eine Erhebung, Speicherung oder Nutzung von Daten auf deutschem Territorium vorgenommen wird (sogenanntes »Territorialitätsprinzip«). Also müssen sich auch ausländische Dienste dem deutschen Datenschutzrecht unterwerfen, wenn sie sich an deutsche Nutzer richten und deren Daten erheben, indem Sie zum Beispiel auf deren Rechnern Cookies setzen.

Eine Ausnahme gilt, wenn ein Dienst seinen Sitz im EU-Ausland hat, der für die Datenerhebung und Verarbeitung zuständig ist (§ 1 Abs.5 BDSG): Dann ist das Datenschutzrecht des jeweiligen EU-Landes maßgeblich. Wenn die Firma jedoch auch eine Niederlassung in Deutschland hat, gilt deutsches Recht.

Abbildung 8-4 ▶
Die Übersicht zeigt, wie die Anwendbarkeit des deutschen Datenschutzrechts ermittelt wird (D steht für Deutschland, DatenV für Datenverarbeitung). Dabei wird schon das Erheben von Daten deutscher Nutzer durch Dienste, die sich an deutsche Nutzer richten, als Datenverarbeitung in Deutschland angesehen.

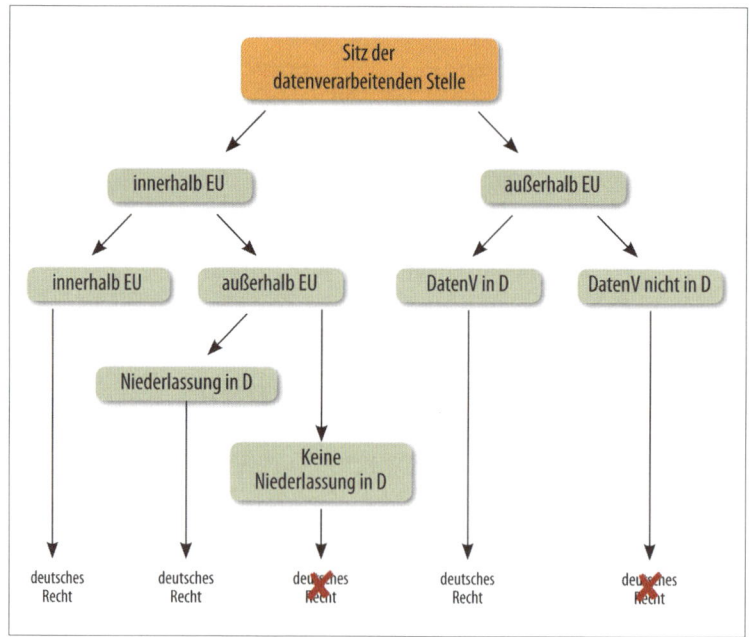

> **Fallbeispiel**
>
> Facebook behauptet, eine Niederlassung in Irland zu haben, so dass irisches Recht anwendbar wäre. Die deutschen Datenschützer sind dagegen der Ansicht, der irische Sitz sei nur eine Beschwerdestelle, die für die Datenverarbeitung nicht zuständig ist. Vielmehr finde diese bei Facebook in den USA statt. Mangels eines Sitzes im EU-Ausland wäre damit das deutsche Recht anwendbar.

Grundsätze des Datenschutzes

Auch wenn das Datenschutzrecht unübersichtlich ist, sollten Sie zumindest seine Grundlagen kennen. Nur so können Sie erkennen, ob die von Ihnen geplante Datenerhebung oder der Einsatz eines Social Media-Dienstes Risiken mit sich bringt. Außerdem sind Sie dann bereits gewappnet, falls es in diesem Zusammenhang einmal zu Diskussionen mit Kunden oder anderen Nutzern kommen sollte.

Der Ausgangspunkt aller datenschutzrechtlichen Überlegungen ist die Frage, ob personenbezogene Daten vorliegen.

Personenbezogene Daten

Dreh- und Angelpunkt der Datenschutzvorschriften sind personenbezogene Daten. Sobald ein Datum (Einzahl von Daten) personenbezogen ist, unterliegt es strengen gesetzlichen Vorschriften.

Ein Datum ist personenbezogen, wenn es zu einer bestimmten Person zurückverfolgt werden kann.

Nach § 3 Abs.1 BDSG sind personenbezogene Daten »Einzelangaben über persönliche oder sachliche Verhältnisse einer bestimmten oder bestimmbaren natürlichen Person (Betroffener)«.

Hinweis Personen, um deren Daten es geht, werden im Datenschutz als »Betroffene« bezeichnet.

Mit Daten sind alle beliebigen Informationen gemeint. Sie können eine Person selbst betreffen (z. B. der Name »Peter Müller«), auf deren Handlungen hinweisen (z. B. der Besuch einer Facebook-Fanseite) oder Aussagen sein (z. B. ein Blogkommentar).

Die Daten sind personenbezogen, wenn sie mit verhältnismäßigen Mitteln zu einer Person zurückverfolgt werden können. Typische Beispiele sind Namen, Postadressen, Telefonnummern, E-Mail-Adressen, Passbilder oder Daten über den Aufenthaltsort einer Person.

Abbildung 8-5 ▶
Der Name gehört zu den personenbezogenen Daten, weil er zu einer bestimmten Person zurückverfolgt werden kann.

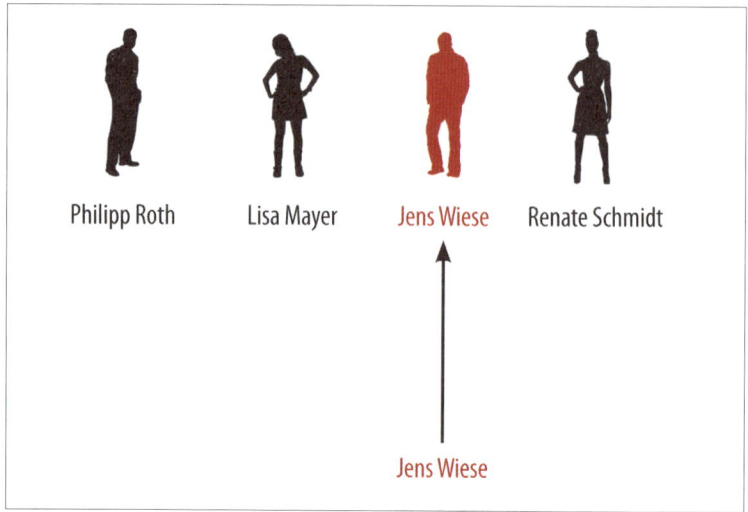

Das Gegenteil von personenbezogenen Daten sind anonyme Daten, also Daten, die keinen Rückschluss auf eine bestimmte Person zulassen. Zum Beispiel sind aggregierte – das heißt zusammengefasste – Daten anonym, z.B. »50 % unserer Besucher sind männlich«. Auch beschreibende Daten (z.B. zu Beruf, Bildschirmauflösung oder dem verwendeten Betriebssystem) sind an und für sich anonyme Daten.

Wird einem anonymen Datensatz jedoch ein personenbezogenes Datum zugeordnet, werden alle darin enthaltenen Daten personenbezogen.

 Hinweis   Für den Personenbezug kommt es nicht darauf an, welcher Art das Datum ist, sondern, ob mit seiner Hilfe eine Person bestimmt werden kann. So kann eine E-Mail-Adresse personenbezogen (peter.mueller@muster_gmbh.de), aber auch anonym (123444@anonymeemailadressen.de) sein.

IP-Adresse als personenbezogenes Datum

Ob die IP-Adresse ein personenbezogenes Datum ist, kann gegenwärtig nicht mit einem klaren Ja oder Nein beantwortet werden.

Die IP-Adresse (»IP« steht für Internetprotokoll) ist eine Zahlenfolge, anhand der mit dem Internet verbundene Geräte identifiziert werden können. Wenn ein Nutzer eine Website auf einem Server aufruft, teilt sein Computer dem Server seine IP-Adresse mit. Der Server weiß dann, dass er die Datenpakete mit dem Inhalt der Website an diese Adresse schicken muss.

Arten von IP-Adressen im Internet

Die IP-Adresse ist die Adresse eines Internetanschlusses. Sie ist notwendig, um das Internet zu nutzen. Dabei wird zwischen dynamischen und statischen IP-Adressen unterschieden.

Dynamische IP-Adresse Sie wird einem Internetanschluss beim Einwählen ins Internet durch den Internetprovider (z.B. T-Online) zugewiesen. Vereinfacht gesagt, bekommt eine »Telefondose« eine bestimmte Adresse im Internet zugeteilt. Der Provider speichert die Information, welchem Anschlussinhaber zu welchem Zeitpunkt welche IP-Adresse zugeteilt war. Alle Computer, die sich einen Internetanschluss teilen, zum Beispiel die Geräte von Familienmitgliedern im WLAN, werden mit derselben IP-Adresse erfasst. Der Anschlussinhaber kann nur mithilfe des Providers ermittelt werden, der die Daten nur auf gerichtlichen Beschluss hin herausgibt. Nach Ansicht der Datenschützer ist diese Möglichkeit, einen Personenbezug herzustellen, ausreichend (sogenannter »absoluter Personenbezug«). Nach anderen Meinungen ist die IP-Adresse nur dann personenbezogen, wenn mit ihrer Hilfe der Anschlussinhaber ohne einen Gerichtsbeschluss ermittelt werden kann, was im Regelfall nicht möglich ist (sogenannter »relativer Personenbezug«).

Statische IP-Adresse Sie wird einem Anschluss dauerhaft zugeteilt und ändert sich beim Einwählen ins Internet nicht. Der Anschlussinhaber kann von jedermann online ermittelt werden. Ist der Anschlussinhaber eine natürliche Person, ist die statische IP-Adresse immer personenbezogen. In der Regel sind nur Unternehmen Inhaber statischer IP-Adressen. Das deutsche Datenschutzrecht schützt jedoch nur personen- und nicht unternehmensbezogene Daten, so dass die Erfassung nicht problematisch ist.

Vor allem in Deutschland findet eine Diskussion um den Personenbezug der IP-Adresse statt. Die deutschen Datenschutzbeauftragten und ein Teil der Gerichte sehen in ihr ein personenbezogenes Datum und verlangen eine Einwilligung vor deren Erhebung, Verarbeitung und Weitergabe. Der andere Teil der Gerichte sowie viele Juristen und Unternehmen verweisen darauf, dass nicht jeder anhand der IP-Adresse bestimmen kann, wer der Anschlussinhaber ist. Dazu ist ein Gerichtsbeschluss notwendig, der nicht ohne Weiteres zu bekommen ist. Weil der Personenbezug nur dann vorliegt, wenn eine Person mit verhältnismäßigen Mitteln bestimmt werden kann, wird er in diesem Fall verneint.

Tipp Wenn Sie unabhängig vom Ausgang dieses Streits um die IP-Adresse auf der rechtlich sicheren Seite stehen möchten, sollten Sie die IP-Adresse als personenbezogen betrachten und die Nutzer vor ihrer Erhebung um Einwilligung bitten.

Nur in den Fällen, in denen der Anschlussinhaber ohne gerichtliche Hilfe bestimmt werden kann, ist eine IP-Adresse ein personenbezogenes Datum. So ist die IP-Adresse zum Beispiel für den Internetzugangsprovider personenbezogen, der sie zuteilt. Dagegen ist die vom Blogbetreiber erfasste IP-Adresse eines Blogbesuchers nach der zweiten Ansicht nicht personenbezogen.

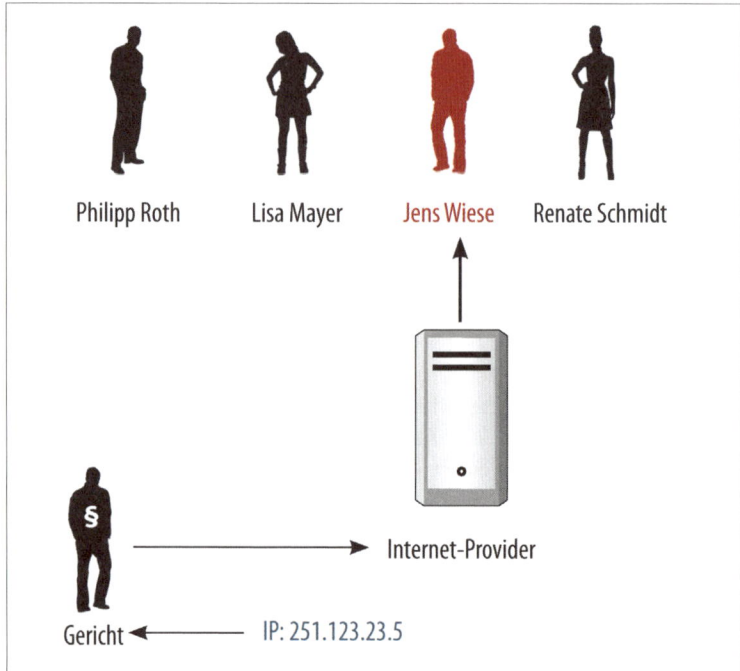

Abbildung 8-6 ▶
Ohne Einschaltung eines Gerichts ist es für jemand anderen als den Internetprovider kaum möglich, den hinter der IP-Adresse stehenden Anschlussinhaber herauszufinden. Daher verneinen viele den Personenbezug der IP-Adresse für andere Stellen als den Internetprovider.

Gesetzliche Regeln für personenbezogene Daten

Bei der Erhebung, Verarbeitung und Weitergabe von personenbezogene Daten müssen strenge rechtliche Vorgaben beachtet werden.

Personenbezogene Daten bringen umfangreiche rechtlichen Belastungen mit sich. Ihre Erhebung, Verarbeitung und Weiterleitung unterliegt mehreren Vorgaben.

Gesetzliche Erlaubnis oder Einwilligung Personenbezogene Daten dürfen nur dann erhoben, verarbeitet und an Dritte weitergeleitet werden, wenn der Nutzer dem ausdrücklich zustimmt oder es gesetzlich erlaubt ist. Eine gesetzliche Erlaubnis liegt zum Beispiel vor, wenn die Datenverarbeitung für eine Vertragsabwicklung notwendig ist, wie bei der Erhebung von Anmeldedaten zu einem sozialen Netzwerk. Eine weitere gesetzliche Erlaubnis gestattet die Verarbeitung von allgemein zugänglichen Daten, sofern schutzwürdige Belange der Nutzer nicht offensichtlich dagegensprechen. Darüber hinaus müssen die Nutzer ausdrücklich in die Erhebung, Verarbeitung und Weitergabe ihrer Daten an Dritte einwilligen. »Ausdrücklich« bedeutet, dass sie ein Kontrollkästchen anhaken oder auf andere Weise aktiv eine Schaltfläche anklicken müssen. Ein Hinweis auf eine Einwilligung in den AGB reicht also nicht aus, weil die Einwilligung nicht aktiv erklärt wird, sondern passiv erfolgt.

Hinweis Die Verarbeitung allgemein zugänglicher Daten wird in dem Abschnitt »Social Media-Monitoring« in diesem Kapitel und in »Übertragung von Kommentaren zwischen Social Media-Plattformen und Blogs« am Ende von Kapitel 4 erläutert.

Informationspflichten Die Betroffenen müssen wissen, welche Daten im welchen Umfang und für welchen Zweck erhoben werden.

Zweckbindungsgrundsatz Für einen bestimmten Zweck erhobene Daten dürfen nicht ohne erneute Einwilligung für andere Zwecke verwendet werden. Wenn Sie zum Beispiel Daten für ein bestimmtes Gewinnspiel erhoben haben, dürfen Sie diese Daten nicht für die Zusendung von E-Mail-Werbung oder andere Gewinnspiele verwenden.

Erforderlichkeit, Datenvermeidung und Datensparsamkeit
Es sind nur so viele Daten zu erheben, wie für ein bestimmtes Angebot erforderlich sind. Damit soll die Sammlung von Daten auf Vorrat verhindert werden. Wenn Sie zum Beispiel ein Gewinnspiel veranstalten, ist es in der Regel nicht erforderlich, das Geburtsdatum der Nutzer zu erfahren. Es kann aber erforderlich sein, wenn der Zugang zum Gewinnspiel oder die Gewinnart vom Alter abhängig ist. Das heißt, Sie haben durch die Gestaltung eines Angebotes oft in der Hand, was erforderlich ist und was nicht.

Direkterhebung Personenbezogene Daten sollen direkt bei den Betroffenen mit deren Kenntnis und nicht über Dritte erhoben werden (siehe Abbildung 8-7). Daher finden Datenschützer, dass ein Datenschutzverstoß vorliegt, wenn Facebook-Mitglieder andere Personen ohne deren Zustimmung in Bildern markieren können.

Widerrufsbelehrung und Widerrufsmöglichkeit
Die Nutzer müssen darüber informiert werden, dass sie die Löschung der über sie gespeicherten Daten jederzeit verlangen können.

Löschungspflichten Personenbezogene Daten, die nicht benötigt werden, müssen gelöscht werden. Ob die Daten noch benötigt werden, ergibt sich aus dem Zweck ihrer Verwendung. Wurden Daten für ein Gewinnspiel erhoben, das beendet ist, müssen die Daten derjenigen Teilnehmer, die nichts gewonnen haben, gelöscht werden, da sie nicht mehr benötigt werden.

 Tipp Vermeiden Sie nach Möglichkeit, Daten mit Personenbezug zu erheben, um die gesetzlichen Pflichten zu umgehen.

Abbildung 8-7 ▶
In diesem Gewinnspiel sollten die Nutzer nach einem »Dieb« fahnden und dabei die Daten von Freunden als potenziellen »Verdächtigen« angeben. Die Freunde wurden nicht vorher gefragt, so dass ein Verstoß gegen den Direkterhebungsgrundsatz vorlag.

| Hinweis | Ein praktisches Beispiel der Anwendung dieser gesetzlichen Vorgaben finden Sie in Kapitel 7 in den Abschnitten »Nutzung der Teilnehmerdaten für Werbezwecke« und »Einwilligung in Direktmarketing«. |

Datenschutzrechtliche Probleme beim Social Media-Marketing

Die Datenschutzvorschriften sind abstrakt nur schwer nachzuvollziehen. Daher erhalten Sie im Folgenden eine Übersicht über typische Situationen, in denen Sie im Social Media-Marketing das Datenschutzrecht beachten müssen.

Datenschutzerklärung innerhalb der Social Media-Präsenz

Bereits in Kapitel 2 konnten Sie in Abschnitt »Datenschutzerklärung« erfahren, dass Sie eine Datenschutzerklärung nur dann benötigen, wenn Sie eine selbstständige Onlinepräsenz wie ein eigenes Blog betreiben oder Ihr Angebot innerhalb einer Plattform zu finden ist, die keine übergreifende Datenschutzerklärung bietet (typischerweise handelt es sich dabei um Blogging-Plattformen, wie Wordpress.com, Blogger.com oder Blogger.de).

Eine Datenschutzerklärung innerhalb einer Social Media-Plattform benötigen Sie nur, wenn Sie selbstständig Daten erheben.

Dagegen müssen Sie in der Regel keine Datenschutzerklärung erstellen, wenn Ihre Social Media-Präsenz in eine Plattform eingegliedert ist, die eine eigene Datenschutzerklärung hat (zum Beispiel Facebook oder Twitter). Nur wenn Sie selbstständig weitere Nutzerdaten erheben, müssen Sie eine Datenschutzerklärung anbieten. Das ist zum Beispiel der Fall, wenn Sie ein Gewinnspiel auf Facebook veranstalten und die Nutzer nach ihren E-Mail-Adressen fragen, oder wenn Sie dort ein Formular zur Newsletterbestellung anbieten. In solchen Fällen sind Sie nicht nur per Gesetz, sondern auch nach den Bestimmungen von Facebook zur Bereitstellung einer Datenschutzerklärung verpflichtet. Diese muss den Nutzern in unmittelbarer Nähe der entsprechenden Dienste präsentiert werden.

| Hinweis | Was Sie datenschutzrechtlich bei Gewinnspielen und beim Direktmarketing beachten müssen, erfahren Sie in Kapitel 7. Im Anhang finden Sie ein Muster für Teilnahmebedingungen für Gewinnspiele, die einen datenschutzrechtlichen Teil enthalten. |

Abbildung 8-8 ▶

Wenn Sie ein Newsletterformular in Ihre Social Media-Präsenz einbinden, benötigen Sie eine eigene Datenschutzerklärung. Diese kann auch als »Datenschutzhinweis« bezeichnet werden, wie im gezeigten Beispiel. In diesem Fall ist nämlich nicht die Plattform datenschutzrechtlich verantwortlich, sondern Sie.

Facebook-Applikationen

Wenn Sie auf Facebook sogenannte Applikationen (also selbstlaufende Programme) erstellen oder erstellen lassen, sind ebenfalls Sie und nicht Facebook für die Einhaltung der datenschutzrechtlichen Vorschriften verantwortlich.

 Achtung   Die Entwickler von Facebook-Applikationen müssen sich an die »Facebook Platform Policies« halten, die unter *https://developers.facebook.com/policy* nachzulesen sind. Darin werden die Entwickler zunächst verpflichtet, sich an die gesetzlichen Datenschutzvorgaben zu halten. Darüber hinaus wird die Nutzung der Mitgliederdaten noch weiter als im Gesetz eingeschränkt.

Im Rahmen von Facebook-Applikationen willigen die Nutzer in einem Dialogfenster in die Nutzung ihrer Daten ein. Sie müssen jedoch zwingend eine Datenschutzerklärung bereitstellen, in der die Nutzer unter anderem darauf hingewiesen werden, für welchen Zweck die Daten verwendet werden, dass sie ein Recht dazu haben, Auskunft zu verlangen sowie die über sie gesammelten Daten löschen zu lassen, und nicht zuletzt, wer für die »App« datenschutzrechtlich verantwortlich ist.

 Tipp   Mit dem kostenlosen Generator unter *http://spreerecht.de/datenschutz-generator* können Sie schnell und einfach eine individuelle Datenschutzerklärung erstellen.

◀ **Abbildung 8-9**
Der Genehmigungsdialog einer Facebook-Applikation muss zwingend eine Datenschutzerklärung enthalten. In ihr müssen insbesondere der Zweck der Datenerhebung sowie eine Aufklärung des Nutzers über seine Auskunfts- und Löschungsmöglichkeiten enthalten sein.

Einbindung von Drittinhalten und -diensten

Tipp Ob die Einbindung von Drittinhalten aufgrund der Übermittlung der IP-Adresse erlaubt ist, ist noch nicht geklärt, aber die Risiken sind minimal.

Das soziale Netz basiert auf der Einbindung von Drittinhalten und plattformübergreifender Teilnahme der Nutzer. Aus diesem Grund werden Buttons, Bilder, Videos, Kommentarfelder oder ganze Inhalte per RSS-Feed von anderen Anbietern in die eigenen Angebote eingebunden. Dabei wird die IP-Adresse des Nutzers, der Ihr Angebot nutzt, an die Anbieter der eingebundenen Inhalte und Dienste übermittelt.

Hinweis Die Einbindung fremder Inhalte bringt auch haftungsrechtliche Probleme mit sich, die Sie in Kapitel 9 im Abschnitt »Framing und Embedding« nachlesen können.

Immer wenn in das eigene Onlineangebot fremde Inhalte oder Dienste eingebunden werden, benötigen deren Anbieter die IP-Adressen der Nutzer. Wenn zum Beispiel ein Nutzer ein Blog aufruft, in dem ein YouTube-Video eingebunden ist, muss YouTube wissen, an welche IP-Adresse die Datenpakete mit dem Video geschickt werden sollen. Das Gleiche gilt, wenn ein Bild von einem anderen Server bezogen oder eine Empfehlungsschaltfläche eines sozialen Netzwerks oder ein Werbebanner eingebunden wird.

Würde man die IP-Adresse als personenbezogenes Datum ansehen (siehe Abschnitt »IP-Adresse als personenbezogenes Datum«), müsste entweder der Nutzer vor der Einbindung der Inhalte um Einwilligung gebeten werden oder eine gesetzliche Vorschrift diese Einbindung erlauben.

Eine Einwilligung scheidet aus praktischen Gründen aus, da die Nutzer sonst beim Besuch jeder Seite über eingebundene Inhalte einzeln aufgeklärt werden und anschließend einwilligen müssten.

Hinweis Das Risiko bei der Einbindung der hier beschriebenen Drittinhalte ist sehr gering. Zum einem sprechen viele Argumente dafür, dass IP-Adressen nicht personenbezogen sind, und zum anderen kann davon ausgegangen werden, dass die Einbindung erforderlich ist.

Jedoch könnte die Erhebung der IP-Adresse durch § 15 Abs.1 TMG erlaubt sein. Danach dürfen personenbezogene Daten verwendet werden, wenn Sie für den Betrieb eines Onlineangebotes »erforderlich« sind. Ob YouTube-Videos und Empfehlungsschaltflächen in diesem Sinne »erforderlich« sind, hat noch kein Gericht entschieden. Es spricht jedoch einiges dafür, dass der Anbieter selbst bestimmen kann, was sein Angebot ausmacht, und damit auch, was für seinen Betrieb erforderlich ist.

Hinweis Problematisch kann die Einbindung dann werden, wenn die Dienste mehr als nur die Inhalte übermitteln, sondern selbstständig darüber hinaus weitere Daten erheben und zum Beispiel Nutzerprofile erstellen. Das ist der Fall bei der »Gefällt mir«-Schaltfläche und den Social Plugins von Facebook sowie der Google +1- und der Twitter-Schaltfläche, die im Laufe des Kapitels besprochen werden.

Abbildung 8-10 ▶
Allein in diesem kurzen Ausschnitt aus der Newssite t3n.de werden Empfehlungsschaltflächen für Facebook, Twitter und Google+ sowie YouTube-Videos und Werbeinhalte von Drittanbietern eingebunden. Das geht einher mit der Übermittlung der IP-Adresse an die Anbieter eingebundener Inhalte.

Nutzertracking und -analyse

Bei Nutzertracking und -analyse werden Handlungen, Verhalten und Bewegungen der Nutzer erfasst. Dazu gehören zum Beispiel Informationen dazu, woher die Besucher kommen, mit welchen Inhalten eines Onlineangebots sie interagieren, wie lange sie verweilen und welche Links sie anklicken.

Diese Informationen werden in der Regel zu einem pseudonymen Nutzerprofil zusammengefasst. Das bedeutet, dass zwar die Bewegungen und Vorlieben des Nutzers im Internet über einen langen Zeitraum erfasst werden, der Personenbezug aber durch ein Kennzeichen (zum Beispiel »Nutzer1337«) ersetzt wird.

Obwohl der Nutzer so nicht direkt bestimmt werden kann, sind trotzdem im § 15 Abs. 3 TMG Vorgaben für die pseudonyme Nutzererfassung festgelegt. Denn auch wenn die Nutzer nicht individuell bekannt sind, können die pseudonymen Daten für gezielte Werbung verwendet werden. Zudem besteht die Gefahr, dass die pseudonymen mit personenbezogenen Daten verbunden und damit insgesamt einer bestimmten Person zugeordnet werden können.

Daher müssen die Nutzer über das Tracking informiert und darüber belehrt werden, dass sie ein Recht haben, dem Tracking zu widersprechen. Darüber hinaus darf das pseudonyme Profil mit personenbezogenen Daten der Nutzer nicht ohne deren Einwilligung zusammengeführt werden.

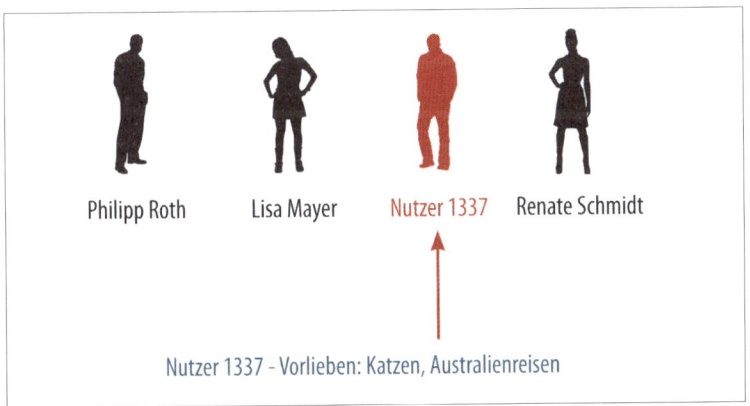

◀ **Abbildung 8-11**
Beim pseudonymen Nutzertracking wird auf den Rechnern der Nutzer ein »Cookie« gespeichert. Dabei handelt es sich um eine kleine Datei, in der die Bewegungen und Vorlieben des Nutzers gespeichert sind. So kann zum Beispiel auf die Vorlieben des Nutzers abgestimmte Werbung ausgeliefert werden, ohne dass seine Identität bekannt sein muss.

Werden beim Nutzertracking dagegen auch personenbezogene Daten wie Name des Nutzers oder eine ihm zurechenbare E-Mail-Adresse erfasst, müssen Sie die Nutzer vor dem Tracking um Einwilligung bitten.

 **Achtung** Sie sollten es aufgrund der erforderlichen Einwilligung vermeiden, personenbezogene Daten von Nutzern zu erfassen. Da die Datenschutzbeauftragten auch die IP-Adresse zu den personenbezogenen Daten zählen, sollten Sie diese nur anonymisiert erfassen, wie es weiter unten im Zusammenhang mit Google Analytics erläutert wird.

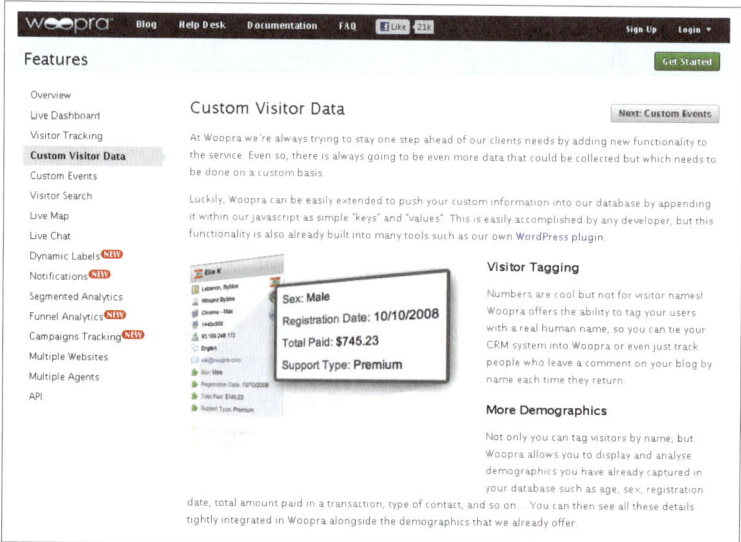

Abbildung 8-12 ▶
Werden personenbezogene Daten (zum Beispiel die Namen der Blogkommentatoren) durch den Trackingdienst Woopra erfasst, müssen die Nutzer vor der Erfassung um Einwilligung gebeten werden.

Vorgaben des »Düsseldorfer Kreises«

In Deutschland haben sich Datenschutzbeauftragte der einzelnen Bundesländer im sogenannten »Düsseldorfer Kreis« zusammengeschlossen und gemeinsame Vorgaben für Nutzertracking und -analyse formuliert. Sie wurden im Beschluss »Datenschutzkonforme Ausgestaltung von Analyseverfahren zur Reichweitenmessung bei Internet-Angeboten« veröffentlicht (siehe *http://bit.ly/un7sxx*).

Die Vorgaben der Datenschutzbeauftragten für Nutzertracking und -analyse sind im Folgenden aufgeführt.

Einwilligung bei personenbezogenen Daten Personenbezogene Daten von Nutzern dürfen ohne Einwilligung nur erhoben und verwendet werden, soweit es erforderlich ist, um die Inanspruchnahme von Telemedien zu ermöglichen und abzurechnen. Jede darüber hinausgehende Nutzung bedarf der Einwilligung der Betroffenen. Die Analyse des Nutzungsverhaltens unter Verwendung vollständiger IP-Adressen (einschließlich einer Geolokalisierung) ist aufgrund der Personenbeziehbarkeit

> ### Düsseldorfer Kreis
>
> Als »Düsseldorfer Kreis« wird der Zusammenschluss der Datenschutzbeauftragten der Bundesländer bezeichnet. Die Aufsicht über den Datenschutz wird nicht einheitlich durch den Bund, sondern durch die Bundesländer auf ihrem Gebiet ausgeübt. Wenn die Landesdatenschutzbeauftragten jedoch ein Anliegen für besonders wichtig halten und einer Meinung sind, erlassen sie einen Beschluss, in dem sie ihre Ansichten darlegen. Der Name rührt daher, dass das erste Treffen der Datenschutzbeauftragten 1977 in Düsseldorf stattfand.
>
> Die Beschlüsse der Datenschutzbeauftragten haben keine Gesetzeskraft. Sie sind nur eine Interpretation des (in vielerlei Weise interpretierbaren) Rechts.
>
> Jedoch haben die Datenschutzbeauftragten die Hoheitsgewalt. Das heißt vor allem, dass sie Bußgelder erlassen dürfen. Wer einer anderen Ansicht ist, muss sie vor Gericht durchsetzen. Damit hat die Meinung der Datenschutzbeauftragten trotz fehlender Gesetzeskraft viel Gewicht.

dieser Daten daher nur mit bewusster, eindeutiger Einwilligung zulässig. Liegt eine solche Einwilligung nicht vor, ist die IP-Adresse vor jeglicher Auswertung so zu kürzen, dass eine Personenbeziehbarkeit ausgeschlossen ist.

Widerspruchsmöglichkeit bei pseudonymen Nutzerprofilen Den Betroffenen ist entsprechend § 15 Abs. 3 TMG eine Möglichkeit zum Widerspruch gegen die Erstellung von Nutzungsprofilen einzuräumen. Zum Beispiel kann den Nutzern ein Browser-Plugin angeboten werden, mit dem sie das Tracking verhindern können. Derartige Widersprüche sind wirksam umzusetzen.

Zusammenführungsverbot Die pseudonymisierten Nutzungsdaten dürfen nicht mit Daten über den Träger des Pseudonyms zusammengeführt werden. Sie müssen gelöscht werden, wenn ihre Speicherung für die Erstellung der Nutzungsanalyse nicht mehr erforderlich ist oder der Nutzer es verlangt.

Belehrung über Datenerhebung Die Nutzer müssen über die erhobenen Daten, deren Art und Umfang, die Erstellung von pseudonymen Nutzungsprofilen und die Möglichkeit zum Widerspruch in deutlicher Form im Rahmen der Datenschutzerklärung belehrt werden.

Vereinbarung über Auftragsdatenverarbeitung Die Datenschutzbeauftragten sind der Ansicht, dass trotz der Pseudonyme die Daten der Nutzer gefährdet sind, wenn nicht der Anbieter selbst das Tracking durchführt. Das ist der Fall, wenn Dienste von Drittanbietern, zum Beispiel Google Analytics, eingesetzt werden. Daher verlangen die Datenschutzbeauftragten, dass mit diesen Anbietern eine sogenannte »Vereinbarung über Auftragsdatenverarbeitung« nach § 11 BDSG abgeschlossen wird. Dabei handelt es sich um einen schriftlichen Vertrag, in dem sich der Anbieter unter anderem dazu verpflichtet, die Daten sorgfältig zu behandeln und nur im Rahmen des Auftrags zu nutzen.

 Tipp Wenn Sie einen Trackingdienst wie Piwik (*http://piwik.org*) auf eigenem Server betreiben, müssen Sie keine Vereinbarung über Auftragsdatenverarbeitung abschließen.

Checkliste: Nutzertracking

Werden personenbezogene Daten erhoben (z.B. IP-Adresse)? Falls ja:
- Ausdrückliche Einwilligung der Nutzer in das Tracking?
- Informationspflichten erfüllt?
- Widerrufsbelehrung und Widerrufsmöglichkeit?
- Vereinbarung über Auftragsdatenverarbeitung?

Werden nur pseudonyme Nutzerprofile erstellt? Falls ja:
- Informationspflichten erfüllt?
- Widerrufsbelehrung und Widerrufsmöglichkeit für die Zukunft?
- Keine Zusammenführung mit personenbezogenen Daten?
- Vereinbarung über Auftragsdatenverarbeitung?

Beispiel Google Analytics

Google Analytics ist ein kostenloser Analysedienst von Google und der beliebteste kostenlose Trackingdienst. Um ihn zu nutzen, muss ein Codeabschnitt zum Beispiel in den Code einer Website, eines Blogs oder einer Facebook-Applikation eingesetzt werden.

Google Analytics darf nach Ansicht der Datenschützer deren Vorgaben entsprechend eingesetzt werden, wenn die im Folgenden aufgezählten Voraussetzungen beachtet werden.

Anonymisierung der IP-Adresse Damit wird vermieden, dass der Dienst ein – nach Ansicht der Datenschutzbeauftragten – personenbezogenes Datum erhebt. Die Anonymisierung erfolgt mit der Methode *_anonymizeIp()*, die in den Analytics-Code eingesetzt wird (sogenanntes »IP-Masking«).

Information der Besucher Aufklärung der Besucher über den Einsatz von Google Analytics und die erfassten Daten in der Datenschutzerklärung. Ein Muster finden Sie unter *http://spreerecht.de/datenschutz-generator*.

Widerrufsbelehrung und Widerrufsmöglichkeit für die Zukunft
Die Besucher müssen in der Datenschutzerklärung belehrt werden, dass sie es vermeiden können, in Zukunft durch Google Analytics erfasst zu werden. Dazu stellt Google ein Browser-Plugin zur Verfügung (siehe *http://bit.ly/ubyU4B*).

Zusammenführungsverbot Google sichert zu, dass die statistischen Daten nicht mit anderen personenbezogenen Daten der Nutzer (zum Beispiel der Nutzer von Google+ oder Google Mail) zusammengeführt werden.

Auftragsdatenverarbeitungsvereinbarung Um die Vorgabe der Auftragsdatenverarbeitungsvereinbarung einzuhalten, bietet Google eine Mustervereinbarung, die heruntergeladen, unterschrieben und mit einem frankierten Rückumschlag an Google gesendet werden kann (siehe *http://bit.ly/rH8FIY*). In diesem Vertrag verpflichtet sich Google entsprechend den Forderungen des Düsseldorfer Kreises schriftlich dazu, die Datenschutzrechte der erfassten Nutzer zu gewährleisten.

Tipp	Eine praktische Übersicht über weitere zulässige Trackingdienste gibt die Publikation »Webstatistiken im Test – Welcher Dienst ist in Deutschland legal?« der Xamit Bewertungsgesellschaft mbH. Darin werden die beliebtesten Analysewerkzeuge (u.a. Google Analytics, eTracker, Econda, WiredMinds, Statcounter, Stats4free und Woopra) auf ihre Vereinbarkeit mit den Vorgaben der Datenschützer hin untersucht (siehe *http://bit.ly/tp7yQZ*).

◀ **Abbildung 8-13**
Der beliebte Tracking- und Analysedienst Google Analytics kann nach langem Ringen mit den Datenschützern nunmehr datenschutzkonform eingesetzt werden.

Nutzeranalyse mit Plugins der Social Media Plattformen, Facebooks »Gefällt mir«-Schaltfläche und »Insights«-Statistiken

 Hinweis Ob Verwender der »Gefällt mir«-Schaltfläche und Betreiber von Facebook-Fanseiten für potenzielle Datenschutzverstöße von Facebook selbst haften, ist noch nicht geklärt.

Ende des Jahres 2011 veröffentlichte die schleswig-holsteinische Datenschutzbeauftragte ein Analysepapier, in dem der Einsatz der »Gefällt mir«-Schaltfläche sowie der Betrieb von Facebook-Fanseiten beanstandet wurde. In diesem Arbeitspapier kamen die Datenschützer zu dem Ergebnis, dass in beiden Fällen Datenschutzverstöße vorliegen.

 Tipp Das Analysepapier mit dem Titel »Datenschutzrechtliche Bewertung der Reichweitenanalyse durch Facebook« sowie Informationen zur aktuellen Entwicklung können auf den Seiten der Datenschutzbehörde unter *https://www.datenschutzzentrum.de/facebook* abgerufen werden.

Der Ansicht schlossen sich am 8.12.2011 die anderen deutschen Datenschutzbeauftragten im Beschluss des Düsseldorfer Kreises mit dem Titel »Datenschutz in sozialen Netzwerken« an (siehe *http://bit.ly/v16Hs3*). Sie erklärten darüber hinaus, dass dies für alle Empfehlungsschaltflächen und Plugins der Social Media-Plattformen gelte, die Nutzerdaten verfolgen und analysieren.

Das Problem für Sie besteht darin, dass Sie nicht auf den ersten Blick erkennen können, ob die eingebundenen Empfehlungsschaltflächen und Plugins Nutzerdaten unerlaubterweise erfassen. Hier müssen Sie entweder eine spezialisierte Person (zum Beispiel einen versierten Techniker oder Rechtsanwalt) befragen oder selbst Informationen im Netz einholen. Sie können dazu zum Beispiel den Namen der eingebundenen Schaltfläche sowie »Datenschutz« als Suchbegriffe verwenden.

 Hinweis Vom Beschluss der Datenschutzbeauftragten sind diejenigen Plugins und Empfehlungsschaltflächen betroffen, die über einen Code in ein Angebot eingebunden werden, der weiteren Code des Plattformanbieters nachlädt (siehe Abbildung 8-15).

Im Folgenden werden die Beanstandungen der Datenschützer anhand der »Gefällt mir«-Schaltfläche von Facebook erläutert. Die

Ausführungen sowie die alternative »2-Klick-Lösung« gelten genauso für andere Social Plugins von Facebook und Empfehlungsschaltflächen von Google+ sowie Twitter.

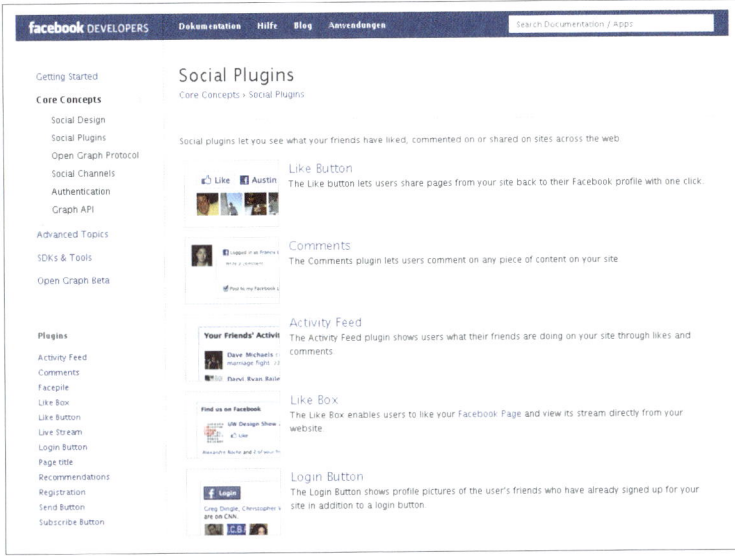

◀ Abbildung 8-14
Datenschützer beanstanden eingebundene Empfehlungsschaltflächen und Plugins, die selbstständig Nutzerdaten erfassen, ohne die Nutzer darüber zu informieren und ihnen eine Widerspruchsmöglichkeit zu geben. Betroffen sind insbesondere die Empfehlungsschaltflächen von Google+, Twitter und Facebook sowie die Social Plugins von Facebook (Quelle: http://bit.ly/tkUzNT).

Datenerhebung durch die »Gefällt mir«-Schaltfläche

Die »Gefällt mir«-Schaltfläche dient den Websitebetreibern als Instrument zur Empfehlung ihrer Angebote. Für Facebook ist sie dagegen nach Ansicht der Datenschützer ein Analysewerkzeug, mit dem das Nutzerverhalten ausgewertet werden kann.

Um die Schaltfläche zu nutzen, bindet der Websitebetreiber einen Code in sein Angebot ein. Beim Aufruf der Website durch einen Besucher werden die für die Darstellung und Funktion der Schaltfläche nötigen Inhalte (zum Beispiel JavaScript-Code und Grafiken) von Facebook-Servern geladen und eingebunden. Dabei hat der Websitebetreiber keinen Einfluss darauf, welche Inhalte Facebook beisteuert und welche Nutzerdaten erhoben werden.

| Hinweis | Anders als die »Gefällt mir«-Schaltfläche stellt die »Teilen«-Schaltfläche lediglich einen Link zu Facebook dar. Hier wird kein Code in die Website geladen. |

Dabei macht es einen Unterschied aus, ob die Nutzer auf der Facebook-Plattform eingeloggt sind oder nicht.

Nicht eingeloggte Nutzer Nach Aussagen von Facebook werden in Deutschland bei nicht eingeloggten Nutzern nur anonymisierte IP-Adressen erhoben und ein Cookie gespeichert, mit dem die Bewegungen des Nutzers pseudonym gespeichert werden. Im Fall von nicht eingeloggten Nutzern bemängeln die Datenschützer insbesondere, dass die Nutzer nicht die Möglichkeit haben, dieser Art von Tracking zu widersprechen.

Eingeloggte Nutzer Bei eingeloggten Nutzern werden die Informationen über empfohlene Websites zusammen mit ihren Profildaten gespeichert. Sie sind also personenbezogene Daten und bedürfen damit einer ausdrücklichen Einwilligung. Bei der Anmeldung auf Facebook werden die Nutzer nur auf die Datenschutzerklärung hingewiesen, sie erklären sich jedoch nicht durch den Klick auf ein Kontrollkästchen ausdrücklich mit ihr einverstanden.

 Hinweis Die Voraussetzungen für die Erhebung personenbezogener Daten können Sie weiter oben in diesem Kapitel im Abschnitt »Personenbezogene Daten« nachlesen.

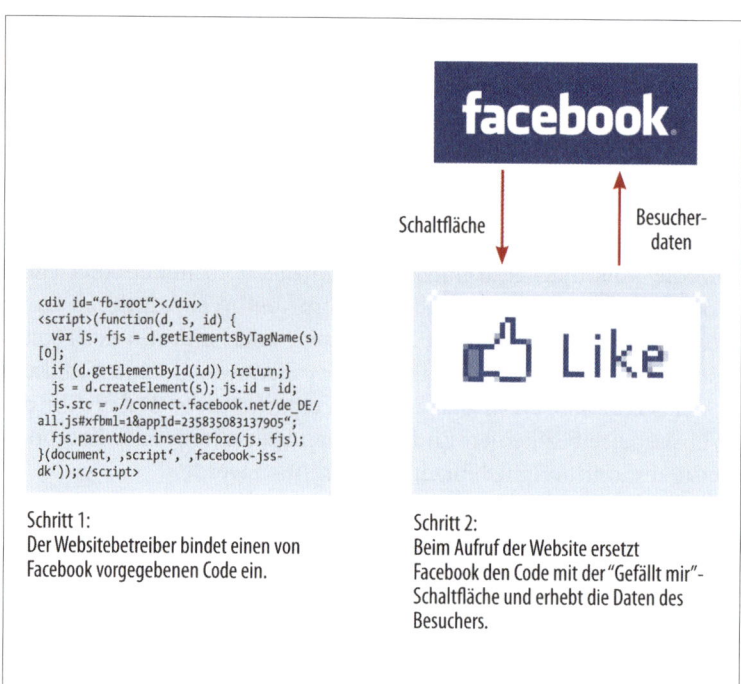

Abbildung 8-15 ▶
Der Code der »Gefällt mir«-Schaltfläche wird bei Aufruf der Seite ohne Zutun des Websitebetreibers von Facebook geliefert. Dabei erhebt Facebook Nutzerdaten.

Die »2-Klick-Lösung«

Bei der »2-Klick-Lösung« wird die »Gefällt mir«-Schaltfläche nicht sofort beim Aufruf der Website geladen. Stattdessen werden die Besucher zunächst über die Datenübermittlung an Facebook informiert und können entscheiden, ob die Empfehlungsschaltfläche geladen werden soll.

Die »2-Klick-Lösung« schützt nach Ansicht der Datenschützer zwar nicht vor Rechtsverstößen, mindert aber das Risiko, für sie belangt zu werden.

Diese für Besucher etwas umständliche Lösung bietet in jedem Fall mehr Sicherheit, da die Daten der Besucher nicht automatisch erfasst werden. Jedoch werden die Besucher nur über die Datenübermittlung an Facebook informiert, aber nicht darüber, zu welchen Zwecken und in welchem Umfang die Daten übermittelt werden. Das liegt daran, dass die Verwender der 2-Klick-Lösung schlichtweg die Details der Datenverarbeitung nicht kennen. Die Datenschutzbeauftragten sagen dazu:

> **Hinweise von Datenschutzbeauftragten**
>
> Anbieter deutscher Websites, die in der Regel keine Erkenntnisse über die Datenverarbeitungsvorgänge haben können, die beispielsweise durch Social Plugins ausgelöst werden, sind regelmäßig nicht in der Lage, die für eine informierte Zustimmung ihrer Nutzerinnen und Nutzer notwendige Transparenz zu schaffen. [Zitat aus dem Beschluss »Datenschutz in sozialen Netzwerken«, *http://bit.ly/v16Hs3*]

Es ist aber davon auszugehen, dass die Datenschutzbeauftragten, wenn sie gegen Websites vorgehen, sich den Seiten mit der 2-Klick-Lösung als Letztes zuwenden werden. Sie sind nämlich laut Gesetz dazu verpflichtet, zuerst die »größeren Gefahrenherde« zu beseitigen. Die 2-Klick-Lösung mindert daher Ihr Risiko erheblich.

Achtung Verwenden Sie im Rahmen dieser Lösung nicht das offizielle »Gefällt mir«-Symbol von Facebook, da Facebook seine Nutzung nur für die offizielle Schaltfläche erlaubt.

◀ **Abbildung 8-16**
Mit der »2-Klick«-Lösung kann das Risiko bei der Verwendung der »Gefällt mir«-Schaltfläche erheblich gesenkt werden (Quelle: heise.de, http://bit.ly/vlR35W).

Erhebung personenbezogener und pseudonymer Daten durch Insights-Statistiken der Facebook-Fanpages

Bei den Facebook-Fanseiten bemängeln die Datenschützer die »Insights« genannten Seitenstatistiken. Dabei werden Daten von Besuchern der Fanseiten erhoben. Bei nicht eingeloggten Besuchern werden nur pseudonyme Daten erhoben, bei eingeloggten werden die Interaktionen mit Fanseiten zusammen mit dem jeweiligen Profil als personenbezogene Daten gespeichert. Auch in diesem Fall werden die nicht eingeloggten Besucher weder über eine Widerrufsmöglichkeit belehrt, noch wird sie ihnen zur Verfügung gestellt. Die eingeloggten Mitglieder haben wie im Fall der »Gefällt mir«-Schaltfläche der Erfassung nicht zugestimmt.

Abbildung 8-17 ▶
Mit den »Insights«-Statistiken der Facebook-Fanseiten erhebt Facebook Besucherdaten.

Einschätzung der Rechtslage und deren Folgen

Es spricht einiges dafür, dass die Datenschützer Recht haben, wenn sie Facebook Datenschutzverstöße unterstellen. Eine andere Frage ist, ob die Verwender der »Gefällt mir«-Schaltfläche und die Betreiber von Facebook-Fanseiten für diese Datenschutzverletzungen einstehen müssen. Anders als das Analysepapier es formuliert, ist deren rechtliche Verantwortung durch die bloße Verwendung dieser Dienste juristisch nicht eindeutig geklärt.

> ### Hinweise von Datenschutzbeauftragten
>
> Die deutschen Datenschützer sind der Ansicht, dass deutsche Anwender, die zum Beispiel Google Analytics oder die »Gefällt mir«-Schaltfläche von Facebook einsetzen, gemäß § 3 Abs.7 BDSG datenschutzrechtlich verantwortlich sind. Sie begründen das damit, dass die Verwender bestimmen, ob diese Werkzeuge überhaupt eingesetzt werden. Andere Juristen sind dagegen der Meinung, dass die bloße Entscheidung über den Einsatz eines Werkzeugs dafür nicht ausreicht, weil die Anwender darüber hinaus im Hinblick auf die Datenverarbeitung in völliger Abhängigkeit von Anbietern wie Facebook stehen. Nur die Anbieter bestimmen die konkrete Verarbeitung der mit den Werkzeugen erhobenen Daten.

Achtung Unabhängig von der Frage der datenschutzrechtlichen Verantwortlichkeit sind Sie in jedem Fall für die Information Ihrer Nutzer über den Einsatz und die Datenerhebung der »Gefällt mir«-Schaltfläche verantwortlich. Eine Mustervorlage finden Sie unter *http://spreerecht.de/datenschutz-generator*.

Zum Zeitpunkt, zu dem dieses Buch verfasst wurde, war es nach Ansicht der Datenschutzbeauftragten nicht möglich, eine Facebook-Fanseite rechtssicher zu betreiben. Die »Gefällt mir«-Schaltfläche könnte allerdings zumindest mit der 2-Klick-Lösung risikomindernd eingesetzt werden.

Hinweis Eine solche Einwilligung kann mit der sogenannten 2-Klick-Lösung erreicht werden, die im vorigen Abschnitt behandelt wurde.

Die Vorgaben der Datenschutzbeauftragten stoßen in Politik und Wirtschaft vielfach auf Ablehnung. Es wird zwar begrüßt, dass Social Media-Plattformen wie Facebook, Google+ oder Twitter zu datenschutzkonformem Verhalten bewegt werden sollen. Es wird aber bemängelt, dass dies mithilfe von Drohungen gegenüber den Verwendern der Dienste erreicht werden solle. Angesichts der bisher geringen Folgen von Datenschutzverstößen (dargestellt im Abschnitt »Rechtsfolgen bei Verstößen gegen Datenschutzvorschriften« am Ende des Kapitels) brauchen Sie sich allerdings nur dann Sorgen bei der weiteren Nutzung der Facebook-Dienste zu machen, wenn Sie einen Imageschaden befürchten. Bußgelder oder Abmahnungen müssen Sie dagegen derzeit nicht erwarten.

Tipp In seinem Blog auf *http://spreerecht.de* hält der Autor Sie über die aktuellen Entwicklungen der Datenschutzdebatte auf dem Laufenden.

Social Media-Monitoring

Beim Social Media-Monitoring handelt es sich um eine neue Analyseart, die den Eigenheiten des Social Media-Marketings gerecht wird. Hier helfen traditionelle Analysen der Besucherzahlen oder –interaktionen oft nicht weiter, weil sie die tatsächliche Wirkung von Nutzerinteraktionen oder Empfehlungen nicht wiedergeben. Zum Beispiel hat der Tweet einer Person, die von anderen Nutzern als vertrauenswürdig angesehen wird (sogenannte »Influencer« oder »Social Hubs«) eine größere Wirkung als zig Tweets anderer Personen zusammen. Auch eine große Anzahl von Kommentaren zu einem Blogbeitrag ist kein Qualitätsmerkmal, da diese zum Beispiel allesamt negative Aussagen über ein Unternehmen enthalten könnten.

Daher werden mithilfe des Social Media-Monitoring nutzergenerierte Inhalte, Beiträge und Gespräche in sozialen Medien beobachtet und im Hinblick auf ihre Auswirkungen für ein Unternehmen oder eine Marke untersucht. So wird zum Beispiel nicht nur die Anzahl der Blogbeiträge oder Tweets im Bezug auf ein Unternehmen erfasst, sondern auch deren Inhalt, also ob sie sich positiv, negativ oder neutral über das Unternehmen äußern (auch »Sentimentanalyse« genannt).

Dabei muss nicht nur auf den Datenschutz, sondern auch auf Urheberrechte Rücksicht genommen werden.

Abbildung 8-18 ▶
Das Social Media-Monitoring-Werkzeug Radian 6 (Quelle: http://bit.ly/zEQvSY)

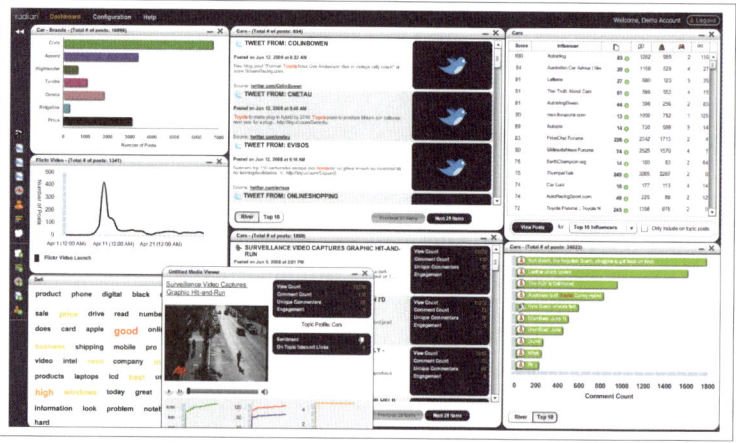

Erfassung und Analyse allgemein zugänglicher Daten

 Hinweis   Allgemein zugängliche Daten dürfen nur dann nicht verarbeitet werden, wenn schutzwürdige Nutzerbelange offensichtlich dagegensprechen.

Die beim Social Media-Monitoring erfassten Nutzerbeiträge und Inhalte enthalten in der Regel die Namen der Nutzer sowie Links zu deren Websites, Blogs oder Social Media-Profilen und stellen damit personenbezoge Daten dar.

Jedoch dürfen personenbezogene Daten nach § 28 Abs.1 Nr.3 BDSG erhoben und verarbeitet werden, wenn sie allgemein zugänglich sind, also dazu dienen, einem nicht bestimmbaren Personenkreis Informationen zu vermitteln. Darunter fallen alle nutzergenerierten Inhalte und Beiträge, die ohne Zustimmung der Nutzer erfasst werden dürfen, also unter anderem folgende:

- Social Media-Profile und Seiten, die ohne Bestätigung der Nutzer für jedermann sichtbar sind,
- Tweets, solange sie nicht gesperrt sind,
- Blogbeiträge und zugehörige Kommentare,
- Einträge auf Bewertungsplattformen und
- Forenbeiträge.

Analyse geschlossener Profile und Plattformen

Hinweis   Wird der Zugang zu geschlossenen Bereichen gestattet, ist damit in der Regel nicht zugleich die Erlaubnis zur Analyse des Bereichs inbegriffen.

Ist der Zugang zu den Beiträgen der Nutzer von ihrer Bestätigung abhängig, sind sie nicht allgemein zugänglich. Erlaubt der Nutzer den Zugang, so erstreckt sich die Erlaubnis nur auf die soziale Interaktion, aber nicht auf die kommerzielle Analyse seines Verhaltens.

Damit wäre eine Analyse von Facebook-Profilen nicht zulässig, auch wenn die Nutzer die Freundschaftsanfrage des Analysierenden bestätigt haben. Nur wenn die Nutzer ausdrücklich auf die Analyseabsicht hingewiesen werden und ihr zustimmen, dürfen ihre Beiträge ausgewertet werden.

Hinweis   Diese enge Auslegung der Bestätigung von Freundschaftsanfragen ist auch beim Direktmarketing zu beachten: Bestätigte Freundschaftsanfragen rechtfertigen nicht die Zusendung von Werbenachrichten, wie in Kapitel 7 im Abschnitt »Direktmarketing auf Social Media-Plattformen« erklärt wird.

Neben einzelnen Nutzerprofilen können auch ganze Plattformen den Zugang von bestimmten Kriterien abhängig machen. Zum Beispiel können viele Onlineforen erst nach erfolgter Registrierung gelesen werden. In diesem Fall müssen bei der Registrierung die Nutzungsbedingungen der Plattform beachtet werden. In vielen Foren ist zum Beispiel eine Klausel enthalten, die besagt, dass ihre Auswertung oder Nutzung für kommerzielle Zwecke nicht erlaubt ist. Dann dürfen die Nutzerbeiträge ebenfalls nicht ausgewertet werden.

Achtung Die unerlaubte Analyse von gesperrten Inhalten (wie auch die meisten Datenschutzverstöße) kann praktisch kaum entdeckt werden. Zu Problemen kommt es jedoch in diesen Fällen, wenn unzufriedene Mitarbeiter die Rechtsverstöße nach außen geben und so Datenschutzbehörden auf sie aufmerksam machen und zudem einen Imageverlust herbeiführen.

Analyse von Mitarbeiterinformationen

Hinweis Die Analyse von Mitarbeiterinformationen kann auch dann verboten sein, wenn die Daten allgemein zugänglich sind.

Auch allgemein zugängliche Daten dürfen nicht analysiert werden, wenn dabei die schutzwürdigen Interessen der Nutzer das Interesse der Analysierenden offensichtlich überwiegen. Das ist insbesondere dann der Fall, wenn Arbeitgeber Social Media-Aktivitäten ihrer Mitarbeiter überwachen. Dies ist laut Gesetz (§ 32 BDSG) nur dann erlaubt, wenn es zur Durchführung, Beendigung oder Abwicklung des Beschäftigungsverhältnisses erforderlich ist. Insbesondere ist es in folgenden Fällen zulässig:

Leistungskontrolle Der Arbeitgeber darf die Aktivitäten der Social Media-Teams des Unternehmens überwachen, um ihre Leistung zu kontrollieren.

Überprüfung potenzieller Verstöße Der Arbeitgeber darf Hinweisen auf konkrete arbeitsrechtliche Verstöße der Arbeitnehmer nachgehen. Zum Beispiel darf er Forenbeiträge in Privatforen auswerten, wenn er auf mögliche rufschädigende Äußerungen eines Arbeitnehmers hingewiesen worden ist.

Berufliche Aktivitäten Der Arbeitgeber darf auch die berufliche Selbstdarstellung von Arbeitnehmern überprüfen, zum Beispiel innerhalb von Business-Netzwerken.

Achtung Bei der hier beschriebenen Überwachung und Kontrolle von Mitarbeitern handelt es sich um Maßnahmen, die nach § 87 Abs.1 Nr. 7 BetrVerfG der Zustimmung des Betriebsrates, sofern vorhanden, bedürfen. Das gilt auch, wenn die Mitarbeiter beiläufig und nicht als primäres Ziel des Social Media-Monitorings erfasst werden.

Davon abgesehen darf der Arbeitgeber nicht gezielt nach Informationen über die Arbeitnehmer suchen. Insbesondere darf er nicht die privaten Social Media-Profile seiner Arbeitnehmer zur Informationsgewinnung nutzen.

Achtung	Wann ein soziales Netzwerk privat und wann es beruflich genutzt wird, hängt von dem Arbeitnehmer selbst ab. Zum Beispiel werden Profile bei Google+ und Twitter-Accounts oft für rein berufliche Zwecke verwendet.	

Ganz besonders bei neuen Bewerbern dürfen nur Informationen eingeholt werden, die die »fachlichen und persönlichen Fähigkeiten, Kenntnisse und Erfahrungen« sowie die Ausbildung und den bisherigen beruflichen Werdegang betreffen.

Eine Ausnahme liegt vor, wenn die Einwilligung der Mitarbeiter vorliegt. Jedoch muss diese auch die Analyseabsichten umfassen und freiwillig erfolgt sein. Zum Beispiel ist nicht davon auszugehen, dass ein Mitarbeiter sich mit der arbeitsrechtlichen Analyse seines Privatverhaltens einverstanden erklärt, wenn er die »Freundschaftsanfrage« seines Arbeitgebers bestätigt. Auch die Nutzungsbedingungen der Plattformen verbieten oft die geschäftliche Informationsverwertung.

Achtung	Das Social Media-Monitoring von Mitarbeitern ist ein sehr neues Feld, zu dem es noch keine gerichtlichen Entscheidungen gibt. Arbeitgeber sollten sich deshalb vorher bei einem spezialisierten Rechtsanwalt informieren.	

Die Folge können Bußgelder, Schadensersatzansprüche der Mitarbeiter und Verbote sein, die so gewonnenen Informationen zum Beispiel als Grundlage einer Abmahnung des Arbeitnehmers zu verwerten.

Werden nicht arbeitsbezogene Mitarbeiterinformationen im Rahmen des allgemeinen Social Media-Monitoring erfasst, dürfen Arbeitgeber diese Zufallsfunde in der Regel ebenfalls nicht verwerten.

Hinweis	Während das vorliegende Buch verfasst wurde, befand sich das Datenschutzrecht der Arbeitnehmer in Umarbeitung. Nach den Plänen der Bundesregierung soll das Bundesdatenschutzgesetz noch im Jahr 2012 um neue, detaillierte Vorschriften ergänzt werden, die zum Beispiel die Datenerhebung in privat genutzten sozialen Netzwerken verbieten.	

Abbildung 8-19 ▶
Arbeitgeber dürfen nur in Ausnahmefällen die privaten Aktivitäten der Arbeitnehmer beobachten. Der Gesetzgeber lässt daher den Einblick in berufliche Social Media-Profile zu (z. B. bei Xing oder LinkedIn), während private Profile wie die auf Facebook nicht beobachtet werden dürfen.

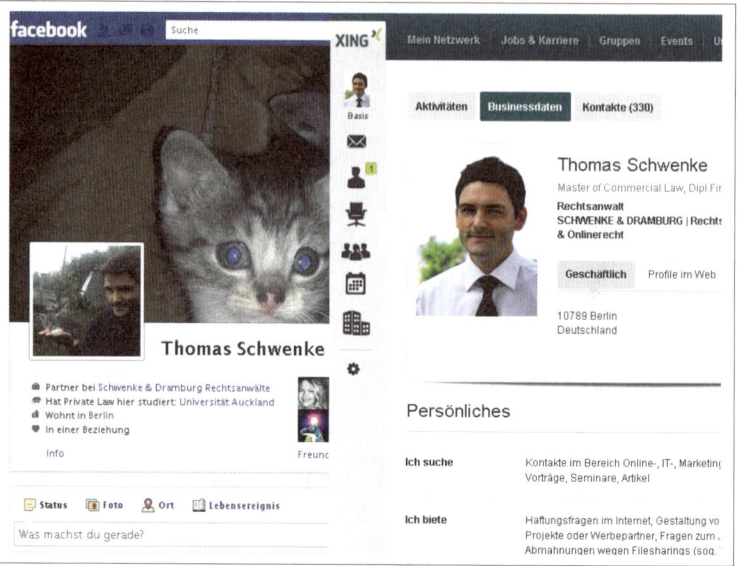

Urheberrecht

 Hinweis Werden urheberrechtlich geschützte Nutzerinhalte für Zwecke der Analyse ohne Erlaubnis der Nutzer gespeichert, liegt eine Urheberrechtsverletzung vor.

Neben Datenschutzproblemen können sich beim Social Media-Monitoring urheberrechtliche Probleme ergeben. Zum Zweck der Analyse speichern die Werkzeuge oft die Inhalte von Nutzerbeiträgen in eigenen Datenbanken. Dabei handelt es sich um eine Vervielfältigung, die bei urheberrechtlich geschützten Inhalten einer Erlaubnis des jeweiligen Nutzers bedarf. Texte sind dann urheberrechtlich geschützt, wenn sie individuell und persönlich formuliert sind, was eine gewisse Textlänge voraussetzt. Blogartikel, ausführliche Blogkommentare oder Forenbeiträge sind daher in der Regel geschützt, Tweets sowie kurze und sachliche Nutzerbeiträge dagegen meist nicht.

 Hinweis Wann Texte urheberrechtlich geschützt sind, können Sie in Kapitel 2 im Abschnitt »Verwendung von Texten« nachlesen.

Das hat zu Folge, dass die Zwischenspeicherung der urheberrechtlich geschützten Beiträge – zum Beispiel für weitere Analysen oder Analyseberichte – einen Urheberrechtsverstoß darstellt. Hier gibt es nur zwei Ausnahmen, von denen nur eine praktisch in Frage kommt:

Vorübergehende Vervielfältigung Wenn die Zwischenspeicherung flüchtig oder begleitend ist, greift die Ausnahme des § 44a UrhG: Wenn geschützte Inhalte nur vorübergehend zwecks automatischer oder menschlicher Analyse am Bildschirm in den Zwischenspeicher geladen und anschließend sofort gelöscht werden (ähnlich wie in einem Browser), liegt kein Urheberrechtsverstoß vor.

Grundsätze für Pressespiegel Da die Social Media-Analyse mit einem Pressespiegel verglichen werden kann, könnte die Ausnahme des § 49 UrhG für »Zeitungsartikel und Rundfunkkommentare« greifen. Doch auch die Anwendung der Ausnahme bringt praktische Probleme mit sich: Die Vorschrift erlaubt es zwar, Zeitungsbeiträge für den unternehmensinternen Gebrauch zu vervielfältigen, aber digital ist das nur dann erlaubt, wenn die Texte nicht durchsucht werden können, also als Grafiken oder nicht durchsuchbare PDFs vorliegen. Zudem muss diese Nutzung bei der zuständigen Verwertungsgesellschaft (zum Beispiel der VG Wort) angemeldet und entlohnt werden, außer es handelt sich nur um eine Übersicht mit kurzen Auszügen.

Rechtsfolgen bei Verstößen gegen Datenschutzvorschriften

Achtung Das höchste Risiko bei Datenschutzverstößen gehen Sie ein, wenn Sie Nutzerdaten unerlaubterweise an Dritte verkaufen oder für den Spamversand nutzen.

Den strengen gesetzlichen Anforderungen an den Datenschutz stehen die vergleichsweise geringen Folgen bei Datenschutzverstößen gegenüber. Das gilt für die typischen Verstöße bei Onlineangeboten, zu denen fehlerhafte oder nicht vorhandene Datenschutzbelehrungen und die Nutzung von Diensten und Werkzeugen gehören, die gegen das Datenschutzrecht verstoßen.

Bußgelder

Datenschutzbeauftragte können bei typischen Rechtsverstößen in Onlinenageboten gemäß § 16 TMG ein Bußgeld von bis zu 50.000 Euro verhängen. Praktisch findet jedoch zuerst eine Ermittlung statt, in deren Rahmen den potenziellen Rechtsverletzern eine Möglichkeit zur Stellungnahme und Nachbesserung gegeben wird.

 **Hinweis** — Datenschutzbeauftragte werden meistens nicht von sich aus tätig, sondern aufgrund von Hinweisen. Diese können von Wettbewerbern kommen, aber auch von unzufriedenen Mitarbeitern, die oft Kenntnisse der internen Datenverarbeitungsvorgänge haben.

Abmahnungen durch Konkurrenten

Derzeit haben Wettbewerber bei Abmahnungen wegen datenschutzrechtlicher Verstöße mit wenig Erfolg zu rechnen. Nach § 4 Nr.11 UWG setzt die Abmahnung wegen eines Rechtsverstoßes voraus, dass die Vorschrift, gegen die verstoßen wurde, »dazu bestimmt ist, im Interesse der Marktteilnehmer das Marktverhalten zu regeln.«

Die bisherigen Gerichtsentscheidungen zeigen jedoch, dass Datenschutzvorschriften in der Regel nicht als »marktregelnd« angesehen werden. Auch der Verweis auf den Verbraucherschutz vermochte die Gerichte bisher nicht umzustimmen. Sie gehen vielmehr davon aus, dass nur die Betroffenen selbst sich auf Datenschutzvorschriften berufen können.

Fallbeispiel

Das Kammergericht Berlin urteilte, dass der fehlende Hinweis auf den Einsatz der »Gefällt mir«-Schaltfläche von Facebook nicht zu einer Abmahnung durch einen Konkurrenten berechtigt. Es begründete diese Entscheidung in einem Schnellverfahren damit, dass Datenschutzverstöße keinen Einfluss auf den Markt haben. [KG Berlin, Beschluss v. 29.4.2011, AZ. 5 W 88/11]

Diese Haltung des Gerichts wird von vielen Juristen kritisiert. Es ist auch schwer zu erklären, warum die Abkürzung des Vornamens in einem Impressum zu einer Abmahnung wegen Beeinträchtigung der Verbraucherrechte berechtigt, eine fehlende Datenschutzerklärung jedoch nicht.

 Tipp — Es kann derzeit nicht abschließend beurteilt werden, ob die Gerichte an ihrer Ansicht festhalten werden. Um auf eventuelle Änderungen vorbereitet zu sein, sollten Sie versuchen, Ihre Onlineangebote möglichst datenschutzkonform zu gestalten.

Nur in Ausnahmefällen sehen die Gerichte auch bei Datenschutzverstößen zugleich einen abmahnbaren Einfluss auf den Markt. Dazu gehören Fälle, in denen die Datenschutzverstöße gezielt und geplant zum Zweck der Gewinnerzielung begangen werden.

Unerwünschte Werbung Wenn die Daten von Nutzern dazu verwendet werden, ihnen im Rahmen von Direktmarketing ohne ausdrückliche Einwilligung Werbeinhalte zuzusenden, ist eine Abmahnung berechtigt (wobei in diesem Fall auch ein Verstoß gegen § 7 UWG vorliegt). Mehr zu den Voraussetzungen für Direktmarketing erfahren Sie in Kapitel 7.

Verkauf von Nutzerdaten Auch in Fällen, in denen Anbieter die Daten ihrer Nutzer ohne Einwilligung veräußern, können sie von Konkurrenten abgemahnt werden.

Fallbeispiel

Das Oberlandesgericht Stuttgart entschied, dass ein Telekommunikationsdienstleister, der Daten seiner Kunden ohne ihr Einverständnis an eine Lotterieeinnahmestelle bewusst für deren Wettbewerbszwecke weitergab, einen abmahnbaren Wettbewerbsverstoß beging. [OLG Stuttgart, Urteil v. 22.2.2007, Az. 2 U 132/06]

Achtung Auch wenn Sie unberechtigte Abmahnungen erhalten, kostet das Zeit und Geld, die nicht ersetzt werden. Daher sollten Sie mit datenschutzkonformem Verhalten und insbesondere einer vollständigen Datenschutzerklärung solche Abmahnungen vermeiden. Weitere Informationen zu Abmahnungen und ihren Kosten finden Sie in Kapitel 10.

Abmahnungen durch betroffene Personen

Abmahnungen und Klagen von Privatpersonen sind bei Datenschutzverstößen (außer beim Versand unverlangter Werbung) eine Ausnahme. Das liegt daran, dass zum einen aufgrund der unklaren Rechtslage ein Kostenrisiko besteht und zum anderen viele Rechtsanwälte aufgrund der geringen Streitwerte und möglichen Einnahmen von unter 100 Euro zumindest finanziell nicht motiviert sind, die oft komplizierten Fälle zu bearbeiten.

Anders sieht es beim Versand unerwünschter E-Mail-Werbung aus, wo aufgrund der klaren Rechtslage Abmahnungen durch Privatpersonen nicht unüblich sind.

Imageschaden

Datenschutzverstöße können jedoch Ihrem Image bzw. dem Ihres Unternehmens schaden. Vor allem wenn Ihre Kunden sorgfältig auf Rechtskonformität achten, sollten Sie zum Beispiel die oben angeführte 2-Klick-Lösung bei der »Gefällt mir«-Schaltfläche einsetzen, um die Gefahr eines Datenschutzverstoßes zu vermeiden.

 Hinweis Eine Datenschutzerklärung wird heutzutage von vielen Nutzern erwartet. Deren Fehlen wird daher als Zeichen fehlender Professionalität bewertet und führt oft zum Argwohn gegenüber dem Anbieter.

Checkliste Datenschutz

Grundsätze bei Erhebung, Verarbeitung und Weitergabe personenbezogener Daten

- Ausdrückliche Einwilligung der Nutzer oder gesetzliche Erlaubnis
- Information der Nutzer über Zweck, Art und Umfang der Datenverarbeitung
- Keine nachträgliche Verwendung für andere Zwecke
- Erforderlichkeit, Datenvermeidung und Datensparsamkeit
- Direkterhebung beim Betroffenen
- Widerrufsbelehrung und Widerrufsmöglichkeit
- Löschungspflichten

Erforderlichkeit einer eigenen Datenschutzerklärung

- Bei selbstständigen Angeboten (z.B. Blogs)
- Wenn innerhalb einer Plattform selbstständig Daten erhoben werden (Newsletter, Gewinnspiele, Applikationen)

Einbindung von Drittinhalten

- Kein Risiko, wenn nur Inhalte eingebunden werden (Bilder, Videos)
- Vorgaben für Nutzertracking beachten, wenn zugleich Nutzerdaten erfasst werden (Facebook »Gefällt-mir«)

Nutzertracking und Erstellung von Nutzerprofilen

- Einwilligung bei Erfassung personenbezogener Daten
- Kein Einwilligung bei pseudonymen Nutzerprofilen, aber
- Zusammenführung mit personenbezogenen Daten ist verboten
- Informationspflichten über Zweck, Art und Umfang der Datenverarbeitung
- Widerrufsbelehrung und Widerrufsmöglichkeit
- Vereinbarung über Auftragsbearbeitung, wenn Dritte beauftragt oder deren Dienste verwendet werden

Social Media Monitoring

- Erfassung allgemein zugänglicher Daten ist erlaubt
- Analyse von geschlossene Bereichen ist nicht erlaubt
- Mitarbeitern dürfen nicht im privaten Umfeld beobachtet werden
- Urheberrechtsverletzungen beim Speichern von Inhalten

Rechtsfolgen

- Bußgelder
- Abmahnung von Wettbewerbern – vor allem beim Direktmarketing und Verkauf von Daten
- Abmahnung oder Klage durch betroffene Personen
- Imageschaden

Haftung für Mitarbeiter, Agenturen, Nutzer und Links

9

In den vorangegangenen Kapiteln haben Sie erfahren, welche Rechtsverstöße beim Social Media-Marketing begangen werden können. Darunter sind zum Beispiel Verstöße gegen Urheber-, Marken- und Persönlichkeitsrechte, üble Nachrede, Schmähungen und unlautere Wettbewerbsmaßnahmen. Es sind jedoch nicht nur die *eigenen* Verstöße, für die Sie rechtlich einstehen, also haften müssen: Es gibt eine Vielzahl von Situationen, in denen Sie auch für *fremde* Rechtsverletzungen in Haftung genommen werden können. In diesem Kapitel erfahren Sie, wann das der Fall sein kann und wie Sie die Haftung für Dritte vermeiden oder zumindest minimieren können. Zugleich lernen Sie dabei, an wen Sie sich wenden können, falls Ihre Rechte verletzt worden sind.

Eine Haftung für fremde Rechtsverstöße kann sich insbesondere dann ergeben, wenn diese von Ihren Mitarbeitern begangen worden sind. Das kann sogar der Fall sein, wenn Ihre Mitarbeiter die Rechtsfehler in ihrer Freizeit begehen. Daher werden Sie erfahren, wie Sie die Mitarbeiter instruieren sollten, um solche Situationen zu vermeiden. Einen wesentlichen Beitrag dazu leisten sogenannte *Social Media-Guidelines*, die in diesem Kapitel ausführlich besprochen werden.

Auch müssen Sie für eingekaufte Inhalte oder Handlungen von beauftragten Agenturen einstehen. Dazu erhalten Sie im Folgenden Hinweise dazu, worauf Sie bei der Vertragsgestaltung im Hinblick auf die Haftung sowohl als Agentur als auch als Auftraggeber achten müssen. Anschließend lernen Sie das Haftungsprivileg bei Nutzerinhalten kennen, und was Sie vermeiden müssen, um es nicht zu verlieren. Zum Abschluss geht es in diesem Kapitel noch um Linkhaftung und ihre Vermeidung.

Haftung für Mitarbeiter

Arbeitgeber haften für die von ihren Mitarbeitern im Rahmen des Arbeitsauftrags begangenen Rechtsverstöße.

Nach §§ 7 und 10 TMG gelten die von Ihren Mitarbeiten erstellten Inhalte als Ihre eigenen. Das bedeutet, dass Sie für Rechtsverstöße darin so einstehen müssen, als ob Sie sie selbst begangen hätten.

Hinweis Wer für eine Rechtsverletzung haftet, der muss sie beseitigen, zusichern, dass sie in der Zukunft nicht erneut begangen wird, unter Umständen Schadensersatz zahlen und die aufgrund der Rechtsverletzung entstandenen Rechtsanwaltskosten tragen. Mehr zu den Auswirkungen der Haftung erfahren Sie in Kapitel 10.

Die Haftung für Mitarbeiter erstreckt sich zunächst auf die Pflicht zur Beseitigung des Rechtsverstoßes und das Versprechen, ihn nicht erneut zu begehen. Aber auch im Hinblick auf die Pflicht zur Zahlung von Schadensersatz und die Übernahme der Kosten der Abmahnung vermutet das Gesetz, dass Sie für die Fehler der Mitarbeiter einstehen müssen. Sie können Ihre Haftung jedoch ausnahmsweise nach den im Folgenden besprochenen Fällen ausschließen, insbesondere wenn Sie nachweisen können, dass Sie die Mitarbeiter ausreichend instruiert haben. Das ist auch die Voraussetzung dafür, von den Mitarbeitern eine Beteiligung an den entstandenen Kosten zu verlangen oder eine Abmahnung oder sogar Kündigung auszusprechen.

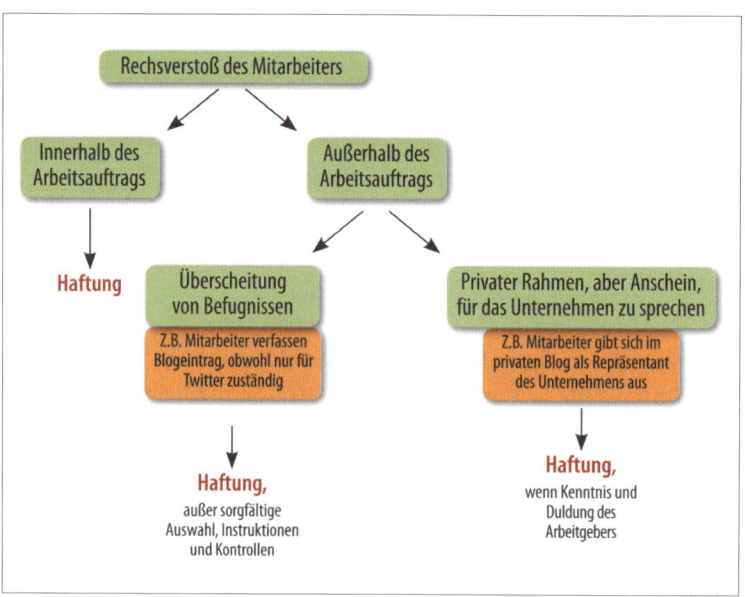

Abbildung 9-1 ▶
Überblick über die Haftung des Arbeitgebers für Handlungen von Mitarbeitern

Es wird jedoch immer schwieriger zu sagen, wann ein Arbeitgeber für die Aktivitäten seiner Mitarbeiter haften muss. Anders als das traditionelle Marketing ist das Social Media-Marketing ständig im Fluss. Die Nutzer halten sich nicht an Betriebszeiten, sondern veröffentlichen rund um die Uhr Meinungen und Fragen an Unternehmen und erwarten auch zeitnahe Antworten. Daher sind mit Social Media beauftragte Mitarbeiter oft auch in ihrer Freizeit beruflich tätig. Gleichzeitig können sie sich aber auch in ihrem Privatbereich, zum Beispiel in einem Blog, zum Unternehmen äußern. Damit verschwindet die althergebrachte Grenze zwischen Freizeit- und haftungsbegründenden Arbeitstätigkeiten immer mehr.

Haftung innerhalb des Arbeitsauftrags

Sie haften für die Rechtsverstöße Ihrer Mitarbeiter, wenn diese innerhalb ihrer Arbeitstätigkeit begangen worden sind. Wenn Ihre Mitarbeiter dagegen in ihrem Privatbereich Rechtsverstöße begehen, haften Sie grundsätzlich nicht dafür. Für die Frage, ob eine Arbeits- oder eine Privattätigkeit vorliegt, sind im Social Media-Marketing Begriffe wie »Arbeitszeit« und »Freizeit« keine geeigneten Kriterien. Es ist irrelevant, ob die Mitarbeiter vom Büro oder von zu Hause aus tätig sind oder ob sie während der Bürozeiten oder in ihrer Freizeit handeln.

Das Kriterium für die Frage, ob Sie für die Mitarbeiter haften müssen, ist weder Ort noch Zeit, sondern der Bezug zu deren Arbeitstätigkeit.

Zur Abgrenzung ist vielmehr auf die Frage abzustellen, ob ein Mitarbeiter im Rahmen seines Arbeitsauftrages tätig ist. Es kommt für die Haftung also darauf an, mit welchen Aufgaben Sie den Mitarbeiter beauftragt haben.

| Hinweis | Diese Abgrenzung ist dieselbe wie bei der Frage, welche Rechte Sie an den von den Mitarbeitern erstellten Inhalten haben. Die Ausführungen dazu finden Sie in Kapitel 4 im Abschnitt »Durch Mitarbeiter erstellte Inhalte«. |

Ist ein Mitarbeiter gar nicht mit Social Media-Marketing, sondern zum Beispiel mit Buchhaltung beauftragt, dann handelt es sich nicht um Arbeitstätigkeit, wenn er zum Beispiel rechtsverletzende Blogkommentare verfasst.

Auch in dem Fall, dass Sie einen Mitarbeiter mit der Pflege der Social Media-Aktivitäten ausdrücklich nur innerhalb der Arbeitszeiten oder nur mit der Betreuung der Facebook-Fanseite beauftragt haben, haften Sie in der Regel nicht für in der Freizeit von ihm verfasste rechtswidrige Blogkommentare.

Abbildung 9-2 ▶

Arbeit und Freizeit verschwimmen immer mehr. Mit Social Media beauftragte Mitarbeiter sind oft außerhalb des Büros und der Bürozeiten tätig, wie hier auf der Facebook-Fanseite von sheepworld an einem Sonntag. Das bedeutet, dass der Arbeitgeber auch für diese Beiträge einstehen muss.

Achtung Wenn Sie alle Mitarbeiter dazu aufgerufen haben, sich an den Social Media-Bemühungen des Unternehmens zu beteiligen, dann haften Sie für alle in diesem Rahmen begangenen Rechtsverstöße der Mitarbeiter – auch für die des Buchhalters.

Ist ein Mitarbeiter dagegen allgemein mit der Betreuung Ihres Social Media-Auftritts beauftragt, dann passiert jede damit verbundene Tätigkeit des Mitarbeiters grundsätzlich »während der Arbeit.« Das heißt, dass Sie auch dann haften, wenn der Mitarbeiter an einem Sonntag von zu Hause aus auf einen Blogkommentar über Ihr Unternehmen eingeht und dabei eine rechtsverletzende Meinung äußert.

Tipp Geben Sie Ihren Mitarbeitern klare Anweisungen, ob und in welchem Umfang diese für das Unternehmen und in dessen Namen in sozialen Medien agieren dürfen. Je klarer die Arbeitsanweisungen, desto geringer Ihr Haftungsrisiko. Beispiele finden Sie im Muster für Social Media Guidelines im Anhang.

Haftung außerhalb des Arbeitsauftrags

Ist der Mitarbeiter außerhalb des Arbeitsauftrags tätig, haften Sie für ihn nur dann, wenn Sie zu dem Rechtsverstoß beigetragen haben. Dieser Beitrag kann in der mangelnden Auswahl, Überwachung und Instruktion der Mitarbeiter liegen oder auch darin, dass Sie deren unternehmensbezogene rechtsverletzende Aktivitäten kannten und duldeten.

Hinweis	Handelt der Mitarbeiter innerhalb seines Arbeitsauftrags, haften Sie auch für seine Rechtsfehler. Sie können die Haftung nicht mit dem Hinweis darauf abstreiten, dass Sie den Mitarbeiter nur mit rechtmäßigen Tätigkeiten beauftragt haben.

Haftung wegen fehlerhafter Auswahl, Kontrolle und mangelnder Instruktionen

Besonders wenn ein Mitarbeiter mit Bezug zu seiner Berufstätigkeit, aber außerhalb des Arbeitsauftrags handelt, ist es schwer zu sagen, ob der Arbeitgeber dafür einstehen muss. Der Gesetzgeber vermutet zuungunsten des Arbeitgebers, dass er auch dann haftet, wenn ein Mitarbeiter seine Befugnisse überschreitet. Nur wenn die folgenden Voraussetzungen des § 831 BGB vorliegen, kann sich der Arbeitgeber von der Haftung befreien.

Überschreiten Mitarbeiter ihre Aufgabenbereiche und begehen dabei Rechtsverstöße, können Sie sich der Haftung nur mit Nachweis der sorgfältigen Auswahl, Kontrolle und Instruktion dieser Mitarbeiter entziehen.

Fehler außerhalb des Arbeitsauftrags Der Arbeitnehmer muss den Fehler außerhalb des ihm zugewiesenen Aufgabenkreises begangen haben – zum Beispiel, wenn der Mitarbeiter nicht mit der Betreuung der Facebook-Fanseite beauftragt war, aber einen rechtswidrigen Beitrag darauf verfasst hat. Das bedeutet jedoch nicht, dass Sie sich der Haftung entziehen könnten, weil Sie den Mitarbeiter angewiesen haben, nur rechtmäßige Inhalte einzustellen. So haften Sie für alle Urheberrechtsverletzungen und wettbewerbswidrigen Aussagen eines mit Social Media-Marketing beauftragten Mitarbeiters im Unternehmensblog, weil diese im Rahmen seines Aufgabenkreises begangen worden sind.

Sorgfältige Auswahl Bei der Auswahl des Mitarbeiters müssen Sie sorgfältig darauf achten, dass er die ihm übertragenen Aufgaben beherrscht und zuverlässig ist. Zum Beispiel wäre ein Mitarbeiter, der schon durch ausfallendes Verhalten gegenüber Kunden aufgefallen ist, nicht geeignet. Auch wenn ein Mitarbeiter aufgrund seiner persönlichen Fähigkeiten rechtliche oder technische Sachverhalte nicht überblicken kann, ist er nicht geeignet.

Instruktion und Schulung Auch wenn der Mitarbeiter dem Grunde nach vertrauenswürdig und der Aufgabe gewachsen ist, müssen Sie ihn sorgfältig unterrichten, was genau zu seinem Arbeitsgebiet gehört und was nicht. Dazu gehört zum Beispiel eine technische Einweisung in den Arbeitsbereich und die verwendeten Werkzeuge. Wenn Sie dem Mitarbeiter erlauben, nach Belieben Accounts zu eröffnen oder Tools nach seiner Wahl ohne Rücksprache zu nutzen, haften Sie, wenn dabei Rechtsverstöße begangen werden – zum Beispiel wenn Nutzer-

Analysetools eingesetzt werden, die rechtswidrig sind. (Mehr zum Einsatz von Dritt-Tools erfahren Sie in Kapitel 8.)

Kontrolle Sie müssen zumindest stichprobenartig prüfen, ob die Mitarbeiter sich an Ihre Anweisungen halten. Dazu sollten Sie in den ersten Tagen täglich überwachen, was der Mitarbeiter veröffentlicht. Hat sich der Mitarbeiter als zuverlässig erwiesen, reichen zum Beispiel wöchentliche Stichproben. Diese Aufgabe können Sie auch an einen anderen Mitarbeiter übertragen, zum Beispiel den Leiter der PR-Abteilung, sofern dieser selbst die nötigen Kenntnisse und Fähigkeiten hat.

Tipp Setzen Sie Mitarbeiter nie ohne hinreichende technische und rechtliche Kenntnisse im Social Media-Marketing ein. Im Haftungsfall können Sie diese insbesondere anhand der Teilnahme der Mitarbeiter an entsprechenden Schulungen nachweisen.

Haftung wegen Duldung unternehmensbezogener Tätigkeiten im Privatbereich

Wenn ein Mitarbeiter mit seinen privaten Social Media-Aktivitäten den Eindruck erweckt, er handele für das Unternehmen, haftet der Arbeitgeber, wenn er diese Aktivitäten kennt und duldet.

Die Haftung für Rechtsverstöße von Mitarbeitern kann ausnahmsweise auch dann vorliegen, wenn diese eindeutig außerhalb des Arbeitsauftrages handeln, aber der Eindruck entsteht, sie täten es im Namen des Unternehmens. Das kann zum Beispiel der Fall sein, wenn Mitarbeiter ein thematisch berufsnahes Privatblog führen oder das Unternehmen in einem Forum verteidigen und dabei in ihrer Eigenschaft als Unternehmensmitarbeiter sprechen. Dabei kommt es nicht darauf an, ob der Mitarbeiter tatsächlich im Namen des Unternehmens handeln wollte, sondern nur, ob es für Dritte danach aussieht. Voraussetzung ist jedoch, dass der Arbeitgeber von diesen Tätigkeiten weiß und sie duldet. In solchen Fällen macht er sich die wirtschaftlichen Vorteile, die durch die Mitarbeitertätigkeit entstehen, zunutze und muss daher auch die Verantwortung für sie übernehmen.

Hinweis Die Kenntnis und Duldung der Aktivitäten der Mitarbeiter muss Ihnen nachgewiesen werden. Ein solcher Nachweis wird gelingen, wenn der Unternehmensinhaber oder der Vorgesetzte z.B. im privaten Blog des Mitarbeiters Kommentare hinterlassen hat oder wenn im Unternehmensblog auf die Forenbeiträge des Mitarbeiters verwiesen wurde.

Um dem Haftungsrisiko zu entgehen, sollten Sie Ihre Mitarbeiter daher wie folgt anweisen, bei ihren Freizeitaktivitäten klar zum Ausdruck zu bringen, dass sie nicht für das Unternehmen sprechen:

Im eigenen Namen sprechen Ihre Mitarbeiter sollten im Rahmen ihrer Freizeitaktivitäten im eigenen Namen sprechen und auf Ausdrucksweisen verzichten, die ein Handeln im Namen des Unternehmens nahelegen (z. B. »wir bei Unternehmen X« oder »von unserer Seite aus«).

Aufklärung über privaten Bezug Besteht die Gefahr, dass jemand den Mitarbeiter für einen offiziellen Vertreter des Unternehmens halten könnte, sollte er diesen Anschein zerstreuen, indem er beispielsweise in seinem berufsbezogenen Privatblog darauf hinweist: »Dieses Blog wird weder von noch in Zusammenarbeit mit meinem Arbeitgeber, dem Unternehmen X betrieben. Die Verantwortung für die Inhalte liegt alleine bei mir.«

Hinweis Wenn Sie einen Mitarbeiter anweisen, in seinem Privatbereich für das Unternehmen »undercover« zu handeln und zum Beispiel positive Produktbewertungen abzugeben, liegt ohnehin keine Privattätigkeit vor. Ganz im Gegenteil handelt der Mitarbeiter dann in Ihrem Auftrag und Sie haften für seine Handlungen.

---

24. NOVEMBER 2010

Rein privates Blog!

Aus aktuellem Anlass möchte ich noch einmal darauf hinweisen, dass es sich bei diesem Blog hier um ein rein privates Blog handelt! Es hat nichts mit meinem Arbeitgeber zu tun, vertritt auch nicht dessen Meinung, sondern alles geht auf meine Kappe!

◀ **Abbildung 9-3**
Ein deutlicher Hinweis, der Irrtümer über den Bezug eines Blogs zum Arbeitgeber beseitigt (gefunden im Blog »der Krankenwagenfahrer« unter http://krangewarefahrer.de)

Arbeitsrechtliche Maßnahmen

In manchen Fällen erreichen die Rechtsverstöße der Mitarbeiter ein Ausmaß, das es nötig macht, dass der Arbeitgeber arbeitsrechtliche Maßnahmen ergreift. Das ist zum Beispiel der Fall, wenn ein Mitarbeiter wiederholt fremde Urheberrechte verletzt, Kunden beleidigt oder mit seinen Aussagen Wettbewerbsverstöße begeht. In diesen Fällen kommen Maßnahmen wie Abmahnungen, Kündigungen oder die Pflicht zur Übernahme der entstandenen Kosten in Frage, wenn der Mitarbeiter schuldhaft gehandelt hat.

Sie können Mitarbeitern nur dann Fehler vorwerfen, wenn Sie dafür gesorgt haben, dass diese wissen, was sie tun dürfen und was nicht.

Ein Verschulden trifft die Mitarbeiter jedoch nur dann, wenn sie hinreichend auf ihre Aufgabe vorbereitet worden sind und ihre Sorgfaltspflichten kannten. Wenn Sie einen Mitarbeiter mit Social

Media beauftragen, müssen Sie daher dafür sorgen, dass er vor allem in den technischen und rechtlichen Aspekten bewandert ist.

Wenn Sie zum Beispiel einen Mitarbeiter damit betrauen, die Fans Ihrer Facebook-Fanseite mit interessanten Texten und Bildern zu unterhalten, aber nicht über das Urheberrecht aufklären, können Sie ihm nicht vorwerfen, wenn er Urheberrechtsverletzungen begeht. Eine Ausnahme würde vorliegen, wenn der Mitarbeiter Ihnen auf Anfrage zugesichert hätte, über die nötigen Kenntnisse zu verfügen.

Für die nötige Sachkenntnis Ihrer Mitarbeiter können Sie insbesondere im rechtlichen Bereich mit den folgenden Maßnahmen sorgen:

Social Media Guidelines Wenn Sie Ihren Mitarbeitern Social Media Guidelines an die Hand geben, die detaillierte Verhaltensregeln, Verbote und Gebote enthalten, weisen Sie sie damit auf ihre Sorgfaltspflichten hin.

Fortbildungen und Schulungen Ihr Risiko sinkt erheblich, wenn Sie nachweisen können, dass Sie die für Social Media zuständigen Mitarbeiter geschult haben. Daher sollten Sie den Mitarbeitern zum Beispiel dieses Buch zum Lesen geben oder – noch besser – sie mit Seminaren im Social Media-Recht schulen lassen.

Tipp Die hier beschriebenen Maßnahmen sorgen nicht nur dafür, dass Sie arbeitsrechtliche Maßnahmen gegen die Mitarbeiter ergreifen können. Sie senken Ihr Risiko zusätzlich dadurch, dass Ihre Mitarbeiter schlichtweg weniger Rechtsfehler machen werden, wenn sie wissen, was richtig und was falsch ist.

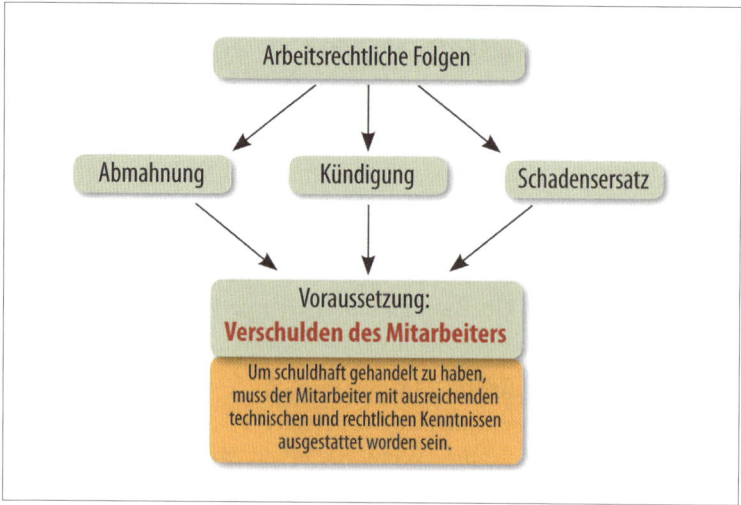

Abbildung 9-4 ▶
Einem Mitarbeiter kann nur dann ein Verstoß gegen seine Pflichten vorgeworfen werden, wenn er vom Arbeitgeber ausreichend auf seine Tätigkeit vorbereitet worden ist.

Checkliste: Haftung für Mitarbeiter

Haftung, wenn im Rahmen des Arbeitsauftrags gehandelt wurde

Haftung, wenn vom Mitarbeiter Befugnisse überschritten wurden, außer er wurde

- sorgfältig ausgewählt
- kontrolliert
- instruiert

Haftung, wenn außerhalb des Arbeitsauftrags privat gehandelt wurde

- Eindruck offizieller Vertretung des Unternehmens
- Kenntnis des Arbeitgebers
- Duldung seitens des Arbeitgebers

Social Media Guidelines und Policies

Bei Social Media Guidelines und Policies handelt es sich um Leitlinien, die Ihren Mitarbeitern erklären, wie sie sich im Umgang mit Social Media verhalten sollen und welche Grenzen sie beachten müssen.

Von »Social Media Guidelines« spricht man, wenn es sich um eine Auflistung von Verhaltensregeln für Mitarbeiter handelt. Als »Social Media Policy« wird dagegen eine umfangreichere Sammlung von Verhaltensweisen mit detaillierten Beschreibungen oder Zuständigkeiten bezeichnet, oft verbunden mit einer »Social Media-Strategie«. Diese Bezeichnungen sind nicht offiziell geregelt und die Grenzen sind fließend.

Die Begriffe Social Media Guidelines, Social Media Policy oder Social Media-Leitlinien sind nicht offiziell geregelt und können problemlos synonym verwendet werden.

◀ Abbildung 9-5
Leitlinien für Mitarbeiter müssen nicht ausschließlich im Papierformat und als verbindliche Regeln erfolgen. Das Unternehmen Tchibo hat zum Beispiel die wichtigsten Verhaltensregeln für das Netz in dem Video »Herr Bohne geht ins Netz« zusammengefasst (Quelle: http://youtu.be/e_mLQ_eWk_o).

Beide Arten der Social Media-Leitlinien können entweder als Teil des Arbeitsvertrages verbindlich vereinbart werden oder lediglich unverbindliche Verhaltenshinweise darstellen.

Verfassen von Social Media Guidelines

Die Social Media Guidelines sollten Ihrer Social Media-Strategie entsprechen und deshalb auch mit allen zuständigen Mitarbeitern und Abteilungen zusammen entworfen werden. Sie sollten dabei insbesondere die folgenden Faktoren berücksichtigen:

Strategie des Unternehmens Die Social Media Guidelines sollten Sie bei Ihrer Social Media-Strategie unterstützen und ihre Ziele fördern. Möchten Sie zum Beispiel Ihre Marke »menschlicher« machen, können Sie Ihre Mitarbeiter dazu ermutigen, von persönlichen Erfahrungen zu berichten und eher in der Ich-Form zu sprechen. Möchten Sie dagegen die Marke in den Vordergrund stellen, sollten die Mitarbeiter überwiegend im Namen des Unternehmens sprechen.

Persönlichen Fähigkeiten und Bedürfnisse der Mitarbeiter Die Social Media Guidelines sollten die Mitarbeiter bei ihrer Tätigkeit unterstützen, wo es nötig ist. Wenn Sie ein rechtlich bereits perfekt geschultes Social Media-Team haben, ist es zum Beispiel nicht notwendig, es auf die rechtlichen Details besonders hinzuweisen.

Schutzbedürfnis der Mitarbeiter Außerdem sollte das Schutzbedürfnis der Mitarbeiter bedacht werden. Auch die Arbeitgeber profitieren von klaren Vorgaben dazu, was die Mitarbeiter tun dürfen und was nicht und wann sie ihre Identität nicht preisgeben sollten, weil sie zum Beispiel von Unternehmenskritikern auch privat angegriffen werden könnten.

Fachliche Anforderungen Je nachdem, für welche Abteilung die Social Media Guidelines gelten sollen, können sich unterschiedliche Anforderungen ergeben. Zum Beispiel kann die PR-Abteilung andere Leitlinien erhalten als die Personalabteilung, die um Mitbewerber wirbt und in der Regel ein seriöseres Image des Unternehmens in diesem Bereich vermitteln soll.

Haftungsrisiken des Unternehmens Je nach Unternehmen können die Risiken beim Social Media-Marketing in unterschiedlichen Bereichen liegen. Wenn Ihr Unternehmen zum Beispiel oft öffentlicher Kritik ausgesetzt ist, sollten Sie Ihren Mitarbeitern detaillierte Hinweise dazu geben, wie sie sich in solchen Fällen verhalten sollen und welche rechtlichen Rahmenbedingungen gelten.

Tipp Eine Social Media Policy ist mit Leitplanken vergleichbar, die den Mitarbeitern insbesondere ihren rechtlichen Spielraum zeigen sollen. Mitarbeiter, die sonst wegen möglicher Fehler gehemmt wären, können so selbstbewusster agieren, und solche, die an mögliche Fehler nicht gedacht hätten, sehen auf diese Weise ihre Grenzen.

◀ **Abbildung 9-6**
Manche Unternehmen und Organisationen erarbeiten die Social Media Guidelines gemeinsam mit ihren Mitarbeitern. Die Caritas erörtert ihren Entwurf sogar öffentlich im Internet (Quelle: http://bit.ly/vrcwfP).

Inhalte von Social Media Guidelines

Tipp Im Anhang dieses Buches finden Sie das Muster einer Social Media Policy mit Hinweisen und Erläuterungen.

Die Inhalte von Social Media Guidelines sind, wie der vorangegangene Abschnitt gezeigt hat, von vielen Faktoren abhängig. Typischerweise enthalten sie jedoch die folgenden Punkte:

- Generelle Erlaubnis zur Nutzung von sozialen Medien
- Einsatz an Arbeitszeit für Social Media-Aktivitäten
- Rechte zum Registrieren von Social Media-Profilen im Namen des Unternehmens
- Ansprechpartner und Verantwortliche für Social Media
- Sprachstil und Ansprache der Kunden (»du« oder »Sie«)
- Art der Vertretung des Unternehmens (»wir« oder »ich«)
- Umgang mit negativer Kritik
- Umgang mit Mitbewerbern
- Hinweise zum privaten Umgang mit Social Media, Verweisen und Distanzierungen im Bezug auf das Unternehmen
- Hinweise darauf, was rechtlich erlaubt und was verboten ist

Verbindlichkeit von Social Media Guidelines

Social Media Guidelines können verbindlich für die Arbeitnehmer sein, müssen es aber nicht. Diese Frage muss für jedes Unternehmen einzeln beantwortet werden.

Jeder Arbeitgeber muss die Entscheidung treffen, ob seine Social Media Guidelines arbeitsrechtlich verbindliche Regelungen oder bloße Hinweise und Empfehlungen an die Mitarbeiter darstellen.

Anders als bloße Hinweise müssen verbindliche Regelungen eine Reihe strenger Anforderungen erfüllen. Werden diese missachtet, sind die Regelungen unwirksam und womöglich sinkt auch ihre Akzeptanz unter den Mitarbeitern. Dafür können Verstöße gegen die Vorgaben mit arbeitsrechtlichen Mitteln sanktioniert werden.

Daher kann es in vielen Fällen vorteilhafter sein, statt verpflichtender Regeln den Mitarbeitern aufklärende Hinweise an die Hand zu geben und sie in der Nutzung von Social Media aufzuklären. Diese Frage muss jedoch für jedes Unternehmen separat beantwortet werden und hängt vor allem davon ab, wie viel Eigenverantwortung man den Mitarbeitern zutraut und welche Wirkung aufgezwungene Regeln auf sie haben könnten.

Das folgende Beispiel zeigt mögliche Unterschiede zwischen verbindlichen Regelungen und unverbindlichen Hinweisen:

 Tipp   Es ist auch möglich, die Verbindlichkeit für einzelne Regelungen festzulegen, indem zum Beispiel ein Teil »Verbindliche Regelungen« enthält und der andere »Hinweise«.

Fallbeispiel

Wenn Ihre Social Media Guidelines eine Regelung enthalten, die den Mitarbeitern verbindlich *verbietet*, schlecht über das Unternehmen zu sprechen, wäre sie in Gänze unwirksam, weil Sie zu sehr in die Privatsphäre der Mitarbeiter eingreift. Zusätzlich würde dieser Zwang womöglich zu negativen Reaktionen bei den Mitarbeitern und ablehnender Haltung gegenüber den Social Media Guidelines führen.

Wenn Sie die Mitarbeiter jedoch lediglich darum *bitten*, das Image des Unternehmens auch bei privater Social Media-Nutzung zu pflegen, »weil es auch den Mitarbeitern zugute kommt«, dann wäre das zwar nicht verbindlich und mit arbeitsrechtlichen Mitteln nicht durchsetzbar, könnte aber trotzdem eher positive Auswirkungen haben.

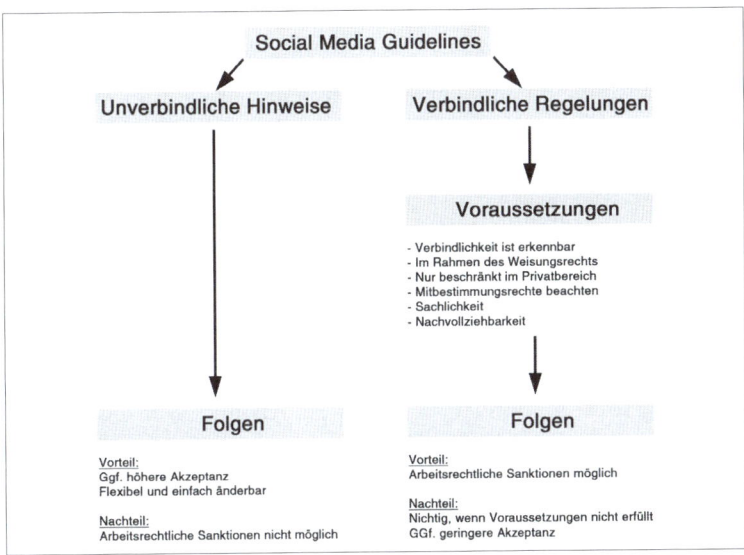

◀ Abbildung 9-7
Social Media Guidelines können als unverbindliche Hinweise oder als verbindliche Regelungen vereinbart werden. Welcher Weg für Sie in Frage kommt, hängt von der Eigenart Ihres Unternehmens ab.

Die nachfolgenden Punkte müssen Sie beachten, wenn Ihre Social Media Guidelines verbindliche Regelungen darstellen sollen. Wenn eine Regelung gegen diese Vorgaben verstößt, werden nicht die gesamten Guidelines unwirksam, sondern nur diese eine Regelung.

Tipp   Wenn Sie sicherstellen wollen, dass die Social Media Guidelines verbindlich sind, beteiligen Sie die Mitarbeiter an der Entwicklung und lassen Sie sie die Guidelines unterzeichnen. Wenn es einen Betriebsrat gibt, sollten Sie auch den beteiligen und seine Zustimmung zu den Guidelines in Form einer Betriebsvereinbarung einholen.

Erkennbarkeit der Verbindlichkeit

Sollen die Social Guidelines verbindlich sein, muss die Verbindlichkeit eindeutig erkennbar sein.

Hinweis auf die Verbindlichkeit Die Verbindlichkeit wird deutlich, wenn sie ausdrücklich in die Social Media Guidelines aufgenommen wird, zum Beispiel so: »... dieser Social Media-Leitfaden regelt verbindlich die betriebliche Social Media-Nutzung.«

Unterschrift der Mitarbeiter/Betriebsvereinbarung Ebenso belegt die förmliche Zustimmung der Mitarbeiter – egal ob durch individuelle Unterschrift oder durch eine Vereinbarung mit dem Betriebsrat – die Verbindlichkeit.

Konsequenzen Auch der Verweis auf Konsequenzen bei Verstößen gegen die Social Media Guidelines ist ein Hinweis auf ihre Verbindlichkeit (wenn auch ein nicht so deutlicher wie die beiden ersten Punkte).

Dagegen wäre ein Leitfaden, der »Empfehlungen zur Social Media-Nutzung« oder »Hinweise zu ...« heißt, nicht als verbindlich erkennbar.

Einschränkungen des Weisungsrechts durch den Arbeitsvertrag

> Die Regelungen der Social Media Guidelines dürfen nicht gegen die Vereinbarungen im Arbeitsvertrag verstoßen.

Der Arbeitgeber hat ein sogenanntes Weisungsrecht (auch Direktionsrecht genannt) gegenüber seinen Arbeitnehmern. Er kann bestimmen, auf welche Art und Weise die diese ihre Tätigkeit auszuüben haben. Ein Social Media-Leitfaden ist eine Möglichkeit, das Weisungsrecht auszuüben, da darin die Art und Weise der Social Media-Nutzung bestimmt wird.

Jedoch darf der Arbeitgeber Weisungen nur im Rahmen des Arbeitsvertrages treffen. Insbesondere dürfen der Arbeitsumfang und festgelegte Aufgaben nicht überspannt werden. Ist zum Beispiel ein Arbeitnehmer laut Arbeitsvertrag als Buchhalter eingesetzt, darf von ihm nicht gefordert werden, dass er einen Twitter-Account betreut. Sind Arbeitszeiten festgelegt, darf der Arbeitgeber nicht verlangen, dass ein Arbeitnehmer auch außerhalb der Arbeitszeit eine Facebook-Fanseite pflegt.

Guidelines für die Social Media-Nutzung im Privatbereich

> Auch im Privatbereich können sich Mitarbeiter nicht immer auf ihre Meinungsfreiheit berufen.

Arbeitnehmer können ihren Mitarbeitern grundsätzlich nicht vorschreiben, wie sie sich außerhalb der Arbeitstätigkeit verhalten sollen. Die Meinungsfreiheit aus Art. 5 GG verbietet die Einmischung des Arbeitgebers in private Aussagen des Arbeitnehmers. Dennoch hat der Arbeitnehmer eine Treuepflicht, die ihn in den im Folgenden aufgezählten Fällen auch im Privatbereich einschränkt. In diesen Fällen schaden die privaten Aussagen gerade *wegen* der Arbeitsbeziehung dem Unternehmen. Daher darf der Arbeitgeber sie ausnahmsweise auch im Privatbereich untersagen.

- **Anschein, für das Unternehmen zu sprechen** Ein Arbeitgeber darf verlangen, dass die Arbeitnehmer immer deutlich zum Ausdruck bringen, dass sie im eigenen Namen und nicht in dem des Unternehmens handeln, sowie eventuelle Missverständnisse diesbezüglich aufklären.
- **Geheimhaltung von Betriebs- und Geschäftsgeheimnissen** Der Arbeitnehmer darf Arbeitsinterna, die mit dem Geschäftsbetrieb zusammenhängen, nur einem eng begrenzten Personenkreis bekannt sind und nach dem Willen des Arbeitgebers und im Rahmen eines wirtschaftlichen Interesses geheim gehalten werden sollen, nicht nach außen tragen. Dazu gehören zum Beispiel das technische Know-how, Kundendaten, Informationen zur Finanzlage und Marketingstrategien.
- **Schwere wirtschaftliche Schädigung** Ein Mitarbeiter darf seinen Arbeitgeber öffentlich kritisieren. Die Loyalitätspflicht gebietet jedoch, dass er es nach Möglichkeit vermeiden muss, dem Unternehmen einen Schaden zuzufügen. Zum Beispiel muss er Missstände zuerst intern kritisieren, bevor er sie in der Öffentlichkeit vorträgt. Des Weiteren darf er auch im Rahmen der Kritik keine Interna preisgeben. Dies kann lediglich in Fällen von sogenanntem »Whistleblowing« gerechtfertigt sein, wenn das Unternehmen zum Beispiel Straftaten plant oder begeht.
- **Verdacht von Schleichwerbung** Ein Mitarbeiter darf angehalten werden, auf die Zugehörigkeit zum Unternehmen hinzuweisen, wenn der Verdacht von Schleichwerbung oder verdeckter Meinungsmanipulation bestehen könnte. Das kann zum Beispiel vorkommen, wenn der Mitarbeiter Artikel des Unternehmens bewertet oder in Diskussionsforen an Meinungsstreitigkeiten teilnimmt, die das Unternehmen betreffen.
- **Allgemeine Verhaltensregeln** Selbstverständlich müssen sich Arbeitnehmer darüber hinaus auch im Privatbereich an die für jedermann geltenden Vorgaben halten und dürfen den Arbeitgeber zum Beispiel nicht schmähen, beleidigen oder ein solches Verhalten unterstützen.

> **Fallbeispiel**
>
> Als Mitarbeiter des Daimler-Konzerns im Rahmen der politisch motivierten Facebook-Gruppe eine Äußerung, die den Firmenchef mit der Aussage »Spitze des Lügenpacks« beleidigte, mit Klicken der »Gefällt mir«-Schaltfläche unterstützten, verstießen sie mit der Unterstützung dieser beleidigenden Äußerung gegen ihre Loyalitätspflicht. Der Konzern wies Facebook auf die fragwürdigen Inhalte der Gruppe hin. Sie wurde anschließend gelöscht.

Einschränkungen des Weisungsrechts durch Mitbestimmungsrechte

Enthalten die Social Media Guidelines Regelungen, die eine Mitwirkung des Betriebsrates voraussetzen, muss dieser den Regelungen zustimmen.

Insbesondere § 87 Betriebsverfassungsgesetz sieht Mitbestimmungsrechte des Betriebsrates vor, sofern dieser vorhanden ist. In diesem Fall müssen die maßgeblichen Klauseln der Social Media Guidelines erst durch eine Betriebsvereinbarung festgelegt werden, um verbindlich zu werden. Das gilt insbesondere in den folgenden beiden Fällen:

Fragen der Ordnung des Betriebs und des Verhaltens der Arbeitnehmer im Betrieb (§ 87 Abs.1 Nr.1 BetrVerfG) Zu diesem Punkt gehören auch Regelungen zur Privatnutzung von Social Media, und auch die Zusammenarbeit von Abteilungen oder Bestimmung von Ansprechstellen kann darunterfallen. Ebenso gehören Klauseln zu den Ordnungsklauseln, die der Wahrung von betrieblichen Geheimnissen oder der Rücksichtnahme auf die Privatsphäre von Kollegen dienen.

Einführung und Anwendung von technischen Einrichtungen, die dazu bestimmt sind, das Verhalten oder die Leistung der Arbeitnehmer zu überwachen (§ 87 Abs.1 Nr.7 BetrVerfG) Dazu gehören insbesondere Leistungskontrollen und Stichproben im Hinblick auf die private Social Media-Nutzung. Dieser Punkt ist sehr problematisch, weil bereits das Social Media-Monitoring zur Überwachung führen kann. Das gilt auch, wenn die Überwachung nicht beabsichtigt ist, sich aber zwangsläufig ergibt, weil die Aussagen der Mitarbeiter erfasst werden.

Hinweis Weitere Punkte, die Sie beim Social Media-Monitoring beachten müssen, werden im gleichnamigen Abschnitt von Kapitel 8 erläutert.

Einschränkungen des Weisungsrechts wegen fehlender Sachlichkeit

Die Vorgaben der Social Media Guidelines müssen sachlich und »billig« sein, also nicht willkürlich oder unangemessen. Diese Begriffe bedeuten, dass die Regelungen mit praktischen und betrieblichen Überlegungen begründet werden müssen. Zum Beispiel ist die sachliche Grundlage für die Bitte, sich bei unternehmensbezogenen Diskussionen als Mitarbeiter auszugeben, die Vermeidung des Verdachts von Schleichwerbung und Meinungsmanipulation.

Social Media Guidelines müssen auf sachlichen Überlegungen basieren, um verbindlich zu sein.

Nachvollziehbarkeit

Die Leitlinien müssen für die Mitarbeiter nachvollziehbar sein. Diese müssen genau wissen, wie sie sich zu verhalten haben. Zum Beispiel wäre eine Regelung wie »Vermeiden Sie Nachteile für unser Unternehmen« nicht nachvollziehbar, da sie zu allgemein ist. Die Verhaltensrichtlinien müssen also möglichst konkret sein, wenn sie nicht lediglich Hinweise sein sollen.

Verbindliche Social Media Guidelines dürfen nicht zu abstrakt oder nebulös sein. Beispiele können dabei helfen, abstrakte Regelungen zu erklären.

Haftung für Agenturen, beauftragte Personen und erworbene Inhalte

Entsprechend §§ 7 und 10 TMG haften Sie auch für fremde Inhalte, die Sie erworben haben oder die in Ihrem Auftrag erstellt worden sind. Zu solchen Inhalten gehören zum Beispiel Bilder aus einem Stockbilderarchiv, Leistungen eines Werbetexters, Blogbeiträge eines damit beauftragten Studenten oder Pinnwandeinträge einer Agentur, die Ihre Facebook-Seite betreut.

Sie haften für alle Rechtsverstöße, die durch Inhalte entstehen, die Sie erworben haben oder die ein von Ihnen beauftragter Dienstleister erstellt hat.

Werden Sie für Rechtsverletzungen belangt, die sich aus diesen Inhalten ergeben, müssen Sie diese beseitigen, eine Unterlassungserklärung unterschreiben sowie die Kosten einer Abmahnung tragen. Da diese Pflichten unabhängig von Ihrem Verschulden sind, entsteht die Haftung auch dann, wenn Sie keine Kenntnis von der Rechtsverletzung hatten.

Lediglich der Schadensersatz setzt ein Verschulden Ihrerseits voraus. Wenn Sie die Inhalte oder den Dienstleister also sorgfältig ausgewählt haben und für Sie kein Anlass bestand, an der Rechtmäßigkeit seiner Leistung zu zweifeln, haben Sie ohne Verschulden gehandelt und müssen keinen Schadensersatz zahlen. Jedoch macht der Schadensersatz zusammen mit den auf ihn entfallenden Abmahnungskosten in der Regel nur einen geringen Teil einer Abmahnung aus.

Hinweis — Details zu den Folgen der Abmahnung und ihren Kosten erfahren Sie in Kapitel 10.

Sie können die Ihnen entstandenen Kosten jedoch beim Verkäufer der Inhalte oder den beauftragten Personen geltend machen, sofern diese Ihnen gegenüber die Haftung nicht ausgeschlossen haben. Man spricht dabei von einem »Rückgriff innerhalb der Verletzerkette«.

Die Verletzerkette

Der Rechteinhaber kann sich bei einer Verletzerkette aussuchen, gegen welches Glied der Kette er vorgeht.

Von einer Verletzerkette spricht man, wenn eine Rechtsverletzung mehrere Verursacher hat. Zum Beispiel könnte ein Fotograf ein Bild in ein Stockbilderarchiv einstellen, ohne über die Urheberrechte an ihm zu verfügen, und damit eine Urheberrechtsverletzung begehen. Damit hat das Stockbilderarchiv kein Recht, das Bild an eine Social Media-Agentur zu veräußern. Auch diese Veräußerung ist eine Rechtsverletzung. Folglich begeht die Agentur eine weitere Urheberrechtsverletzung, wenn sie das Bild auf der Facebook-Fanseite eines Kunden verwendet. Der Kunde hat ebenfalls kein Recht, das Bild auf der Facebook-Fanseite zu veröffentlichen, weshalb auch er eine Urheberrechtsverletzung begeht.

Hinweis — Von einer Verletzerkette spricht man im Fall einer Rechtsverletzung. Im Übrigen spricht man bei einer solchen Konstellation von einer »Rechtekette«, zum Beispiel wenn es um die Frage geht, wer wem Nutzungslizenzen eingeräumt hat. Das wird in Kapitel 4 im Abschnitt »Rechteinhaber bestimmen, um ›richtigen‹ Lizenzgeber zu finden« näher erläutert.

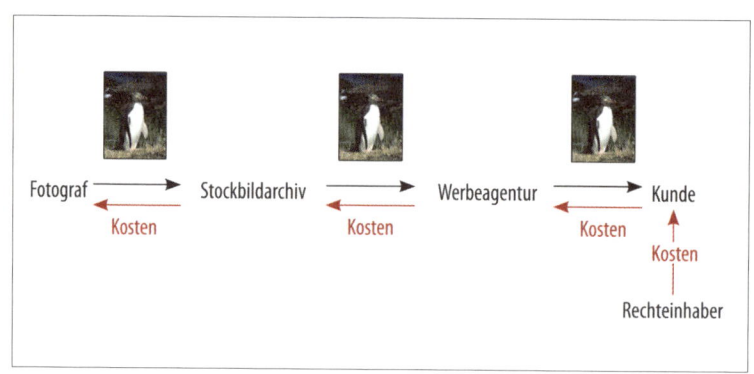

Abbildung 9-8 ▶ Eine typische Verletzerkette: Der Fotograf stellt urheberrechtswidrig ein Bild bei einem Stockbilderarchiv ein, das das Bild einer Werbeagentur überlässt, die es für ihren Kunden einsetzt. Der Kunde wird vom Inhaber der Rechte am Bild abgemahnt und trägt die Abmahnungskosten. Diese Kosten darf er bei der Agentur geltend machen, die die Kosten ebenfalls in der Kette zurückreichen darf.

Hinweis — Verletzerketten gibt es vor allem bei Marken-, Persönlichkeits- oder Urheberrechtsverletzungen.

Der Inhaber der verletzten Urheberrechte an dem Bild kann nun aussuchen, gegen welche Glieder der Verletzerkette er vorgeht. Er kann gegen einen einzelnen Beteiligten oder auch gegen alle vorgehen. In der Regel geht er gegen das letzte Glied vor, also den Kunden, und mahnt ihn ab. Bei dem Kunden ist es einfacher, die Rechtsverletzung nachzuweisen und seine Identität festzustellen, da der rechtsverletzende Inhalt offen im Netz steht und nicht auf internen Vorgängen beruht.

Wurde ein Glied der Verletzerkette wegen einer Rechtsverletzung in Anspruch genommen, muss es sich mit den Gliedern vor ihm darüber auseinandersetzen, wer die Kosten letztendlich zu tragen hat. Im hier besprochenen Beispiel würde der Kunde den Ersatz der Abmahnungskosten von der Agentur verlangen, die Agentur vom Stockbilderarchiv und dieses vom Fotografen. Dabei kann dieser Kostenrückgriff durch vertragliche Vereinbarungen ausgeschlossen sein, wie Sie im nächsten Abschnitt »Agenturverträge und Haftungsausschlüsse« nachlesen können.

Hinweis Das Urheberrecht ist ein Bündel verschiedener Rechte. Das Recht zur Nutzung eines Bildes bedeutet nicht zugleich, dass man anderen Personen oder Unternehmen die Nutzung an dem Bild einräumen darf. Details dazu erfahren Sie in Kapitel 4 im Abschnitt »Erlaubnisse und Lizenzen«.

Agenturverträge und Haftungsausschlüsse

Die Verantwortung innerhalb der Verletzerkette kann durch Verträge und AGB gemildert oder sogar ganz ausgeschlossen werden. Als Auftraggeber sollten Sie daher beim Erwerb von Inhalten oder der Beauftragung von Agenturen und anderen Dienstleistern die Vertragsunterlagen auf etwaige Haftungsausschlüsse überprüfen. Erbringen Sie dagegen selbst Agenturleistungen, ist es wichtig, dass Sie den Umfang der vertraglichen Haftung festlegen, um Ihre rechtlichen Prüfungspflichten zu bestimmen und mit den Risiken kalkulieren zu können.

Die Haftungsbegrenzung der Dienstleister wird üblicherweise in der Leistungsbeschreibung festgelegt.

Hinweis Die Haftungsvereinbarungen haben in der Regel einen Einfluss auf den Preis der Agenturleistung, da die Prüfung der rechtlichen Belange einen höheren Aufwand und ein größeres Haftungsrisiko mit sich bringt. Das heißt, dass die Agentur mehr Geld verlangen kann, wenn sie die Haftung mit übernimmt.

Die Haftungsbegrenzungen sind an zwei Stellen in Verträgen zu finden: in der Leistungsbeschreibung und in der Haftungsausschlussklausel.

Abbildung 9-9 ▶
Anders als oft angenommen, wird der Umfang der Haftung der Agentur für Rechtsfehler hauptsächlich in der Leistungsbeschreibung des Vertrages festgelegt. Enthält sie – wie die hier gezeigte – keine Ausschlüsse der rechtlichen Prüfung, müssen die Leistungen der Agentur frei von Rechtsfehlern sein (Quelle: Mustervertrag GPRA e.V, http://bit.ly/vzsQkW).

> **§ 1**
> **Gegenstand des Vertrages**
>
> Der Kunde beauftragt die Agentur mit der Beratung in Fragen der Öffentlichkeitsarbeit. Die Tätigkeit umfasst auch die Planung, Entwicklung, Gestaltung und Durchführung der Öffentlichkeitsarbeit auf der Basis einer von der Agentur erarbeiteten Konzeption. Auf besondere Anforderung des Kunden übernimmt die Agentur zudem die Produktion des im Rahmen der Öffentlichkeitsarbeit notwendigen Werbe- und Informationsmaterials.
>
> **§ 2**
> **Leistungen der Agentur**
>
> Im einzelnen übernimmt die Agentur folgende Leistungen:
>
> (1) Beratung, Planung und allgemeine Arbeiten.
>
>   a) Laufende Beratung des Kunden in allen Fragen der Öffentlichkeitsarbeit im Rahmen des übertragenen Aufgabenbereichs.
>
>   b) Entwicklung und Vorlage einer Konzeption der Öffentlichkeitsarbeit mit Vorschlägen zur Durchführung einzelner Projekte und Maßnahmen.
>
>   c) Planung der einzelnen Projekte und Maßnahmen und Ausarbeitung von Jahresarbeitsplänen für das jeweils laufende Jahr oder von einzelnen Aktionsplänen.
>
>   d) Abstimmung mit dem Kunden über den Einsatz des zur Verfügung stehenden Budgets.

Haftungsbegrenzung in der Leistungsbeschreibung

Die wirkungsvollste Art, die Haftung für Rechtsfehler zu mildern, ist das Herauslassen der rechtlichen Prüfung aus dem Leistungsumfang. Das kann zum Beispiel in der Vertragsvereinbarung, einem Pflichtenheft zum Vertrag (das die Leistungen einzeln beschreibt) oder in den AGB erfolgen. Es folgen einige Beispiele dafür, was darin stehen kann.

- »Die Agentur schlägt dem Auftraggeber Bilder für das Design vor. Der Auftraggeber hat sich um den Erwerb der Bilderrechte zu kümmern.«
- »Der Auftraggeber ist für die rechtlichen Aspekte der Newsletteranmeldung verantwortlich.«
- »Die Betreuung der Facebook-Seite umfasst nicht die Prüfung der rechtlichen Aspekte der Gewinnspiele.«

Ist dagegen keine Haftungsbegrenzung vorhanden, ist die Agentur verpflichtet, eine rechtlich fehlerfreie Leistung zu erbringen.

> ### Fallbeispiel
>
> Das Oberlandesgericht Düsseldorf hatte einen Fall zu entscheiden, in dem eine Werbeagentur mit der Erstellung von Werbemailings für den Kunden beauftragt worden war. Als der Kunde die Werbemailings verschickte, wurde er abgemahnt, weil die Mailings wettbewerbswidrig waren. Die von ihm für die Abmahnung gezahlten Kosten wollte die Agentur nicht übernehmen und behauptete, dass die wettbewerbsrechtliche Zulässigkeit der Mailings nicht Teil des Vertrages gewesen wäre. Das Gericht war anderer Ansicht und urteilte, dass eine Agentur grundsätzlich auch die rechtliche Überprüfung ihrer Leistungen schuldet. Anders wäre es nur, wenn diese Pflicht im Vertrag ausgeschlossen wäre. [OLG Düsseldorf, Urteil v. 13. 3.2003, Az. 5 U 39/02]

Nur ausnahmsweise kann sich eine solche Haftungsbegrenzung aus den Umständen ergeben.

> ### Fallbeispiel
>
> In einem Fall wurde eine Werbeagentur mit der Erstellung eines Logos zum Preis für 770 Euro beauftragt. Als sich herausstellte, dass das Logo fremde Markenrechte verletzte, verlangte der Kunde den Ersatz der Kosten, die ihm aufgrund der Rechtsverletzung entstanden waren. Das Gericht bestätigte zwar, dass eine Werbeagentur grundsätzlich ein (marken-)rechtlich fehlerfreies Logo zu liefern hat. In diesem Fall nahm es aber eine Ausnahme vor, denn bei einem Preis von 770 Euro konnte der Kunde keine Markenprüfung verlangen, die rechtliche Fachkenntnisse vorausgesetzt und allein mehrere hundert Euro gekostet hätte. [KG Berlin, Beschluss v. 4.2.2011, Az. 19 U 109/10]

Hat die Agentur eine rechtlich fehlerhafte Leistung erbracht, kann der Kunde neben dem Ersatz des daraus entstandenen Schadens unter Setzung einer angemessenen Frist die Nachbesserung des Fehlers oder den Ersatz der Kosten der Nachbesserung durch einen anderen Dienstleister gemäß § 634 BGB verlangen. Ist die Nachbesserung unmöglich (weil zum Beispiel eine Kampagne abgelaufen ist) oder weigert sich die Agentur, können Rücktritt vom Vertrag oder Minderung des Preises erklärt werden.

Tipp Agenturen sowie Freiberufler und ihre Kunden sollten immer so detailliert wie möglich vereinbaren, wer welche Leistungen zu erbringen hat. Insbesondere sollte vereinbart werden, ob die Dienstleister auch die Rechtmäßigkeit der Werbeleistungen zu prüfen haben. Streitigkeiten zwischen Agenturen und Auftragnehmern, die vor Gericht landen, gehen üblicherweise auf mangelhafte Leistungsvereinbarungen zurück.

Haftungsbegrenzung im Haftungsausschluss

Hinweis Der allgemeine Haftungsausschluss trägt nur wenig zur Haftungsminderung bei.

Anders als die Leistungsbeschreibung trägt der generelle Haftungsausschluss im Vertrag wenig zur Minderung der Haftung bei. Er ist zum einen nur in einem engen Rahmen zulässig und bezieht sich zum anderen nur auf Nebenpflichten aus dem Vertrag.

Eine pauschale Klausel wie »die Haftung ist ausgeschlossen« ist unwirksam. Ein Haftungsausschluss darf entsprechend den Regelungen für AGB in den §§ 305-310 BGB nicht überraschend und unangemessen sein und die Hauptleistungspflichten, Personenschäden oder den Vorsatz nicht umfassen. Ein zulässiger Haftungsausschluss muss daher dem im Folgenden dargestellten Muster entsprechen.

Sie müssen jedoch beachten, dass dieser Haftungsausschluss nur für die Nebenpflichten des Vertrages gilt. Das sind zum Beispiel Pflichten wie die, die weitergegebenen Betriebsgeheimnisse des Auftraggebers nicht zu verraten oder ihm bei der Erstellung des Auftrags durch eine versehentliche Datenlöschung keinen Schaden zuzufügen.

Die Haftung für die Hauptleistung, also die Leistung, die die Agentur erbringen muss, kann nur in der Leistungsbeschreibung wirksam ausgeschlossen werden. Im folgenden Muster wird diese rechtliche Grenze des Haftungsausschlusses mit der Klausel »Ferner haftet Agentur X für die leicht fahrlässige Verletzung von wesentlichen Pflichten ...« berücksichtigt.

Wenn sich eine Agentur zum Beispiel dazu verpflichtet, ein Unternehmensblog zu erstellen, dann ist die Hauptpflicht die Lieferung eines Blogs ohne technische und rechtliche Mängel. Wurden im Blogdesign urheberrechtlich geschützte Bilder verwendet, kann die Haftung der Agentur für die Urheberrechtsverletzung nicht mit einem allgemeinen Haftungsausschluss ausgeschlossen werden.

> **Muster eines Haftungsausschlusses**
>
> - Für eine Haftung von Agentur X auf Schadensersatz gelten unbeschadet der sonstigen gesetzlichen Anspruchsvoraussetzungen folgende Haftungsausschlüsse und -begrenzungen.
> - Agentur X haftet unbeschränkt, soweit die Schadensursache auf Vorsatz oder grober Fahrlässigkeit beruht.
> - Ferner haftet Agentur X für die leicht fahrlässige Verletzung von wesentlichen Pflichten, die die Erreichung des Vertragszwecks gefährdet, und für die Verletzung von Pflichten, deren Erfüllung die ordnungsgemäße Durchführung des Vertrages überhaupt erst ermöglicht und auf deren Einhaltung die Vertragspartner regelmäßig vertrauen. In diesem Fall haftet Agentur X jedoch nur für den vorhersehbaren, vertragstypischen Schaden. Agentur X haftet nicht für die leicht fahrlässige Verletzung anderer als der in den vorstehenden Sätzen genannten Pflichten.
> - Die vorstehenden Haftungsbeschränkungen gelten nicht bei Verletzung von Leben, Körper und Gesundheit, für einen Mangel nach Übernahme einer Garantie für die Beschaffenheit des Produktes und bei arglistig verschwiegenen Mängeln. Die Haftung nach dem Produkthaftungsgesetz bleibt unberührt.
> - Soweit die Haftung von Agentur X ausgeschlossen oder beschränkt ist, gilt dies auch für die persönliche Haftung von Arbeitnehmern, Vertretern und Erfüllungsgehilfen.

Tipp Wenn Sie externe Personen auf freiberuflicher Basis mit der Pflege Ihres Social Media-Auftritts beauftragen (z.B. Aushilfskräfte wie Studenten oder auch professionelle Social Media-Manager), sollten Sie ihnen klare Regeln vorgeben und z.B. Ihre Social Media Guidelines in den Vertrag über freiberufliche Mitarbeit aufnehmen. Mit klaren Vorgaben senken Sie das Risiko von Fehlern und von Streitigkeiten darüber, wem ein Rechtsverstoß anzulasten ist.

Haftung für nutzergenerierte Inhalte

Erfolgreiches Social Media-Marketing zeichnet sich durch die Teilnahme der Kunden und Nutzer an den Onlineaktivitäten der Unternehmen aus. Es lebt gerade davon, dass Nutzer Blogbeiträge kommentieren, auf der Facebook-Fanseite Beiträge einstellen, Bilder bei Gewinnspielen hochladen oder in einem Forum mit anderen Nutzern diskutieren. Bei den dabei von den Nutzern erstellten Inhalten spricht man von »User Generated Content«, zu Deutsch »nutzergenerierten Inhalten«.

> Die Aufforderung an Nutzer, sich an den Social Media-Aktivitäten der Unternehmen zu beteiligen, bringt das Risiko der Haftung für die Rechtsverstöße der Nutzer mit sich.

Enthalten die nutzergenerierten Inhalte Rechtsverstöße wie Beleidigungen Dritter in einem Blogkommentar, so haften zunächst die Nutzer selbst dafür. Da sie jedoch oft anonym oder schwer zu kontaktieren sind, wenden sich die Betroffenen zuerst an die Betreiber der Onlinepräsenz, auf der sich der nutzergenerierte Inhalt befindet. Die Betreiber können sich dabei zwar auf ein Haftungsprivileg für nutzergenerierte Inhalte im § 10 TMG berufen und haften erst ab Kenntnis der Inhalte – die gilt aber nicht, wenn Sie sich diese Inhalte zu eigen gemacht haben (siehe nächster Abschnitt).

Hinweis Wenn Sie für die Rechtsverletzungen Dritter haften, ohne selbst Täter oder Teilnehmer der Tat zu sein, bezeichnet man das als »Störerhaftung«. Störer ist jemand, der zwar nicht selbst die Rechtsverletzung begangen hat, der zu ihr aber anderweitig beigetragen hat oder dem sie aus sonstigen Gründen zuzurechnen ist, zum Beispiel weil er sich die wirtschaftliche Nutzung der rechtsverletzenden Inhalte hat einräumen lassen.

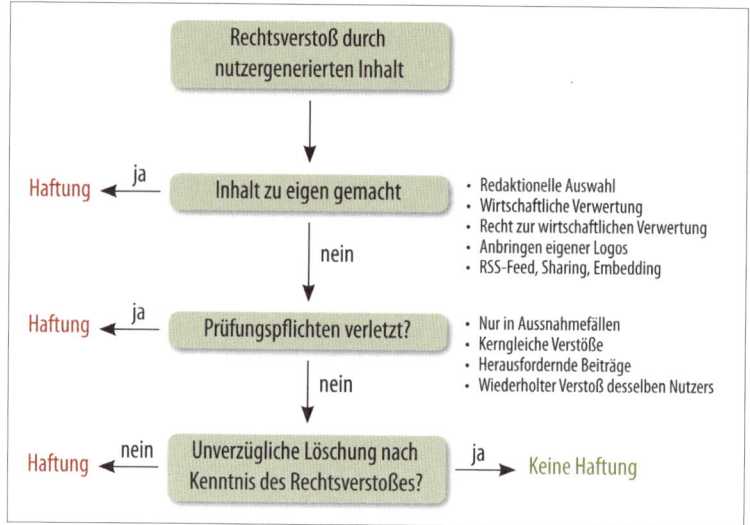

Abbildung 9-10 ▶
Prüfung der Haftung für nutzergenerierte Inhalte wie Blog- oder Pinnwandkommentare und Einträge auf Bewertungsplattformen oder in Foren

Zu eigen machen

Sie machen sich einen Nutzerinhalt dann zu eigen, wenn Sie sich den Inhalt aus der Sicht eines durchschnittlichen Nutzers einverleibt haben.

Nach § 10 TMG gilt das Haftungsprivileg nur für »fremde« Inhalte. Sie können sich also nicht darauf berufen, wenn Sie sich einen ursprünglich fremden Nutzerinhalt zu eigen gemacht haben. Das ist dann der Fall, wenn sich der Inhalt aus Sicht eines durchschnittlichen Nutzers als »Ihr« Inhalt darstellt. Es muss also der Eindruck bestehen, dass Sie sich den Inhalt »einverleibt« haben. Wann das der Fall ist, steht leider nicht im Gesetz, sondern wird von Gerichten immer im Einzelfall beurteilt. Dabei haben sich die im Folgenden genannten Kriterien herauskristallisiert.

Auswahl und Vorprüfung

Wenn Sie Inhalte redaktionell nach bestimmten Kriterien auswählen, sortieren oder zusammenstellen, machen Sie sich diese zu eigen. Denn in diesem Fall gilt nichts anderes, als wenn Sie diese Inhalte zum Beispiel von einer Agentur erstellen lassen würden.

> ### Fallbeispiel
>
> Ein Zu-eigen-Machen nahm der Bundesgerichtshof im Fall der Rezeptseite *Chefkoch.de* an. Auf dieser können Nutzer Rezepte nebst Bildern einreichen, die laut Angaben auf der Website »sorgfältig gesichtet und auf Richtigkeit und Vollständigkeit überprüft« wurden. Bei Bildern wurde insbesondere geprüft, ob diese professionelle Merkmale aufwiesen und potenzielle Urheberrechtsverletzung sein konnten. Trotzdem wurde das Portal wegen einer Urheberrechtsverletzung verklagt, nachdem ein Nutzer unerlaubterweise ein urheberrechtlich geschütztes Bild hochgeladen hatte und es vom Portal freigegeben worden war. Der Bundesgerichtshof entschied, dass das Portal sich aufgrund der Vorauswahl die Nutzerinhalte zu eigen gemacht hatte und sich nicht auf das Haftungsprivileg für Nutzerinhalte berufen konnte. Erschwerend kam hinzu, dass sich das Portal das Recht zur wirtschaftlichen Verwertung der Bilder einräumen ließ und die Bilder beim Ausdruck der Rezepte mit eigenem Logo kennzeichnete. [BGH-Urteil v. 12.11.2009, Az. I ZR 166/07]

Kein Zu-eigen-Machen liegt dagegen vor, wenn die Inhalte nicht manuell, sondern automatisch verwaltet werden:

> ### Fallbeispiel
>
> Auf der der Videoplattform *Sevenload.de* werden Videos von Nutzern lediglich anhand der Nutzerangaben in Kategorien einsortiert, automatisch nach Themen geordnet und zu Charts zusammengestellt. Nach Ansicht des Hanseatischen Oberlandesgerichts macht sich der Plattformbetreiber dadurch die Videos noch nicht zu eigen. Daher musste er für die Urheberrechtsverletzung eines von einem Nutzer hochgeladenen Videos nicht haften. [OLG Hamburg, Urteil v. 29.9.2010, Az. 5 U /09]

Abbildung 9-11 ▶

Wenn Sie die Nutzerinhalte vor der Veröffentlichung prüfen und selektieren (wie es die Betreiber der abgebildeten Website tun), machen Sie sich diese zu eigen und haften für sie. Daher sollten Sie die Nutzer darauf hinweisen, worauf sie rechtlich achten müssen. So können Sie gegen den Nutzer einfacher vorgehen, um zum Beispiel eventuelle Abmahnungskosten erstattet zu bekommen. Wie solche Hinweise aussehen müssen, erfahren Sie in Kapitel 4 in dem Abschnitt »Nutzeruploads und Crowdsourcing«.

Wirtschaftliche Verwertung der Inhalte

Werden die nutzergenerierten Inhalte vom Plattformbetreiber wirtschaftlich verwertet, liegt ein Zu-eigen-Machen vor. Eine wirtschaftliche Verwertung liegt noch nicht vor, wenn lediglich mit der Präsenz Einnahmen erzielt werden (zum Beispiel durch Banner oder andere Anzeigen). Vielmehr muss es sich um die direkte Verwertung der Inhalte handeln, wie im folgend behandelten Beispiel von *pixelio.de*.

Fallbeispiel

Im Fall der Fotografieplattform *pixelio.de* konnten Dritte gegen Entgelt Abzüge von Bildern der Nutzer bestellen. Nachdem ein Fotograf *pixelio.de* wegen einer Urheberrechtsverletzung verklagt hatte, urteilte das Gericht, dass die Plattform sich die von den Nutzern hochgeladenen Bilder zu eigen gemacht hatte und deshalb haftete. Dabei stellte es maßgeblich darauf ab, dass die Bilder wegen der wirtschaftlichen Verwertung aus der Sicht eines Dritten ein Angebot von *pixelio.de* darstellten. [OLG Hamburg, Urteil v. 10.12.2008, Az. 5 U 224/06]

> **7. Keine Rechteeinräumung durch PIXELIO**
>
> PIXELIO stellt als Diensteanbieter nach § 12 TMG nur die multimediale Plattform als solches zur Nutzung durch die Mitglieder zur Verfügung.
>
> PIXELIO räumt somit keine Nutzungsrechte oder Lizenzen an den von den Urhebern in die Datenbank eingestellten Bilder ein.
>
> Sämtliche Rechte an den Bildern werden direkt vom Urheber an den Nutzer aufgrund der Lizenzvereinbarung unter Nr. 5 übertragen.

Abbildung 9-12
Um sich die Nutzerinhalte nicht durch eigene wirtschaftliche Verwertung zu eigen zu machen, treten immer mehr Anbieter als Vermittler zwischen den Nutzern auf, z. B. mittlerweile die Plattform pixelio.de aus dem Beispiel vorher.

Einräumung von Rechten zur wirtschaftlichen Nutzung

Hinweis Sie müssen die Nutzerinhalte nicht tatsächlich wirtschaftlich verwerten, um für sie zu haften. Es reicht aus, dass Sie sich das Recht dazu einräumen lassen.

Auch wenn Sie sich nur die künftige wirtschaftliche Verwertung der Nutzerinhalte in den Nutzungsbedingungen gesichert haben, wird dies in der Regel so ausgelegt, dass Sie sich die Inhalte damit zu eigen gemacht haben.

Das ist noch nicht der Fall, wenn Sie sich in den Nutzungsbedingungen lediglich Rechte einräumen lassen, die für die Verwaltung und den technischen Betrieb Ihres Angebotes notwendig sind. Dazu gehören Rechte für die Bearbeitung, Vervielfältigung und Löschung von Nutzerinhalten oder ihre Einbettung in anderen Seiten.

Anders sieht es aus, wenn Sie sich

- ausdrücklich die wirtschaftliche Verwertung der Inhalte einräumen lassen oder
- den Widerruf dieser Einräumung der Nutzungsrechte durch den Nutzer ausdrücklich ausschließen.

> ### Fallbeispiel
>
> Der Betreiber eines Online-Rotlichtführers ließ sich ein uneingeschränktes und unwiderrufliches Nutzungsrecht an allen von den Nutzern eingestellten Inhalten einräumen. Das reichte nach Ansicht des Landgerichts Köln, um ein Zu-eigen-Machen anzunehmen. [LG Köln, Beschluss v. 9.4.2008, Az. 28 O 690/07]

Tipp Lassen Sie sich nur dann ausdrücklich das Recht zur wirtschaftlichen Verwertung von Inhalten einräumen, wenn das ein Teil Ihres Geschäftsmodells ist. Ansonsten werden Sie für die Inhalte haften, ohne aus den zusätzlichen Rechten Vorteile zu ziehen. In Kapitel 4 finden Sie in »Nutzeruploads und Crowdsourcing« ein Muster für eine Einräumung von Nutzungsrechten mit und ohne wirtschaftliche Verwertung.

Kennzeichnung der Inhalte mit eigenen Logos

Da es für die Frage des Zu-eigen-Machens auf die Sicht der Nutzer ankommt, sprechen eigene Wasserzeichen, Embleme oder Signets auf den Inhalten der Nutzer dafür, dass der Anbieter sich die Uploads der Nutzer zu eigen macht. Dies gilt besonders dann, wenn die eigene Kennzeichnung nicht lediglich bei der Darstellung auf dem Bildschirm über das Bild gelegt, sondern in der Datei fest mit einem Bild oder Video verbunden wird, wie es bei den Kochrezepten von *chefkoch.de* der Fall war.

RSS-Feeds

Wer etwas per RSS-Feed in die eigene Website einbindet, übernimmt damit den reinen Inhalt des Webangebots, das diesen RSS-Feed zur Verfügung stellt – ohne Formatierungen, Farben oder Schriften. Damit kann ein Websitebetreiber zum Beispiel ohne großen Aufwand aktuelle Nachrichten eines Newsportals oder Wettervorhersagen auf seiner eigenen Seite präsentieren.

Außerdem ist es möglich, Inhalte aus einem RSS-Feed automatisch auf Ihrer Facebook-Fanseite einblenden zu lassen. Manche Anbieter stellen ihre Inhalte per RSS zur freien Nutzung zur Verfügung, weil Sie sich davon mehr Bekanntheit und Zugriffe auf ihr Angebot versprechen. Die Nutzer der RSS-Feeds erhalten dafür kostenlose Inhalte für deren Angebot.

Tipp Von der Frage, ob Sie für den Inhalt eines RSS-Feeds haften, ist die Frage zu unterscheiden, ob Sie den RSS-Feed selbst übernehmen durften. Da ein solcher Feed in der Regel urheberrechtlich geschützte Inhalte enthält, sollten Sie den Inhaber um Erlaubnis fragen, sofern er diese nicht auf seiner Website gegeben hat.

Wenn Sie einen RSS-Feed übernehmen, gehen die Gerichte davon aus, dass sein Inhalt sich für die Nutzer als Ihr eigener Inhalt darstellt und Sie sich diesen zu eigen machen. Dabei betonten die Richter in ihren Entscheidungen, dass die Haftung auch dann vorliegt, wenn ein Hinweis darauf vorhanden ist, dass die Inhalte aus einem Fremden RSS-Feed stammen und für sie keine Haftung übernommen werde.

Fallbeispiel

In einem Fall übernahm ein Website-Inhaber den RSS-Feed einer Zeitung, in der persönlichkeitsverletzende Behauptungen aufgestellt wurden. Die betroffene Person ging nicht nur gegen die Zeitung vor, sondern auch gegen den Websiteinhaber. Das Landgericht Berlin entschied, dass er mit der Einbindung des RSS-Feeds für diesen die Haftung übernahm und als »Herr des Angebotes« für die RSS-Inhalte haftet. Das Gericht war dieser Ansicht, obwohl die Website einen Hinweis auf die Quelle des Inhalts und einen Haftungsausschluss für Inhalte Dritter enthielt. [LG Berlin, Urteil v. 27.4.2010, Az. 27 O 190/10]

◀ Abbildung 9-13
Seien Sie vorsichtig bei der Einbettung fremder Inhalte in Ihr Angebot. Die Gefahr ist gering, wenn Sie nur die Artikeltitel übernehmen, und steigt, wenn Sie auch die Arteltexte und die zugehörigen Bilder einbinden. Darf der Anbieter des RSS-Feeds Dritten keine Nutzungsrechte an den Bildern einräumen, begehen Sie so eine Urheberrechtsverletzung.

Twitter-Walls

Vergleichbar mit RSS-Feeds sind Twitter-Walls oder Twitter-Streams. Dabei werden Tweets anhand eines bestimmten Kriteriums ausgewählt und gemeinsam ausgegeben. Twitter-Walls sind zum Beispiel auf Veranstaltungen beliebt, um zu zeigen, was über die Veranstaltung im Netz gesprochen wird. Mit dem gleichen Prinzip können Twitter-Streams in »Social Media-Newsrooms« von

Unternehmen eingeblendet werden und dort alle Twitter-Aktivitäten mit Bezug auf das Unternehmen zeigen.

Zwar gibt es bezüglich Twitter noch keine Entscheidungen, aber es muss damit gerechnet werden, dass ein Gericht auch hier ein Zueigen-Machen der Tweets sehen würde, denn ähnlich wie bei RSS-Feeds werden dabei die Inhalte Dritter eingebettet. Sind in den Tweets zum Beispiel Falschbehauptungen von Tatsachen oder Beleidigungen enthalten, ist mit einer Haftung für diese zu rechnen.

Tipp   Um die Haftung zu vermeiden, sollten Sie in Ihrem Social-Media-Newsroom nur die eigenen Tweets einbinden und nicht alle, die Ihr Unternehmen erwähnen.

Abbildung 9-14 ▶
Wenn Sie eine solche Twitter-Wall auf Ihrer Seite oder Veranstaltung einbinden, haften Sie sehr wahrscheinlich für Rechtsverletzungen, die auf ihr auftauchen.

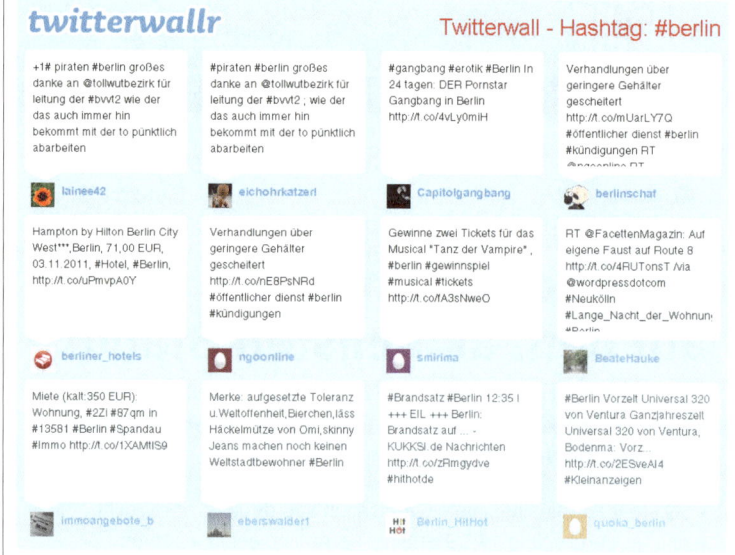

Framing und Embedding

Neben der Einbindung als RSS-Feed oder Twitter-Wall gibt es noch andere Möglichkeiten, Inhalte in eine Webseite oder Ihre Präsenz bei einer Social Media-Plattform einzubetten. Zum Beispiel ist es mit dem HTML-Element *iframe* möglich, fremde Bilder und sogar ganze Websites in Ihren Online- oder Social Media-Auftritt zu integrieren. Ebenso können Sie ein Bild von einem fremden Server direkt in Ihre Seite einbauen oder Videos einbetten.

In all diesen Fällen laufen Sie jedoch angesichts der aktuellen Rechtsprechung zur Haftung für RSS-Feeds Gefahr, dass das Einbinden ein Zu-eigen-Machen darstellt und Sie für die Inhalte automatisch haften. Daher sollten Sie fremde Inhalte nur dann einbinden, wenn Sie der Quelle vertrauen und sich sicher sind, dass keine Rechtsverletzungen auftreten.

Achtung Plattformen wie Facebook machen es den Nutzern leicht, Inhalte einzubinden. Dazu ist zum Beispiel nur ein Link zu einem Blogbeitrag notwendig, und schon werden ein Textauszug und ein Bild aus dem Beitrag eingebunden. Ist das Bild urheberrechtlich geschützt oder enthält der Textauszug eine Beleidigung, werden Sie für diese Rechtsverletzungen sehr wahrscheinlich haften müssen.

◀ **Abbildung 9-15**
Auch Videos können in Social Media-Seiten eingebettet werden, wie hier von der Plattform Sevenload.de. Wie Sie dabei die Haftung mindern, können Sie in Kapitel 3 im Abschnitt »Urheberrechtlicher Schutz von Videos« nachlesen.

Tipp Auch wenn die Gerichte im Fall von RSS-Feeds geurteilt haben, dass ein Disclaimer nicht ausreicht, wenn ein Inhalt bewusst ausgewählt wird, sollten Sie bei fremden Inhalten immer die Quelle angeben. Es ist ja durchaus möglich, dass ein Gericht die Kennzeichnung fremder Inhalte beim Einbetten anders würdigen und in diesem Fall keine Haftung annehmen wird.

Teilen und Empfehlen von Inhalten

Auch wenn Sie Inhalte wie Texte, Bilder und Videos bei Facebook, Google+ oder auf Kuratierungsplattformen wie *Storify* oder *Pinterest* teilen (auf Englisch »Sharing«) oder auf eine Empfehlungsschaltfläche klicken, handelt es sich dabei zunächst nur um eine Verlinkung auf diese Beiträge. Für diese haften Sie erst, wenn Sie sie sich mit Zusätzen wie »Der Meinung bin ich auch!« zu eigen machen oder ein Rechtsverstoß durch diese Beiträge offensichtlich ist.

Hinweis Grundsätze der Linkhaftung finden Sie am Ende dieses Kapitels.

Darüber hinaus ist das Teilen und Empfehlen in sozialen Netzwerken und Kuratierungsdiensten mit der Übernahme der Bestandteile der verlinkten Quelle verbunden. Zum Beispiel werden bei einem Blogbeitrag das Artikelbild und ein kurzer Textauszug übernommen. Bei den übernommenen Inhalten sollten Sie davon ausgehen, dass Sie sie sich zu eigen gemacht haben. Stellt das Bild eine Urheberrechtsverletzung dar oder enthält bereits der Textauszug eine Beleidigung, haften Sie für diese Rechtsverstöße.

 Hinweis   Details zur Haftung für Vorschaubilder bei Verlinkung von Inhalten in sozialen Netzwerken können Sie in Abschnitt »Automatische Vorschaubilder« in Kapitel 3 nachlesen.

Abbildung 9-16 ▶
Auch wenn Sie sogenannte Kuratierungsdienste wie Storify oder Pinterest nutzen, um Inhalte weiterzuempfehlen oder sich aus Twitter-Beiträgen, Bildern und Texten einen Beitrag »zusammenzulinken«, haften Sie für die Inhalte, die in Ihren Beiträgen erscheinen. Für Inhalte, die urheberrechtlich geschützt sind, benötigen Sie zudem eine Einwilligung der Rechteinhaber. Weitere Hinweise hierzu finden Sie in Kapitel 3 im Abschnitt »Einbetten und Teilen von urheberrechtlich geschützten Inhalten«.

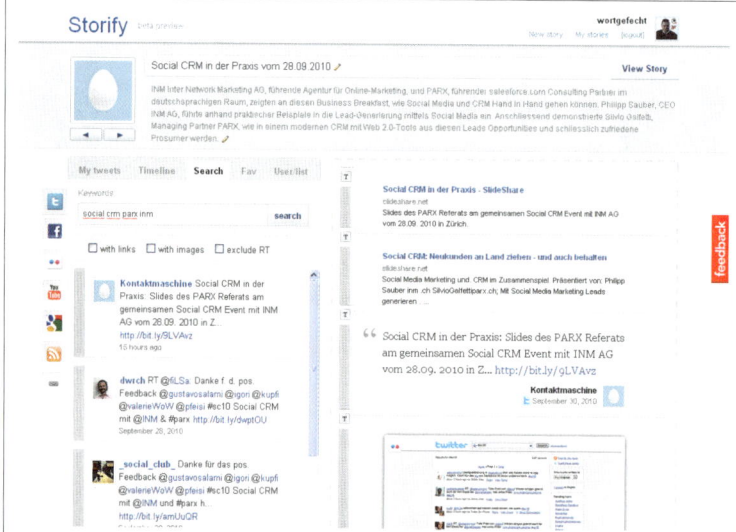

Kennzeichnung der Inhalte als fremd und Disclaimer

Sie sollten nutzergenerierte Inhalte immer als solche kennzeichnen – neben den Inhalten sollte der Name des Nutzers deutlich erkennbar sein. Zur Risikominimierung trägt zudem der deutliche Hinweis (auch als »Disclaimer« bezeichnet) bei:

Beachten Sie jedoch, dass die Kennzeichnung der Beiträge als »fremd« nicht immer hilft. Wenn Sie zum Beispiel die Inhalte vorselektieren, erkennbar wirtschaftlich verwerten oder als RSS-Feeds einbinden, müssen Sie trotzdem mit einer Haftung rechnen (siehe den Abschnitt »RSS-Feeds« weiter oben).

> **Muster eines Disclaimers**
>
> Auf unserer Website können Nutzer Beiträge einstellen, ohne dass diese von uns überprüft werden. Soweit einzelne Beiträge die Rechte Dritter verletzen oder aus anderen Gründen rechtswidrige Inhalte enthalten, ist für den Regelverstoß der jeweilige Nutzer verantwortlich. Eine inhaltliche Verantwortung – gleich welcher Art – wird nicht übernommen.

Achtung Der Hinweis auf fremde Inhalte sollte direkt neben den Inhalten und nicht versteckt im Impressum stehen.

Sind Inhalte offensichtlich als Nutzerbeiträge zu erkennen (wie Foreneinträge, Blogkommentare oder Beiträge auf Facebook-Pinnwänden), ist eine zusätzliche Kennzeichnung nicht notwendig.

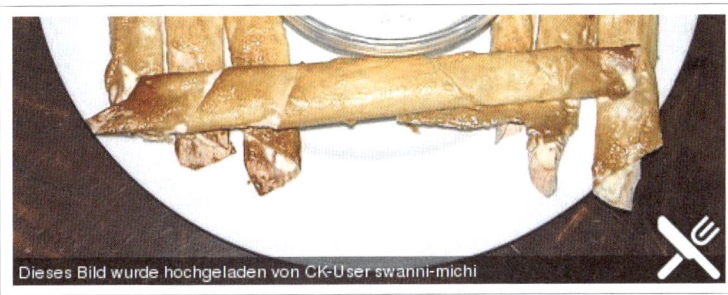

◀ **Abbildung 9-17**
Bei Chefkoch.de werden die von Nutzern hochgeladenen Bilder nicht mehr mit dem eigenen Logo (einer Kochmütze) sondern mit einem neutralen »Messer & Gabel«-Zeichen markiert und zusätzlich mit dem Namen des Nutzers versehen. Damit soll ausgedrückt werden, dass Chefkoch.de sich die Nutzerinhalte nicht zu eigen macht (Quelle: http://bit.ly/pZRW4o).

Haftungsprivileg für fremde Inhalte – Haftung ab Kenntnis

Wenn Sie sich die Nutzerinhalte nicht entsprechend der obigen Ausführung zu eigen gemacht haben, können Sie sich auf das Haftungsprivileg für fremde Inhalte gemäß § 10 TMG berufen. Nach dieser Vorschrift sind Sie erst ab Kenntnis dazu verpflichtet, rechtsverletzende Inhalte unverzüglich zu entfernen.

Bei Nutzerinhalten, die Sie sich nicht zu eigen gemacht haben, können Sie sich auf das Haftungsprivileg berufen.

Hinweis Die Haftung ab Kenntnis ist auch unter der Bezeichnung »notice and take down« bekannt.

Das bedeutet: Solange Sie nicht wissen, welchen Inhalt der Nutzerbeitrag hat, tragen Sie keine Verantwortung für ihn. Sie müssen die Nutzerbeiträge weder aktiv überwachen noch überprüfen. Nur in Ausnahmefällen kann eine Prüfungspflicht entstehen.

Hinweis Werden Sie abgemahnt, bevor Sie Kenntnis von der Rechtswidrigkeit hatten, müssen Sie weder eine Unterlassungserklärung abgeben noch die Abmahnungskosten übernehmen. Alles, was Sie tun müssen, ist, den rechtswidrigen Inhalt unverzüglich zu entfernen.

Kenntnis

Wenn Sie Kenntnis von einem rechtswidrigen Nutzerinhalt erlangen und ihn nicht unverzüglich löschen, haften Sie dafür.

»Kenntnis des rechtswidrigen Inhalts« bedeutet, dass Ihnen bewusst ist, dass er sich auf Ihrem Angebot befindet. Kenntnis können Sie zum Beispiel durch Hinweise der Rechteinhaber bei Verletzung ihrer Rechte oder Meldungen anderer Nutzer erlangen. Die Kenntnis Ihrer Mitarbeiter, beauftragter Agenturen oder ehrenamtlicher Helfer wie Forumsmoderatoren wird Ihnen zugerechnet.

Abbildung 9-18 ▶
Kenntnis eines Rechtsverstoßes kann auch durch seine Kommentierung vorliegen. Stellt sich in diesem Beispiel eines Nutzerbeitrags auf einer Facebook-Fanseite heraus, dass der Konkurrent nicht pleite ist, liegt eine Falschbehauptung von Tatsachen vor. Aufgrund des Kommentars kann dem Betreiber ihre Kenntnis nachgewiesen werden. Er kann sich daher nicht auf das Haftungsprivileg berufen.

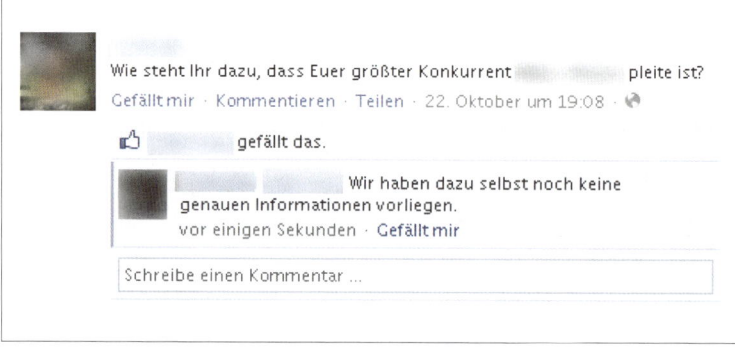

Wenn Sie auf rechtsverletzende Inhalte hingewiesen werden, müssen diese so bezeichnet werden, dass Sie die Möglichkeit haben, sie zu finden und ihre Rechtswidrigkeit einzuschätzen. Pauschale Hinweise wie »Die Kommentare zum Beitrag X enthalten Rechtsverletzungen« oder »Auf Ihrer Facebook-Seite hat ein Nutzer ein Bild gepostet, das unsere Urheberrechte verletzt« reichen dafür nicht aus.

Je weniger offensichtlich eine Rechtsverletzung durch einen Nutzerbeitrag ist, desto mehr Hinweise muss der Betroffene dem Anbieter geben. In Kapitel 10 finden Sie ein Muster für eine Meldung an den Plattformbetreiber, das der Betroffene seinem Hinweis zugrunde legen kann.

Des Weiteren müssen Sie aufgrund der Kenntnis die Rechtsverletzung prüfen können. Bei offensichtlichen Fällen ist das ohne Weiteres bei Angabe des konkreten Nutzerbeitrags möglich. Zum Beispiel ist die Schmähung eines Mitbewerbers anhand des Inhalts leicht erkennbar. Wird aber zum Beispiel die Löschung einer Falschbehauptung verlangt, muss dargelegt werden, warum sie unrichtig ist. Bei registrierten Rechten, wie zum Beispiel Marken, muss belegt werden, dass sie geschützt sind (was aber bei bekannten Markenlogos nicht notwendig ist).

Tipp	Falls Sie einen Hinweis auf eine Rechtsverletzung erhalten und sie nicht nachvollziehen können, bitten Sie lieber um weitere Aufklärung, als den Hinweis überhaupt nicht zu beachten.	

Neben konkreten Hinweisen können Sie Kenntnis auch durch die Sichtung oder Kontrolle der Inhalte erlangen. Da das »Kennen« jedoch ein subjektiver Vorgang ist, wird man Ihnen die Kenntnis nur dann nachweisen können, wenn Sie Handlungen begehen oder Aussagen tätigen, anhand derer auf Ihre Kenntnis des Inhalts geschlossen werden kann. Wenn Sie zum Beispiel auf einen Pinnwandbeitrag bei Facebook oder einen Blogkommentar reagieren, kann man Ihnen die Kenntnis nachweisen.

Das heißt für Sie, dass Sie niemals zweifelhafte Einträge kommentieren sollten. Auch sollten Sie nie schreiben, dass Sie die nutzergenerierten Inhalte kontrollieren, überwachen oder prüfen.

Tipp	Eine Kontrolle der nutzergenerierten Inhalte sollte nicht nach außen kommuniziert werden. Weisen Sie auch Ihre Mitarbeiter, ehrenamtliche Moderatoren und andere Beauftragte darauf hin. Es klingt zunächst unehrlich, ist es aber nicht, da Sie nicht verpflichtet sind, auf die Kontrollen hinzuweisen. Tun Sie es, könnte Ihnen die Kenntnis aller Inhalte unterstellt werden, obwohl das praktisch selten der Fall ist.	

◄ **Abbildung 9-19**
Verzichten Sie auf die Aussage, dass Sie alle Inhalte kontrollieren. Sie können als Kenntnis der Inhalte ausgelegt werden, was zum Verlust des Haftungsprivilegs führen kann.

Unverzügliche Entfernung

Sobald Sie Kenntnis von einem rechtswidrigen Inhalt haben, sind Sie verpflichtet, ihn unverzüglich zu entfernen. »Unverzüglich« bedeutet, dass Sie schnell handeln und nicht zögern sollten.

Tipp	Wenn es geht, sollten Sie den beanstandeten Inhalt direkt offline nehmen und sich erst dann an die Überprüfung machen.	

Es ist eine Frage des Einzelfalls, wie lange Sie sich mit der Prüfung Zeit lassen können. Bei einer Urheberrechtsverletzung kann die Prüfung bis zu 5 Tage in Anspruch nehmen. Aber vor allem wenn es sich um einen erheblichen Eingriff in Persönlichkeitsrechte, um Beleidigungen oder um Behauptungen falscher Tatsachen handelt, sollten Sie den Inhalt spätestens innerhalb von 24 Stunden entfernen.

Achtung — Wenn Sie oder die zuständigen Mitarbeiter in Urlaub gehen, sollten Sie dafür sorgen, dass etwaige Beschwerden über Nutzerinhalte trotzdem bearbeitet werden. Ein Verweis auf die Urlaubsabwesenheit reicht als Entschuldigung nicht aus.

Wenn Sie Ihren Social Media-Auftritt nur unter der Woche betreuen, reicht es in der Regel aus, wenn Sie rechtswidrige Inhalte am nächsten Arbeitstag entfernen. Wird der Inhalt jedoch auch am Wochenende betreut, da zum Beispiel die zuständigen Social Media-Beauftragten auch an diesen Tagen Inhalte verfassen oder auf Nutzeranfragen reagieren, können Sie sich bei der Haftung auch nicht auf das Wochenende berufen.

Tipp — Wenn Sie Inhalte entfernen, reagieren Nutzer oft entsetzt und sprechen von Zensur. Lassen Sie daher einem gelöschten Inhalt eine Erklärung folgen, zum Beispiel so: »Wir haben den Beitrag von Peter K. aufgrund eines Hinweises auf mögliche Rechtswidrigkeit entfernt. Wir bitten um Verständnis dafür, da wir für rechtswidrige Inhalte haften, jedoch nicht die Möglichkeit haben, deren Rechtmäßigkeit zu überprüfen.«

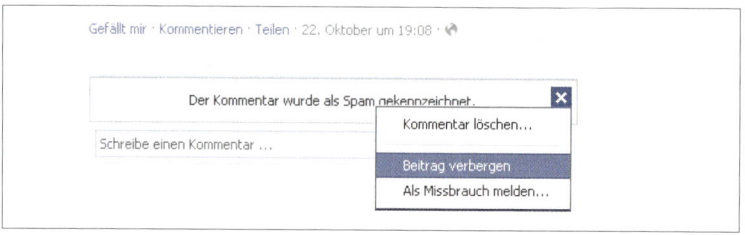

Abbildung 9-20 ▶ Bei Facebook-Fanseiten können Administratoren rechtswidrige Nutzerkommentare so verbergen, dass zwar deren Verfasser sie sehen, alle anderen Nutzer jedoch nicht. Mit diesem Trick können negative Reaktionen der Verfasser vermieden werden.

Prüfungspflichten

In Ausnahmefällen müssen Sie nutzergenerierte Inhalte vorbeugend auf Rechtsverletzungen prüfen.

Grundsätzlich sieht das Gesetz vor, dass Sie für fremde und nicht zu eigen gemachte Inhalte erst ab deren Kenntnis haften. Das bedeutet, dass Sie in der Regel nicht zu vorbeugender Überwachung verpflichtet sind. Anders sehen es deutsche Gerichte in den im Folgenden beschriebenen Fällen, in denen sie doch von der Pflicht zur Prüfung und Überwachung ausgehen.

Kerngleiche Rechtsverstöße

Wenn Sie von einer Rechtsverletzung Kenntnis erlangt haben, müssen Sie dafür sorgen, dass kerngleiche Rechtsverletzungen in Zukunft nicht mehr vorkommen. Was »kerngleich« bedeutet, ist schwer pauschal zu bestimmen. Es muss sich um eine Rechtsverletzung ähnlichen Inhalts und ähnlicher Wirkung handeln.

Urheberrechtsverletzungen Wurde die Verletzung eines Bildes gemeldet, wäre die erneute Einstellung desselben Bildes eine kerngleiche Verletzung.

Persönlichkeitsrechtsverletzungen, Schmähungen und falsche Tatsachen Wurden durch eine Äußerung die Rechte eines Unternehmens oder einer Person verletzt, wäre eine erneute Verletzung der Rechte dieser Person kerngleich zur vorangegangenen Verletzung.

Gefährliche Nutzer Wenn ein Nutzer Rechtsverletzungen begeht, indem er zum Beispiel andere Nutzer ständig beleidigt, liegen kerngleiche Verletzungen vor.

Um einen kerngleichen Rechtsverstoß zu vermeiden, müssen Sie alles »Mögliche und Zumutbare« unternehmen. Das bedeutet, dass Sie – sofern vorhanden oder mit verhältnismäßigen Mitteln beschaffbar – Filter einsetzen und dort zum Beispiel die Namen der Unternehmen eintragen müssen, die verletzt worden sind. Nutzer, die Rechtsverstöße begangen haben, müssen Sie zumindest verwarnen oder je nach Schwere des Rechtsverstoßes sofort blocken. Beachten Sie dabei, dass die Gerichte bei kommerziellen Angeboten weitergehende Prüfungspflichten als bei privaten annehmen.

Hinweis	Innerhalb Ihrer Onlinepräsenzen haben Sie das Hausrecht. Das bedeutet, Sie dürfen Beiträge löschen oder korrigieren und Nutzern ein virtuelles Hausverbot erteilen. Das gilt nicht nur, wenn die Nutzer gegen das Recht verstoßen, sondern auch, wenn sie den Betrieb Ihres Angebotes zum Beispiel durch Überflutung mit Beiträgen im Rahmen einer Kritikaktion stören. Weitere Erläuterungen finden Sie im Beitrag des Autors »NG-DiBa, Veganer und die Grenzen des Hausrechts auf Facebook-Fanseiten«: *http://bit.ly/wCCkLI*.	

Sollten Sie vor Gericht stehen, weil Sie eine kerngleiche Verletzung nicht verhindert haben, wird es zu Ihren Lasten ausgelegt, wenn Sie mögliche Maßnahmen zur Vermeidung erneuter Rechtsverletzungen nicht ausgeschöpft haben. Verfügt Ihre Blogsoftware über einen Kommentarfilter (wie *Wordpress*), müssen Sie diesen nutzen. Bei Facebook haben Sie dagegen keine Möglichkeit, einen Filter für die Inhalte einzusetzen. Jedoch haben Sie die Möglichkeit, Nutzer zu blocken, wovon Sie bei Rechtsverletzungen Gebrauch machen sollten.

 Tipp Legen Sie Prozesse dafür fest, wie auf Rechtsverletzungen reagiert und mit störenden Nutzern umgegangen werden soll. Das erspart Ihnen im Einzelfall viel Zeit und verhindert Fehler.

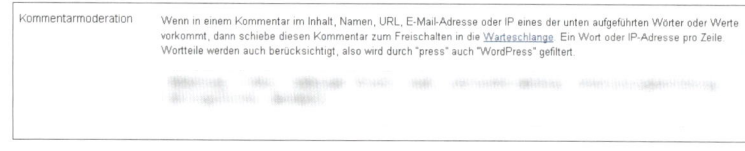

Abbildung 9-21 ▶
Die Blogsoftware Wordpress bietet die Möglichkeit, anhand bestimmter Begriffe zu filtern. Nutzerkommentare mit diesen Begriffen werden nicht automatisch veröffentlicht, sondern müssen manuell freigegeben werden.

Abbildung 9-22 ▶
Bei Facebook gibt es die Möglichkeit, Nutzer zu blocken, die Rechtsverletzungen begangen haben. Das passiert in der Übersicht der Fans, die über den »gefällt das«-Link unter der Anzeige der Fanzahl aufgerufen wird.

Besonders Blogger sollten die Grenzen der Haftung für provozierende Beiträge kennen.

Provokante Beiträge

Wenn Sie damit rechnen müssen, dass Ihre im Blog veröffentlichten Äußerungen Rechtsverletzungen hervorrufen, müssen Sie für deren Kontrolle sorgen. Sie sollten Blogkommentare also entweder zeitnah überwachen oder besser per Hand freischalten. Dabei können Sie sich nicht darauf berufen, dass Sie nicht die Mittel und Zeit dazu hätten.

Mit Rechtsverletzungen müssen Sie in den folgenden Fällen rechnen:

Aufgeheizte Stimmung Insbesondere wenn Sie über brisante politische, religiöse oder soziale Themen schreiben, die auch in anderen Medien Überreaktionen hervorrufen, müssen Sie mit rechtsverletzenden Beiträgen rechnen. Wann die Grenze überschritten wird, ist schwer zu bestimmen. In den meisten Fällen werden Sie ohnehin anhand des folgenden Punkts mögliche Rechtsverletzungen erkennen können.

Anzeichen drohender Rechtsverletzungen Die Überwachungspflicht trifft Sie auch, wenn schon die ersten Reaktionen auf einen bestimmten Blogartikel Rechtsverletzungen enthalten und sich daher weitere Rechtsverstöße abzeichnen.

◀ **Abbildung 9-23**

Das Landgericht Hamburg ist dafür bekannt, besonders streng gegen Persönlichkeitsrechtsverletzungen vorzugehen. So befand es, dass der Blogger Niggemeier aufgrund der Schärfe seiner Worte und der Brisanz des Themas die Kommentatoren zu Rechtsverletzungen herausgefordert habe und daher die Kommentare hätte vorab prüfen und manuell freischalten müssen (Quelle: http://bit.ly/n6mjmH).

Fallbeispiel

Maßgeblich für die Bestimmung der Überwachungspflicht war die Entscheidung des Landgerichts Hamburg im Fall des Journalisten und Bloggers Stefan Niggemeier. Nachdem das Unternehmen Callactive in den Verruf geraten war, Teilnehmer seiner Gewinnspielshows im Fernsehen unehrlich zu behandeln, wurden es und seine Mitarbeiter von Niggemeier in einem pointierten Beitrag scharf kritisiert (siehe http://bit.ly/n6mjmH). Diese Kritik rief viele Nutzer auf den Plan, die mit den Machenschaften des Unternehmens ebenfalls nicht einverstanden waren und kritische Kommentare hinterließen, die über die Stränge schlugen und teilweise entfernt werden mussten.

Nachdem ein beleidigender Kommentar um 3 Uhr nachts verfasst und erst um 11 Uhr des folgenden Tages gelöscht wurde, erhielt Niggemeier eine Abmahnung von Callactive. Da er sich auf das Haftungsprivileg berief, zog das Unternehmen vor Gericht und gewann (bitte lesen Sie zu den Voraussetzungen des Haftungsprivilegs Abschnitt »Haftungsprivileg für fremde Inhalte – Haftung ab Kenntnis« weiter oben in diesem Kapitel). Das Gericht urteilte, der Blogger hätte angesichts eigener Äußerungen an der »Grenze der Persönlichkeitsrechtsverletzung« sowie anhand der ersten Kommentare erkennen müssen, dass mögliche Rechtsverletzungen in weiteren Kommentaren drohen. Deshalb hätte er die Kommentare erst nach Überprüfung freischalten sollen. Dabei hielt es das Gericht für irrelevant, dass Niggemeier ca. 13.000 Kommentare pro Jahr auf seine Beiträge erhielt. [LG Hamburg, Urteil v. 4.12.2007, Az. 324 O 794/04]

Diese Entscheidung im Fall Niggemeier wurde zu Recht als überzogen angesehen, weil es praktisch kaum möglich ist, zu erkennen, wann ein Beitrag zu einer Prüfung verpflichtet. Dennoch sollten Sie daran denken, wenn Sie zum Beispiel einen kritischen Blogbeitrag zu einem politisch oder sozial brisanten Thema schreiben und bereits die ersten Nutzer in ihren Reaktionen über die Stränge schlagen. In diesen Fall sollten Sie die Kommentare nur per Hand freigeben.

 Achtung Besonders bei Kritik sollte diese Entscheidung beachtet werden. Es wäre theoretisch einfach, einem unliebsamen Kritiker in einer hitzigen Diskussion nachts einen rechtsverletzenden Kommentar unterzuschieben und ihn anschließend abzumahnen.

Haftung und Löschungspflichten von Host-Providern

Die Host-Provider stehen in einem Spannungsverhältnis zwischen Vertragspflichten gegenüber den Nutzern und eigener Haftung. Der Bundesgerichtshof hat ein Löschungsverfahren festgelegt, das dieses Spannungsverhältnis berücksichtigen soll.

Die Haftung für fremde Inhalte trifft nicht nur die Betreiber von Angeboten, auf denen die Nutzer einzelne Inhalte einstellen können. Auch die sogenannten *Host-Provider* können in Haftung genommen werden. Host-Provider stellen Nutzern Speicherplatz zur Verfügung, auf denen diese eigene Angebote erstellen können. Das sind die Betreiber von Social Media-Plattformen wie Facebook, Google+, Wordpress, YouTube oder Blogger.com, aber auch Anbieter von Webservern (auch »Webspace-Provider« genannt), auf denen Websites gespeichert werden können.

Die Host-Provider können sich ebenfalls auf das Haftungsprivileg im § 10 TMG berufen und sind zur unverzüglich Löschung von Inhalten erst ab Kenntnis verpflichtet.

Jedoch hat der Bundesgerichtshof in einer aktuellen Entscheidung die Anforderungen an das Verfahren beim Vorgehen gegen Host-Provider erhöht:

Keine eingehende Prüfung Der Host-Provider muss nur dann tätig werden, wenn der Hinweis so konkret gefasst ist, dass der Rechtsverstoß auf Grundlage der Behauptungen des Betroffenen unschwer – also ohne eingehende rechtliche und tatsächliche Überprüfung –, bejaht werden kann. Damit kommen nur offensichtliche Rechtsverletzungen wie Beleidigungen oder einfach nachprüfbare falsche Tatsachen in Frage. Auch Marken- und Urheberrechtsverletzungen müssen eindeutig vorliegen und dürfen zum Beispiel nicht von der Auslegung von Lizenzenzvereinbarungen abhängen. Wettbewerbsverstöße scheiden grundsätzlich aus, da sie einer umfassenden rechtlichen Prüfung bedürfen.

Stellungnahme des Verantwortlichen Der Host-Provider hat das Recht, die Beanstandung an den für ein Blog oder eine Social Media-Präsenz Verantwortlichen weiterzuleiten und diesen um Stellungnahme zu bitten. Bleibt eine Stellungnahme innerhalb einer den Umständen entsprechend angemessenen Frist aus, kann er von der Berechtigung der Beanstandung ausgehen und darf den beanstandeten Eintrag löschen.

- **Forderung von Nachweisen** Wenn der Verantwortliche den Rechtsverstoß nachvollziehbar bestreitet, muss der Host-Provider dies dem Betroffenen mitteilen und gegebenenfalls weitere Nachweise verlangen, aus denen die behauptete Rechtsverletzung ersichtlich wird.
- **Keine oder nicht nachvollziehbare Stellungnahme** Bleibt eine Stellungnahme des Betroffenen aus oder legt er erforderliche Nachweise nicht vor, muss der Host-Provider keine weitere Prüfung vornehmen.
- **Löschungspflicht** Ergibt die Auswertung der Stellungnahmen und der Nachweise des Betroffenen und des Verantwortlichen, dass eine Rechtsverletzung vorliegt, ist der beanstandete Eintrag zu löschen.

Fallbeispiel

Diese Prüfungsfolge legte der der Bundesgerichtshof in einer Entscheidung über die Haftung von Google als Betreiber der Blogging-Plattform Blogger.com fest. Gegenstand der Entscheidung war eine Persönlichkeitsverletzung, die auf einem Blog innerhalb der Plattform begangen worden war. Zum Zeitpunkt des Verfassens dieses Buches war die gerichtliche Untersuchung noch nicht abgeschlossen, die ermitteln soll, ob Google sich an diese Prüfungsfolge gehalten hat. [BGH-Urteil v. 25.10.2011, Az. VI ZR 93/10]

Haftung für Links

Achtung In diesem Abschnitt geht es um das bloße Verweisen auf fremde Inhalte per Link. Wenn Sie Inhalte so einbinden, dass sie direkt auf Ihrer Onlinepräsenz dargestellt werden, handelt es sich um Einbettung. Die Haftung in diesem Fall wird unter »Framing und Embedding« sowie »Teilen und Empfehlen von Inhalten« weiter oben in diesem Kapitel besprochen.

Anders als die Anzahl der im Internet vorhandenen Disclaimer für Links vermuten lässt, haftet man grundsätzlich nicht für verlinkte Inhalte. Und liegt tatsächlich eine Ausnahme vor, in der eine Haftung gegeben ist, hilft auch ein pauschaler Haftungsausschluss im Impressum nicht.

Hinweis Die Grundsätze der Linkhaftung gelten auch, wenn Sie nicht eigene Links veröffentlichen, sondern fremde Links weiterverteilen, wie zum Beispiel im Rahmen eines Retweets auf Twitter oder der Teilen-Funktion innerhalb sozialer Netzwerke. Wird dabei der Begleittext zum Link übernommen, machen Sie sich diesen zu eigen.

Eine solche Ausnahme liegt vor, wenn Sie sich den Link zu eigen machen oder bewusst auf Quellen verlinken, die offensichtlich rechtswidrig sind:

Die Linkhaftung entspricht der Haftung für Nutzerinhalte. Sie haften, wenn Sie sich Links durch eigene Kommentare zu eigen machen oder Kenntnis von den Rechtswidrigkeit der verlinkten Inhalte haben.

Zu-eigen-Machen von Rechtsverletzungen Wenn Sie eine rechtswidrige Quelle ausdrücklich befürworten oder empfehlen, stellen Sie sich hinter ihre Aussage und übernehmen damit die Haftung für deren Inhalte. Das ist der Fall, wenn Sie Links mit bestärkenden Zusätzen, wie »das sehe ich genauso« oder »hier hat jemand Mut zur Wahrheit« versehen.

Bewusste Verlinkung auf rechtswidrige Inhalte Wenn Sie zum Beispiel auf eine Seite verlinken, die aktuelle Kinofilme oder Musikstücke zum Download anbietet, haften Sie für den Link, weil die Rechtsverstöße offensichtlich sind. Das gilt auch, wenn Sie direkt auf eine die Urheberrechte verletzende Video- oder MP3-Datei verlinken. Geht Ihr Link dagegen auf einen Artikel, der eine falsche Tatsache enthält, oder ein Bild, das ohne Einverständnis des Urhebers verwendet wird, dann müssen Sie mangels Erkennbarkeit der Rechtsverstöße nicht für diese Rechtsverletzungen einstehen.

Fallbeispiel

In einem Fall hatte ein Twitter-Nutzer über zwei Accounts mehrere Weblinks veröffentlicht, die zu einem Forum führten, in dem anonym wettbewerbswidrige und falsche Behauptungen über ein Unternehmen aufgestellt worden waren. Dieses reagierte mit einer einstweiligen Verfügung, in der der Twitternde aufgefordert wurde, diese Verlinkungen zu entfernen und künftig zu unterlassen. Das Gericht gab der Verfügung statt. [LG Frankfurt, Beschluss v. 20.4.2010, Az. 3-08 O 46/10]

Abbildung 9-24 ▶ Wenn Sie sich mit verlinkten Inhalten ausdrücklich solidarisieren, übernehmen Sie grundsätzlich die Haftung für deren Inhalte.

Pressefreiheit

Aufgrund der Pressefreiheit kann ausnahmsweise auch die Verlinkung von offensichtlich rechtswidrigen Inhalten im Rahmen journalistischer Beiträge zulässig sein. Dafür stellen die Gerichte folgende Voraussetzungen auf:

Journalistischer Beitrag Ein journalistischer Beitrag setzt nicht unbedingt voraus, dass er in einem renommierten Magazin oder einer Zeitung erscheint. Auch ein Blog, das regelmäßig Beiträge veröffentlicht, die zur öffentlichen Meinungsbildung beitragen sollen, kann sich auf die Pressefreiheit berufen.

Öffentliches Interesse Der Link erfolgt im Rahmen eines Themas, an dem ein öffentliches Interesse besteht. Das kann der Fall sein, wenn über Rechtmäßigkeit oder Rechtswidrigkeit eines Onlineangebots diskutiert wird und der Link die Möglichkeit bietet, sich selbst von dem Angebot zu überzeugen – wenn also ein Beitrag z. B. auf die viel diskutierte Seite *kinox.to* verlinkt, die Links zu Seiten anbietet, auf denen man sich aktuelle Kinofilme ansehen kann.

Keine Befürwortung Die Links müssen neutral eingebunden werden. Wenn Sie sich dagegen mit dem Link solidarisieren und mitteilen, dass Sie seinen Inhalt richtig finden oder dahinter stehen, haften Sie dafür.

Keine Verletzung von Persönlichkeitsrechten Auch im journalistischen Bereich liegt die Grenze der erlaubten Verlinkung dort, wo die Privat- oder Intimsphäre von Personen verletzt wird und zum Beispiel Details über Krankheiten oder das Sexualleben gegen den Willen des Betroffenen offenbart werden.

Fallbeispiel

Eine Grundlagenentscheidung traf der Bundesgerichtshof im Fall des Nachrichtenportals *heise.de*. Er entschied, dass der Verlag Heise auf die Seite einer Software, die widerrechtlich den Kopierschutz urheberrechtlich geschützter Werke aufhob, im Rahmen eines journalistischen Artikels verlinken durfte. Dabei sagte das Gericht, dass auch Links von der Pressefreiheit geschützt seien und in dem konkreten Fall ein öffentliches Interesse an der Frage bestand, ob die Software widerrechtlich war. [LG Hamburg, Urteil v. 4.12.2007, Az. 324 O 794/04]

Link-Disclaimer

Haftungsausschlüsse für Links sind überflüssig. Ob Sie für einen verlinkten Inhalt haften, ergibt sich daraus, ob Sie von der Rechtswidrigkeit wissen oder sich den Inhalt zu eigen machen.

Auch wenn sehr viele Webseiten ausdrücklich die Haftung für Links auf fremde Websites ausschließen, ist ein solcher Haftungsausschluss nicht notwendig. Vor allem haben die Gerichte wiederholt bekräftigt, dass es nichts bringt, pauschal (zum Beispiel im Impressum) darauf hinzuweisen, dass keine Verantwortung für verlinkte Inhalte übernommen wird. Insbesondere ist die folgende Klausel völlig überflüssig:

»Mit seinem Urteil vom 12. September 1998 – 312 O 58/98 – ›Haftung für Links‹ hat das Landgericht Hamburg entschieden, dass man durch die Anbringung eines Links die Inhalte der gelinkten Seiten ggf. mitzuverantworten hat. Das kann – so das Landgericht – nur dadurch verhindert werden, dass man sich ausdrücklich von diesen Inhalten distanziert. Hiermit distanziere ich mich ausdrücklich von allen Inhalten der von mir verlinkten Seiten.«

Dieser Haftungsausschluss ist widersinnig, da das Gericht in der im obigen Satz erwähnten Entscheidung ja gerade sagte, dass ein *pauschaler Haftungsausschluss unwirksam* ist – und die Aussage »ich distanziere mich ausdrücklich von allen Inhalten« stellt nun mal einen pauschalen Haftungsausschluss dar. Hinweise zu wirksamer Distanzierung finden Sie in Kapitel 6 im Abschnitt »Verbreitung fremder Aussagen, Distanzierung und Laienprivileg«.

Abbildung 9-25 ▶
Übersicht der Prüfungsschritte für die Frage, ob Haftung für einen Link besteht

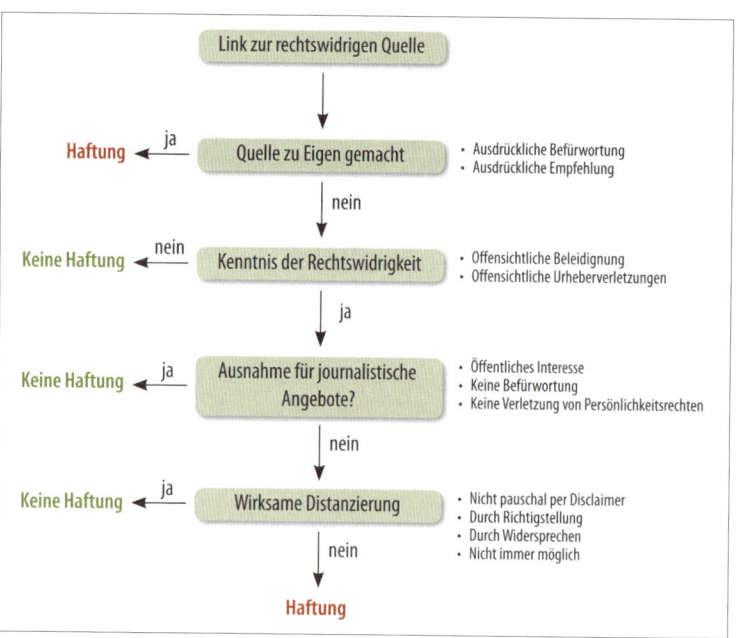

| Achtung | Auf keinen Fall sollten Sie schreiben, dass Sie die verlinkten Seiten vor der Verlinkung überprüft haben. Dadurch könnte Ihnen im Streitfall Kenntnis der Rechtswidrigkeit verlinkter Inhalte angelastet werden. |

Linkverbote und Deep Links

Die Verlinkung eigener Angebote ist nicht immer erwünscht. Manche Seiteninhaber bitten sogar ausdrücklich um Rückfrage, bevor auf ihre Inhalte verlinkt wird. Diese Linkverbote müssen jedoch nicht beachtet werden. Das gilt auch, wenn nicht auf die Startseite eines Onlineangebotes verlinkt wird, sondern auf Unterseiten, herunterladbare Dateien oder einzelne Grafiken (sogenannte *Deep Links*).

Fallbeispiel

Der Bundesgerichtshof hat bereits im Jahr 2003 entschieden, dass Links auf andere Webinhalte auch ohne Zustimmung der Inhaber gesetzt werden dürfen. In dem Fall wollte die Verlagsgruppe Handelsblatt dem Suchdienst Paperboy verbieten, auf die Unterseiten ihrer Webangebote zu verlinken. Das Gericht erteilte der Meinung der Verlagsgruppe, dass Dritte nur auf die Startseiten der Onlineangebote verlinken dürften, eine Absage. [BGH-Urteil v. 17.7.2003, Az. I ZR 259/00]

> 5. Links auf diese Website. Ohne die vorherige schriftliche Zustimmung von Ryanair sind Sie nicht berechtigt, Links auf diese Website zu erstellen und/oder zu betreiben. Eine solche Zustimmung kann jederzeit nach alleinigem Ermessen von Ryanair widerrufen werden.

◀ **Abbildung 9-26**
Verlinkungsverbote (hier auf der Website von Ryanair) sind rechtlich gesehen wirkungslos.

Deep Links, also direkte Links auf Unterseiten oder Dateien eines Webangebots, sind jedoch dann verboten, wenn sie durch erkennbare Zugangssperren geschützt sind. Das gilt auch, wenn kein ausdrückliches Verlinkungsverbot ausgesprochen wird und diese Zugangssperren mit einfachen Mitteln umgangen werden können.

| Achtung | Wenn Sie Datenbanken ohne Einverständnis der Inhaber auslesen, kann damit auch dann eine Urheberrechtsverletzung vorliegen, wenn diese nicht besonders gegen den Zugriff geschützt sind. Mehr dazu erfahren Sie in Kapitel 3 im Abschnitt »Datenbanken«. |

> ### Fallbeispiel
>
> In einem Präzedenzfall hat ein Anbieter von kartografischem Material die Unterseiten seines Angebots durch eine Session-ID geschützt, also eine individuelle Zeichenkette, die den Nutzern auf der Hauptseite zugeteilt wurde. Erst dann konnten diese auf das kartografische Material zugreifen. Ein Wohnungsunternehmen griff trotzdem mit einer einfachen Programmroutine direkt auf die Unterseiten zu und wurde wegen der Umgehung der Zugriffssperre verklagt. Es verteidigte sich mit dem Argument, dass die Zugangssperre einfach zu umgehen und damit unwirksam gewesen sei. Dies ließ das Gericht nicht gelten und urteilte, dass es ohne Bedeutung ist, ob eine Zugangssperre einfach zu umgehen ist. Wichtig ist nur, ob sie erkennbar ist, was in diesem Fall zutraf. [BGH-Urteil v. 29.4.2010, Az. I ZR 39/08]

Abmahnung, Abwehr und Durchsetzung von Ansprüchen

10

Im Laufe dieses Buches haben Sie erfahren, wie Sie Rechtsverstöße vermeiden und sich der Haftung für Fehler Dritter entziehen können. Trotzdem kann es passieren, dass Ihnen ein Rechtsverstoß unterläuft oder Sie sogar zu Unrecht von Rechteinhabern oder Konkurrenten belangt werden. Zugleich sind Sie sich mit dem neu erworbenen Wissen sicher auch Ihrer eigenen Rechte stärker bewusst geworden, so dass Sie sich gegen Rechtsverstöße Dritter besser schützen wollen.

Für juristische Laien ist das natürlich nicht immer einfach. Vielleicht haben Sie sich in solchen Situationen auch schon Fragen gestellt wie: »Was tun bei einer Abmahnung?«, »Wann lohnt es sich für mich, Wettbewerber abzumahnen?«, »Was ist eigentlich der Unterschied zwischen einer Abmahnung, einer einstweiligen Verfügung und einem Strafantrag?«, oder »Wann ist welche Maßnahme sinnvoll?«.

In diesem Kapitel erhalten Sie Antworten auf diese Fragen. Das Ziel dabei ist aber nicht, Ihnen beizubringen, komplizierte Abmahnungen selbst abzuwehren oder Gerichtsverfahren zu führen. Das ist sehr gefährlich und dieses Buch kann eine jahrelange juristische Ausbildung und Berufspraxis nicht ersetzen. Aber es wird Ihnen helfen, die rechtlichen Vorgänge besser zu verstehen, richtig zu reagieren und einzuschätzen, ob sich der Gang zu einem Rechtsanwalt lohnt. Eine weitere positive Nebenwirkung besteht darin, dass Sie Ihren Rechtsanwalt besser verstehen werden.

Am Ende des Kapitels werden Fragen zur Versicherung von Rechtsverstößen im Social Media-Marketing im Interview mit einem Versicherungsexperten geklärt.

Durchsetzung von Ansprüchen

Der Durchsetzung Ihrer Rechte sollte die Entwicklung einer Strategie vorausgehen, im Rahmen derer Sie sich entscheiden müssen, was Sie von wem auf welchem Weg verlangen wollen.

Wenn Sie der Ansicht sind, dass jemand Ihre Rechte verletzt oder ein Konkurrent sich wettbewerbswidrig verhalten hat, benötigen Sie eine Strategie, in der Sie festlegen, wie Sie gegen die Rechtsverletzungen vorgehen werden.

Als allererster Schritt sollten Sie die Beweise sichern. Egal, wie und gegen wen Sie vorgehen möchten, werden Sie in allen Fällen einen Nachweis der Rechtsverstöße benötigen.

Danach müssen Sie sich überlegen, was Ihre Ziele sind. Möchten Sie zum Beispiel lediglich, dass ein von Ihnen erstelltes und ohne Ihre Zustimmung verwendetes Bild entfernt wird oder wollen Sie auch Schadensersatz für die widerrechtliche Nutzung?

Hinweis   Rechtliche Forderungen werden als »Ansprüche« bezeichnet. Soll eine Rechtsverletzung beseitigt werden, spricht man von einem »Beseitigungsanspruch«. Soll sie künftig unterlassen werden, wird ein »Unterlassungsanspruch« geltend gemacht.

Im dritten Schritt müssen Sie bestimmen, gegenüber wem Sie Ihre Ansprüche geltend machen wollen, also wer Ihre »Gegenseite« oder kurz Ihr »Gegner« ist. Das können zum Beispiel bei einem rechtswidrigen Nutzerkommentar auf der Facebook-Fanseite eines Unternehmens das Unternehmen selbst, der Nutzer, Facebook oder alle drei sein.

Der vierte Schritt verlangt von Ihnen die Entscheidung, ob Sie selbst gegen die Gegenseite vorgehen oder sich an Dritte wenden möchten, zum Beispiel Betreiber von Social Media-Plattformen, staatliche Behörden oder Wettbewerbszentralen. Sie können diese Maßnahmen auch kombinieren.

Wenn Sie sich dafür entschieden haben, selbst gegen die Gegenseite vorzugehen, besteht der fünfte Schritt in der Überlegung, welche Maßnahmen Sie ergreifen möchten. Das bedeutet, dass Sie sich entscheiden müssen, ob Sie zuerst einen formlosen Hinweis auf die Rechtsverletzung erteilen, gleich mit einer kostenpflichtigen Abmahnung einschreiten oder sich an ein Gericht wenden.

Hinweis   Diese strategischen Überlegungen sollten Sie auch anstellen, bevor Sie sich an einen Rechtsanwalt wenden, damit er Ihnen bei der Durchsetzung Ihrer Ansprüche hilft. Zum einen sparen Sie in der Regel Kosten, wenn der Anwalt gleich weiß, worum es geht, und zum anderen kann er so effektiver vorgehen.

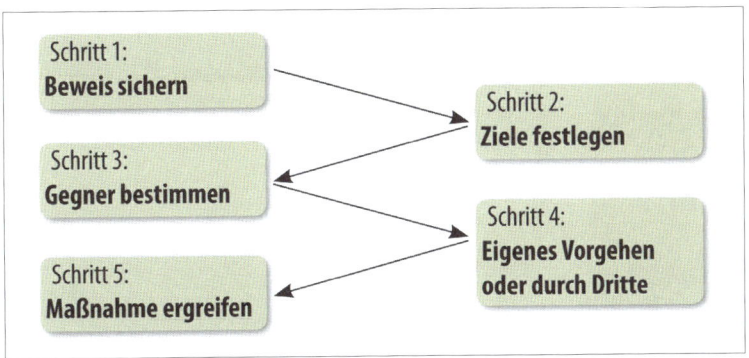

◀ **Abbildung 10-1**
Eine Strategie zur Durchsetzung Ihrer Rechte sollten Sie anhand der dargestellten fünf Schritte planen.

Sicherung der Beweise

Ohne überzeugende Beweise können Sie keinen Rechtsstreit gewinnen. Wenn Sie eine Rechtsverletzung behaupten und die Gegenseite dem widerspricht, trifft Sie die Pflicht, Beweise vorzulegen. Auch ein Strafantrag bei der Staatsanwaltschaft hat höhere Chancen, wenn Sie einen Nachweis der Rechtsverletzung beilegen.

Screenshots und Zeugen sind die besten Beweismittel.

Die wichtigsten und sichersten Beweise in Onlineverfahren sind Screenshots und Zeugen.

Screenshot Im Regelfall wird ein Screenshot als Beweis ausreichen. Problematisch kann ein Screenshot nur werden, wenn ein Gegner behauptet, Sie hätten ihn manipuliert.

Zeuge Ein Zeuge kann jede andere Person sein, auch ein Mitarbeiter oder der Ehegatte. Ein Zeuge ist allerdings desto glaubwürdiger, je weniger Sie mit ihm beruflich oder privat verbunden sind. Auch muss sich der Zeuge genau daran erinnern, wann er was genau gesehen hat.

Screenshot und Zeuge Kombinieren Sie einen Zeugen mit einem Screenshot, wird die Gegenseite Ihre Beweise kaum entkräften können. Drucken Sie dazu im Beisein des Zeugen den Screenshot mit der Rechtsverletzung aus und lassen Sie ihn den Screenshot unter Angabe von Datum und Uhrzeit unterschreiben.

Hinweis Falls die Rechtsverletzung nicht mehr online zu sehen ist, schauen Sie in den Zwischenspeicher (»Cache«) der Suchmaschinen. Zum Beispiel können Sie bei Google die URL in die Suchleiste eingeben und dann den »Im Cache«-Link klicken (abrufbar in der Vorschau rechts neben dem Suchergebnis). Umgekehrt sollten Sie bei eigenen Rechtsverletzungen daran denken, die Löschung des Cache mithilfe der »Google Webmaster Tools« zu veranlassen, die Sie unter *http://bit.ly/vSLgDy* erreichen.

Abbildung 10-2 ▶

Ein Screenshot zusammen mit der datierten Unterschrift eines Zeugen wie im Fall dieser wettbewerbswidrigen Newsletteranmeldung ist ein sicheres Beweismittel. Voraussetzungen zulässiger Newsletteranmeldungen erfahren Sie in Kapitel 7 im Abschnitt »Direktmarketing«. Dort können Sie unter anderem nachlesen, dass die Bestätigung zum Newsletter nicht mit der Bestätigung der AGB verbunden werden darf.

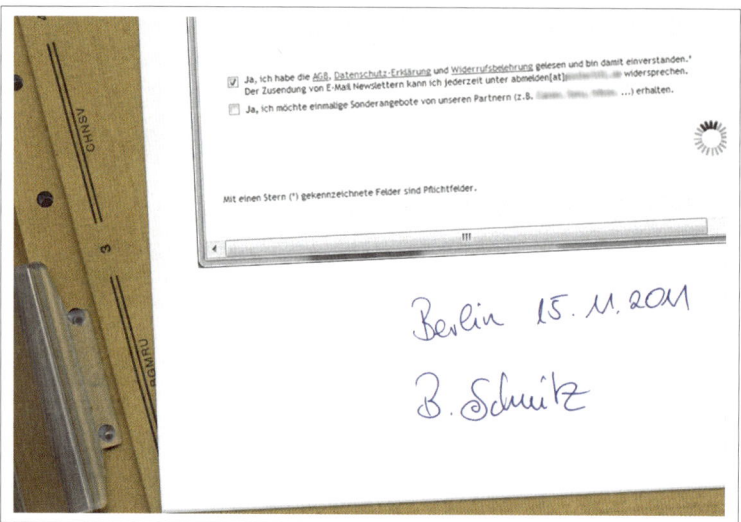

Bestimmung von Ansprüchen

Sie können die Beseitigung der Rechtsverletzung, ihre künftige Unterlassung, Schadensersatz und Übernahme der Abmahnungskosten verlangen.

Der zweite Schritt beginnt mit der Frage, welches Ziel Sie mit Ihrem Vorgehen erreichen möchten. Im Rahmen von Social Media kommen die im Folgenden erläuterten Ansprüche in Betracht.

Beseitigung Mit der Beseitigung verlangen Sie, dass die Rechtsverletzung beendet wird. Sie können zum Beispiel verlangen, dass ein beleidigender Blogkommentar gelöscht oder eine wettbewerbswidrige Werbekampagne des Mitbewerbers eingestellt wird.

Unterlassung Nachdem eine Rechtsverletzung beseitigt worden ist, besteht die Gefahr, dass sie erneut begangen wird. Zum Beispiel könnte jemand eine beleidigende Aussage an einer anderen Stelle erneut publizieren. Das würde dazu führen, dass Sie denjenigen immer wieder auffordern müssten, die Rechtsverletzung zu beseitigen. Um diese *Wiederholungsgefahr* zu beseitigen, dürfen Sie die künftige Unterlassung dieses Verhaltens verlangen. Damit Sie die Sicherheit haben, dass der andere sich an sein Versprechen hält, muss er sich verpflichten, eine empfindliche Vertragsstrafe zu zahlen, wenn er es bricht. Bloße formlose Beteuerungen, dass die Rechtsverletzung nicht wiederholt werde, sind nicht ausreichend.

Schadensersatz Wenn Sie durch einen Rechtsverstoß einen Schaden erlitten haben, der auch in einem Gewinnausfall bestehen kann, können Sie Schadensersatz verlangen. In der Regel wird ein solcher Schadensersatz nur bei widerrechtlicher Nutzung von urheber- und markenrechtlich geschützten Inhalten verlangt. In diesen Fällen wird in der Regel ein »fiktiver Schadensersatz« geltend gemacht, der etwa dem entspricht, was normalerweise für die Nutzung zu zahlen wäre. Sie können zwar auch Ihren tatsächlichen Gewinnausfall oder die vom Rechtsverletzer erzielten Gewinne geltend machen, jedoch kommt das aufgrund der Nachweisschwierigkeiten eher selten vor.

Auskunft Können Sie Ihren Schadensersatzanspruch nicht berechnen, weil es unklar ist, im welchen Umfang der Verletzer gegen Ihre Rechte verstoßen hat, können Sie von diesem eine Auskunft verlangen, zum Beispiel in Form von Zugriffsstatistiken, Rechnungsbelegen, Buchhaltungsunterlagen oder Korrespondenzen.

Übernahme der Rechtsanwaltsgebühren Wenn Sie einen Rechtsanwalt damit beauftragen Ihre Ansprüche durchzusetzen, entstehen Rechtsanwaltsgebühren, die Sie tragen müssen. Sie können jedoch von der Gegenseite verlangen, dass sie Ihnen diese sogenannten Abmahnungskosten ersetzt.

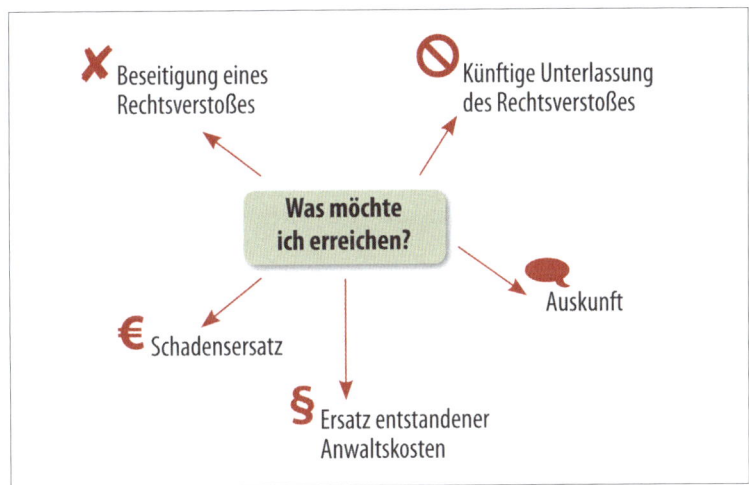

◀ **Abbildung 10-3**
Infolge von Rechtsverstößen können sich mehrere Ansprüche ergeben, die Sie bei der Gegenseite geltend machen können.

Bestimmung des Gegners

Im dritten Schritt müssen Sie entscheiden, bei wem Sie Ihre Ansprüche geltend machen möchten. Wie Sie in Kapitel 9 nachlesen können, kommen oft mehrere »Anspruchsgegner« in Betracht.

Unmittelbarer Rechtsverletzer Der unmittelbare Rechtsverletzer ist zum Beispiel derjenige, der einen beleidigenden Beitrag auf

Oft gibt es mehrere Personen oder Unternehmen, gegen die Sie vorgehen können. Die Entscheidung, gegen wen vorzugehen ist, hängt in der Regel von den Erfolgsaussichten und möglichen Kosten ab.

einer Facebook-Fanseite verfasst hat, oder jemand, der ein urheberrechtlich geschütztes Bild ohne Erlaubnis in einem Blogartikel verwendet.

Vorhergehende Rechtsverletzer Eine Rechtsverletzung kann vorangegangene Ursachen haben. Die beleidigende Aussage kann nur die Wiederholung einer Aussage in einem Presseartikel sein oder das widerrechtlich genutzte Bild aus einem Stockbilderarchiv stammen. In diesen Fällen können Sie sich auch gegen den Verlag oder den Archivbetreiber richten.

Mittelbar Haftende In Fällen von nutzergenerierten Inhalten innerhalb von Onlineangeboten kommen auch deren Anbieter als Anspruchsgegner in Frage. Das können Blogbetreiber im Bezug auf Kommentare, Facebook-Fanseiteninhaber im Hinblick auf Nutzeruploads bei Gewinnspielen oder Betreiber von Social Media-Plattformen wie Facebook, YouTube, Google+ oder Wordpress.com sein.

Für welchen dieser möglichen Anspruchsgegner Sie sich entscheiden oder ob sie gleichzeitig gegen alle vorgehen, hängt von verschiedenen Faktoren ab. Die zwei wichtigsten sind Effektivität und Solvenz:

Effektivität Wenn Sie sich zum Beispiel gegen einen Beitrag auf einer Facebook-Fanseite wehren wollen und die Identität des Verfassers nicht kennen, ist es wenig sinnvoll, gegen »unbekannt« vorzugehen. Ebenso wenig effektiv ist es, sich nur an Facebook zu richten, da das Unternehmen in den USA sitzt und eine Rechtsdurchsetzung unter Umständen kostspielig und langwierig sein kann. In diesem Fall wäre es am effektivsten, sich als Erstes an den Inhaber der Facebook-Fanseite zu wenden.

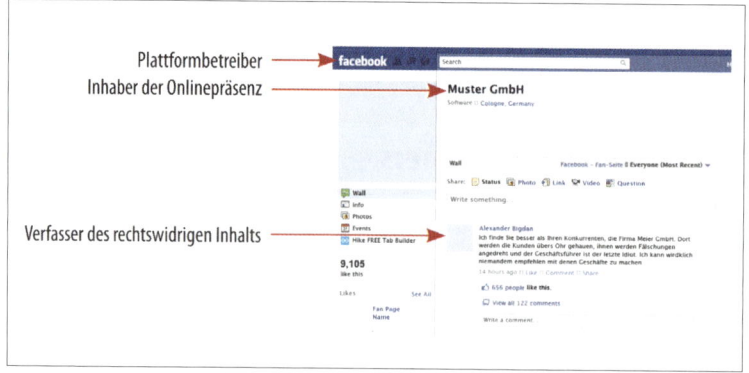

Abbildung 10-4 ▶
Mögliche Gegner im Fall eines rechtswidrigen Nutzerbeitrags auf einer Facebook-Fanseite: Sie können gegen den Nutzer selbst vorgehen und die Löschung des Beitrags vom Inhaber der Fanseite sowie dem Plattformbetreiber verlangen.

Solvenz Wenn Sie möchten, dass Ihre Rechtsanwaltskosten übernommen werden, dann suchen Sie sich aus den möglichen Gegnern den- oder diejenigen aus, bei denen Sie die nötigen Mittel für die Übernahme der Abmahnungs- und Gerichtskosten vermuten.

Selbst vorgehen oder melden

Wenn Sie gegen jemanden rechtlich vorgehen möchten, können Sie es selbst tun oder lediglich den Rechtsverstoß gegenüber einer anderen Stelle anzeigen. In vielen Fällen werden beide Möglichkeiten verbunden.

Eigenes Vorgehen Sie können selbst gegen einen Rechtsverletzer vorgehen und dabei zwischen formlosen Hinweisen, einer Abmahnung und einem Gerichtsverfahren wählen.

Strafverfolgung Falls Sie eine Straftat annehmen, zum Beispiel eine Beleidigung, können Sie einen Strafantrag stellen oder eine Straftat anzeigen. Das Strafverfahren bietet sich vor allen dann an, wenn Sie die Identität des Rechtsverletzers nicht kennen. Hat dieser eine Straftat begangen, können Sie einen Strafantrag stellen und im Laufe des Verfahrens Akteneinsicht verlangen, um seine Identität zu erfahren.

Bußgeldverfahren Ähnlich wie beim Strafverfahren weisen Sie auch beim Bußgeldverfahren auf gesetzliche Verstöße hin und regen die zuständigen Behörden zum Einschreiten an. Dieses Verfahren kommt in der Regel bei Datenschutzverstößen zum Einsatz.

Vorgehen durch Wirtschafts- und Verbraucherverbände und ähnliche Institutionen Verstöße gegen das Wettbewerbsrecht können auch durch Wirtschafts- und Verbraucherverbände verfolgt werden, zum Beispiel die Verbraucherschutzzentralen, die auch andere Aufsichts- oder Überwachungsinstitutionen wie den Presserat einschalten können. Auch diesen Einrichtungen geben Sie lediglich einen Hinweis auf einen Rechtsverstoß und sind darüber hinaus nicht am weiteren Verfahren beteiligt.

Vorgehen durch Plattforminhaber und Dritte Wenn Sie der Ansicht sind, dass jemand gegen AGB, Hausregeln oder sonstige Vorgaben Dritter (zum Beispiel der Anbieter von Social Media-Plattformen) verstoßen hat, können Sie nicht selbst dagegen vorgehen. Sie können den Verstoß jedoch gegenüber den jeweiligen Plattformen anzeigen und ihnen ein Vorgehen nahelegen.

Am effektivsten ist es, die eigenen Ansprüche selbst durchzusetzen. Der Nachteil dabei ist das Kostenrisiko.

Von allen diesen Wegen ist das eigenständige Vorgehen am effektivsten. Anders als bei Straf- und Bußgeldverfahren und bei der Meldung an andere Stellen haben Sie hier die Kontrolle und entscheiden, wann, wie und gegen wen Sie vorgehen. Auch können Sie nur bei eigenständigem Vorgehen Schadensersatzansprüche und Vertragsstrafen zu Ihren Gunsten erreichen. Der Nachteil liegt im Kostenrisiko. Wenn Sie unterliegen oder gegen jemanden gewinnen, der zum Beispiel insolvent ist, werden Sie zumindest einen Teil der Kosten selbst tragen müssen.

Dieses Risiko tragen Sie nicht, wenn Sie die Strafverfolgungsbehörden, Bußgeldstellen oder andere Dritte zum Handeln auffordern. Allerdings ist es deren Entscheidung, ob sie einschreiten oder nicht. Ferner haben Sie in der Regel keinen Einfluss auf das Verfahren und bekommen grundsätzlich keine Ansprüche zugesprochen. Daher werden diese Möglichkeiten oft nur flankierend oder als Druckmittel beim eigenen Vorgehen eingesetzt.

Abbildung 10-5 ▶
Sie können bei Rechtsverletzungen selbst gegen den Rechtsverletzer vorgehen, die Rechtsverletzung durch Dritte verfolgen lassen oder beide Wege kombinieren.

Bestimmung des konkreten Vorgehens

Nachdem Sie Ihre Ansprüche sowie den Gegner bestimmt und sich dazu entschieden haben, selbst die Initiative zu ergreifen, müssen Sie das konkrete Vorgehen planen, also Ihre nächsten Schritte. Sie müssen sich entscheiden, ob Sie formlos vorgehen, eine Abmahnung aussprechen oder den gerichtlichen Weg mit einer Klage oder einer einstweiligen Verfügung bestreiten möchten.

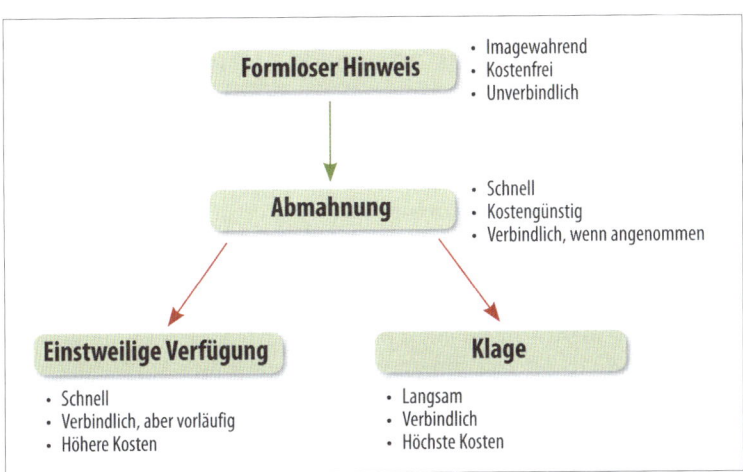

◀ **Abbildung 10-6**
Haben Sie sich entschlossen, selbst Maßnahmen bei einer Rechtsverletzung zu ergreifen, können Sie rein theoretisch sofort zu allen hier dargestellten Maßnahmen greifen. Bevor Sie jedoch gerichtliche Schritte einleiten (einstweilige Verfügung oder Klage), sollten Sie die Gegenseite abmahnen. In manchen Fällen lohnt es sich, vor der Abmahnung formlos auf die Rechtsverletzung hinzuweisen.

Formloser Hinweis

Statt sofort eine Abmahnung zu schicken, können Sie zuerst einen formlosen Hinweis an die Gegenseite verschicken. Das ist vor allem in den im Folgenden beschriebenen Fällen aus Kosten- und Imagegründen angebracht.

Ein formloser Hinweis empfiehlt sich bei nutzergenerierten Inhalten und bei drohenden Imageschäden.

Betreiber bei nutzergenerierten Inhalten in Kenntnis setzen

In Fällen, in denen es sich um nutzergenerierte Inhalte innerhalb eines Onlineangebots handelt (zum Beispiel Blog- oder Facebook-Kommentare) und Sie gegen den Betreiber des Angebots vorgehen möchten, sollten Sie zuerst einen formlosen Hinweis verschicken. Aufgrund des in Kapitel 9 ausführlich beschriebenen Haftungsprivilegs müssen die Betreiber erst ab Kenntnis der Nutzerinhalte rechtlich für diese einstehen.

Wenn Sie die Anbieter direkt abmahnen, müssen die weder eine Unterlassungserklärung unterschreiben noch die Abmahnungskosten tragen. Nur wenn die Anbieter die Inhalte nicht unverzüglich entfernen, nachdem sie Ihren Hinweis erhalten haben, können Sie sie kostenpflichtig abmahnen.

Hinweis   Die Anbieter haften jedoch, wenn sie sich die nutzergenerierten Inhalte zu eigen gemacht haben. Wann das der Fall ist und wann von Kenntnis der Inhalte auszugehen ist, können Sie in Kapitel 9 »Haftung für nutzergenerierte Inhalte« nachlesen.

Ein formloser Hinweis, mit dem Sie einen Anbieter über einen rechtswidrigen Nutzerbeitrag in Kenntnis setzen, sollte so aussehen:

> ### Muster: Meldung an den Plattformbetreiber
>
> Unter der URL »http://...« wurde vom Nutzer »Musteruser01« die folgende Aussage getroffen:
>
> »Die Verbrecher vom Onlineshop X wollen mir mein Geld nicht zurückgeben, obwohl ich den Widerruf erklärt habe.«
>
> Die Bezeichnung »Verbrecher« ist ehrverletzend. Ferner sind die Tatsachenbehauptungen der fehlenden Rückzahlung und der Widerrufserklärung unzureichend und müssen von dem Behauptenden nachgewiesen werden. Wir weisen Sie darauf hin, dass Sie für die Aussagen Ihrer Nutzer ab deren Kenntnis, die hiermit eingetreten ist, haften, und geben Ihnen bis zum 4.4.2012 Zeit, die Aussage zu entfernen.
>
> Ferner fordern wir Sie auf, uns die Identität (Name, Adresse, E-Mail-Adresse) des Nutzers »Musteruser01« mitzuteilen, damit wir uns gegen diesen wenden können.
>
> Für den Fall, dass Sie dieser Aufforderung nicht Folge leisten, behalten wir uns weitere rechtliche Schritte vor.
>
> Mit freundlichen Grüßen,
>
> Max Mustermann, Geschäftsführer, Onlineshop X

Hinweise zum Muster:

- Je umfangreicher Sie die Rechtsverletzung darlegen, desto weniger wird sich der Anbieter darauf berufen können, keine Kenntnis vom rechtswidrigen Inhalt gehabt zu haben oder die Rechtswidrigkeit nicht erkannt haben zu können. Zudem erleichtern Sie ihm so die Entscheidung und geben ihm eine Rechtfertigung an die Hand, die er an seine Nutzer weiterleiten kann.
- Die Frist muss angemessen sein und darf umso kürzer sein, je größer der durch die Aussage verursachte Schaden ist. Im Regelfall reichen drei bis fünf Tage. Wenn Sie die Frist zu kurz gesetzt haben, verlängert sie sich automatisch und ist nicht etwa komplett ungültig.
- Sichern Sie die Beweise, indem Sie die Aufforderung an den Plattformbetreiber per Fax mit Sendebestätigung oder per Kontaktformular im Beisein eines Zeugen verschicken.
- Laut den aktuellen Gerichtsentscheidungen sind die Plattformbetreiber nicht dazu verpflichtet, Ihnen die Identität ihrer Nutzer mitzuteilen. Das bedeutet jedoch nicht, dass Sie nicht trotzdem versuchen können, an die Daten heranzukommen.

| Tipp | Sehen Sie den Anbieter im Rahmen einer formlosen Aufforderung weniger als Gegner als als Kooperationspartner: Je leichter Sie ihm die Entscheidung machen und je leichter er sich gegen eventuelle Zensurvorwürfe seiner Nutzer wehren kann, desto eher wird er Ihren Forderungen nachkommen. | |

Formloser Hinweis aus Imagegründen

Ein formloses Vorgehen ist vor allem dann zu empfehlen, wenn eine kostenpflichtige Abmahnung zu Imageschäden führen könnte. Im sozialen Netz können die Nutzer sich über Abmahnungsfälle schnell austauschen und sich zusammenschließen, so dass innerhalb kürzester Zeit ein sogenannter »Shitstorm« eintreten kann, also massive negative Nutzerreaktionen auf Ihr Vorgehen.

Sie sollten daher nicht mit Kanonen auf Spatzen schießen und eine David-gegen-Goliath-Situation vermeiden. Diese entsteht, wenn Unternehmen gegen Verbraucher oder Nutzer rechtliche Mittel einsetzen, wo ein einfacher Hinweis gereicht hätte, um das Verhalten zu unterbinden. Das gilt ganz besonders, wenn gegen im Internet stark vernetzte Personen vorgegangen wird. Zudem ist es der Sinn von sozialen Medien, dass Unternehmer einen direkten Dialog mit den Nutzern eingehen. Und zu einem Dialog gehört auch, dass man das Gegenüber schätzt und offen und fair mit ihm kommuniziert.

Eine ähnliche Lage kann entstehen, wenn Sie als Großunternehmen gegen Hobby- oder Kleinunternehmer vorgehen, die ganz offensichtlich aus Unwissenheit einen Fehler begangen haben.

| Tipp | Bevor die Rechtsabteilung eines Unternehmens rechtliche Schritte gegen eine Privatperson oder einen Kleinunternehmer einleitet, sollte sie die PR- oder Social Media-Abteilung um eine Einschätzung der möglichen negativen Folgen bitten, um sie mit den Vorteilen des rechtlichen Vorgehens abzuwiegen. Ist ein rechtliches Vorgehen erforderlich, sollten Sie sich eine Strategie für den Fall eines Shitstorms zurechtlegen und zum Beispiel ein klarstellendes Statement für die Öffentlichkeit vorbereiten. | |

In manchen Fällen kann jedoch eine Abmahnung angemessen sein, etwa wenn Sie mit einer Unterlassungserklärung sichergehen wollen, dass der Fehler in Zukunft nicht noch einmal begangen wird. Ein formloser Hinweis bietet Ihnen keine Rechtssicherheit, wie die Vertragsstrafe bei einer Unterlassungserklärung es tut. In diesem Fall können Sie einen Mittelweg beschreiben und eine Abmahnung verschicken, aber selbst die Kosten des Rechtsanwalts übernehmen. Dann ist die Gefahr des Imageschadens geringer.

> ### Fallbeispiel
>
> Im Jahr 2011 verschickte Facebook Abmahnungen wegen unerlaubter Nutzung der Marke »Facebook« in Domainnamen usw. durch eine deutsche Rechtsanwaltskanzlei. Die Abmahnungen enthielten zwar die Aufforderung, eine Unterlassungserklärung abzugeben, aber keine Kostennote. Es ist zu vermuten, dass Facebook die Kosten der Abmahnungen aus Imagegründen selbst getragen hat.

Erhalten Sie auf Ihre Abmahnung keine Reaktion oder eine Weigerung, können Sie zu den rechtlichen Mitteln greifen und bei öffentlichen Protesten darauf hinweisen, dass Sie es zunächst vergeblich auf dem formlosen Weg versucht haben.

Berechtigungsanfrage bei rechtlichen Zweifeln

Wenn Sie sich nicht sicher sind, ob jemand gegen Ihre Rechte verstoßen hat, können Sie auch eine sogenannte *Berechtigungsanfrage* an den vermeintlichen Rechtsverletzer formulieren. In dieser formlosen Anfrage äußern Sie Ihre rechtlichen Bedenken und bitten um Aufklärung.

Wie Sie im Laufe dieses Kapitels erfahren werden, gibt es besonders im Markenrecht die Möglichkeit, aufgrund einer unzulässigen Abmahnung verklagt zu werden. Mit einer Berechtigungsanfrage umgehen Sie dieses Risiko.

Gegendarstellung

Wenn Sie Tatsachenbehauptungen in den Medien widersprechen möchten, indem Sie Ihre eigene Sicht der Dinge darstellen, können Sie die Veröffentlichung einer Gegendarstellung verlangen (siehe Kapitel 6).

Abmahnung

Bei der Abmahnung handelt es sich um eine kostengünstige, zeitnahe Aufforderung, einen Rechtsverstoß zu beseitigen und ihn künftig zu unterlassen. Dieser Anspruch kann zwar auch sofort auf gerichtlichem Wege geltend gemacht werden, aber das ist teurer und dauert in der Regel länger.

(Keine) Pflicht zur Abmahnung

Eine Pflicht zur Abmahnung besteht nicht. Wenn Sie allerdings jemanden sofort verklagen, ohne ihn vorher abgemahnt zu haben, und er Ihre Forderungen vor Gericht sofort anerkennt, gewinnen Sie zwar das Gerichtsverfahren, müssen aber die Kosten des Gerichtsverfahrens tragen. Das Rechtssystem sieht nämlich vor, dass Ansprüche nach Möglichkeit möglichst kostengünstig durchgesetzt werden. Im Wettbewerbsrecht (§ 12 Abs.1 UWG) und im Urheberrecht (§ 97a Abs.1 UrhG) wird sogar ausdrücklich darauf hingewiesen, dass eine Abmahnung vor einem Gerichtsverfahren erfolgen sollte.

Sie müssen nicht abmahnen, bevor Sie klagen. Sie sollten es jedoch trotzdem tun, um sich die Kosten des Gerichtsverfahrens zu sparen.

Hinweis Verzichten Sie in Ihren Angeboten auf Hinweise wie »Abmahnungen sind zwecklos« oder »kostenpflichtige Abmahnungen weisen wir zurück«. Damit schrecken Sie keinen Rechtsanwalt von einer Abmahnung ab, sondern riskieren ganz im Gegenteil, dass er sofort klagt, da Sie offensichtlich auf den Weg einer kostengünstigeren Abmahnung verzichten möchten.

Berechtigung zur Abmahnung

Eine Abmahnung darf nicht jedermann aussprechen. Bei der Verletzung von Rechten wie Urheberrechten oder Markenrechten darf es in der Regel nur der Rechteinhaber. Bei Wettbewerbsverletzungen darf der Mitbewerber die Abmahnung aussprechen, aber auch berechtigte Verbände wie die Wettbewerbs- und Verbraucherschutzzentralen und die Industrie- und Handelskammern.

In einer Abmahnung muss die Berechtigung zur Abmahnung dargelegt und bei amtlich registrierten Rechten belegt werden (zum Beispiel bei Markenrechten).

Die Berechtigung zur Abmahnung muss sich aus dem Abmahnungsschreiben ergeben. So muss die Urheberschaft an einem Bild oder das Bestehen eines Wettbewerbsverhältnisses begründet werden. Werden amtlich registrierte Rechte (zum Beispiel Markenrechte) behauptet, sollten sie mit einem Auszug aus dem Markenregister oder Ähnlichem belegt werden.

Hinweis Lizenzinhaber müssen nachweisen, dass ihre Lizenz sie dazu berechtigt, gegen Rechtsverletzungen vorzugehen. Das ist in der Regel bei einer einfachen Erlaubnis zur Nutzung von Marken oder urheberrechtlich geschützten Inhalten nicht der Fall. Erst eine ausschließliche Lizenz, die ein exklusives Nutzungsrecht mit sich bringt, berechtigt zum rechtlichen Vorgehen bei Verstößen. Weitere Informationen zu den Lizenzarten können Sie in Kapitel 4 im Abschnitt »Einfache Lizenz und ausschließliche Lizenz« nachlesen.

Wird in der Abmahnung behauptet, dass sich ein Anbieter die Inhalte der Nutzer zu eigen gemacht hat und daher sofort für sie haftet, müssen im Abmahnungsschreiben die Gründe dafür dargelegt werden.

 Hinweis Wann sich ein Anbieter von Nutzern erstellte Inhalte zu eigen macht, erfahren Sie in Kapitel 9.

Sachverhalt und Rechtsansicht

Eine Abmahnung muss kurz, aber genau beschreiben, welches Verhalten beanstandet wird und warum es zu einer Rechtsverletzung geführt hat. Eine kurze Beschreibung wie in diesem Kapitel weiter oben aufgeführten »Muster einer Meldung an den Plattformbetreiber« ist ausreichend. Wichtig ist, dass der Abgemahnte weiß, wie die Rechtsverletzung zustande gekommen ist, deren Beseitigung und Unterlassung gefordert wird.

Abbildung 10-7 ▶
Auszug aus einer Sachverhaltsdarstellung nebst Rechtsansicht im Fall einer Abmahnung wegen Markenrechtsverletzung im Rahmen der Nutzung eines Twitter-Accounts.

> Der Titel „_____" ist für meine Mandantin seit dem Erscheinen der Erstauflage im Jahr 1990 durch Nutzung nach § 5 MarkenG als Werktitel geschützt. Dieser Schutz bezieht sich zum einen auf Druckschriften, aber auch auf die dem gleichstehende Verbreitung von Druckschriften über das Internet.
>
> Meiner Mandantin gelangte jüngst zur Kenntnis, dass Sie über den Internetdienst Twitter unter www.twitter.com unter dem Titel „_____" in regelmäßigen kurzen Abständen Neuigkeiten aus den Bereichen Medien, Kunst und Kultur verbreiten. Durch die öffentliche Verbreitung Ihrer Nachrichten über den Internetdienst Twitter unter dem Titel „_____" verletzen Sie das exklusive Recht meiner Mandantin an dem geschützten Titel „_____". Sie sind meiner Mandantin daher nach § 15 Absatz 4 MarkenG zur Unterlassung verpflichtet. Auch der eher halbherzig angebrachte Untertitel „u.s.k.s. _____" ist nicht im Ansatz geeignet, die Verwechslungsgefahr entfallen zu lassen.

Beseitigung der Rechtsverletzung

In der Abmahnung wird der Abgemahnte aufgefordert, die Rechtsverletzung zu beseitigen. Daher ist eine genaue Beschreibung des fehlerhaften Verhaltens wichtig. Zum Beispiel würde es nicht genügen zu schreiben: »Das vom Nutzer X zuletzt hochgeladene Bild soll gelöscht werden« oder »Bitte entfernen Sie Ihren Blogbeitrag, in dem Sie unseren Geschäftsführer beleidigen«.

Im ersten Fall weiß der Blogbetreiber nicht, welches Bild aus Sicht des Abmahnenden »das letzte« war, und im zweiten Fall ist er nur dazu verpflichtet, die beleidige Äußerung zu entfernen, muss aber nicht den gesamten Blogbeitrag löschen. Richtigerweise müssten die Aufforderungen lauten: »das unter der Adresse *http://..../bild.jpg* gespeicherte Bild zu löschen« und »die im Beitrag *http://..../blogbeitrag.htm* enthaltene Aussage ›der Geschäftsführer X ist ein Idiot‹ zu entfernen«.

Strafbewehrte Unterlassungserklärung

Die strafbewehrte Unterlassungserklärung ist der Kern jeder Abmahnung. Mit ihr sichert der Abgemahnte zu, den Rechtsverstoß in Zukunft nicht zu wiederholen. Dafür reichen Beteuerungen und einfache Versprechen nicht aus.

Die sogenannte *Wiederholungsgefahr* wird nur dann beseitigt, wenn der Rechtsverletzer sich verpflichtet, eine Vertragsstrafe zu bezahlen, falls er den Rechtsverstoß wiederholt. Die Vertragsstrafe muss so empfindlich sein, dass es sich für ihn wirtschaftlich nicht lohnt, den Verstoß trotzdem zu begehen. 2.500 Euro sind der mindeste und 5.000 Euro der durchschnittliche Regelwert. Nach oben hin ist die Skala offen, zum Beispiel beträgt die Vertragsstrafe bei einem Markenverstoß im Normalfall 50.000 Euro.

> Die strafbewehrte Unterlassungserklärung gilt theoretisch ewig und wird auch als »Unterwerfungserklärung« oder »Unterlassungs- und Verpflichtungserklärung« bezeichnet.

Hinweis Die Vertragsstrafe wird meistens bei 5.001 Euro angesetzt, weil ab dieser Höhe nicht die Amtsgerichte, sondern Landgerichte zuständig sind, von denen eine höher qualifizierte Rechtsprechung erwartet wird.

Da die Höhe der Vertragsstrafe schwer für die Zukunft zu bestimmen ist, hat sich der sogenannte »Hamburger Brauch« eingebürgert, bei dem die Vertragsstrafe bis zum Zeitpunkt der Verletzung offen gelassen wird:

»Hiermit verpflichtet sich der Unterlassungsschuldner für den Fall einer zukünftig eintretenden schuldhaften Verletzung des Unterlassungsversprechens zur Zahlung einer angemessenen Vertragsstrafe an die Unterlassungsgläubigerin, deren Höhe von der Unterlassungsgläubigerin nach billigem Ermessen bestimmt wird und im Streitfall vom zuständigen Gericht überprüft werden kann.«

Hinweis Der »Hamburger Brauch« hat für den Abgemahnten den Nachteil, dass die Vertragsstrafe aufgrund der Wiederholung von Verstoß zu Verstoß erhöht werden kann.

Erhält der Abmahnende die Unterlassungserklärung des Abgemahnten, sollte er diesem gegenüber erklären, dass er sie annimmt.

Das ist nur dann nicht notwendig, wenn ein der Abmahnung beigelegtes Muster einer Unterlassungserklärung ohne Änderung verwendet wurde. Mit der Annahme kommt ein Vertrag zwischen Abmahnendem und Abgemahnten zustande, der theoretisch ewig gilt. Wenn der Abmahnende, seine Mitarbeiter oder Beauftragte den Rechtsverstoß schuldhaft, also vorsätzlich oder fahrlässig begehen, wird die Vertragsstrafe fällig.

Achtung Die Unterlassung erstreckt sich auch auf »kerngleiche«, also von Art und Intensität her ähnliche Verstöße. Wenn Sie zum Beispiel zugesichert haben, eine in einem Blog getroffene Beleidigung mit dem Begriff »Idiot« nicht zu wiederholen, dann gilt diese Verpflichtung genauso für Beleidigungen mit Begriffen wie »Geisteskranker« in einem Forum.

Eine Unterlassungserklärung kann ausnahmsweise auch gekündigt werden, zum Beispiel wenn sich die Rechtslage ändert. Wurde die Kündigung jedoch vergessen, muss die Vertragsstrafe bei Rechtsverletzungen trotz der geänderten Rechtslage bezahlt werden. Wenn Sie in einem rechtlich zweifelhaften Fall abgemahnt worden sind, sollten Sie die Verpflichtung zur Vertragsstrafe nur »unter der auflösenden Bedingung einer allgemein verbindlichen, d. h. auf Gesetz oder höchstrichterlicher Rechtsprechung beruhenden Klärung des zu unterlassenden Verhaltens« abgeben.

Hinweis Ein Beispiel für eine Unterlassungserklärung finden Sie im Abschnitt »Abwehr von Ansprüchen und Abmahnungen« weiter unten in diesem Kapitel.

Frist

Die Frist für eine Abmahnung sollte nicht länger als eine Woche betragen.

Die Abmahnung muss eine Frist enthalten, innerhalb der die Rechtsverletzung beseitigt werden und die Unterlassungserklärung abgegeben werden muss. Die Länge der Frist hängt von der Intensität der Rechtsverletzung ab. Bei einer schweren Persönlichkeitsverletzung kann die Frist einen Tag betragen, bei einer Urheberrechtsverletzung oder einem Markenrechtsverstoß eine Woche. Bei Wettbewerbsverstößen sind fünf bis sieben Tage üblich.

Es ist jedoch unproblematisch, wenn Sie die Frist zu kurz setzen. In solchen Fällen verlängert sie sich automatisch auf das angemessene Maß. Das heißt, wenn eine dreitägige Frist gesetzt worden ist, aber fünf angemessen waren, hat der Abgemahnte fünf Tage Zeit, der Abmahnung nachzukommen.

Form der Abmahnung

Eine Abmahnung kann in jeder Form erfolgen. Sie kann telefonisch, per E-Mail oder schriftlich per Brief ausgesprochen werden. Damit der Abmahnende die Abmahnung und ihren Umfang nachweisen kann, wird in der Regel die Schriftform per Brief gewählt.

Vollmacht

Wird ein Rechtsanwalt mit einer Abmahnung beauftragt, ist diese auch dann wirksam, wenn ihr keine Vollmacht des Mandanten beiliegt. Es reicht aus, dass der Rechtsanwalt zusichert, dass er bevollmächtigt worden ist.

Tipp Haben Sie Zweifel an der Berechtigung des Rechtsanwalts, können Sie die Erfüllung der Abmahnungsforderungen von der Vorlage einer ordentlichen Vollmacht abhängig machen.

Androhung gerichtlicher Schritte

Eine Abmahnung muss den Hinweis enthalten, dass bei Nichtbefolgung gerichtliche Schritte unternommen werden. Ansonsten fehlt es ihr an Ernsthaftigkeit.

> **Fallbeispiel**
>
> In einem Fall mahnte ein Markeninhaber eine Werbeagentur wegen einer Markenrechtsverletzung ab und drohte ihr mit »juristischen Schritten«. Das Landgericht Hamburg entschied, dass die Abmahnung »gerichtliche Schritte« hätte androhen müssen, da juristische Schritte nicht unbedingt ein gerichtliches Vorgehen bedeuten müssen. [LG Hamburg, Urteil v. 16.11.2010, Az. 312 O 469/10]

Schadensersatz

Insbesondere wenn Ihre Persönlichkeits- Urheber- oder Markenrechte schuldhaft verletzt worden sind, können Sie einen Schadensersatz verlangen. Der Sinn des Schadensersatzes ist, Sie so zu stellen, als ob die Rechtsverletzung nicht passiert wäre.

In den meisten Fällen wird der Schadensersatz bei unerlaubter Nutzung geschützter Inhalte verlangt und auf eine der folgenden Arten berechnet:

Entgangener Gewinn In diesem Fall muss nachgewiesen werden, welchen Gewinn man tatsächlich erzielt hätte, wenn die

Rechtsverletzung nicht stattgefunden hätte. Dieser Fall ist sehr selten, da darüber vor Gericht der Nachweis schwer zu führen ist. Man müsste zum Beispiel nachweisen, dass jemand für ein Bild tatsächlich Geld gezahlt hätte, anstatt es widerrechtlich zu verwenden.

Herausgabe des Verletzergewinns Dieser Schaden wird geltend gemacht, wenn mit der Rechtverletzung Gewinn erwirtschaftet worden ist. Auch dieser Fall ist eher selten, da sich der Gewinn, der z.B. genau auf die Urheberrechtsverletzung entfällt, selten beziffern lässt.

Fiktive Schadensberechnung Bei der fiktiven Schadensberechnung prüft das Gericht, welcher Betrag hätte gezahlt werden müssen, wenn statt der Rechtsverletzung ein ordentlicher Nutzungsvertrag abgeschlossen worden wäre. Man spricht hier auch von einer Lizenzanalogie. Zum Beispiel können Urheber nachweisen, wie viel sie üblicherweise für ein Bild verlangen, indem sie ihre Preislisten oder Quittungen vorlegen.

Abbildung 10-8 ▶ Beispiel der Berechnung von Schadensersatz für einen durch unerlaubte Bildernutzung begangenen Urheberrechtsverstoß anhand einer Lizenzberechnung.

LIZENZVERTRAG

KONTAKTDATEN DES LIZENZNEHMERS

NAME:
ADRESSE:

E-MAIL:
TELEFON:

LIZENZIERTE RECHTE

RECHTE:	Einmalig, nicht-ausschließlich, Deutschland, Deutsch	
NUTZUNG:	Website des Unternehmens, Bis 300 x 250 Pixel	
LIZENZDAUER:	Anfangsdatum: 20.01.2009	Enddatum: 20.01.2011
PLATZIERUNG:	Einzelne Platzierung, statisch	
SONSTIGE RECHTE:	SONSTIGE RECHTE WERDEN NICHT GEWÄHRT	

LIZENZIERTE WERKE

WERK #	BESCHREIBUNG	GEBÜHR
	Orange	285,00 EUR

ZWISCHENSUMME*	285,00 EUR
USt (7%)	19,95 EUR
Anwaltskosten nach §§ 2, 13 RVG	535,60 EUR
Auslagenpauschale	20,00 EUR
Ust (19%)	105,56 EUR
ENDBETRAG	966,11 EUR

(*die Lizenzgebühren für die Werke wurden unter Berücksichtigung der Kosten für Ermittlung, Verwaltung und Rechtsverfolgung angepasst)

Tipp	Als Maßstab für den Schadensersatz bei Fotografien kann die Honorarempfehlung für Fotografen der Mittelstandsgemeinschaft Foto-Marketing verwendet werden (siehe *http://www.mittelstandsgemeinschaft-foto-marketing.de*). Auskünfte über Honorare für Werbetexter gibt die Broschüre des Fachverbandes Freier Werbetexter (siehe *http://www.texterverband.de*).	

Übernahme der Kosten der Abmahnung

Wurde ein Rechtsanwalt damit beauftragt, eine Abmahnung zu fertigen, entstehen dem Abmahnenden Kosten, die er zunächst dem Rechtsanwalt schuldet. Jedoch kann er vom Abgemahnten den Ersatz dieser Kosten fordern. Die Erstattung der Kosten wird zugleich mit der Abmahnung verlangt. Der Abgemahnte muss nicht unterschreiben, dass er die Kosten übernehmen wird, sondern er muss sie nur innerhalb einer angemessenen Frist bezahlen.

Tipp	Die kurze Frist, die für die Beseitigung der Rechtsverletzung und Abgabe einer Unterlassungserklärung gesetzt wird, gilt nicht für die Zahlung. Eine angemessene Zahlungsfrist sollte ein bis zwei Wochen betragen.	

Die Kosten der Abmahnung richten sich danach, welchen Wert es hat, die Wiederholung der Rechtsverletzung in Zukunft zu vermeiden. Diesen Wert bezeichnet man als »Gegenstandswert« oder »Streitwert«. Er kann weit über der Höhe des Schadensersatzes liegen, weil der Schadensersatz nur den vergangenen Rechtsverstoß, der Gegenstandswert aber auch den potenziell fortdauernden Rechtsverstoß in der Zukunft umfasst.

◀ **Abbildung 10-9**
Die Kosten einer Abmahnung sind daher so hoch, weil diese nicht nur die entstandene Rechtsverletzung beseitigt, sondern auch den Schaden verhindert, der möglicherweise in der Zukunft entstanden wäre. Wie lang dieser Zeitraum sein kann, wird anhand der Umstände geschätzt. Da Rechtsverletzungen im Internet permanent öffentlich bleiben, können es über fünf Jahre sein.

Da nicht klar ist, welchen potenziellen Schaden eine Rechtsverletzung in Zukunft haben würde, werden die Gegenstandswerte in den meisten Fällen von den Rechtsanwälten der Abmahnenden geschätzt. Auch die Gerichte setzen oft unterschiedliche Gegenstandswerte an, und so kann es vorkommen, dass ein Gericht bei einer Verletzung von Urheberrechten einen Gegenstandswert von 2.000 Euro und ein anderes einen von 6.000 Euro annimmt.

 **Hinweis** Oft enthält eine Abmahnung einen überhöhten Streitwert. So bleibt ein Spielraum für Verhandlungen, falls der Abgemahnte mit der Höhe der Kosten nicht zufrieden ist oder schlichtweg das gute Gefühl haben möchte, sich gegen die Abmahnung zumindest zum Teil gewehrt zu haben.

Fallbeispiel

Vor allem im Wettbewerbsrecht ist schwer einzuschätzen, welchen Streitwert ein Gericht der Kostenberechnung zugrunde legen wird. Zum Beispiel setzte im Fall einer fehlerhaften Preisangabe ein Gericht den Streitwert mit 20.000 Euro an, ein anderes mit 10.000 Euro und ein drittes mit 5.000 Euro (Quelle: Lampmann, Behn & Rosenbaum, *http://bit.ly/tcBTSU*).

Der folgende Überblick zeigt Ihnen die typischen Gegenstandswerte und die sich daraus ergebenden Kosten einer Abmahnung:

Verstoß gegen die Impressumspflicht 2.000 bis 5.000 Euro,
  Kosten der Abmahnung: 230 bis 500 Euro

Unerlaubte Nutzung eines Stadtplanausschnitts 6.000 Euro,
  Kosten der Abmahnung: 550 Euro

Unerlaubte Nutzung eines journalistischen Artikels 4.000 Euro,
  Kosten der Abmahnung: 400 Euro

Unerlaubte E-Mail-Werbung 5.000 Euro,
  Kosten der Abmahnung: 500 Euro

Wettbewerbsverstoß 15.000 bis 30.000 Euro,
  Kosten der Abmahnung: 900 bis 1.200 Euro

Markenverstoß 25.000 bis 100.000 Euro,
  Kosten der Abmahnung: 1.100 bis 2.100 Euro

Beleidigung 5.000 bis 15.000 Euro,
  Kosten der Abmahnung: 500 bis 900 Euro

Bedenken Sie, dass zu den Rechtsanwaltskosten des Abmahnenden in der Regel auch noch die Kosten für den Rechtsanwalt des Abgemahnten hinzukommen, die den Betrag verdoppeln können. Wird die Abmahnung zurückgewiesen und kommt es zu einem Gerichtsverfahren, vervierfachen sich die Kosten im Schnitt.

 Hinweis Die Beschränkung der Abmahnungskosten auf 100 Euro im § 97a UrhG gilt nur bei erstmaligen Verstößen von Privatpersonen im geringen Umfang.

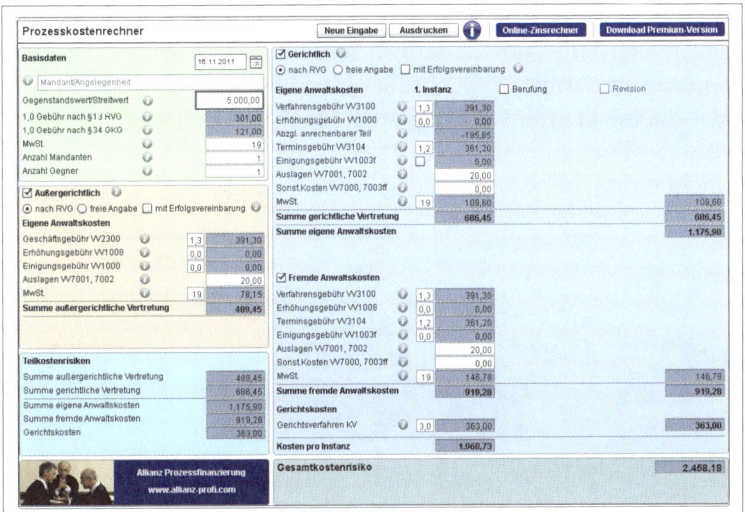

◀ **Abbildung 10-10**
Mit einem Prozesskostenrechner können Sie die Kosten der Abmahnung (außergerichtliche Kosten) und des Gerichtsverfahrens berechnen, wenn Sie den Gegenstandswert kennen. Den abgebildeten Prozesskostenrechner finden Sie unter http://rvgflex.pentos.com.

Unbeabsichtigte Rechtsverletzung

Die Haftung für die Beseitigung und künftige Unterlassung der Rechtsverletzung ist »verschuldensunabhängig«, wie man im juristischen Jargon sagt. Deshalb entstehen die Kosten der Abmahnung auch dann, wenn die Rechtsverletzung unbeabsichtigt und unwissentlich begangen worden ist.

Es kann zum Beispiel passieren, dass eine Agentur kein Recht hatte, dem Kunden die Nutzung eines Bildes zu erlauben. Auch wenn der Kunde im guten Glauben ist, alles sei in Ordnung, muss er die Abmahnungskosten tragen, die auf die Forderung der Beseitigung und die Unterlassungserklärung entfallen.

Hinweis Einzelheiten der Haftung in einer solchen Verletzungskette zwischen Agentur und Kunde werden in Kapitel 9 detailliert im Abschnitt »Die Verletzerkette« erläutert.

Ein Schadensersatz muss dagegen nur dann bezahlt werden, wenn der Rechtsverstoß fahrlässig oder vorsätzlich erfolgte. Fahrlässig zu handeln, bedeutet, die übliche Sorgfalt außer Acht zu lassen. Es ist grundsätzlich nicht fahrlässig, dem Vertragspartner (zum Beispiel einer Agentur) zu vertrauen. Dagegen liegt Fahrlässigkeit vor, wenn Lizenzbedingungen und AGB nicht befolgt werden und zum Beispiel der Urheberhinweis bei der Verwendung eingekaufter Bilder vergessen wird.

Auch wenn Sie Bilder aus einer dubiosen Quelle herunterladen, setzen Sie sich dem Vorwurf der Fahrlässigkeit aus. Das sind die Fälle, in denen ein vernünftig denkender Mensch darüber stutzen müsste, dass die Inhalte frei verfügbar sind. Das ist ganz klar er Fall, wenn Musik, Bilder oder sonstige Inhalte, die normalerweise kostenpflichtig sind, ohne Begründung kostenlos angeboten werden.

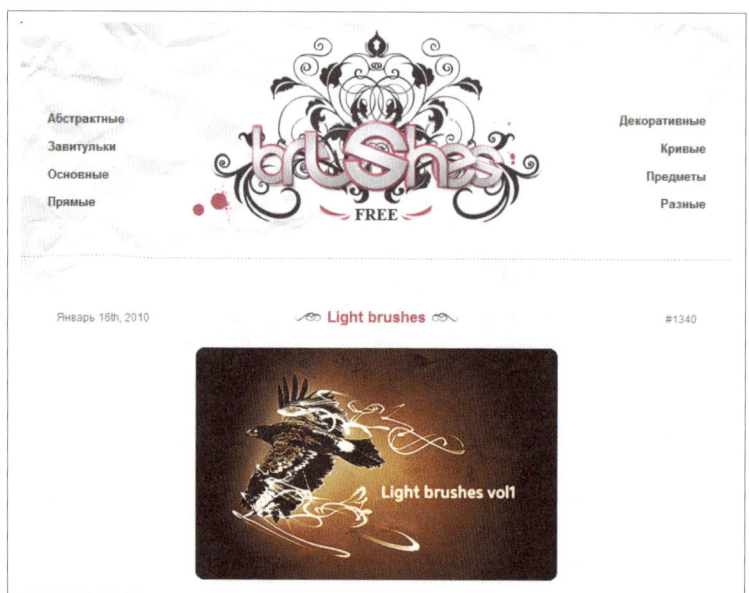

Abbildung 10-11 ▶
Wenn Sie Inhalte, die normalerweise Geld kosten (hier Pinselspitzen für die Software Photoshop), von fremdsprachigen Seiten kostenlos herunterladen, werden Sie bei Rechtsverstößen neben den Abmahnungskosten wegen fahrlässigen Handelns auch Schadensersatz zahlen müssen.

Doch auch wenn Sie keinen Schadenersatz zahlen müssen, kommen Sie nicht unbedingt günstig davon, denn der Schadensersatz ist in den meisten Fällen ohnehin geringer als die Abmahnungskosten selbst.

Es ist jedoch möglich, die Kosten der Abmahnung bei demjenigen geltend zu machen, dem Sie berechtigterweise vertraut haben. Ein solches Vertrauen können Sie gegenüber einer Agentur oder einem Stockbilderarchiv haben, jedoch nicht gegenüber dem Betreiber einer dubiosen Website – zumal sie in diesem Fall den Anbieter ohnehin kaum ausfindig machen können.

 Tipp   Sie sollten immer dann, wenn viel Geld im Spiel ist, auf sichere Quellen zurückgreifen. Nur dann können Sie sicher sein, nicht auf den Kosten einer etwaigen Rechtsverletzung sitzen zu bleiben.

Vorbeugende Unterlassungserklärung

Die Kosten für einen gegnerischen Rechtsanwalt können mit einer vorbeugenden Unterlassungserklärung gespart werden. In diesem Fall gibt der Rechtsverletzer ohne Aufforderung eine strafbewehrte Unterlassungserklärung ab, bevor ihm eine Abmahnung zugeht. Damit besteht für den Rechteinhaber kein Grund mehr, selbst eine Abmahnung zu verschicken.

Vorbeugenden Unterlassungserklärungen erfolgen, wenn ein Rechteinhaber oder Konkurrent von einer Rechtsverletzung erfahren hat und daher mit einer Abmahnung gerechnet werden kann. Auch wenn die erste Abmahnung fehlerhaft war, kann der Abgemahnte eine vorbeugende Unterlassungserklärung abgeheben, bevor ihm eine korrigierte Abmahnung zugeht. Das ist zum Beispiel der Fall, wenn die Sachverhaltsbeschreibung fehlt, der Beseitigungs- und Unterlassungsanspruch unzureichend formuliert ist oder die Drohung mit dem Gericht fehlt.

Gegenabmahnung

Eine Gegenabmahnung kann an den Abmahnenden verschickt werden, wenn dieser selbst Fehler begangen hat. In diesem Fall heben sich die gegenseitigen Kostenansprüche oft auf. Gegenabmahnungen werden zwischen Wettbewerbern ausgesprochen. Daher sollten Sie nur dann einen Konkurrenten abmahnen, wenn Sie sich sicher sind, selbst keine Rechtsverstöße begangen zu haben.

Missbräuchliche Abmahnung

Eine Abmahnung muss nicht befolgt und bezahlt werden, wenn sie missbräuchlich ist. Im Wettbewerbsrecht ist das sogar ausdrücklich im § 8 Abs.4 geregelt. Jedoch ist eine Abmahnung viel seltener missbräuchlich, als es angenommen wird.

> Missbräuchliche Abmahnungen sind sehr selten und müssen zudem nachgewiesen werden können.

Ein Missbrauch kann zum Beispiel vorliegen, wenn die Abmahnung zwecks Erzielung von Rechtsanwaltsgebühren erfolgt oder um den Abgemahnten zu schädigen. Das ist zum Beispiel der Fall, wenn ein Anwalt in Zusammenarbeit mit einem Unternehmen massenweise Abmahnungen verschickt, die einen höheren Umsatz mit sich bringen als die Einnahmen des Unternehmens selbst.

Tipp Nutzen Sie die Onlinesuche mit dem Namen des Abmahners und der abmahnenden Rechtsanwaltskanzlei. Missbrauchsfälle werden oft in einschlägigen Foren veröffentlicht.

Das heißt aber nicht, dass eine hohe Anzahl von Abmahnungen unbedingt auf einen Missbrauch hinweist. Wenn zum Beispiel hundert Personen unerlaubt ein Bild von Ihnen verwenden, dürfen Sie jede einzelne davon abmahnen.

Indizien für missbräuchliche Abmahnungen

Bei den folgenden Punkten handelt es sich um Indizien, die für eine missbräuchliche Abmahnung sprechen. Es sind aber wirklich nur Indizien, die weiterer Nachforschungen bedürfen. Je mehr von ihnen zutreffen, desto höher ist die Wahrscheinlichkeit eines Missbrauchs.

- Der Abmahnende hat keinen wirtschaftlichen Vorteil aus einer Abmahnung wegen eines Wettbewerbsverstoßes, weil sein Geschäft klein und unbedeutend ist.
- Es wird eine Vielzahl gleichartiger Abmahnungen ausgesprochen.
- Der abmahnende Anwalt ist normalerweise auf anderem Fachgebiet tätig oder scheint mit dem Abmahnenden verwandt zu sein.
- Der Sachverhalt ist unklar und die Rechtsverletzung nicht eindeutig beschrieben.
- Der Gegenstandswert ist wesentlich überzogen.
- Die gesetzte Frist wird mehrfach verlängert. Damit zeigt der Abmahnende, dass er kein Interesse an der Rechtsdurchsetzung hat.

Kostenersatz bei unberechtigten Abmahnungen und negative Feststellungsklage

Die Kosten der Verteidigung gegen unberechtigte Abmahnungen können in der Regel nur durch eine negativen Feststellungsklage geltend gemacht werden.

Ist die Abmahnung unberechtigt, muss der Abgemahnte weder eine Unterlassungserklärung abgeben noch deren Kosten übernehmen. Jedoch wird er meistens eigene Rechtsanwaltskosten gehabt haben, die er ersetzt haben möchte.

Im Regelfall besteht jedoch bei unberechtigten Abmahnungen keine Pflicht zur Zahlung von Schadensersatz. Nur wenn die Verletzung von Markenrechten und Urheberrechten behauptet wird, aber offensichtlich nicht bestand, kann Schadensersatz verlangt werden.

Eine Möglichkeit, die Kosten der Verteidigung dennoch geltend zu machen, ist die sogenannte *negative Feststellungsklage*. Dabei klagt der Abgemahnte gegen den Abmahnenden und beantragt, dass das Gericht feststellt, dass die Abmahnung zu Unrecht erfolgt ist. Der Nachteil dieser Methode liegt im Kostenrisiko, da die Kosten eines Klageverfahrens ungefähr das Vierfache der Abmahnungskosten betragen. War die Abmahnung jedoch rechtens, muss der Abgemahnte die Kosten der Abmahnung und des Klageverfahrens tragen.

Tipp Weil die Kosten der Abwehr unberechtigter Abmahnungen in der Regel nicht ersetzt werden, muss die oberste rechtliche Prämisse nicht nur darin bestehen, rechtskonform zu handeln, sondern auch darin, keine Abmahnungen herauszufordern.

Gerichtliches Klageverfahren

In einem gerichtlichen Klageverfahren machen Sie dieselben Ansprüche geltend wie bei der Abmahnung, allerdings vor einem Gericht. Dabei ergeben sich vor Gericht mehrere Besonderheiten.

Eine Klage ist teurer und langwieriger als eine Abmahnung. Sie ist jedoch notwendig, wenn ein Rechtsverletzer eine Abmahnung nicht akzeptieren möchte.

Unterlassungsverpflichtung Im Rahmen der Abmahnung muss der Abgemahnte sich verpflichten, bei einem wiederholten Rechtsverstoß eine Vertragsstrafe an den Abmahnenden zu zahlen. Wird er dagegen von einem Gericht verurteilt, muss er bei Wiederholung des Rechtsverstoßes ein Ordnungsgeld (in der Regel in gleicher Höhe) an den Staat bezahlen. Daher kann es sich lohnen, es auf ein Gerichtsverfahren ankommen zu lassen, statt eine Unterlassungserklärung im Rahmen einer Abmahnung zu unterschreiben. Denn bei einem Urteil haben der Kläger und auch sein Rechtsanwalt mangels finanziellen Interesses weniger Anlass zu überwachen, ob ein erneuter Rechtsverstoß begangen wird.

Zuständigkeit Bei den im Social Media-Marketing relevanten Rechtsverstößen ist das Gericht zuständig, in dessen Bezirk der Verstoß begangen wurde oder sich ausgewirkt hat. Da Rechtsverstöße im Internet sich quasi überall auswirken, kann der Kläger das Gericht in der Regel selbst wählen. Die Wahl dieses sogenannten »fliegenden Gerichtsstands« führt dazu, dass ein Kläger sich dasjenige Gericht aussuchen kann, von dem er sich angesichts vorangegangener Entscheidungen das für ihn günstigste Urteil erhoffen kann.

Dauer des Verfahrens Ein Klageverfahren kann je nach Auslastung des Gerichts mehrere Monate dauern.

Kosten des Verfahrens Sollten Sie unterliegen, ist ein Gerichtsverfahren in der Regel bis zu vier Mal so teuer wie eine Abmahnung.

Anwaltszwang Ab einem Streitwert von 5.000 Euro und auf manchen Rechtsgebieten wie zum Beispiel dem Markenrecht müssen Sie sich vor Gericht zwingend von einem Rechtsanwalt vertreten lassen.

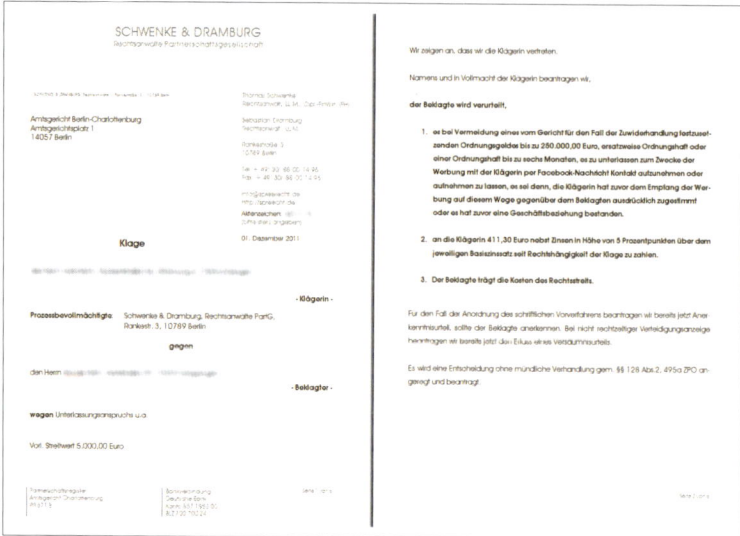

Abbildung 10-12
Im Rahmen einer Klageforderung wird für den Fall eines erneuten Verstoßes – anders als bei einer Abmahnung – keine Vertragsstrafe zugunsten des Klägers verlangt, sondern die Festsetzung eines Ordnungsgeldes.

Einstweiliges Verfügungsverfahren

Im einstweiligen Verfügungsverfahren trifft das Gericht in Eilfällen eine überschlägige Entscheidung.

Die Klage hat den Nachteil der langen Verfahrensdauer. In manchen Fällen kann jedoch nicht so lange abgewartet werden. Zum Beispiel erhöht jeder Tag, an dem eine Beleidigung in einem Forum zu lesen ist, die Intensität einer Ehrverletzung, und eine fortdauernde Wettbewerbsverletzung vergrößert den wirtschaftlichen Vorteil eines Mitbewerbers.

Daher gibt es die Möglichkeit eines beschleunigten Verfahrens, mit dem eine schnelle Entscheidung des Gerichts erreicht werden kann, die sogenannte *einstweilige Verfügung*. Dieses verkürzte Verfahren hat jedoch besondere Anforderungen und auch Nachteile gegenüber einer Klage:

Zeitnah Eine einstweilige Verfügung muss zeitnah beantragt werden, sobald man von der Rechtsverletzung erfahren hat. Wenn man länger als einen Monat (in Ausnahmefällen auch zwei) wartet, kann man nur noch das länger dauernde Klageverfahren bestreiten und muss die Rechtsverletzung so lange erdulden.

Keine Anhörung des Gegners Bei einem einstweiligen Verfahren wird die Gegenseite in der Regel nicht angehört. Weiß sie jedoch, dass ein solches Verfahren ansteht, kann sie die eigenen Ansichten mit einer sogenannten »Schutzschrift« beim Gericht einreichen. Aufgrund des fliegenden Gerichtsstandes (siehe dazu u.a. den Eintrag im Glossar) kann es jedoch problematisch sein, das Gericht zu bestimmen, bei dem die einstweilige Verfügung beantragt wird.

Kein abschließendes Urteil Eine einstweilige Verfügung bietet – wie schon der Begriff »einstweilig« suggeriert – keine abschließende Rechtssicherheit. Ein Klageverfahren, an dessen Ende ein abschließendes Urteil steht, ist also weiterhin möglich. Um eine Klage zu vermeiden, kann der in einem einstweiligen Verfügungsverfahren unterlegene Gegner eine sogenannte »Abschlusserklärung« abgeben, in der er die einstweilige Verfügung für abschließend erklärt.

Dauer des Verfahrens Ein einstweiliges Verfügungsverfahren dauert in der Regel wenige Tage.

Kosten des Verfahrens Die Kosten sind in der Regel um ein Drittel bis zur Hälfte günstiger als bei einer Klage.

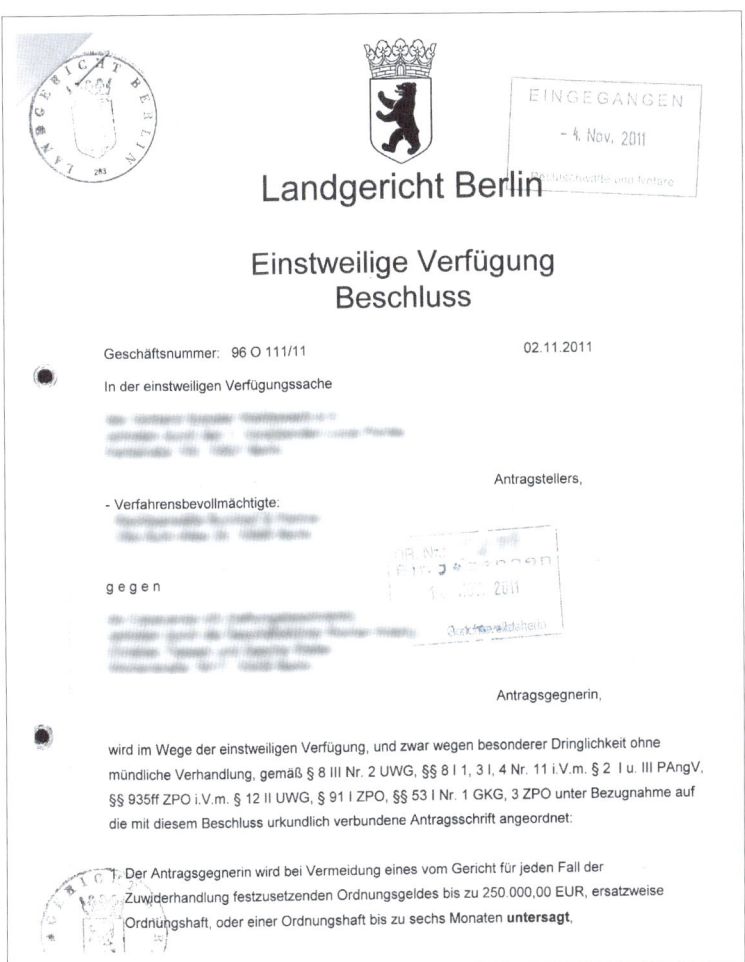

◀ **Abbildung 10-13**
Eine einstweilige Verfügung wegen eines Wettbewerbsverstoßes

Hinweis an Wirtschafts- und Verbraucherverbände

Organisationen wie Verbraucherschutzzentralen können bei Rechtsverletzungen selbst Abmahnungen aussprechen oder öffentliche Rügen erteilen, die an die Medien kommuniziert werden.

Abmahnungen können nicht nur durch Konkurrenten, sondern auch durch abmahnberechtigte Wirtschafts- und Verbraucherverbände ausgesprochen werden, deren Zweck die Sicherung des lauteren Wettbewerbs oder der Verbraucherschutz ist. Dazu gehören zum Beispiel

- Wettbewerbs- und Verbraucherschutzzentralen,
- Industrie- und Handelskammern sowie
- Berufsverbände wie der Deutsche Presserat, der Deutsche Werberat oder der Deutsche Rat für Public Relations.

Statt selbst gegen einen Wettbewerber vorzugehen, können Sie seine Verstöße gegenüber einer dieser Organisationen anzeigen. Es liegt anschließend an ihr, ob und in welchem Umfang sie gegen den Wettbewerbsverstoß vorgeht.

Im Unterschied zu einem Mitbewerber können diese Organisationen nicht die tatsächlich entstandenen Kosten einer Abmahnung, sondern nur eine Kostenpauschale von rund 200 Euro netto geltend machen. Eine solche Abmahnung trifft einen Konkurrenten also weniger und Sie erhalten keine Vertragsstrafe bei erneuten Verstößen. Auf der anderen Seite tragen Sie aber auch kein Kostenrisiko.

Strafrechtliches Vorgehen

Ein Strafantrag ist Voraussetzung für die Verfolgung bestimmter Delikte (z. B. Beleidigung) und verpflichtet die Strafverfolgungsbehörden, Sie über den Fortgang des Verfahrens zu unterrichten.

Sie können Strafantrag bei der zuständigen Polizeidienststelle stellen, wenn die Rechtsverletzung Ihrer Meinung nach zugleich eine Straftat darstellt. Das ist insbesondere der Fall bei Beleidigung und Behauptung falscher Tatsachen.

Hinweis Manche Strafdelikte (z. B. Beleidigung) werden nur beim Vorliegen eines Strafantrags verfolgt. Ferner liegt der Unterschied zwischen einer Strafanzeige und einem Strafantrag darin, dass Sie nur bei einem Strafantrag über den weiteren Verlauf des Verfahrens informiert werden. Eine Strafanzeige ist lediglich ein Hinweis an die Polizei.

Ein Strafverfahren ist besonders dann sinnvoll, wenn Sie an Informationen gelangen möchten, die nur mit gerichtlichen Befugnissen zugänglich sind. Wenn zum Beispiel ein anonymer Nutzer Sie in einem Forum beleidigt, können Sie vom Forumsbetreiber die Löschung der Beleidigung verlangen. Sie können ihn jedoch laut aktuellen Gerichtsurteilen nicht selbst dazu zwingen, die Identität des Nutzers herauszugeben (zum Beispiel seinen Namen oder seine E-Mail-

Adresse). Das bedeutet, dass der Nutzer die Beleidigung in diesem und in anderen Foren wiederholen kann. Wenn Sie einen Strafantrag gegen diesen noch unbekannten Nutzer stellen, kann die Staatsanwaltschaft mithilfe eines Gerichtsbeschlusses den Forenbetreiber dazu zwingen, die Identität des Nutzers preiszugeben. Da Sie verlangen können, dass diese Informationen Ihnen mitgeteilt werden, können Sie dann selbst per Abmahnung oder Klage gegen den Nutzer vorgehen und so künftige Beleidigungen verhindern.

Hinweis Der Nachteil des Strafverfahrens liegt darin, dass Sie von der Arbeitsgeschwindigkeit der Behörden abhängig sind. Je nach Arbeitslast kann es Monate dauern, bis Sie Informationen erhalten. Daher wird ein Strafantrag in der Regel im Rahmen einer Abmahnung als Drohkulisse verwendet, damit der Abgemahnte die Forderungen erfüllt, um eine zusätzliche Auseinandersetzung mit den Strafbehörden zu vermeiden.

◀ Abbildung 10-14
Beispiel eines Strafantrags gegen die Betreiberin eines Forums und einen unbekannten Nutzer. Auf den folgenden Seiten muss die Tat beschrieben werden, die zudem mit Screenshots belegt werden sollte.

Abbildung 10-15 ▶
Der Plattformbetreiber muss Ihnen die Identität der Nutzer nicht mitteilen. Mithilfe der Strafverfolgungsbehörden können Sie trotzdem als Rechteinhaber an die Nutzerdaten gelangen. Dieser Weg kann je nach Auslastung der Behörde bis zu ein paar Monaten dauern.

Ordnungswidrigkeiten und Bußgelder

Eine Meldung an Ordnungsbehörden ist eher eine Seltenheit, kann der Gegenseite jedoch zumindest Unannehmlichkeiten bereiten.

Insbesondere bei Datenschutz- und Jugendschutzverstößen können Sie Anzeige bei der zuständigen Ordnungsbehörde erstatten. Die Entscheidung, ob und wie verfahren wird, liegt bei der Behörde. Anders als bei einem Strafantrag haben Sie grundsätzlich keinen Anspruch darauf, über den Ausgang des Verfahrens informiert werden.

 Hinweis Welche Landesdatenschutzbehörde für Sie zuständig ist, erfahren Sie auf unter *http://datenschutz-ratgeber.info/aufsichtsbehoerden.html*.

In den meisten Fällen von Datenschutzverstößen, z. B. bei fehlerhaften Newsleteranmeldungen und Datenschutzbelehrungen, wird kein Bußgeld verhängt, sondern allenfalls eine Anfrage gestellt, auf die hin der Gegner mitteilt, dass er nunmehr keine Datenschutzverstöße mehr begeht. Allenfalls bei schweren Verstößen wie der Weitergabe von Kundendaten ist mit einem Bußgeld zu rechnen.

Doch auch das Verfahren der Datenschutzbehörde ist unangenehm für den Gegner und kostet Zeit und meistens Geld für eine rechtsanwaltliche Beratung, womit es ebenfalls als Drohkulisse im Rahmen einer Abmahnung eingesetzt werden kann.

Meldung an den Plattformbetreiber

Verstoßen Nutzer gegen die Nutzungsbedingungen von Social Media-Plattformen, liegt es bei ihren Betreibern, ob sie Maßnahmen gegen die Nutzer ergreifen.

Eine weitere Möglichkeit, gegen Rechtsverstöße vorzugehen, ist die Meldung an Betreiber von Plattformen, auf denen sie begangen worden sind. In den meisten Fällen stellt ein Rechtsverstoß zugleich auch einen Verstoß gegen die Nutzungsbedingen dar. Darüber hinaus können Verstöße auch aus den Nutzungsbedingungen resultieren, zum Beispiel bei Gewinnspielen auf Facebook, die gegen die »Richtlinien für Promotions« verstoßen.

◀ **Abbildung 10-16**
Im Hilfebereich von Facebook erfahren Sie, auf welchem Wege Sie einen Verstoß gegen das Gesetz oder die Facebook-Regeln melden können (http://fb.com/help).

Ob und im welchen Umfang die Plattformbetreiber auf Ihre Meldung reagieren, liegt in deren Ermessen. Da es sich bei den Plattformbetreibern nicht um Behörden handelt, können sie völlig frei entscheiden, ob sie überhaupt einschreiten und ob sie Sie über ihr Vorgehen informieren. Da kein Plattformbetreiber gern gegen die eigenen Nutzer vorgeht, werden diese internen Verfahren in der Regel weder der Öffentlichkeit noch den Hinweisgebern mitgeteilt.

Hinweis Social Media-Plattformen können selbst als Host-Provider in Haftung genommen werden, wenn sie die rechtswidrigen Inhalte trotz einer Mitteilung nicht entfernen. In Kapitel 9 im Abschnitt »Haftung und Löschungspflichten von Host-Providern« erfahren Sie, wie Sie in solchen Fällen vorgehen sollten.

◀ **Abbildung 10-17**
Wenn ein Nutzer nach Meinung eines Rechtsinhabers mit einem YouTube-Video gegen die Urheberrechte verstößt, entfernt YouTube das Video und gibt dem Nutzer die Möglichkeit, eine Gegendarstellung (»counter notice«) einzureichen. Darin kann er begründen, warum es sich nicht um einen Urheberrechtsverstoß handelt (zum Beispiel, weil er über eine Nutzungslizenz verfügt). Wenn er öfter als drei Mal eine Urheberrechtsbeschwerde erhält, wird sein Konto gesperrt.

Checkliste: Ansprüche durchsetzen

Beweise gesichert?

Anspruch bestimmt?
- Worin liegt der Rechtsverstoß?
- Beseitigung
- Künftige Unterlassung
- Schadensersatz
- Auskunft

Gegner bestimmt?
- Wegen eigener Rechtsverletzung
- Wegen Haftung für Dritte

Rechtsweg bestimmt?
- Eigenständiges Vorgehen
- Strafantrag
- Bußgeldantrag
- Hinweis an Organisationen und Verbände
- Hinweis an Plattformbetreiber

Strategie beim eigenen Vorgehen bestimmt?
- Formloser Hinweis an Rechtsverletzer
- Formloser Hinweis an dritte Anbieter bei nutzergenerierten Inhalten
- Abmahnung
- Einstweiliges Verfügungsverfahren vor Gericht
- Klage vor Gericht

Abwehr von Ansprüchen und Abmahnungen

Wenn Sie eine Abmahnung erhalten, sollten Sie vor allem eines tun: Ruhe bewahren. Und die folgenden Hinweise lesen.

Wenn Ihnen eine Rechtsverletzung vorgeworfen wird, werden Sie selbst zum Ziel der im ersten Teil dieses Kapitels beschriebenen Maßnahmen. In den meisten Fällen werden Sie eine Abmahnung erhalten. Dann sollten Sie vor allem mit Bedacht und Ruhe reagieren. Sie sollten die Abmahnung mehrfach lesen und den nachfolgenden Hinweisen entsprechend vorgehen. Falls Sie sich entscheiden, einen Rechtsanwalt mit der Abwehr der Abmahnung zu beauftragen, sollten Sie diesen so schnell es geht kontaktieren und um Hinweise bitten, wie Sie vorgehen sollten.

 Tipp Wenn Sie eine Abmahnung erhalten haben, sollten Sie auch den ersten Teil dieses Kapitels lesen, in dem es um die Durchsetzung von Ansprüchen geht. Es ist viel einfacher, sich zu verteidigen, wenn man weiß, wie der Gegner seinen Angriff plant.

Haben Sie dagegen Post vom Gericht erhalten, sollten Sie sich unbedingt an einen Anwalt wenden, denn im Gerichtsverfahren muss eine Vielzahl von Verfahrensvorschriften beachtet werden, so dass Sie ohne Expertenhilfe leicht unterliegen können, auch wenn Sie im Recht sind.

Nicht nichts tun

Sie sollten die Abmahnung nicht einfach vernachlässigen. Sobald nämlich die in der Abmahnung gesetzte Frist abgelaufen ist, wird der Abmahnende davon ausgehen, dass Sie seine Ansprüche zurückweisen, und gerichtlich gegen Sie vorgehen. Auch wenn Sie dann den Forderungen nachkommen, werden Sie die Kosten des Gerichtsverfahrens tragen müssen. Ebenso hat es keinen Zweck, zu behaupten, dass die Abmahnung Ihnen nicht zugegangen sei. Der Abmahnende muss lediglich nachweisen, dass die Abmahnung verschickt worden ist. Fehler beim Zugang der Abmahnung gehen zu Ihren Lasten.

> **Fallbeispiel**
>
> Bei einem Streit um die Verfahrenskosten behauptete der Beklagte, dass ihm die Abmahnung nicht zugegangen sein. Der Bundesgerichtshof ließ sich nicht auf seine Argumentation ein und urteilte, dass der Kläger lediglich gehalten sei, »substantiiert darzulegen, dass das Abmahnschreiben abgesandt worden ist«. Wenn nicht festgestellt werden kann, ob das Abmahnschreiben dem Beklagten zugegangen ist oder nicht, geht dies zu seinen Lasten. [BGH, Beschluss v. 21.12.2006, Az. I ZB 17/06]

Achtung — Eine Abmahnung muss nicht als »Abmahnung« tituliert werden. Tatsächlich taucht das Wort in den Schreiben von Rechtsanwälten eher selten auf. Eine Abmahnung erkennen Sie daran, dass Sie aufgefordert werden, eine Rechtsverletzung zu beseitigen und künftig zu unterlassen.

Sachverhalt und behauptete Rechtsverletzung prüfen

Im nächsten Schritt müssen Sie prüfen, ob die in der Abmahnung behaupteten Tatsachen zutreffen, und anschließend, ob damit wirklich ein Rechtsverstoß vorliegt. Es kann ja auch sein, dass Sie eine Falschbehauptung nachweisen können. Zum Beispiel ist es möglich, dass Sie eine behauptete Urheberrechtsverletzung an einem Bild nicht begangen haben, weil Sie die Erlaubnis hatten, das Bild zu verwenden. Des Weiteren muss der Abmahnende das Recht haben, Sie abzumahnen. So muss er bei einer Wettbewerbsverletzung tatsächlich ein Mitbewerber sein, und bei einer Markenrechtsverletzung muss er nachweisen, dass er der Markeninhaber ist.

Des Weiteren muss die Abmahnung einen Hinweis darauf enthalten, dass gerichtliche Schritte ergriffen werden.

Achtung — Bedenken Sie, dass die Gegenseite nach der Zurückweisung der Abmahnung sofort gerichtlich gegen Sie vorgehen kann. Machen Sie einen Fehler bei der rechtlichen Einschätzung, wird dieser zu Ihren Lasten gehen.

Kontaktaufnahme mit der Gegenseite

Sie sollten einen gegnerischen Rechtsanwalt nur dann ansprechen, wenn die Abmahnung offensichtlich rechtswidrig ist.

Grundsätzlich sollten Sie keinen Kontakt mit dem gegnerischen Rechtsanwalt aufnehmen. Allenfalls wenn offensichtlich keine Rechtsverletzung vorliegt, weil der Abmahnende sich zum Beispiel in der Person geirrt hat oder nicht wusste, dass Sie eine Einwilligung zur Nutzung eines Bildes hatten, sollten Sie den gegnerischen Rechtsanwalt innerhalb der Frist darauf hinweisen und um eine Bestätigung bitten, dass die Abmahnung sich erledigt hat.

Haben Sie die Ihnen vorgeworfene Rechtsverletzung tatsächlich begangen, sollten Sie es vermeiden, mit dem gegnerischen Rechtsanwalt ohne einen eigenen Rechtsbeistand zu verhandeln.

Achtung — Der gegnerische Rechtsanwalt ist verpflichtet, das beste Ergebnis für seinen Mandanten zu erzielen, und wird dazu alle rechtlich zulässigen Möglichkeiten nutzen. Dabei kann es passieren, dass er Ihnen für Sie schädliche Aussagen entlockt oder Sie zu einem für Sie nachteiligem Verhalten verleitet.

Beweise sichern

Bevor Sie den Rechtsverstoß beseitigen, dokumentieren Sie den Ist-Zustand. Dabei sollten Sie auf die im Abschnitt »Sicherung der Beweise« zum Anfang dieses Kapitels beschriebenen Möglichkeiten zurückgreifen, also Screenshots erstellen, Zeugen hinzuziehen oder am besten beides.

Tipp — Vor allem wenn Sie einen Rechtsanwalt beauftragen wollen, sollten Sie mit der Beseitigung der Rechtsverletzung warten, weil er sie sich zum Planen der Verteidigungsstrategie ansehen muss. Jedoch sollten Sie den Rechtsanwalt in diesem Fall unverzüglich kontaktieren.

Rechtsverstoß beenden

Nachdem Sie den Rechtsverstoß beseitigt haben, sollten Sie dafür sorgen, dass er nicht wiederholt wird.

Nachdem Sie die Beweise gesichert haben, sollten Sie den Rechtsverstoß entsprechend der Forderung in der Abmahnung beseitigen. Falls Sie sich dazu entschlossen haben, einen Rechtsanwalt zu beauftragen, fragen Sie ihn, wie Sie vorgehen sollten.

Falls Sie sich noch nicht ganz sicher sind, ob die Gegenseite Recht hat, sollten Sie nach Möglichkeit Beiträge oder Inhalte zunächst nur sperren, bis Sie eine weitere Prüfung vornehmen können. Das bedeutet zum Beispiel, dass Sie Blog- oder Nutzerbeiträge zunächst nur offline nehmen, statt Sie sofort zu löschen.

| Achtung | Sagen Sie der Gegenseite nicht, dass Sie die beanstandeten Hinweise nur vorübergehend entfernen und sie eventuell wieder online stellen werden. In diesem Fall besteht weiterhin die Gefahr der Rechtsverletzung und Sie können gerichtlich belangt werden. | |

Hat die Gegenseite dagegen Recht, müssen Sie die Rechtsverletzung beseitigen, also die rechtsverletzenden Inhalte und Beiträge gänzlich und auf allen Kanälen (Blog, Twitter, Facebook usw.) löschen. Insbesondere bei Bildern sollten Sie nicht den Fehler machen, diese aus Beiträgen zu entfernen, sie aber auf Ihrem Server zu belassen. Des Weiteren müssen Sie beantragen, dass die rechtsverletzenden Inhalte auch aus dem Cache von Suchmaschinen wie Google oder bing entfernt werden. Anschließende Bearbeitungsdauer bei der Löschung wird Ihnen nicht zu Lasten gelegt, ein fehlender Antrag auf die Löschung dagegen schon. Dazu können Sie bei Google auf die Webmaster-Tools zurückgreifen, die Sie unter *http://bit.ly/vSLgDy* finden. Im Fall der Suchmaschine bing müssen Sie das Kontaktformular verwenden: *http://bit.ly/y958oo*.

| Hinweis | In Abschnitt »Öffentliche Zugänglichmachung« in Kapitel 3 finden Sie ein Beispiel, das zeigt, warum urheberrechtsverletzende Bilder auch vom Server gelöscht werden müssen. | |

Anschließend müssen Sie Vorkehrungen treffen, damit die Rechtsverletzung nicht wiederholt wird. Weisen Sie daher Mitarbeiter und beauftragte Personen oder Unternehmen auf den Rechtsverstoß hin, denn Sie haften auch für deren Handlungen.

Prüfung und Modifikation der Unterlassungserklärung

Wie Sie im Abschnitt »Strafbewehrte Unterlassungserklärung« in diesem Kapitel nachlesen können, reicht es nicht aus, die Rechtsverletzung lediglich zu beseitigen und zu versprechen, sie nicht erneut zu begehen. Die Gefahr einer erneuten Rechtsverletzung ist nämlich erst dann gebannt, wenn Sie eine Unterlassungserklärung

Seien Sie vorsichtig und prüfen Sie vorformulierte Unterlassungserklärungen genau. Diese sind oft zugunsten des Abmahnenden zu weit gefasst und sollen zu einer schnellen Unterschrift verleiten.

abgegeben haben, in der Sie sich zu einer Vertragsstrafe im Fall der Wiederholung des Rechtsverstoßes verpflichten. Dabei sollten Sie die folgenden Punkte beachten:

Frist Die Unterlassungserklärung müssen Sie innerhalb der Frist abgeben. Falls Sie die Frist nicht einhalten können, können Sie die Gegenseite um eine Fristverlängerung und deren Bestätigung bitten. Wenn Sie zum Ausdruck bringen, dass Sie die Abmahnung noch prüfen möchten, aber nicht grundsätzlich zurückweisen, wird Ihnen die Fristverlängerung in der Regel gewährt.

Rechtsverletzung beseitigen Geben Sie eine Unterlassungserklärung erst ab, nachdem Sie die Rechtsverletzung beseitigt und sichergestellt haben, dass sie nicht wiederholt wird. Denn falls das doch passiert, müssen Sie die Vertragsstrafe bezahlen.

Umfang der Unterlassung prüfen Oft ist die Unterlassungserklärung zu weit gefasst und der Abmahnende verlangt mehr als ihm zusteht. Haben Sie zum Beispiel unerlaubterweise ein Bild verwendet, müssen Sie sich lediglich dazu verpflichten das konkrete Bild in Zukunft nicht mehr zu verwenden – nicht aber dazu, keinerlei Bilder des Fotografen unerlaubt zu verwenden. Bei einer falsch behaupteten Tatsache in einem Blogbeitrag müssen Sie sich verpflichten, diese Tatsache nicht zu wiederholen, aber nicht den ganzen Beitrag zu löschen. Eine pauschale Verpflichtung, die Urheberrechte des Abmahnenden nicht noch einmal zu verletzen oder nicht nochmals falsche Tatsachen über ihn zu verbreiten, wäre eine zu weit gehende Forderung, die Sie dauerhaft bindet und damit enorme Risiken mit sich bringt.

Vertragsstrafe prüfen Die Vertragsstrafe wird in vielen Fällen viel zu hoch angesetzt, um bei erneuten Verstößen einen möglichst großen finanziellen Vorteil zu haben.

Kostenübernahme und Zahlung von Schadensersatz Eine Unterlassungserklärung muss nur die mit einer Vertragsstrafe bewehrte Verpflichtung beinhalten, den Rechtsverstoß nicht zu wiederholen. Weitere Verpflichtungen wie die zur Zahlung des Schadensersatzes, Erteilung einer Auskunft oder Bezahlung der Abmahnungskosten müssen Sie nicht unterschreiben, sondern soweit berechtigt, befolgen.

Achtung Mit der Unterschrift der Unterlassungserklärung erkennen Sie alle darin stehenden Forderungen und Pflichten an – also auch solche, auf die der Abmahner eigentlich keinen Anspruch hatte.

Rechtspflicht Die Unterlassungserklärung sollte mit dem Zusatz »Rechtsverbindlich, aber ohne Anerkennung einer Rechtspflicht« abgegeben werden. Sollte es später nämlich zum Rechtsstreit kommen, kann der Abmahnende dann nicht einfach darauf verweisen, dass Sie die Rechtsverletzung zugegeben haben.

Verzicht auf den Fortsetzungszusammenhang In Unterlassungsmuster findet sich oft der Passus, dass die Unterlassungserklärung »unter Verzicht auf die Einrede des Fortsetzungszusammenhangs« abgegeben wird. Das bedeutet, dass mehrere zusammenhängende Rechtsverletzungen als einzelne Rechtsverletzungen betrachtet werden und Sie damit mehrfach die Vertragsstrafe zahlen müssen, falls Sie den Rechtsverstoß wiederholen. Da ein Rechtsfehler oft zu mehreren Rechtsverstößen führt, sollten Sie diesen Passus streichen.

Wie wichtig diese »Einrede des Fortsetzungszusammenhangs« ist, zeigt der folgende Fall.

> **Fallbeispiel**
>
> In einem Fall, bei dem es um die rechtswidrige Verwendung eines geschützten Designs für ein Produkt ging, gab ein Hersteller eine Unterlassungserklärung mit Ausschluss der Einrede des Fortsetzungszusammenhangs ab und verpflichtete sich zur Zahlung einer Vertragsstrafe von 15.000 Euro bei erneuter Nutzung dieses Designs. Da er danach weitere 7.000 Produkte mit diesem Design verkaufte, verlangte die Gegenseite eine Vertragsstrafe von 7.000 x 15.000 Euro, also 53 Millionen Euro. Der Bundesgerichtshof urteilte, dass diese Berechnung wegen des Ausschlusses der Einrede des Fortsetzungszusammenhangs grundsätzlich zulässig war. Es senkte lediglich in dem konkreten Fall die Vertragsstrafe auf 200.000 Euro ab, weil sie in der Höhe unangemessen war. [BGH-Entscheidung v. 17.7.2008, Az. I-ZR 168/05]

Verlangt der Abmahnende mit der Unterlassungserklärung viel mehr, als ihm zusteht, muss die Unterlassungserklärung modifiziert werden. Das bedeutet, dass Sie nicht einfach das der Abmahnung beiliegende Muster übernehmen, sondern eine eigene Unterlassungserklärung formulieren.

Achtung Bei einer Unterlassungserklärung kommt es auf einzelne Formulierungen an. Sie sollten eine Unterlassungserklärung nur unter Mithilfe eines Rechtsanwalts modifizieren, da es ansonsten passieren kann, dass sie unwirksam ist und Sie trotzdem verklagt werden.

Abbildung 10-18 ▶

Abmahnungen werden oft Muster von Unterlassungserklärungen beigelegt. Das ist jedoch nicht notwendig: Ausreichend ist die Forderung, eine Unterlassungserklärung abzugeben.

Das Muster wird in der Regel nicht aus Höflichkeit beigelegt, sondern in der Hoffnung, dass der Abgemahnte aus Bequemlichkeit oder Ahnungslosigkeit die geltend gemachten Forderungen unterschreibt, die oft weiter gefasst sind, als sie dem Abmahnendem zustehen. Zum Beispiel muss die Verpflichtung zur Zahlung von Schadensersatz, Erteilung einer Auskunft und Übernahme der Kosten nicht unterschrieben werden.

Unterlassungs- und Verpflichtungserklärung

Hiermit verpflichtet sich die

▓▓▓▓▓▓▓▓▓▓▓▓▓▓▓▓▓▓▓▓▓▓▓▓▓▓▓▓▓▓▓▓

im Folgenden „Schuldnerin",

gegenüber der

▓▓▓▓▓▓▓▓▓▓▓▓▓▓▓▓▓▓▓▓▓▓▓▓▓▓▓▓▓▓▓▓

im Folgenden „Gläubigerin",

1. Es zu unterlassen, Lichtbildwerke oder Lichtbilder an welchen die Gläubigerin die ausschließlichen Nutzungsrechte hat, ohne deren Erlaubnis öffentlich zugänglich zu machen oder machen zu lassen,
2. für jeden Punkt der künftigen Zuwiderhandlung gegen die bestehenden Verpflichtungen unter Punkt 1 eine Vertragsstrafe von 6.000 Euro unter Ausschluss der Einrede des Fortsetzungszusammenhanges zu zahlen,
3. an die Gläubigerin einen pauschalierten Schadensersatz von 450 Euro zu zahlen,
4. der Gläubigerin vollständig Auskunft zu erteilen und Rechnung zu legen über den Umfang der in Ziffer 1 beschriebenen Verletzungshandlung unter Angabe des entsprechenden Zeitraumes, in welchem diese Verletzungshandlung begangen wurde sowie der daraus erzielten Gewinne,
5. der Gläubigerin jeglichen Schaden zu ersetzen, der dieser durch die in Ziffer 1 dieser Erklärung näher bezeichneten Handlungen in der Vergangenheit entstanden ist und/oder künftig entstehen wird,
6. der Gläubigerin durch die Inanspruchnahme rechtsanwaltlicher Beratung entstandenen Kosten auf Grundlage eines gesamten Gegenstandswertes von 6.450,00 Euro in Höhe einer 1,5 Geschäftsgebühr gem. Nr. 2300 VV RVG zzgl. Auslagen von insgesamt 582,50 Euro zu erstatten.

....
Ort, Datum   Unterschrift

Abbildung 10-19 ▶

Nach der Entfernung nicht notwendiger Punkte bleibt von der beigelegten Unterlassungserklärung aus dem vorigen Beispiel ein kürzerer Teil übrig.

Unterlassungs- und Verpflichtungserklärung

Hiermit verpflichtet sich die

▓▓▓▓▓▓▓▓▓▓▓▓▓▓▓▓▓▓▓▓▓▓▓▓▓▓▓▓▓▓▓▓

im Folgenden „Schuldnerin",

gegenüber der

▓▓▓▓▓▓▓▓▓▓▓▓▓▓▓▓▓▓▓▓▓▓▓▓▓▓▓▓▓▓▓▓

im Folgenden „Gläubigerin",

1. es zu unterlassen, das in der Anlage 1 gezeigte Lichtbildwerk ohne deren Erlaubnis öffentlich zugänglich zu machen oder machen zu lassen,
2. für jeden Punkt der schuldhaften Zuwiderhandlung gegen die bestehenden Verpflichtungen unter Punkt 1 eine Vertragsstrafe an die Gläubigerin zu zahlen, deren Höhe von der Unterlassungsgläubigerin nach billigem Ermessen bestimmt wird und im Streitfall vom zuständigen Gericht überprüft werden kann.

....
Ort, Datum   Unterschrift

Tipp Ein weiterer Vorteil modifizierter Unterlassungserklärungen ist, dass der Abmahnende sie ausdrücklich annehmen muss. Vergisst er das, kann er bei einem erneuten Verstoß zwar wieder eine Abmahnung aussprechen, kann aber die (höhere) Vertragsstrafe nicht verlangen. Dagegen ist die Annahme nicht nötig, wenn lediglich eine vorgefertigte Unterlassungserklärung unterschrieben wird.

Checkliste: Abmahnung erhalten

Beweise gesichert?

Ist der Abmahnende berechtigt zur Abmahnung?

- Rechtsinhaber
- Mitbewerber oder zur Abmahnung berechtigte Organisation

Bin ich richtiger Abmahnungsgegner?

- Eigene Rechtsverletzung
- Haftung für nutzergenerierte Inhalte

Sachverhalt und Rechtsansicht dargelegt?

Frist gesetzt?

Anzeichen für einen Abmahnungsmissbrauch?

Soll ein Rechtsanwalt beauftragt werden?

Falls eine Rechtsverletzung begangen worden ist:

Rechtsverletzung beseitigen

Unterlassungserklärung abgeben

- Modifikation bei zu weit gefasstem Muster
- Einrede des Fortsetzungszusammenhanges nicht ausschließen
- Vertragsstrafe prüfen (oder »Hamburger Brauch« wählen)
- Höhe des Schadensersatzes prüfen

Kosten der Abmahnung prüfen

Falls keine Rechtsverletzung begangen worden ist:

- Gegner nur bei offensichtlichen Fehlern unterrichten
- Ansonsten Abmahnung zurückweisen
- Gegebenenfalls negative Feststellungsklage einreichen

Tipp Unter *http://bit.ly/tVOeo2* bietet der Rechtsanwalt Thomas Seifried das kostenlose E-Book *Abgemahnt? Die erste-Hilfe-Taschenfibel* an, in dem der Umgang mit Abmahnungen detailliert beschrieben wird.

Beauftragung eines Rechtsanwalts

Egal, ob Sie Ihre Ansprüche durchsetzen oder sich gegen fremde Ansprüche wehren möchten: Sie sollten sich die Frage stellen, ob Sie einen Rechtsanwalt beauftragen möchten.

Den Kosten eines Rechtsanwalts steht Ihre Rechtssicherheit gegenüber. Darüber hinaus haftet ein Rechtsanwalt Ihnen gegenüber für schuldhaft begangene Fehler.

Sinn der Beauftragung eines Rechtsanwalts

Der Gang zum Rechtsanwalt ist spätestens dann zu empfehlen, wenn Sie nicht lediglich formlose Hinweise verschicken oder erhalten, sondern eine Abmahnung oder ein Gerichtsverfahren im Spiel sind. Wie Sie in diesem Kapitel erfahren haben, müssen dabei viele rechtliche Aspekte beachtet werden, und ein kleiner Fehler bei der Rechtseinschätzung oder der Wortwahl kann ein enormes Risiko mit sich bringen.

Der von Ihnen beauftragte Rechtsanwalt wird versuchen, zum einen die Unterlassungserklärung einzuschränken, damit die Gefahr einer Vertragsstrafe auf ein möglichst geringes Maß sinkt. Ferner wird er versuchen, einen zu hoch angesetzten Gegenstandswert und damit die Abmahnungskosten zu senken. Darüber hinaus haftet er bei schuldhaft begangenen Fehlern, also zum Beispiel wenn er aktuelle Rechtsprechung nicht berücksichtigt.

Kosten eines Rechtsanwalts

Die Kosten eines Rechtsanwalts bemessen sich grundsätzlich nach gesetzlich festgelegten Sätzen anhand des Gegenstandswerts des Falles.

Tabelle 10-1 ▶
Beispiele für durchschnittliche Rechtsanwaltsgebühren (gerundet)

Gegenstandswert	Gebühr (brutto)
500 Euro (Forderung von Abmahnungskosten)	100 Euro
1.000 Euro (einfachste Urheberrechts- und Wettbewerbsverstöße)	150 Euro
4.000 Euro (Verstoß Impressumspflicht)	400 Euro
5.000 Euro (Verstoß Urheberrecht, Beleidigung)	500 Euro
20.000 Euro (Durchschnittlicher Wettbewerbsverstoß)	1.000 Euro
50.000 Euro (Markenverstoß)	1.600 Euro
200.000 Euro (Verstoß gegen bekannte Marke)	2.800 Euro
500.000 Euro (Verstoß gegen internationale Marke)	4.700 Euro

Hinweis Die im Rechtsanwaltsvergütungsgesetz festgelegten Kosten des Rechtsanwalts können Sie mit dem Prozesskostenrechner berechnen, den Sie unter *http://rvgflex.pentos.com* finden.

Rechtsanwaltsgebühren können – insbesondere außerhalb von Gerichtsverfahren – auch pauschal oder nach Stundensätzen vereinbart werden. Die Stundensätze der Rechtsanwälte hängen von der Größe der Kanzlei, der Expertise, der Rechtsmaterie und dem Haftungsrisiko ab. Die durchschnittlichen Stundensätze liegen zwischen 150 und 250 Euro netto in einfach gelagerten Fällen und zwischen 250 und 350 Euro in rechtlich anspruchsvollen oder speziellen Rechtsgebieten wie dem Markenrecht. Falls ein Rechtsanwalt schuldhaft Fehler begeht, muss er für diese haften und seinem Mandanten den entstandenen Schaden ersetzen. Dieses Risiko trägt ebenfalls zur Erhöhung der Rechtsanwaltsgebühr bei. In komplizierten und risikoreichen Fällen können die Stundensätze daher durchaus auch 500 Euro betragen.

Tipp Suchen Sie einen fachkundigen Rechtsanwalt. Rechtsanwälte sind – ähnlich wie Ärzte – auf bestimmte Fachbereiche wie Urheberrecht oder Markenrecht spezialisiert. Sie können dazu die örtlich zuständige Rechtsanwaltskammer fragen oder einen der Online-Anwaltssuchdienste wie www.anwalt.de nutzen.

Die möglichen Vereinbarungen sehen grundsätzlich wie folgt aus:

- **Erstberatung** Sie können zunächst um eine Erstberatung bitten, die bis zu 190 Euro netto kostet. Im Rahmen der Erstberatung prüft der Rechtsanwalt den Fall und gibt Ihnen eine Empfehlung zum weiteren Vorgehen. Ist ein Fall zu kompliziert oder zu risikoreich, als dass er innerhalb dieses Rahmens beurteilt werden könnte, wird der Rechtsanwalt Sie darauf hinweisen.
- **Abmahnung aussprechen** Soll eine Abmahnung ausgesprochen oder abgewehrt werden, setzt der Rechtsanwalt seine Kosten grundsätzlich anhand des Gegenstandwerts an und verlangt ihren Ersatz von der Gegenseite. Eine Vereinbarung, nach der ein Rechtsanwalt nur im Fall des Erfolges einer Abmahnung ein anteiliges Honorar enthält, ist nach deutschem Recht nur dann zulässig, wenn der Abmahnende sonst aus wirtschaftlichen Gründen die Rechtsverletzung nicht verfolgen könnte.
- **Abmahnung abwehren** In überschaubaren Fällen wird ein Pauschalbetrag angesetzt. Kann nicht eingeschätzt werden, wie der Fall sich entwickelt, wird ein Stundensatz vereinbart. Da Abmahnungen oft überzogen sind und zu hohe Kosten verlangt werden, die gemindert werden können, führt die Beauftragung eines Rechtsanwalts in vielen Fällen insgesamt nicht zu höheren Kosten. Dazu muss bedacht werden, dass die Minde-

rung des größeren finanziellen Risikos, das in der Unterlassungserklärung steckt, die Kosten eines Rechtsanwalts kompensiert.

Versichern von Rechtsverletzungen – ein Interview mit Ralph Günther von exali

Social Media-Marketing ist risikoreich. Doch viele der möglichen nachteiligen Folgen können durch eine Versicherung aufgefangen werden.

Social Media-Marketing ist mit der ständigen Gefahr von Rechtsverletzungen verbunden. Daher fragen sich viele Anbieter zu Recht, ob und in welchem Umfang diese Risiken versichert werden können. Ganz besonders Freiberufler und Agenturen, die Leistungen in sozialen Medien erbringen, sind gefährdet, weil sie ihren Kunden gegenüber für Rechtsverstöße haften (wie in Kapitel 9 im Abschnitt »Agenturverträge und Haftungsausschlüsse« erläutert).

Ich habe mit dem Versicherungsexperten Ralph Günther, der genau auf dieses Thema spezialisiert ist, ein Interview geführt.

Hinweis Ralph Günther ist Geschäftsführer des Versicherungsportals *exali*, das auf branchenspezifische Versicherungskonzepte für Dienstleister und Freiberufler in den Bereichen IT, Kreativarbeit und Consulting spezialisiert ist. Das Portal erreichen Sie unter der Adresse *http://exali.de*. Weitere Informationen und regelmäßige Fachbeiträge zu diesem Fachbereich finden Sie im Blog von Ralph Günther unter *http://www.rgblog.de*.

Abbildung 10-20 ▶
Auf der Website von exali finden Sie unter anderem einen Tarifrechner für die Media-Haftpflicht, die in diesem Abschnitt erläutert wird.

Welche Versicherungsarten kommen im Bereich Social Media-Marketing in Betracht – und welche nicht?

Ralph Günther: An folgende Arten von Versicherungen könnte man in diesem Zusammenhang denken – von denen die meisten jedoch im Bereich Social Media-Marketing nicht geeignet sind:

Betriebshaftpflicht Eine herkömmliche Betriebshaftpflicht bietet Versicherungsschutz für Personen- und Sachschäden sowie sich daraus ergebende Vermögensschäden. Da es sich bei Abmahnungen in Folge von Urheberrechts-, Markenrechts- und Wettbewerbsrechtsverletzungen versicherungstechnisch jedoch nicht um Personen- oder Sachschäden handelt, besteht hier standardmäßig kein Versicherungsschutz. Zudem schließen die allgemeinen Haftpflichtbedingungen (kurz AHB), die die Grundlage der meisten Betriebshaftpflichtversicherungen darstellen, Persönlichkeits- und Namensrechtsverletzungen explizit aus.

Privathaftpflicht Da auch die Privathaftpflichtversicherung auf den AHB basiert, sind Abmahnungen, die Sie aufgrund der privaten Nutzung der sozialen Medien (z. B. bei einem ehrverletzenden Forumsbeitrag) erhalten, ebenfalls nicht versichert.

Privat- und Firmenrechtsschutz Eine Rechtsschutzversicherung übernimmt die Kosten (z. B. Anwaltskosten) für die Wahrnehmung Ihrer rechtlichen Interessen. Sofern diese jedoch in ursächlichem Zusammenhang mit Urheber-, Marken-, Geschmacksmuster-, Gebrauchsmuster- oder Wettbewerbsrechten und daraus resultierenden Abmahnungen stehen, sind diese nicht versichert. Zudem besteht kein Versicherungsschutz für Schadenersatzzahlungen.

Vermögensschadenhaftpflicht In diesem Versicherungstyp finden wir die Lösung für unsere Frage. Branchenspezifische Haftpflichtversicherungen, z. B. für Medienberufe bzw. Medienunternehmen oder IT-Unternehmen, bieten durch eine integrierte oder separate *Vermögensschadenhaftpflicht* Versicherungsschutz für die Verletzung von Rechten Dritter. Wie bereits festgestellt, sind Rechtsverletzungen keine Personen- oder Sachschäden, sondern versicherungstechnisch sogenannte *reine Vermögensschäden*, die durch solche Versicherungskonzepte abgesichert werden können. Ein reiner Vermögensschaden ist, einfach gesagt, ein finanzieller Nachteil eines Dritten. Wenn Sie z. B. ein Bild auf Ihrer Website verwenden und dazu nicht die nötigen Lizenzrechte erworben haben, entsteht dem Rechteinhaber des Bildes (z. B. dem Fotografen) ein finanzieller Nachteil (nicht enthaltene Vergütung für die Bildlizenz) – also ein »reiner Vermögensschaden«.

Heißt das, dass eine Vermögensschadenhaftpflicht einen umfangreichen Schutz bei Rechtsverletzungen bietet?

Ralph Günther: Nicht jede Vermögensschadenhaftpflicht bietet umfänglichen Versicherungsschutz für Rechtsverletzungen. Je nach Anbieter können bestimmte Rechtsverletzungen (z. B. von gewerblichen Schutzrechten und Urheberrechten) ausgeschlossen sein oder von einer vorherigen Prüfung durch geeignete Fachkräfte (z. B. Anwälte) abhängig gemacht werden. Teilweise wird der Versicherungsschutz für Rechtsverletzungen eingeschränkt, indem die grobe Fahrlässigkeit ausgeschlossen wird. In diesem Fall würde der Versicherer keine Leistung bei Rechtsverstößen übernehmen, bei denen die im Geschäftsverkehr erforderliche Sorgfaltspflicht in besonders hohem Maße außer Acht gelassen wurde.

Achtung In der Praxis ist von Angeboten abzuraten, die solche Einschränkungen vornehmen, da im Geschäftsleben die permanente Überprüfung der erbrachten Leistungen durch Anwälte unrealistisch ist – und genauso wenig kann man einen grob fahrlässigen Verstoß durch sich oder seine Mitarbeiter zu 100 % ausschließen.

Welche Rechtsverletzungen können versichert werden?

Ralph Günther: Haftpflichtversicherungen, die Freiberufler und Selbstständige im Tätigkeitsbereich Social Media-Marketing versichern, werden z. B. als »Vermögensschadenhaftpflicht« oder »Berufshaftpflicht für Medienschaffende« oder noch spezieller als »Media-Haftpflicht« bezeichnet.

Unabhängig von der jeweiligen Bezeichnung versichern gute Anbieter die Verletzung von

- Urheberrechten,
- Persönlichkeitsrechten,
- Namensrechten,
- Markenrechten,
- Wettbewerbsrechten und
- Lizenzrechten

sowie Ansprüche wegen der Veröffentlichung von Inhalten für eigene Produkte oder Dienstleistungen (sogenanntes »Veröffentlichungsrisiko«), zum Beispiel auf eigenen Webseiten bzw. Portalen.

Was genau versichern die Anbieter?

Ralph Günther: »Versichern« hat in diesem Kontext zwei wichtige Bedeutungen:

Schadenersatz Der Versicherer befriedigt berechtigte Ansprüche des Dritten, d. h. er zahlt Schadenersatz.

Passiver Rechtsschutz Der Versicherer wehrt ungerechtfertigte Ansprüche ab und übernimmt dafür die Kosten (Schadenregulierung).

Könnten Sie ein konkretes Beispiel nennen?

Ralph Günther: Ein typischer Fall könnte so aussehen: Ein Social Media-Marketer erhält eine Abmahnung, in der ihm eine Markenrechtsverletzung vorgeworfen wird. Die Abmahnung enthält eine vorbereitete Unterlassungserklärung und die Kostennote für den beauftragten Anwalt. Der Social Media-Marketer schaltet umgehend seinen Versicherer ein.

Hinweis Erläuterungen zu Markenschutz und Markenrechtsverletzungen finden Sie in Kapitel 5.

Der Versicherer wird nun folgende Schritte unternehmen:

Prüfung Im ersten Schritt überprüft der Versicherer, ob die Abmahnung generell berechtigt und die Forderung auf Ersatz der Kosten angemessen ist. Dabei wird auch die vom Gegner vorbereitete Unterlassungserklärung unter die Lupe genommen.

Verhandlung Ist die Unterlassungserklärung im Sinne des Versicherungsnehmers zu modifizieren oder z. B. der angesetzte Streitwert zu hoch, verhandelt der Versicherer die betreffenden Punkte im zweiten Schritt auf seine Kosten mit dem Gegner bzw. dessen anwaltlichem Vertreter.

Leistung Sind die strittigen Punkte geklärt, übernimmt der Versicherer im dritten Schritt die Kosten für den Schadenersatz bzw. die Abmahnung (abzüglich der im Vertrag vereinbarten Selbstbeteiligung).

Abwehr (= passiver Rechtsschutz) Sollte der Versicherer im ersten Schritt zu dem Ergebnis gelangen, dass die Abmahnung nicht gerechtfertigt ist, da z. B. keine hinreichende Verwechslungsgefahr – wie von der Gegenseite behauptet – bei der Verwendung der Marke vorliegt, wehrt der Versicherer auf seine Kosten den Anspruch ab. Diese Abwehr kann die Schadenabteilung selbst durchführen oder dazu einen Anwalt beauftragen. Das kann auch der Anwalt des Vertrauens sein, wenn dieser den Fall und/oder das Geschäftsmodell des Freiberuflers sehr gut kennt und seine Beauftragung mit dem Versicherer abgestimmt wurde.

 Hinweis Der passive Rechtsschutz in der Haftpflichtversicherung hat nichts mit der aktiven Durchsetzung eigener Ansprüche zu tun. Die Leistung gilt allein der Abwehr fremder Ansprüche – also für Abmahnungen, die Sie erhalten (und nicht für Abmahnungen, die Sie aussprechen möchten).

Wie sollte eine solche Klausel zum »passiven Rechtsschutz« aussehen?

Ralph Günther: Die Klausel sollte in etwa die Form haben wie im folgenden Beispiel.

Beispielklausel eines Versicherers zur Übernahme der Abwehrkosten im Rahmen des »passiven Rechtsschutzes«

»Bei der Abwehr eines Haftpflichtanspruchs ersetzt der Versicherer die notwendigen außergerichtlichen und gerichtlichen Kosten. Davon umfasst sind auch die Kosten einer mit Zustimmung des Versicherers vom Versicherungsnehmer oder einer mitversicherten Person betriebenen negativen Feststellungsklage oder Nebenintervention.

Der Versicherer ersetzt ferner notwendige Kosten der Abwehr eines Verfahrens, mit dem der Erlass einer einstweiligen Verfügung gegen den Versicherungsnehmer oder eine mitversicherte Person begehrt wird, selbst wenn die Verfügung einen Anspruch auf Unterlassung oder Widerruf betrifft. Außerdem ersetzt der Versicherer notwendige Kosten der Abwehr einer gegen den Versicherungsnehmer oder eine mitversicherte Person erhobenen Unterlassungs- oder Widerrufsklage sowie notwendige außergerichtliche Kosten, die dem Versicherungsnehmer oder einer mitversicherten Person entstehen, wenn ein Widerrufsverlangen oder ein Anspruch auf Unterlassung geltend gemacht wird.

Darüber hinaus ersetzt der Versicherer die notwendigen Kosten eines Verfahrens, mit dem gegen eine gerichtliche Vorladung des Versicherungsnehmers oder einer mitversicherten Person vorgegangen wird, soweit die Vorladung im Zusammenhang mit einem versicherten Haftpflichtanspruch steht.

Als Kosten gelten Anwalts-, Sachverständigen-, Zeugen-, Gerichts-, Reise-, Schadenminderungs- und Schadenregulierungskosten ...«

In welchem Umfang werden Schadensersatzpflichten von einem Versicherer getragen?

Ralph Günther: Der Schadenersatz für eine Rechtsverletzung (z.B. Bildrechtsverletzung) wird häufig anhand einer fiktiven Lizenzgebühr ermittelt. Der Rechtsverletzer zahlt somit als Schadenersatz den Betrag, den er bei rechtmäßiger Nutzung hätte zahlen müssen (zuzüglich der Kosten für die Abmahnung). Manche Versicherer kürzen daher die Versicherungsleistung um die fiktive Lizenzgebühr. Eine gewisse Logik ist hier nicht von der Hand zu weisen, denn der Versicherer will natürlich einer Mentalität à la »dann lassen wir es mal auf einen Rechtsverstoß ankommen« keinen Vorschub leisten.

| Hinweis | Erläuterungen zur Berechnung von Schadensersatz finden Sie weiter oben in diesem Kapitel im gleichnamigen Abschnitt. |

Ich persönlich konnte jedoch in der Schadenpraxis feststellen, dass meist sehr gewissenhaft gearbeitet wird und es in erster Linie durch unglückliche Umstände und das komplexe Medienrecht zu nicht beabsichtigten Rechtsverletzungen kommt. So gesehen, darf der Versicherungsnehmer auch erwarten, dass der gesamte Schaden ersetzt wird, was auch meinen Erfahrungen in diesem Bereich entspricht.

Was kosten solche Absicherungen, und werden sie von allen Versicherern angeboten?

Ralph Günther: Derzeit gibt es nur eine sehr überschaubare Zahl an speziellen Media-Haftpflicht-Angeboten, die die Risiken im (New) Media Business umfassend absichern, insbesondere Rechtsverletzungen und daraus resultierende Abmahnungen. Bitte achten Sie daher bei der Auswahl u. a. auf folgende Punkte:

- Mitversicherung von reinen Vermögensschäden
- Keine Ausschlüsse für bestimmte Rechtsverletzungen
- Keine »versteckte« Reduzierung der Versicherungssumme für Rechtsverletzungen
- Kein Ausschluss der groben Fahrlässigkeit
- Keine zwingende Prüfung durch Fachkräfte

Die nachfolgende Tabelle vermittelt eine Vorstellung davon, mit welchen Kosten Freiberufler im Medienbereich für einen zeitgemäßen Versicherungsschutz in etwa rechnen müssen:

Abbildung 10-21 ▶
Übersicht über die Jahresbeiträge für Versicherungsschutz in der Marketingbranche

Betriebshaftpflicht	keine			Personen- und Sachschäden pauschal 2.000.000 €		
Versicherungssumme für Vermögensschäden (inkl. Rechtsverletzungen)	250.000,00 €	500.000,00 €	1.000.000,00 €	250.000,00 €	500.000,00 €	1.000.000,00 €
Freiberufler/ Kleine Agentur (Start-UP)	340,00 €	520,00 €	800,00 €	410,00 €	590,00 €	870,00 €
Freiberufler/ Kleine Agentur (Umsatz bis 250.000 € p.a.)	400,00 €	610,00 €	940,00 €	480,00 €	690,00 €	1.020,00 €
Werbeagentur / Internetagentur (Start-UP)	690,00 €	860,00 €	1.290,00 €	760,00 €	930,00 €	1.360,00 €
Werbeagentur / Internetagentur (Umsatz 250.000 - 500.000 €)	810,00 €	1.010,00 €	1.520,00 €	890,00 €	1.090,00 €	1.600,00 €
Werbeagentur / Internetagentur[1] (Umsatz 500.000 - 1.000.000 €)	1.710,00 €	2.140,00 €	2.860,00 €	1.800,00 €	2.230,00 €	2.950,00 €

Alle Beiträge sind Jahresbruttobeiträge (inkl. 19 % Versicherungssteuer).
Selbstbeteiligung für Sach- und Vermögensschäden pro Versicherungsfall 500,00 €.
[1] Selbstbeteiligung für Sach- und Vermögensschäden pro Versicherungsfall 1.000,00 €.
Versicherungssummen sind 2-fach maximiert.

Quelle: exali GmbH

Kann man sich auch gegen die Verstöße Dritter absichern, für die man haften muss?

 Hinweis Wann Sie für Mitarbeiter, beauftragte Agenturen oder Nutzer haften, können Sie in Kapitel 9 nachlesen.

Ralph Günther: Ja, auch das ist in der Regel der Fall. Je nachdem, wer »der Dritte« ist, gibt es Unterschiede:

Mitarbeiter In der Regel sind nicht nur der Geschäftsführer oder Inhaber einer Agentur, sondern auch alle festen Mitarbeiter (auch Mitarbeiter von Zeitarbeitsunternehmen) versichert.

Subunternehmer Darüber hinaus ist auch die Vergabe von Aufträgen an Subunternehmer abgedeckt. Wenn beispielsweise eine Internetagentur die Webtemplates von einem externen Grafiker oder einer Grafikagentur als Subunternehmer erstellen lässt und sich später herausstellt, dass diese Templates die Urheberrechte (z.B. Bildrechte) eines Dritten verletzen, ist dieser Anspruch versichert. Es spielt also keine Rolle, ob die Leistung selbst oder von einem Dritten – hier dem Subunternehmer – erbracht wurde, da die Internetagentur als Auftragnehmer für den Schaden haftet und deren Media-Haftpflicht (oder schlicht: Versicherung) einspringt.

Hinweis   Der Versicherer kann den Grafiker jedoch als tatsächlichen Verursacher in Regress nehmen, sich also den Schaden vom Grafiker ersetzen lassen. (Details zur Haftung aufgrund von Rechtsverletzungen von Dienstleistern werden in den Abschnitten »Die Verletzerkette« sowie »Agenturverträge und Haftungsausschlüsse« in Kapitel 9 erläutert, Anm. d. Autors.) Insofern ersetzt der Haftpflichtvertrag der Internetagentur nicht den persönlichen Haftpflichtvertrag des beauftragten Grafikers bzw. der Grafikagentur, die sich selbst versichern müssen.

Nutzer/User Auch Verstöße von Nutzern können über eine Media-Haftpflicht versichert werden. Gehen wir hier von einem versicherten Bilderportal aus, auf das User Bilder hochladen können. Ein User lädt ein Bild hoch, an dem er nicht die Nutzungsrechte besitzt. Der Portalbetreiber wird daraufhin vom Rechteinhaber (Fotograf) abgemahnt. Für diesen Anspruch eines Dritten – hier des Fotografen – besteht Versicherungsschutz. Es spielt für den Versicherer in diesem Zusammenhang keine Rolle, ob der Versicherungsnehmer die Rechtsverletzung direkt oder indirekt (Störerhaftung) begangen hat.

Muster für Teilnahmebedingungen für Gewinnspiele

Dieses Muster können Sie für allgemeine Gewinnspiele und solche auf Facebook einsetzen. Findet das Gewinnspiel nicht auf Facebook statt, können Sie den Facebook-Teil am Ende der Teilnahmebedingungen (Ziffer 8) sowie die Hinweise auf die Erhebung von Daten der Facebook-Mitglieder (Ziffer 7.2) weglassen.

Sollten Sie diese Teilnahmebedingungen generell für mehrere Gewinnspiele verwenden wollen und die Laufzeit des Gewinnspiels, die erforderlichen Teilnahmebeiträge und Gewinne für das jeweilige Gewinnspiel einzeln definieren, können Sie den Punkt »Teilnahmebedingungen des Gewinnspiels« weglassen.

Hinweis   Das Muster können Sie unter *http://spreerecht.de/buchmuster* herunterladen

Falls Sie die Teilnehmerbeiträge nicht nur im Rahmen des Gewinnspiels nutzen, sondern auch selbst verwerten möchten, können Sie beim Punkt »Nutzungsrechte, Freistellung und Verantwortlichkeit« die entsprechende Möglichkeit der Rechteübertragung wählen. Beachten Sie, dass in diesem Fall Ihr Haftungsrisiko steigt. Weitere Ausführungen dazu finden Sie in Kapitel 4 im Abschnitt »Nutzeruploads und Crowdsourcing«.

Welche Regeln Sie bei Gewinnspielen im Allgemeinen und bei Facebook-Gewinnspielen im Besonderen beachten müssen, erfahren Sie in Kapitel 8.

Achtung   Dieses Muster ist zwar für die meisten Gewinnspiele einsetzbar, aber ein Muster kann naturgemäß nicht jedem Einzelfall gerecht werden und auch keine individuelle Beratung ersetzen.

Das gilt ganz besonders für ausgefallene und neuartige Gewinnspiele, die vom Ablauf »Anmelden/Beitrag einreichen – Gewinnen« abweichen.

Teilnahmebedingungen und Datenschutzhinweise

1. Gegenstand

1.1 Diese Teilnahmebedingungen und Datenschutzhinweise regeln die Teilnahme an dem Gewinnspiel der Muster GmbH, Musteradresse (nachfolgend bezeichnet als »Veranstalter«) durch die Teilnehmer sowie die Erhebung und Nutzung der von den Teilnehmern erhobenen oder mitgeteilten Daten.

1.2 Mit der Teilnahme am Gewinnspiel akzeptieren die Teilnehmer diese Teilnahmebedingungen.

2. Teilnahmebedingungen des Gewinnspiels

2.1 Das Gewinnspiel beginnt am 01.01.2012 und endet am 31.12.2012.

2.2 Teilnahmeberechtigt sind Personen, die ihren Wohnsitz in Deutschland, Österreich oder der Schweiz haben sowie älter als 16 Jahre sind. Ausgeschlossen sind Mitarbeiter des Veranstalters sowie Mitarbeiter von Kooperationspartnern, die mit der Erstellung oder Abwicklung des Gewinnspiels beschäftigt sind oder waren.

2.3 Unter allen Teilnehmern werden drei Gutscheine im Wert von jeweils 1.000 Euro verlost.

2.4 Der Teilnahmebeitrag besteht in der Einsendung einer Fotografie zum Thema Herbst.

2.5 Die Gewinner werden durch eine Jury ausgewählt.

3. Nutzungsrechte, Freistellung und Verantwortlichkeit

3.1 Der Veranstalter ist nicht verpflichtet, die von den Teilnehmern bereitgestellten Inhalte (zum Beispiel Bilder) auf potenzielle Verletzungen der Rechte Dritter zu überprüfen. Der Veranstalter ist jedoch berechtigt, Inhalte abzulehnen, wenn sie nach seiner sachgerechten Einschätzung rechtswidrig sind oder gegen die guten Sitten verstoßen.

Mit dem Hochladen von Inhalten, insbesondere Bildern, erklären die Teilnehmer, dass die Inhalte frei von Rechten Dritter sind, also dass die Inhalte entweder von ihnen stammen oder sie die Einwilligung der Urheber sowie der auf Bildern und Videos abgebildeten Personen eingeholt haben.

Die Teilnehmer stellen den Veranstalter von allen Ansprüchen Dritter frei, die aufgrund der den Teilnehmern bereitgestellten Inhalte entstanden sind. Sie erklären sich bereit, den Veranstalter in jeder zumutbaren Form bei der Abwehr dieser Ansprüche zu unterstützen.

[Variante 1 – Übertragung von Nutzungsrechten nur für die Zwecke des Gewinnspiels]

3.2 Die Teilnehmer erklären sich damit einverstanden, dass ihre Einreichungen im Zusammenhang mit dem Gewinnspiel und der Auslosung, Abwicklung und Präsentation der Teilnehmerbeiträge vom Veranstalter in Online- wie Offlinemedien (zum Beispiel im Printbereich) genutzt, verbreitet sowie auf sonstige Weise Dritten öffentlich zugänglich gemacht werden. Für diese Zwecke ist es dem Veranstalter außerdem erlaubt, die Einreichungen zu bearbeiten und – falls es erforderlich ist – Dritten Nutzungsrechte an ihnen einzuräumen. Diese Rechteeinräumung erfolgt unentgeltlich sowie ohne räumliche, inhaltliche oder zeitliche Beschränkung.

[Alternative 2 – Übertragung von Nutzungsrechten zur wirtschaftlichen Verwertung – Achtung: erhöhtes Haftungsrisiko!]

3.3 Die Teilnehmer erklären sich damit einverstanden, dass ihre Einreichungen vom Veranstalter in Online- wie Offlinemedien (zum Beispiel im Printbereich) auch für wirtschaftliche Zwecke genutzt, verbreitet sowie auf sonstige Weise Dritten öffentlich zugänglich gemacht werden. Für diese Zwecke ist es dem Veranstalter außerdem erlaubt, die Einreichungen zu bearbeiten und – falls es erforderlich ist – Dritten Nutzungsrechte an ihnen einzuräumen. Diese Rechteeinräumung erfolgt unentgeltlich sowie ohne räumliche, inhaltliche oder zeitliche Beschränkung.

4. Abwicklung

4.1 Eine Auszahlung des Gewinns in bar, in Sachwerten, sein Tausch oder seine Übertragung auf andere Personen ist nicht möglich. Der Teilnehmer kann auf den Gewinn verzichten. In diesem Fall rückt an seine Stelle der nächste Teilnehmer in der

Gewinnerrangfolge nach. Die Übergabe der Gewinne wird individuell mit den Teilnehmern abgestimmt.

4.2 Die Teilnehmer werden zeitnah per E-Mail an die angegebene E-Mail-Adresse oder postalisch über die Gewinne benachrichtigt und um Bestätigung gebeten.

4.3 Bestätigt ein Teilnehmer die Annahme des Gewinns nicht innerhalb einer Frist von 4 Wochen, verfällt der Gewinn. Sollten die angegebenen Kontaktmöglichkeiten fehlerhaft sein (z.B. ungültige E-Mail-Adresse), ist der Veranstalter nicht verpflichtet, richtige Adressen auszuforschen. Die Nachteile, die sich aus der Angabe fehlerhafter Kontaktdaten ergeben, gehen zulasten der Teilnehmer.

5. Gewährleistungsausschluss

5.1 Der Veranstalter weist darauf hin, dass die Verfügbarkeit und Funktion des Gewinnspiels nicht gewährleistet werden kann. Das Gewinnspiel kann aufgrund von äußeren Umständen oder Zwängen beendet oder entfernt werden, ohne dass hieraus Ansprüche der Teilnehmer gegenüber dem Veranstalter entstehen.

5.2 Hierzu können technische Probleme, Regeländerungen oder Entscheidungen durch Plattformen wie Facebook gehören, falls das Gewinnspiel auf oder in Zusammenhang mit ihnen veranstaltet wird.

6. Haftung

6.1 Für eine Haftung des Veranstalters auf Schadensersatz gelten unbeschadet der sonstigen gesetzlichen Anspruchsvoraussetzungen gemäß dieser Ziffer 6 folgende Haftungsausschlüsse und Haftungsbegrenzungen.

6.2 Der Veranstalter haftet unbeschränkt, soweit die Schadensursache auf Vorsatz oder grober Fahrlässigkeit beruht.

6.3 Ferner haftet der Veranstalter für die leicht fahrlässige Verletzung von wesentlichen Pflichten, deren Verletzung die Erreichung des Vertragszwecks gefährdet, oder für die Verletzung von Pflichten, deren Erfüllung die ordnungsgemäße Durchführung des Gewinnspiels überhaupt erst ermöglichen und auf deren Einhaltung die Vertragspartner regelmäßig vertrauen. In diesem Fall haftet der Veranstalter jedoch nur für den vorhersehbaren, vertragstypischen Schaden. Der Veranstalter haftet nicht für die leicht fahrlässige Verletzung anderer als der in den vorstehenden Sätzen genannten Pflichten.

6.4 Die vorstehenden Haftungsbeschränkungen gelten nicht bei Verletzung von Leben, Körper und Gesundheit, für einen Mangel nach Übernahme von Beschaffenheitsgarantien für die Beschaffenheit eines Produktes und bei arglistig verschwiegenen Mängeln. Die Haftung nach dem Produkthaftungsgesetz bleibt unberührt.

6.5 Soweit die Haftung des Veranstalters ausgeschlossen oder beschränkt ist, gilt dies auch für die persönliche Haftung von Arbeitnehmern, Vertretern und Erfüllungsgehilfen des Veranstalters.

7. Datenschutzhinweise

7.1 Der Veranstalter erhebt und nutzt die Daten der Teilnehmer nur so weit dies gesetzlich erlaubt ist oder die Teilnehmer darin einwilligen.

7.2 Folgende Daten werden von den Teilnehmern durch den Veranstalter erhoben und dienen der Gestaltung, Durchführung und Abwicklung des Gewinnspiels: Name des Teilnehmers, E-Mail-Adresse, Facebook-User-ID und Profilbild.

7.3 Auf schriftliche oder in Textform mitgeteilte Anforderung hin können die Teilnehmer vom Veranstalter jederzeit Auskunft darüber verlangen, welche personenbezogenen Daten bei dem Veranstalter gespeichert sind, können deren Berichtigung sowie Löschung verlangen und Datennutzungseinwilligungen widerrufen.

8. Hinweise und Bedingungen von Facebook

8.1 Neben diesen Teilnahmebedingungen wird das Verhältnis zwischen dem Veranstalter, dem Teilnehmer und Facebook durch die Teilnahmebedingungen (siehe *https://www.facebook.com/terms.php*) und die Datenschutzregeln von Facebook (siehe *https://www.facebook.com/privacy*) bestimmt.

8.2 Die Teilnehmer können gegenüber Facebook keine Ansprüche geltend machen, die im Zusammenhang mit der Nutzung der Gewinnspielapplikation oder Teilnahme am Gewinnspiel entstehen.

8.3 Die Teilnehmer erkennen an, dass sowohl die Gewinnspielapplikation als auch das Gewinnspiel in keiner Weise von

Facebook gesponsert, unterstützt oder organisiert werden bzw. in keiner Verbindung zu Facebook stehen.

8.4 Alle Informationen und Daten, die durch die Nutzung der Gewinnspielapplikation oder beim Gewinnspiel durch die Teilnehmer mitgeteilt oder von diesen erhoben werden, werden nur dem Veranstalter und nicht Facebook bereitgestellt.

8.5 Sämtliche Anfragen und Hinweise bezüglich des Gewinnspiels sind an den Veranstalter und nicht an Facebook zu richten.

Muster für Social Media Guidelines

Die nachfolgenden Social Media Guidelines sind lediglich als Muster zu verstehen, das an die Bedürfnisse Ihres Unternehmens und Ihrer Social Media-Strategie angepasst werden muss. Achten Sie dabei darauf, die Leitlinien übersichtlich und verständlich zu fassen. Sie können ihre Wirkung nur dann entfalten, wenn sie gelesen und verstanden werden. Daher ist zu empfehlen, die einzelnen Punkte mit den Mitarbeitern zu besprechen und Unklarheiten zu klären.

Dies gilt insbesondere für die Teile 1 bis 3, in denen Sie festlegen, ob und im welchem Umfang die Mitarbeiter Social Media nutzen dürfen. Im vorliegenden Muster ist die unternehmerische Nutzung nur mit einer Genehmigung zulässig, und im Hinblick auf die private Nutzung wird auf Ihre allgemeinen Vereinbarungen zur Privatnutzung von Internet am Arbeitsplatz verwiesen. Haben Sie keine Vereinbarungen über private Internetnutzung im Unternehmen getroffen, ist sie Ihren Mitarbeitern verboten.

Hinweis Das Muster können Sie unter *http://spreerecht.de/buchmuster* herunterladen. Weitere Ausführungen zu den Social Media Guidelines und ihrer Bedeutung und Verbindlichkeit erhalten Sie in dem gleichnamigen Abschnitt in Kapitel 9.

Tipp Bevor Sie die Richtlinien für eigene Zwecke anpassen, sollten Sie sich die in der Übersicht deutscher Social Media Guidelines aufgeführten Beispiele ansehen. Sie finden die Übersicht in Christian Buggischs Blog unter *http://bit.ly/tkFFpt*.

Teil 1 – Einleitung

Wir, die Muster GmbH, begreifen das soziale Netz als eine Chance, engere und persönlichere Beziehungen mit Kunden, Kollegen, Partnern und allen anderen Nutzern aufzubauen und zu pflegen. Darüber hinaus möchten wir mit unserem Social Media-Engagement vor allem unsere fachliche Kompetenz und das Verständnis für die Bedürfnisse unserer Kunden herausstellen sowie neue Kunden dazugewinnen.

Wir begrüßen daher, wenn sich unsere Mitarbeiter im sozialen Netz engagieren und unterstützen sie dabei. Da dies seitens der Mitarbeiter einen verantwortungsvollen Umgang mit den Social Media erfordert, geben die folgenden Leitlinien grundlegende Antworten auf die Frage, wie Sie sich als Mitarbeiter eines Unternehmens auf den Plattformen bewegen können und worauf zu achten ist.

Diese Leitlinien gelten für alle unsere Mitarbeiter und Repräsentanten, die in Blogs, Wikis, Foren, sozialen Netzwerken oder anderen Formen der Social Media aktiv sind und Inhalte veröffentlichen oder kommentieren, die unser Unternehmen betreffen.

Teil 2 – Zuständige Stellen

Ansprechstelle für Social Media

Die Social Media-Aktivitäten werden vom [Herrn/Frau Mustermann/ Social Media-Team/ Pressestelle] als Ansprechstelle koordiniert. Sie dienen als Ansprechpartner bei allen Fragen, Vorschlägen und Meldungen betreffend Social Media und sind unter der E-Mail-Adresse smteam@muster_gmbh.de sowie der Telefonnummer 403 zu erreichen.

Pressekontakte

Wenn Sie im Zuge Ihres Social Media-Engagements auf Anfragen von Seiten der Medien treffen, leiten Sie diese bitte an die Pressestelle (presse@muster_gmbh.de, Telefon 404) weiter.

Teil 3 – Dienstliche und private Social Media-Nutzung

Dienstliche Nutzung

Die Nutzung von Social Media im Rahmen ihrer Tätigkeit für unser Unternehmen ist den Mitarbeitern nur mit Erlaubnis des Vorgesetzten und der Social Media-Ansprechstelle gestattet. Die Erlaubnis soll den zeitlichen Rahmen der Nutzung in Arbeitsstunden pro Tag festlegen.

Private Nutzung

Die Social Media-Nutzung bringt es mit sich, dass häufig private und dienstliche Nutzung ineinander übergehen. Was die private Nutzung während der Arbeitszeit betrifft, so ist diese innerhalb des Unternehmens in der Gesamtbetriebsvereinbarung über die Nutzung der Kommunikationseinrichtungen geregelt.

Teil 4 – Grundsätze der Social Media-Nutzung

Verantwortung

Sie sind für das, was Sie in sozialen Netzwerken tun und veröffentlichen, selbst verantwortlich. Bitte gehen Sie bewusst mit dieser Verantwortung um, in Ihrem eigenen Interesse und im Interesse des Unternehmens.

Denken Sie daran, dass alles, was Sie sagen, jedermann für eine lange Zeit zugänglich sein wird. Veröffentlichen Sie daher Aussagen und Inhalte erst, nachdem Sie bedacht haben, dass sie von wachsamen Lesern, betroffenen Personen oder konkurrierenden Unternehmen mit sehr kritischen Augen begutachtet werden.

Arbeitszeit

Die dienstliche Nutzung von Social Media darf Ihre übrigen Aufgaben und Pflichten als Arbeitnehmer nicht beeinträchtigen.

Sind Sie der Ansicht, dass Ihrer dienstlichen Nutzung von Social Media mehr Zeit eingeräumt werden sollte, suchen Sie ein Gespräch mit der Ansprechstelle und Ihrem Vorgesetzten, um weiteres Vorgehen abzuklären.

Anlegen neuer Präsenzen und Nutzen von Diensten

Bitte halten Sie zunächst Rücksprache mit der Ansprechstelle, bevor Sie Social Media-Präsenzen (zum Beispiel neue Unternehmenskonten oder Profile) erstellen oder sich für Social Media-Dienste registrieren. Verwenden Sie nur betriebliche E-Mail-Adressen und Daten. Legen Sie neue Social Media-Präsenzen nicht mit Ihren privaten Daten an. Verwenden Sie soziale Medien nur mit betrieblichen und nicht mit Ihren privaten Accounts.

Nutzungsbedingungen

Nutzen Sie Social Media-Plattformen, Dienste und Inhaltsanbieter nur, wenn Sie deren Nutzungs-/Geschäftsbedingungen gelesen sowie verstanden haben und diese die beabsichtigte Nutzung erlauben. Fragen Sie im Zweifel die Ansprechstelle, ob die Nutzung erlaubt ist.

Teil 5 – Transparenz

Versuchen Sie nie, andere Nutzer über Ihre Identität zu täuschen. Mitglieder der Social Media-Community finden schnell heraus, ob Sie ehrlich oder unehrlich sind. Verwenden Sie Ihren echten Namen und weisen Sie darauf hin, dass Sie für unser Unternehmen arbeiten (nach dem Schema »Vorname, Name, Unternehmensname«).

Private Meinung

Wenn Sie sich ohne einen dienstlichen Auftrag in sozialen Medien zu einem unternehmensbezogenem Thema äußern, machen Sie neben dem Hinweis auf Ihren Unternehmensbezug bitte deutlich, dass Sie Ihre persönliche Meinung vertreten und nicht für das Unternehmen sprechen. Verwenden Sie daher immer die Formulierung »ich« statt »wir«.

Verzichten Sie auf private Äußerungen, wenn Sie einen Account oder ein Social Media-Profil unseres Unternehmens verwenden.

Private Social Media-Präsenzen

Weisen Sie in privat geführten Blogs oder Social Media-Profilen auf die private Nutzung hin, falls der Eindruck entstehen könnte, diese würden von unserem Unternehmen geführt oder unterstützt, zum Beispiel so: »Die Veröffentlichungen auf dieser Website sind meine eigenen und stellen nicht notwendigerweise die Positionen, Strategien oder Meinungen der Muster GmbH dar.«

Teil 6 – Verhalten, Auftreten und Ausdrucksweise

Respekt

Achten Sie auch in der Online-Kommunikation auf einen respektvollen und bedachten Umgang, der Ihrem Ansehen und dem des Unternehmens nicht schadet. Äußern Sie sich immer höflich gegenüber anderen Nutzern und werden Sie nicht ausfallend.

Ausdrucksweise

Drücken Sie sich mehr als Mensch und weniger als Unternehmenssprecher aus. Vermeiden Sie Fach- und Firmensprache. Sprechen Sie subjektiv und verbindlich, etwa so, wie Sie sich mit Ihnen gegenüber stehenden Personen unterhalten würden.

Bleiben Sie bescheiden, aber selbstbewusst. Vermeiden Sie es, in angeberischem Ton unsere Leistungen anzupreisen oder Beiträge zu verfassen, die wie Werbetexte klingen.

Vermeiden Sie dagegen offensive sowie vulgäre Sprache und »Poltern« auf Stammtischniveau. Achten Sie darauf, dass Sie keine Aussagen treffen, die als Benachteiligung oder Lächerlichmachen von Geschlechtern, Religionen, Behinderungen, Alter, sexuellen Orientierung oder Nationalitäten ausgelegt werden könnten.

Wahrheitspflicht

Repräsentieren Sie niemals sich oder das Unternehmen auf eine irreführende Weise. Alle Stellungnahmen und Informationen müssen nachvollziehbar und belegbar sein. Bleiben Sie als Repräsentant des Unternehmens bei Ihrer Fachkenntnis.

Äußern Sie Tatsachen nur dann, wenn Sie sich völlig sicher sind, dass sie zutreffen und von Ihnen nachgewiesen werden können. Das ist nur dann der Fall, wenn Sie der Informationsquelle vertrauen können (z.B. große Nachrichtendienste oder Magazine). Dagegen sollten Behauptungen von einzelnen Personen grundsätzlich angezweifelt werden. Sind Sie sich nicht ganz sicher, ob eine Tatsache zutreffend ist, äußern Sie sie nicht oder höchstens in Meinungsform (»Ich meine, dass ...«, »Ich glaube, dass ...«.)

Vermeiden Sie es, Tatsachenbehauptungen und Meinungen Dritter, die Sie anzweifeln, wiederzugeben oder zu verlinken.

Wettbewerb und Mitbewerber

Äußern Sie sich ohne Rücksprache mit der Ansprechstelle nicht zu unseren Mitbewerbern oder dem Wettbewerb im Allgemeinen.

Das bedeutet: Vermeiden Sie es, Mitbewerber zu loben oder zu kritisieren. Vergleichen Sie unser Unternehmen/Angebot nicht mit dem eines Mitbewerbers (»Unser Service ist besser als der von A«). Vermeiden Sie Alleinstellungs- und Spitzenstellungsbehauptungen (»Wir sind die besten/günstigsten ...« oder »Wir gehören zu den Marktführern.«).

Teil 7 – Inhalte

Unternehmensbezug

Konzentrieren Sie sich in Ihren Beiträgen auf Themen, die mit unserem Unternehmen und Ihrem Fachbereich verknüpft sind sowie einen Informations- oder Unterhaltungswert für die Leser haben. Vermeiden Sie dagegen, Schilderungen rein privater Erlebnisse oder branchenferne Fundstücke aus dem Internet zu veröffentlichen.

Mehrwert

Schreiben Sie nur über Themen, in denen Sie sich auskennen, insbesondere im Hinblick auf unser Unternehmen. Ist es notwendig, dass Sie sich zu einem Thema äußern, in dem Sie fachlich nicht bewandert sind, sollten Sie diese Tatsache gegenüber Ihren Lesern klarstellen.

Fragen Sie sich am besten vor jedem eigenen Beitrag, ob er dem Leser wirklich einen Mehrwert bietet. Falls nicht, seien Sie bitte so höflich und verzichten Sie auf ihn.

Spam

Verbreiten Sie keinen Spam, also unerwünschte Hinweise auf unser Unternehmen oder unsere Leistungen. Belästigen Sie andere Nutzer nicht mit Werbebotschaften per Privatnachrichten oder Einträgen in ihren Profilen. Schicken Sie nur dann Nachrichten an andere Nutzer, wenn Sie angesprochen worden sind.

Nutzung fremder Inhalte und Urheberrecht

Soziale Medien verleiten dazu, Inhalte von anderen einfach zu kopieren. Das ist nach dem Urheberrecht nicht erlaubt. Kopieren Sie also in Ihren Beiträgen kein Material von anderen und geben Sie fremde Inhalte nicht als Ihre eigenen aus. Wenn Sie auf fremde Inhalte verweisen, nutzen Sie Links. Vermeiden Sie auch Textzitate und geben Sie Texte vorwiegend mit eigenen Worten wieder.

Laden Sie nur Bilder oder Videos ins Internet hoch, wenn Sie die nötigen Rechte besitzen, weil Sie zum Beispiel über die Zustimmung der Fotografen oder des Filmemachers sowie der abgebildeten Personen verfügen.

Fremde Marken

Nutzen Sie keine fremden Unternehmens- sowie Markensymbole, -logos oder -slogans ohne Erlaubnis von deren Inhabern. Sie dürfen fremde Marken, Unternehmensnamen oder Slogans nur im Rahmen von Texten nennen, und nur dann, wenn Sie auf sie verweisen oder über sie schreiben.

Links

Verweisen Sie nicht auf Inhalte, von denen Sie denken, dass sie rechtswidrig sein könnten, da sie zum Beispiel Urheberrechtsverletzungen oder Verleumdungen enthalten könnten.

Fremde Quellen

Geben Sie fremdes Wissen und Informationen nicht als eigene aus. Wenn Sie Informationen von anderen Quellen beziehen, verweisen und verlinken Sie direkt auf diese.

Teil 8 – Betriebsgeheimnisse und Datenschutz

Betriebsgeheimnisse und Betriebsinterna

Publizieren Sie weder Betriebsgeheimnisse noch geheime Firmeninterna. Dazu können insbesondere Informationen über Rechtsverfahren, Finanzen, Personalentwicklungen oder Firmenstrategien gehören.

Berichten Sie nur über solche Firmeninterna, bei denen Sie sich sicher sind, dass sie für die Öffentlichkeit gedacht sind und zum Beispiel jederzeit gegenüber der Presse geäußert werden könnten.

Datenschutz

Verstoßen Sie nicht gegen die Datenschutzbestimmungen des Unternehmens, Vertraulichkeitserklärungen, juristische Grundlagen und Unternehmensvorgaben für externe Werbung.

Persönlichkeitsrechte

Berichten Sie über Vorkommnisse in allen nicht öffentlichen Bereichen nur nach Rücksprache mit den betroffenen Personen und mit deren Erlaubnis. Das umfasst auch Namen und Aussagen von Kollegen, Kunden und Geschäftspartnern, sowie weitere Informationen über sie.

Teil 9 – Dialog und Kritik

Dialog mit Nutzern

Seien Sie sich dessen bewusst, dass der Dialog mit den Nutzern das Allerwichtigste an Social Media ist. Reagieren Sie daher auf Kommentare, die Fragen enthalten, Kritik üben oder inhaltlichen Mehrwert bieten, spätestens am Vormittag des nächsten Arbeitstages. Ermuntern Sie Nutzer zum Dialog.

Fehler und Ergänzungen

Berichtigen Sie Fehler sobald Sie sie erkennen. Ergänzen und erläutern Sie Ihre Beiträge, sobald Sie bemerken, dass diese missverstanden werden können oder Ergänzungen ihren Mehrwert erhöhen.

Machen Sie nach Möglichkeit alle nachträglichen Änderungen (mit Ausnahme von Rechtsschreibfehlern) deutlich, indem Sie entweder einen ergänzenden Hinweis am Ende des Beitrags einfügen oder die Änderung im Text – z. B. mit Durchstreichungen – hervorheben.

Umgang mit Kritik

Bewahren Sie bei Ihren Reaktionen auf Kritik Ruhe und antworten Sie nicht im Affekt.

Wenn Sie eine abweichende Meinung vertreten, bleiben Sie dabei angemessen und freundlich und verwenden Sie sachliche Argumente. Wenn eine Diskussion erst einmal aufgeheizt ist, lässt sie sich nur schwer wieder in ruhigere Bahnen lenken.

Stehen Sie zu Fehlern, die Sie begangen haben, und bedanken Sie sich für Hinweise darauf.

Sollten Sie sich allerdings in einer Situation befinden, in der Sie angegriffen oder unangemessen behandelt werden, reagieren Sie nicht allzu defensiv und ziehen Sie sich nicht sofort aus der Unterhaltung zurück. Fragen Sie gegebenenfalls die Ansprechstelle um Rat. Sollten Sie dennoch die Online-Unterhaltung beenden wollen, so tun Sie dies auf eine freundliche Art. So wird weder Ihre Person noch das Unternehmen in ein negatives Licht gestellt.

Vermeiden Sie Situationen, in denen andere Nutzer das Gefühl bekommen, einem aus einer überlegenen Position agierenden Unternehmen gegenüberzustehen (»David gegen Goliath«-Situation).

Unsachliche und themenfremde Nutzerkommentare

Gehen Sie nicht auf unsachliche Kommentare ein, die offensichtlich nicht zu einer Diskussion beitragen sollen, sondern themenfremde Allgemeinplätze verwenden, zum Beispiel »In diesem Land wird die Meinungsfreiheit eh mit den Füßen getreten«. Weisen Sie in solchen Fällen die Nutzer allenfalls darauf hin, dass die Reaktion Ihrer Ansicht nach unsachlich ist und Sie nicht weiter auf sie eingehen werden.

Bei Fragen oder Aussagen, die zwar sachlich sind, aber nichts mit dem gerade diskutierten Thema zu tun haben, nehmen Sie Stellung, verweisen Sie aber höflich darauf, dass sie nicht zum Thema passen.

Löschen von Nutzerbeiträgen

Achten Sie die Meinung anderer und löschen Sie Kommentare, die eindeutig Spam, Beleidigungen oder zweifelhafte Behauptungen ohne Quellenangaben enthalten oder gesetzeswidrig sind. Löschen Sie pöbelnde Kommentare nur, wenn sie überhandnehmen, und begründen Sie die Löschung.

Melden rechtswidriger Inhalte

Informieren Sie sofort die Ansprechstelle, sobald jemand Ihnen gegenüber behauptet, dass ein Beitrag, Link oder Kommentar rechtsverletzend sei.

Vermeiden Sie die sofortige Löschung der beanstandeten Inhalte, da sie für eine rechtliche Prüfung notwendig sein können. Ist die Ansprechstelle nicht sofort zu erreichen und die Behauptung nicht offensichtlich unbegründet, nehmen Sie den rechtswidrigen Inhalt vorübergehend offline. Ist ausnahmsweise eine sofortige Löschung angebracht, erstellen Sie im Beisein eines Kollegen einen Screenshot des beanstandeten Inhalts.

Kritische Themen und Krisensituationen

Nehmen Sie niemals an Diskussionen teil, wenn sich das zu diskutierende Thema auf eine Krisensituation bezieht oder als eine Krise betrachtet werden könnte. Leiten Sie Aktivitäten, die sich um Krisenthemen drehen, bitte an Ihren Vorgesetzten oder die Ansprechstelle weiter.

Kommentieren Sie niemals Punkte, die sich auf juristische Angelegenheiten beziehen, also auf Prozesse, Gerichtsverfahren oder jedwede Art von juristischen Auseinandersetzungen und Verfahren, in die das Unternehmen involviert ist.

Teil 10 – Folgen bei Verstößen gegen diese Leitlinien

Verstöße gegen diese Leitlinien können je nach Umfang und Intensität rechtliche Folgen nach sich ziehen.

Es ist möglich, dass neben unserem Unternehmen auch Sie persönlich in Haftung genommen werden. Diese Gefahr besteht insbesondere bei falschen Tatsachenbehauptungen und Beleidigungen.

Weitere Konsequenzen können arbeitsrechtlicher Natur sein und ein Verbot der Social Media-Nutzung sowie eine arbeitsrechtliche Abmahnung oder eine Kündigung umfassen.

Teil 11 – Fragen und Zweifel

Wenn Sie sich unsicher sind, wie Sie Beiträge oder Kommentare sprachlich formulieren sollen, fragen Sie Kollegen oder lassen Sie sie vor der Veröffentlichung gegenlesen. Darüber hinaus wenden Sie sich bei Fragen bitte an die Ansprechstelle für Social Media, insbesondere wenn Sie sich nicht sicher sind, ob Sie die Leitlinien richtig verstanden haben, oder Ergänzungen oder Ausnahmen vorschlagen möchten.

Glossar

A

Abmahnung
Als Abmahnung wird ein Hinweis auf ein rechtswidriges Verhalten bezeichnet, dessen Beseitigung und künftige Unterlassung verlangt werden. Siehe auch → Unterlassungserklärung.

Abmahnungskosten
Der Abmahnende kann vom Abgemahnten den Ersatz der ihm entstandenen Kosten verlangen. Dabei handelt es sich vorwiegend um die Kosten des Rechtsanwalts, der die Abmahnung erstellt hat. Die Höhe der Kosten bestimmt sich anhand des → Gegenstandswerts.

Abschlusserklärung
Eine → einstweilige Verfügung ist nur eine vorläufige Entscheidung. Das bedeutet, dass die unterlegene Partei weiterhin verklagt werden kann. Mit einer Abschlusserklärung erkennt die unterlegene Partei die einstweilige Verfügung als endgültige Klärung des Streits an und kann so eine zusätzliche Klage und damit Folgekosten vermeiden.

Account
Auch als »Benutzerkonto«, »Nutzerkonto« oder kurz »Konto« bezeichnet. Ein Account besteht mindestens aus einem Benutzernamen und einem Passwort und regelt die Zugangsrechte zu einem sozialen Netzwerk, einer Plattform oder einem Dienst. Ein Account setzt die Registrierung bei einem dieser Angebote voraus.

AGB
AGB ist die Kurzform für »Allgemeine Geschäftsbedingungen«. Das sind vorformulierte Vertragsbedingungen, die eine Vertragspartei der anderen Vertragspartei bei Abschluss des Vertrages stellt. AGB können unterschiedlich bezeichnet werden, zum Beispiel als »Nutzungsbedingungen«, »Teilnahmebedingungen«, »Policies« oder »Hausordnung«. AGB sind nur wirksam, wenn sie der anderen Vertragspartei vor Vertragsschluss gestellt werden. Um das nachweisen zu können, setzen Anbieter auf Websites Kontrollkästchen ein, die zum Beispiel bei einer Registrierung angehakt werden müssen. Weil AGB bereits die Mehrzahl »Bedingungen« abkürzt, ist ein zusätzliches »s« (»AGBs«) überflüssig.

Aggregierte Daten
Aggregierte Daten sind zusammengefasste Daten, die keinen Rückschluss auf eine Person erlauben. Zum Beispiel können die Alterswerte der Mitglieder eines sozialen Netzwerks in einer Übersicht zusammengefasst werden. Aggregierte Daten sind anonym und dürfen daher ohne Einwilligung ihrer Inhaber verarbeitet und weitergegeben werden.

Anbieterkennzeichnung
Das ist der rechtliche Begriff für ein Impressum. Die Anbieterkennzeichnung beinhaltet bestimmte Angaben über die für einen Onlineauftritt verantwortliche Personen bzw. das verantwortliche Unternehmen.

Anonyme Daten
Anonymität liegt vor, wenn anhand vorliegender Daten nicht bestimmt werden kann, zu welcher Person oder welchem Unternehmen sie gehören. Siehe auch → Datenschutz.

Anspruch
Der Begriff Anspruch bezeichnet das Recht, von jemand anderem etwas zu verlangen. Zum Beispiel ist ein Zahlungsanspruch das Recht, von jemandem Geld zu verlangen. Ein Unterlassungsanspruch ist das Recht, von jemandem die Unterlassung künftiger Rechtsverletzungen zu verlangen, zum Beispiel im Urheberrecht.

Anwaltszwang
Anwaltszwang bedeutet, dass man sich vor einem Gericht zwangsweise durch einen Anwalt vertreten lassen muss. Das bedeutet, dass Aussagen und Anträge der Parteien, die nicht durch einen Anwalt erfolgen, nicht berücksichtigt werden. Ein Anwaltszwang besteht vor allem bei Verfahren vor Landgerichten, Oberlandesgerichten und dem Bundesgerichtshof.

Applikation
Applikationen sind Programme, die als selbstständige Anwendungen innerhalb von Social Media-Plattformen wie Facebook eingesetzt werden, ohne selbst ein Teil der Plattform zu sein. Erhebt eine Applikation selbstständig Nutzerdaten, muss sie über eine eigene Datenschutzerklärung verfügen.

Astroturfing
Der Begriff Astroturfing leitet sich vom Markennamen »AstroTurf« eines Kunstrasenherstellers ab. Er steht für das Vortäuschen einer freien und spontanen Meinungsäußerung von Internetnutzern, also mit anderen Worten für eine »künstliche Graswurzelbewegung«. Man spricht zum Beispiel vom Astroturfing, wenn Unternehmen getarnt als unabhängige Nutzer eigene Leistungen auf Bewertungsplattformen loben.

Auftragsdatenverarbeitung
Bei der Auftragsdatenverarbeitung beauftragt ein Auftraggeber einen externen Auftragnehmer mit der Erhebung, Verarbeitung oder Nutzung von Daten. Das ist zum Beispiel der Fall, wenn eine Marketingagentur Kundendaten für ein Unternehmen verarbeitet, etwa um Statistiken zu erstellen, Umfragen zur Kundenzufriedenheit einzuholen oder Newsletter zu verschicken. In solchen Fällen handelt es sich um eine Weitergabe von Daten, die der Einwilligung der Kunden bedarf. Die Einwilligung kann jedoch durch eine Vereinbarung über Auftragsdatenverarbeitung nach § 11 BDSG ersetzt werden. Dabei handelt es sich um einen schriftlichen Vertrag, in dem sich der externe Auftragnehmer verpflichtet, die Daten sorgfältig zu behandeln und nur im Rahmen des Auftrags zu nutzen

B

B2B
B2B steht für »Business to Business« und bezeichnet die Beziehungen zwischen Unternehmern oder Unternehmen.

B2C
B2C steht für »Business to Consumer« und bezeichnet die Beziehungen zwischen Unternehmern und → Verbrauchern.

BDSG
Abkürzung für → Bundesdatenschutzgesetz

Beiwerk
Als Beiwerk werden vor allem im Urheber-, Marken- und Persönlichkeitsrecht Marken, urheberrechtlich geschützte Werke oder Personen bezeichnet, die sich zufällig in einem Bild befinden und dessen Charakter nicht prägen. In solchen Fällen darf ein Bild auch ohne Zustimmung des Urhebers, Markeninhabers oder der abgebildeten Person verwendet und veröffentlicht werden.

Benutzerkonto
→ Account

BGB
→ Bürgerliches Gesetzbuch

Bundesdatenschutzgesetz
Das Bundesdatenschutzgesetz (BDSG) ist das zentrale Gesetz über den Umgang mit personenbezogenen Daten. Weitere Datenschutzvor-

schriften sind in den Landesdatenschutzgesetzen und speziell für Telemedien im Telemediengesetz geregelt. Siehe → Datenschutz.

Bürgerliches Gesetzbuch
Das Bürgerliche Gesetzbuch (BGB) regelt rechtliche Beziehungen zwischen Privatpersonen und Unternehmen untereinander und zueinander, sofern diese nicht in den (zuvor genannten) anderen relevanten Gesetzen enthalten sind. Es ist sozusagen das »Auffanggesetz«, falls spezielle Regelungen fehlen.

C

Community
Als Community wird eine virtuelle Gemeinschaft von Nutzern bezeichnet. Der Begriff Community kann sowohl die Personen als auch die Onlineplattform bezeichnen, auf der sich die Personen treffen.

Confirmed Opt-in
→ Opt-in

Creative Commons
Creative Commons (abgekürzt CC) bedeutet »schöpferisches Gemeingut« und ist eine gemeinnützige Organisation, die 2001 gegründet wurde und in San Francisco sitzt. Die Organisation veröffentlicht verschiedene Standardlizenzen, die den kostenlosen Austausch von urheberrechtlich geschützten Werken vereinfachen soll. Sie werden als »Creative-Commons-Lizenzen« bezeichnet.

Crowdsourcing
Von Crowdsourcing spricht man, wenn Unternehmen auf die Intelligenz und Arbeitskraft von Nutzern setzen, um zum Beispiel ein neues Produkt oder Logo zu entwickeln.

D

Daten
→ Personenbezogene Daten

Datenschutz
Als Datenschutz werden rechtliche Maßnahmen zum Schutz von »personenbezogenen Daten« bezeichnet. Der Datenschutz soll die »informationelle Selbstbestimmung« garantieren. Das bedeutet, dass natürliche Personen selbst entscheiden können, welche Informationen über sie erhoben, verwendet und weitergegeben werden. Siehe auch → Personenbezogene Daten und → Pseudonyme Daten.

Datenschutzerklärung
Erhebt eine Onlineanbieter → personenbezogene oder → pseudonyme Daten der Nutzer, muss er sie über die Art, den Umfang und den Zweck der Datenerhebung, ihre spätere Verarbeitung und eventuelle Weitergabe aufklären sowie auf bestimmte Rechte wie die Widerrufs- und Auskunftsmöglichkeit hinweisen. Diese Informationen werden in der Regel zusammengefasst in einer sogenannten »Datenschutzerklärung« erbracht. Der Begriff ist rechtlich nicht vorgegeben, so dass zum Beispiel auch die Bezeichnung »Datenschutzhinweise« zulässig ist. Wichtig ist nur, dass die Nutzer einfach erkennen können, dass sich an dieser Stelle die datenschutzrechtlichen Informationen befinden.

Deep Link
Ein Deep Link ist ein Verweis auf eine Unterseite oder eine Datei innerhalb eines Onlineangebots anstatt auf die Hauptseite. Deep Links sind zulässig, es sei denn, dabei werden Schutzmechanismen umgangen, die solche Unterverlinkungen verhindern sollen.

Direktmarketing
Als Direktmarketing wird jede Werbemaßnahme bezeichnet, die eine direkte Ansprache des möglichen Kunden umfasst. In Deutschland ist Direktmarketing auf elektronischem Wege als → Permission Marketing zulässig. Das heißt, dass die Adressaten sich im Vorfeld mit dem Empfang der Werbung einverstanden erklären müssen, was als → Opt-in bezeichnet wird.

Diensteanbieter
»Diensteanbieter« ist ein weiter rechtlicher Begriff, der umgangssprachlich schlicht »Anbie-

ter« oder »Onlineanbieter« bedeutet. Der Gesetzgeber knüpft an die Eigenschaft als Diensteanbieter bestimmte Pflichten, zum Beispiel die Impressumspflicht. Nach gesetzlicher Definition im § 2 TMG ist Diensteanbieter »jede natürliche oder juristische Person, die eigene oder fremde ›Telemedien‹ zur Nutzung bereithält oder den Zugang zur Nutzung vermittelt; bei audiovisuellen Mediendiensten auf Abruf ist Diensteanbieter jede natürliche oder juristische Person, die die Auswahl und Gestaltung der angebotenen Inhalte wirksam kontrolliert.« Diensteanbieter ist zum Beispiel das Unternehmen Facebook, da es das → Telemedium Facebook zur Nutzung bereithält. Diensteanbieter ist aber auch der Betreiber einer Facebook-Fanseite, der die Inhalte für die Seite auswählt und kontrolliert.

Disclaimer
Der Begriff Disclaimer wird als Ausdruck für einen Haftungsausschluss verwendet. Er ist kein rechtlicher Fachbegriff und stammt ursprünglich vom englischen Wort »to disclaim«, also »abstreiten« ab. Die meisten Disclaimer sind unwirksam, da die Haftung nur selten mit einem solchen Hinweis ausgeschlossen werden kann.

Double Opt-in
→ Opt-in

E

Einbetten
→ Embedding

Einstweilige Verfügung
Die einstweilige Verfügung ist eine vorläufige Entscheidung des Gerichts im Eilverfahren. Ein solches Eilverfahren findet statt, wenn es der Partei, die eine Rechtsverletzung geltend macht, nicht zugemutet werden kann, den Ausgang eines Klageverfahrens abzuwarten. Schließlich kann ein Klageverfahren mehrere Monate bis Jahre dauern, und die Rechtsverletzung kann in diesem Fall bis zum Urteil fortgesetzt werden. Die einstweilige Verfügung ist nur eine vorläufige Entscheidung. Zur endgültigen Klärung eines Rechtsstreits muss daneben eine Klage eingereicht werden. Die unterlegene Partei kann die zusätzliche Klage mit einer → Abschlusserklärung verhindern.

Einverständnis
Einverständnis ist der Oberbegriff für eine Zustimmung zu einem Rechtsgeschäft oder einer Handlung. Ist eine Handlung nur mit einer Zustimmung zulässig, muss das Einverständnis vor deren Vornahme vorliegen, ansonsten liegt ein Rechtsverstoß vor. Dieses vorangehende Einverständnis wird »Einwilligung« genannt. Wird eine nachträgliche Zustimmung (genannt »Genehmigung«) erteilt, kann die Rechtsverletzung geheilt oder zumindest nicht mehr rechtlich verfolgt werden. Zum Beispiel dürfen urheberrechtlich geschützte Bilder nur mit Einwilligung, also dem vorangehenden Einverständnis des Urhebers genutzt werden. Genehmigt der Urheber nachträglich die Nutzung des Bildes, liegt zwar weiterhin eine Rechtsverletzung im Zeitraum bis zur Genehmigung vor, sie kann aber vom Urheber nicht mehr geltend gemacht werden.

Einwilligung
→ Einverständnis

Embedding
Beim Embedding werden fremde Inhalte so in die eigene Onlinepräsenz eingebunden, dass sie sofort dargestellt werden. Dabei wird keine Kopie des Inhalts erstellt, da er vom ursprünglichen Server aufgerufen wird. Ein bekanntes Beispiel sind YouTube-Videos, die in fremde Seiten eingebunden werden können. Ein anderer, aber seltenerer Begriff für Embedding ist »Hot Linking«. Eine Form des Embedding ist das → Framing. Nach Meinung von Gerichten ist das Embedding eine Form der öffentlichen Zugänglichmachung und bedarf daher der Zustimmung des Urhebers. Zudem übernimmt man durch das Embedding die Haftung für den eingebundenen Inhalt.

Empfehlungsschaltfläche
Eine Empfehlungsschaltfläche ist ein Plugin eines sozialen Netzwerks, das in das eigene Onlineangebot eingebunden werden kann. Mit ei-

nem Klick auf eine Empfehlungsschaltfläche kann das Mitglied des Netzwerks das Onlineangebot anderen Mitgliedern des Netzwerks empfehlen. Die bekannteste Empfehlungsschaltfläche ist der »Gefällt mir«-Button von Facebook (auf Englisch »Like Button« genannt). Klickt ein Facebook-Mitglied auf die Schaltfläche, erscheint ein Verweis auf das zugehörige Onlineangebot innerhalb seines Profils. In Deutschland stellt die Nutzung der Empfehlungsschaltflächen ein datenschutzrechtliches Problem dar, da Plattformbetreiber wie Facebook mit ihrer Hilfe Daten der Besucher der Onlineangebote erheben.

F

Fan
Ist der ursprüngliche Begriff für den Abonnenten einer Facebook-Fanseite. Offiziell wird der Begriff von Facebook nicht mehr verwendet. Siehe auch → Follower und → Freund.

Fan-Seite
→ Seite

Fliegender Gerichtsstand
Bei den im Social Media-Marketing relevanten Rechtsverstößen ist dasjenige Gericht zuständig, in dessen Bezirk der Verstoß begangen wurde oder sich ausgewirkt hat. Da Rechtsverstöße im Internet sich quasi überall auswirken, kann der Kläger das Gericht in der Regel selbst wählen. Die Wahl dieses sogenannten »fliegenden Gerichtsstands« führt dazu, dass ein Kläger sich das Gericht aussuchen kann, von dem er sich anhand vorangegangener Entscheidungen das für ihn günstigste Urteil erhofft.

Follower
»To follow« bedeutet im Social Media-Kontext, den Nachrichtenstrom eines Kontos zu abonnieren, zum Beispiel bei Twitter oder Google+. Ein Follower entspricht einem → Fan bei Facebook. Bei zugangsgeschützten Kontos muss das Abonnement vom Kontoinhaber bestätigt werden. In solchen Fällen entspricht ein Follower einem → Freund. Die Begriffe Friend, Fan und Follower überschneiden sich oft und werden von den Plattformbetreibern gewählt.

Framing
Framing bezeichnet die Einbindung fremder Onlineinhalte innerhalb eines Teilbereichs des eigenen Angebotes mithilfe der Elemente *frame* oder *iframe* der Sprache HTML. Rechtlich ist Framing eine Unterart von Embedding.

Freund
Von einem Freund spricht man in Social Media, wenn der gegenseitige Austausch, der Zugang zu einem Social Media-Profil oder der Empfang vom Nachrichtenstrom eines Kontos von dessen Inhaber bestätigt wurde. Siehe auch → Follower und → Fan.

G

»Gefällt mir«-Schaltfläche
→ Empfehlungsschaltfläche

Gegenstandswert
Das Honorar eines Anwalts und damit die Abmahnungskosten richten sich nach dem Gegenstandswert. Das ist der in Geld ausgedrückte Wert des Streits, auch als »Streitwert« bezeichnet. Bei Geldforderungen ist es die Höhe der Forderungen. Schwieriger ist die Bestimmung bei Urheberrechts- oder Wettbewerbsverletzungen. Hier muss geschätzt werden, wie viel die Rechtsverletzung wert ist. Angenommen, es wurde ein urheberrechtlich geschütztes Bild ohne Erlaubnis des Urhebers verwendet, für das normalerweise 500 Euro Lizenzgebühren zu zahlen wären: In diesem Fall beträgt der Gegenstandswert im Rahmen der Abmahnung 5.000 Euro, weil nicht nur die vergangene Rechtsverletzung, sondern auch die durch die Abmahnung verhinderte künftige Rechtsverletzungsdauer zu berücksichtigen ist.

Genehmigung
→ Einverständnis

Geschäftliches Handeln
Geschäftliches Handeln (auch »kommerzielles Handeln« genannt) bezeichnet jede Handlung, die dem Absatz von Waren oder Dienstleistun-

gen oder der Imagepflege von Unternehmen oder Freiberuflern dient. Geschäftliches Handeln wird von Gerichten sehr schnell angenommen, zum Beispiel, wenn in einem Blog Bannerwerbung geschaltet wird. Geschäftliches Handeln bringt viele rechtliche Anforderungen mit sich. Zum Beispiel muss das Gesetz gegen den unlauteren Wettbewerb beachtet werden. Siehe auch → Werbung.

Geschmacksmustergesetz
Das Geschmacksmustergesetz (GeschmMG, amtlich »Gesetz über den rechtlichen Schutz von Mustern und Modellen«) regelt den Schutz ästhetischer Gestaltungsformen (Design, Farbe, Form).

GeschmMG
→ Geschmacksmustergesetz

Gesetz gegen den unlauteren Wettbewerb
Das Gesetz gegen den unlauteren Wettbewerb (UWG) soll einen fairen Wettbewerb gewährleisten, bei dem sich Mitbewerber nicht mit unsachlichen oder unangemessenen Werbemaßnahmen bekämpfen. Außerdem soll es die Verbraucher vor unlauteren Marketingmaßnahmen schützen.

Gewerbetreibender
Eine Person, die weder Arbeitnehmer noch Freiberufler ist. Gewerbetreibende zeichnen sich dadurch aus, dass sie einen Betrieb unterhalten und vornehmlich mit Kapitaleinsatz arbeiten.

Gewerblicher Rechtsschutz
Gewerblicher Rechtsschutz ist ein Sammelbegriff für Rechtsbereiche, die sich mit dem Schutz geistiger Rechte befassen. Dazu gehören insbesondere das Urheber-, Marken- und Wettbewerbsrecht.

Guerilla-Marketing
Guerilla-Marketing bezeichnet die Wahl ungewöhnlicher Aktionen im Marketing, die mit untypisch geringem Mitteleinsatz eine große Wirkung erzielen sollen. Siehe auch → Virales Marketing.

H

Haftung
Für etwas zu haften, bedeutet, rechtlich dafür einstehen und die Verantwortung tragen zu müssen. Im Regelfall ist man für die eigenen Rechtsverstöße verantwortlich. Im Gesetz gibt es jedoch Vorschriften, aufgrund derer man auch für fremde Rechtsverstöße einstehen muss. Zum Beispiel muss der Anbieter eines Onlineangebotes für nutzergenerierte Inhalte haften, wenn er sich diese → zu eigen macht.

Haftungsprivileg
Wenn ein Anbieter sich nutzergenerierte Inhalte nicht zu eigen gemacht hat, kann er sich auf das Haftungsprivileg für fremde Inhalte gemäß § 10 TMG berufen. Nach dieser Vorschrift ist er erst ab Kenntnis dazu verpflichtet, rechtsverletzende Inhalte unverzüglich zu entfernen. Erst wenn die Inhalte nicht unverzüglich entfernt worden sind, haftet der Anbieter für sie und kann zum Beispiel kostenpflichtig abgemahnt werden. Diese Verfahrensweise wird auf Englisch als »notice and take down« bezeichnet.

I

Impressum
→ Anbieterkennzeichnung

IP-Adresse
Die IP-Adresse (»IP« steht für »Internetprotokoll«) ist eine Zahlenfolge, anhand der mit dem Internet verbundene Geräte identifiziert werden können. Wenn ein Nutzer eine Webseite auf einem Server aufruft, teilt er dem Server seine IP-Adresse mit. Der Server weiß dann, dass er die Datenpakete mit dem Inhalt der Webseite an diese Adresse schicken muss. Die staatlichen Datenschutzbeauftragten in Deutschland sehen die IP-Adresse als ein → personenbezogenes Datum an.

J

Juristische Person
→ Natürliche Person

K

Kommerzielles Handeln
→ Geschäftliches Handeln

Konkurrent
→ Mitbewerber

Konsument
→ Verbraucher

Konto
→ Account

Kuratieren
Als Kuratieren wird das Zusammentragen und Zusammenstellen von Links und Inhalten im Web bezeichnet. Kuratierungsplattformen sind zum Beispiel der Dienst Storify.com und die Plattform Pinterest.com, auf denen Nutzer Inhalte zusammentragen. Aus rechtlicher Sicht kann es sich dabei um Urheberrechtsverletzungen handeln, wenn zum Beispiel Bilder zusammengetragen, also kopiert werden.

L

Lauterkeit
→ Wettbewerbsrecht

Like-Button
→ Empfehlungsschaltfläche

Link
Kurz für Hyperlink, Verweis auf andere Webseite.

Lizenz
Eine Lizenz ist eine Erlaubnis, etwas zu tun. Der Begriff steht vor allem für die Erlaubnis, geschützte geistige Rechte zu nutzen, zum Beispiel als Urheberrechtslizenz oder Markenrechtslizenz. Wer eine Lizenz erteilt, wird als »Lizenzgeber« bezeichnet, und der, der sie erhält, als »Lizenznehmer«.

Lizenzgeber
→ Lizenz

Lizenznehmer
→ Lizenz

M

Markengesetz
Das Markengesetz (MarkenG, amtlich »Gesetz über den Schutz von Marken und sonstigen Kennzeichen«) regelt den Schutz von Marken, geschäftlichen Bezeichnungen, Werktiteln und geografischen Herkunftsangaben.

MarkenG
→ Markengesetz

Mitbewerber
Ein Mitbewerber (auch als »Wettbewerber« oder »Konkurrent« bezeichnet) ist jemand, mit dem man im Wettbewerbsverhältnis steht. Das sind grundsätzlich andere Unternehmer, deren Leistungen sich theoretisch durch die eigenen ersetzen lassen. Zum Beispiel sind Google und Facebook mit ihren sozialen Netzwerken Facebook und Google+ Mitbewerber.

N

Natürliche Person
Natürliche Person ist die juristische Bezeichnung für einen Menschen. In Abgrenzung dazu werden rechtsfähige Zusammenschlüsse von Menschen als »juristische Personen« bezeichnet. Die bekanntesten juristischen Personen sind die GmbH, die Unternehmensgesellschaft und die AG.

Nutzergenerierte Inhalte
Nutzergenerierte Inhalte (auch als »User Generated Content« bezeichnet) bezeichnet Medieninhalte, die nicht vom Anbieter eines Webangebots, sondern von seinen Nutzern erstellt werden. Dazu gehören Kommentare in Blogs,

von Nutzern eingestellte Videos bei YouTube und hochgeladene Bilder auf einer Facebook-Fanseite. Für nutzergenerierte Inhalte gilt ein besonderes → Haftungsprivileg.

Nutzungsbedingungen
 AGB

O

Öffentlich
Der Begriff »öffentlich« bedeutet rechtlich, dass etwas jedermann zugänglich ist oder zugänglich gemacht wird. Zum Beispiel ist eine öffentliche Straße, anders als private Wege, von jedermann begehbar. Auch wenn der Zugang von einer Gebühr, aber sonst von keinen Auswahlkriterien abhängig gemacht wird, liegt Öffentlichkeit vor. Zum Beispiel ist eine Konzertveranstaltung öffentlich, die jeder besuchen kann, der ein Eintrittsgeld bezahlt. Dagegen ist eine Veranstaltung, zu der zum Beispiel nur Mitglieder eines Vereins Zugang haben, nicht öffentlich.

Öffentliches Interesse
Öffentliches Interesse ist ein Rechtsbegriff, der sich auf die Belange des Gemeinwohls bezieht. Er wird vor allem als Argument im Persönlichkeitsrecht verwendet. Zum Beispiel dürfen Prominente, die vor Gericht stehen, aufgrund des öffentlichen Interesses im Zusammenhang mit ihrem Gerichtsprozess abgelichtet werden. Anders ist es bei einem einfachen Ladendieb, an dessen Tat die Öffentlichkeit kein Interesse hat.

Opt-in
Der Begriff Opt-in wird im → Direktmarketing verwendet und bedeutet so viel wie »Anmeldung«. Werbenachrichten dürfen auf elektronischem Wege nur beim Vorliegen eines Opt-in des Empfängers versendet werden, das in der Regel mithilfe der E-Mail-Adresse eingeholt wird: Um nachweisen zu können, dass sich tatsächlich der E-Mail-Inhaber angemeldet hat, wird ihm eine E-Mail mit einem Bestätigungslink zugesandt. Erst nach der Bestätigung ist die Anmeldung abgeschlossen. Dieses rechtlich einzig sichere Anmeldeverfahren mit Bestätigung wird als »Double Opt-in« bezeichnet (im Gegensatz dazu spricht man bei Verzicht auf die Bestätigung von einem »Single Opt-in«). Nicht ausreichend ist es, ungefragt Werbenachrichten zu versenden und den Empfängern lediglich die Möglichkeit zur Abmeldung zu geben (sogenanntes »Opt-out-Verfahren«). Auch ist es nicht ausreichend, nach der Anmeldung und vor dem Versand von Werbung eine Anmeldebestätigung mit dem Hinweis auf die Möglichkeit des Widerspruchs zuzusenden (»Confirmed Opt-in«.)

Opt-out
 Opt-in

P

Permission Marketing
→ Direktmarketing

Persönliches Profil
Anders als eine → Seite dienen persönliche Profile innerhalb von sozialen Netzwerken in der Regel der persönlichen Nutzung durch natürlichen Personen. Persönliche Profile dürfen, sofern die Nutzungsbedingungen es nicht untersagen, auch für geschäftliche Zwecke verwendet werden. Die Grenze zu Seiten ist manchmal fließend, da zum Beispiel ein Künstler ein persönliches Profil als »normale« Person haben kann, aber auch eine Seite als »Person des öffentliches Lebens«.

Personenbezogene Daten
Mit Daten sind beliebige Informationen gemeint. Sie können eine Person selbst betreffen (z. B. Name »Peter Müller«), auf ihre Handlungen hinweisen (z. B. Besuch einer Facebook-Fanseite) oder Aussagen sein (z. B. ein Blogkommentar).

Die Daten sind personenbezogen, wenn sie mit verhältnismäßigen Mitteln zu einer Person zurückverfolgt werden können. Typische Beispiele dafür sind Namen, Postadressen, Telefonnummern, E-Mail-Adressen, Passbilder und Daten über den Aufenthaltsort einer Person. Personenbezogene Daten dürfen in der Regel nur mit Einwilligung der betroffenen Personen oder beim Vorliegen einer gesetzlichen Erlaubnis erhoben, verarbeitet und weitergegeben werden. Das Gegenteil von personenbezogenen Daten sind → anonyme Daten, die nicht zu einer Person zurückverfolgt werden können und daher keiner Einwilligung oder gesetzlichen Erlaubnis bedürfen. Siehe auch → Pseudonyme Daten.

Pressefreiheit
Pressefreiheit bezeichnet das Recht von Rundfunk, Presse und Onlinemedien auf freie Ausübung ihrer Tätigkeit, vor allem das unzensierte Veröffentlichen von Informationen und Meinungen. Die Pressefreiheit ist im Artikel 5 des Grundgesetzes geregelt und soll die freie Meinungsbildung gewährleisten. Journalisten genießen besonderen Schutz der Pressefreiheit. Diese Freiheiten können auch Amateurjournalisten zukommen, die zum Beispiel periodisch in einem Blog Beiträge verfassen und damit Einfluss auf die Öffentlichkeit nehmen wollen. Ob und in welchem Umfang sich Amateurjournalisten auf die Pressefreiheit berufen können, ist nirgendwo festgeschrieben und muss individuell von Fall zu Fall beurteilt werden.

Pseudonyme Daten
Im Fall von pseudonymen Daten wird der Personenbezug von Daten durch ein Kennzeichen ersetzt, zum Beispiel eine Nutzernummer. Pseudonyme Daten dürfen ohne Einwilligung der betroffenen Personen erhoben, verarbeitet und weitergegeben werden. Das Gesetz verbietet jedoch, dass die auf diese Art und Weise erstellten pseudonymen »Nutzerprofile« mit personenbezogenen Daten ohne Einwilligung der betroffenen Personen zusammengeführt werden. Siehe auch → Personenbezogene Daten.

R

Rechteinhaber
Rechteinhaber ist ein Oberbegriff für Personen, denen ein Recht zusteht. Zum Beispiel kann der Rechteinhaber an einem urheberrechtlich geschütztem → Werk sowohl der → Urheber als auch der → Lizenznehmer sein.

RSS (Really Simple Syndication)
RSS steht für »Really Simple Syndication« und ist ein standardisiertes Format zur einfachen und strukturierten Verbreitung von Daten und Inhalten auf Websites, insbesondere Blogs. Die Bereitstellung von Daten und Inhalten im RSS-Format bezeichnet man auch als »RSS-Feed«. RSS-Feeds können in eigene Angebote eingebunden werden. Handelt es sich dabei um urheberrechtlich geschützte Inhalte, bedarf es dazu der Einwilligung des Urhebers. Ferner übernimmt man die Haftung für die per RSS eingebundenen Inhalte.

Retweeten
Retweeten heißt bei Twitter das Weitersenden eines fremden Tweets unter an die eigenen Follower. Siehe auch → Teilen.

RStV, Rundfunkstaatsvertrag
Rundfunkstaatsvertrag (RStV, amtlich »Staatsvertrag für Rundfunk und Telemedien«) enthält vor allem Regelungen zu journalistischen Onlineangeboten wie Bestimmungen zur Impressumspflicht, zum → Trennungsgebot und zur Gegendarstellung.

S

Schleichwerbung
Schleichwerbung liegt vor, wenn der Verbraucher den Werbecharakter einer Aussage oder Handlung nicht erkennen kann. Sie ist gesetzlich verboten, weil mit ihr die Entscheidungsfreiheit des Verbrauchers unterlaufen wird: Während er glaubt, objektive und persönliche Aussagen vor sich zu haben, denen er trauen kann, handelt es sich tatsächlich um Werbebotschaften, die ihn zum Kauf eines Produkts oder einer Dienstleistung bewegen sollen. Siehe auch → Transparenzgebot.

Seite
Als Seiten werden Profile in sozialen Netzwerken bezeichnet, die in der Regel keine natürlichen Personen repräsentieren, sondern Unter-

nehmen oder Personen des öffentlichen Lebens. Im Fall von Facebook hat sich dafür die Bezeichnung »Fanseite« eingebürgert. Das Gegenteil einer Seite ist ein → persönliches Profil.

Sharing
→ Teilen

Shitstorm
Als Shitstorm (zu Deutsch etwa »Schmutzlawine«) wird im Internet ein Sturm der Entrüstung gegenüber Unternehmen oder Personen bezeichnet, der sich zum Beispiel in einer Vielzahl von kritischen Kommentaren auf deren Social Media-Präsenzen ausdrückt. Aufgrund des Zusammenhalts von Nutzern und des schnellen Informationsaustausches kann ein Shitstorm für ein Unternehmen recht unangenehm sein. Deshalb ist es für Unternehmen ratsam, vor der Einleitung rechtlicher Schritte gegen Verbraucher einen Shitstorm als mögliche Folge zu bedenken. Siehe auch → Streisand-Effekt.

Social Media Guidelines
Social Media Guidelines sind Leitlinien von Unternehmen, in denen Regeln für das Verhalten in sozialen Medien für Mitarbeiter aufgestellt werden.

Social Media
Social Media beziehungsweise soziale Medien sind digitale Medien und Technologien, die es Nutzern ermöglichen, sich untereinander auszutauschen und Inhalte gemeinsam zu erstellen oder auszutauschen. Siehe auch → Web 2.0.

Soziale Netzwerke
Soziale Netzwerke im Internet sind Netzgemeinschaften (auch als → Communities bezeichnet), bei denen die Nutzer gemeinsam Inhalte erstellen und sich untereinander austauschen. Bekannte soziale Netzwerke sind Facebook und Google+.

Spam
Oberbegriff für unerwünschte elektronische Werbenachrichten, die besonders per E-Mail oder über die Nachrichtensysteme von sozialen Netzwerken verschickt werden.

Sprechender Link
Ein Link wird als sprechend bezeichnet, wenn anhand des Linktexts erkennbar ist, welcher Inhalt sich dahinter verbirgt. Dieser Umstand ist vor allem für die Impressumspflicht von Bedeutung.

Stockarchiv
Stockarchive oder auch Stockbilderarchive sind Online-Bilddatenbanken, die Lizenzen zur Bildernutzung anbieten. Dabei müssen die oft unterschiedlichen Lizenzbedingungen beachtet werden.

Störer
Als Störer wird jemand bezeichnet, der – ohne Täter oder Teilnehmer zu sein – in irgendeiner Weise eine Rechtsverletzung gefördert hat und daher für sie haften muss (sogenannte »Störerhaftung«). Die Störerhaftung entsteht insbesondere, wenn Prüfungspflichten verletzt werden. Hat zum Beispiel ein Unternehmen auf seine Schmähung durch einen Nutzer (also den Täter) in einem Blogkommentar hingewiesen, muss der Blogbetreiber alles Mögliche und Zumutbare unternehmen, um die Wiederholung der Schmähung zu vermeiden. Dazu gehört die Filterung von Kommentaren, die sich auf das Unternehmen beziehen (sofern Filterung möglich ist). Ansonsten haftet das Unternehmen als Störer.

Streisand-Effekt
Von einem Streisand-Effekt spricht man, wenn durch den Versuch, eine Information zu unterdrücken, genau das Gegenteil erreicht wird, nämlich die Information besonders bekannt gemacht wird. Der Streisand-Effekt ist nach der Künstlerin Barbara Streisand benannt, die gegen die Veröffentlichung einer Luftaufnahme der kalifornischen Küste vorging, auf der ihr Haus zu sehen war. Erst durch ihr Vorgehen wurde das öffentliche Interesse auf die Aufnahme gelenkt, die eigentlich wissenschaftlichen Zwecken diente. Siehe auch → Shitstorm.

Streitwert
→ Gegenstandswert

T

Telemedien
Telemedium ist der rechtliche Begriff für »Onlineangebot«. Dazu gehören (nahezu) alle Angebote im Internet, beispielsweise Shops, Suchmaschinen, Maildienste, Podcasts, Communities, soziale Netzwerke und Blogs. Die gesetzlichen Vorgaben für Telemedien sind vorwiegend im Telemediengesetz geregelt.

Teilen
Der Begriff Teilen wird für die Weiterverbreitung und -leitung von Inhalten anderer Nutzer unter eigenem Namen verwendet. Die meisten Nutzerbeiträge in sozialen Netzwerken haben eine spezielle Schaltfläche, die das Teilen erlaubt, das auch mit »Sharen« oder eigenen Begriffen wie »Retweet« bezeichnet wird. Die Gefahr beim Teilen besteht darin, dass man für den übernommenen Inhalt haftet.

Telemediengesetz
Das Telemediengesetz (TMG) regelt die rechtlichen Rahmenbedingungen für sogenannte → Telemedien. Dazu gehören zum Beispiel Vorschriften zur → Anbieterkennung oder zum → Datenschutz.

TMG
→ Telemediengesetz

Transparenzgebot
Das Transparenzgebot besagt, dass werbliche Inhalte, die von den Nutzern als eine objektive und unabhängige Information wahrgenommen werden könnten, deutlich als Werbung zu kennzeichnen sind. Das Transparenzgebot ist insbesondere in Blogs zu beachten. Siehe auch → Schleichwerbung.

U

Unterlassungserklärung
Eine Unterlassungserklärung (auch »Unterwerfungserklärung« genannt) ist eine Erklärung, in der sich der Erklärende verpflichtet, eine beanstandete Handlung in Zukunft nicht erneut vorzunehmen und sonst eine empfindliche Vertragsstrafe zu zahlen. Eine Unterlassungserklärung wird typischerweise nach einer Rechtsverletzung im Rahmen einer Abmahnung gefordert.

Urheber
Als Urheber bezeichnet man den Schöpfer eines urheberrechtlich geschützten → Werks. Er ist der ursprüngliche → Rechteinhaber, also der Inhaber der Rechte an dem Werk.

Urheberrechtsgesetz
Das Urheberrechtsgesetz (UrhG, amtlich »Gesetz über Urheberrecht und verwandte Schutzrechte«) regelt den Schutz von schöpferischen Werken wie Bildern, Videos oder Texten. Daneben schützt es weitere geistige Rechte, z.B. solche an Datenbanken und Computerprogrammen.

UrhG
→ Urheberrechtsgesetz

User-generated Content
→ Nutzergenerierte Inhalte

UWG
→ Gesetz gegen den unlauteren Wettbewerb

V

Verbraucher
Als Verbraucher bezeichnet man im Recht jede natürliche Person, die mit einem Unternehmer Geschäfte schließt, ohne dabei selbst als Unternehmer zu handeln (siehe auch § 13 BGB). Weil Verbraucher gegenüber Unternehmen wirtschaftlich unterlegen sind, werden sie in vielen Gesetzen besonders geschützt (»Verbraucherschutz«).

Virales Marketing
Virales Marketing ist eine Marketingform, die soziale Netzwerke und Medien nutzt, um mit einer meist ungewöhnlichen oder subtilen Nachricht auf eine Marke, ein Produkt oder eine Kampagne aufmerksam zu machen. Der Begriff »viral« besagt, dass die Marketingmaßnahme sich ähnlich wie ein Virus durch Weitergabe von Nutzer zu Nutzer schnell verbreitet.

Virales Marketing ist eine Art von → Guerilla-Marketing. Aus rechtlicher Sicht kann es sich bei einer viralen Marketingkampagne um Schleichwerbung handeln, wenn die kommerzielle Absicht nicht erkennbar ist.

W

Web 2.0
Web 2.0 ist ein Oberbegriff für das moderne Internet. Anders als in den Anfangstagen des Internet sind die Angebote im Web 2.0 nicht mehr statisch und die Nutzer nicht nur passive Konsumenten. Stattdessen erstellen sie selbst Inhalte, kollaborieren und interagieren miteinander. Die soziale Komponente gewinnt somit immer mehr an Bedeutung. Aus diesem Grund nimmt auch die Nutzung des Begriffs »Social Media« gegenüber dem Begriff »Web 2.0« zu.

Werbung
Der Begriff Werbung wird rechtlich sehr weit ausgelegt und bezeichnet jede direkte oder indirekte Maßnahme, die der Förderung des Absatzes oder der Imagepflege von Unternehmen und Unternehmern dient. Zur Werbung gehören damit fast alle unternehmerischen Handlungen, die nicht durch eine Geschäftsbeziehung notwendig sind (wie etwas das Verschicken von Rechnungen). Siehe auch → Geschäftliches Handeln.

Werk
Als Werk wird im Urheberrecht eine geschützte oder schützbare Schöpfung bezeichnet. Zum Beispiel werden Texte als »Sprachwerke«, Bilder als »Werke der bildenden Kunst« und individuelle Fotografien als »Lichtbildwerke« geschützt.

Werktitel
Werktitel schützen die Titel von Werken wie Büchern, Zeitschriften, Filmen, Blogs oder Podcasts gegen die Nutzung in anderen Werken gleichen Inhalts. Der Schutz ist im → Markengesetz geregelt.

Wettbewerber
→ Mitbewerber

Wettbewerbsrecht
Als Wettbewerbsrecht werden alle Vorschriften bezeichnet, die den marktwirtschaftlichen Wettbewerb regeln und seine Lauterkeit sichern sollen. Lauterkeit bedeutet, dass der wirtschaftliche Wettbewerb fair abläuft und Verbraucher geschützt werden. Unlauter sind zum Beispiel Praktiken wie Konkurrentendiffamierung oder Angaben von Nettopreisen gegenüber Verbrauchern. In Deutschland ist das Wettbewerbsrecht vor allem im → Gesetz gegen den unlauteren Wettbewerb (UWG) geregelt. Daneben existieren aber auch weitere Gesetze, zum Beispiel die Preisangabenverordnung (PAngV).

Z

Zitat
Ein Zitat ist die unveränderte Übernahme eines fremden Inhalts. Beim Text spricht man von einem »Textzitat«, bei Bildern von einem »Bildzitat«, bei Filmen vom »Filmzitat« usw. Zitate aus urheberrechtlich geschützten Werken sind nur unter strengen Bedingungen zulässig. Insbesondere muss das Zitat als Beleg für eigene Gedanken notwendig und so kurz wie möglich sein.

Zu-eigen-Machen
Zu-eigen-Machen ist ein Begriff aus dem Telemediengesetz und bedeutet, dass man fremde Inhalte so nutzt, dass sie für Dritte wie eigene Inhalte wirken. Die Folge ist, dass man für diese Inhalte haftet. Die Gerichte haben mehrere Kriterien dafür aufgestellt, wann man sich fremde Inhalte sich zu eigen macht. Wer zum Beispiel → nutzergenerierte Inhalte wirtschaftlich nutzt, mit eigenem Logo versieht oder nicht deutlich darauf hinweist, dass sie von einem Nutzer stammen, macht sich diese zu eigen. Siehe auch → Haftungsprivileg.

Index

Symbole

+1-Schaltfläche 107, 386
®-Zeichen 248, 310
©-Zeichen 77, 78, 310

Numerisch

15 Minuten Ruhm 113
2-Klick-Lösung 395, 406
999.999 Besucher 325

A

Abbestelllink 360
Abbestellmöglichkeit von E-Mailwerbung 360
Abbildungen 79, 102, 114
Abbildungen von Personen 111
Abmahnung 23, 65, 70, 73, 74, 162, 165, 177, 275, 316, 346, 359, 404, 413, 461, 464
Abmahnungskosten 423, 432, 456, 461, 471, 488, 492
Abmahnungsschreiben 159, 465, 485
Abmahnungswelle 70
Abmeldung vom Newsletter 360
Abo-Fallen 320
Abonnement 320, 347
Abschlusserklärung 479
Abschreiben 80, 157
Absender 164, 359
Absoluter Personenbezug 379
Abstimmungen 336
Abstracts 143
Account 34
Account-ID 32
Account-Inhaber 33, 47

Account-Name 32, 33, 35, 43
Accountsperrung 276, 283
Administrator 363, 364
Adressat 279
Adresshandel 359
Adresshändler 356
Adsense 21
Adwords 244
Adwords-Werbeanzeige 244
Affiliatelinks 290
AGB 57, 71, 72, 148, 195, 225, 341, 353, 354, 357, 381, 425, 459, 473
AGB der Stockbilderarchive 195
AGB Regelungen zu Rohdaten 189
AGB-Recht 226
Agentur 180, 188, 272, 423, 440, 473, 494
Agenturleistung 425
Agenturverträge 425
aggregierte Daten 378
AHB (Allgemeine Haftpflichtbedingungen) 495
Ähnlichkeit im Rahmen von Direktmarketing 354
Akkorde 130
Akquise 367
Akquiseversuche 367
Akteneinsicht 278, 459
Aktiengesellschaften 52
Aktionen als Werbemaßnahmen 346
Albumcover 86, 102
Algorithmen 136
Alleinstellung 294, 295
Alleinstellungsaussage 295
Alleinstellungsbehauptung 294, 295, 296, 297
Alleinstellungswerbung 295, 300
allgemein zugängliche Daten 380, 398, 400

Allgemeine Geschäftsbedingungen 342
Allgemeine Haftpflichtbedingungen 495
Amateurschnappschuss 97
Amazon 290
amtlich geschützte Berufsbezeichnungen 310
amtliche Werke 147
amtliche Zeichen 240
Amtsbeleidigung 276
Amtsgebühren 261
Amtsgerichte 467
Analyse des Nutzungsverhaltens 388
Analyse von Mitarbeiterinformationen 400
Analysedienst 390, 391
Analyseverfahren 388
Analysewerkzeug 393
Anbieterangaben 56
Androhung gerichtlicher Schritte 469
Anfechtung der Einwilligung 121, 191
Anfragenachricht vor Werbeversand 368
Angebotswerbung 347
Anhaken von Teilnahmebedingungen 341
Anhörung des Gegners 478
Animationen 135
Animationsfilme 131
anlehnende Werbung 143
Anmeldedaten 380
Anmeldung 260, 348, 358, 360, 362, 368
anonym 42, 328
anonyme Aussagen 286
anonyme Daten 378
anonymer Nutzer 480
Anonymisierung 126, 339, 390
Anonymität 126
anpreisen eigener Befähigung und Erfolge 310
Anpreisungen 361
Anreize bei Tell-a-Friend-Funktionen 369
Anschlussinhaber 379, 380
Anschluss-Werbung 355
Anschrift 52
Anspracheerbung 366
Ansprechpartner 418
Anspruchsgegner 457
Anstiftung 108, 282
Antwortemail 360
Anwaltsschreiben 147
Anwaltsschriftsätze 147
Anwaltsuchdienste 493
Anwaltszwang 477
Anzeigen und Trennungsgebot 288
Apotheker 54, 316

Applikationen 57, 67, 331, 332, 333, 338, 344, 369, 384
Aral 302
Arbeitgeber 122, 188, 400, 413, 416, 421
Arbeitnehmer 400, 401, 421
Arbeitsanweisungen 410
Arbeitsauftrag 188, 409, 410, 411, 412, 413
Arbeitsbeziehung 421
arbeitsbezogene Daten 122
Arbeitsergebnisse 188
Arbeitsinterna 421
Arbeitsleistung 123
arbeitsrechtliche Maßnahmen 413
arbeitsrechtliche Verstöße 400
Arbeitstätigkeit 409, 420
Arbeitsverhältnis 160, 188
Arbeitszeit 188, 409, 418
Architekten 54
Architektur 77, 91
Artikelbild 109, 438
Artikeltext 435
Artikeltitel 435
Ärzte 53, 54, 316
Asstel Versicherung 29
Astroturfing 283
Audi 303
Audiogerät 139
Aufenthaltsort 377, 526
Aufforderung zur Bewertungsabgabe 284, 285, 303
Aufgabenkreis 411
aufgeheizte Stimmung 444
Aufklärung beim Nutzertracking 390
Aufklärungspflicht 183, 324
Aufmacher 279
Aufmachung bei der Gegendarstellung 278
Aufnahme 91, 193
Aufsichtsbehörde 53
Auftraggeber 189, 425, 428
Auftragnehmer 189, 428, 500
Auftragsdatenverarbeitung 389, 390
Auftragsdatenverarbeitungsvereinbarung 391
Auftragslage 160
Aufzeichnung 150
Ausbildungsinformationen 401
Auskunft 384, 457, 490
Ausland 93, 278
ausländische Rechte 93
Auslosung 186
Ausschließliche Lizenz 190

Auswahl von Mitarbeitern 411
Auswertung von Newslettern 360
Automatische Antworten 349
Autor 130, 141, 153, 156, 180, 192
Avatarbilder 104

B

B2B 349
B2C 349
Backstage 56
Bagatellschwellen 282
Bahn 128
Banner 20, 314, 315, 351
Barrierefreiheit 136
Bauernverband 286
Baustellenseiten 56
Beanstandungen 440
Bearbeitung 79, 84, 92, 132, 183
Beauftragte 441
Beauftragung 425, 493
Bedürfnisse der Mitarbeiter 416
Befähigung 310
Befürwortung 449
Begleitnachrichten mit Werbeinhalt 348
Behauptung 265, 274
Behinderung 319
Behörde 147, 481, 482, 483
behördlich geschützt 310
behördliche Zulassung 53
Beiwerk 89, 90, 115, 116, 254, 255
bekannte Marken 33, 241
Bekanntmachungen 147
belästigende Werbung 320
Belästigung durch Werbung 318, 339, 365, 366
Belegfunktion von Zitaten 153, 154
Belehrung beim Nutzertracking 389
Beleidigung 173, 268, 273, 421, 472, 480
Beliebtheit als Alleinstellungsmerkmal 298
Belohnung für Bewertungen 284
Benachrichtigung bei Gewinnspielen 339
Benachrichtigungen 347
Benutzungszwang von Marken 261
berechtigtes Interesse bei Gegendarstellung 279
Berechtigung zur Abmahnung 465
Berechtigungsanfrage 464
Berichterstattung 87, 266
Berufliche Aktivitäten 400
berufliche Profile 21
beruflicher Werdegang 401
Berufsbezeichnungen 310

Berufshaftpflichtversicherung 54
Berufskollegen 81, 111
berufsrechtliche Angaben 54
berufsrechtliche Regelungen 54
Berufstätigkeit 411
Berufsverbände 480
Beschaffenheit von Produkten 309
Beschäftigungsverhältniss 400
Beschimpfungen 168
beschleunigtes Verfahren 478
Beschwerden über Nutzerinhalte 442
Beseitigung der Rechtsverletzung 408, 456, 466, 473
Beseitigungsanspruch 475
besseres Recht bei Accountnamen 33, 35, 39
Bestätigungs-E-Mail 228, 347, 349, 358
Bestätigungslink 358
Bestellungen 348
Betreff von Werbe-E-Mails 359
betriebliche Herkunft von Produkten 309
Betriebsfeier 119, 123
Betriebsfest 123, 124, 126
Betriebsgeheimnisse 421, 428
Betriebshaftpflicht 495
Betriebshaftpflichtversicherungen 495
Betriebsinterna 160
Betriebssystem 378
Betriebszeiten 409
Betroffene im Datenschutz 377, 388, 389, 404
Betrüger 274
Beweise 454, 455, 462, 486
Beweiskraft 190
Beweissicherung 455
Bewerber 401
Bewerbung eigener Produkte 254
Bewerbung von Markenprodukten 244
Bewerbungen 104
Bewerbungsfotos 187
Bewertung 283, 284
Bewertungsdatenbank 144
Bewertungsplattformen 399, 430
Bewertungsportale 64, 283, 284
Bewertungsseiten 29
Bewertungstext 284
bewusste Verlinkung 448
Bilderdatenbanken 195
Bildernutzung 95, 104, 470
Bilderportal 501
Bildersuche 210
Bildersuchmaschinen 80

Bildkomposition 100, 101
Bildmarke 239
Bildschirmauflösung 378
Bildzitat 89, 102, 252
Blacklist 361
blauer Umwelt-Engel 312
bleibende Werke 91
blocken von Nutzern 444
Blog 24, 49, 51, 55, 60, 66, 71, 208, 243, 247, 266, 279, 286, 289, 347, 349
Blogabonnenten 228
Blogartikel 228, 242, 288, 402, 458
Blogbeitrag 77, 79, 94, 151, 154, 215, 231, 232, 289, 291, 398, 423, 429, 438, 466, 487
Blogbesucher 380
Blogbetreiber 228, 350, 380, 458, 466
Blogcharts 145
Blogdesign 428
Blogger 79, 231, 289, 444
Blogger.com 446, 447
Blogger.de 24, 60
Bloggergate 290
Blogging-Netzwerk 66
Blogging-Plattformen 24, 60, 383
Blogkommentare 49, 228, 235, 294, 377, 402, 409, 410, 430, 441, 444, 456, 461, 526
Blogkommentatoren 388
Blognamen 227
Bonuspunkte 323
Bordell 273
BP 166, 169
Branche 40
Brief 159, 469
Briefe von Geschäftspartnern 147
Browser-Plugin 391
Bruttoendpreise 314
Buch 37, 77, 143, 152
Buchdatenbank 145
Buchfigur 142
Buchhaltungsunterlagen 457
Buchkritik 102
Buchtitel 141
Bündel von Rechten 227
Bundesdatenschutzgesetz (BDSG) 374, 375
Bundesländer 375, 389
Bundesregierung 401
Burger King 306
Bürgersteig als öffentlicher Weg 92, 129
Bürozeiten und Mitarbeiterhaftung 409
Bus (Hausrecht) 128
Businessnetzwerk 30, 368

Business-Plattformen 362
Businessprofile 62
Business-to- Business (B2B) 349
Business-to-Consumer (B2C) 349
Bußgeld 65, 69, 329, 389, 397, 401, 403, 482
Bußgeldstellen 460
Bußgeldverfahren 459, 460
Buttons von sozialen Netzwerken 385
BY – Namensnennung 203

C

Cache 455
Callactive 445
Calvin Klein 286
Canvas Page 331
Caritas 417
Cartier 305
Cartoon 92, 141
CC-Inhalte 207
CC-Lizenz 200, 202, 203
CC-Lizenzbedingungen 207
CC-Lizenzgenerator 213
CC-Symbole 200
Charaktere 141
Chart-Listen 144
Check-In 336, 337
Chefkoch.de 439
Christo 91
Clippings 158
Code 136, 189
Comicbild 105
Computerprogramme 77, 136
Confirmed Opt-In 358
Cookie 376, 387, 394
Copyright 78
Copyright-Hinweis 78
Copyright-Zeichen 77, 200
counter notice bei Rechtsbeschwerden 483
Cover von Musikplatten 102
Creative Commons (CC) 200
Creative-Commons-Inhalte 223
Creative-Commons-Lizenzen 79, 191, 199, 200, 205, 217
Crowdsourcing 184, 185, 326, 432, 433
CSS (Cascading Style Sheets) 136, 189, 291

D

Daimler-Konzern 422
Darbietung 193
Datei 434

Daten 328, 341, 377, 526
Datenbank 144, 145, 147
Datenbanken 77, 144
Datenbankhersteller 144
Datenbankrecht 144
Datenbankteile 145
Datenerhebung 372, 376, 377, 401
Datensätze 144, 145
Datenschutz 41, 68, 372, 377, 392, 398
Datenschutz in den USA 372
Datenschutzbeauftragte 375, 388, 392, 395, 403
Datenschutzbedingungen 357
Datenschutzbehörde 69, 329, 482
Datenschutzbelehrung 482
Datenschutzbestimmungen 148
Datenschutzeinstellungen 373
Datenschützer 375, 377, 391, 393, 396
Datenschutzerklärung 66, 353, 375, 383, 389, 394
Datenschutzerklärungspflicht 69
Datenschutzgesetze 361, 374
Datenschutzhinweis 68, 70, 384
Datenschutzproblematik 372
Datenschutzrecht 232, 356, 373, 376, 379, 401
datenschutzrechtlich verantwortlich 384, 397
datenschutzrechtliche Überlegungen 377
Datenschutzverletzung 69, 110, 130
Datenschutzverständnis 372
Datenschutzverstöße 381, 392, 396, 403, 459, 482
Datenschutzvorgaben 375
Datenschutzvorschriften 377, 383, 397, 403
Datensparsamkeit 356, 381
Datenträger 187
Datenübermittlung 395
Datenverarbeitung 376, 380, 397
Datenverarbeitungsvorgänge 404
Datenvermeidung 381
David gegen Goliath 463
Deckmäntelchen 169
Deep Links 82, 83, 451
Dekors 247
Dekra 312
demoskopische Einstellungen 319
der gute Name 238
Design und Urheberrechtsschutz 84, 99, 101, 104, 136, 189, 195, 204, 227, 489
Designentwürfe 189
Designer 188, 195

Designobjekt 101
Designrechte 101
Designstil 100
deutsche Marke 261
Deutscher Bauernverband 285
Deutscher Presserat 480
Deutscher Rat für Public Relations 480
Deutscher Werberat 480
Deutsches Patent und Markenamt (DPMA) 33, 250
deutsches Recht 226
deutschsprachiger Raum 300
Dialogfenster 384
Dieb 274
Dienste 385
Diensteanbieter 42, 51, 55
Dienstleister 189, 423, 427
Dienstleistungen 33
Diffamierung 270
Direkterhebung 381
Direkterhebungsgrundsatz 382
Direktmarketing 327, 345, 359, 368, 383, 399, 405
Direktmarketingkanäle 349
Direktnachricht 159, 349, 367
Disclaimer 72, 437, 438
Diskothek 112, 125
Disney 174
Distanzierung 73, 265, 450
Domain 227
Domainnamen 32, 45, 464
Domainwahl 40
Doppelgänger 112
Double Opt-In 358
Download im Urheberrecht 82, 448
Downloadseite 82
DPMA → Deutsches Patent- und Markenamt
Drittanbieter 386
Drittdienste 385
drittes Reich 268
Drittinhalte 385
drohende Rechtsverletzungen 444
Drohkulisse 481
Druckmittel 276, 460
Duldung unternehmensbezogener Tätigkeiten 412
Durchsetzung von Ansprüchen 454
Düsseldorfer Kreis 389, 391
Dynamische IP-Adresse 379

Index | 535

E

eBay 56, 178, 270
E-Book 354
E-Cards 349
echte Namen 41
Echtheitsgarantie 308
Econda 391
Effektivität 458
Ehre 114, 270
ehrenamtliche Moderatoren 441
ehrenamtlicher Helfer 440
ehrverletzende Tatsachen 273
Ehrverletzung 268, 273, 478
Eigenbewertungen 286
eigene Worte 138, 157
eigenes Vorgehen 459
Eigeninitiative 283
Eigenname 243
Eigentum 127
Eigentümer 127
Eigentumsrechte 309
Eigenwerbung 29
Einbetten 83, 436
Einbettung 435, 447
Einbettung von Videos 133
Einbindung 83, 386, 436, 447
einfache Lizenz 190, 465
Einladung 125, 334, 365
Einräumung von Nutzungsrechten 183, 216
Einrede des Fortsetzungszusammenhangs 489
Einreichungen bei Gewinnspielen 186
Einsichtsfähigkeit 119
einstweilige Verfügung 460, 478
Einstweiliges Verfügungsverfahren 478
Eintrittsgeld 128
Einverständnis 84, 125, 235, 448, 451
Einverständnis durch Nichtstun 351
Einwählen ins Internet 379
Einwilligung 86, 104, 118, 123, 125, 129, 131, 327, 350, 362, 380, 383, 388
Einwilligung des Mitarbeiters 123, 401
Einwilligungserklärung 352
Einzelauswertungen 360
Einzelhändler 298
Einzelunternehmer 52
Einzelvereinbarungen bei Creative Commons-Lizenzen 207
Einzelverhandlungen 214
Eltern 120

E-Mail 89, 159, 187, 190, 327, 345, 349, 353, 358, 361, 369
E-Mailadresse 53, 228, 332, 351, 356, 358, 361, 370, 377, 526
E-Mail-Eingang 53
E-Mailinhaber 361
E-Mail-Werbung 369, 381, 472
Embedding 133, 222, 385, 436, 447
Embleme 434
Empfänger von Werbenachrichten 366, 369, 370
empfehlen 437, 438, 447
Empfehlung 109, 133, 369, 393, 398
Empfehlung von Inhalten 107
Empfehlungsnachricht 368, 369
Empfehlungsprozess 109
Empfehlungsschaltfläche 107, 374, 385, 392, 393, 395, 437
Endorsing 292
Endpreis 314
Englisch 59
entgangener Gewinn 469
Entgelt 183
Entlohnung 120
Entstellung 85, 92
Entwickler 384
Ereignisse 103
Erfindungen 76
Erfolgsaussichten 457
erforderlich 386
Erforderlichkeit 381
Ergänzungen 279
Erhebung von Daten 379, 380
Erkennbarkeit des Impressums 56
Erlaubnis 83, 104, 108, 124, 128, 180, 182, 186, 190, 340, 465, 485
Erlaubniserklärung 182
Erläuterungstext 299
Ernsthaftigkeit von Abmahnungen 469
erotische Fotografie 85
erotische Werbung 85
erotische Zwecke 85
erotischer Kontext 121, 195
Ersatzteile 244
Erscheinungsjahr 133
Erschöpfungsgrundsatz 86
Erstberatung bei Rechtsanwälten 493
Erzählungen 149
Erzählwelten 141
ethnische Herkunft 319
eTracker 391

EU-Ausland 376, 377
EU-Gemeinschaftsmarke 261
EU-Land 376
Europäisches Markenamt 250
Eventbilder 112, 124
Eventfotografen 125
exali 494

F

Facebook 24, 42, 50, 60, 66, 106, 109, 198, 207, 218, 224, 233, 257, 317, 330, 338, 341, 362, 372, 377, 384, 386, 392, 402, 446, 458, 464, 482
Facebook Platform Policies 340, 384
Facebook-Applikationen 188, 384, 390
Facebook-Blog 243
Facebook-Eintrag 269
Facebook-Fanseite 24, 40, 43, 49, 72, 96, 122, 130, 177, 229, 231, 272, 332, 336, 365, 392, 397, 434, 458
Facebook-Funktionen 333
Facebook-Kommentare 461
Facebook-Konto 24, 42
Facebook-Logo 258, 318
Facebook-Marke 318
Facebook-Nachrichten 362, 363
Facebook-Nachrichtensystem 338
Facebooknutzer 363
Facebook-Nutzungsbedingungen 282
Facebook-Pinnwand 94, 159, 188, 230, 269, 364, 439
Facebook-Profil 49, 51, 60, 399
Facebookregeln 317, 330, 333, 343
Facebooks Social Plugins 393
Facebook-Schriftzug 258
Facebook-Server 331, 393
Facebookumgebung 332
Facebook-Werbeanzeigen 183, 219, 319, 343, 344, 362
Facebook-Werberichtlinien 317
Fachkenntnisse 427
Fachkräfte 499
fachliche Regeln 139
Fachverband Freier Werbetexter (FFW) 471
Fähigkeiten der Mitarbeiter 416
fahrlässig 473
fahrlässiges Handeln 474
Fahrlässigkeit 473, 474, 496, 499
Fake-Profile 21, 283
Fakten 138, 139, 267

Fallback-Lösung 291
Falschaussagen 281
Falschbehauptung 265, 268, 436, 440, 485
falsche Tatsachen 114, 172, 443
Familie 81, 111
Fan 336, 337
Fanseite → Facebook-Fanseite
Farbmarke 239
Farbspiel 101
Farbverlauf 97
Faschist 268
Fax 159, 350, 462
Fehlerhinweis 361
Fehlvorstellungen 324
Fernsehformate 37
Fernsehsendungen 131, 143
Feststellungsklage 476
fiktive Person 283
fiktiver Schadensersatz 457
Filiale 337
Filmausschnitt 132
Filmbesprechung 132
Filme 37, 77, 141, 143
Filmkritik 102
Filmproduzenten 76
Filmstück 132
Filmszenen 102
Filmtitel 133
Filmwerk 131
Filmzitate 132
Filter 204, 443
Finanzbehörden 54
Finanz-Blog 74
Finanzlage 160, 421
Firmenblog 114
Firmenrechtsschutz 495
First come, first served 33, 39, 40
Flashfilme 135
Flickr 50, 208, 210
fliegender Gerichtsstand 477
Flughafen 128
Focus 90
folgen 353
Follower 231
Ford 303
Foren 29, 51, 64, 66, 430, 480
Forenbeiträge 399
formloser Hinweis auf Rechtsverletzung 454, 461, 463
Formmarke 239

Formular 147, 359, 383
Fortbildungen 414
Fortsetzungszusammenhang 489
Forumsbetreiber 480
Forumsmoderatoren 440
Fotograf 104, 112, 120, 123, 128, 187, 195, 196, 198, 424
Fotografie 79, 92, 97, 184
Fotografien 77, 79, 94, 97, 100, 105, 128, 219, 471
fotografieren 92, 102, 112, 116, 126, 129
Fotografieren verboten 128
Fotografiererlaubnis 124
Fotografierrecht 128
Fotostudio 187
Fotowettbewerb 345
Frageportale 29, 64
Framing 385, 436
Freiberufler 26, 428, 494, 496
freie Lizenzen 191
Freiheitsentzug 276
Freiheitsstrafe 276
Freilichtbühne 128
Freistellung von Facebook 341
Freistellungsklausel 198
Freizeit 409
fremde Behauptungen 265
fremde Inhalte 385, 430, 439
fremder Nutzerinhalt 430
Frequenz von Werbenachrichten 356
Freundschaftsanfrage 60, 353, 362, 399, 401
Frist 277, 279, 462, 468, 471, 485, 488
Fristverlängerung 488
Fundstelle 313
Fürsprecher 292
Fußballverein 351
Fußgängerzone fotografieren 115

G

Garten und Hausrecht 128
Gastautoren 184
Gaststätten und Impressumspflichten 53
Gattungsbegriffe 42
Gebäude 127, 128
Gebrauchswerk 101
Gebrauchtwagenhändler 351
Gebrauchtwarenhändler 244
Gedichte 149
Gedichtsammlung 145
Gedichtsinterpretation 153

Gedichtsstrophe 153
gefährliche Nutzer 443
Gefällt mir-Klicks 335
Gefällt mir-Schaltfläche 107, 226, 247, 259, 335, 353, 364, 386, 393, 404
Gefällt mir-Symbol 395
Gegenabmahnung 475
Gegendarstellung 278, 464, 483
Gegendarstellungverlangen 281
Gegenseite 454, 486
Gegenstände 127
Gegenstandswert 471, 476, 492
Gegner bei Rechtsverfahren 454, 457, 460, 463
Geheimhaltung 160
Geheimhaltungswille 281
geistige Auseinandersetzung im Rahmen von Zitaten 103
geistige Werke 37
Geldpreise 323
Geldstrafe 276
Geldwert 330
Gelegenheitsgeschäfte 51
GEMA 193, 194, 215
Gemälde 77, 79, 89
Gemeinde 36
Gemeindenamen 44
Gemeinfreiheit 191
Gemeingut 199
gemeinnützig 31
gemeinnützige Organisationen 31, 204
Gemeinschaftsmarke 250, 261
Genehmigung 322
Genehmigungs-Dialog 385
Genossenschaftsregister 54
geografische Herkunft 309
gerichtliche Schritte 469
gerichtliches Klageverfahren 477
Gerichtsbeschluss 379
Gerichtsentscheidungen 147
Gerichtskosten 177, 459
Gerichtsprozesse 114
Gerichtsstand 478
Gerichtsverfahren 74, 277, 459, 465, 473, 484, 492
Gerichtsweg 47, 277
Gesamtergebnis bei Werbung mit Testergebnissen 313
Gesangsdarbietungen 77
geschäftlich 19, 29, 33, 50
geschäftliche Nachrichten 160

geschäftliche Tätigkeit 20, 51
geschäftliche Zwecke 60
Geschäftsangelegenheiten 349
Geschäftsbetrieb 350, 421
Geschäftsbeziehung 347, 354
geschäftsbezogene Inhalte 56
Geschäftsführer 52, 283
Geschäftsgeheimnisse 160, 421
Geschäftskontakte 367
geschäftsmäßig 19, 50
geschäftsmäßige Nutzung 63
Geschäftsmäßigkeit 50
geschäftsschädigend 276
Geschäftsschreiben 159
Geschäftsverkehr 52
Geschenk 307
Geschicklichkeit bei Gewinnspielen 322
Geschlechtseingrenzung bei Facebook-Gewinnspielen 319
geschlossene Benutzerkreise 81
geschlossene Plattformen 399
geschlossene Profile 399
geschlossene Räumlichkeiten 124
Gesellschaften mit beschränkter Haftung 52
Gesellschafter 52
gesetzliche Berufsbezeichnung 54
gesetzliche Erlaubnis 380
Gesinnung 85
gesponserte Meldungen 225
Gesprächsgruppen 286
Gestaltungshöhe 97
Gestaltungsideen 100
Gestaltungskraft 139
Gesundheitshandwerker 54
Gesundheitshinweise 313
Gesundheitsverträglichkeit 313
Gewährleistung 189, 230
Gewährleistungsfrist 308
gewerbliche Schutzrechte 496
Gewinn 252, 324, 326, 329, 340, 469
Gewinnausfall 456
Gewinnbenachrichtigungen 327, 338
Gewinnchancen 323
Gewinner 326, 328, 336
Gewinnerbeiträge 341
Gewinnermitteilung 185
Gewinnerzielung 204
Gewinnklassen 324
Gewinnspiel 66, 119, 184, 257, 321, 353, 368, 429, 458

Gewinnspielaktionen 336
Gewinnspielapplikation 332, 339
Gewinnspielbeitrag 322
Gewinnspielchancen 333, 369
Gewinnspielpreise 324
Gewinnspielrichtlinien 330
Gewinnspielseite 332, 341
Gewinnspielteilnehmer 338
Gewinnspielvoraussetzung 335, 336
Gewinnspielzwecke 341
Gewinnung von Adressen 353
Gewinnversprechen 325
Gewinnzusagen 325
Gigapixel-Bilder 126
Glücksspiel 322
GNU (General Public License) 202
Golem 267
Google 31, 98, 129, 257, 390, 447, 455
Google Analytics 372, 390
Google Street View 129
Google Webmaster Tools 455
Google+ 27, 41, 43, 62, 66, 106, 140, 159, 220, 224, 386, 393, 397, 446, 458
Google-Adsense 21
Google-Adwords 244
Google-Bildersuche 80, 210
Google-Maps 98
Graffitikunst 88
Grafikagentur 500
Grafiken 77, 94, 97, 189
Grafiker 188, 500
Graswurzelbewegung 283
Gratiszugaben 306
Greenpeace 166, 174
Großhändler 105
Großunternehmen vs Nutzer 463
Grundkapital 52
Grundstück als öffentlicher Raum 91, 127, 129
Grundstückseigentümer 91
Grundstücksgrenze 127
Gruppe von Personen 125
Gruppen-Newsletter 367
Grußkarte 349
GS-Zeichen 312
Guerilla-Marketing 286
Gutefrage.net 29
Gütezeichen 312
gutgläubige Erlaubnis 180
Gutscheine 369

H

HABM 250
Haftpflicht 499
Haftpflichtversicherungen 495
Haftpflichtvertrag 501
Haftung 73, 184, 214, 294, 321, 342, 408
Haftungsausschluss 72, 425, 428, 435, 447, 450
Haftungsbegrenzung 426
Haftungsfälle 230
Haftungsprivileg 73, 430, 439, 445, 461
Haftungsrisiko 342, 412, 416, 425, 493
Haftungsvereinbarungen 425
Hamburger Brauch 467
Hand Out-Karte 125
Handarbeit 309
Handelsregister 54, 250
Hanseatisches Oberlandesgericht 431
Hape Kerkeling 288
Hauptleistung 428
Hauptleistungspflichten 428
Haus 127, 130
Hausrecht 41, 71, 127, 129, 258
Hausregeln 276, 321, 346, 459
Hecke als Beschränkung öffentlichen Raums 127
Heilhilfsberufe 54
heise.de 449
herabsetzen von Konkurrenten 307
Herabstufung von Konkurrenten 294
herausfordernde Beiträge 444
Hersteller 105
Herstellungsverfahren 309
herunterladen 80
Hilfsmittel 91, 92, 129
Hintergrundmusik 193
Hinweis 340
Hinweis auf den Urheber 211
Hinweis auf eine Rechtsverletzung 441
hochladen 80, 184, 186
Hollywood-Blockbuster 131
Honorar von Rechtsanwälten 471, 493
Honorarempfehlung 471
Honorarvereinbarung 493
Hörmarke 239
Hornbach 344
Hörspiele 141
Horst Schlämmer 288
Host-Provider 446
HTML 136, 189, 213

I

Ideen und Urheberrecht 76, 99, 138
Identität 387
Identität der Nutzer 462
Identität des Rechtsverletzers 459
Identitätsverschleierung 286
iframe 436
Illustration 153, 195
Image 238
Imagebeeinträchtigung 241
Imagegründe 463
Imagepflege 19, 214, 346
Imageschaden 71, 406, 464
Imagetransfer 241, 247, 255, 305
Imageverlust 44
Imagewerbung 174
immaterielle Vorteile 330
Impressum 48, 74, 360, 447
Impressum als Grafik 59
Impressumsfehler 48
Impressumslink 58
Impressumspflicht 49, 50, 59, 63, 69, 472
Individualität 35
Industrie- und Handelskammer (IHK) 480
Influencer 398
Informationsinteresse 303
Informationspflichten 381
Informationsverwertung 401
informierte Einwilligung 327
Ingenieure und Impressumspflicht 54
Inhalte 423
inhaltlich verantwortlich 52, 55
innerbetriebliche Feste 124
Insights-Statistiken 392, 396
Insolvenzverkäufe 309
Inspiration 100
inspirieren 84
Installationen 77, 91
Instruktion von Mitarbeitern 410
Intensität der Rechtsverletzung 468
Interesse der Öffentlichkeit 161
internationale Marken 261
interne Geschäftsangelegenheiten 349
interne Geschäftsvorgänge 30
Internetagentur 500
Internet-Anschluss 379
Internetprotokoll 378
Internet-Provider 379
Internetpublikation 156
Internetzugangsprovider 380

Interpret 130, 193
Interviews 149
Intimsphäre 112, 159, 272
Intranet 51, 158
IP-Adresse 358, 378, 385, 388, 394
IP-Lizenz 219
IP-Masking 390
Irland 377

J

Javascript 59, 137, 291
Javascript-Code 393
Jet 302
Joschka Fischer 169
journalisch-redaktionelles Medium 278
Journalismus 266
journalistische Artikel 149, 472
journalistische Beiträge 149, 449
journalistische Sorgfalt 266
journalistisches Medium 266
journalistisch-redaktionell 55, 266
journalistisch-redaktionelle Medien 278
Jubiläumsangebote 309
Jugendliche 328
Jugendschutzverstöße 482
juristische Personen 52
juristische Schritte 469

K

Kampagne 168, 207, 287, 345, 427
Karikatur 165, 168
Karten 77, 98
Kartenausschnitte 98
Kartendienste 99
kartografisches Material 452
Katalogbilder 86, 105
Kataloge 105
Kategoriebezeichnungen 42
Kaufangebot 314
Kaufentscheidung 303
Käufer 230
Kaufmann 52
Kaufpreis 230
Kaufpreiserlass 324
Kellogg's 296
Kenntnis 73, 277, 439, 440, 451, 461
Kennzeichen 246
Kennzeichnung von Inhalten und Haftung 434, 438

kerngleiche Rechtsverletzungen 442
Keywords 151, 244
Kinofilm 131, 134, 448
Kinoplakat 89
kinox.to 449
Klage 281, 461
Klageforderung 478
Klageverfahren 476, 477, 479
Klarnamen 41
Klassen 240
Kleinunternehmer 463
Klickbarkeit von Impressumslinks 58
Know-how 421
Kochrezeptseite 178
Kollektivbeleidigung 269
Komfort 153
Kommanditgesellschaft auf Aktien (KG a. A.) 52
Kommentare 149, 232, 234, 334, 349, 365, 398, 412, 429, 445, 448, 458
Kommentare auf Facebook-Seiten 234
Kommentarfelder 385
Kommentarfilter 443
Kommentar-Netiquette 72
Kommentatoren 228, 231
Kommentierung 440
kommerziell 19, 21, 38, 42, 48
kommerzielle Analyse 399
kommerzielle Kommunikation 29, 348
kommerzielle Nutzung 32, 231
kommerzielle Zwecke 400
kommerzieller Charakter 30
Kommunikation 321, 348
Kompetenz als Beleidigungsmerkmal 272
Komponisten 193
Kongress 116, 367
Konkurrent 65, 161, 265, 273, 301, 307, 346, 359, 404, 454, 475, 480
Konkurrenz 230, 300, 303
Konkurrenzprodukte 301
Konkurrenzverhältnis 172
Konsumenten-Umfragen 312
Kontaktanfragen 362
Kontaktangaben 53
Kontaktaufnahme 368, 486
Kontaktdaten 351
Kontaktformular 53, 361, 462
Kontaktimporter 365
Kontaktmöglichkeit 53
Kontenzahl 32
Kontrolle von Inhalten 441

Kontrolle von Mitarbeitern 411
Kontrollkästchen 327, 341, 352, 357, 381, 394
Konzert 116, 128
Konzertaufnahme 134
Kooperation 363
Kooperationsanfrage 347
Kooperationspartner 356
Kopien 80
Kopplung 323, 327, 328, 354
Korrespondenz 147, 457
Kosten 413
Kostenersatz 476
Kostennote 497
Kostenpauschale 480
Kostentragungspflicht 277
Kostenübernahme 488
Krankheiten 266, 319, 449
Krankheitsberichte 159
kriminelle Machenschaften 266
Kritik 37, 167, 271
Kritiken 102, 149
kritischer Blogbeitrag 445
kritisieren 307
Kunden 411, 428
Kundenanfrage 363
Kundenaussage 294
Kundendaten 421
Kundenkreis 297
Kundenmeinung 295
Kundenstamm 299
Kündigung 408, 413, 468
Kunstblog 88
Kunstfreiheit 166
Künstler 26, 29, 113, 193
Künstlernamen 41, 52
Kunstobjekt 91
Kunstrasenhersteller 283
Kunstwerk 87, 91, 92
Kuratierungsdienst 84, 438
Kuratierungsplattform 83
Kuratierungsplattformen 437
Kurzgeschichte 178
Kürzung 84, 279

L

Laienprivileg 265, 450
Landesdatenschutzbeauftragte 389
Landgerichte 467
Landschaftsbild 116

Leistungsähnlichkeit 242
Leistungsbeschreibung von Agenturen 425, 428
Leistungskontrolle 400
Leistungsschutzrechte 76
Leistungsspitze als Werbemerkmal 300
Leistungsvereinbarungen 428
Leitlinien für Mitarbeiter 415
Leitsätze von Gerichtsurteilen 147
Leseverhalten bei Newslettern 360
Lessig, Lawrence 200
Lichtbilder 76, 100
Lichtbildwerke 100
Lied 130
Liedtext 77, 130, 131, 149, 153, 155, 193
Like-Button 107, 109, 226, 247, 259, 335, 353, 364, 386, 392, 404, 406
Liller, Tapio XIV
Limerick 149
Link 106, 340, 448
Linkdisclaimer 450
LinkedIn 66, 402
Linkhaftung 73, 448
Linksammlung 144
Linksetzung und Transparenzgebot 289
Linktausch 347
Linktauschangebote 347
Linktauschprogramme 290
Linktipp 107
Linkverbote 451
Liquidationsvermerk 52
Lizenz 79, 80, 180, 182, 190, 193, 198, 465
Lizenzarten 465
Lizenzbedingungen 195, 473
Lizenzbeschreibung 201, 213
Lizenzbestimmungen 197
Lizenzeinräumung 219
lizenzfrei 196
Lizenzgeber 180, 424
Lizenzgebühr 193, 499
Lizenzgenerator für Creative Commons 213
Lizenzhinweis 203, 210
Lizenzinhaber 182, 465
Lizenzmodule 203
Lizenznehmer 180, 182, 244
Lizenzpartner 190
Lizenz-Sets bei Creative Commons 196
Lizenzvereinbarungen 196
Lizenzverhandlungen 207
Lizenzversion bei Creative Commons 206
Lizenzverstoß bei Creative Commons 215

Lizenzvertrag 183, 201
Lockvogelwerbung 309
Logo 109, 237, 427, 431, 439
Look 143
Löschung 277
Löschung der Nutzerkonten 177
Löschung des Accounts 231
Löschungspflicht 382, 447
Löschungsverfahren 446
Loyalitätspflicht von Mitarbeitern 422
Lucasfilms 174
Luxusurlaub 324

M

Magazine 143, 267, 278
Mammut 166
Mannheim 36
Mannschaftskabine 260
Marke 33, 37, 45, 144, 146, 343, 440
Markenamt 240, 250
Markenanmeldung 260, 261
Markenbezeichnung 34
Markengenehmigungen 259
Markeninhaber 34, 238, 243
Markenklassen 240
Markenlogo 99, 166, 251, 253, 440
Markennamen 34
Markenprodukt 242, 251, 253
Markenqualität 309
Markenrecherche 40, 248
Markenrecht 33, 40, 44, 99, 237, 309
Markenrechtsverletzung 34, 466, 485, 495
Markenschutz 239, 249
Markentypen 239
Markenurkunde 47
Markenverletzungen 34
Markenverstoß 467, 472
Marketing 283, 347
Marketingagentur 255
Marketinginformation 356
Marketingkampagnen 244
Marketingleistung 364
Marketingmaßnahme 294, 321, 323
Marketingmitarbeiter 283
Marketingstrategie 421
Markierfunktion bei Facebook-Gewinnspielen 334
Marktgeschrei 297
Maßarbeit 309

Massenabmahnungen 161
Massen-E-Mails 162
McDonalds 171, 306
Media-Haftpflicht 496, 500, 501
Mediathek 134
Medienzitate 266
Mehrwertnummer 322
Mehrwertsteuer 315
Meinung 264, 273, 409
Meinungsäußerung 267, 279
Meinungsbild 286
Meinungsbildung 266, 279
Meinungsfreiheit 37, 87, 166, 242, 257, 265, 420
Meinungslage 286
Meldeamt 52
Meldung an Betreiber 482
Meldung an den Plattformbetreiber 462
Menschenwürde 272
Mercedes 302
Messe 119, 124
Messebesucher 125
Messeteam 123
methodische Anordnung von Datensätzen 144
Micky Maus 174
Microblogging 63
Microsoft 98
Millionenchance 323
Minderjährige 119, 319, 325
Minibanner und Trennungsgebot 289
Missbrauch der Meinungsfreiheit 172
Missbräuchliche Abmahnung 475
Mitarbeiter 23, 26, 122, 188, 272, 283, 285, 400, 408, 440, 487, 500
Mitarbeiterbilder 122
Mitarbeiterinformationen 400
Mitarbeitertätigkeit 412
Mitbewerber 99, 282, 289, 301, 312, 316, 329, 343, 418, 440, 456, 465, 480
Mitgliederdaten 332, 384
Miturheber 79
Model 120
Model Release 119
Moderatoren 441
Modifikation 487
modifizierte Unterlassungserklärung 491
Module (bei Creative Commons Lizenzen) 204
Mosaik 110
Motive von Bildern 94, 214
Mouse-over 290, 291
Multimedia 135

Multimedianwendungen 77
Multimediawerke 135
Museum 128
Musik 77, 90, 130, 193, 202
Musikalben 86, 102
Musikalbumcover 102
Musikbesprechung 132
Musikkritik 102
Musiklizenz 192
Musiknutzung 90
Musikstück 90, 135, 192, 204, 448
Musikwerk 193
Muster einer Unterlassungserklärung 468
Musterlizenz 200
Musterteilnahmebedingen 186
mutmaßliche Erlaubnis 181
mutmaßliches Interesse 364

N

Nachahmung 99, 168
Nachbesserung 403, 427
Nachfragewerbung 347, 352
Nachname 34, 51
nachprüfbare Eigenschaften bei vergleichender Werbung 304
Nachrichten 345, 368
Nachrichtenstrom 362, 364
nachstellen von Motiven 85
Nachweis 119, 358, 412, 447, 454, 455
Nachweis der Erlaubnis 190
Nachweisschwierigkeiten 457
nachzeichnen 97, 101
nahtloses Teilen 374
Namen 32, 52, 377, 526
Namensähnlichkeit 242
Namenskürzel 283
Namensnennung 86, 167, 203, 209, 210, 215
Namensnennungsmodul bei Creative Commons 203
Namensrecherche 40
Namensrecht 33, 37, 243
Namensrechtsverletzung 495
natürliche Person 27
Nazi 268
NC – Nicht kommerziell 204
ND – Keine Bearbeitung 204
NDA (Non Disclosure Agreement) 160
Nebenpflichten 428
negative Bewertung 284

negative Feststellungsklage 476
negative Kritik 418
negative Publicity 224
Nennung des Urhebers 93
Netiquette 71
Netzpolitik 267
News 103
Newsletter 279, 327, 347, 349, 353, 367
Newsletteranmeldung 349, 359, 482
Newsletterbestellung 383
Newslettereinwilligung 357
Newsletterformular 384
Newsletternachrichten 345
Newsletterversender 358
Newsportal 434
Newsseite 364
nicht registrierte Marke 246
nicht-exklusiv 219
nicht-kommerziell 30
nicht-öffentliche Korrespondenz 159
nicht-öffentliche Nachrichten 165
Niederlassung 52, 376
Niggemeier, Stefan 445
Non Disclosure Agreement (NDA) 160
Notenrang bei Testergebnissen 313
Notice and Take-down 439
Notlage im Rahmen von Gewinnspielen ausnutzen 324
Nutzeranalyse 387
Nutzeranfrage und Werbung 442
Nutzerbeitrag 185, 402, 439, 440, 458, 487
Nutzerdaten 66, 228, 372, 392
nutzergenerierte Inhalte 184, 429, 432, 441, 458, 461
Nutzerinhalte 197, 217, 228, 402, 432, 439, 448
Nutzerinteraktionen 398
Nutzerkommentare verbergen 442
Nutzerprofile 399
Nutzerreaktionen 463
Nutzertracking 387, 390
Nutzeruploads 184, 326, 432, 458
Nutzerzahlen 344
Nutzung 183, 194, 388
Nutzung von Plattformfunktionen 32
Nutzungsbedingungen 23, 67, 71, 195, 197, 208, 217, 220, 362, 400, 433, 482
Nutzungsberechtigte 79
Nutzungseinräumung 217, 226
Nutzungserlaubnis 86, 180, 191, 230
Nutzungsprofile 389

Nutzungsrechte 79, 180, 183, 186, 188, 208, 217, 433
Nutzungsrechte am Design 227
Nutzungsrechtseinräumung 198, 225
Nutzungsübertragung 222
Nutzungsvertrag 470

O

objektive Eigenschaften bei vergleichender Werbung 304
objektiver Beitrag und Trennungsgebot 288
offensichtliche Rechtsverletzung 446
öffentlich zugänglich 89
öffentliche Diskussion 296
öffentliche Kritik 416
öffentliche Plätze 92, 129
öffentliche Straße 91, 92, 129
öffentliche Verzeichnisse 351
öffentliche Zugänglichmachung 81, 110, 133, 487
öffentliches Ereignis 37
öffentliches Interesse 37, 169, 266, 276, 280, 449
Öffentlichkeit 51, 55, 114, 117, 463
offizielle Videokanäle 134
Onlinearchiv 87
Onlineformular 358
Onlinekosten.de 290
Onlinemagazine 37
Onlinepräsenz 383, 430
Online-Stellungnahme 281
Onlinevideo 132
Opt-in 358, 372
Opt-out 372
Ordnungsbehörden 482
Ordnungsgeld 477
Ordnungswidrigkeit 482
Organisationen 31, 480
originalgetreue Übernahme 136
örtliche Reichweite 35

P

Pahrmann, Corina XIV
Paintballspielen 273
PAngV 314
Panoramafreiheit 91
Paperboy 83
Park als öffentlicher Raum 92, 128
Parodie 37, 165, 168
Partnerprogramme 63
Partnerschaftsregister 54

Passbilder 377, 526
passiver Rechtsschutz 497
Passwort 360
Passwortsicherung 360
Patent 76
Patentrechte 309
Pauschalbetrag bei Rechtsanwaltsgebühren 493
PDF-Dateien 158
periodisch erscheinende Werke 280
Perlentaucher 143
Permission Marketing 351
Personalabteilung 416
Personalisierung 356
Personen der Zeitgeschichte 114
Personenabbildung 111
personenbezogene Daten 68, 228, 233, 377, 385, 388, 390, 394, 399
Personengesellschaften 52
Personennamen 44
Personenschäden 428, 495
Personensuchmaschinen 80
Personenvereinigungen 52
persönlich verbundener Personenkreis 81
persönliche E-Mail 349
persönliche Identifikationsnummer 54
persönliche Profile 21, 24, 60, 363
persönlicher Verbund 81
Persönlichkeitsrechte 118, 126, 129, 141, 159, 176, 293, 441, 449
Persönlichkeitsrechtsverletzung 424, 443, 445, 468, 495
Pflicht zur Abmahnung 465
Pflichtenheft 426
PHP 137
Pinnwand 107, 159, 332, 334, 339, 345, 349, 363, 369
Pinnwandaktionen 334
Pinnwandbeiträge 365
Pinnwandeinträge 140, 330, 364, 423
Pinnwandfunktion 334
Pinnwandinhaber 364
Pinnwandkommentare 286, 430
Pinnwand-Nachricht 363, 365
Pinterest 84, 437
pixelio.de 432
Plagiat 156
Plakattafel 91
Plan B 343, 345
Plattformbetreiber 277, 458, 462, 482
Plattformfunktionen 226

Plattforminhaber 229, 459
Plattformregeln 23
Plattformrichtlinien 44
Plugins 392, 393
Plus 323
Podcast 37, 150, 192, 193, 247
Polemik 270
Politiker 37, 113, 273
politische Einstellung 191
politische Zwecke 85
politischer Kontext 121, 195
Polizei 113
Polizeidienststelle 480
Polizisten 269
Pop-up-Fenster 318
Portal 267, 284
Portokosten bei Gewinnspielen 322
Porträtbilder 104, 187
positive Bewertung 284
Post 350
Postadressen 377, 526
postalischer Wege 350
Posterous 63
Postfach 52
Postkarte 322
PR-Abteilung 412, 416, 463
PR-Agenten 286
Prangerwirkung 37, 161
PR-Anzeige 288
Präsentation 150
Preisangabe 472
Preisangabepflicht 314
Preisausschreiben 322
Preisgabe von Daten 374
Preislisten 470
Preisnachlässe 306
Preisvergleichsportale 244
Preiswerbung 314
Presse 286
Pressearchiv 158
Pressebericht 157
Presseclippings 157
Pressefreiheit 87, 166, 242, 265, 449
Pressemitteilung 150, 151, 281
Pressespiegel 157, 158, 403
Pressezwecke 102, 252
Pril 104
Privacy Policy 68
Privatbereich 272, 283, 409, 412, 420
Privatblog 409, 412

private Archive 188
private Daten 374
private Handlungen 114
private Kommunikation 348
private Korrespondenz 147
private Nachrichten 159
private Nutzung von Marken 242
private Profile 292, 402
Privatforen 400
Privatgebrauch 89
privat-geschäftlich 22, 51
Privatgrundstück 92, 128
Privathaftpflichtversicherung 495
privat-kommerzielle Nutzung 20
Privatkopie 89
Privatleben 114, 272, 292
Privatnachricht 89, 159, 346, 349
Privatperson 19, 54, 70, 283, 405, 463
Privatrechtsschutz 495
Privatsphäre 112, 116, 118, 159, 165, 234, 266, 319
Privatsphäre- und Anwendungseinstellungen 218
Privatsphäreeinstellung 319
Privatverhalten 401
Privatzwecke bei Fotoaufnahmen 129
Produktangebote 346, 369
Produktbeschreibungen 146
Produktbewertungen 413
Produktbezeichnungen 144
Produktbild 86, 105, 178
Produktdetailseite 315
Produktempfehlung 368
Produkthinweise 349
Produzent 130
Profilbeschreibung 292
Profilbild 104, 333
Programmcode 136, 188
Programmierer 136, 188
Programmiersprachen 137
Prokurist 52
Prominente 25, 35, 45, 111, 167
Promotions 321, 330, 341, 343, 344, 482
Promotionsregeln 330, 343
Promotions-Richtlinien 344
Protokollierung von Newsletteranmeldungen 358
Provider 379
provozierende Beiträge 444
Prozesskostenrechner 473
Prüfungspflicht und Haftung 425, 439, 442
Pseudonym 35, 41, 42, 44, 52, 86, 203, 389, 394

pseudonyme Aussagen 286
pseudonyme Daten 387, 396
pseudonyme Nutzererfassung 387
pseudonymes Nutzerprofil 387, 389
pseudonymes Nutzertracking 387
pseudonymisierte Nutzungsdaten 389
psychologischer Kaufzwang 324
Public Domain 191
Puma 171

Q

QS-Zeichen 312
Qualität 97, 131, 139, 238, 312
Quelle 156, 437
Quellenangabe 89, 132, 155, 156, 203
Quittung 470
Qype 285

R

Rabatt 284, 306, 369
Rabattversprechen 284
Radiosendungen 278
Räumungsaktion 309
Realname 41
Recherche 40, 266
Recherchedienst 40
Recherchepflicht 266
Rechnungsbeleg 457
Rechnungsversand 348
Recht am Bild 95
Recht am eigenen Bild 111, 122, 126, 214
Recht am Motiv 95, 177
Recht am Video 131
Rechte an Motiven und Musik 131
Rechteeinräumung 226
Rechteinhaber 79, 87, 98, 104, 110, 180, 198, 424, 475
Rechtekette 180, 181, 424
Rechteübertragung 185
rechtliche Hinweise 341
Rechtsansicht 466
Rechtsanwalt 40, 53, 316, 342, 454, 469, 498
Rechtsanwaltsgebühren 457, 475, 492
Rechtsanwaltskammer 493
Rechtsbruch 315
Rechtschreibfehler 139
Rechtsform 52
Rechtsschutzversicherung 495
Rechtssicherheit 214, 491

Rechtsverletzer 458, 475
Rechtsverstöße von Mitarbeitern 412
Rechtsweg 329
Redaktionsschwanz 280
redigieren 84
Refrain 149
regionale Reichweite bei Alleinstellungswerbung 298
Registerangaben 54
Registergericht 54
Registernummer 54
registrierte Rechte 465
Registrierungs-E-Mails 349
Registrierungsprozess bei Marken 249
reglementierte Berufe 54
Reichstag 91
Reichweitenanalyse durch Facebook 392
Reichweitenmessung 388
reklamehafte Übertreibung 296, 297, 300
relativer Personenbezug von IP-Adressen 379
Religion 319
Reparaturdienst 253
Reportage 103, 149
Repräsentation des Unternehmens 123
Reputation 114
Restrisiko 134
Retuschen 84, 204
Retweet 141, 448
Rezepte 431
Richtigstellung von Falschbehauptungen 265
Richtlinien für Facebook-Seiten 317
Richtlinien für Promotions 321
Rights Managed 196
Risikoabwägung bei Verbreitung fremder Aussagen 266
Risikominderung bei Alleinstellungsbehauptungen 299
Risikominimierung bei Gewinnspielen auf Facebook 344
Ritter Sport 184
Rohdaten 188
Romane 149
Ronald McDonald 171, 306
Royalty Free 196
RSS-Feed 151, 291, 385, 434
RSS-Feed-Reader 291
Rückruf von Nutzungserlaubnissen 191
Ruf einer Marke 255
Ruf einer Person 114
Rufausbeutung 305

S

SA – Weitergabe unter den gleichen Bedingungen 204
Sachherrschaft und Hausrecht 127
Sachschäden 495
Sachverhaltsbeschreibung 475
Sachverhaltsdarstellung 466
Sachverständiger 310
Sammelwerk 150
Sample 130
Sanktionen 276
Satire 37, 38, 114, 141, 165, 172, 243
Schadenabteilung 498
Schadensberechnung 470
Schadensersatz 86, 97, 156, 165, 177, 191, 275, 408, 423, 456, 469, 471, 488, 490, 497
Schadensersatzanspruch 401, 471, 476
Schadensersatzpflichten 499
Schadensersatzzahlung 495
Schalke04 229
Schattenwurf 101
Schindler, Marie-Christine XIV
Schlager 149
schlechter Ruf 123
Schlecker 163
Schleichwerbung 20, 29, 282
Schleswig-Holstein 392
Schmähkritik 270, 272, 307
Schmähung 173, 268, 276, 421, 440, 443
Schnappschuss 100, 114
Schnittstelle 32, 98, 232
Schöpfungshöhe 132, 144
Schriftform 119, 190, 469
schriftlicher Nachweis 190
Schriftstück 190
Schulung von Mitarbeitern 411
Schutzbedürfnis der Mitarbeiter 416
Schutzbehauptung beim Astroturfing 283
Schutzschrift 478
Schutzumfang beim Urheberrecht 97
schutzwürdige Interessen bei allgemein zugänglichen Daten 400
Schwarmauslagerung 184
schwarze Balken 111
schwarze Liste 282
Schwindt, Annette XIV
Screenshot 80, 102, 109, 158, 455, 481, 486
Seamless Sharing 374
Selbstverständlichkeiten (Werbung mit) 308
Sendebestätigung 462

Sentimentanalyse 398
SEO 151
Seriosität von Testergebnissen 312
Server 81, 332, 378, 385
Servernutzung 228
Serverstandort 376
Service 153, 295, 360
Sevenload.de 431, 437
Sexualleben 266, 449
sexuelle Orientierung 319
Sharing 437
Shitstorm 176, 463
Shoprechnung und Werbeinhalte 349
Sichtung von Inhalten 441
Siegel 312
Signets 434
Single Opt-in 358
Sittenwidrigkeit 240
Sitz 59, 376
Sixt 170, 300
Skulpturen 77, 91
Slogan 42, 145, 146
Smiley 97, 98
Social Hub 398
Social Media Guidelines 415
Social Media-Abteilung 463
Social Media-Account 229
Social Media-Accounts kaufen 227
Social Media-Accounts verkaufen 227
Social Media-Accounts vermieten 231
Social Media-Auftritt 282
Social Media-Icons 259
Social Media-Konto 346
Social Media-Leitlinien 415
Social Media-Manager 429
Social Media-Monitoring 398, 401
Social Media-Newsroom 435, 436
Social Media-Policies 415
Social Media-Präsenz 282
Social Media-Profil 89, 280, 348, 370
Social Media-Strategie 416
Social Media-Team 283, 416
Social Plugins 32, 386, 393
Software 37
Solidarisierung mit Links 449
Solvenz 458, 459
Sorgfaltspflicht 413, 496
Spam 26, 59, 162, 320, 339, 345, 363
Spamvermeidung 59
Spam-Versand 403

Sperrung von Accounts bei Regelverstößen 344, 370
Spezialgesetze im Wettbewerb 315
Spiele 135
Spielerkabine 260
Spielgeld bei Gewinnspielen 322
Spielidee 136
Spitzenstellungsbehauptung 300
Sponsoring 288
Sportevents 124
Sportler (Abbildung von) 113
Sportveranstaltung 116
Sportwettbewerb 322
Sprache im Impressum 59
Sprachstil 418
Sprachwerk 77, 138, 150, 232
sprechender Link 58
Springer Verlag 169
staatliche Einrichtungen 36, 44
staatliche Grundstücke 129
staatliche Straßen 129
Staatsanwaltschaft 278, 455
Stadion und Hausrecht 128
Stadtplanausschnitt 178, 472
Stadtpläne 98
Stammkapital 52
Standardbild bei Empfehlungen 109
ständige Verfügbarkeit des Impressums 56
Star Wars 174
Statcounter 391
statische IP-Adresse 379
Stats4free 391
Statusupdates 140
Sternchenhinweise 299
Steuerberater 54, 316
Steuernummer 54
Stichproben bei Mitarbeitern 313
Stiftung Warentest 312
Stilblüten 139
Stile 99
Stockarchiv 106, 195
Stockarchivbilder 197, 217
Stockbilderarchiv 85, 182, 195, 423, 458, 474
Störer 430
Störerhaftung 430
Storify 437
Strafantrag 278, 455, 480
Strafbehörden 481
strafrechtliche Folgen 275
strafrechtliches Vorgehen 480
Straftat 480

Strafverfahren 269, 329, 459, 480
Strafverfolgung 459
Strafverfolgungsbehörden 460, 482
Street View 129
Streisand-Effekt 280
Streitwert 471, 497
Studiofotografie 97
Stundensatz von Rechtsanwälten 493
Subunternehmer 500
Subvention 153
Suchmaschinen 80
systematische Anordnung 144

T

Tabellen 147
Tagesaktualität 87
Tagesereignis 87
Täter 430
Tatsachen 264, 266, 272, 275, 279
Tatsachenbehauptung 264, 273, 278, 464
Tattoos 111
Tchibo Ideas 184
Techcrunch 267
technische Zeichnungen 77, 98
technosexuell 286
teilen 83, 107, 133, 141, 226, 294, 437, 447
Teilnahmealter 329
Teilnahmealter bei Gewinnspielen 329
Teilnahmeaufforderung bei Gewinnspielen 330, 334
Teilnahmebedingungen 119, 184, 322, 325, 341, 357
Teilnehmerbeiträge bei Gewinnspielen 186
Teilnehmerdaten 327, 338, 383
Teilnehmernamen 328
Telefon 53, 350, 353, 361
Telefonbücher 144
Telefonmarketing 353
Telefonnummer 53, 377, 526
Telemedien 42, 49, 60, 66, 279
Telemediengesetz 374
Teleobjektiv 92
Tell-a-Friend 349, 368
Terms of Service 225
Territorialitätsprinzip 376
Testbericht 312
Testergebnis (Werbung mit) 312
Testimonial 141, 292, 294
Text 77, 138, 189, 202, 204
Textausschnitt 152, 204

Textauszug 437
Textdichter 193
Textlänge 140
Textzeile 130
Textzitat 89, 153
Ticketkauf als Einwilligung 126
Tiere 127, 128
Tipps als Werbung 347
Titel 37, 143, 247, 310
Titelbild 90
Titelschutzanzeiger 248
TM Zeichen 248
Tonalität 398
Tonaufnahmen 77
Töne 130
Tonfolgen 130
Tonstudio 193
Tonträgerhersteller 130, 131
Tracking 387, 389, 394
Tracking-Dienst 390, 391
Trademark 248
Transparenz 292
Transparenzgebot 18, 23, 26, 28
Trauerumzug 118
Trend 99
Trennungsgebot 282, 288
Treuepflicht 421
Trigami 289
T-Shirt 90, 171
TÜV 312
TV 278
TV Total 132
TV-Sendungen 77, 132
Tweet 140, 231, 289, 346, 366, 398, 435
Twitpic 197
Twitter 28, 36, 43, 66, 159, 221, 231, 256, 353, 383, 386, 393, 397, 436, 448
Twitter-Account 32, 35, 51, 62, 101, 229, 231, 348, 466
Twitter-Namen 260
Twitternutzer 366, 367
Twitter-Schaltfläche 386
Twitter-Stream 435
Twitter-Wall 435
Twittpic 224

U

Übernahme von Charakteren 142
überraschende Klauseln in AGB 225
Überreaktionen von Kommentatoren 444

Übersetzung 84, 204
Übertragung eines Social Media-Accounts 229
Übertragung von Kommentaren 231
Übertragung von Nutzungsrechten 186
Übertreibung bei Satire 168
Überwachen von Nutzerbeiträgen 439
Überwachungskameras 100
Überwachungspflicht gegenüber Nutzern 442, 445
üble Nachrede 276
Umfriedung 129
Umsatzsteuer-Identifikationsnummer 54
Umwelthinweise 313
unabhängiger Beitrag 288
Unabhängigkeit von Testergebnissen 313
unbekannte Nutzer 481
unbekleidet 116
unbekleidete Personen 112
unberechtigte Abmahnung 476
undercover 413
Undercover-PR 285
unerlaubte Geschäftspraktiken 282
unerwünschte Werbung 369, 370, 405
unfairer Konkurrenzkampf 282
ungefragte Werbung 364
unmittelbare Erreichbarkeit 58
Unterhaltung als Zitatzweck 153
Unterlassung von Rechtsverletzungen 108, 456, 466
Unterlassungsanspruch 178, 475
Unterlassungserklärung 316, 423, 463, 467, 487
Unterlassungsverpflichtung 477
Unterlassungsversprechen 467
Unterlizensierung 198
Unternehmensblog 124, 411, 428
unternehmensinterne Angebote 51
Unternehmenskonto 27
Unternehmenslogo 333
Unternehmensmitarbeiter 412
Unternehmensname 34, 45, 144, 249
Unternehmensprofil 27, 31
Unternehmensrechte 249
Unternehmensregister 250
unternehmerisch Ansehen 270
unternehmerische Ehre 272
Unterscheidungskraft 239
Unterscheidungsmerkmale 247
Unterschrift auf Beweismitteln 456
Unterwäsche 129
unverzügliche Löschung nach Kenntnis rechtswidriger Inhalte 440

unwahre Aussagen 308
unwesentliches Beiwerk 89, 254
Upload-Formular 184
Urheber 79, 83, 156, 188, 198, 448, 470
Urheberhinweis 195, 473
Urheberrecht 76, 91, 237, 398, 500
Urheberrechtsausnahmen 207
Urheberrechtsverletzung 84, 93, 106, 181, 215, 251, 402, 411, 424, 443, 495
Urheberrechtsverstoß 137, 184, 402, 470
Urheberschaft 465
URL 455
Urteil 477
USA 40, 49, 78, 372, 376, 458
Usability 136
US-Datenschutzvorschriften 373
US-Dienste 372, 373
User Generated Content 429
US-Unternehmen 40

V

Valentin, Karl 140
veränderte Lebensumstände 121
Veranschaulichung von Leistungen rund um eine Marke 253
Veranstalter 124, 126, 186, 322
Veranstaltung 90, 126, 128, 435, 436
Verbände 465
verbergen von Nutzerbeiträgen 442
Verbleib 91
Verbraucher 19, 226, 282, 286, 292, 295, 303, 314, 350, 463
Verbraucherschutz 404, 480
Verbraucherschutzverband 316
Verbraucherschutzzentralen 459, 465, 480
Verbraucherumfragen 297
Verbraucherverbände 459, 480
Verbreitung 81
verbundene Erklärungen 353
verdecktes Marketing 286
Vereine 27, 31
Vereinsregister 54
Verfahrensdauer bei Gerichtsverfahren 477, 478
Verfahrenskosten 477, 479, 485
Verfolgungsbehörden 276
verfremden 166, 243
Verfügbarkeit 309
Vergleich 295, 303
Vergleich identischer Produkte 303

vergleichende Werbung 301
 wertvoll 304
Vergleichsobjekte 298
Vergleichswort 295
Verkauf eines Blogs 230
Verkauf von Markenprodukten 244, 252
Verkauf von Nutzerdaten 405
Verkehrsdurchsetzung 246
Verlag 102
Verleger 193
verleihen 81
verleiten von Verbrauchern 282
Verletzergewinn 470
Verletzerkette 424, 473, 501
Verleumdung 276
Verlinkung 82, 102, 203, 438, 451
Verlinkungsverbot 451
Verlosung 252, 322
Verlosung eines Markenproduktes 252
Vermietung von Werbeflächen 231
Vermögensschaden 495, 499
Vermögensschadenhaftpflicht 495
Veröffentlichung 81, 182
Veröffentlichungsrisiko 497
Veröffentlichungsverbot 160
Verordnungen 147
Verpflichtungserklärung 467
Verpixelung 111
Verrat von Geschäftsgeheimnissen 160
Versammlung 116, 124
Versandhäuser 283
Versandkosten 315
verschleiern von Werbung 285
Verschönerung 102
verschuldensunabhängig 473
Verschwiegenheitsklausel 160
Versicherer 497
Versicherung 494, 500
Versicherungsarten 495
Versicherungsexperte 494
Versicherungskonzepte 494
Versicherungsnehmer 497, 499, 501
Versicherungsportal 494
Versicherungsschutz 495, 496
Versicherungssumme 499
Vertragsabwicklung und Datenschutz 380
Vertragsstrafe 275, 370, 456, 463, 467, 480, 488
Vertragsvereinbarung 426
Vertrauenswerbung 292
Vertretungsberechtigte 52

Verunglimpfung 305, 307
Verursacher 424
Vervielfältigung 80, 83, 182, 402
Verwarnung 370
Verwechslung bei Marken 253
Verwechslungsgefahr 33, 238, 241, 243, 305, 498
Verwertungsgesellschaft 193
Verzerrung 168
Video 29, 77, 83, 90, 130, 202, 204, 365, 385
Videoausschnitt 132
Videoplattform 63, 133, 431
Vimeo 29
Volkswagen 288
Vollmacht 469
von und zu Guttenberg 166
vorangehakt 352
vorbeugende Unterlassungserklärung 475
Vordruck 147
Vorname 51
vorsätzlich 473
Vorschaltseite 67, 375
Vorschaubild 83, 106, 438
Vorschaugrafik 106
vorübergehende Vervielfältigung 403
Vulgärbegriffe 268, 271
VW-Konzern 174

W

Waffengleichheit 278
Wahlkampfflyer 85
wahre Namen 41, 42, 43
Wahrheitspflicht 282
Wandel der inneren Einstellung 121
Wandelung der Überzeugung 191
Wandmalerei 93
Warenabsatz 329
Warenkorb 314
Warnhinweis 74
Warnschild 74
Warteschlange 116
Wasserzeichen 79, 103, 434
We Want To Share! 207
Webangebot 352
Webdesign 136
Webfundstücke 181
Webmaster Tools 455
Website 77, 143, 202
Websitebetreiber 434
Websitekritik 102
Webspace-Provider 309, 446

Weihnachtsgrußkarte 349
Weinberg, Tamar XIV
Weinshop 355
Weitergabe 379
Weitergabe unter gleichen Bedingungen 204, 209
Weiterleitung 380
Weiterverkauf 244
Weltanschauung 319
weltweite Lizenz 219
Werbeabsicht 287, 347
Werbeagentur 120, 195, 364, 424, 427, 469
Werbeaktion 103
Werbeangebot 231
Werbeanschreiben 159
Werbeanzeigen 20, 124, 168, 172, 185, 188, 196, 219, 245, 258, 259, 317, 345, 348, 362
Werbeaufnahmen 121
Werbeaussagen 172, 282, 297, 315, 362
Werbebanner 385
Werbebilder 76
Werbebotschaft 134, 339, 345
Werbebroschüre 202
Werbecharakter 282, 288
Werbeeinhalte 348
Werbeeinträge 365
Werbeempfang 353
Werbeempfänger 351
Werbefiguren 292
Werbefilm 131
Werbeflächen (Vermietung innerhalb von Social Media Accounts) 231
Werbehinweise 349, 362, 369
Werbeinformationen 355
Werbeinhalte 288, 317, 345, 386
Werbejingle 130
Werbekampagne 76, 134, 188, 195, 215, 288, 367, 456
Werbekanäle 350, 362
Werbeleistungen 240, 428
Werbelink 290
Werbemailing 427
Werbemaßnahme 121, 238, 323, 345, 346
Werbenachricht 349, 359, 363, 367, 370
Werbender 283
Werbeplakattafel 91
Werbeprospekt 89, 146
Werbereportage 288
Werberichtlinie 318
Werbeslogan 145, 188, 239
Werbespot 306

Werbetext 76, 93, 318, 368
Werbetexter 188, 364, 423, 471
Werbeträger 166
Werbezusendung 347, 355, 359
Werbezwecke 120, 220, 327, 382
Werbung 19, 29, 51, 283, 288, 314, 324, 327, 346, 361
Werbung in Accounts 231
Werbung in Statusmeldungen 231
Werbung in Tweets 231
Werbung schalten 231
Werke 77
Werke der Literatur 149
Werktitel 37, 144, 227, 247, 249
Werturteile 264, 304
wesentliche Investition 144
Wettbewerb 119, 323, 350
Wettbewerber 137, 172, 303, 480
Wettbewerbsrecht 282
Wettbewerbsrechtsverletzungen 495
Wettbewerbsverband 316
Wettbewerbsvereinbarung 230
Wettbewerbsverhältnis 172, 301, 465
Wettbewerbsverletzung 485
Wettbewerbsverstoß 137, 249, 284, 315, 325, 368, 405, 413, 472, 480
wettbewerbswidrige Aussagen 411
wettbewerbswidriger Vergleich 245
Wettbewerbszentralen 148, 312, 323, 329, 465, 480
Whistleblowing 160, 421
Widerruf 275, 294, 360, 361, 433
Widerruf der Einwilligung 121, 123
Widerruf von CC-Lizenzen 215
Widerrufsbelehrung 381, 391
Widerrufshinweis 356
Widerrufsmöglichkeit 308, 381, 391, 396
Widerspruch 355, 389
Widerspruchshinweis 355
Widerspruchsmöglichkeit 389
Widerspruchsrecht 355
Wiederholung 358, 471
Wiederholungsgefahr 467
Wiki 51
Wikipedia 79, 192, 208, 209
Wikipedia-Artikel 209
WIPO 250
WiredMinds 391
wirtschaftliche Ausbeutung 114, 134, 169
wirtschaftliche Einbußen 266
wirtschaftliche Nutzung 183, 191, 430
wirtschaftliche Schädigung 421
wirtschaftliche Tätigkeit 204
wirtschaftliche Verwertung 185, 186, 431, 433
Wirtschafts-Identifikationsnummer 54
Wirtschaftslenker 273
Wirtschaftsprüfer 54
Wirtschaftsverbände 459, 480
Wirtschaftswert von Prominenten ausbeuten 169
wissenschaftliche Abhandlung 139
wissenschaftliche Werke 88
Wissensvermittlung 88, 102
WLAN 379
Wochenende 442
Wohnung 128
Woopra 388, 391
Wordpress 443
Wordpress.com 24, 49, 60, 223, 446, 458
World Intellectual Property Ogranisation 250
Wort/Bild-Marke 239
Wortmarke 239

X

Xamit 391
Xing 30, 49, 64, 223, 362, 367, 402
Xing-Mitglied 368

Y

YouTube 28, 43, 63, 66, 83, 197, 222, 256, 372, 385, 446, 458, 483
YouTube-Channel 28
YouTube-Star 113
YouTube-Video 131, 288, 385, 386, 483

Z

Zeichnung 94, 97, 103, 135
Zeitgeschichte 113
Zeitschrift 37, 267, 278
Zeitschriftentitel 250
Zeitungsanzeige 259
Zeitungsverlag 158
Zensur 442
Zertifikat (Werbung mit) 312
Zeuge 119, 190, 455, 462
Zielgruppe 238, 250
Zielseiten 318
Zitat 88, 102, 132, 155, 207
Zitatesammlung 140
Zitatrecht 88, 132

Zitatzweck 153
Zitierpflicht 156
Zivilrecht 275
Zoo 128
Zubehör 244
Zubehörprodukte 354
Zu-eigen-Machen 430, 437, 448
Zufall 322
Zugaben 306
Zugang 485
Zugangssperre 452
Zugriff auf die Plattformfunktionen 32
Zugriffsstatistiken 457

Zuordnungsverwirrung 58, 243
Zusammenfassungen (Abstracts) 143
Zusammenführungsverbot 387, 389, 391
Zusammenstellung von Inhalten 135
Zuschnitte von Bildern 84, 204
Zustimmung 362
Zwänge bei Gewinnspielen 324
Zweckbindungsgrundsatz 381
Zwei-Klick-Regel beim Impressum 57
Zweitanmeldung 358
Zwischenhändler 244
Zwischenspeicher 455
Zwischenspeicherung 402

Über den Autor

Thomas Schwenke ist Gründer und Partner der Rechtsanwaltssozietät SCHWENKE & DRAMBURG in Berlin. Er berät Unternehmen und Start-ups in Rechtsfragen zum Social Media Marketing, Datenschutz sowie gewerblichen Rechtsschutz. Seine berufliche Laufbahn begann er mit einem steuerrechtlichen Fachstudium zum Diplom-Finanzwirt (FH), an das er die juristische Ausbildung anschloss und anschließend als Regierungsassessor im höheren Dienst der Finanzverwaltung tätig war. Im Jahr 2009 erwarb er an der University of Auckland in Neuseeland den Grad des Master of Commercial Law (1st), mit Schwerpunkt auf Copyright Law und Privacy Law.

Darüber hinaus war er während seines Studiums als Webdesigner und Programmierer von Internetapplikationen, u.a. für die Verlagsgruppe Handelsblatt, beschäftigt. Er behält den praktischen Bezug, indem er die sheepworld AG beim Webauftritt, Community-Management, E-Commerce und Social Media Marketing betreut. Er nutzt Social Media auch privat und führte mit Kiwispotting ein beliebtes Reise- und Videoblog. Beruflich bloggt er auf http://spreerecht.de und ist in fast allen sozialen Netzwerken zu Hause.

Thomas Schwenke gehört zu den bekanntesten Social Media-Anwälten Deutschlands, ist ein beliebter Redner sowie Interviewpartner in Radio und TV. Sein Anliegen ist es, juristische Themen verständlich, praxisnah und anschaulich zu vermitteln. Daher freut es ihn immer wieder, wenn Teilnehmer seiner Vorträge und Workshops überrascht sind, dass Recht nicht nur verständlich, sondern auch unterhaltsam sein kann.

Kolophon

Auf dem Cover von »Social Media Marketing & Recht« ist ein Mississippi-Alligator abgebildet (*Alligator mississippiensis*). Diese zu den Echten Alligatoren zählenden Reptilien gehören zu den ursprünglichsten Tieren, die noch auf der Erde leben und die sich im Laufe der Evolution nicht besonders stark verändert haben. Durch ihren langsamen Stoffwechsel können Alligatoren auch in kühleren Gegenden leben – selbst Frost kann ihnen nichts anhaben –, sie brauchen weniger Nahrung und werden sehr viel älter als ihre Verwandten, die Krokodile.

Heutzutage gibt es noch zwei Arten der Echten Alligatoren: den Mississippi-Alligator und den China-Alligator. Wie der Name schon sagt, lebt der Mississippi-Alligator in den südlichen Bundesstaaten der USA, an den Küsten des Golfs von Mexiko und am Atlantik. Ausgewachsene Männchen können bis zu sechs Meter lang werden, durchschnittlich sind diese Tiere aber meist um die dreieinhalb bis vier Meter lang. Von anderen Krokodilen ihrer Gattung unterscheiden sie sich durch ihre breite, flache Schnauze und die dunkle Färbung ihrer Schuppen. Die untere Zahnreihe wird durch die obere verdeckt, sodass die Tiere bei geschlossenem Maul gemütlich zu lächeln scheinen.

Alligatorenweibchen legen durchschnittlich 70 Eier, die sie in einem Erdhügel verscharren und bis zum Schlüpfen der Jungtiere bewachen. Sind die Jungen bereit zum Schlüpfen, rufen sie ihre Mutter durch die Eierschale hindurch herbei, die ihnen dann den Weg freigräbt und sie im Maul zur nächsten Wasserstelle trägt. Dort ernähren sie sich noch einige Zeit von ihren Dottersäcken und werden weiterhin von der Mutter beaufsichtigt.

Im 19. Jahrhundert wurden Alligatoren in den Südstaaten für die Lederproduktion kommerziell bejagt, was ihren Bestand um 1900 zusammenbrechen ließ. Seit einigen Jahrzehnten werden die Tiere durch strenge Naturschutzgesetze vor der Jagd geschützt, sodass ihr Bestand seit einiger Zeit als ungefährdet gilt.

Social Media & Business

slide:ology oder die Kunst, brillante Präsentationen zu entwickeln

Nancy Duarte
296 Seiten, 2009, 34,90 €
ISBN 978-3-89721-939-7

Dieses Buch beschäftigt sich mit der visuellen Seite der Kommunikation und vermittelt, wie Sie Ihre Ideen kondensieren und in informative Folien einfließen lassen. Verständliche Diagramme und Infografiken, die Unterstützung der Aussagen durch Farben, Bilder und prägnanten Text und nicht zuletzt der lebendige Vortrag selbst sorgen dafür, dass Sie den Fokus auf das lenken können, worauf es wirklich ankommt: Ihre Ideen und Visionen.

Das Twitter-Buch, 2. Auflage

Tim O'Reilly & Sarah Milstein mit
V. Bombien, C. Pahrmann und N. Pelz
280 Seiten, 2011, 17,90 €
ISBN 978-3-89721-591-7

Dieses Buch beleuchtet die verschiedenen Facetten von Twitter und zeigt, wie Sie die Website in Ihrem Sinne nutzen – sei es fürs Selbst-Marketing, für die Beobachtung von Trends, zum Austausch von Informationen und Ideen oder im Zusammenspiel mit Facebook und anderen Social Media-Plattformen. Tim O'Reilly und Sarah Milstein sind bekennende Twitter-Fans und geben in diesem Buch wertvolle Einblicke in ihre Erfahrungen mit der Plattform. Die zweite, deutsche Auflage wurde von drei deutschen Twitter-Liebhabern überarbeitet und um wichtige deutschsprachige Sites und Services ergänzt.

Das Facebook-Buch, 3. Auflage

Annette Schwindt
ca. 336 Seiten , ca. Mai 2012, ca. 17,90 €
ISBN 978-3-89866-234-2

Facebook ist sowohl im privaten als auch professionellen Bereich allgegenwärtig. Fast jeder nutzt es, doch die wenigsten kennen sich wirklich gut mit den vielfältigen Optionen und Einstellungen aus. Viele stellen sich Fragen wie: Soll ich ein persönliches Profil, eine Gruppe oder eine Fanseite anlegen? Wie schütze ich meine Privatsphäre? Wie verknüpfe ich Facebook mit anderen Anwendungen? Als zuverlässiger Ratgeber in all diesen Fragen hat sich Das Facebook-Buch von Annette Schwindt längst etabliert. Die kompetenten und verständlichen Erklärungen der bekannten Facebook-Expertin haben das Buch zum Bestseller gemacht. Für die dritte Auflage wird das Buch komplett überarbeitet und aktualisiert.

Social Media Marketing – Strategien für Twitter, Facebook & Co, 3. Auflage

Tamar Weinberg, dt. Bearbeitung
Corina Pahrmann & Wibke Ladwig
ca. 490 Seiten, ca. Mai 2012, ca. 29,90 €
ISBN 978-3-86899-236-6

Ein wahres Standardwerk zum Social Media Marketing, nun in der dritten Auflage. Corina Pahrmann und Wibke Ladwig haben das Buch komplett überarbeitet und aktualisiert. Es enthält nun noch mehr aktuelle Fallstudien aus dem deutschsprachigen Raum, Interviews mit deutschen Social Media Managern und Best Practices für den Social Media-Alltag. Weitere Schwerpunkte sind Monitoring und Erfolgskontrolle sowie Location based-Services und Mobile Social Media Marketing.

Das Social Media Marketing Buch, 2. Aufl.

Dan Zarrella, dt. Bearb. Karen Heidl
ca. 256 Seiten, ca. Mai 2012, ca. 17,90 €
ISBN 978-3-89866-238-0

Aller Anfang ist schwer: Wer noch nicht Social Media-affin ist – und das sind nach wie vor so einige –, muss sich zunächst einmal einen Überblick über diese noch junge Medienlandschaft verschaffen. Wem es so geht, der findet in diesem Büchlein optimale Unterstützung. Kompakt und gut verständlich führt Dan Zarrella in die vielseitigen Mediengattungen ein. Die deutsche Ausgabe präsentiert zusätzlich deutsche Dienste wie XING und Qype sowie Fallbeispiele aus dem deutschsprachigen Raum. Für die 2. Auflage wurde das Buch komplett überarbeitet und aktualisiert.

PR im Social Web – Das Handbuch für Kommunikationsprofis, 2. Auflage

Marie-Christine Schindler & Tapio Liller
ca. 390 Seiten, ca. März 2012, ca. 29,90 €
ISBN 978-3-86899-195-6

Mit dem Erstarken der Social Media sind neue Kommunikationsformen, mehr Transparenz und Offenheit gefragt. PR im Social Web zeigt, was das für PR-Schaffende bedeutet. Die Autoren, selbst erfahrene PR-Profis, erläutern, wie die einzelnen PR-Disziplinen (Medienarbeit, Krisenkommunikation, PR-Events, Corporate Publishing, HR, Produkt-PR u.a.) von Social Media profitieren können. Für die zweite, aktualisierte Auflage wurde das Buch u.a. um die Themen Erfolgsmessung und Non-Profit-PR ergänzt.

anfragen@oreilly.de • http://www.oreilly.de • +49 (0)221-97 31 60-0

O'REILLY IM SOCIAL WEB

  **Blog:**
community.oreilly.de/blog

  **Facebook:**
facebook.com/oreilly.de

  **Twitter:**
twitter.com/OReilly_Verlag

  **Google+:**
http://bit.ly/googleplus_oreillyverlag

antragen@oreilly.de • http://www.oreilly.de • +49 (0)221-97 31 60-0